Joseph Ratzinger als Konzilsberater und Begleiter von Kardinal Frings beim Konzil in Rom während der ersten Sessio (Oktober bis Dezember 1962). Rechts im Bild Pater Karl Rahner SJ.

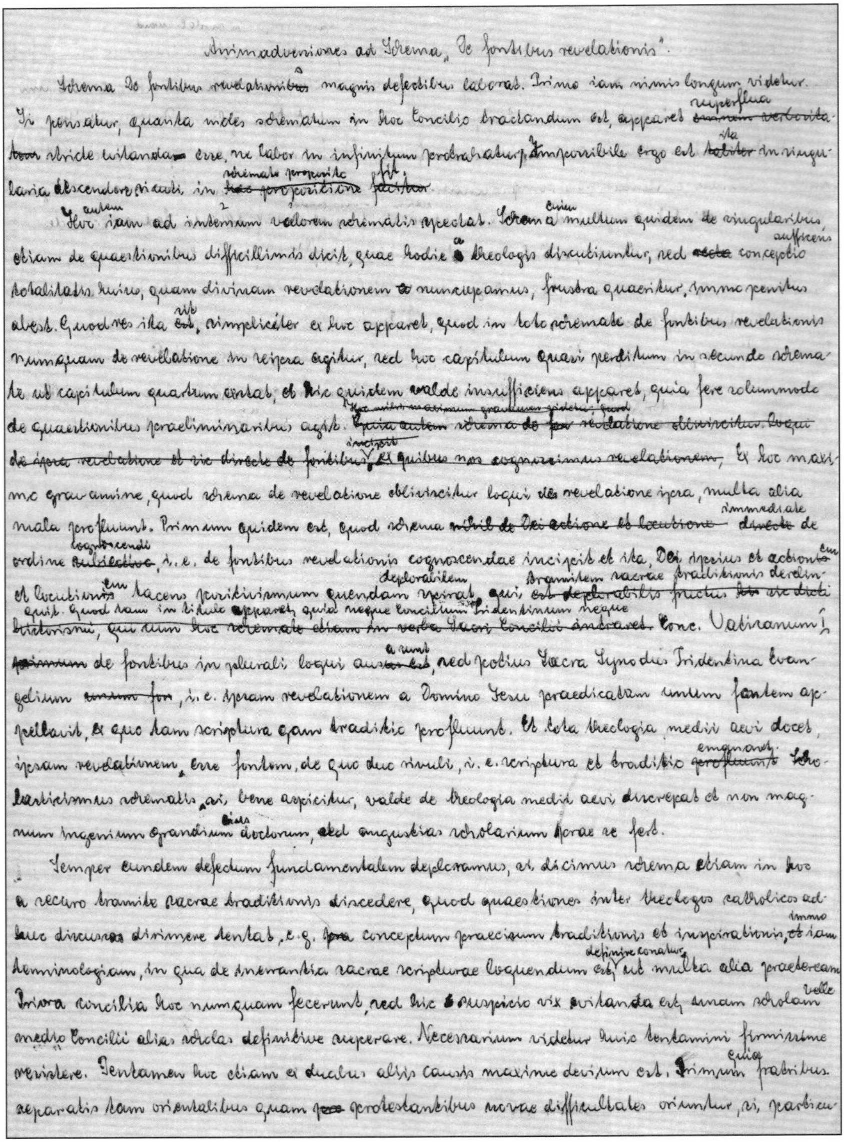

Animadversiones ad Schema „De fontibus revelationis".

Schema De fontibus revelationis magnis defectibus laborat. Primo iam nimis longum videtur. Si pensatur, quanta moles schematum in hoc Concilio tractandum est, apparet superflua stricte vitanda esse, ne labor in infinitum protrahatur. Impossibile ergo est ita in singularia descendere sicuti in schemate proposito fit.

Hoc autem iam ad internum valorem schematis spectat. Schema enim multum quidem de singularibus etiam de quaestionibus difficillimis dicit, quae hodie a theologis discutiuntur, sed sufficiens conceptio totalitatis huius, quam divinam revelationem nuncupamus, frustra quaeritur, immo penitus abest. Quod res ita sit, simpliciter ex hoc apparet, quod in toto schemate de fontibus revelationis numquam de revelatione in se ipsa agitur, sed hoc capitulum quasi perditum in secundo schemate ut capitulum quartum extat, et hic quidem valde insufficiens apparet, quia fere solummodo de quaestionibus praeliminaribus agit. ~~Quia autem schema de revelatione obliviscitur loqui de ipsa revelatione et sic directe de fontibus incipit, ex quibus nos cognoscimus revelationem,~~ Ex hoc maximo gravamine, quod schema de revelatione obliviscitur loqui de revelatione ipsa, multa alia mala profluunt. Primum quidem est, quod schema immediate de ordine cognoscendi, i. e. de fontibus revelationis cognoscendae incipit et ita Dei speciem et actionem et locutionem tacens positivismum quendam deplorabilem spirat, qui tramitem sacrae traditionis derelinquit. Quod iam in titulo apparet, quia neque Concilium Tridentinum neque Conc. Vaticanum I de fontibus in plurali loqui ausa sunt, sed potius Sacra Synodus Tridentina Evangelium, i. e. ipsam revelationem a Domino Iesu praedicatam unum fontem appellavit, ex quo tam scriptura quam traditio profluunt. Et tota theologia medii aevi docet, ipsam revelationem esse fontem, de quo duo rivuli, i. e. scriptura et traditio emanant. Scholasticismus schematis, si bene aspicitur, valde de theologia medii aevi discrepat et non magnum ingenium grandium illorum doctorum, sed angustias scholarium horae se fert.

Semper eundem defectum fundamentalem deploramus, si dicimus schema etiam in hoc a secuto tramite sacrae traditionis discedere, quod quaestiones inter theologos catholicos adhuc discussas dirimere tentat, e. g. conceptum praecisum traditionis et inspirationis, immo etiam terminologiam, in qua de inerrantia sacrae scripturae loquendum est, definire conatur, et multa alia praeterea. Priora concilia hoc numquam fecerunt, sed hic suspicio vix vitanda est, unam scholam velle medio Concilii alias scholas definitive superare. Necessarium videtur huic tentamini firmissime resistere. Tentamen hoc etiam ex duabus aliis causis maxime devitandum est. Primum quia fratribus separatis tam orientalibus quam protestantibus novae difficultates oriuntur, si, particu-

Handschriftlicher Entwurf Joseph Ratzingers für eine Stellungnahme von Josef Kardinal Frings zum Schema »De fontibus revelationis«, Oktober/November 1962 (vgl. unten Seiten 239–243) (Quelle: IPB AP K I-16).

Joseph Ratzinger

Gesammelte Schriften

Band 7/2

Joseph Ratzinger
Gesammelte Schriften

Herausgegeben von Gerhard Ludwig Müller

in Verbindung mit dem
Institut Papst Benedikt XVI., Regensburg:
Marianne Schlosser, Rudolf Voderholzer, Christian Schaller,
Franz-Xaver Heibl, Gabriel Weiten, Karl Pichler

Band 7/2
Zur Lehre des
Zweiten Vatikanischen Konzils

JOSEPH RATZINGER

Zur Lehre des Zweiten Vatikanischen Konzils

Formulierung – Vermittlung – Deutung

Zweiter Teilband

HERDER

FREIBURG · BASEL · WIEN

In Zusammenarbeit
mit der
Libreria Editrice Vaticana

www.herder.de
Umschlaggestaltung Finken & Bumiller, Stuttgart
Satz: SatzWeise, Föhren
Herstellung: fgb · freiburger graphische betriebe
www.fgb.de
Printed in Germany

ISBN 978-3-451-34043-7

Inhalt

2. Teilband

Teil E
Kommentar

Zur dogmatischen Konstitution über die Kirche »Lumen gentium«

Einleitung [1965] 645
Vorgeschichte und Absicht der Konstitution 645
Zum ersten Kapitel 647
Zum zweiten Kapitel 649
Zum dritten Kapitel 653
Das vierte, fünfte und sechste Kapitel 654
Zum siebten Kapitel 655
Zum achten Kapitel 657

Die bischöfliche Kollegialität nach der Lehre des Zweiten Vatikanischen Konzils 660
I. Die Aussagen des Konzils über die Kollegialität der Bischöfe 660
1. Das Wort »Kollegium« 660
2. Erste Ausführungen über das Prinzip der apostolischen Nachfolge 664
3. Sakrament und Recht 665
4. Das Bischofskollegium als Nachfolger des Apostelkollegiums 673
a.) Zur Auslegung des Textes 673
b.) Erwägung über zwei Typen von Theologie der Kollegialität 676

5. Kollegiale und primatiale Gewalt 679
II. Die Nota praevia explicativa 683
1. Die Tatsachen 683
2. Der Inhalt 685
a.) Sakrament und Jurisdiktion 685
b.) Communio hierarchica 688
c.) Papst und Kollegium 689
d.) Die Frage der Ostkirchen 691
III. Zur Frage der Theologischen Qualifikation 692
1. Die Frage 692
2. Die Erklärung der Theologischen Kommission . 693
3. Das Ergebnis 694

Ortskirche und Gesamtkirche
Kommentar zu »Lumen gentium«, Artikel 26 696

Kommentar zu den »Bekanntmachungen, die der Generalsekretär des Konzils in der 123. Generalkongregation am 16. November 1964 mitgeteilt hat« 699
I. Zur Vorgeschichte 699
II. Der erste Teil der Bekanntmachungen: Die Frage der theologischen Qualifikationen 701
III. Die Nota explicativa praevia 702
Zu 1: Zum Wort Kollegium 702
Zu 2: Weihe- und Hirtengewalt 704
Zu 3: Die Vollgewalt des Kollegiums 707
Zu 4: Unabhängigkeit des Papstes vom Kollegium, Abhängigkeit des Kollegiums vom Papst 708
Zum Notabene: Die Frage der ostkirchlichen Hierarchie 710

Zur dogmatischen Konstitution über die Göttliche Offenbarung »Dei Verbum«

Einleitung und Kommentar zum Prooemium, zu Kapitel I, II und VI der Offenbarungskonstitution »Dei Verbum« 715
Einleitung 715
Kommentar zum Prooemium 732
Kommentar zum Ersten Kapitel: »Die Offenbarung« . 735
Kommentar zum Zweiten Kapitel: »Die Weitergabe der göttlichen Offenbarung« 751
Kommentar zum Sechsten Kapitel: »Die Heilige Schrift im Leben der Kirche« 776

Zur Pastoralkonstitution über die Kirche in der Welt von heute »Gaudium et spes«

Kommentar und zum ersten Kapitel des ersten Teils der Pastoralkonstitution über die Kirche in der Welt von heute »Gaudium et spes« 795

Das Menschenbild des Konzils in seiner Bedeutung für die Bildung 863
A) Das Menschenbild in der Pastoralkonstitution über die Kirche in der Welt von heute 864
I. Aufnahme und Kritik des modernen Menschenbildes 864
1. Situationsschilderung und Auswertung 864
a) Geschichtlichkeit und Einheit des Menschen 864
b) Verantwortlichkeit und Brüderlichkeit . . . 866
2. Der Ertrag für die Idee der christlichen Bildung 869
a) Wissenschaft und Liebe 869
b) Verantwortlichkeit und Freiheit 871
II. Die Neuformulierung des christlichen Ethos . . 873
1. Die personalistische Tendenz 873
2. Der geschichtlich-dynamische Charakter . . . 875

III. Die Zeitgebundenheit theologischer Aussagen . 876
B) Die Bildungskonzeption in der Erklärung über die christliche Erziehung 878
I. Das Bildungsziel 879
II. Die Bildungsträger 879
III. Die Frage der katholischen Schule 882

Die Zukunft der Welt durch die Hoffnung des Menschen . . 887

Zum Dekret über Dienst und Leben der Priester »Presbyterorum ordinis«

Dienst und Leben der Priester 897
Vorüberlegung zur Fragestellung 897
1. Zum Wesen des priesterlichen Amtes 899
1.1 Christologische Grundlegung 900
1.2 Ausfaltung in der Überlieferung (Augustinus) . 904
2. Christologie und Ekklesiologie 907
Der kirchliche Charakter des Priestertums 907
3. Spirituelle Anwendungen 909
Ausblick: Die christologisch vermittelte Einheit von Altem und Neuem Testament 913

Zur Frage der Mission

Konzilsaussagen über die Mission außerhalb des Missionsdekrets 919
I. Die Grundlegung des Themas in der dogmatischen Konstitution über die Kirche 920
1. Der trinitarische Ausgangspunkt 920
2. Entfaltung vom Kirchenbegriff her 923
3. Innerkirchliche Katholizität 925
4. Die Vielheit der Religionen und die Einheit des göttlichen Rufs 928
5. Der Weg der Mission 931

II. Der Missionsgedanke in den Dekreten über das Laienapostolat und über Dienst und Leben der Priester 934
1. Das Dekret über die Laien 934
2. Das Priesterdekret 936
a) Priestertum, Sakrament und Wort 937
b) Priesterliche Spiritualität 939
III. Die Erklärungen über die Religionsfreiheit und über das Verhältnis der Kirche zu den nichtchristlichen Religionen: Das Problem der Beziehung von Mission und Dialog 941
1. Die Erklärung über die Religionsfreiheit 943
2. Die Erklärung über Kirche und nichtchristliche Religionen 945
3. Mission und Dialog 950

TEIL F
REZEPTION

Theologische Aufgaben und Fragen bei der Begegnung lutherischer und katholischer Theologen nach dem Konzil . 955
Vorüberlegung zur Fragestellung 955
1. Themen aus dem Gesamtbereich der konziliaren Arbeit 955
2. Kirche und Kirchen 957
3. Leib Christi und Kirche – Kirche und Christus . . 960
I. Leib Christi und Kirche 962
1. Die Problematik der vorkonziliaren Positionen . 962
2. Die Vielschichtigkeit des Leib-Christi-Begriffes . 965
3. Die Antwort des Konzils 967
II. Christus und die Kirche 969
1. Die Einheit von Christus und Kirche 969
2. Der dynamische Charakter dieser Einheit 970
3. Reform und Reformation 972
4. Kirchengliedschaft und Heiligkeit der Kirche . . . 974
Schlussbemerkung
Leib Christi und Geist Christi 978

Weltoffene Kirche?
Überlegungen zur Struktur des Zweiten Vatikanischen Konzils 980
I. Grundsätzliches zur Frage der Weltzuwendung der Kirche 982
II. Kirchliche Zuwendung zur Welt auf dem Zweiten Vatikanischen Konzil 985
1. Der neue Realismus der Theologie 985
2. Abbau der Grenzen in der Kirche 989
3. Die Idee des Dialogs 991
4. Das Ja zur Eigengesetzlichkeit der weltlichen Bereiche 996
Schlussüberlegung 1001

Der Katholizismus nach dem Konzil 1003
1. Zur Situation der liturgischen Erneuerung 1006
2. Kirche und Welt 1015
3. Die Wendung zur Ökumene 1023

Interview für Redención [1971] 1026

Zehn Jahre nach Konzilsbeginn – wo stehen wir? 1032

Kirche und Welt
Zur Frage nach der Rezeption des II. Vatikanischen Konzils 1040
I. Diagnose des Textes und seiner Tendenz 1041
II. Die seitherige Entwicklung 1045
1. Euphorie des Aufbruchs 1045
2. Ernüchterung und Krise 1050
3. Standortbestimmung heute 1054
Ausblick – ein Gleichnis 1057

Thesen zum Thema »Zehn Jahre Vaticanum II« 1060

Bilanz der Nachkonzilszeit – Misserfolge, Aufgaben, Hoffnungen 1064
1. Wie kam es zur nachkonziliaren Entwicklung? . . . 1069
2. Was ist zu tun? 1072
a) Bedeutung und Grenzen von Konzilien 1073
b) Zur Frage der richtigen Rezeption des Vaticanum II 1074

Aggiornamento
[Predigt in Rom am 12. Oktober 1982] 1079

Ausgewählte Themen der Ekklesiologie zum 20. Jahrestag nach Abschluss des II. Vatikanischen Konzils. Geleitwort [zum Dokument der ITK »Mysterium des Gottesvolkes«, 1984] 1087

Mut zum Eigentlichen!
[Interview mit Hubert Schöne anlässlich der Bischofssynode, 1985] 1089

Der Wille der Väter
Geist und Beschlüsse des 2. Vatikanischen Konzils
[Interview mit Joseph Kardinal Ratzinger und Hans Küng] 1091

Communio – ein Programm 1106
1. Die Entstehung der Zeitschrift »Communio« 1106
2. Name als Programm 1112

Verantwortung für Kirche und Welt in dieser Zeit
Hommage an Kardinal König 1120

Die Christozentrik des Zweiten Vatikanischen Konzils
[Predigt in Marktl am Inn, am 13. 7. 1997] 1125

Aufruf zur Gerechtigkeit
[Predigt für die Teilnehmer der Tagung »Call to justice« anlässlich des 40. Jahrestags der Promulgation der Pastoralkonstitution »Gaudium et spes«, Rom 2005] 1131

Teil G
Rezensionen und Geleitworte

Rezensionen

Zu: Hubert Jedin, *Kleine Konziliengeschichte* 1137

Zu: *Dokumente des 2. Vatikanischen Konzils* 1139

Zu: Franz Michel Willam, *Vom jungen Angelo Roncalli (1903–1907) zum Papst Johannes XXIII. (1958–1963)* 1141

Zu: Lieselotte Höfer, *Mysterium Unitatis. Pastoraltheologisches zum Oekumene-Dekret des Zweiten Vatikanischen Konzils* 1149

Zu: *Indices verborum et locutionum decretorum Concilii Vaticani II* 1152

Zu: Hans Waldenfels, *Offenbarung. Das Zweite Vatikanische Konzil auf dem Hintergrund der neueren Theologie* 1154

Geleitworte

Geleitwort [zu: Flavio Peloso, Santi e santità dopo il Concilio Vaticano II, 1991] 1157

Geleitwort [zu: Leo Scheffczyk, La Chiesa. Aspetti della crisi postconciliare e coretta interpretazione del Concilio Vaticano II, 1998] 1159

Anhang

Literaturverzeichnis 1165
Editorische Hinweise 1198
Bibliographische Nachweise 1224
Schriftstellenregister 1237
Namenregister 1243

1. Teilband

Vorwort
von Papst Benedikt XVI. 5

Abkürzungsverzeichnis 31

Teil A
Am Vorabend des Konzils

Grundgedanken der eucharistischen Erneuerung des 20. Jahrhunderts 41
Zum Wesensverständnis der Eucharistie 42
Anwendungen auf die Eucharistie-Frömmigkeit 45
Ausblick auf das Sinnverständnis der Sakramente überhaupt 49

Der Eucharistische Weltkongress im Spiegel der Kritik . . . 52
Vorüberlegung. Begrenzung des Gegenstandes 52
Die wichtigsten Ansatzpunkte der Kritik am Kongress . 54
Das Problem der Masse 54
Das Problem der Öffentlichkeit 56
»Kreuz und Brokat« 58
Bedeutung und Grenzen der Kritik 59
Die Theologie des Kongresses 59
Zum Problem der Masse 63
Die Frage der Öffentlichkeit 65
Zum Beschluss 71

Das Konzil und die moderne Gedankenwelt 73
A. Zwei Vorüberlegungen 73
1. Konzil und Gegenwart 73
2. Veränderungen in der geistigen Lage seit dem Ersten Vatikanischen Konzil 74

B. Das Konzil und die moderne Geisteswelt: Die geistige Situation der Menschheit am Vorabend des Konzils 76
1. Das Erlebnis der Einheit der Menschheit 76
2. Das technische Erlebnis 81
3. Die Wissenschaftsgläubigkeit 83
4. Die Ideologien 85
C. Abschließende Gedanken 88

Zur Theologie des Konzils 92
1. Gesamtkirche und Konzil 93
2. Konzil und Episkopat 97
3. Konzil und Primat 111

Teil B
Mitarbeit

Bei der Vorbereitung

Introductio
Entwurf für eine Einleitungskonstitution 125

Stellungnahmen in Latein zu den von Kardinal Cicognani übersandten Konzils-Schemata 133

Begründung der Änderungsvorschläge zu Band I der Schemata »Constitutionum et Decretorum« (3. Oktober 1962) 142

Bemerkungen zum Schema »De fontibus revelationis« [Vortrag am 10. Oktober 1962] 157
I. Schrift und Überlieferung 157
II. Inspiration und Irrtumslosigkeit der Schrift 166
Anhang
Altes Testament, Neues Testament und Weltgeschichte . 171

An der Offenbarungskonstitution »Dei Verbum«

I. De voluntate Dei erga hominem
Gottes heilschaffender Wille für den Menschen
[Entwurf eines neuen Offenbarungsschemas, Oktober 1962] 177

II. De revelatione Dei et hominis in Jesu Christo facta
Die Offenbarung Gottes und des Menschen in Jesus Christus
[Entwurf eines neuen Offenbarungsschemas, zusammen mit Karl Rahner, Oktober / November 1962] 183

An der Kirchenkonstitution »Lumen gentium«

De primatu et collegio episcoporum in regimine totius ecclesiae
[Gustave Martelet / Karl Rahner / Joseph Ratzinger, Oktober 1963]
Zur Frage des päpstlichen Primats und der Kollegialität der Bischöfe in der Leitung der Gesamtkirche [Gutachten, zusammen mit Gustave Martelet und Karl Rahner] 213

Am Missionsdekret »Ad gentes«

Considerationes quoad fundamentum theologicum missionis Ecclesiae
Überlegungen zur theologischen Grundlage der Sendung (Mission) der Kirche 223

Entwürfe für die Konzilsreden von Josef Kardinal Frings

Die eine Quelle der Offenbarung
[Entwurf zur Rede vor der 19. Generalkongregation am 14. November 1962 zum Schema »De fontibus revelationis« (und zum Nachtrag vor der 21. Generalkongregation am 17. November 1962)] 239

Je tiefer »katholisch«, desto ökumenischer!
[Entwurf zur Rede vor der 33. Generalkongregation am 4. Dezember 1962 zum Schema »De ecclesia«] 244

Das verbesserte Schema – eine gute Arbeitsgrundlage
[Entwurf zur Rede vor der 37. Generalkongregation vom 30. September 1963 zum Schema »De ecclesia«] 250

Die Kollegialität der Bischöfe – eine traditionelle Lehre
[Entwurf zur Rede vor der 47. Generalkongregation vom 14. Oktober 1963 zum Schema »De ecclesia«] 257

Das Bischofskollegium stärken
[Entwurf zur Rede vor der 63. Generalkongregation vom 8. November 1963 zum Schema »De ecclesia«] 262

Das Kapitel zum Thema »De Judaeis« soll bleiben!
[Entwurf zu einer Rede zum Schema »De oecumenismo« (Caput 4), 2. Sessio 1963] 267

Eine eigene Erklärung ja – aber zurück zur früheren Textgestalt!
[Entwurf zur Rede vor der 89. Generalkongregation am 28. September 1964 zur Erklärung »De Judaeis et non christianis«] 271

Der wahre »Fortschritt« –
Mehrung von Glaube, Hoffnung und Liebe
[Entwurf zur Rede vor der 110. Generalkongregation
am 27. Oktober 1964 zum Schema XIII] 275

Religionsfreiheit aus dem Wort und Beispiel Christi
begründen!
[Entwurf zur Rede vor der 128. Generalkongregation
am 15. September 1965 zum Schema »De libertate religiosa«] 280

Die Begriffe »Volk Gottes« und »Welt« klären!
[Entwurf zur Rede vor der 135. Generalkongregation
am 24. September 1965 zum Schema XIII] 283

Mission gehört zum Wesen der Kirche
[Entwurf zur Rede vor der 145. Generalkongregation
am 8. Oktober 1965 zum Schema »De missionibus«] 287

Teil C
Berichterstattung / Begleitung

Schritte einer spirituellen Bewegung
[Vorwort zu »Theological Highlights of Vatican II«, 1966] . 293

Die erste Sitzungsperiode des Zweiten Vatikanischen Konzils
- Ein Rückblick 296
- Vorwort 296
- Eröffnung des Konzils 297
- Wahl der Kommissionen 299
- Die Beratung über das Liturgie-Schema 303
- Die Debatte über das Offenbarungsschema 311
- Die letzte Phase der ersten Konzilsperiode 317
- Schlussüberlegung 321

Sentire ecclesiam 323

Theologische Fragen auf dem II. Vatikanischen Konzil [Juni 1963] . . . 330
I. Die Theologie der Liturgie . . . 330
II. Zur Theologie der Offenbarung . . . 335
III. Fragen der Ekklesiologie . . . 338
a) Die Frage nach dem Wesen der Kirche . . . 338
b) Die Frage der Kirchengliedschaft . . . 339
c) Die Frage des Bischofsamtes . . . 341
IV. Das mariologische Problem . . . 343
Schlussbemerkung . . . 344

Zurück zur Ordnung der Alten Kirche [Oktober 1963] . . . 345

Konkrete Formen bischöflicher Kollegialität [Papst, Patriarch Bischof] [November 1963] . . . 348

Das Konzil auf dem Weg
Rückblick auf die zweite Sitzungsperiode des Zweiten Vatikanischen Konzils . . . 359
Vorwort . . . 359
Vorspiel . . . 361
1. Der Papst über Kurienreform . . . 361
2. Eine Neuauflage der Geschäftsordnung des Konzils . . . 363
3. Die Eröffnungsrede des Papstes . . . 368
Die Arbeit beginnt . . . 371
Debatte über die Kirche . . . 372
1. Der vorgelegte Text . . . 372
2. Kirche und Geschichte . . . 375
3. Kirche als Zeichen . . . 377
4. Kollegialität der Bischöfe . . . 377
5. Der Diakon . . . 382
6. Der Laie . . . 384
Praktische Fragen: Bischofskonferenz, Bischofsrat, Kurienreform . . . 386
Zwischenspiel. Die Frage der Mariologie . . . 388

Die ökumenische Frage 389
1. Der Text und die Debatte 389
2. Das Verhältnis zum Schema über die Kirche . . . 392
a) Zum grundsätzlichen Verhältnis der beiden Texte 392
b) Positive Aussagen zur Frage des Ökumenismus im Schema über die Kirche 394
c) Die Grenzen des Schemas über die Kirche . . . 396
3. Sachlicher Aufriss des Problems 398
4. Die Tendenz des Konzils 403
Das Erreichte 406
1. Die Konstitution über die Heilige Liturgie 406
2. Das Dekret über die Massenmedien 407
3. Die Bestätigungsformel 407
Epilog 409

Die Entwicklung des Schemas »De Ecclesia« [1964] 411
Die Frage der Kirchengliedschaft 411
Das Bischofsamt 413

Ergebnisse und Probleme der dritten Konzilsperiode 417
Einführung 417
Der gegenwärtige Stand der Arbeiten des Zweiten Vatikanischen Konzils 421
I. Die Diagnose im Vorblick des Herbstes 1964 421
1. Das Problem des Gottesdienstes 423
2. Das Problem des Zentralismus 428
3. Das ökumenische Problem 431
4. Die Religionsfreiheit 434
5. Glaube und Geschichte 437
6. Glaube und Welt 439
II. Wo steht das Konzil heute? 440
1. Der Stand der Arbeit 440
2. Papst und Konzil 445
Ökumenische Probleme der Lehre von der Kollegialität der Bischöfe 448
Einleitung: Die Fragestellung 448

I. Die Aussagen des Konzilstextes über die Kollegialität der Bischöfe 449
1. Der Text selbst 449
2. Zur Frage der so genannten Nota praevia 454
II. Ökumenische Fragen an die Lehre von der Kollegialität der Bischöfe 456
III. Die Kollegialitätslehre als ökumenische Aufgabe . . 461
1. Die Basis der Kollegialitätsidee: Die Struktur der Alten Kirche 461
a) Das ortskirchliche Prinzip 461
b) Das kollegiale Prinzip 463
c) Die Beziehung zu den Gegebenheiten des Neuen Testamentes 464
2. Die Frage der Sakramentalität der Bischofsweihe . 466
3. Ergebnis 470
Schlussüberlegung 471

Zur Konzilsdiskussion über das Verhältnis von Schrift und Überlieferung 473

Der Christ und die Welt von heute [1]
Überlegungen zum so genannten Schema 13 des Zweiten Vatikanischen Konzils 479

Der Christ und die Welt von heute [2]
Überlegungen zur Pastoralkonstitution des Zweiten Vatikanischen Konzils 479
I. Was heißt »Welt«? 487
II. Die Kennzeichen der Welt von heute 500
1. Die Erfahrung der Einheit der Welt 504
2. Die Erfahrung der Machbarkeit der Welt 508
III. Der Christ und die Welt von heute 516

Die letzte Sitzungsperiode des Konzils 527
Vorwort 527
Eröffnung des Konzils – Gründung der Bischofssynode 528
Das erste Diskussionsthema: Die Religionsfreiheit . . . 534

Der Kampf um das »Schema XIII« 538
1. Die Vorgeschichte des Textes 539
2. Das Schema des Herbstes 1965 542
a) Strukturprobleme des Textes 543
b) Das inhaltliche Hauptproblem: Glaube in der technischen Welt 548
c) Frage und Antwort im Schema XIII 551
3. Zum endgültigen Text der Pastoralkonstitution über die Kirche in der heutigen Welt 552
a) Der Christ und die technische Welt 552
b) Die Lehre von Ehe und Familie 556
c) Die Lehre von Krieg und Frieden 559
Die beiden letzten Diskussionen des Konzils 562
1. Das Grundproblem des Missionsschemas 562
2. Das Schema über den priesterlichen Dienst . . . 565
Die letzte Wegstrecke des Konzils 569
Epilog 573

Teil D
Zusammenarbeit mit Josef Kardinal Frings

Kardinal Frings
Zu seinem 80. Geburtstag 579

Die Situation der Kirche heute
Hoffnungen und Gefahren 584
Vorüberlegung zum Sinn des Themas 584
I. Die Hauptaspekte der Krise 587
II. Die bestimmenden Kräfte 591
III. Diagnose 594
1. Gefahren und Hoffnungen 594
2. Liebe zu Christus – Liebe zur Kirche 597
3. Kreuz und Erlösung 599
Schlussüberlegung 600

Stimme des Vertrauens
Kardinal Josef Frings auf dem Zweiten Vaticanum 602

Buchstabe und Geist des Zweiten Vatikanums in den
Konzilsreden von Kardinal Frings 616
I. Die Fragestellung 616
II. Die vier Typen von Konzilsreden des
Kölner Kardinals 619
1. »Progressistische« Reden 619
a) Zwei formale Prinzipien: Breite Beteiligung –
die ganze Tradition 619
b) Das inhaltliche Hauptproblem:
Offenbarung – Schrift – Überlieferung 622
c) Das zweite große inhaltliche Problem:
die Kollegialität 625
2. Nuanciert progressistische und pastorale Reden . 627
3. Kritik am konziliaren »Progressismus« 632
III. Der Geist der Konzilsreden von Kardinal Frings . . . 635

Geleitwort
[zu: Thomas Weiler, Volk Gottes – Leib Christi, Mainz 1996] 639

Teil E
Kommentar

Zur dogmatischen Konstitution über die Kirche »Lumen gentium«

Einleitung

Vorgeschichte und Absicht der Konstitution

Die Konstitution über die Kirche, die am 21. November 1964 vom Zweiten Vatikanischen Konzil in feierlicher Sitzung verabschiedet und von Papst Paul VI. bestätigt wurde, ist die Frucht einer längeren Arbeit – oder besser gesagt: eines lange zurückreichenden Prozesses geistlicher Erneuerung, in dem es dem Gläubigen nicht schwer fallen wird, den Anstoß des Heiligen Geistes zu erkennen, so menschlich die konkreten Ausführungen im Einzelnen auch sein mögen. Der Beginn des gegenwärtigen Jahrhunderts steht dem Rückschauenden unter einem merkwürdigen Zwiespalt. Einerseits ist er geprägt durch die Krise des Modernismus, in der es der Kirche im Dilemma zwischen modernisierender Preisgabe ihres Eigentlichen und ängstlicher Verschließung in das Bisherige nicht zu gelingen schien, die rettende Mitte zu finden. Aber fast zur selben Zeit erwachte eine Vielfalt neuer Bewegungen, die zusammen so etwas wie eine einzige große Gesamtbewegung bildeten, der man zwar auch vielfach mit Skepsis und Zurückhaltung begegnete, in der jedoch die Kräfte zu einem neuen Weg in die Zukunft sich zusehends die Bahn brachen. Bibelbewegung, liturgische Bewegung, ekklesiologische Bewegung, ökumenische Bewegung – das alles zusammen war Ausdruck eines einzigen neuen Impulses, der gewiss als »Bewegung« (uns Deutschen ein etwas verdächtig gewordenes Wort) noch mancherlei Ungeklärtes, Schwärmerisches, der kritischen Reinigung Bedürftiges, wohl auch manchen falschen Fanatismus in sich schloss, aber im Ganzen die von niemandem dirigierte, sondern mitten in der Krise einfach geschenkte neue Vitalität der Kirche ausdrückte, die in ihrem Ursprung zugleich die bleibenden Kräfte ihrer Erneuerung geborgen weiß.

Aus diesen Anstößen ist die Konstitution über die Kirche letztlich hervorgewachsen, die so als ein Werk der ganzen Kirche gelten darf, von Laien und Hierarchie, von Theologen und schlichten Gläubigen, die seinerzeit den Anstoß der liturgischen und biblischen Erneuerung aufgriffen und forttragen halfen. Nur von dieser Vorgeschichte her ist auch der eigentliche Sinn des Textes zu begreifen, der im Konzil unter dem Stichwort des Pastoralen immer von Neuem anvisiert wurde: Es geht ihm nicht darum, eine
7 neue Theorie über die Kirche zu entwerfen, um etwa die Dogmatik um ein neues Bündel von Thesen zu bereichern, die es zu begründen und zu verteidigen gilt. Die Besinnung auf das Eigene der Kirche dient vielmehr dazu, die Aufgabe besser zu erkennen, mit der sie betraut ist in der Zeit zwischen Ankunft und Wiederkunft des Herrn; das Nachdenken über sich selbst soll nicht zur Selbstbespiegelung werden, sondern der Kirche helfen, wahrhaft frei zu sein für den Herrn, oder wie die Kirchenväter es in einem wunderbaren Bild sagen: Die Kirche gleicht dem Monde, der sein Licht nicht von sich selbst noch für sich selbst hat; auf ihrem Antlitz leuchtet das Licht Christi wider, und es leuchtet für die Menschen, die in der Nacht dieser Weltenzeit der Führung bedürfen. So will die Konstitution über die Kirche nichts anderes als die Basis ihrer weiteren und allezeit nötigen geistlichen Erneuerung sein und muss immerfort in diesem über alle bloße Theorie hinausführenden Zusammenhang verstanden werden.

Indes, auch das Geistliche – oder vielmehr: gerade dieses bedarf der nüchternen Wahrheit, der redlichen Sachlichkeit, um nicht in die leere Schwärmerei des bloßen Gefühls abzugleiten, das Selbsttäuschung, aber nicht Heil für den Menschen bieten kann. So steht hinter dem Text der Konstitution zugleich eine immense theologische Arbeit, in der gleichsam der Gärungsprozess für den jungen Wein der verschiedenen Bewegungen sich vollzog; an den schönsten Stellen des Textes ist nun wirklich etwas von jener »nüchternen Trunkenheit« zu spüren, die ein altkirchlicher Hymnus den Gläubigen vom Gottesgeist erbittet. Ohne Zweifel wird dieser Text noch lange den Eifer und Scharfsinn der Kommentatoren herausfordern, die ihn auf die Einzelheiten seiner Intentionen und Begründungen abhören und wohl auch manches darüber zu streiten haben werden. Die Absicht dieser einleitenden Bemerkungen kann es nicht sein, in solche Einzelheiten der Kommentierungsarbeit einzutreten; nur ein paar Grundanliegen sollen kurz angedeutet werden, die gleichsam die Leittöne abgeben, die bei der Einzellektüre mitgehört sein wollen, um die Motivik des Ganzen zu erfassen.

Zum ersten Kapitel

Da geht es zunächst einfach darum, ein vertieftes Grundverständnis dessen zu gewinnen, was Kirche im Letzten ist. Jede Zeit ist bei ihrem Blick auf die Kirche von ihren eigenen Voraussetzungen mehr oder minder abhängig. So ist es nicht verwunderlich, dass in der katholischen Theologie der Neuzeit Kirche weithin als eine Art von übernatürlichem Obrigkeitsstaat begriffen wurde, mit dem Papst als absolutem Monarchen an der Spitze; dazu kam dann die kirchliche Aristokratie der Bischöfe und ihrer Gehilfen, 8
der Priester, und endlich, in rein passiver Funktion, das Untertanenvolk der Gläubigen. Diese Veräußerlichung des Kirchenbegriffes hatte dann notwendig eine vollständige Verinnerlichung des Heils zur Folge; Gnade und Seligkeit werden rein individualistisch verstanden als die Errettung der einzelnen Seele, für die freilich die Kirche die von Gott amtlich vorgeschriebenen Mittel – die Sakramente – liefert. Einem solchen (hier sicher vergröbert gezeichneten) Bild von Kirche gegenüber, wie es sich in der Neuzeit weithin durchgesetzt hatte, versucht die Konstitution des Konzils wieder das Eigentliche der »Gemeinschaft der Heiligen« herauszustellen, von der im Glaubensbekenntnis die Rede ist.

Aus diesem Grunde setzt der Text bei seinem Versuch, Kirche zu beschreiben, nicht bei soziologischen Modellen an, sondern bei der Heiligen Schrift, die keine Definition von Kirche gibt und stattdessen in immer neuen Bildern ihr Geheimnis umkreist. Dieses Verfahren wird einfach nachgezeichnet und darin liegt schon eine wichtige Aussage: Was Kirche eigentlich ist, fügt sich nicht in ein einzelnes Bild, einen einzelnen Begriff, sondern kann nur in einer Zusammenschau verschiedener Bilder, in der die fliehenden Perspektiven schließlich einander ergänzen, einigermaßen erfasst werden. Die Naturwissenschaft liefert uns heute für solches Zusammenschauen eine bemerkenswerte Analogie: Was Licht ist, so sagt sie, kann nur in der Komplementarität der Bilder von Korpuskel und Welle erfasst werden, die sich für den Forscher nicht mehr auf einen Nenner bringen lassen, die ihm aber die zwei gegensätzlichen Aspekte des Lichtes offenbaren, in deren Zusammenschau er schließlich das eigentliche Geheimnis des Lichtes zu erfassen versucht.

Unter den vielen Bildern für Kirche, die in solchem Sinn hier zusammengefügt werden – Schafstall, Ackerfeld Gottes, Bauwerk, Tempel, heilige Stadt, Braut – nehmen zwei eine eindeutig vorrangige Stellung ein: das Verständnis der Kirche als Leib Christi und dasjenige als Volk Gottes. In diesen beiden Ausdrücken, die mehr als Bilder sind, kommt am meisten das verborgene Wesen von Kirche zur Erscheinung. Dabei drücken beide je einen eigenen Aspekt aus, durch den sie eins das andere zu einer Gesamtvision der Kirche ergänzen. »Leib Christi«, das sagt zunächst, dass Kirche mehr ist als äußere *Organisation* zur Erlangung inneren Heils – dass sie ist *Organismus* des Heiligen Geistes. »Wie aber alle Glieder des menschlichen Leibes, obschon sie viele sind, dennoch den einen Leib ausmachen, so steht es auch mit den Gläubigen in Christus«, sagt die Konstitution im Anschluss an ein Wort des heiligen Paulus (1 Kor 12,12). Dass es Kirche gibt, ist nicht Will-
9 kür einer rein äußerlichen Anordnung Gottes (die es überhaupt nicht gibt); dass es Kirche gibt, ist nicht die Überfremdung des Innerlichen, Persönlichen und Geistigen durch eine äußere Organisation, die sich zwischen Gott und mich zu drängen versucht; dass es Kirche gibt, ist vielmehr Ausdruck der notwendigen gemeinschaftlichen Verfasstheit des Heils: Wie der Mensch nur als Mitmensch Mensch sein kann, so kann er auch nur als Mitmensch, im Wir der Kinder Gottes, zum gemeinsamen Vater kommen. Das Einandertragen, das Füreinander und Voneinander, das zum Wesen menschlicher Existenz gehört, endet nicht an der Schwelle des Heiligen zugunsten eines beziehungslosen Individualismus der Einzelseelen; es erreicht hier erst seine eigentliche Tiefe, indem es ins Für-uns Jesu Christi, in den »Leib Christi« eintritt, der der Organismus des Geistes Christi ist, welcher durch kein Wort mehr als durch die kleine Partikel »Für« in seinem in der Schrift uns sich eröffnenden Wesen deutlich wird.

Aber die Bedeutung des Wortes »Leib Christi« als Benennung

für die Kirche reicht tiefer, wie ein anderes Pauluswort zeigt, das in der Konstitution gleichfalls angeführt wird: »[…] das Brot, das wir brechen, ist es nicht Gemeinschaft des Leibes Christi? Weil es *ein* Brot ist, sind wir *ein* Leib als die Vielen; denn wir nehmen alle teil an dem einen Brote« (1 Kor 10,16f.). Das Wort vom Leib Christi enthält notwendig auch den Hinweis auf die Herzmitte des kirchlichen Lebens: auf das Geheimnis der Eucharistie. Beiderlei Bedeutungen von Leib Christi, die eucharistische und die kirchliche, sind zwar nicht identisch, aber doch ganz und gar aufeinander bezogen: Vom eucharistischen Mahl her baut sich die Kirche auf und umgekehrt ist Eucharistie ganz dazu da, die Menschen in den Leib des Herrn und so in den Geist des Herrn zu versammeln, um sie damit selbst zum lebendigen Leib Christi, zum Ort der konkreten und wirkmächtigen Anwesenheit Christi in der Welt umzugestalten. So macht das Wort Leib Christi aber vermöge der inneren Verschränkung, welche die Wirklichkeiten Kirche und Eucharistie darin eingegangen haben, auf die Grundgestalt und auf den Grundgehalt der Kirche Gottes aufmerksam: Ihre Grundgestalt ist die gottesdienstliche Versammlung; sie ist wesentlich aufgebaut aus Gottesdienstgemeinschaften und ist als Ganze ein Netz von gottesdienstlichen Gemeinschaften – eine Erkenntnis, die für die Verfassungsproblematik der Kirche, um die sich das dritte Kapitel unserer Konstitution müht, von grundlegender Bedeutung sein muss. Ihr Grundgehalt aber ist der Gottesdienst, die Anbetung des Vaters durch Christus im Heiligen Geist: *Sie* ist der eigentliche Sinn, der ihre Existenz in dieser Welt rechtfertigt und verlangt. Kirche ist da der Anbetung wegen; wenn aber der höchste Sinn des Menschen ist, in der Anbetung Mund der stummen 10
Schöpfung zu sein und sie zu ihrem Schöpfer zurückzubeziehen, dann vollendet sich in der Kirche zugleich die eigentliche Bestimmung des Menschen selbst.

Zum zweiten Kapitel

Das Vorige zusammenfassend dürfen wir sagen, dass das Wort vom Leibe Christi, der die Kirche ist, die positive Sinnfülle von Kirche zum Ausdruck bringt, während demgegenüber ihre Benen-

nung als »Volk Gottes«, die sie mit dem Volk des Alten Bundes teilt, auf einen anderen Aspekt ihres Daseins aufmerksam macht: auf die Vorläufigkeit, die ihr anhaftet, solange diese Weltzeit dauert. Solange bleibt sie Kirche unterwegs, dem wandernden Gottesvolk Israel vergleichbar, das zwischen Ägypten und dem Land der Verheißung auf dem Wege ist. Das schließt ein, dass sie sich nie beruhigt am Ziele wähnen darf, dass sie immer wieder bereit sein muss, sich von ihren geschichtlichen Verwurzelungen in dieser oder jener Zeit und ihrer Kultur zu lösen und einer neuen Zeit zu dienen, der sie das eine Wort Gottes verkünden muss, das ewig bleibt, das aber in dieser Welt nur dadurch leben kann, dass jede Generation ihr neu ihr Fleisch und Blut anbietet, es neu durchlebt und durchleidet. Für die Theologie der Mission, die in dem Kapitel über das Volk Gottes anklingt, sind diese Einsichten von entscheidender Bedeutung. Sie zeigen, dass es in der Mission um mehr geht als um bloße »Akkommodation«, wenn man darunter nur eine mehr oder minder taktisch-pädagogische Angleichung an die Situation der Missionsländer versteht. Von der Vätertheologie her bietet sich ein Bild von viel tieferem Anspruch an, das sachlich im Hintergrund der Ausführungen unserer Konstitution wirksam sein dürfte: die »Assumptio hominis«, die Annahme des Menschen in seiner ganzen geschichtlichen Dimensionierung, die in der Fleischwerdung des Wortes in Bethlehem grundsätzlich begonnen hat, muss in der Mission weitergehen, derart, dass das »Fleisch« der Menschheit, d. h. ihre irdisch-geschichtliche Existenz, wahrhaft zum Fleisch des Wortes wird – ein Prozess, der nicht ohne schmerzliche Umwandlung vor sich geht, gemäß dem Gesetz des Weizenkorns, das nicht anders Leben verheißt als durch den Tod des Bloß-Eigenen hindurch, so aber wahrhaft zu vieler Frucht reifen kann. Die freundliche Oberflächlichkeit mancher Harmonisierungsversuche, die im ökumenischen Zeitalter aus dem Boden schießen, wird auf diese Weise als ein Mangel an Ernst und an Vertrauen erscheinen, der nicht jene tiefe und schmerzliche Verschmelzung wagt, ohne welche die Ehe Christus–Kirche, die ungeheuerliche Vereinigung von Mensch und Gott durch den
11 Gottmenschen Jesus Christus nun einmal nicht zustande kommt.
Übrigens liegt das Kreuz hier auf beiden Seiten: Auch eine Kirche, die sich in dieses missionarische Abenteuer hineinwagt, wird im-

mer wieder die Kreuzigung ihrer eigenen Gewohnheiten erleben müssen, durch die sie Schritt um Schritt verwandelt werden soll in das Vollalter Jesu Christi hinein.

Die Konstitution von der Kirche benützt übrigens das Kapitel vom Volke Gottes, um noch zwei weitere Probleme zu behandeln: die Frage einer Theologie des Laienstandes und das ökumenische Problem. Beides wird freilich nur in Form einer allgemeinen Grundlegung angegangen, denn dem Laienproblem gilt hernach ein eigenes, das vierte Kapitel der Konstitution; mit der ökumenischen Frage befasst sich bekanntlich das gleichfalls am 21. November 1964 verabschiedete Dekret über den Ökumenismus. Was den Laien in der Kirche angeht, so wird deutlich gemacht, dass der Begriff Volk Gottes die übergreifende Aussage ist, die beides, Hierarchie und Laien, umfasst. Sie alle bilden das eine priesterliche und königliche Gottesvolk, von dem der Erste Petrusbrief in unübertrefflich schönen Worten spricht (1 Petr 2,5–10). In diesem Volk gibt es zwar verschiedene Dienstleistungen, aber letztlich nur eine Berufung.

Die ökumenische Frage, die in diesem Kapitel im Zusammenhang mit dem Problem angegangen wird, wer als Angehöriger des Gottesvolkes (»Glied der Kirche«) bezeichnet werden darf, ist zu vielschichtig, als dass sie im Rahmen einer kurzen Einleitung auch nur andeutungsweise entfaltet werden könnte. So mag eine Bemerkung genügen. Die Konstitution hält daran fest, dass nur jene der Gemeinschaft der Kirche voll eingegliedert werden, »die, im Besitze des Geistes Christi, ihre ganze Ordnung und alle in ihr eingerichteten Heilsmittel annehmen und in ihrem sichtbaren Verband mit Christus, der sie durch den Papst und die Bischöfe leitet, verbunden sind, und dies durch die Bande des Glaubensbekenntnisses, der Sakramente und der kirchlichen Leitung und Gemeinschaft.« Das entspricht einer Feststellung des ersten Kapitels (Nr. 8), in dem gesagt wird, dass die »einzige Kirche Christi, die wir im Glaubensbekenntnis als die eine, heilige, katholische und apostolische bekennen«, ihre konkrete Existenzform in der katholischen Kirche hat, »die vom Nachfolger Petri und von den Bischöfen in Gemeinschaft mit ihm geleitet wird«. Für die Konstitution, die hier einfach die beständige katholische Glaubensüberzeugung formuliert, ist die eine Kirche Jesu Christi in der sicht-

baren katholischen Kirche real gegeben und nicht etwa eine hinter
den konkreten Kirchentümern verborgen bleibende Größe, die
sich dann faktisch in den verschiedenen Konfessionen und kirch-
12 lichen Gemeinschaften verwirklichen würde.

Dies festgestellt, gilt aber nun, dass nicht nur die Einheit der Kirche, sondern auch die Spaltung der Christenheit eine Realität darstellt, d.h. dass das, was außerhalb der katholischen Kirche an Christentum existiert, nun eben dennoch wirklich »christlich« und, da es bloß privates, kirchenfreies Christentum nicht gibt, auch eine Weise der Anwesenheit von Kirche ist. Demgemäß fährt der Text an der eben angeführten Stelle aus Kapitel 1,8 folgendermaßen fort: »Das schließt nicht aus, dass außerhalb ihres Gefüges [= des Gefüges der vorher beschriebenen einen katholischen Kirche] vielfältige Elemente der Heiligung und der Wahrheit zu finden sind, die als der Kirche Christi eigene Gaben auf die katholische Einheit hindrängen.« Und im zweiten Kapitel folgt der Darstellung der Vollgliedschaft in der Kirche, von der wir eben hörten, die Aussage, dass die Kirche sich aus mehrfachem Grund mit jenen verbunden weiß, die, getauft und der Ehre des Christennamens teilhaft, nicht den vollen Glauben der römisch-katholischen Kirche bekennen oder die Kommunioneinheit unter dem Nachfolger Petri nicht wahren. Es werden die Elemente christlicher Wirklichkeit bei ihnen genannt: Schrift, Glaube an Gott den Vater und an Christus, den Sohn Gottes, Taufe, Eucharistie usw. In diesem Zusammenhang ist auch von den »eigenen Kirchen oder kirchlichen Gemeinschaften« der anderen die Rede, die solche Heilsgüter vermitteln.

Einen theoretischen Ausgleich zwischen beiden Aussagen versucht die Konstitution nicht, und sie tut sicher gut daran. Sie zeigt ihren Realismus, indem sie die beiden gegebenen Realitäten nennt und bekennt: die von Gott her unverbrüchlich kommende Realität der tatsächlich vorhandenen einen und einzigen Kirche, die in aller Schwachheit und Schuld doch eben die Kirche Jesu Christi bleibt; die von den Menschen her kommende Realität der nicht minder tatsächlichen Zerteilung und Zerrissenheit des unzerrissenen Rockes Christi. Beides, die Realität von oben und die von unten, überschneiden sich – das dunkle Geheimnis der menschlichen Schuld und das in seiner Helligkeit unseren nachtgewöhnten Augen noch viel dunklere Geheimnis des göttlichen Erbarmens entziehen sich in ihrer Überschneidung der Logik menschlicher Berechnung, sie müssen beide angenommen werden und beide dastehen als der Ausgangspunkt unseres geistlichen Wirkens und Seins in dieser Zeit.

Zum dritten Kapitel

Am meisten umstritten war das dritte Kapitel, das – die Arbeiten
des seinerzeit vom deutsch-französischen Krieg 1870 unterbroche-
nen Ersten Vatikanischen Konzils aufgreifend – die Primatslehre
durch eine Lehre von der Kollegialität der Bischöfe ergänzt. Wie- 13
der ginge es zu weit, diese Lehre hier kommentierend aufgreifen und entfalten zu wollen. Begnügen wir uns damit, ihre beiden Schwerpunkte zu benennen. Da ist zunächst die Lehre von der gesamtkirchlichen Kollegialität. Sie besagt, dass alle mit dem Heiligen Stuhl in Frieden lebenden Bischöfe insgesamt ein Kollegium sind, das zusammen mit dem Papst als Haupt und wie dieser oberste und volle Gewalt über die ganze Kirche besitzt, doch so, dass dieses Kollegium zwar nicht ohne das Haupt (= den Papst), wohl aber das Haupt ohne das Kollegium handeln kann. Freilich wird offen gelassen, dass die Mitwirkung des Hauptes, die für gesamtkirchliche kollegiale Akte vonnöten ist, in verschiedener Weise, etwa in der Form der einfachen Rezeption kollegialer Handlungen, stattfinden kann.

Wichtiger als diese in ihrer Praktikabilität etwas fragwürdige, wenn auch als Basis für eine Theologie der Konzilien unerlässliche Lehre, ist das allgemeine Prinzip der Kollegialität, dessen Sinn zunächst nicht in der Frage einer gesamtkirchlichen Regierungsgewalt liegt, sondern darin konzentriert ist, in der Einheit der einen Kirche die Vielheit der Teilkirchen in ihrer unersetzlichen Eigenbedeutung zur Geltung zu bringen. Der Kollegialitätsgedanke beruht auf der Einsicht, dass Kirche nicht ein monarchisch verfasster Superstaat ist – wir greifen auf den Anfang unserer Überlegungen zurück –, sondern ein Gefüge von gottesdienstlichen Gemeinschaften, die ihren verbindlichen Orientierungspunkt im Sitz des heiligen Petrus zu Rom haben. Das Verhältnis von »Teil-

kirchen« und Gesamtkirche lässt sich nicht vergleichen mit dem Verhältnis der Regierungsbezirke zu dem sie umgreifenden Staat, weil sich Staat und Kirche von ihrem Wesen her nicht vergleichen lassen. Schrift und Väter haben jede einzelne Teilkirche einfach »Kirche« genannt und so unbefangen von »Kirchen« gesprochen, freilich nicht im Sinne der heutigen, voneinander abgetrennten Konfessionskirchen, sondern so, dass jede der vielen »Kirchen« an ihrem jeweiligen Ort Anwesendwerden der einen Kirche Gottes ist, mit der sie durch Glaube und Kommunion verbunden lebt. Bei einer solchen Sicht von Kirche wird es von selber klar, dass die Einheit der Kirche die Vielheit der Kirchen (im altchristlichen Verstand) einschließen muss, dass es nie eine absolute Zentralisierung in der Kirche geben kann und darf, sondern dass die Vielheit ihr Eigengewicht und ihr Eigenrecht in der Einheit behalten muss. Vielleicht liegt hier sogar der Schlüssel zum ökumenischen Problem verborgen: Weil der Vielheit in vergangenen Perioden innerhalb der Einheit kaum noch Raum gelassen war, »musste« (in einer jener geheimnisvollen und dunklen Notwendigkeiten, die
14 uns rätselhaft immer wieder in der Geschichte Gottes mit den Menschen begegnen: »Es müssen Spaltungen sein« sagt Sankt Paulus: 1 Kor 11,19) – die Vielheit, sagten wir, »musste« sich in den vielen Kirchen außerhalb der einen Kirche Platz verschaffen. Auf jeden Fall aber liegt hier der eigentliche Brennpunkt der Kollegialitätsidee, die, wie gesagt, nicht die »Monarchie« durch ein »Parlament« ergänzen will, sondern die Eigenbedeutung der »Kirchen« in der »Kirche« zur Geltung bringen soll, jene lebendige Vielheit, die der Reichtum der wahren Einheit ist.

Das vierte, fünfte und sechste Kapitel

Den Grundgedanken der Kapitel 4–6 haben wir bei unseren Erwägungen über das Volk Gottes schon kennengelernt: Es wird noch einmal und nachdrücklich die Eigenbedeutung des Laien in der Kirche herausgestellt, der den Dienst des Glaubens inmitten der Welt vollzieht, »damit so die Welt mit dem Geiste Christi durchtränkt werde und in Gerechtigkeit, Liebe und Friede ihr Ziel wirksamer erreiche«. Es wird die gemeinsame Berufung zur Heiligkeit herausgestellt, die inmitten der Verschiedenheit der irdischen und der kirchlichen Ordnungen letztlich doch eine einzige ist und alle Christen zu einem einzigen gemeinsamen Ziele ruft. Es wird endlich noch einmal mit Nachdruck die unverlierbare Bedeutung des Ordenslebens für die Kirche ausgesprochen, die auch inmitten der technischen Welt der Apparate und der Automaten noch immer die Einfalt der Verzichtenden, die Geduld der Leidenden und Liebenden braucht, die – irdisch oft scheinbar nutzlos – den Raum des wahrhaft Menschlichen offenhalten, in dem sie dem verzehrenden Anspruch des »Gott allein genügt« sich stellen. Freilich: Auch dieser Dienst steht unter der Verschattung des Kreuzes, unter dem Ungenügen des Menschlichen und empfängt seine Herrlichkeit allein aus der göttlichen Erbarmung. Ja, vielleicht ist er sogar das dramatischste Zeugnis dafür, dass aller Reichtum des Menschen am Ende nur Armut ist und dass wir Gott zuletzt nichts anderes bieten können als unsere leeren Hände, die offenbleiben für seine Fülle.

Zum siebten Kapitel

Im siebten Kapitel haben sich Anstöße verschiedener Art vereint. Der eine davon war, dass man den eschatologischen Charakter der pilgernden Kirche stärker unterstrichen sehen wollte. Das vieldeutige Wort »eschatologisch« will hier sagen, dass Kirche »schon« Anwesenheit des Endgültigen und doch »noch nicht« dessen Fülle ist, die sich vielmehr in ihr noch unter den Schleiern dieser Zeitlichkeit verbirgt. Es will sagen, dass Kirche immer schon aus der
Endgültigkeit der in Christus erschienenen wirk- samen und un- 15
widerruflichen Gnade Gottes lebt, dass sie aber auch immer noch durch die Sünde und das Versagen des Menschen geprägt ist und so immer neu im Widerschein von Gericht und Erbarmen steht. Von da aus wird das »Eschatologische« zugleich zu einem Hinweis auf die stete Erneuerungsbedürftigkeit der Kirche, auf die man das Wort des heiligen Paulus über den Christenmenschen anzuwenden versucht ist: »Wenn auch unser äußerer Mensch zerrieben wird, so wird doch unser innerer erneuert Tag um Tag« (2 Kor 4,16).

Daneben steht aber eine andere Bedeutung von eschatologisch, die für den Großteil der Konzilsväter weit mehr im Vordergrund des Bewusstseins lag. Mit dem Eschatologischen sind im herkömmlichen katholischen Sprachgebrauch »die Letzten Dinge« gemeint – Himmel, Hölle, Fegfeuer sowie die Ereignisse bei der Wiederkunft Christi in der Vollendung der Welt. Auch wenn man *diesem* Sprachgebrauch folgt, wird man bald eine eigentümliche Verschränkung von Zukunft und Gegenwart gewahren. Denn die Zukunft der Kirche hat auch in dieser Hinsicht schon begonnen (um ein modernes Schlagwort anzuwenden): In ihren Heiligen ist sie schon am Ziel ihrer Pilgerschaft, wenn auch deren Seligkeit ihrer letzten Fülle ermangelt, solange die Vollendung des Leibes Christi in der Auferweckung der Toten noch aussteht. Dieses Hinüberreichen in die Welt derer, die schon zu Hause sind, oder anders gesagt, die ungebrochene und unzerbrechbare Gemeinschaft aller Glieder von Christi Leib ist der Kirche wesentlich. Die unerbittliche Scheidewand des Todes hat für sie ihre Undurchdringlichkeit verloren, das Mit-Christus-Sein (Phil 1,23) übergreift auch diese Grenze. Deshalb feiert die Kirche ihre Liturgie in Gemeinschaft mit allen Heiligen Gottes, einfach mit allen denen, »die uns mit dem Zeichen des Glaubens vorangegangen und im Frieden entschlafen sind«. Ja, ihr Gottesdienst ist nichts anderes als das Sich-Einfügen der pilgernden Kirche in jene allumfassende kosmische Liturgie, von der der Seher auf Patmos, dem einen Augenblick in sie hineinzuschauen vergönnt war, sagt: »Und jegliches Geschöpf im Himmel und auf der Erde und unter der Erde und auf dem Meere samt allen darin und darauf hörte ich sprechen: ›Dem, der auf dem Throne sitzt, und dem Lamme sei der Lobpreis und die Ehre und die Verherrlichung und die Macht in alle Ewigkeit‹« (Offb 5,13).

Ohne Zweifel ist diese Art von »eschatologischem« Verständnis der Kirche nicht weniger ursprünglich und wesentlich als die moderne, von der wir vorhin gesprochen haben. Die unteilbare Einheit aller, die das Zeichen des Glaubens empfangen haben, im einen Leibe Christi ist ein wesentlicher Aspekt der Wirklichkeit
16 Kirche, den die Konzilskonstitution mit Recht in ihre Betrachtungsweise einbezogen hat. In dieser Verbindung von Pilgernden und Vollendeten, die im Gottesdienst ihre höchste Aktualisierung erreicht, bei dem wir alle vor dem Altare stehen, der Christus sel-

ber ist – in dieser Verbindung liegt zugleich der eigentliche Grund für die kirchliche Heiligenverehrung, deren Richtung und Gesetzlichkeit auf solche Weise deutlich wird: Die Heiligen bilden die Horizontale der christlichen Frömmigkeit und sind als solche nicht aus ihr wegzudenken. Sie sind nicht selbständige Adressaten, die Gott und Christus im Wege stehen dürften, sondern ein Teil des christlichen Wir, das vor dem Du des Vaters steht: durch Christus im Heiligen Geist. Dass die konkrete Praxis der Heiligenverehrung von dieser Grundnorm her mancher Korrekturen bedarf, wird niemand ernstlich bestreiten wollen; die Konzilskonstitution verschweigt es nicht, indem sie dazu mahnt, »alle vielleicht da und dort eingeschlichenen Missbräuche, Übertreibungen oder Unterlassungen fernzuhalten oder zu verbessern«. Solche Mahnung steht freilich mit vollem Recht auf dem Boden einer ungeteilten grundsätzlichen Bejahung der Heiligenverehrung als eines Teils der »eschatologischen« Existenz der Kirche.

Zum achten Kapitel

In dem Gesagten ist zugleich schon der legitimierende Grund für die Einbeziehung der Marienlehre in die Lehre von der Kirche aufgedeckt. In der Konzilsaula wurde als Brücke von dem einen zum anderen Thema mehr als einmal der Text aus dem Kanon der römischen Messe angeführt, der den Umkreis der feiernden Gemeinde mit den Worten absteckt: »In heiliger Gemeinschaft ehren wir dabei vor allem das Andenken der glorreichen, allzeit reinen Jungfrau Maria […] und aller Deiner Heiligen«. Wenn die Rückführung des Kirchenbegriffs auf seine gottesdienstliche Mitte bzw. die Auffassung des Gottesdienstes als der eigentlichen Aktualisierung dessen, was Kirche ist und soll, eine der wesentlichen Leistungen der Konstitution darstellt, dann ist dies ohne Zweifel ein höchst legitimer Ausgangspunkt. Von ihm her wird übrigens nicht nur der Zusammenhang zwischen Lehre von der Kirche und von der Mutter des Herrn sichtbar, sondern zugleich der innere Ansatz der Mariologie selbst enthüllt, die (wenn sie sich recht versteht) nicht eine Doktrin zur Befriedigung spekulativer Interessen ist, sondern Auslegung eines Teils der christlichen Frömmigkeit.

Dieser ist (als Teil) seinerseits eingeordnet in den eigentlichen, ja einzigen Gottesdienst der Kirche: die Danksagung an den Vater im Gedenken an das heilbringende Leiden und Auferstehen seines
17 Sohnes, das uns im Heiligen Geiste gegenwärtig wird.

Wiederum müssen wir uns versagen, kommentierend auf den Text des Marienkapitels einzugehen: Die Fülle seiner Aussagen und Probleme könnte in der notwendigen Kürze höchstens verzerrt oder unangemessen vereinfacht werden. Nur zu der umstrittensten Aussage des Ganzen, zur Benennung der Gottesmutter als Mittlerin, sei eine kurze Bemerkung versucht. Der Text sagt in diesem Zusammenhang, dass Maria in der Kirche unter den Titeln »der Fürsprecherin, der Helferin, des Beistandes und der Mittlerin angerufen« wird. Er sagt nicht im Sinne einer theoretischen These: Maria *ist* die Mittlerin aller Gnaden, sondern er sagt: Sie *wird* – neben anderen verwandten Ausdrücken, die alle letztlich dasselbe meinen – unter dem Titel Mittlerin *angerufen*. Auf diese Weise wird zunächst schon einmal sichtbar, dass dieses Wort nicht den Rang eines präzisen theologischen Begriffes hat; es ist ein Titel, der nicht aus der Relation des Gebetes herausgelöst werden und in eine unsachgemäße Sachlichkeit transponiert werden darf. Oder, positiv ausgedrückt: Dies Wort ist eine Anrede innerhalb der Relation des Gebetes, und das heißt: Es ist ein Wort des Herzens, der verehrenden Liebe, das, wie so oft die Worte der Liebe, falsch werden kann, wenn man es in eine theoretische Absolutheit versetzt, wo ihm doch das rufende Vertrauen seinen Sinn gibt und den Überschwang rechtfertigt (oder mindestens entschuldigt), den es vom strengen Maßstab der Schrift her ohne Zweifel enthält. Wir müssen noch einen Schritt weitergehen: Die Konstitution stellt nach dem Gesagten keine Theorie auf über Maria als Mittlerin, sie stellt einfach die Tatsache fest, dass christliche Frömmigkeit sich auch in diesem Wort ausgedrückt hat und versucht freilich dann, diese Tatsache zu rechtfertigen, indem sie zeigt, wieso ein solches Wort durchaus einen legitimen Sinn aussagen kann.

Natürlich sind Spekulationen über die Mittlerschaft Mariens, wie es sie seit geraumer Zeit in der katholischen Theologie gibt, auf diese Weise nicht verboten, aber ebensowenig sind sie zum Gegenstand konziliarer Lehraussage gemacht. Das ist ein Vorgang von großer Bedeutung, der auf die künftige Arbeit der Theologen

nicht ohne Auswirkung wird bleiben können. Im Hintergrund steht ein neu erwachtes Bewusstsein für den Stilunterschied zwischen Frömmigkeit und Theorie: Eine Formulierung, die im inneren Gesamtgefüge der Frömmigkeit legitim und sachgerecht sein kann, muss noch lange nicht ein angemessener Ausdruck theologischer Begrifflichkeit sein und schon gar nicht ein Ausgangspunkt für ganze spekulative Systeme, so ähnlich wie Aussagen, die der Lyrik anstehen, deshalb noch nicht in ein Lehrbuch der Philosophie passen müssen. Auf der anderen Seite wird freilich die innere Einheit von Wahrheit und Frömmigkeit eine Konvergenz der Wor- 18
te und eine Überprüfung des liebenden Stammelns der Frömmigkeit an der nüchternen Wahrheit der Theologie und umgekehrt eine Erwärmung der Theologie vom gelebten Glauben her fordern, wobei jederzeit die Schrift als der oberste Maßstab zu gelten hat.

Dass dies alles nicht (wie manche zu befürchten scheinen) darauf hinausläuft, die katholische Marienfrömmigkeit unter dem kalten Hauch rationalistischer Theologie gefrieren oder in der Bilderstürmerei des so genannten Minimalismus verkümmern zu lassen, zeigt das Marienkapitel unserer Konstitution deutlich genug, welches reicher und lebendiger ist als die schlussfolgernden Traktate schulmäßiger Mariologie, die ihre Frömmigkeit im Erdenken immer neuer Privilegien der Gottesmutter doch wohl auf einer falschen Ebene vollziehen und mit ihrem Eifer zu guter Letzt weder dem Verstand noch dem Herzen dienen. Liest man dagegen den Konzilstext, so spürt man etwas von jener reichen Lebendigkeit, die nur aus reinsten Quellen kommen kann und die Armseligkeit unserer denkerischen Erfindungen beschämt.

Noch eine letzte Bemerkung: Die Konstitution schließt mit dem Wort von der Heiligsten Dreifaltigkeit, wie sie mit ihr beginnt und stellt damit unmissverständlich den wahren Ort aller Ekklesiologie, ihren Anfang und ihr Ende heraus: den dreieinigen Gott, Vater, Sohn und Heiliger Geist. 19

Die bischöfliche Kollegialität nach der Lehre des Zweiten Vatikanischen Konzils

Zu den grundlegenden Zielsetzungen des Zweiten Vatikanischen Konzils gehörte von Anfang an die Absicht, die Primatslehre des Ersten Vatikanums, die aufgrund der von den äußeren Umständen erzwungenen vorzeitigen Schließung des Konzils wie ein einsamer Torso des geplanten größeren Gebäudes einer umfassenden Ekklesiologie stehengeblieben war, durch eine entsprechende Lehre vom Episkopat zu ergänzen. Das dritte Kapitel der Konstitution über die Kirche hat diese Aufgabe vollzogen und dabei als Leitidee den Gedanken der kollegialen Struktur des bischöflichen Amtes verwendet. Wir versuchen im Folgenden, diesen Gedanken in seiner theologischen Bedeutung etwas näher zu entfalten, indem wir schrittweise den einschlägigen Stücken des Konzilstextes nachgehen und ihre Bedeutung zu erheben suchen. Anschließend werden wir uns mit dem Text der Nota praevia explicativa befassen müssen, die dem dritten Kapitel der Konstitution von der Theologischen Kommission auf höheren Wunsch als eine Art authentischer Auslegung beigegeben wurde. Zum Schluss werden wir uns dann noch der Frage nach der theologischen Qualifikation der konziliaren Lehre über das Bischofsamt stellen müssen.

I. Die Aussagen des Konzils über die Kollegialität der Bischöfe

1. Das Wort »Kollegium«

Der Konzilstext eröffnet seine Aussagen über das Bischofsamt mit einem Blick auf die kirchengründende Tätigkeit des historischen Jesus, worin er die Grundgestalt des geistlichen Amtes für alle folgenden Zeiten verbindlich festgelegt findet. Die Zwölf, die vom

Herrn als Apostel berufen wurden, habe er, so sagt der Text, »nach Art eines Kollegiums oder einer festen Gemeinschaft« (ad modum collegii seu coetus stabilis) eingerichtet und den aus ihrer Mitte erwählten Petrus an ihre Spitze gestellt. Dieser Satz enthält im Kern bereits den Grundgedanken, auf dem alles Weitere basiert: Die vom Herrn selbst gesetzte Urgestalt des geistlichen Amtes – »die Zwölf«, wie sie die Schrift wiederholt einfach benennt (z.B. Mt 11,1; 20,17; 26,14.30; Mk 3,14.16; 4,10; 11,11; 14,10.17.20.43; Lk 8,1; 9,1; 18,31; 22,3; Joh 6,67–71; 20,24; Apg 6,2; 1 Kor 15,5) – ist kollegial; einer von den Zwölfen – Petrus – ist indes herausgehoben und steht an der Spitze der übrigen, doch so, dass er weiterhin dem Kollegium, d.h. den Zwölfen zugehört.[1] Dieser an sich gänzlich einleuchtenden, weil in den Texten fest verankerten Aussage stand von vornherein die besondere Schwierigkeit des Wortes »Kollegium« im Weg, das freilich die eigentliche interpretative Zutat des Konzils zum Schrifttext darstellt: den Versuch, die *Sache* der Schrift in die *Begrifflichkeit* der Theologie zu übersetzen und sie so der weiteren theologischen Bearbeitung zu erschließen. Im Ersten Vatikanischen Konzil hatte man sich mit der Idee protestantischer Juristen auseinandergesetzt, die von einer Kollegialstruktur der Gesamtkirche geredet und damit die reformatorische Idee der völligen Gleichheit aller Kirchenglieder ausgedrückt hatten.[2] So eignete dem Wort »Kollegium« vor allem für die in der

---

[1] Der Text macht das deutlich, indem er sagt, »cui [= collegio] ex iisdem [= duodecim] electum Petrum praefecit«.

[2] Kapitel 3 und 10 des ersten Schemas »De Ecclesia« erläutern den Charakter der Kirche als Societas perfecta, der zugleich ihr Verständnis als Societas aequalium ausschließe (Mansi 51, 540 und 543); dazu die geplanten canones 10 und 11: Can. 10: »Si quis dixerit, ecclesiam non esse societatem perfectam, sed collegium, aut ita in civili societate seu in statu esse, ut saeculari dominationi subiiciatur, anathema sit«; Can. 11: »Si quis dixerit, ecclesiam institutam divinitus esse tanquam societatem aequalium, anathema sit« (Mansi 51, 552). In den Notae 5 (ebd., 556ff.), 17 (581ff.), 59 (624f.) und 60 (625) der dem Text beigegebenen Erläuterungen wird der Hintergrund dieses Textes in der protestantischen Rechtsgelehrsamkeit des 17. und 18. Jahrhunderts – Pufendorf, Böhmer, Grotius, Heinecke – ausgebreitet. Zwei der behandelten Stellen seien genannt: Aus Böhmer, *Ius parochiale*, sec. I c. I 15, wird folgende Auffassung wiedergegeben: »Societates, inquit, humanas esse vel aequales vel inaequales. Aequales, ubi neuter alteri imperat […] ut sunt collegia […]« (Mansi 51, 556). Über

kurialen Tradition beheimateten Konzilsväter ein zweifelhafter Klang, obgleich der ausdrückliche Hinweis auf die Vorrangstellung des Petrus gleich beim ersten Auftauchen des Wortes es in einer Richtung umgestaltet, die ihm einen von den Gegebenheiten der katholischen Überlieferung bestimmten eindeutig theologischen Sinn verleihen, der eine Verwechslung mit dem staatskirchenrechtlichen Kollegialitätsbegriff gänzlich ausschließt. Überdies hätte man bedenken müssen, dass das Wort »Kollegium« über seine außerkatholische Vorgeschichte hinaus auch eine lange innerkirchliche Vorgeschichte aufzuweisen hat, von der durch die neueren Forschungen vor allem zwei Etappen deutlich ins Licht getreten sind: In den Papstbriefen des 4. und 5. Jahrhunderts wie auch in der gleichzeitigen liturgischen Sprache ist Kollegium ein geläufiges Wort, sowohl um die apostolische Gemeinschaft als auch die Gemeinschaft Bischof–Presbyter und die Gemeinschaft der Bischöfe (teilkirchlich oder gesamtkirchlich) auszudrücken.[3] In der katholischen Theologie des 15. bis 19. Jahrhunderts, insonderheit bei den Theologen italienischer Zunge, spielt die Idee des kollegialen Charakters des Gesamtepiskopates eine hervorragende Rolle, gerade auch bei betont primatial denkenden Gelehrten.[4] Das Übersehen dieses jahrhundertealten kirchlichen Sprachgebrauchs und das Reflektieren allein auf eine außerkirchliche Ver-

---

Heinecke wird gesagt: »qui per ecclesiam intelligit collegium religionis gratia initum«. Die Fragestellung ist von der des gegenwärtigen Konzils grundlegend unterschieden. Vgl. Torrell, *La théologie de l'épiscopat*, besonders 54–66; Rusch, *Die kollegiale Struktur*, besonders 257 f. – Eine ähnliche Einschränkung der Bedeutung von collegium auf Societas aequalium lässt sich übrigens im römischen Recht nicht nachweisen, vgl. Pauly/ Wissowa IV / 1, 380–480 (Collegium). Spalte 380 wird zum Begriff des Collegium im römischen Recht gesagt, es sei die Bezeichnung »für eine Vereinigung von Personen zu einem gemeinsamen, dauernden Zweck; das Wort schließt zwar die öffentlichen Gemeinwesen aus, entbehrt aber im Übrigen jeder festen positiven Bestimmtheit«. Vgl. auch Rusch, *Die kollegiale Struktur*, 261 f.

3 Belege bei Lécuyer, *La collégialité épiscopale;* Rusch, *Die kollegiale Struktur*, 263–280; Colson, *L'épiscopat.*

4 Das hat mit einer Fülle sorgfältig verarbeiteter Quellenbelege herausgestellt Alberigo, *Lo sviluppo della dottrina sui poteri;* vgl. auch Le Guillou, *Collège apostolique et Collège épiscopal*, besonders 106–110. Eine kurze Skizze der Geschichte der Kollegialitätsidee von den Anfängen bis zur Gegenwart bietet Dejaifve, *Les douze Apôtres et leur unité.*

wendung des Wortes, das in der Argumentation eines Teiles der Konzilsväter eine so belastende Rolle gespielt hat, sind kennzeichnend für die Gefährdungen, die aus einer geschichtsvergessenen Art, Theologie zu treiben, hervorkommen, und sind freilich zugleich auch ein Hinweis auf die Bedeutung der Sprache für die angemessene Erfassung der Sache der Theologie.

Aber kehren wir zur Textanalyse der Konzilskonstitution zurück. Die Theologische Kommission hielt es für richtig, den immer wieder laut gewordenen Bedenken gegen das Wort Kollegium Rechnung zu tragen, die schließlich zu einer Verfälschung der Sachdebatte zu führen drohten, und fügte der Bezeichnung der Zwölfergemeinschaft als Kollegium, im Anschluss an einen vor allem von italienischen Bischöfen unterstützten Änderungsvorschlag, die Worte »seu coetus stabilis« hinzu: Kollegium, d. h. feste Gemeinschaft. Sinn dieser Zufügung war es nach dem Gesagten nicht, den wesentlich gemeinschaftsbezogenen (»kollegialen«) Charakter des apostolischen Amtes abzuschwächen und durch den Hinweis auf eine bloß moralische Einträchtigkeit zu ersetzen; ihre einzige Bedeutung besteht darin, die Missverständnisse abzuwehren, die aus dem Wort Kollegium abgeleitet werden können. Aus der gleichen Absicht heraus hatte man sich schon in früheren Stadien der Textredaktion entschlossen, das Wort Kollegium wechselweise mit den Ausdrücken ordo und corpus zu verwenden, die in der altkirchlichen Überlieferung gleichsinnig mit collegium gebraucht werden.[5] Der Wechsel der Termini vermag immerhin anzudeuten, dass keines der Wörter, welche die profane Rechtssprache uns zur Verfügung stellt, völlig angemessen den innerkirchlichen Sachverhalt auszudrücken vermag, für den es im profanen Bereich zwar Analoga, aber keine adäquaten Parallelen gibt. Insofern wird freilich die Sprache der Theologie immer ein mühsames Stammeln bleiben. Sie muss das Neue zur Aussage bringen,

---

[5] Belege zu »collegium« (beginnend mit Cyprian) und »corpus« bei Lécuyer, *La collégialité épiscopale;* zu »ordo«, das schon bei Tertullian auftaucht (*Adv Marc* IV 5, 2 [CChr 1, 551]: »[...] Nam etsi Apocalypsim eius [= Johannis] Marcion respuit, ordo tamen episcoporum ad originem recensus in Johannem stabit auctorem.« – *Praescr* 32, 1 (CChr 1, 212): »[...] edant ergo origines ecclesiarum suarum, evolvant ordinem episcoporum suorum [...]«). Botte, *Presbyterium* und *Kollegialcharakter.*

das von Christus her in die Welt gekommen ist, und sie kann es doch nur tun in den alten Worten, die ihr die menschliche Sprache anbietet und die umso unzulänglicher werden, je höheren Ranges der Sachverhalt ist, den sie wiedergeben sollen.

2. Erste Ausführungen über das Prinzip der apostolischen Nachfolge

Im Text der Konzilskonstitution über die Kirche folgt dem Abschnitt über die Einrichtung des Apostolats der Zwölf die Darlegung des Prinzips der Apostolischen Nachfolge, die in der Aussage gipfelt: »Wie aber das Amt fortdauern sollte, das vom Herrn dem Petrus, dem Ersten der Apostel, in einzigartiger Weise zugewiesen wurde und auf seine Nachfolger übergehen sollte, so dauert auch das Amt der Apostel, die Kirche zu weiden, fort und muss von der heiligen Ordnung der Bischöfe immerdar ausgeübt werden.« (20) Dass die Bischöfe Nachfolger der Apostel sind, ist eine vom Ersten Vatikanum ausdrücklich bestätigte Grundaussage katholischer Theologie,[6] über die es keinen ernsthaften Streit geben kann. Gestritten konnte nur werden über die Frage, ob auch die Nachfolge der Apostel im gleichen Sinne wie das apostolische Amt selbst kollegial strukturiert ist. Darüber äußert sich der Text hier, bei der allgemeinen Formulierung des Nachfolgeprinzips, noch nicht völlig eindeutig, wenn auch die Doppelpoligkeit der behaupteten Nachfolge (Petrus–Papst, Apostel–Bischöfe) diesen Gedanken sogleich nahelegt und das Wort von der »heiligen Ordnung der Bischöfe« den gemeinschaftlichen Charakter des von ihnen verwalteten Amtes unübersehbar ausdrückt.

---

[6] DS 3061 (Vaticanum I): »Tantum autem abest, ut haec Summi Pontificis potestas officiat ordinariae ac immediatae illi episcopalis iurisdictionis potestati, qua episcopi, qui positi a Spiritu Sancto (cf. Act. 20,28) in Apostolorum locum successerunt [...].«

3. Sakrament und Recht

Vorerst wird jedoch in einem weiteren Abschnitt (21) ein neuer Gedanke eingeschoben: die Sakramentalität des bischöflichen Amtes. Es ist nicht Aufgabe dieses Beitrages, dieser Frage im Einzelnen nachzugehen; wir wollen sie lediglich im Rahmen des Kollegialitätsproblems ins Auge fassen, für das sie freilich eine bedeutsame Rolle spielt, wie allerdings auch umgekehrt erst die Einbeziehung dieser Frage den Sinn der Konzilsaussage von der Sakramentalität der bischöflichen Weihe in seiner eigentlichen Bedeutung sichtbar macht.

Ein Vergleich mit dem im Herbst 1962 vorgelegten ersten Entwurf der Konstitution über die Kirche lässt diesen Zusammenhang besonders deutlich werden. Dort waren Sakramentalität und Kollegialität des bischöflichen Amtes in zwei getrennten Kapiteln dargestellt, als zwei selbständige Versuche, die Würde des Episkopates deutlicher zu betonen. In dem vom Konzil verabschiedeten Endtext hingegen steht der Abschnitt über das Sakrament der Bischofsweihe zwischen der Grundlegung des Bischofsamtes im Amt der Zwölf und im Prinzip der Nachfolge einerseits sowie der eigentlichen Darstellung des Kollegialitätsbegriffes auf der anderen Seite; das Ganze stellt einen einzigen, innerlich fest zusammenhängenden und unteilbaren Gedankengang dar. Das verbindende Element wird wohl am meisten sichtbar in dem Satz von Artikel 22, welcher sagt: »Glied der Bischofskörperschaft wird man durch die sakramentale Weihe und die hierarchische Kommunion mit Haupt und Gliedern des Kollegiums.« Dieser Satz aus der Darlegung des Kollegialitätsbegriffs verweist seinerseits zurück auf folgende Formulierungen des Abschnitts über die Sakramentalität der Bischofsweihe: »Die Bischofsweihe überträgt mit dem Amt der Heiligung auch die Ämter der Lehre und der Leitung, die jedoch ihrer Natur nach nur in der hierarchischen Gemeinschaft mit Haupt und Gliedern des Bischofskollegiums ausgeübt werden können.« (21) In diesen beiden Sätzen drückt sich ein Vorgang von schwer zu überschätzender Tragweite aus: Die strenge Grenze, die sich in der Vorstellung des Großteils der abendländischen Theologen seit Jahrhunderten zwischen Weihegewalt und Rechtsgewalt eingeschoben hatte, wird durchlässig, und die enge Verschränkung beider Realitäten, die im letzten Grunde nur ein einziges sind, tritt vor den Blick. Die Trennung beider stellte den wesentlichen Grund dar, weshalb die mittelalterliche Theologie den sakramentalen Charakter der Bischofsweihe glaubte ablehnen zu müssen; diese Trennung bildete auch den Ausgangspunkt für die andersartige Stellung, die das Recht im Aufbau der lateinischen Kirche im zweiten Jahrtausend gegenüber dem ersten Millenarium einnahm; sie war endlich auch ein bestimmendes Element in der Entfaltung des Verhältnisses von Papst und Bischöfen, in der sie auf die Dauer den Kollegialitätsgedanken der Väterzeit zu ersticken drohte.[7]

Das Gemeinte wird deutlicher, wenn wir den Unterschied zwischen dem Text von 1962 und demjenigen von 1964 wenigstens an einer Stelle noch etwas genauer ins Auge fassen. Der Entwurf von 1962 hatte bezüglich der Zugehörigkeit zum Bischofskollegium erklärt, Glieder dieses Kollegiums seien suo iure die mit dem apostolischen Stuhl in Frieden lebenden Residentialbischöfe. Als eigentliche und einzige Wurzel der Kollegialität erschien damit die bischöfliche Jurisdiktion über eine bestimmte Diözese. Damit war die Kollegialität vom Sakramentalen gänzlich losgelöst und auf die Ebene des bloß Juridischen verlagert; da in der gegenwärtigen Praxis der lateinischen Kirche die Jurisdiktion den Bischöfen faktisch vom Papst zugewiesen wird,[8] lag die Schlussfolgerung nahe, das Kollegium der Bischöfe zu guter Letzt doch als eine bloße Schöpfung päpstlichen Rechts anzusehen und so den großen Gedanken im Grunde wieder aufzulösen, ehe er zu Ende gedacht war. Der Endtext nennt demgegenüber, wie wir schon sahen, zwei Wurzeln

---

[7] Vgl. Congar, *Aspects ecclésiologiques;* ders., *Ordre et juridiction;* Le Guillou, *Les structures sacramentelles et collégiales,* speziell 125 f.; Bertrams, *De relatione inter episcopatum et primatum;* vgl. auch Ratzinger, *Die pastoralen Implikationen.* Dass freilich das Bewusstsein der engen Zusammengehörigkeit von ordo und iurisdictio im Bischofsamt auch in der Neuzeit nicht erloschen ist, wird sichtbar bei Alberigo, *Lo sviluppo della dottrina sui poteri.*

[8] Vgl. die bekannte Bemerkung Pius' XII. in »Mystici Corporis«, DS 3804: »episcopi [...] non plane sui iuris sunt, sed sub debita Romani Pontificis auctoritate positi, quamvis ordinaria iurisdictionis potestate fruantur, immediate sibi ab eodem Pontifice Summo impertita.« Bei Behandlung der Nota praevia wird auf die Frage zurückzukommen sein.

der Kollegialität, die freilich eine untrennbare Einheit bilden, indem er sagt, Glied des Kollegiums werde jemand durch die sakramentale Weihe und durch die Kommunioneinheit mit Haupt und Gliedern der Bischofsgemeinschaft. Das bedeutet

a) eine sakramentale Wurzel in der Bischofsweihe selbst, die gar nicht bloß den Einzelnen als Einzelnen betrifft, sondern ihrem Wesen nach Einfügung in ein Ganzes ist, in eine Einheit des Dienens, für welche die Überwindung der Vereinzelung und die Beteiligung an einem gemeinsamen Auftrag wesentlich ist. Wie die Berufung zum Apostel Aufnahme in den Symbolismus der »Zwölf« darstellt, der einen unerlässlichen Teil des apostolischen Auftrages bildet, so ist Bischofsweihe von ihrem Wesen her Einfügung in die Gemeinschaft des bischöflichen Dienstes.

b) Daraus ergibt sich von selbst die zweite Bedingung der Zugehörigkeit zum bischöflichen Kollegium: das faktische Kommunizieren mit dem Haupt und mit den übrigen Gliedern dieses Kollegiums, das nun nicht als eine äußere Zutat zum Weihesakrament erscheint, sondern als die ihm wesensgemäße Entfaltung, in der es erst zu seinem vollen Sinn gelangt. Beachten wir auch, dass dieses Kommunizieren untereinander, in dem sich das Wesen des Bischofsamtes vollendet und das daher mitkonstitutiv ist für das vollberechtigte Stehen im Bischofskollegium, als Bezugspunkt nicht nur den Bischof von Rom, sondern die Mitbischöfe desgleichen hat: das Haupt *und* die übrigen Glieder des Kollegiums. Man kann gar nie mit dem Papst allein Gemeinschaft haben, sondern mit ihm Gemeinschaft halten heißt notwendig, »katholisch« sein, d.h. mit allen anderen Bischöfen, die zur Catholica gehören, gleichfalls in Kommunionbeziehung stehen. Anders gesagt: Wenn das zweite Kriterium der Kollegialität, das wir eben behandeln, den Frieden mit dem Bischof von Rom als Voraussetzung der Vollkollegialität verlangt, so schließt es doch gerade bei dieser Forderung die horizontale Dimension des Katholischen, das Miteinander der Bischöfe überhaupt ausdrücklich ein. Was hat sich nun durch diese Aussage gegenüber dem Textentwurf von 1962 sachlich geändert?

Zweierlei fällt sofort ins Auge:

a) Es wird eindeutig klar, dass das Bischofskollegium nicht bloß eine Schöpfung des Papstes ist, sondern einer sakramentalen Gegebenheit entspringt und so eine unaufhebbare Vorgegebenheit der kirchlichen Struktur darstellt, die aus dem vom Herrn gesetzten Wesen der Kirche selbst aufsteigt – auch wenn die konkrete Ausübung der Kollegialität dann näherer Regelungen durch das positive Recht der Kirche bedarf, worüber bei Behandlung der Nota praevia noch zu reden sein wird.

b) Sowohl der Begriff des Sakraments als auch der der Jurisdiktion rücken in ein neues Licht, oder vielmehr: beide erscheinen wieder im ursprünglichen Licht der Vätertheologie, das durch die neueren Entwicklungen zeitweise verdunkelt war.[9] Die Theologie der Hochscholastik hatte ja die Sakramentalität des Bischofsamtes vorzüglich mit der Begründung abgelehnt, das Weihesakrament sei dem Corpus verum des Herrn, dem eucharistischen Dienst also, zugeordnet, und in dieser Hinsicht verleihe die Bischofsweihe keine neue Befugnis, da doch schon die Priesterweihe die Vollgewalt der Verwandlung vermittle. Die in der Bischofsweihe verliehene Gewalt beziehe sich auf das Corpus mysticum, die Kirche – die Gewalt über das Corpus mysticum aber wird von den mittelalterlichen Theologen als iurisdictio beschrieben und außerhalb des eucharistisch bezogenen Ordo gestellt.[10] Für die heutige Theologie ist wieder sichtbar geworden, dass Corpus verum und Corpus mysticum einander zugeordnet sind, dass uns das Corpus verum des Herrn geschenkt ist, damit sich von ihm her das Corpus mysticum auferbaue und dass sich erst in der Auferbauung des Corpus mysticum der Sinn der Gabe des Corpus verum vollendet. So ist auch der Dienst am einen nicht vom Dienst am anderen zu

---

9 Das hat Erzbischof Parente in einem wichtigen Artikel in »L'Avvenire d'Italia« vom 21. Januar 1965 herausgestellt: »Fu un eccessivo influsso del Diritto sulla Teologia che man mano portò a concepire la potestà di giurisdizione come avulsa dalla potestà di Ordine, sostenendo che la prima deriva al Vescovo da una estrinseca concessione del Papa, mentre l'altra scaturirebbe dalla stessa consacrazione. Il Concilio ritorna alla concezione primitiva [...].«

10 Vgl. THOMAS, *Sent* IV d 11 q 3 a 2 qc 2 (= *Sth* Suppl q 40 a 5 c); *Sth* III q 82 a 1 ad 4. Vgl. über Thomas in dieser Frage DOLAN, *Episcopate and Presbyterate;* BOUESSÉ, *Episcopat et Sacerdoce* 1 und 2; LÉCUYER, *L'épiscopat* (will eine Entwicklung zum sakramentalen Verständnis des Bischofsamtes bei Thomas feststellen); LE GUILLOU / LAFONT, *L'église en marche*, 125–143. Wertvoll die Dissertation von RYAN, *Bishop and Priest.*

trennen, beides ist vielmehr der eine Dienst am einen Leib des Herrn.

Wenden wir diese Überlegungen nun konkret auf das Bischofsamt an, so dürfen wir sagen: In der Tat, dieses Amt ist dem »Corpus mysticum« zugeordnet, aber eben weil es dieses ist, hat es in spezifischer Weise mit der Eucharistie und mit dem eigentlichen Wesen des Weihesakramentes zu tun. Indem er der Einheit der Kommunion in der Kirche dient und das Kommunizieren der Einzelkirche mit den anderen Bischofskirchen und zuoberst mit der Kirche von Rom besorgt, dient der Bischof einem Wesenserfordernis der Kommunion selbst, die als das Band der Einheit vom Herrn gewollt ist und nur, wenn sie als solches vollzogen wird, ihre innere Legitimität behält. So wird aber gerade die Bischofsweihe zu der Stelle, an der sich Sakrament und Recht, Kollegialität der Amtsträger und Einheit der Gesamtkirche unlöslich durchdringen. Das Bischofsamt ist kollegial gebaut und muss es sein, weil es vom Wesen her Dienst an der Kircheneinheit darstellt, die ihrerseits nicht bloß organisatorische Gleichschaltung von oben, sondern horizontale Gemeinsamkeit der miteinander Glaubenden und miteinander Kommunizierenden ist. Gerade als solches Amt der Vereinigung, in dem das Zueinander der Amtsträger eingeschlossen ist, stellt es keinen bloß äußeren Organisationsauftrag dar, sondern ist Vollzug des Sakramentalen selbst: Die Ordnung in der Kirche wächst aus dem Sakrament hervor, und das Sakrament umschließt den Auftrag der Ordnung. So erscheint aber das Sakrament nicht mehr bloß als Gabe an den Einzelnen, sondern aus seinem inneren Sinn heraus als Einfügung in einen »Ordo«[11], d.h. in die Gemeinschaft derer, die miteinander das Dienstamt in der Kirche Gottes verwalten und es nur miteinander verwalten können; umgekehrt steht Jurisdiktion da als die konkrete Ausfaltung des im Sakrament Angelegten, die freilich im Einzelnen rechtlich determiniert werden muss durch die positive Zuweisung bestimmter Jurisdiktionsbereiche und die ganze positive Gesetzgebung in der Kirche überhaupt. Betrachtet man die geschilderten

[11] Zum Begriff Ordo (= Stand) vgl. die oben in Anmerkung 5 zitierten Arbeiten von Botte.

Zusammenhänge näher, so führen sie zu einer weiteren Einsicht, die gleichfalls im Text der Konstitution zur Sprache kommt.

c) Von hier aus wird nämlich etwas sichtbar über das Wesen der kirchlichen Einheit und so über das Wesen von Kirche überhaupt. Das Wesen der Kircheneinheit zeichnet sich ab in den vier Begriffen communio – collegium – caput – membra, die wir in der zweiten Hälfte des Satzes vorfinden, in dem die Zugehörigkeit zum Bischofskollegium definiert wird.[12] In der Zusammenfügung dieser Begriffe wird sichtbar, welches die eigentliche Achse der Einheit ist: die communio in ihrem vollen geistlichen Sinn als Gemeinschaft im und am Herrenleib, die freilich als Communio hierarchica, in der verbindlichen Form der hierarchisch geordneten Kommunion der Kirche zu vollziehen ist.[13] Dieser Begriff schließt bereits die Vielheit der örtlichen communiones oder, um in der altkirchlichen Sprache zu reden, die Vielheit der ecclesiae (locales, epicopales) ein und schließt bereits aus, dass Einheit allein von der Relation zum »Caput« aus bestimmt werden könnte. Sie verlangt vielmehr die Ordnungsstruktur des Kollegiums als Repräsentanz der ecclesiae und deren inneres Miteinander. Die Konstitution über die Kirche greift damit auf die altkirchliche Struktur zurück und bringt das auch in den unmittelbar vorangehenden Sätzen deutlich zum Ausdruck, in denen sie das Wesen der Kollegialitätsidee von der Kirche der Väterzeit her beleuchtet und begründet: Sie verweist ausdrücklich auf das Kommunizieren »im Band der Einheit, der Liebe und des Friedens«;[14] sie verweist auf die Praxis der Teilkonzilien, wie sie im Konzil von Nicaea amtlich geregelt wurde, das je zwei Synoden pro Jahr für die einzelnen Kirchenpro-

---

[12] Es sei nochmal an die Formulierung erinnert: »Membrum corporis episcopalis aliquis constituitur vi sacramentalis consecrationis et hierarchica communione cum Collegii Capite atque membris.«

[13] Vgl. zum altkirchlichen communio-Begriff besonders HERTLING, *Communio und Primat;* RATZINGER, *Volk und Haus Gottes;* CONGAR, *De la communion des églises*, mit weiterer Literatur.

[14] Die Konstitution übernimmt diese Formulierung aus EUSEBIUS, *H e* V 24, 10 (GCS 9/1, 495), wo sie im Zusammenhang des Osterfeststreites auftaucht, in dem eine Anzahl von Bischöfen Papst Viktor, der die Kleinasiaten zu exkommunizieren beabsichtigte, ermahnten τὰ τῆς εἰρήνης καὶ τῆς πρὸς τοὺς πλησίον ἑνώσεώς τε καὶ ἀγάπης φρονεῖν – ohne Zweifel eine denkwürdige Form von Übung der »Kollegialität«.

vinzen vorschrieb[15] und dabei bereits eine umfassende konziliare Erfahrung der Kirche voraussetzen konnte, in der sich das synodale Zusammenkommen der Bischöfe als konkreter Vollzug der Kircheneinheit bewährt hatte. Nicaea legt diesen Konzilien über das Disziplinarische hinaus eine ausgesprochen geistliche Bedeutung bei, wenn es bestimmt, die Frühjahrssynoden sollten am Vorabend der Fastenzeit gehalten werden, »damit alle Zwietracht beseitigt und die Gabe rein dargebracht werde«.[16] Im Anschluss an das Wort des Herrn von der Versöhnung mit dem Bruder als der Voraussetzung des christlichen Gottesdienstes erscheint hier das Konzil als die österliche Zubereitung der Kirche auf die Feier ihrer Begegnung mit dem auferstandenen Herrn. Endlich erinnert der Text an die Tatsache der ökumenischen Konzilien selbst und an den alten Brauch, dass die Bischofsweihe durch mehrere Bischöfe zu vollziehen ist, den wiederum das Konzil von Nicaea näher geordnet hat, indem es festlegte, dass die Bischofsweihe tunlichst von allen Bischöfen einer Provinz zu vollziehen sei, und wenn dies nicht geschehen könne, wenigstens drei Bischöfe sie vorzunehmen, die übrigen aber schriftlich ihr Einverständnis zu erklären hätten.[17] So erscheint die Bischofsweihe selbst fast wie ein kleines Konzil; sie ist Aufnahme in ein Kollegium und geschieht durch das Kollegium.

Das Ganze zusammen drückt so etwas wie eine wesentliche Konziliarität der Kirche aus: Gewiss, die einzelnen Konzilien als solche bleiben zufällig und entstehen aus dem freien Entschluss derer, die sie einberufen. Aber das konziliare Prinzip als solches

---

[15] Kanon 5 (COD, 7): καλῶς ἔχειν ἔδοξεν ἑκάστου ἐνιαυτοῦ καθ᾽ ἑκάστην ἐπαρχίαν δὶς τοῦ ἐνιαυτοῦ συνόδους γίνεσθαι.

[16] [...] ἵνα πάσης μικροψυχίας [nach anderer Lesart: φιλονεικίας] ἀναιρουμένης τὸ δῶρον καθαρὸν προσφέρηται τῷ θεῷ. Zur vornicänischen Synodalpraxis De Vries, Episkopat; ders., Die kollegiale Struktur.

[17] Kanon 4 (COD, 6f.). Eine Mehrzahl von weihenden Bischöfen wird schon vorausgesetzt bei Hippolyt, *Traditio apostolica* 2 (ed. Botte, Paris 1946, 261.): »Episcopus ordinetur electus ab omni populo; quique eum nominatus fuerit et placuerit omnibus conveniet populus una cum praesbyterio et his qui praesentes fuerint episcopi die dominica. Consentientibus omnibus imponant super eum manus et praesbyterium adstet quiescens.« Vgl. die oben in Anmerkung 5 genannten Arbeiten von Botte; ferner Lécuyer, *Episcopat et presbytérat*.

ist im Wesen der Kirche angelegt und drängt aus ihm heraus immer neu zur Verwirklichung.[18]

d) Schließlich bleibt in diesem Zusammenhang noch ein weiterer Sachverhalt zu bedenken. Marie-Joseph Le Guillou hat gelegentlich darauf hingewiesen, dass es wichtig sei, sich von einer bloß kultischen Sicht der Kirche zu lösen und eine stärker pastorale und missionarische Perspektive zu gewinnen.[19] Das gilt es gerade auch bei der Betrachtung des bischöflichen Amtes zu beachten, das von einem bloß kultischen Ausgangspunkt her nicht zulänglich begriffen werden kann. In der Konzilskonstitution kommt dieser Gesichtspunkt bereits zur Geltung bei der Definition des apostolischen Amtes, als dessen Auftrag hingestellt wird, sie sollten »die Kirche ausbreiten und unter der Leitung des Herrn durch ihr Dienen weiden alle Tage bis zum Ende der Welt« (19). Das apostolische (und einschlussweise das bischöfliche) Amt erscheint hier zunächst in seiner christologischen Bindung: Immerfort hat es sich der Leitung des Herrn unterzuordnen; es erscheint in seinem Dienstcharakter und in seiner Heilsbezogenheit: Es ist Dienst am Menschen, der in der Nachfolge Jesu Christi im eminenten Sinn zum Gottesdienst geworden ist und dem Kult im Christlichen eine gänzlich andere Bedeutung verleiht, als er sie in den heidnischen Religionen und auch beim Gottesvolk des Alten Bundes jemals haben konnte.[20] Mit dem Hinweis auf das Dauern dieses Auftrags bis zum Ende der Welt klingt bereits der Nachfolgegedanke an, den Artikel 20 dann grundlegend mit dem Begriff des Evangeliums verknüpft: Weil das Evangelium für alle Zeit Lebensprinzip der Kirche bleiben muss, darum bleiben auch die Vollmacht und die Sendung, die zum Dienst des Evangeliums geschaffen wurde, bis zum Ende der Tage bestehen. Das Bischofsamt ist hier ganz in Zuordnung zum Dienst der Verkündigung begriffen; es erwächst aus der Unabdingbarkeit des Evangeliums, das

[18] Vgl. CONGAR, *Konzil als Versammlung;* KÜNG, *Strukturen.*

[19] In: LE GUILLOU / LAFONT, *L'église en marche*, 132.

[20] Das hat großartig AUGUSTINUS in seiner Analyse des christlichen Kultes in *Civ* X, herausgestellt, vgl. RATZINGER, *Volk und Haus Gottes;* LÉCUYER, *Le sacrifice selon saint Augustin.*

von innen her das Amt der Verkündiger verlangt und so das Prinzip der apostolischen Nachfolge in sich selbst enthält.[21]

4. Das Bischofskollegium als Nachfolger des Apostelkollegiums

a) Zur Auslegung des Textes

Damit sind wir wieder beim Problem der Nachfolge angelangt, das unmittelbar nach der Darlegung der Sakramentalität der Bischofsweihe als Auftakt für die endgültige Formulierung des Kollegialitätsbegriffs zu Beginn von Artikel 22 mit folgenden Worten formuliert wird: »Wie nach der Setzung des Herrn der heilige Petrus und die übrigen Apostel ein einziges apostolisches Kollegium bilden, so sind in entsprechender Weise der römische Bischof, der Nachfolger Petri, und die Bischöfe, die Nachfolger der Apostel, untereinander verbunden.« (22) Die Grundabsicht dieses Satzes, die durch die Nota praevia nochmals bekräftigt wurde, ist offenkundig: Die Proportion Petrus–Apostel setzt sich in der Relation Papst–Bischöfe in der Geschichte der Kirche fort. Der Sinn und die Grenzen dieser Aussage werden durch zwei Wortänderungen verdeutlicht, die den Schlusstext von seinen Vorstadien unterscheiden. Äußerlich erscheinen sie winzig, fast wortklauberisch; für das rechte Verständnis des Textes sind sie aber doch von einigem Belang. War ursprünglich von Petrus und den *anderen* Aposteln die Rede gewesen, so wird jetzt von Petrus und den *übrigen* Aposteln gesprochen, um deutlicher die Gemeinsamkeit des Apostolats und die Zugehörigkeit des Petrus zur Gemeinschaft der Zwölf zu kennzeichnen: Er steht innerhalb, nicht außerhalb dieses Urkollegiums. In einem Satz, dessen ganzes Absehen auf die Darstellung der Nachfolge-Idee gerichtet ist, kommt einer solchen Akzentsetzung natürlich besondere Bedeutung zu. Was für Petrus gilt, gilt auch für den Papst. Wie Petrus Apostel mit den übrigen Aposteln ist, so ist der Papst Bischof mit den anderen Bischöfen, und gerade

[21] Vgl. RATZINGER, *Primat, Episkopat und Successio*, besonders 45–51.

als *Bischof* von Rom ist er Papst.[22] Und als solcher steht er nicht außerhalb, sondern innerhalb des Kollegiums der Bischöfe, wenn auch – wie die Konstitution nicht müde wird zu betonen – als deren Haupt, mit allen Rechten des Oberhauptes ausgestattet.

Die zweite Änderung betrifft die Formulierung der genauen Proportion zwischen dem Grundverhältnis Petrus–Apostel einerseits und dem nachfolgenden Verhältnis Papst–Bischöfe anderseits. Ursprünglich war gesagt worden, das Verhältnis setze sich »in der nämlichen Weise« (eadem ratione) fort; jetzt heißt es stattdessen, es gehe »in entsprechender Weise« (pari ratione) weiter. Der Unterschied ist nicht groß, und würde er nicht von der Nota explicativa eigens erläutert, so vermöchte man ihn wohl überhaupt nicht einzusehen. Diese sagt, es gehe darum, noch deutlicher herauszustellen, dass der Parallelismus nicht eine Weitergabe der nur den Aposteln eignenden einmaligen apostolischen Gewalt meint und auch nicht etwa eine Gleichheit zwischen Papst und Bischöfen aussagen soll, sondern allein die Weiterführung der Proportionalität Petrus-Apostel in der kirchlichen Zweiheit Papst-Bischöfe behaupten will. Das war zwar auch bei der vorigen Formulierung dem Einsichtigen ohne Weiteres klar gewesen, aber bei der Lust zum Missverständnis, die sich in der ganzen Debatte gezeigt hatte, schien jede nur mögliche Vorsichtsmaßnahme erwünscht. Die erwähnte Erklärung der Nota praevia macht nun freilich ihrerseits eine Bemerkung nötig: Die »außerordentlichen Gewalten« der Apostel, d.h. die unbeschränkte Zuordnung eines jeden zur Gesamtkirche (ohne Einschränkung auf ein bestimmtes Bistum), hängen mit der Einmaligkeit des Apostolats zusammen, das als solches nicht weitergegeben wird: Die Bischöfe sind Bischöfe und nicht Apostel – der Nachfolger ist etwas anderes als der, von dem die Nachfolge ausgeht.[23] Diese Unwiederholbarkeit gilt indes grundsätzlich genauso auch in dem Verhältnis Petrus-Papst. Auch der Papst ist nicht Apostel, sondern Bischof; auch der Papst ist

---

[22] Vgl. die Auseinandersetzung von Strotmann mit Karl Rahner: *Primauté et Céphalisation*. Lehrreich für die Frage ist die Geschichte der Papsttitel, zu der Marot mit *La collégialité* und 1963 und 1964 zwei wichtige Studien vorlegt.

[23] Das hat mit besonderem Nachdruck herausgestellt Söhngen, *Überlieferung und apostolische Verkündigung;* ebenso Karrer, *Petrusfrage*, 116 und öfter.

nicht Petrus, sondern eben Papst, auch er steht nicht in der Ordnung des Ursprungs, sondern in der Ordnung der Nachfolge. Der Unterschied zwischen Papst und Bischöfen beruht also nicht auf einer anderen Beziehung zum Apostelamt, sondern auf dem Unterschied des Übernommenen: Der Papst folgt dem Apostel Petrus und empfängt so das Petrusamt des Dienstes für die Gesamtkirche; der Bischof hingegen folgt nicht einem einzelnen Apostel, sondern mit dem Bischofskollegium und durch es dem Apostelkollegium;[24] nur in der Einfügung in dieses Ganze und in der Teilnahme an diesem Ganzen hat er teil am geistlichen Amt, das für ihn daher näherer Determination bezüglich der Stellung im Ganzen bedarf. Das bedeutet hinwiederum nicht, dass der Papst außerhalb des Kollegiums stünde, aber seine Stellung zum Kollegium ist eben doch eine wesentlich andere als die des einzelnen Bischofs.

Noch eine Bemerkung ist vonnöten, um den Inhalt dieser Aussagen allseitig richtig würdigen zu können. Wir haben festgestellt, der Einzelbischof empfange keine Gewalt über die Gesamtkirche, sondern könne bischöfliche Gewalt nur nach Maßgabe des Kollegiums bzw. seines Hauptes ausüben, was die Beschränkung dieser Gewalt auf einen Teilbereich der Gesamtkirche notwendig einschließt. Das bedeutet nun aber doch nicht, dass etwa der Einzelbischof gänzlich ohne Zuordnung zur Gesamtkirche dastünde. Im Gegenteil, da er zunächst Bischof ist durch seine Einbeziehung in die Gemeinschaft aller Bischöfe, eignet seinem Amt vom Wesen her eine fundamentale Zuordnung zur Ganzheit der einen Kirche: Es ist universalkirchlich orientiert, und die Abgrenzung auf ein bestimmtes Territorium ist nicht etwa Ausgrenzung aus der gesamtkirchlichen Verantwortung, sondern die konkrete Einfügung in den Dienst am Ganzen. Giuseppe Alberigo hat darauf hingewiesen, wie sehr das Wissen um die gesamtkirchliche Ausrichtung des Bischofsamtes auch in der katholischen Theologie der Neuzeit gegenwärtig war; in den Diskussionen des Trienter Konzils etwa kommt es besonders deutlich zum Ausdruck in dem Votum des Bischofs von Nicastro, Giovanni Antonio Fachinetti (des nachmaligen Papstes Innozenz IX.), aus dem hier nur folgende Sätze angeführt seien: »Wenn wir zu Bischöfen bestellt und geweiht wer-

---

[24] Söhngen, *Überlieferung und apostolische Verkündigung*, 307.

den, gehen wir ein doppeltes Band ein: eines mit der Teilkirche, an deren Spitze wir gestellt werden [...] und eines mit der Gesamtkirche, die eine Einzige ist und deren Episkopat ein Einziger ist. [...] Das mit der Teilkirche eingegangene Band ist lösbar durch den Willen des Papstes; das mit der Gesamtkirche eingegangene ist dies keineswegs, sondern ist immerwährend unauflösbar [...].«[25] Freilich wird man in diesen Ausführungen ein Fehlen des Sinnes für die Bedeutung der Ortskirche feststellen müssen, die hier nur unter dem Aspekt der Teilkirche betrachtet wird, obgleich es ihr im Gegensatz zum Verwaltungsbezirk des zentral gelenkten Staates wesentlich ist, nicht bloß Teil, sondern (zentral in Eucharistie und Verkündigung des Evangeliums) Realisierung des Ganzen zu sein, so sehr, dass sie in der Sprache von Schrift und Vätern einfach »Kirche« heißen darf. Das Erlöschen des Sinnes für die Bedeutung der Ortskirche ist wohl überhaupt charakteristisch für die Theologie der lateinischen Kirche des zweiten Jahrtausends und einer ihrer Hauptgegensätze zu den Kirchen des Ostens, in denen umgekehrt die Einschätzung der Ortskirchen in der Idee der Autokephalie nun nahezu zu einer Sprengung des gesamtkirchlichen Bewusstseins zu führen droht.[26]

b) Erwägung über zwei Typen von Theologie der Kollegialität

Vielleicht wird man von hier aus geradezu zwei Typen in der Konstruktion der Kollegialitäts- (und auch der Primats-) Idee unterscheiden können. Der eine geht von der Gesamtkirche und vom Gesamtkollegium aus. Seine übergeordnete Idee ist die Einheit aller Bischöfe in einem gesamtkirchlichen Kollegium, das Bischofsamt definiert sich von da aus geradezu als das Amt derer, die solche Verantwortung für die Gesamtkirche tragen, dass sie mit Recht zu dem sie leitenden Kollegium gezählt werden können. So bestimmt etwa Karl Rahner die Funktion des Bischofs ganz von

---

[25] CT IX 179, 15–20 und 32–52, zitiert bei Alberigo, *La sviluppo della dottrina*, 59 ff.; vgl. ders., *Le potestà episcopali;* Le Guillou, *Collège apostolique et le Collège Episcopal*, 108. Zur Frage auch Bertrams, *De quaestione circa originem potestatis iurisdictionis episcoporum.*

[26] Vgl. z. B. Evdokimov, *L'orthodoxie*, 123–135.

dieser »oberen« Komponente des Bischofsamtes, vom gesamtkirchlichen Kollegium her: »[...] die Mitglieder des obersten Führungsgremiums der Gesamtkirche müssen solche Männer sein, die einen so beträchtlichen Teil der Kirche verwalten, dass dieser in einem solchen Gremium mit Recht eine personale Vertretung erwarten kann.«[27] Der neuzeitliche Ansatz ist hier zu seiner äußersten Radikalität geführt. Von der Theologie der Väter her würde die Entfaltung des Gedankens den genau umgekehrten Weg nehmen: Weil jede »Teilkirche« nicht bloß Teil, sondern wahrhaft Kirche ist (was die besondere, mit keinem Staatswesen vergleichbare Eigentümlichkeit der von Wort und Eucharistie her bestimmten Kirche Jesu Christi darstellt, die sich spekulativen Verfassungskonstruktionen widersetzt), darum hat derjenige, der an der Spitze *einer* Kirche steht, notwendig auch eine Bedeutung für die *ganze* Kirche überhaupt, die in den Einzelkirchen lebt. Der Papst ist dann nicht nebenher zu seiner gesamtkirchlichen Aufgabe ungeschickterweise auch noch Bischof einer Einzelgemeinde, sondern nur *weil* er Bischof *einer* Kirche ist, deshalb kann er überhaupt episcopus episcoporum sein, derart, dass alle Kirchen sich an der einen Kirche von Rom zu orientieren haben.

---

[27] Rahner, *Episkopat*, 272. Dazu die Ausführungen 253–257. Dort wird diese Auffassung grundgelegt mit dem Gedanken, auch das Apostelkollegium sei nicht konstituiert durch Lokalapostel (255). Daraus ergebe sich die Einsicht, »dass das Bischofskollegium als solches seine Existenz und sein Recht von einem Kolleg herleitet, das nicht gebildet war aus Männern mit territorial umschriebener Sendung und Vollmacht, und dass das Bischofskollegium auf jeden Fall nicht formal aufgebaut werden kann aus Einzelbischöfen, insofern sie territorial begrenzte Vollmacht haben« (256). Im Gegensatz zu diesen Ausführungen hatte Rahner in *Episkopat und Primat* 13–36 eine rein ortskirchliche Grundlegung des Bischofsamtes vorgelegt. In der Tat steht im Bewusstsein der Alten Kirche, wie es sich besonders deutlich in den liturgischen Texten der Weiheliturgien ausdrückt, die Zuordnung zur Ortskirche im Vordergrund, die freilich als »Ecclesia« örtlich sich realisierende Gesamtkirche ist. Vgl. die von den Chanoines Reguliers de Mondaye gegebene Darstellung: *L'évêque d'après les prières d'ordination*. Der universalkirchliche Bezug, der in der Bitte des *Sacramentarium Veronense* (ed. Mohlberg, 119 f.) und des *Gelasianum* (ed. Mohlberg, n. 770; vgl. Colson, *L'épiscopat*, 130) (»Tribuas ei[s] cathedram episcopalem ad regendam ecclesiam tuam et plebem universam«) zum Vorschein kommt, setzt die ortskirchliche Basis und das altkirchliche Verständnis der Ortskirche als Konkretwerdung von Gesamtkirche voraus.

Je nachdem, von welcher Konstruktionsform man nun ausgeht, wird man ganz andere Anliegen und Probleme mit der Kollegialitätsidee verbinden und ihre Schwerpunkte sehr unterschiedlich sehen. Für die alte Kirche war die Idee des Gesamtkollegiums sekundär, sie tritt überhaupt sehr spät in Erscheinung; den zusammenfassenden Gedanken, dass das ganze Bischofskollegium als solches Nachfolger des Apostelkollegiums sei, wird man mindestens in den ersten vierhundert Jahren vergeblich suchen. Im Vordergrund stehen vielmehr die Teilkollegien, in den Ortskirchen selbst[28] und in den kirchlichen Provinzen,[29] weshalb denn auch die Partikularkonzilien den ökumenischen Konzilien vorangehen und die Via ordinaria gegenüber letzteren als der Via extraordinaria darstellen. Demgemäß wird das Hauptanliegen einer patristisch orientierten Kollegialitätsidee die Wiederherstellung des Organismus der Einzelkirchen in der Einheit der Gesamtkirche sein, während die neuzeitlich-spekulativ orientierte Kollegialitätslehre hauptsächlich um die plena et suprema potestas des Kollegiums über die Gesamtkirche und deren Ausgleich mit der plena et suprema potestas des Papstes besorgt sein wird – ein Problem, das der patristisch Denkende bereits als Symptom einer vom Kern der Kollegialitätsidee wegführenden Einstellung ansehen wird und von dessen Diskussion er sich wenig Fruchtbares erhoffen kann. Wie tief der Gegensatz beider Typen reicht, wird wohl am meisten sichtbar an den (zweifellos überspitzten und höchst einseitigen, aber doch lehrreichen) Formulierungen des orthodoxen Theologen Nikos A. Nissiotis, der, in der ostkirchlichen Tradition der

[28] Ausführliche Belege dazu aus dem Neuen Testament und den apostolischen Vätern bei Rusch, *Die kollegiale Struktur*, 269–273. Der ortskirchliche Gebrauch ist aber auch in relativ später Zeit noch durchaus üblich, wie die Belege bei Lécuyer, *La collégialité épiscopale*, zeigen. Nur zwei Beispiele seien genannt. Papst Caelestin I., *Ep* 4 an die Bischöfe der Provinzen Vienne und Narbonne: »Nec emeritis in suis ecclesiis clericis peregrini et extranei [...] praeponantur, ne novum quoddam, de qua episcopi fiant, institutum videatur esse collegium« (PL 50, 434 B; Lécuyer, *La collégialité épiscopale*, 13). Leo der Grosse, Ep 12, 2 an die afrikanischen Bischöfe: »Sicut enim boni operis sibi comparat fructum, qui rectum tenet in eligendo sacerdote iudicium, ita gravi semetipsum officit damno, qui in suum collegium assumit indignum« (PL 54, 647 BC; Lécuyer, *La collégialité épiscopale*, 361.).

[29] Belege dafür sind leicht zu finden bei Lécuyer, *La collégialité épiscopale*.

Kollegialität stehend, über die Entwürfe des gegenwärtigen Konzils glaubte sagen zu müssen: »Zunächst einmal ist Kollegialität ein sehr unklarer Ausdruck, der jeglicher biblischen und historischen Grundlage entbehrt.«[30] »Für die Orthodoxen ist es das Zeichen eines gefährlichen ekklesiologischen Missverständnisses, wenn ein Konzil diese unbiblische und unhistorische Auffassung der Kollegialität zur Diskussion stellt und ihre Annahme beschließt.«[31] Solche Stimmen müssen schon deshalb beachtet werden, damit eine Lehre, die vom Ökumenischen her wiederentdeckt worden ist, nicht durch eine einseitig systematische Behandlung schließlich zu guter Letzt zu einem neuen Hindernis für das Ökumenische wird.

Was nun den Konzilstext anlangt, so wird man in ihm beide Konstruktionstypen vorfinden können, wie es ja auch der Sache selbst entspricht, die eine innere Ergänzung der beiden Anschauungen fordert. Die Akzentsetzung zwischen beiden Typen wird wohl weitgehend eine Sache der Interpretation bleiben, von der ja immer die Art der geschichtlichen Auswirkung eines Textes in hohem Maße abhängt: Die große Verantwortung der Ausleger wird hier unübersehbar deutlich.

5. Kollegiale und primatiale Gewalt

Damit sind wir von selbst beim zweiten Teil des 22. Artikels von Kapitel III der Kirchenkonstitution angelangt, dem wohl am meisten umstrittenen Stück des ganzen Textes, in dem das Verhältnis von päpstlicher und kollegialer Gewalt über die Gesamtkirche dargelegt wird. Der Text beginnt mit einer negativen Feststellung: Das Bischofskollegium hat keine Autorität, wenn es nicht in Einheit mit seinem Haupt, dem Petrusnachfolger, begriffen wird, dessen Primat über alle Hirten und Gläubigen unangetastet bleibt. Damit soll einer Entgegensetzung von kollegialer und primatialer Gewalt gewehrt werden, als ob etwa das Bischofskollegium eine dem Pri-

---

30 Nissiotis, *Die Ekklesiologie des Zweiten Vatikanischen Konzils*, 157. Vgl. zu den damit angedeuteten Fragen Ratzinger, *Dritte Konzilsperiode*, 51–84.

31 Nissiotis, *Die Ekklesiologie des Zweiten Vatikanischen Konzils*, 158.

mat konkurrierende Gewalt eröffnen könnte: Es kommt gar nicht als Kollegium zustande ohne den Bischof der prima sedes und kann daher immer nur mit ihm, nie gegen ihn operieren.

Dann wird die Gegenprobe vollzogen: Während das Bischofskollegium nur mit dem Papst zusammen überhaupt Kollegium (gesamtkirchlicher Art) ist, ist der Papst auch ohne das Kollegium Hirt der Gesamtkirche und kann seine Gewalt frei ausüben, ohne sich etwa erst vom Kollegium dazu ermächtigen lassen zu müssen. Die Relation ist also nicht umkehrbar: Wohl kann der Papst ohne das Kollegium wirken, nicht aber das Kollegium ohne den Papst. Dabei ist freilich zu bedenken, dass diese Aussagen auf einer rein juridischen Ebene liegen und ausschließlich die vorhandene oder fehlende Vollmacht zu rechtskräftigen Beschlüssen beschreiben. Eine mehr auf den moralischen Aspekt des Sachverhalts achtende Betrachtungsweise würde ohne Zweifel zu gänzlich anderen Resultaten führen: Hier wird einerseits der Papst die Stimme der Bischöfe und mit ihnen die Stimme der Gesamtkirche niemals außer Acht lassen dürfen. Umgekehrt wird es durchaus selbständige Initiativen des Episkopats geben müssen, ja, auch die Aufgabe, dem Papst durch Kritik bei seiner Aufgabe zu helfen, wird man nicht auf die apostolischen Zeiten und die Kirche der Väter beschränken dürfen. Vielleicht würde das eigentliche Problem sogar erst beginnen, wenn man nun anfangen wollte, die innere Zuordnung von juridischer und moralischer Ebene des Näheren zu bedenken; auf jeden Fall aber entsteht ein einseitiges Bild, wenn man von einem der beiden Bereiche gänzlich abzusehen anfängt.

Nach diesen negativen Aussagen, in denen die doppelte Grenze der Kollegialität: die Abhängigkeit des Kollegiums vom Mitwirken des Papstes und die Unabhängigkeit des Papstes vom Mitwirken des Kollegiums, gezeichnet ist, wendet sich der Text der positiven Seite der Sache zu. Seine Aussagen geschehen hier in engem Anschluss an die amtlichen Relationen des Ersten Vatikanums, aus denen manche Formulierungen wörtlich übernommen werden: Man war fast ängstlich bemüht, die volle Identität der Lehre des gegenwärtigen Konzils mit derjenigen des vergangenen ans Licht zu stellen.[32] Der Kern des Gesagten ließe sich etwa in folgendem

[32] Das Schema von 1963 brachte in den Anmerkungen ausführliche Zitate aus

Satz zusammenfassen: Das Bischofskollegium, das dem Apostelkollegium im Lehr- und Hirtenamt nachfolgt, ist in Einheit mit seinem Haupt, dem Papst, gleichfalls (wie dieser) Subjekt der höchsten und vollen Gewalt über die Gesamtkirche. Dafür wird eine Art Schriftbeweis angefügt, indem einerseits die Grundtexte der Primatslehre – Mt 16, 18–19 und Joh 21, 15 ff. – angeführt werden, denen als ihr kollegiales Pendant Mt 18, 18 und 28, 16–20 gegenübergestellt werden. Über die Beweiskraft dieser Texte braucht hier nicht gehandelt zu werden; dass die Schrift den Begriff der kirchlichen Jurisdiktion in unserem Sinn ebenso wenig kennt wie einen ausgeführten Kollegialitäts- oder Primatsbegriff, muss kein Argument gegen die sachliche Entsprechung der jeweils gemeinten Inhalte sein. Ausweglose Fehlinterpretationen entstehen nur dann, wenn diese geschichtlichen Unterschiedlichkeiten übersehen und moderne Begriffe kritiklos in die Schrift übertragen werden und diese dabei einer Systematik unterworfen wird, die ihr von Grund auf fremd ist.[33]

Wie die Schriftbeweise im Konzilstext weniger beweisenden als erläuternden Sinn haben, so auch der folgende Satz, der dem Kollegium eine doppelte Ausdrucksfunktion zuschreibt: »Sofern es aus vielen zusammengesetzt ist, stellt es Vielfalt und Universalität des Gottesvolkes dar; sofern es unter einem Haupt vereint ist, drückt es die Einheit der Herde Christi aus.« (22) Wichtig ist auch

---

den Relationen von Zinelli und Kleutgen. Fast wörtlich aufgegriffen wurde der Text aus dem von Kleutgen nach den Wünschen der Väter überarbeiteten zweiten Kirchenschema des I. Vaticanum c. 4 (Mansi 53, 310): »Verum etiam supremi muneris docendi et gubernandi universam ecclesiam episcopi expertes non sunt. Illud enim ligandi et solvendi pontificium, quod Petro soli datum est, collegio quoque apostolorum, suo tamen capiti coniuncto, tributum esse constat, protestante Domino: ›Amen, dico vobis, quaecumque alligaveritis super terram, erunt ligata et in caelo; et quaecumque solveritis super terram, erunt soluta et in caelo (Mt 18, 18)‹«. Vgl. dazu Torrell, *La théologie de l'épiscopat*, 256–265.

[33] Ein krasses Beispiel dafür liefert Lattanzi, *De episcoporum »collegialitate«;* so etwa, wenn die These, die Sendung der Apostel zur Evangeliumsverkündigung in aller Welt stelle keine »Jurisdiktion« dar, u. a. mit der paränetischen Form des paulinischen Kerygmas bewiesen wird: »Obsecramus pro Christo, reconciliamini Deo (2 Cor 5, 20).« Es ist schwer zu sagen, was man für den verwunderlichsten Teil dieser seltsamen Deduktion ansehen soll.

der Hinweis des folgenden Satzes auf die Kraft des Heiligen Geistes, der die organische Struktur und die Eintracht des Kollegiums immerfort stärkt. Diesen Gedanken vermisst man ein wenig, wenn etwa Bertrams den Primat (der solcher Beweise nicht bedarf) u. a. aus der Unmöglichkeit ableitet, im Kollegium zu einer einheitlichen Meinung zu kommen.[34] Wenn man zu absoluten menschlichen Sicherungen gelangen wollte, bliebe auch der Primat eine höchst ungesicherte Angelegenheit angesichts aller menschlichen Gefährdungen, mit denen gerechnet werden muss. Ohne das Vertrauen auf den Heiligen Geist und seine schirmende Kraft müsste jede kirchliche Verfassung ausweglos gefährdet bleiben.

Das letzte Textstück wendet sich den praktischen Realisierungen des Kollegialitätsprinzips zu. Es nennt zwei: das Konzil und etwaige nicht näher beschriebene Akte des Gesamtkollegiums. Was das Konzil angeht, so hat man, um seinen Ort im Ganzen des kirchlichen Lebens zu bezeichnen, eine neue Terminologie gewählt. Bisher war es in den Handbüchern ebenso wie die oberste Lehrgewalt des Papstes als außerordentliches Lehramt der Kirche bezeichnet worden zum Unterschied vom ordentlichen Lehramt, das in der beständigen einmütigen Verkündigung aller katholischen Bischöfe besteht.[35] Jetzt war man in Streit darüber geraten, ob das ordentliche Lehramt als kollegialer Akt anzusehen sei. Man entschloss sich schließlich, diese Frage offenzulassen; da aber der Bezeichnung des Konzils als außerordentlicher kollegialer Akt ein Hinweis auf den ordentlichen Akt des ordentlichen Lehramts innezuwohnen scheint, entschloss man sich, auf das Wort »außerordentlich« zu verzichten und statt dessen unverfänglich das Konzil als »feierliche« Realisierung der Kollegialität zu kennzeichnen.

---

[34] Bertrams, *Vicarius Christi. Vicarii Christi*, 13. Interessant, dass sich Zinelli am 5. Juli 1870 in seiner Antwort auf die Verbesserungsvorschläge der Konzilsväter noch mit der umgekehrten Angst auseinanderzusetzen hatte: »Nec validum pondus habent hypothetici prorsus casus de pontifice in haeresim ut privata persona lapso aut incorrigibili, qui casus aequiparari possunt aliis de pontifice habitualiter in dementiam lapso etc. […] Haec, providentiae supernaturali confisi, satis probabiliter existimamus numquam eventura« (Mansi 52, 1109 A).

[35] Vgl. z. B. die Darstellung von Liégé in der auch ins Deutsche übertragenen *Initiation théologique* I, Paris 1952 (Liégé, *Quellen*).

Allzu hoch wird man diesen Streit nicht einschätzen; immerhin ist er für die Frage, inwieweit das Kollegiale zugleich das Ordentliche ist in der Kirche, nicht ohne Belang. Wichtig bleibt, dass beide Lösungen – die kollegiale und die die Kollegialität verneinende – in diesem Zusammenhang offengeblieben sind. So wie der Text steht, macht er nur klar, dass es extrakonziliare Akte des Gesamtkollegiums geben *kann*, nicht aber, ob es sie gegeben hat und wie sie ausgesehen haben. Auch in diesem Punkt, bei der Frage der praktischen Formen der gesamtkirchlichen Kollegialität, ist der Stellung des Papstes große Sorgfalt gewidmet. In beiden Fällen: im Konzil und beim außerkonziliaren Akt, sind zwei Formen der unerlässlichen Beteiligung des Hauptes vorgesehen. Beim Konzil ist die Mindestform päpstlicher Beteiligung die einfache Rezeption, die heute vorgeschriebene Normalform umfasst hingegen Einberufung, Vorsitz und Bestätigung. Bei der außerkonziliaren Kollegialität erscheint wiederum als die in jedem Fall zu verlangende Mindestform die freie Rezeption durch den Papst, als Vollform Berufung und Approbation. Bedeutsam an diesem Text ist, dass die einfache Praxis der Väterzeit, in welcher der Papst unter Umständen lediglich durch die Rezeption vorhandener Beschlüsse konstitutiv an der Gestaltung gesamtkirchlicher Entscheidungen mitwirkte, durchaus auch als eine weiterbestehende Möglichkeit in der Kirche erscheint, auch wenn in der gegenwärtigen Lage schwer vorzustellen ist, wie es dazu kommen sollte. Es dürfte indes unschwer einzusehen sein, dass diese Aussagen noch einmal weitreichende geschichtliche Bedeutung erlangen könnten.

II. Die Nota praevia explicativa

1. Die Tatsachen

Am 16. November 1964 eröffnete der Generalsekretär des Konzils den Vätern eine drei Punkte umfassende Bekanntmachung, deren dritter Punkt mit den Worten eingeleitet wurde: »Endlich wird den Vätern durch eine höhere Autorität die einleitende erklärende Anmerkung zu den Modi bezüglich des 3. Kapitels des Schemas von der Kirche mitgeteilt. Die in ebendiesem Kapitel dargelegte Lehre muss nach Sinn und Meinung dieser Anmerkung entfaltet und verstanden werden.« Darauf folgt dann der Text der Nota praevia explicativa. Das Ganze dieser Bekanntmachungen wurde den Vätern auf einem eigenen gedruckten Blatt überreicht, das von Erzbischof Felici unterzeichnet ist; in der Ausgabe des »Osservatore Romano« vom 25. November 1964, die den Text der Konstitution über die Kirche enthält, sind sie im Anschluss an die Konstitution unter der Überschrift »Ex actis Concilii« abgedruckt und ebenfalls vom Generalsekretär des Konzils unterzeichnet (Seite 5).

Um die Bedeutung dieses Textes richtig zu würdigen, ist es wichtig, zu bedenken, dass den Vätern der Text, ja die Existenz der Nota praevia bis zum 16. November 1964, dem Tag, an dem ihnen das Heft mit den inzwischen von der Theologischen Kommission bearbeiteten Modi zu Kapitel 3 der Konstitution über die Kirche verabreicht wurde, unbekannt war. Der Text der Nota war – nicht ohne Einwirken höherer Autorität – von der Theologischen Kommission im Rahmen ihrer Bemühungen um eine angemessene Berücksichtigung der Modi zu diesem Kapitel erarbeitet worden, zu der sie übrigens rechtlich nicht verpflichtet war, da der Gesamttext des Kapitels und alle seine Teile bereits in der ersten Abstimmungsserie durchgehend mit Zweidrittelmehrheit angenommen worden waren. Am 17. November 1964 wurde den Vätern bei der Abstimmung über die Modi ausdrücklich erklärt, dass die Abstimmung in derselben Weise wie bei allen anderen Kapiteln erfolge. Auch wenn durch die nochmalige schriftliche Austeilung des Textes, durch seinen Abdruck im »Osservatore Romano« und durch seine Erwähnung in der Schlussansprache des Papstes[36] die Nota über das bei Kommissionstexten sonst Übliche hinaus ein besonderes Maß an Feierlichkeit und Gewichtigkeit für die Textauslegung erlangt hat, ist und bleibt sie ein Text der Kommission, nicht ein Text des Konzils.[37] Von einem eigentlichen Konzilstext ist

[36] »[…] ita quidem ut minime dubitemus – ratione habita explicationum quae addita sunt sive ad verba usurpata interpretanda, sive ad vim theologicam doctrinae propositae tribuendam secundum Concilii mentem – minime dubitemus, dicimus, […] hanc […] Constitutionem promulgare.« Text nach O.R. vom 22. November 1964, Seite 2.

[37] Sie wird ausdrücklich eingeleitet mit den Worten: »Commissio statuit expensioni Modorum sequentes observationes generales praemittere.«

sie übrigens auch dadurch unterschieden, dass sie nicht etwa in die konziliare Bestätigungsformel einbezogen, sondern lediglich vom Generalsekretär als eine von ihm gegebene Bekanntmachung unterzeichnet ist. Auch ihr Stil lässt ihre »literarische Gattung« ohne Weiteres erkennen: Die Nota spricht keine konziliare Sprache, sondern die Sprache der Lehrbücher, der wissenschaftlichen Distinktion und Klarstellung, nicht der autoritativen Entfaltung einer Lehre. Dieser Charakter der Nota, über den nach den Vorgängen kein Zweifel bestehen kann, wurde kürzlich noch einmal mit Nachdruck von einem so prominenten Mitglied der Theologischen Kommission, wie Erzbischof Parente es ist, unterstrichen, wenn er sagt: »Ma la votazione dei Padri ebbe per oggetto non la Nota (peraltro non necessaria), ma il testo della Costituzione [...]. La Nota resta nota chiarificatrice, compilata dalla stessa Commissione autrice del testo e approvata dal Santo Padre come tale.«[38]

2. Der Inhalt

Was ist nun der genaue Inhalt dieser vielbesprochenen Nota? Sie ist in vier Punkten aufgebaut, deren Aussagen wir der Reihe nach kurz analysieren wollen. Die Inhalte des ersten Punktes haben wir bereits bei anderen Gelegenheiten vorweggenommen. Sie betreffen zunächst die Problematik des Wortes »collegium«, das kirchlich, nicht strikt juristisch (im Sinn von Gesellschaft Gleichberechtigter) verstanden werden müsse, wie durch Zufügung von »coetus stabilis« in Nr. 19 und durch den Wechsel der Termini collegium, ordo, corpus im übrigen Kapitel klargestellt sei. Sodann wird der Sinn der Proportion Petrus : Apostel = Papst : Bischöfe dargelegt, wovon oben ja ausführlich die Rede war.

a) Sakrament und Jurisdiktion

Der zweite Punkt betrifft die Frage des Verhältnisses von Sakrament und Jurisdiktion, die sich, wie wir sahen, im Anschluss an den Satz erhebt, jemand werde Mitglied des Bischofskollegiums

[38] Erzbischof Parente, in: »L'Avvenire d'Italia« vom 21. Januar 1965.

durch die Bischofsweihe und die hierarchisch geordnete Kommunioneinheit mit Haupt und Gliedern des Kollegiums. Wenn dieser Satz und noch deutlicher einige vorausgehende Sätze aus dem Abschnitt über die Sakramentalität der Bischofsweihe die Überzeugung ausdrücken, dass Jurisdiktion dem bischöflichen Amt nicht bloß von außen her zugefügt wird, sondern in der Struktur des Sakraments selbst mit angelegt ist, so scheint sich daraus eine Schwierigkeit in Hinblick auf die tatsächliche Situation des bischöflichen Amtes in der lateinischen Kirche zu ergeben, in der die Unterscheidung von ordo und iurisdictio ja nicht als willkürliche Behauptung, sondern als Interpretation gegebener Tatbestände erwachsen ist. De facto sind heute (und seit Langem) Weihe und Regierungsgewalt getrennt: Es gibt den reinen »Weihbischof«, der zwar auf den »Titel« einer bestimmten Diözese geweiht ist, aber faktisch keine Jurisdiktion ausüben kann. Und die Residenzbischöfe besitzen tatsächlich ihre Jurisdiktion, weil sie ihnen vom Papst für ihr Bistum zugewiesen ist. Nun, die Frage ist nicht neu. Sie stand schon im Mittelpunkt der Trienter Diskussionen über das Bischofsamt, für die sich das Problem Episkopat und Primat in dieser Form stellte, in die zugleich das dringende praktische Problem der Kirchenreform unabdingbar mit eingeschlossen war. Den Trienter Vätern war sehr wohl bewusst, dass sich die bischöfliche Jurisdiktion nicht rein auf eine äußere Zuweisung durch den Papst zurückführen lässt, wenn man nicht das Bischofsamt selbst vollständig auf eine päpstliche Setzung reduzieren will – zu eng und zu innerlich notwendig ist mit dem Bischofsamt auch die Funktion der Leitung in irgendeiner Form verbunden, als dass man sie gänzlich davon ablösen könnte. Aus dieser Einsicht heraus erwuchsen in der damaligen Diskussion eine Reihe von Unterscheidungen, die hier nicht näher diskutiert zu werden brauchen: Man unterschied etwa zwischen Iurisdictio und Usus iurisdictionis[39] oder auch zwischen einer iurisdictio interna und einer mehr äußeren Jurisdiktion, die vom Papst zugewiesen wird.[40]

---

[39] So der Bischof von Segovia: »Habent igitur episcopi a pontifice non iurisdictionem, sed usum« (CT IX 138,42–43); der Bischof von Montemarano: »Aliudque esse ius, aliud usum iuris; ius igitur in hoc casu est potestas faciendi, quae a Christo est, usus autem iuris est a summo pontifice« (CT IX 148,36–37);

Die Nota praevia konnte in der Sache auf diese Einsichten zurückgreifen, beschreibt sie freilich mit anderen Ausdrücken. Sie betont, dass die Weihe eine seinshafte Teilnahme an den heiligen Gewalten verleiht, die jedoch noch der juridischen Determinierung bedürfe, um in Akt treten zu können, wie sich schon einfach aus der Notwendigkeit des Zusammenspiels vieler Jurisdiktionsträger ergebe. Diese Determinierung werde nach den »von der höchsten Autorität« gebilligten Normen vorgenommen: Der Text lässt hier einen Spielraum offen für die unterschiedlichen Weisen, in denen faktisch in der Geschichte die Einordnung des Einzelbischofs ins Ganze des bischöflichen Dienstes sichergestellt wurde; er lässt damit zugleich erkennen, dass die in der lateinischen Kirche seit langem übliche Form der ausschließlichen Bestellung durch den Papst nicht die einzig mögliche Art rechtlicher Determinierung des bischöflichen Wirkraums darstellt. Er rückt so auch die vielbeachtete Äußerung der Enzyklika »Mystici Corporis« in den zugehörigen größeren theologischen und geschichtlichen Zusammenhang, welche sagt, die Jurisdiktionsgewalt werde den Bischöfen unmittelbar vom Papst zugeteilt.[41] Derlei Äußerungen, so sagt die Nota, bezögen sich auf die Ebene der rechtlichen Deter-

der Bischof von Cadiz: »Habet igitur episcopus auctoritatem a Deo, a pontifice habet usum. Pontifexque potest moderari, auferre, etc. usum hunc, non ad libitum, sed iusta subsistente causa« (CT IX 195, 7–8). Zitate nach ALBERIGO, *Lo sviluppo della dottrina sui poteri*, 41 f. Dort weitere Texte.

[40] So in der Rede des französischen Zisterzienserabtes Jérôme SOUCHIER: »Omnisque iurisdictio interna episcoporum est a Christo, nullaque eius pars est a summo pontifice … Iurisdictio igitur, qua dantur bona illa interna, est a Christo; sed requiritur vocatio pontificis, ut eam exercere valeat« (CT IX 218, 12–17). Interessant in diesem Zusammenhang ein Votum des schon zitierten Bischofs von Segovia: »Quod autem certum sit, episcopos a Christo esse institutos immediate, tam quoad potestatem ordinis, quam quoad potestatem iurisdictionis (sumendo potestatem iurisdictionis non pro illa usuali, quae politica potius est, quam evangelica, licet sit etiam necessaria […]), variis viis certo probatur […]« (CT IX 140,25–30). Beide Texte bei ALBERIGO, *Lo sviluppo della dottrina sui poteri*, 49 und 54.

[41] DS 3804. Wichtig zu dieser Frage ist wiederum die Relation von Federico M. ZINELLI in der Generalkongregation vom 5. Juli 1870 des I. Vatikanums: »[…] ne putetis nos definire quaestionem tam in Concilio Tridentino agitatam de derivatione iurisdictionis in episcopos, quam alii immediate a summa pontifice, alii immediate ab ipso Christo derivant« (Mansi 52, 1109c).

mination der bischöflichen Gewalt in der Kirche und schlössen also eine grundlegende ontologische Beteiligung am Hirtenamt nicht aus, die durch das Sakrament selbst mitgeteilt werde.

b) Communio hierarchica

Darüber hinaus bietet der zweite Punkt der Nota eine Klarstellung des Ausdrucks »Communio hierarchica«. Ursprünglich hatte es jeweils nur communio geheißen (also etwa: Bischofsamt kann nur in communione mit Haupt und Gliedern des Kollegiums ausgeübt werden usw.). Bei der Verarbeitung der Modi war nun, um einem jetzt sichtbar gewordenen Missverständnis entgegenzutreten, überall das Adjektiv hierarchica beigefügt worden. Eine Reihe von Vätern hatte anscheinend das Wort communio nur im Sinne einer unverbindlichen Beziehung verstanden, während es der Kommission darum gegangen war, mit der betonten Herausstellung dieses Wortes an wichtigen Stellen des Textes einer Erneuerung der altkirchlichen communio-Ekklesiologie zu dienen,[42] für welche das Wort communio vielmehr den Ausdruck für die verbindliche Rechtsgestalt der Kirche darstellte, allerdings im Sinne eines ganz und gar sakramental verankerten Rechts, das seine Basis in der Gemeinsamkeit des eucharistischen Geheimnisses fand und so zugleich (mit der Vielheit der Kommunionorte der ecclesiae) die Vielheit in der Kirche wie deren unabdingbare Einheit als Grundelemente kirchlicher Rechtsgestaltung umfasste. Diesen Gedanken und damit ein Grundanliegen des Textes klarzumachen war die einzige Absicht bei der Zufügung des Wortes hierarchica, das freilich der altchristlichen Terminologie in diesem Zusammenhang fremd und insofern sprachlich nicht besonders glücklich ist. Es trifft demnach nicht zu, wenn gelegentlich behauptet wurde, mit dieser Zufügung sei ein völlig neuer Sinn geschaffen worden, der nun einen Gegensatz aufrichte zwischen der Konstitution »De Ecclesia« und dem Dekret »De Oecumenismo«.[43] Indem Letzteres mehrfach davon spreche, dass die plena communio zwischen ka-

---

42 Vgl. dazu die oben in Anmerkung 13 genannte Literatur; ferner die bedeutende systematische Synthese von Le Guillou, *Mission et unité*.

43 Diese Meinung ist mir gesprächsweise verschiedentlich begegnet.

tholischer Kirche und getrennten Gemeinschaften fehle, lasse es erkennen, dass aliqua communio vorhanden sei. Indem man aber nun als Bedingung der Kollegialität die Communio hierarchica gefordert habe, habe man die Orientalen aus der Kollegialität ausgeschlossen, die man vorher mithilfe eines erweiterten communio-Begriffs habe eingeschlossen sehen können. Richtig daran ist, dass die Definition der Kollegialität in der Konstitution über die Kirche die Frage nach dem Verhältnis zu dem legitimen Bischofsamt der Orientalen aufwirft, die indes mit der vagen Andeutung eines erweiterten communio-Begriffs auch nicht hätte gelöst werden können, zumal der ständige Hinweis auf die Kommunion mit dem Haupte eine solche Ausflucht ohnedies von vornherein zunichte gemacht hätte. Die Nota praevia gibt zu dieser Frage am Ende noch eine ganz kurze Andeutung, bei deren Behandlung wir nochmals auf das Thema werden zurückkommen müssen.

c) Papst und Kollegium

Schwerwiegender als die Ausführungen der beiden ersten Punkte, die man im Ganzen als reine Klarstellungen bezeichnen darf, sind die Probleme, die durch den dritten und vierten Punkt angeschnitten werden. Es geht darin noch einmal um das Verhältnis von Kollegialität und Primat. Ein gewisses Klima des Misstrauens und der Ängstlichkeit, das zeitweise in der Diskussion aufgekommen war, spiegelt sich deutlich in den mühsamen und umständlichen Klarstellungen dieses Textes. Darin wird zunächst festgestellt, dass bei der Aussage, das Kollegium besitze volle und höchste Gewalt über die ganze Kirche, immer bedacht werden müsse, dass ja zum Kollegium der Papst gehört, dass folglich dem Kollegium diese Gewalt abzusprechen heißen würde, sie dem Papst selbst in einem gewissen Sinne abzusprechen. Jedenfalls sei die kollegiale Vollgewalt nichts dem Papst Gegenüberzustellendes, sondern nur in Einheit mit ihm gegeben; wohl aber lasse sich umgekehrt der Papst dem Kollegium gegenüberstellen als unabhängiger Träger der Vollgewalt, auch ohne Zustimmung des Kollegiums. Daraus wird ein zweifacher Unterschied zwischen päpstlicher und kollegialer Gewalt abgeleitet:

a) Ob und in welcher Weise das Kollegium als solches tätig

werden kann und soll, liegt in den Händen des Papstes, der dabei »im Blick auf das Wohl der Kirche nach seiner eigenen discretio vorgeht«.

b) Während der Papst seine Gewalt jederzeit »nach Belieben« ausüben kann, »so wie es von seinem Amt erfordert wird«, setzt das Kollegium nur zeitweise strikte kollegiale Akte, und auch dies nur mit Zustimmung des Papstes.

Man wird nicht bestreiten können, dass beide Formulierungen wenig glücklich sind. Natürlich hat der Papst allein für sich, »ex sese«, die volle und höchste Gewalt über die Gesamtkirche; kein Katholik denkt auch nur daran, das zu bestreiten. Aber dass die Ausübung dieser Gewalt einfach in seiner propria discretio und in seinem placitum stehe, ist bisher in dieser Form noch in keinem kirchlichen Dokument gesagt worden. In der Tat hat denn auch die Nota beiden Formulierungen ein gewisses Korrektiv an die Seite gestellt, indem bei propria discretio hinzugefügt wird »intuitu boni Ecclesiae« und bei ad placitum der Beisatz folgt »sicut ab ipso suo munere requiritur«. Damit reduzieren sich die beiden Aussagen faktisch auf die Erklärung, dass der Papst keinem *äußeren* Tribunal untergeordnet ist, wohl aber dem inneren Anspruch seines Amtes und der gesamtkirchlichen Notwendigkeiten, tieferhin dem Anspruch der Offenbarung, die sich in der Schrift und in der Überlieferung, besonders in den Ordnungen und Maßstäben der Väterzeit, ausspricht. Noch eine weitere Unterscheidung ist wichtig, die der Text vornimmt: Die Einschränkung des kollegialen Handelns auf gewisse zeitliche Abstände, in denen das Kollegium tätig wird, bezieht sich nur auf den actus stricte collegialis, auf den actus plenus der kollegialen Ausübung gesamtkirchlicher Gewalt; damit ist also nicht gesagt, dass nicht teilkirchliche Kollegialität jederzeit wirksam sein kann oder sogar muss.[44]

---

[44] Rusch, *Die kollegiale Struktur,* 284 Anmerkung 5a stellt mit Recht in Auseinandersetzung mit der Position von Wilhelm Bertrams fest: »Die Kollegialität wird zwar iure divino bejaht, aber die Ausübung der Kollegialität hinsichtlich der Angelegenheiten, die kollegial zu behandeln sind, wie hinsichtlich des modus wird gänzlich von menschlichem Recht abhängig erklärt. Das geht nicht an. Auch eine collegialitas sine exercitio est nulla. Es wäre also ergänzend zu sagen, dass die collegialitas wohl ein plus und minus zulässt, aber nur insoweit, als sie durch das minus nicht praktisch aufgehoben erscheint.« In diesem Sinne

Man wird wohl sagen müssen, an diesem Text werde sichtbar, dass ein Kollegialitätsbegriff, der sich ausschließlich auf die gesamtkirchliche Kollegialität des actus stricte collegialis konzentriert, in die Sackgasse gerät. Denn was eine Kollegialität positiv noch bedeuten soll, der nur deshalb plena potestas nachgesagt werden darf, weil ihre Bestreitung auf ein Unrecht gegenüber der päpstlichen plena potestas hinausliefe, ist schwer einzusehen. Der Sinn der Kollegialität kann es ja in der Tat nicht sein, etwa ein Parlament an Stelle einer Monarchie zu setzen, sondern die Ecclesiae in der Ecclesia wieder zur Geltung und zum Wirken zu bringen, also, wenn man so will, die »Teilkollegialität« zu fördern, die freilich gerade als solche von zentraler Bedeutung auch für das Ganze ist und die konziliare Struktur der Kirche lebendig werden lässt, die sich dann zu gegebener Zeit auswirken kann und wird in ökumenischen Konzilien als höchster Form kollegialer Aktivität in der Kirche Gottes.

d) Die Frage der Ostkirchen

Den vier Punkten der Nota praevia ist am Schluss noch ein Notabene angefügt, das zunächst noch einmal an die Unterscheidung von sakramental-ontologischem und kanonisch-juridischem Aspekt des Bischofsamtes erinnert und dann sagt: »Die Kommission hielt aber dafür, es sei nicht einzutreten in die Fragen nach Erlaubtheit und Gültigkeit, die dem Disput der Theologen überlassen werden, insonderheit was die Gewalt angeht, die faktisch bei den getrennten Orientalen ausgeübt wird und über deren Erklärung verschiedene Meinungen bestehen.« Das drückt eine völlige Stimmenthaltung hinsichtlich der ekklesiologischen Problematik der Ostkirchen aus, die man angesichts der noch immer nicht genügenden Vorarbeiten auf diesem Gebiet positiv wird werten müssen. Das wird besonders deutlich, wenn man sieht, dass in der Konstitution selbst einige Stellen vorkommen, die faktisch die Ostkirchen aus der Kollegialität gänzlich auszuklammern scheinen

---

kommt dem Artikel 23 der Kirchenkonstitution besondere Bedeutung zu, in dem die horizontale Kollegialität ganz selbstverständlich als eine beständige Realität im Leben der Kirche geschildert wird.

und bei der grundsätzlich kollegialen Auffassung des Episkopats ein Verständnis des dort vorliegenden Bischofsamtes auf diese Weise erschweren könnten. Durch das Notabene ist klargestellt, dass der Text in dieser Sache keinerlei Entscheidung trifft, so dass die Diskussion gänzlich offenbleibt. Sie wird gerade in einer ortskirchlich aufgefassten Kollegialität wichtige neue Ansatzpunkte finden können, die über die ungeschichtlichen Theorien hinaushelfen könnten, mit denen man sich bisher weithin behelfen muss.

III. Zur Frage der Theologischen Qualifikation[45]

1. Die Frage

Während der ganzen Zeit der Beratungen über das Schema von der Kirche wurde von Konzilsvätern und -theologen immer wieder die Frage nach der theologischen Qualifikation der zu erwartenden Texte aufgeworfen, die insofern ein Novum in der Konzilsgeschichte darstellen, als ihnen die Kanones bzw. die Anathematismen fehlen, die bisher als Auslegungsrichtschnur für die Frage nach dem wirklich verbindlich Definierten verwendet wurden. Hinzu kommen die ungewöhnliche Länge der Texte und der immer wieder hervorgehobene pastorale Charakter des Gesamtkonzils als zusätzliche Erschwerungen einer nach der dogmatischen Valenz fragenden Interpretation, wobei zu beachten ist, dass anderseits doch der Versuch abgewehrt wurde, die Aussagen des Konzils auf eine ausschließlich pastorale Ebene dadurch zu schieben, dass man das Wort »dogmatisch« aus der Überschrift des Textes zu streichen versuchte, um nur noch einfach von einer »Konstitution« zu sprechen: Der verabschiedete Text nennt sich wieder Constitutio dogmatica und drückt damit doch einen deutlichen dogmatischen Anspruch aus.

Mit dieser noch vom Konzil selbst herbeigeführten Klarstellung des »literarischen Genus« ist zunächst einmal eine Abdrängung ins bloß Erbauliche ausgeschlossen, die übrigens auch dem positiven

---

[45] Vgl. zu diesem Problem Betti, *Der theologische Verbindlichkeitsgrad;* Neumann, *Die Verbindlichkeit der Beschlüsse.*

Begriff des Pastoralen zuwiderliefe, wie er sich auf dem Konzil in der Entfaltung der Anliegen Johannes' XXIII. herausgebildet hat. Dieses Pastorale, das auf die seelsorgliche Idee der Kirchenväter zurückgreift, ist nichts von der dogmatischen Wahrheit Losgelöstes, sondern es beruht gerade auf der vollen Wiederentdeckung des Heilscharakters der biblischen Wahrheit, die ihrerseits nichts bloß Schulmäßiges und Theoretisches ist. »Pastoral« ist von da aus geradezu der Ausdruck für die Verschwisterung von Wahrheit und Liebe, von Logos und Ethos, die das prägende Grundgesetz auch jeder theologischen Arbeit sein sollte.

2. Die Erklärung der Theologischen Kommission

So wichtig solche Erkenntnisse sind, sie heben dennoch die Frage nach dem genauen Anspruch der vorgelegten Texte nicht auf und genügen nicht, um sie zu lösen – wobei man allerdings bedenken sollte, dass auch bei den früheren Texten die Frage der Verbindlichkeit schwieriger liegt, als sie oft ausgegeben wird, wie denn überhaupt eine Geschichte des Begriffs von Dogmatisierung und dogmatischen Texten noch zu schreiben wäre und mancherlei weitverbreitete Missverständnisse zu beseitigen hätte.[46] Innerhalb der erwähnten Notificationes vom 16. November 1964, deren dritter Teil – die Nota praevia explicativa – wir eben untersucht haben, befasst sich der zweite Teil mit dem Problem der theologischen Qualifikation. Er sagt dazu zunächst: »Wie sich von selbst versteht, ist der Konzilstext immer nach den allgemein bekannten allgemeinen Regeln auszulegen.« Die Theologische Kommission verweist bei dieser Gelegenheit auf ihre Erklärung vom 6. März 1964: »Ratione habita moris conciliaris ac praesentis Concilii finis pastoralis, haec S. Synodus ea tantum de rebus fidei vel morum ab Ecclesia tenenda definit, quae ut talia aperte ipsa declaraverit. Cetera autem, quae S. Synodus proponit, utpote Supremi Ecclesiae Magisterii doctrinam, omnes ac singuli christifideles excipere et am-

[46] Vgl. Kolping, Art. Qualifikationen, und die dort aufgeführten wichtigen Arbeiten von Albert Lang, besonders *Der Bedeutungswandel der Begriffe »fides« und »haeresis«* und die neue zusammenfassende Untersuchung *Prinzipienlehre der mittelalterlichen Scholastik*, besonders 184–195.

plecti debent iuxta ipsius S. Synodi mentem, quae sive ex subiecta materia sive ex dicendi ratione innotescit, secundum normas theologicae interpretationis.«

3. Das Ergebnis

Danach ist zunächst klar, dass eine eigentliche »Dogmatisierung«, durch welche eine Aussage zum Gegenstand der fides divina et catholica erklärt wird, nur da vorliegt, wo das ausdrücklich gesagt ist. Das ist in dem von uns analysierten Teil des Textes, d. h. in den Artikeln 19–22 des III. Kapitels der Konstitution von der Kirche, nirgends der Fall. Also enthalten sie kein neues Dogma. Am ehesten klingt noch an eine Dogmatisierung an der Satz, mit dem in Artikel 21 die Sakramentalität des Bischofsamtes ausgesprochen wird: »Es lehrt aber die Heilige Synode, dass durch die Bischofsweihe die Fülle des Weihesakraments übertragen wird [...].« Da aber der Hinweis auf den Offenbarungscharakter dieser Lehre fehlt, hat man auch hier keine eigentliche Dogmatisierung zu sehen, sondern den Ausdruck einer gemeinsamen Lehrüberzeugung des Konzils, bei der indes nicht die unmittelbare Zugehörigkeit der vorgetragenen Lehre zum apostolischen Glaubensgut behauptet oder zur glaubensmäßigen Annahme gestellt wird.

Mit dem Gesagten ist eine negative Klarstellung erzielt: Es liegen keine Dogmen vor, auch nicht in dem Satz von der Sakramentalität des Bischofsamtes. Offen bleibt die positive Frage, welchen Rang dann wirklich die verabschiedeten Texte einnehmen. Das wird auch durch die ein wenig orakelhaft klingenden Worte der Theologischen Kommission nicht vollends deutlich, die zweierlei Kriterien anbieten:

a) Das Ganze ist Ausdruck des höchsten kirchlichen Lehramtes. Das schließt auf jeden Fall ein gewisses Maß an Verbindlichkeit mit ein, über das wir noch etwas werden reflektieren müssen.

b) Es gelten die üblichen Auslegungsregeln, die ihre Richtschnur in der Art der behandelten Materie und in der literarischen Gattung des Textes finden. Auch von hier aus ergibt sich notwendig eine nicht geringe Verbindlichkeitsform des Textes, dessen Materie im Gebiet des Dogmatischen liegt und dessen Diktion durchaus magistral-autoritativ gehalten ist, zumal in den von uns betrachteten Stücken. Bei der Festlegung der literarischen Art ist hinzuzunehmen, dass es sich um einen Text handelt, um den sich der ganze Weltepiskopat, das mit der höchsten Lehrgewalt ausgestattete Kollegium der mit dem Papst kommunizierenden Bischöfe, drei Jahre lang intensiv Wort für Wort bemüht hat, den der Papst selbst gründlichst bearbeitet hat, zu dessen Reifung er eine nicht geringe Zahl von Textvorschlägen beisteuerte und den er schließlich feierlich bestätigt hat: »Und wir billigen, beschließen und statuieren sie im Heiligen Geist [...].« Wenn man das alles bedenkt, wird zweifelsfrei klar, dass der Text weit über den gewöhnlichen Äußerungen des päpstlichen Lehramtes einschließlich der Enzykliken steht, was das Maß seiner theologischen Verbindlichkeit betrifft: Es ist ein in Jahren gewachsenes Dokument intensivsten Selbstausdrucks des gegenwärtigen Glaubensbewusstseins der ganzen auf dem Konzil versammelten katholischen Kirche, die diesen Text als Bekenntnis ihres Glaubens, als Verkündigung an die Welt von heute und als Basis ihrer geistlichen Erneuerung formuliert hat, die nicht auf schwankenden Füßen stehen darf. Das bedeutet nicht, dass der Text etwa in den Einzelheiten seiner Formulierungen und Gedankenführungen oder gar seiner Schrift und Väterzitationen irreformabel sei. Aber es bedeutet, dass im Gesamt der lehramtlichen Texte der neueren Zeit dieser Konstitution eine vorrangige Bedeutung als einer Art von Interpretationsmitte zukommt.

So wird die Konstitution in den kommenden Jahrzehnten und über sie hinaus in hohem Maß die Aufmerksamkeit der Theologen auf sich ziehen müssen, deren Aufgabe es ist, ihre Rezeption in der Theologie und durch sie hindurch in der Verkündigung zu ermöglichen. Dennoch wäre es falsch, wenn die ganze Arbeitskraft der Theologen sich nun in Konzilsinterpretationen erschöpfen würde: Der Sinn gerade dieses Textes ist es nicht, die Kräfte der Theologen zu absorbieren, sein Sinn ist es vielmehr, sie über sich hinauszuführen und sie an die Quellen der immerwährenden Verjüngung aller Theologie selbst zu geleiten: zur Heiligen Schrift und zu den reichen Schätzen, die aus den Schriften der Väter Generation um Generation neu zu heben sind.

Ortskirche und Gesamtkirche Kommentar zu »Lumen gentium«, Artikel 26

Nach einer allgemeinen Definition des Priestertums erörtert dieser Artikel dann im Detail den Platz der Ortskirche innerhalb der Gesamtkirche. Im ursprünglichen Entwurf des Artikels waren keine Bemerkungen zum Platz der Ortskirche enthalten. Daher musste hier dafür Raum geschaffen werden, indem mit dem einleitenden Verweis auf die Eucharistie als eine Lebensquelle für die Kirche der notwendige Ausgangspunkt formuliert wurde. Wenn auch die Gedankenführung nicht streng logisch ist, gibt es zur jetzigen Anordnung des Textes nichts Negatives zu sagen.

Der Artikel betrachtet zunächst eine grundlegende neutestamentliche Einsicht. In jeder Ortskirche ist die Gemeinde verbunden mit der Gesamtkirche, aber in der Ortskirche wird auch die Gesamtkirche gegenwärtig, so dass sie sich unmittelbar selbst »die Kirche« nennen kann. Die Ortsgemeinde ist nicht ein sekundärer oder kleiner administrativer Bereich der Kirche als Ganzer, sie ist eher der ursprüngliche, konkrete Ausdruck der Kirche. Das Wesen der Kirche – die Verkündigung des Wortes Gottes und die Feier der Sakramente, besonders der Eucharistie – ist gegenwärtig in der Ortsgemeinde.

Der historische Hintergrund für diese Unterscheidung ist der lange und anscheinend fruchtlose Disput zwischen katholischen und protestantischen Theologen über das Wesen der Kirche. Lange Zeit hindurch hat die protestantische Exegese dahin tendiert, die Idee der Gesamtkirche als eine Sache von nur sekundärer Bedeutung zu betrachten. Auf der anderen Seite hatte die katholische Theologie das Wort »Kirche« fast ausschließlich auf die Kirche als Ganze angewendet. Die Konstitution macht klar, dass die Ortsgemeinden wirklich »die Kirche« sind, dass sie das aber nur bleiben, wenn sie sich in Einheit befinden mit der einen, ganzen und unteilbaren Kirche, die keinesfalls von sekundärer Bedeutung ist, sondern die leben-spendende Quelle für alle einzelnen Kirchen ist.

Einzelkirchen sind durch folgende Merkmale gekennzeichnet: Verkündigung des Evangeliums und Feier der Eucharistie. Der Nachdruck liegt natürlich auf der eucharistischen Feier, die hier im Sinne von Paulus und der Väter als das konkrete »Sakrament der Kirche« erscheint. Als eine Gemeinschaft um den eucharistischen Tisch mit dem auferstandenen Herrn ist die Kirche ein Zeichen für die vereinende Liebe Gottes, die die Menschen miteinander verbindet. Beim Mahl des Herrn vor allem erfolgt unsere Einbeziehung in den auferstandenen Christus, so dass der Aufbau der Menschheit zum »Leib Christi« möglich wird. Die konkrete Wirklichkeit der Kirche kann offensichtlich nicht in Statistiken erfasst werden.

Die Ortsgemeinden werden formell als Bischofskirchen definiert. Man könnte leicht einwenden, dass Ortsgemeinden und Bischofskirchen nur im Altertum identisch waren. Heute ist der Bischof Leiter einer ganzen Region, und die Ortsgemeinde wird von einem Pfarrer geleitet. Diese zusätzlichen Schwierigkeiten wurden tatsächlich durch die Konstitution eingeklammert.

Der Text kann jedoch in gewissem Sinn auf die gegenwärtigen Ortskirchen – die Pfarreien – angewendet werden. Diese Ortskirchen sind insofern genau beschrieben, als sie bewusst eins sind mit den Bischöfen in der Ausübung seines Dienstes. So drückt die Verbindung mit dem Bischof die Einheit der Ortsgemeinde mit der Gesamtkirche aus. Unter diesem Blickwinkel kann die authentische Bedeutung des Textes klar gemacht werden.

Die Verbindung zwischen der Sicht der Ortskirche als Pfarrei und derselben Kirche als Bischofskirche wird noch klarer ausgedrückt im zweiten Abschnitt, wo gesagt wird, dass die örtlichen Eucharistiefeiern, die der Bischof nicht selbst hält, in seinem Namen und unter seiner Autorität stattfinden. Es wird hier auf die Autorität des Bischofs hinsichtlich der liturgischen Gesetzgebung verwiesen, das heißt auf sein Recht, die Gesetze der Universalkirche an örtliche Gegebenheiten anzupassen.

Der dritte und letzte Abschnitt des Artikels widmet sich zur Gänze dem Thema der bischöflichen Aufgabe zu »heiligen«. Diese Aufgabe wird zuerst in der Vollmacht, das Wort zu predigen, ausgeführt und dann vor allem anderen in der Verantwortung des Bischofs für die übrigen Sakramente.

Der Text führt schließlich als eine der priesterlichen Hauptfunktionen die Pflicht zum guten Beispiel an. Gérard Philips betont mit Recht, dass das mehr ist als ein moralisierender Anhang. Die Aufgabe des Bischofs in konkrete Wirklichkeit umzusetzen, dieses Amt dadurch zu füllen, dass man sich selbst für den täglichen Trott der Pflichten verfügbar macht – das gehört zum Wesen der bischöflichen Verantwortung in der Kirche Jesu Christi.

Kommentar zu den »Bekanntmachungen, die der Generalsekretär des Konzils in der 123. Generalkongregation am 16. November 1964 mitgeteilt hat«

I. Zur Vorgeschichte

Die Geschichte der »Nota praevia explicativa«, die das Herzstück der Bekanntmachungen vom 16.11.1964 bildet, beginnt bei der Beratung der Modi zum III. Kapitel der Kirchenkonstitution innerhalb der Theologischen Kommission. Diese Modi ließen wieder den tiefgehenden Dissens erkennen, der hinsichtlich der Kernfrage des Kapitels, der bischöflichen Kollegialität, unter den Konzilsvätern bestand, aber auch die Missverständnisse, die weitgehend den eigentlichen Grund für diesen Dissens darstellten. Da der Text durch die vorgeschriebene 2/3-Mehrheit der Väter gebilligt war, konnte an eine Änderung seiner wesentlichen Grundaussagen nicht gedacht werden; da es anderseits bester konziliarer Tradition entspricht, in Fragen, die man als Causae maiores bezeichnen muss, nur Gegenstände zur Abstimmung zu bringen, hinsichtlich deren moralische Einmütigkeit besteht, schien es sinnvoll, über die Einzelantworten hinaus, die Modus für Modus üblicherweise gegeben wurden, einige zusammenfassende Klarstellungen bezüglich der wichtigsten Missverständnisse – zugleich als nochmalige Interpretation des eigentlich Gemeinten – zu geben und diese zusammenfassende Auskunft den Einzelantworten als »Erläuternde Vorbemerkung« vorauszuschicken. In das Werden dieser Vorbemerkung, deren Abfassung noch einmal den ganzen Umfang der Schwierigkeiten einer sachgerechten Lehre vom Bischofsamt deutlich werden ließ, griff schließlich auch der Papst selbst ein, dem in besonderem Maß an einer Fassung der Lehre gelegen sein musste, die einer weitgehenden Einmütigkeit des Konzils sicher sein durfte.

Die Antwort der Theologischen Kommission auf die Modi zu

Cap. 3 wurde, wie die Antworten auf die übrigen Kapitel, in einem eigenen Faszikel gedruckt, der den Konzilsvätern am 16.11.1964 ausgeteilt wurde; der Aufbau des Heftes unterschied sich von den übrigen nur dadurch, dass den Einzelantworten die Nota praevia explicativa vorangestellt wurde; die Ausführungen über die theologische Qualifikation, die jetzt den ersten Teil der »Bekanntmachungen des Generalsekretärs« bilden, waren dort als Modus 10 bzw. als dessen Beantwortung durch die Kommission zu lesen. Die Abstimmungsfrage, die infolge eines Versehens nicht wie sonst in den Faszikel mit der Expensio modorum eingedruckt war, lautete wie üblich: An placeat expensio facta a Commissione doctrinali circa modos Caput III respicientes cum correctionibus
348 supra indicatis? Am selben Tag verlas indes der Generalsekretär bereits auch seine »Bekanntmachungen« in der jetzt vorliegenden Form, die gegenüber dem Faszikel der Theologischen Kommission (neben der anderen Reihenfolge) die Hinzufügung vor dem Text der Nota enthält: »Seitens der höheren Autorität wird den Vätern eine erläuternde Vorbemerkung zu den Änderungsvorschlägen des dritten Kapitels des Kirchenschemas mitgeteilt, nach deren Absicht und Sinn die in diesem dritten Kapitel dargelegte Lehre erklärt und verstanden werden muss.« Am 19.11.1964, dem Tag der Gesamtabstimmung über das Schema, wurden die Bekanntmachungen in der vorgelesenen Form auf einem eigenen Blatt den Vätern ausgeteilt, die dabei nochmals daran erinnert wurden, dass die Lehre des Kapitels III im Licht der genannten Erläuterungen zu verstehen sei; zugleich erfuhren sie, dass die Bekanntmachungen den Akten des Konzils zugefügt würden. Auf diese Weise hatte sich der Papst (ohne freilich ganz eindeutig in Erscheinung zu treten) die gegebene Erläuterung in besonderem Maße zu eigen gemacht, wie er in seiner Rede am Promulgationstag (21.11.) nochmals ausdrücklich bemerkte; rückschauend wird man feststellen können, dass damit nicht nur die weiter gespannten Auslegungen der Kollegialitätsidee eingedämmt werden sollten, sondern dass die Geste sich ebenso an die Adresse der kollegialitätsfeindlichen Minderheit richtete, die im Lichte der Nota das Gegenstandslose ihrer Opposition erkennen und sich zur Zustimmung zum Text ermutigt fühlen sollte, was in der Tat erreicht wurde: Die Abstimmung über die Expensio modorum zu Cap. 3

ergab am 17. 11. 1964 nur noch die unerwartet geringe Zahl von 46 Gegenstimmen; die Schlussabstimmung am 21. 11. ergab bekanntlich 2151 Ja-Stimmen und 5 Enthaltungen. Ob dieser Erfolg zu teuer erkauft worden ist durch eine zu starke Abschwächung der Lehre, wird erst die zukünftige Entfaltung und Entwicklung des in der Konstitution Angelegten zeigen können.

II. Der erste Teil der Bekanntmachungen: Die Frage der theologischen Qualifikation

Die Formulierungen der Theologischen Kommission sind in dieser Sache nicht sehr deutlich. Das ist umso mehr zu bedauern, als sich damals bereits der Streit zweier Richtungen abzeichnete, der inzwischen schon deutlicher in Erscheinung tritt und die Auswertung des Konzils auch weiterhin belasten könnte. Auf der einen Seite steht eine Richtung, die man als »minimalistisch« bezeichnen könnte: Sie entspricht den Kreisen, die auf dem Konzil die Minderheit bildeten und die, nachdem sie sich zunächst vergebens der Idee eines wesentlich pastoralen Konzils entgegengestellt hatten, nunmehr auf diesem Charakter insistieren und daraus seine Unzuständigkeit auf dem Feld der eigentlichen Lehre ableiten. Auf diesem Gebiet könne dem Konzil nichts entnommen werden, was über die vorhandenen Enzykliken hinausführe, seine eigentliche Bedeutung liege ausschließlich auf der Ebene der praktischen Verwirklichung.

Demgegenüber hat Umberto Betti (in dem von Guilhelme Baraúna herausgegebenen Sammelwerk zur Kirchenkonstitution) eine These vertreten, die einen Großteil der konziliaren Aussagen 349
einfach auf Grund der wesenseigenen Autorität des Konzils praktisch auf die Ebene des Dogmas erhebt, ohne sie allerdings zu eigentlichen Dogmen zu erklären. In diesem Betracht ist eine Feststellung Pauls VI. in seiner Rede zur letzten öffentlichen Sitzung des Konzils am 7. 12. 1965 wichtig: »Nunc vero animadvertere iuvat, Ecclesiam per suum magisterium, quamvis nullum doctrinae caput sententiis dogmaticis extraordinariis definire voluerit, nihilominus circa plurimas quaestiones cum auctoritate doctrinam proposuisse suam, ad cuius normam homines hodie tenentur

conscientiam suam suamque agendi rationem conformare.« Die mittlere Linie, die in diesem Text beschrieben ist, entspricht ohne Zweifel dem Wollen der Mehrheit der Konzilsväter; die Ausführungen des Papstes schaffen damit einigermaßen Klarheit über die tatsächliche Lage: Es gibt kein neues Dogma nach dem Konzil, in keinem Punkte. Aber das bedeutet doch nicht, dass das Ganze ins Unverbindlich-Erbauliche abgedrängt werden dürfte: Die Texte schließen, je nach ihrer literarischen Art, einen ernsten Anspruch an das Gewissen des katholischen Christen ein; ihre Pastoral fundiert in der Lehre, und ihr lehrmäßiges Reden ist von der Sorge für die Menschen und die Realisierbarkeit des Christlichen in der heutigen Welt geprägt. In der Vereinigung von Wahrheit und Liebe, von »Lehre« und Hirtensorge liegt das Eigentümliche der pastoralen Idee des Konzils, das damit gerade hinter die Zertrennung in Pragmatismus und Doktrinalismus zurückgreifen wollte auf die biblische Einheit beider, die letztlich in Christus gründet, der Logos und Hirte in einem ist: Als Logos ist er Hirte, als Hirte Logos.

III. Die Nota explicativa praevia

Zu 1: *Zum Wort Kollegium.* Vonseiten römischer Theologen war wiederholt während der Debatte (so besonders in von Erzbischof Staffa gezeichneten Flugschriften) betont worden, das Wort collegium habe in der Rechtssprache einen eindeutig feststehenden Sinn, es bezeichne eine societas aequalium und sei damit auf die Beziehung von Papst und Bischöfen angesichts der durch das Vaticanum I festgelegten inaequalitas nicht anwendbar. Dieser Einwurf bezog sich vermutlich auf die im I. Vaticanum diskutierte
350 und zur Verwerfung vorgesehene Idee protestantischer Rechtsgelehrter der frühen Neuzeit (Pufendorf, Böhmer, Grotius u. a.) einer Kollegialverfassung der Kirche als solcher, die dort der hierarchischen Idee entgegengestellt wurde und die der protestantischen Überlieferung entsprechende Idee der grundsätzlichen Gleichheit aller Glieder der Kirche ausdrücken sollte. Dass das II. Vaticanum an diese protestantischen Ideen nicht anknüpfte, ergab sich indes schon aus der hierarchischen Anwendung des Be-

griffs collegium. Damit war der Anschluss an den patristischen Kollegialitätsbegriff, den Joseph Lécuyer besonders auch in den Papstbriefen des 5. Jahrhunderts nachgewiesen hat, eindeutig klar. Die römische Rechtssprache hat in der Tat eine Fixierung des Begriffs collegium auf societas aequalium nie gekannt (Pauly / Wissowa 4/1, 380–480). Die Theologische Kommission entschloss sich dennoch, auf das immer wieder mit großer Sicherheit vorgetragene Bedenken einzugehen,

a) indem sie gleich zu Beginn der Ausführungen in Artikel 19 bei der Herausstellung des kollegialen Charakters des Apostolats der Zwölf das »ad modum collegii« durch die Hinzufügung »seu coetus stabilis« interpretierte, obgleich die Benennung der Zwölf als »collegium« ältester liturgischer und theologischer Überlieferung entspricht (vgl. die Oration des Römischen Messbuchs zum Fest des heiligen Matthias);
b) indem sie wechselweise mit collegium die anderen, mit diesem Wort schon in der patristischen Literatur wechselnden Ausdrücke ordo und corpus gebrauchte.

Der Schluss von Nummer 1 der Nota äußert sich in diesem Zusammenhang noch zu dem ersten Satz von Artikel 22 des Textes, in welchem das Verhältnis der Beziehung Petrus – Apostel zu derjenigen von Papst und Bischöfen durch ein »pari ratione« dargestellt wird (das abschwächend an die Stelle des eadem ratione getreten ist). Hier war das Bedenken aufgetreten, dass ja die katholische Überlieferung allen Aposteln Zuständigkeit für die ganze Kirche zuschreibt und dass so aus dem Text ein Universalanspruch auch der einzelnen Bischöfe abgeleitet werden könnte. Demgegenüber wird festgestellt, dass nur die *Relation* Papst – Bischöfe der *Relation* Petrus – übrige Apostel entspreche, nichts aber über den absoluten Inhalt der Glieder ausgesagt werde. Auch hier war der Text an sich völlig klar, zumal der in diesem Zusammenhang zwei- 351
mal verwendete Begriff successor (bzw. succesores) deutlich genug herausstellte, dass die Entsprechung nur auf der Ebene der Nachfolge stattfindet, in der die Einmaligkeit des Apostolats (sowohl des Petrus wie der übrigen Apostel) mitgesetzt ist.

Insgesamt zeigt die Analyse, dass in diesem ersten Teil der Nota dem Text nichts Neues hinzugefügt wird, sondern nur einige der verbreitetsten (und im Grunde freilich angesichts der Eindeutigkeit des Textes schwer zu verstehenden) Missverständnisse zurechtgerückt werden.

Zu 2: *Weihe- und Hirtengewalt.* Liegen die Fragen des ersten Abschnitts wesentlich auf der terminologischen Ebene, so beschäftigt sich der 2. Punkt der Nota mit einem der schwierigsten rechts- und verfassungsgeschichtlichen Probleme der Kirche, das zugleich von einschneidender theologischer Bedeutung ist. Während der Entwurf der Commissio Praeparatoria die Zugehörigkeit zum Bischofskollegium ausschließlich mit der Jurisdiktion in Zusammenhang gebracht und damit die Kollegialitätsidee allein auf einer vom sakramentalen Prinzip weitgehend gelösten juridischen Ebene angesiedelt hatte, erklärt der Endtext (im letzten Satz des 1. Abschnitts von Artikel 22) Weihe und »hierarchische Gemeinschaft mit Haupt und Gliedern des Kollegiums« als konstitutiv für die Kollegialität. Die Kollegialität ist damit *auch* im sakramentalen Prinzip verankert, die Idee der iurisdictio mit derjenigen der communio verbunden, und indem so das Recht wieder in direkten Zusammenhang mit dem sakramentalen Prinzip tritt, hört es auch seinerseits auf, als eine rein zentralistisch verfügbare Größe zu erscheinen, indem es an der notwendigen Pluralität des Sakramentalen teilnimmt und so den »kollegialen« Aspekt vom Ursprung her in sich trägt: Das Maß der Bindung oder Lösung der Rechtsidee gegenüber der sakramentalen Idee entscheidet zugleich über eine ausschließlich zentralistische oder eine von innen her kollegiale Konstruktion des Rechtes in der Kirche.

Gegen die auf diese Weise vollzogene Annäherung von Sakrament und Recht (in der am ehesten das Konzil eine neue Aussage gegenüber der sententia communis der letzten Jahrhunderte versucht, im Blick auf die alte liturgische und theologische Überlieferung) könnte eingewandt werden, dass es ja den reinen »Weihbischof« gibt, an dem deutlich werde, dass es bloße Weihe ohne Rechtsgewalt gebe, wie umgekehrt der Residenzbischof nachweislich seine Vollmacht nicht durch die Weihe, sondern durch die Jurisdiktionszuweisung seitens des Papstes empfängt (vgl. DS 3804). Die Kommission erläutert den in der Tat schwierigen und noch mancher Diskussion bedürftigen Sachverhalt durch die Unterscheidung von »Ämtern« (munera) und »Vollmachten« (po-

testates): Die Weihe gibt eine seinsmässige Teilhabe an den Ämtern des Bischofs, also etwas, was durchaus auf rechtliche Realisierung hingeordnet ist, aber für das konkrete rechtliche Wirksamwerden noch der Einordnung ins Ganze bedarf, also einer »rechtlichen Bestimmung« (iuridica determinatio), durch die hindurch dann das »Amt« sich zur »Vollmacht« entfalten kann. Die lehramtlichen
Äußerungen über die Jurisdiktionszuweisung an die Bischöfe 352
durch den Papst seien auf dieser Ebene der rechtlichen Einweisung zu verstehen, durch die das »Amt« zur vollziehbaren »Vollmacht« konkretisiert wird. Der Text der Nota gibt aber auch zu erkennen, dass zwar eine solche konkretisierende Zuweisung vom Wesensverhältnis zwischen Recht und Weihe her erfordert ist, dass aber ihre tatsächliche Gestalt geschichtlich wandelbar ist; sie muss lediglich erfolgen »nach den von der höchsten Obrigkeit gebilligten Richtlinien«. Im Hintergrund dieser Ausführungen sind unschwer die Gedanken wiederzuerkennen, die Wilhelm Bertrams in seiner Schrift »De relatione inter episcopatum et primatum« (Rom 1963) vorgetragen hat, ohne dass sich die Theologische Kommission auf deren Einzelheiten festgelegt hätte. Tatsächlich wird aber hier gegenüber der doctrina recepta der Handbücher des Kanonischen Rechts ein Fortschritt auf einen größeren Realismus geschichtlichen Denkens erzielt; die vorgetragenen Unterscheidungen dienen ja gerade der Absicht, die geschichtliche Variabilität des Verhältnisses von Weihe- und Rechtsgewalt verständlich zu machen, einer geschichtlich unvertretbaren Ausschließlichsetzung der gegenwärtigen Rechtspraxis entgegenzuwirken und das Rahmengefüge des (auch weiterhin möglichen) geschichtlichen Wechsels nicht durch eine endgültige Zertrennung von Weihe und Recht, sondern durch eine tiefgehende grundsätzliche Verknüpfung bei aller faktischen Unterscheidbarkeit beider Größen zu gewinnen.

In diesem Zusammenhang begründet und erklärt die Kommission dann auch (3. Abschnitt von Nummer 2 der Nota) die Änderung des Wortes Communio in Communio hierarchica, die sie im Rahmen der Expensio modorum vorgenommen hatte. Diese Änderung, die dem Sprachgebrauch der Tradition fremd ist, hat dennoch zum Ziel, die Sprache der Tradition wieder verständlich zu machen. Wenn als konstitutiv für die Zugehörigkeit zum Kollegium neben der consecratio die communio cum Collegii Capite at-

que membris erkannt wird, so ist mit Communio nicht (wie eine der altkirchlichen Tradition entfremdete Denkungsart wähnte) irgendeine unverbindliche Gemeinschaft gemeint, sondern Communio ist Ausdruck für die sakramentsbestimmte Rechtsstruktur der alten Kirche und deutet den ursprünglichen Grund und Zusammenhang des kirchlichen Rechtsbegriffs an (weshalb es hier statt iurisdictio mit Recht als zweites Glied neben consecratio genannt wird): Der rechtliche Aufbau der Kirche vollzieht sich im Miteinander-Kommunizieren der bischöflich geleiteten ecclesiae, also in einer hierarchischen Gemeinschaft sakramentalen Inhalts – dies genau ist der Sinn des Wortes hierarchica Communio, das den altkirchlichen communio-Begriff möglichst deutlich als die grundlegende Rechts- und Seinsgestalt der Kirche für immer und so auch für heute zur Geltung bringen soll. Die Kommission verweist in diesem Zusammenhang auf den Änderungsvorschlag 40, den mitzuvergleichen in der Tat sehr lehrreich ist. Dort wird berichtet: Alii Patres (17, quibus accedunt alii 5) addendum proponunt: [...] nonnisi in communione cum Collegii Capite et
353 membris *atque iuxta ordinationes supremae Ecclesiae auctoritatis* exerceri possunt. Alii duo addere volunt *accedente missione canonica;* 12 autem: *mandato accepto a Christi Vicario*, vel *per provisionem canonicam*, vel *missione accepta a successore Petri*, vel Communione *a Capite Collegii concedenda*. Allen diesen Vorschlägen wird von der Kommission entgegengehalten, dass sie überflüssig seien, weil alles Wichtige im Begriff der Communio enthalten sei. Über die konkreten rechtlichen »ordinationes«, welche die Urheber dieser Modi gerne im Text genannt wissen wollten, sagt die Antwort der Kommission: Istius modi autem ordinationes ex natura rei necessariae sunt, quia agitur de *pluribus* subiectis qui communiter agere debent. Die Notwendigkeit konkreter Einweisung wurde (in Übereinstimmung mit den Ideen von Wilhelm Bertrams) aus der Notwendigkeit der Einordnung in eine Vielheit zusammenwirkender Amtsträger begründet, also in der Sache von der mit der Communio gegebenen inneren Pluralität des Amtes her. Der Vergleich des Konzilstextes mit den genannten Vorschlägen einzelner Väter zeigt wohl noch einmal, welch wichtigen Dienst der Öffnung der Endtext leistet, den die Nota nicht zurücknimmt, sondern durchaus sachgerecht interpretiert.

Zu 3: *Die Vollgewalt des Kollegiums.* Den eigentlich kritischen Punkt der Nota stellt die Erläuterung der Kernaussage des zweiten Satzes des zweiten Abschnitts von Artikel 22 des Textes dar, worin dem mit dem römischen Bischof verbundenen Bischofskollegium zugesprochen wird, gleichfalls (wie der Papst) »Träger der höchsten und vollen Gewalt über die ganze Kirche zu sein«. Hier musste notwendigerweise die vielumstrittene Frage, ob es ein oder zwei Subjekte der höchsten Gewalt gebe, ins Spiel kommen; gleichzeitig war aber klar, dass das Konzil nicht eine Schulstreitigkeit zu lösen habe und keine der heute legitim vertretenen Meinungen der katholischen Theologie verurteilen, aber ebendeshalb auch keine einfach zu seiner eigenen Meinung machen dürfe. Eine besondere Schwierigkeit entstand daraus, dass CIC can. 228 § 1 dem Konzil zwar suprema, nicht aber plena potestas über die Gesamtkirche zuschreibt. Daraus wurde gefolgert, dass hier ein Unterschied bestehe, der nicht verwischt werden dürfe. Die Begründung der Nota für die Beibehaltung von »plena« mutet etwas eigenartig an: Es müsse stehen, weil ja im Collegium der Papst inbegriffen sei und so die Streichung des »plena« auf eine Bestreitung der Vollgewalt des Papstes hinauslaufe. Ein solches Argument (es findet sich auch 354
in der Antwort auf Modus 81) mochte zwar für die Gegner der Kollegialitätsdoktrin sehr einsichtig sein, trägt jedoch zu deren Erhellung recht wenig bei, zumal es die Kollegialität nun doch als reines Derivat der päpstlichen Gewalt zu konstruieren scheint. So wird man sagen müssen, dass die so ausgelegte Formulierung des Konzils von der Vollgewalt des Kollegiums keinen ersichtlichen Fortschritt gegenüber der bisherigen Theologie des ökumenischen Konzils einschließt. Den Fortschritt wird man in anderen Punkten sehen müssen, so in der vorhin erläuterten Neubestimmung des Verhältnisses von Weihe- und Rechtsgewalt; in der eng damit verbundenen Herausstellung des wesentlich gemeinschaftsbezogenen Charakters des bischöflichen Amtes; in der Herausstellung der Tatsache, dass gesamtkirchliche Kollegialität der Bischöfe auch andere Äußerungsformen zulässt als das ökumenische Konzil (Schluss des 2. Abschnitts von Artikel 22) und dass die Art des päpstlichen Mitwirkens auch anders sein kann als im gegenwärtigen kirchlichen Gesetzbuch beschrieben (ebenfalls Schluss von 22); endlich in der Klarstellung der gesamtkirchlichen Verantwor-

tung der Bischöfe und in der Konkretisierung des allgemeinen Kollegialcharakters des bischöflichen Amtes in teilkirchlichen Formen der Kollegialität, die zugleich eine Erneuerung der pluralen Communio-Struktur der Kirche, d. h. der Existenz der Ecclesia in der vielfältigen Einheit der ecclesiae, einschließt.

Die Formulierung am Ende von Nummer 3 der Nota, wonach der Papst bei der Leitung, Förderung und Billigung der kollegialen Betätigung secundum propriam discretionem vorgehe, erinnert an einen Textvorschlag, den der Papst bereits im Sommer 1964 der Theologischen Kommission unterbreitet hatte. Danach hätte es am Schluss von Artikel 22 statt »dummodo Caput collegii eos ad actionem collegialem invitet« heißen sollen »dummodo *ipse* (Papa), *uni Domino devi(n)ctus*, eos ad actionem collegialem *vocet*«. Darauf hatte die Kommission damals geantwortet, diese Änderung sei aufgrund von Klarstellungen, die anderwärts im Text inzwischen erfolgt seien, überflüssig, außerdem sei die vorgeschlagene Formel »nimis simplificata«, denn der Papst sei gehalten, die Offenbarung zu beachten, die wesentliche Struktur der Kirche, die Sakramente, die Definitionen der früheren Konzilien usw. Dies alles könne nicht aufgezählt werden. Formeln mit »solo« und
355 »uno« seien mit größter Vorsicht anzuwenden, sonst würden sie zahllose Schwierigkeiten schaffen. Außerdem stünden psychologische Schwierigkeiten im Wege, man brauche nur an die Orientalen zu denken und sich an die Geschichte der Formel »ex sese non ex consensu Ecclesiae« zu erinnern (Schema von 1964, Seite 93). Diese Überlegungen der Theologischen Kommission sind wohl der Grund, weshalb man dem Wort von der propria discretio das intuitu boni Ecclesiae vorausgesetzt hat, um die inneren Grenzen der päpstlichen Gewalt wenigstens anzudeuten.

Zu 4: *Unabhängigkeit des Papstes vom Kollegium, Abhängigkeit des Kollegiums vom Papst.* Die letzte Nummer der Nota praevia gilt dem Bemühen, die Unumkehrbarkeit der Relationen Papst – Kollegium, Kollegium – Papst deutlich ins Licht zu setzen. Während der Papst von sich aus Akte von höchster gesamtkirchlicher Verbindlichkeit setzen kann, ohne Genehmigung oder Zustimmung des Kollegiums dafür einholen zu müssen, ist das Kollegium ohne den Bischof der prima sedes nicht als solches konstituiert und

kann daher auch nicht mit letzter gesamtkirchlicher Verbindlichkeit tätig werden. Wieder sind einige feine Unterscheidungen zu beachten: das »ad placitum« des ersten Satzes, das dem Papst geradezu eine absolutistische Machtfülle zuzuschieben scheint, insofern es ihn allein seinem eigenen Gutdünken unterstellt und damit noch weit über das von der Theologischen Kommission verworfene »uni Domino devi(n)ctus« hinausgeht, wird anschließend doch eingeschränkt durch das »sicut ab ipso suo munere requiritur«. Es kann somit nur besagen, dass der Papst bei seinem Handeln keinem *äußeren* Tribunal untersteht, das als Appellationsinstanz gegen ihn auftreten könnte, wohl aber an den inneren Anspruch seines Amtes, der Offenbarung, der Kirche gebunden ist. Dieser innere Anspruch seines Amtes schließt aber auch eine moralische Bindung an die Stimme der Gesamtkirche ohne Zweifel mit ein. Es scheint überhaupt für das Verständnis derartiger Texte wichtig zu sein, ihre ausschließlich juridische (oder sogar noch enger: prozessrechtliche) Perspektive zu bedenken und dann zu beachten, dass die Gegebenheiten der moralischen und der juridischen Ordnung keineswegs völlig in eins fallen. Während juridisch der Papst inappellabel ohne das Kollegium, dieses aber nicht ohne ihn wirken kann, wird auf der moralischen Ebene für den Papst eine Verpflichtung entstehen können, auf die Stimme der Bischöfe zu hören, und umgekehrt für die Bischöfe eine Notwendigkeit auftreten können, von sich aus initiativ zu werden. Das Konzil von Konstanz ist geeignet, darüber hinaus die Grenzen auch der juridischen Formeln ins Gedächtnis zu rufen, und dies gerade auch dann, wenn man mit Hubert Jedin (*Bischöfliches Konzil oder Kirchenparlament?*) das Dekret »Haec sancta« lediglich als kirchliches Not- 356
standsrecht beurteilt und sich den weitergehenden Interpretationen von Paul de Vooght (*Les pouvoirs du Concile*) und Hans Küng (*Strukturen der Kirche*) nicht anschließen will. Das »ad placitum« bleibt (trotz der nachfolgenden Einschränkung) eine unglückliche Formulierung; man wird bedauern müssen, dass die Theologische Kommission hier nicht bei ihrem im Sommer formulierten Standpunkt verblieben ist.

Wichtig ist am Text sodann, dass er feststellt, das Kollegium *existiere* an sich immer, doch handle es nicht ständig auf strikt kollegiale Weise. Damit ist zugleich deutlich gemacht, dass neben den im strengen Sinn »kollegialen«, d. h. für die ganze Kirche verbindlichen Akten, auch Abstufungen kollegialen Handelns möglich sind (vgl. im Text Artikel 23). Das bedeutet zugleich, dass die strengen Begrenzungen, die in Nummer 3 und 4 formuliert werden, nur für den Fall der Ausübung von plena et suprema potestas des gesamtkirchlichen Kollegiums über die Gesamtkirche gelten. So lenkt der Text aber zugleich den Blick darauf, dass solche gesamtkirchlich-kollegialen Akte weder der Normalfall noch auch vielleicht überhaupt das Wichtigste an der Kollegialitätsidee bedeuten, die vielmehr gerade die wesentlich plurale Communio-Struktur der Kirche ins Gedächtnis rufen will, um so die Grenze des Zentralismus und die Bedeutung des teilkirchlichen Geschehens ins Bewusstsein zu rücken, also jener kollegialen Handlungen, die den Bedingungen des actus stricte collegialis nicht unterliegen.

Endlich ist wichtig, dass die Nota, obgleich sie die Selbständigkeit des Papstes gegenüber dem Kollegium sehr nachdrücklich hervorhebt, doch durch ihre Interpretation des »consentiente« eine ausdrückliche Einfügung des Papstes ins Kollegium vollzieht. Im Text von Artikel 22 ist ja consentiente anstelle eines ursprünglichen independenter getreten. Das wird hier damit erläutert, dass nicht eine Abhängigkeit wie von einer gänzlich außenstehenden Autorität vorliege, sondern die Communio zwischen Haupt und Gliedern als das grundlegende Vorstellungsmodell anzusehen sei. Der zweite Abschnitt von Nummer 4 kann dann freilich doch auf das Wort independenter nicht verzichten, das jedoch nun innerhalb der gegebenen Einheitsvorstellung auszulegen ist.

Zum Notabene: *Die Frage der ostkirchlichen Hierarchie.* Die kräftige Betonung der Notwendigkeit der Communio »mit Haupt und Gliedern« für die Ausübung des Bischofsamtes in Artikel 21 und 22 des Textes der Konstitution wirft unabweislich die Frage nach dem Episkopat in den von Rom getrennten Kirchen auf, in denen das Prinzip der successio apostolica gewahrt ist, also besonders
357 nach den Ostkirchen. Die Nota versucht keine Lösung dieser Frage, sondern erklärt vielmehr, dass diese Fragen der theologischen Forschung überlassen bleiben. Positive Ansatzpunkte für eine sinnvolle Betrachtung dieser Frage wird man in dem Bemühen

von Nummer 2 der Nota praevia sehen können, die Frage der Ausübung der mit der Weihe grundsätzlich gegebenen bischöflichen Gewalt in einem geschichtlichen Rahmen zu sehen; vor allem aber wird man die Ausführungen des Dekrets über die katholischen Ostkirchen (Artikel 27) beachten müssen, das die Möglichkeit vorsieht, dass katholische Christen von Geistlichen der Ostkirche die Sakramente der Buße, des Altars und der Krankensalbung erbitten, »sooft dazu ein ernstes Bedürfnis oder ein wirklicher geistlicher Nutzen rät und der Zugang zu einem katholischen Priester sich als physisch oder moralisch unmöglich herausstellt«. Desgleichen bietet Kapitel 3, I des Ökumenismusdekrets wichtige Hinweise, vor allem Artikel 15 Absatz 3, wo auf die vera sacramenta – besonders Priestertum und Eucharistie – hingewiesen wird, die in den Ostkirchen vi successionis apostolicae existieren. Die positi- 358
ven Aussagen dieser beiden Dekrete bilden eine wichtige Ergänzung zu der allgemeinen Formulierung des Notabene der Nota praevia; sie müssen ihrerseits als eine Art Nota explicativa zu Artikel 21 und 22 der Kirchenkonstitution gewertet werden, in deren Licht sich einige allzu abendländische Theorien als kaum noch haltbar erweisen dürften, deren Überwindung freilich von einem zu zentralistischen Kollegialitätsbegriff ebensowenig ausgehen kann wie von einer ungeschichtlichen Kanonisierung der gegenwärtigen Rechtsgestalt der Kirche.

Literatur:
Zu I: Dorn / Denzler, *Die dritte Session* (genaue Schilderung der Vorgänge in der Konzilsaula); Wenger, *La troisième session*, 81–88 (Darstellung des »Werdegangs der Nota in der Theologischen Kommission); Laurentin, *La troisième session.* – Zu II und III: Baraúna, *De Ecclesia*, besonders die Arbeiten der Teile I und II/3; dort weitere Literatur.

Zur dogmatischen Konstitution über die Göttliche Offenbarung »Dei Verbum«

Einleitung und Kommentar zum Prooemium, zu Kapitel I, II und VI der Offenbarungskonstitution »Dei Verbum«

Einleitung

Der Plan einer Konstitution zum Themenkreis Offenbarung – Schrift – Überlieferung reicht bis in die ersten Anfänge der Konzilsvorbereitung; die Arbeit am Text begleitete dann das Konzil durch alle seine Perioden, so dass Erzbischof Florit seine am 30. 9. 1964 vorgetragene Relation zu dessen beiden ersten Kapiteln einleiten konnte mit den Worten: »Die Geschichte des Entwurfs für die Konstitution ›Über die göttliche Offenbarung‹ fließt bereits ob der inneren Bedeutung, die ihm zukommt, wie angesichts der wechselnden Geschicke, die er bisher erfahren hat, mit der Geschichte dieses Konzils zu einer Art von Einheit zusammen.«[1] Die Selbstverständlichkeit, mit der sich das Thema aufdrängte, wie die Schärfe, mit der es umkämpft wurde, zeigen einerseits, wie sehr sich darin eine drängende Frage unserer gegenwärtigen Stunde ausdrückt, sie zeigen aber auch, dass hier im Gegensatz zum Anliegen der Liturgiereform oder aber auch im Gegensatz zu manchen Fragen der Ekklesiologie und des Ökumenismus noch keinerlei Reifezustand erreicht war, so dass die Diskussion des Konzils mitten in einen unruhigen theologischen Gärungsprozess hineingeriet und sich manchmal beinah darin zu verfangen drohte.

Näherhin waren es drei Motive, die sich im Ringen um eine

[1] Zitiert nach dem Faszikel »Relationes super schema Constitutionis De Revelatione Divina«, der auch die am gleichen Tag vorgetragene Minderheitsrelation von Franjo Franič und die von Jan van Dodewaard vorgelegte Relation zu Kapitel III–VI enthält. Vgl. auch Stakemeier, *Die Konzilskonstitution*, 9; ders., *Weitergabe der Offenbarung*, 174. Bei Hampe, *Die Autorität* 1, sind 122–126 der größte Teil der Relation von Erzbischof Florit, 126–129 derjenigen von Bischof Franič in deutscher Übersetzung abgedruckt.

Konstitution über die Offenbarung trafen. Das erste war die Neusicht des Phänomens der Tradition, die sich bereits seit dem Beginn des vorigen Jahrhunderts aus recht unterschiedlichen Gründen zu entwickeln begann. Den ersten Anstoß zu einer Neubesinnung auf die Tradition bildeten Romantik und Restauration, für die Überlieferung zum philosophischen und theologischen Leitgedanken wurde, die freilich im einen Fall als organisch voranschreitender Prozess begriffen wurde, im anderen Fall praktisch mit der Stimme der Kirche als der lebendigen Überlieferung identisch erschien. Einen weiteren Markstein bildet das Ringen um das Dogma von 1854, das mangels eines Schriftbeweises auf die Tradition zurückgeführt wurde, die nun aber ihrerseits nicht mehr im Sinn einfacher Weitergabe eines ein für alle Mal Überkommenen verstanden werden konnte, sondern mit den von der Romantik zubereiteten Kategorien des Wachstums, des Fortschreitens, des Glaubenssinnes ausgelegt werden musste. Die Gedanken, die in diesen Zusammenhängen von der römischen Jesuitenschule entwickelt wurden,[2] haben nicht nur Newmans Idee vom development maßgebend beeinflusst, das seinerseits zum Ausgangspunkt einer weitschichtigen Literatur zur Frage der Dogmenentwicklung wurde,[3] sie bildeten auch die Voraussetzung für die neuerliche Diskussion, die in gleicher Lage im Umkreis des Dogmas von 1950 entstand und die nun den Begriff des Glaubenssinnes der Kirche in den Vordergrund des Traditionsgedankens treten ließ.[4] Wurde hier der Gedanke der materialen Tradition immer mehr zugunsten des Traditionsprozesses aufgelöst und die Frage nach der bezeugten Sache in die nach den Kriterien der Bezeugung umgewandelt, so wirkte eigentümlicherweise die gleichzeitig in Gang gekommene ökumenische Besinnung in ähnlicher Richtung. Im ökumenischen Gespräch war – zusammen mit unbestreitbaren Einsichten der historischen Forschung – der positive Sinn des Sola

[2] Vgl. Kasper, *Die Lehre von der Tradition.*

[3] Vgl. Hammans, *Dogmenentwicklung;* Rahner, Art. Dogmenentwicklung; Boyer, *Lo sviluppo del dogma*, 359–386 (381–386 *Bibliographie* von Carlo Colombo).

[4] Vgl. besonders Koster, *Volk Gottes im Wachstum des Glaubens;* Dillenschneider, *Le sens de la foi et le progrès dogmatique;* weitere Literatur bei Colombo (siehe oben, Anmerkung 3, 386); vgl. auch Ratzinger, Art. Tradition.

scriptura immer mehr aufgegangen; dass im Gebiet der Kriterienfrage die Schrift das einzige konkrete Gegenüber zum Lehramt darstellen kann und dass sie den einzigen eindeutigen und sicheren Ort wirklich apostolischer Tradition bedeutet, wurde den solchermaßen Fragenden zur unbestreitbaren Gewissheit. Aber war durch Trient der Weg zu einem katholischen Sola scriptura nicht ein für alle Mal verschlossen? Nach der bahnbrechenden Untersuchung von Edmond Ortigues zur Frage des Trienter Dogmas war es vor allem der Tübinger Theologe Josef Rupert Geiselmann, der sich dieser Sache annahm und sie aus dem Geist der katholischen Tübinger Schule des 19. Jahrhunderts zu beantworten suchte. Er legte den Finger darauf, dass die Trienter Formel »in libris scriptis et sine scripto traditionibus« ein ursprüngliches »partim in libris [...] partim in [...] traditionibus« abgelöst hat; er sah dies als Folge der Vertretung des Sola-scriptura-Gedankens durch einige Trienter Väter an und leitete daraus ab, dass man zu Trient nichts über das Verhältnis von Schrift und Überlieferung habe entscheiden wollen und auch die Möglichkeit eines Sola scriptura, das heißt einer materialen Vollständigkeit der Schrift, offengelassen habe. Die Thesen Geiselmanns fanden sogleich begeisterte Zustimmung wie erregte Ablehnung,[5] die literarische Fehde erreichte während des Konzils ihren Höhepunkt, Theologen beider Richtungen suchten durch oft rasch gegeneinander gestellte Publikationen das Konzilsgeschehen je in ihrem Sinn zu beeinflus- 498
sen.[6] Vor allem aber hatte damit das Traditionsproblem seine die Konzilsdiskussion tragende Form gefunden: sie drehte sich um den Sinn der Ablösung des partim – partim durch et, konkret um

---

[5] Alle wichtige Literatur findet sich verzeichnet bei Geiselmann, *Die Heilige Schrift und die Tradition*, und in dem auf Vermittlung gestimmten Werk von Beumer, *Die mündliche Überlieferung*. Den schärfsten Widerspruch gegen Geiselmann hat in mehreren Artikeln Lennerz angemeldet, besonders in *Scriptura sola?*. An historischen Arbeiten wurden besonders wichtig Ortigues, *Écriture et Traditions;* Vooght, *Les sources de la doctrine chrétienne;* Decker, *Sola scriptura bei Thomas von Aquin;* auf gründlichen historischen Untersuchungen fußte die zusammenfassende Darstellung von Holstein, *La Tradition dans l'Église;* ferner Congar, *La Tradition et les traditions* 1 und 2.

[6] Als Beispiele seien genannt Rusch, *Scripturae;* Schauf, *Schrift und Tradition in den Katechismen;* Ratzinger, *Zur Katechismuslehre von Schrift und Tradition.*

die Frage der materialen Vollständigkeit der Schrift. Die so genannte konservative Gruppe suchte mit allem Nachdruck, die Verurteilung dieses Gedankens zu erreichen, während die neue Richtung sich mit nicht geringerer Erbitterung einer derartigen Verurteilung widersetzte und das Offenbleiben beider Möglichkeiten forderte (an eine Kanonisierung des »neuen« Standpunkts war nie gedacht). Dieses Ziel hat sie durch die Billigung des von Erzbischof Florit in der vorhin genannten Relation verteidigten offenen Entwurfs auch erreicht, während umgekehrt die inzwischen zur klaren Minderheit gewordene strengere Gruppe durch eine auf Wunsch des Papstes zustande gekommene Einfügung in Artikel 9 des Textes versöhnt wurde, die zwar nicht positiv eine materiale Ergänzung der Schrift durch die Überlieferung lehrt, aber auf der kriteriologischen Ebene der Tradition einen spezifischen Rang einräumt (vgl. den Kommentar zu Artikel 9). Rückblickend wird man die so gewählte Fragestellung als wenig glücklich bezeichnen können; vielleicht war sie ein notwendiges Durchgangsstadium, aber die eigentlichen Probleme waren dabei noch kaum erreicht. Glücklicherweise darf man sagen, dass der Text, obgleich im Schatten dieser Frageform gewachsen, sie dennoch hinter sich gelassen und auf eine neue Ebene geführt hat.[7]

Das zweite Anliegen, das zur Offenbarungskonstitution führte, wird man in dem theologischen Problem sehen dürfen, als das sich die Anwendung der historisch-kritischen Methode auf die Auslegung der Heiligen Schrift immer deutlicher erwies. Die Frage hatte bereits in der modernistischen Krise eine erhebliche Rolle gespielt und war seither nicht zur Ruhe gekommen, ja sie trieb trotz des großen Fortschritts, den die 1943 erschienene Enzyklika

---

[7] Das darf wohl vor allem als ein Verdienst von Yves Congar angesehen werden, dessen zweiter Band seiner Traditions-Monographie (vgl. oben, Anmerkung 5) deutlich eine erweiterte Sicht eröffnete. Hinsichtlich des Verständnisses von Trient führten über den eingeengten Streit Lennerz–Geiselmann entscheidend hinaus Bévenot, *Traditions in the Council of Trent;* Ratzinger, *Zur Auslegung des Trienter Traditionsdekrets*, in: Ders., *Ein Versuch zur Frage des Traditionsbegriffs*, 50–69; ebd. 25–49, habe ich auch einen systematischen Umriss der Frage zu geben versucht. Hinsichtlich des Trienter Textes darf durch die genannten Untersuchungen die Fragestellung Lennerz–Geiselmann heute als überwunden gelten.

»Divino afflante« Pius' XII. gebracht hatte, einem neuen Höhepunkt zu, der sich in Lehrverboten für Professoren des Bibelinstituts und besonders deutlich in der unerhört scharfen Polemik von Msgr. Romeo gegen die moderne katholische Exegese äußerlich zeigte. Wie weit Johannes XXIII. selbst auf diese Vorgänge Einfluss nahm, ihnen zustimmte oder sie ablehnte, wird schwer beurteilbar bleiben; sicher scheint, dass auch er eine gewisse Sorge empfand, wie man wohl aus der Tatsache wird schliessen dürfen, dass in den von Erzbischof Felici als Wünschen des Papstes mitgeteilten Quaestiones Commissioni theologicae positae folgender Satz zu lesen stand: »Iuxta ea, quae a Summis Pontificibus recentius edita sunt, exponatur doctrina catholica de Sacra Scriptura (i.e. de sacrorum librorum historicitate; de obsequio, quo Exegetae erga Traditionem sacram et Magisterium ecclesiasticum tenentur): novi de hac re errores damnentur: simulque congruentes edantur normae, quibus exegetae in Sacris Litteris iuxta sensum Ecclesiae interpretandis ducantur.«[8] Dass die Frage nach dem Verhältnis von kritischer und kirchlicher Exegese, von historischer Forschung und dogmatischer Tradition geklärt wäre, wird man auch nach dem Konzil nicht behaupten können. Sicher ist nur, dass es keinen Weg mehr an der historisch-kritischen Methode vorbei gibt und dass sie gerade als solche einem Anspruch der Sache der Theologie selbst entspricht. Noch eine Eigenart der in diesem Zusammenhang stehenden Konzilsdiskussion verdient bedacht zu werden. Bei der Neuformulierung der theologischen Kategorien, die die inhaltliche Bestimmung des Begriffs »Heilige Schrift« darstellen und begründen: Inspiration und Irrtumslosigkeit, musste die moderne Orientierung mit Nachdruck auf den menschlichen Faktor der Schrift pochen, aus dem sich Möglichkeit und Notwendigkeit historisch-kritischer Erforschung dieser Texte ergeben; sie konnte es theologisch legitim von dem durch den Inkarnationsgedanken geprägten christlichen Gottesbild her, das gerade um die geschichtliche und menschliche Vermittlung des Ewigen in der christlichen Offenbarung weiß. Umgekehrt beharrten die Tradi-

[8] Zitiert nach Betti, *Commento*, 61; für die ganze folgende Darstellung ist hinsichtlich der Tatsachenmaterialien die außerordentlich sorgfältige Darstellung der Geschichte der Konstitution durch Betti, *Commento*, 33–67 zu vergleichen.

tionalisten auf einem ganz vom göttlichen Autor her gedachten Inspirationsbegriff, der zwar auf eine unhaltbare Verkürzung des Menschlichen in der Offenbarungsvermittlung hinauslief, als dessen positiven Gehalt man aber doch ein starkes Wissen um die Unantastbarkeit der Heiligen Schrift anerkennen sollte, so dass sich an dieser Stelle immerhin zeigt, wie sehr auf ihre Weise doch auch die »Traditionalisten« von der Sorge um die Würde der Schrift erfüllt waren und wie sehr es in der Gegensätzlichkeit der konkreten Frontstellungen um verschieden artikulierte gemeinsame Grundanliegen ging.

Das dritte Moment, das zu einer Konstitution über die Offenbarung drängte, ist zugleich das Positivste: es ist in der seit der Jahrhundertwende immer mehr erstarkten Bibelbewegung zu sehen, die in weiten Teilen der katholischen Christenheit bereits eine neue Grundeinstellung zur Heiligen Schrift geschaffen, eine neue Vertrautheit mit ihr und einen immer entschiedeneren Rückgang auf sie in Theologie und Frömmigkeit ausgelöst hatte. Ähnlich wie im Fall der Liturgischen Bewegung war hier in den Jahrzehnten vor dem Konzil eine neue spirituelle Tatsache in der Kirche Wirklichkeit geworden, die das Konzil nur aufzunehmen, zu vertiefen und auf die ganze Kirche auszudehnen brauchte (soweit solches in der Macht eines Konzils liegen kann).

Was nun die unmittelbare Vorgeschichte unserer Konstitution
499 betrifft, so zeichnen sich ihre Hauptlinien wie die Hauptpunkte der konziliaren Auseinandersetzung bereits in den Voten ab, die von den Bischofskonferenzen, vom Heiligen Offizium und von den Fakultäten eingingen. So hatte das Heilige Offizium eine nachdrückliche Klarstellung in Sachen Inspiration, Inerranz und kirchlicher Auslegung der Schrift und besonders eine Unterstreichung der Historizität der Evangelien gefordert, ferner die Klarstellung, dass die Tradition inhaltlich größeren Umfang habe als die Schrift.[9] Bischöfe wünschten einen doktrinellen, einen defensiven und einen pastoralen Teil; in den Wünschen römischer Hochschulen kündigt sich schon ein recht deutliches Konzept einer »Constitutio de fontibus Revelationis« an.[10]

---

[9] ADCOV II/3, 5 und 8 f. (vgl. Betti, *Commento*, 34).
[10] Nachweise aus ADCOV bei Betti, *Commento*, 61, Anmerkung 8, vgl. 34 f.

In der Vorbereitenden theologischen Kommission, unter Kardinal Ottaviani als Präsident und mit P. Tromp SJ als Sekretär, wurde der zunächst erwogene Gedanke, die Offenbarungsproblematik in das Kirchenschema einzubeziehen, alsbald fallengelassen. So entstand zunächst ein in 13 Punkten entwickeltes Schema compendiosum Constitutionis de fontibus Revelationis, das am 27.10.1960 der Praeparatoria vorgelegt werden konnte. In einer eigenen Subkommission wurde die Arbeit weitergefördert, und am 13.2.1961 konnte man als Ergebnis dieser Bemühungen ein in sechs Kapiteln aufgebautes Schema der Vollkommission unterbreiten. Nach weiteren Überarbeitungen, die zu einer Reduzierung auf fünf Kapitel geführt hatten, wurde das Ganze am 4.10.1961 der Zentralkommission übergeben, die am 10.11. des gleichen Jahres in die Prüfung des Textes eintrat, in der zahlreiche Verbesserungsvorschläge gemacht wurden, über deren rechtliches Gewicht indes keine Klarheit bestand, so dass die bearbeitende Subkommission weitgehend autonom blieb und die Vorschläge ganz nach eigenem Ermessen auswertete. Das Ergebnis dieser ganzen Bemühungen bildete ein in fünf Kapiteln aufgebautes Schema Constitutionis dogmaticae de fontibus Revelationis, das den Vätern in einem großen Band zusammen mit sechs anderen Schemata im Lauf des Sommers 1962 zugesandt wurde. Über diesen Text, der im Wesentlichen auf eine Kanonisierung der römischen Schultheologie hinauslief, ist viel geschrieben worden; er braucht hier nicht noch einmal im Einzelnen dargestellt zu werden.[11] Alle anstehenden Fragen waren im rein defensiven Sinn entschieden: größere inhaltliche Ausdehnung der Tradition gegenüber der Schrift, reichlich verbalistische Fassung des Inspirationsbegriffs, engste Form von Auslegung der Irrtumslosigkeit (»in qualibet re religiosa vel profana«), problemlose Fassung des Begriffs der Historizität der Evangelien usw. In dem Ringen, das die katholische Theologie in allen diesen Fragen bewegte, wären damit die Versuche zu einem Neuverständnis des Traditionsbegriffs wie auch ein Großteil des Bemühens der modernen Exegese verurteilt worden; die Belastung, die daraus der katholischen Theologie für ihren Weg

[11] Es genügt, auf die bekannten Konzilschroniken von Wenger, Laurentin, Congar, Ratzinger zu verweisen.

in die Zukunft erwachsen musste, war nicht abzusehen – sie wäre vermutlich noch gravierender gewesen als die Schwierigkeiten, die sich aus der Einseitigkeit der antimodernistischen Verurteilungen ergaben. Da es bester konziliarer Tradition entspricht, durch das auf dem Konzil sprechende Lehramt keine Schulstreitigkeiten zu entscheiden, sammelte sich seit dem Zugänglichwerden der Texte Unwille und Widerstand gegen die beabsichtigte Art des Vorgehens. Freilich trat auf diese Weise für die in der Konzilsvorbereitung verantwortlich tätigen Theologen etwas durchaus Neues in Erscheinung. Ihnen war nicht bewusst, dass ihr Text Schulstreitigkeiten entschied. Unter Schulstreitigkeiten verstanden sie allein die seit Jahrhunderten kanonisierten klassischen Streitpunkte zwischen den im späten Mittelalter und in der frühen Neuzeit entstandenen theologischen Schulen. Was nicht im Gegensatzgefüge von »Thomismus«, »Skotismus«, »Molinismus« sich einreihen ließ, war nicht als »theologische Schule«, sondern allein als Neuerung bewusst und fiel daher auch nicht unter den Schutz, den die Unterschiede der »Schulen« genießen, deren Zahl aber abgeschlossen und festgelegt schien. Man übertreibt wohl nicht, wenn man sagt, dass erst durch das Konzil bewusst wurde, dass die klassischen »Schulen« heute belanglos geworden sind ebenso wie ihre Konflikte, dass aber damit sichtbar geworden ist, dass die katholische Theologie am Leben geblieben ist, dass sich neue »Schulen« und Gegensätze in ihr gebildet haben und dass auch diese neuen Gruppierungen und ihre Fragen legitime Formen katholischer theologischer Arbeit sind. Erst auf diese Weise ist im Grunde die historisch-kritische Exegese als selbständiger theologischer Gesprächspartner im Ganzen der katholischen Theologie deutlich bewusst geworden.

Als in der 19. Generalkongregation des Konzils, am 14.11.1962, die Debatte des Schemas durch die von Kardinal Ottaviani und Msgr. Garofalo vorgetragene Relation eingeleitet wurde, zeichnete sich bereits der unvermeidliche Sturm ab, der durch einen von den Präsidenten der Bischofskonferenzen Belgiens, Deutschlands, Frankreichs, Hollands und Österreichs verbreiteten privaten Gegenentwurf schon vorbereitet war. Kardinal Liénart erklärte lakonisch: »Hoc schema mihi non placet.«[12] Im gleichen Sinn sprachen

[12] Vgl. Seeber, *Das Zweite Vaticanum*, 89; dort 88–94 eine gute Darstellung

in derselben Sitzung die Kardinäle Frings, Léger, König, Alfrink, Suenens, Ritter und Bea, während die Kardinäle Quiroga y Palacios, Ruffini und Siri den Text verteidigten. Von besonderer Bedeutung wurde noch die am 19.11. vorgetragene Intervention des dem Einheitssekretariat zugehörigen Bischofs De Smedt von Brügge. Er verwies u. a. darauf, dass der Papst dem Sekretariat den Auftrag erteilt habe, die anderen Kommissionen in ökumenischen Fragen zu beraten. Die Theologische Kommission habe aber abgelehnt. Das Ergebnis ihrer Arbeit leiste dem ökumenischen Dialog keinen Dienst. »Das Schema bedeutet einen Rückschritt, ein Hindernis, einen Schaden. Die Veröffentlichung der theologischen Schemata in der Form der vorliegenden Entwürfe würde die Hoffnung vernichten, dass das Konzil zur Wiederannäherung unter 500
den getrennten Brüdern führen könnte.«[13] Am 20.11. kam es in einer wenig glücklichen Form zur Abstimmung. Es wurde nicht gefragt, wie es normal gewesen wäre, ob der Text das grundsätzliche Placet der Väter finde oder nicht, sondern ob sie für oder gegen eine Unterbrechung der Diskussion seien. Nun musste mit Ja stimmen, wer gegen das Schema war, mit Nein, wer sich dafür einsetzen wollte. Ob das allen Abstimmenden klar wurde, muss dahingestellt bleiben. Wichtiger war, dass auf diese Weise die Rechtsbasis für die Frage der Annahme umgekehrt wurde: Hätte man das Schema der Placet-Frage unterworfen, so hätte es, um gerettet zu sein, zwei Drittel aller Stimmen benötigt; nun aber, bei der umgekehrt gestellten Frage, mussten die Verneiner des Textes (die jetzt die Ja-Stimmen stellten) zwei Drittel aufbringen. Das gelang nicht: 1368 Väter stimmten für, 822 gegen die Unterbrechung, 19 Stimmen waren ungültig.[14] Durch die Umkehrung der Prozedur war es dahin gekommen, dass ein gutes Drittel genügte, um den Text zur Annahme zu führen.

Der Unmut und die Befürchtungen für das weitere Schicksal des Konzils, die aus diesem Vorgang resultierten, legten sich, als

---

des Verlaufs der Diskussion. Siehe auch Jedin, *Konziliengeschichte* (^{7}1966) 142 ff.

[13] Seeber, *Das Zweite Vaticanum*, 92.

[14] So die definitiven Zahlen nach Betti, *Commento*, 40; vgl. Stakemeier, *Die Konzilskonstitution*, 66 f.; Jedin, *Kleine Konziliengeschichte* (^{7}1966), 143.

am 21.11. der Generalsekretär des Konzils, Erzbischof Felici, mitteilte, der Papst habe den Text von der Tagesordnung abgesetzt und die Neubearbeitung einer eigens dafür geschaffenen Gemischten Kommission übertragen, mit deren Vorsitz er die Kardinäle Ottaviani und Bea betraute; zu Sekretären wurden P. Tromp – der Sekretär der Theologischen Kommission – und Msgr. Willebrands, Sekretär des Einheitssekretariats, bestellt. Aus dem Kardinalskollegium wurden die Kardinäle Liénart, Frings, Ruffini, Meyer, Lefebvre und Browne in die Kommission berufen. In Sitzungen zwischen dem 25.11. und 7.12.1962 wurde eine generelle Einigung über die Struktur des Schemas wie über einen neuen Titel »De divina revelatione« erzielt. Die folgenden Arbeiten standen immer wieder unter dem Problem des Plus der Tradition gegenüber der Schrift. Ein wesentlicher Fortschritt war erreicht, als sich am 23.2.1963 in einer Abstimmung die Mehrheit für das Prinzip aussprach, dieses Problem offenzulassen, und als die daraufhin gesuchte Formel Ende Februar die Billigung des Präsidenten der Koordinierungskommission und des Papstes selbst fand.[15] Der Erarbeitung des weiteren Textes stand nun nichts mehr im Wege. Er wurde am 27.3.1963 von der Koordinierungskommission gebilligt und im April gedruckt und an die Väter versandt (Form D).

Der Entwurf war nicht ungeschickt gearbeitet, er vermied die strittigen Fragen und führte in vielem ein Stück nach vorn: das Prooemium bot eine stark heilsgeschichtlich bestimmte Skizze des Offenbarungsbegriffs, für die Frage Schrift und Überlieferung waren neue Formeln gefunden, die Probleme der Inspiration und der Auslegung in einer verhältnismäßig offenen Weise behandelt, und über den Gebrauch der Schrift in der Kirche wurde sehr viel Positives gesagt. Trotzdem konnte niemand dieses neuen Entwurfs so recht froh werden. Er war zu dürftig und karg, auf den ersten Blick als ein Produkt der Resignation zu erkennen. So konnte sich die Kirche vor der Welt nicht über ein Thema äußern, bei dem ihr eigentlich das Herz brennen müsste. Stattdessen hatte man eher das Gefühl, dass es ihr Verlegenheit bereitete. Der Eindruck breitete sich aus, es sei am besten, die Sache ganz einschlafen zu lassen; eine Gruppe von französischen und italienischen Bischöfen mit

---

[15] Betti, *Commento*, 42.

dem auf Vermittlung bedachten Erzbischof Florit von Florenz an der Spitze versuchte, Freunde für den Vorschlag zu gewinnen, die Hauptthemen des Entwurfs der Konstitution über die Kirche einzuverleiben. Umso mehr war man überrascht, als Paul VI. in seiner Schlussrede zur zweiten Sitzungsperiode des Konzils am 4. 12. 1963 das Schema über die Offenbarung unter den Aufgaben der dritten Session nannte. Rückblickend wird man diese Entscheidung nur uneingeschränkt als richtig bezeichnen können. Das Konzil wäre im anderen Fall Gefahr gelaufen, hinsichtlich der Optik seiner Texte einer Art von Ekklesio-Monismus zu verfallen, während die Konstitution über die Offenbarung sie nun selbst in die Situation des Hörens verweist und damit das Ganze des konziliaren Redens überschreitet auf dieses Hören hin, in das hinein sich die Kirche transzendiert, die nicht für sich selbst da ist, sondern allein, um zu dem hinzuführen, dem alle Ehre gebührt: Gott dem Herrn.[16]

Aufgrund der inzwischen eingegangenen schriftlichen Wünsche der Konzilsväter nahm die Theologische Kommission ihre Arbeit an dem Text wieder auf. Am 7. 3. 1964 wurde eine eigene Subkommission mit Bischof Charue von Namur als Präsidenten gebildet, der als Mitglieder die Bischöfe E. Florit, F. Barbado, G.-L. Pelletier, J. van Dodewaard, J. Heuschen und Abt Butler zugehörten. Als Sekretär wirkte der römische Franziskaner U. Betti, als Periti G. Castellino, L. Cerfaux, C. Colombo (der am selben Tag zum Bischof ernannt wurde), Y. Congar, R. Gagnebet, S. Garofalo, A. Grillmeier, A. Kerrigan, C. Moeller, A. Prignon, J. Ramirez, K. Rahner, J. Ratzinger, B. Rigaux, H. Schauf, O. Semmelroth, P. Smulders, L. Turrado; hinzuzufügen sind selbstverständlich die beiden Sekretäre der Theologischen Kommission, die sich maßgebend am Werden des Textes beteiligten, Sebastian Tromp und Gérard Philips.[17] Nach entsprechenden Vorarbeiten seitens der Periti konnte die Subkommission vom 20. bis 25. 4. 1964 (für die

---

[16] Auf die Gefahr eines ekklesiologischen Positivismus macht in eindrucksvoller Weise aufmerksam De Lubac, *Zur Einführung*.

[17] Angaben nach Betti, *Commento*, 63, Anmerkung 30. Der Kreis der beigezogenen Periti schwankte jedoch; eine ungedruckte (kommissionsinterne) Relation zu Kapitel I und II nennt z. B. für diese Kapitel auch die Periti Salaverri, Schmaus, Trapé als Mitarbeiter.

Sitzungen wiederum in zwei Untergruppen aufgeteilt) jene Textfassung erstellen, die man der Vollkommission zuleitete. Die Hauptschwierigkeit blieb auch hier das Problem der materialen Vollständigkeit der Schrift. Neben der normalen Relation über das Kapitel II, die Umberto Betti erstattete, lagen der Subkommission zwei Spezialrelationen vor, die von Karl Rahner (im Sinne der Majorität) und von Heribert Schauf (im Sinne der Minorität) abgefasst waren. Die Theologische Kommission prüfte den so ent-
501 standenen Entwurf vom 1. bis 5.6.1964; sie konnte sich über das Ganze des Textes leicht einig werden, geriet jedoch wieder in eine hitzige Diskussion über das materiale Plus der Tradition. Für den Text sprachen sich 17 Väter aus, 7 dagegen. So entschloss man sich, da keine Einigung denkbar war, dem Plenum zwei Relationen vorzulegen: eine, die die Ansicht der Mehrheit, und eine andere, die die Ansicht der Minderheit ausdrücken sollte. Wie sehr sich die Situation gegenüber 1962 verändert hatte, zeigte die Wahl des Relators für die Mehrheitsrelation, die Erzbischof Florit von Florenz übernahm. Florit, ehemals Professor für neutestamentliche Exegese am Lateran, gehörte von seiner Herkunft und seinen theologischen Anschauungen her eher der traditionellen Gruppe zu. Allem Radikalismus abhold, hatte er freilich von Anfang an zu vermitteln versucht und sich davon überzeugt, dass der Verzicht auf eine positive Bestimmung des Verhältnisses von Schrift und Überlieferung hinsichtlich ihres materialen Umfangs ohne Gefährdung der kirchlichen Lehre möglich und angesichts des Bestehens beider Meinungen um des Friedens und um der weiteren Arbeit der Theologie willen wünschenswert war. Bei dem großen Ansehen, das er als einer der beliebtesten und angesehensten theologischen Lehrer der Lateranhochschule genoss (er hatte z.B., wenn auch in sehr traditionellem Sinn, als einer der ersten katholischen Theologen zur Frage der Formgeschichte Stellung genommen)[18], war es entscheidend, dass er sich zum Dolmetsch für die von der Mehrheit befürwortete Fassung des Schemas machte und es mit Wärme der Minderheit gegenüber verteidigte, deren Sprache er sprach und deren Vertrauen er besaß. Seine am 30.9.1964 dem Plenum vorgetragene Relation wird man zu den wichtigsten Ereignissen

[18] Florit, *Il metodo della »Storia delle forme«.*

des Konzils rechnen dürfen. Ihr fundierter theologischer Gehalt, ihre durchsichtige und klare Gedankenführung, das Aufgreifen aller umgehenden Bedenken verfehlten nicht, den gebührenden Eindruck auf die Väter hervorzurufen. Ähnlich wie es für die Kollegialitätsdebatte entscheidend geworden war, dass ein Angehöriger des Heiligen Offiziums, Erzbischof Parente, sich zum wärmsten Fürsprecher der Kollegialitätsidee gemacht und sie in einer Relation vor dem Plenum vertreten hatte, wurde auch hier die Präsentation des Textes durch einen Vertreter römischer theologischer Traditionen zu einer entscheidenden Hilfe, die vor allem die Zögernden und Unsicheren unter den Konzilsvätern wesentlich zu beruhigen vermochte. Als Relator der Minderheit fungierte der Bischof von Spalato, Franjo Franič, ein Freund des Kardinals Ottaviani und entschlossener Parteigänger der Minderheit. Er trat mit sehr eingehenden Begründungen für die Notwendigkeit ein, das Plus der Tradition ausdrücklich im Text als katholische Lehre zu verankern, gab jedoch zu, das Schema enthalte keinen Irrtum, sondern nur »defectum notabilem«. Insofern war nun doch auch von dieser Seite die Sache entdramatisiert.

Die Diskussion des Textes, die das Konzil vom 30.9. bis zum 6.10.1964 beschäftigte, verlief denn auch in ruhigen Bahnen, zeigte aber zugleich, dass sich neben dem bisherigen Hauptstreitpunkt zwei weitere Krisenpunkte erster Ordnung herauskristallisierten: die Frage nach der näheren Bestimmung der »Irrtumslosigkeit« der Heiligen Schrift und diejenige, in welcher Form die Historizität der Evangelien im Text verankert werden müsse. Die Theologische Kommission bzw. die entsprechenden Subkommissionen begannen sofort mit der Neubearbeitung des Textes, für die als Grundregel festgelegt war, dass die Substanz des Entwurfs nicht mehr angetastet werden könne. Der überarbeitete Text konnte bereits am 20.11.1964 den Vätern ausgeliefert werden, kehrte jedoch erst zu den Abstimmungen in der letzten Konzilsperiode in die Aula zurück. In 20 Voten wurde am 20., 21. und 22.9.1965 über den Text entschieden. Die grundsätzliche Annahme wurde überall mit großen Mehrheiten erzielt, im Einzelnen ergab sich freilich eine große Zahl von Modi, die in einer kleinen technischen Kommission bearbeitet wurden, in der hauptsächlich Sebastian Tromp, Gérard Philips und Umberto Betti tätig waren, aber auch Alois

Grillmeier, Alexander Kerrigan, Béda Rigaux und Otto Semmelroth mitwirkten. Von den Konzilsvätern beteiligten sich André Charue, Ermenegild Florit und Jan van Dodewaard.[19] In der Vollversammlung der Theologischen Kommission am 29.9.1965 kam es nochmals zu harten Auseinandersetzungen über die Frage der Tradition; in den Abstimmungen hatte der so genannte Comitatus internationalis Patrum, der zwischen 100 und 250 Anhänger erreichen konnte, einheitliche Modi im Sinne der Minderheit zustande gebracht, deren Berücksichtigung nun von den Vertretern dieser Ansicht in der Kommission gefordert wurde. Nach heftigen Auseinandersetzungen entschied man sich jedoch für die Abweisung der entsprechenden Wünsche, denen trotz ihrer relativ großen Zahl ein klarer Mehrheitswille entgegenstand. Ähnlich erging es am 4.10. bei der Diskussion des Kapitels III (Frage der Inerranz), die durch eine Anzahl von hektographierten Gutachten beider Seiten vorbereitet war, und bei der Überprüfung des V. Kapitels (Historizität der Evangelien) am 6. Oktober. Das Endstadium dieser Auseinandersetzungen ergab sich durch ein im Auftrag des Papstes am 18.10. von Kardinal Cicognani an Kardinal Ottaviani gerichtetes Schreiben, das verdeutlichende Einfügungen zu allen drei Fragen (Tradition, Inerranz, Historizität) verlangte. Hinsichtlich der Formulierung wurde freilich ein ziemlich großer Spielraum gelassen, und so konnten in der Sitzung der Kommission vom 19.10. in allen drei Fragen Formeln erarbeitet werden, die dem Anliegen des Papstes Rechnung trugen, ohne Türen zu verschließen, um deren Offenbleiben man vier Jahre lang gekämpft hatte. Dass die Minderheit noch immer nicht befriedigt war, zeigte ein kurz vor der Abstimmung über die Expensio modorum, die wiederum von Erzbischof Florit und Bischof van Dodewaard erläutert wurde, in Umlauf gesetztes Flugblatt. Es blieb wirkungslos: von den 2115 am 29.10.1965 abstimmenden Vätern sagten 2081 placet, 27 non placet, 7 Stimmen waren ungültig. So konnte am 18.11.1965, in der achten öffentlichen Sitzung des Konzils, die Schlussabstimmung vorgenommen werden, die folgendes Bild ergab: 2350 Abstimmende, 2344 Placet, 6 Non placet. Ein entscheidendes Stück Konzilsgeschichte hatte damit ein versöhnliches En-

---

[19] Betti, *Commento*, 65, Anmerkung 48.

de gefunden. Der Text, der an diesem Tag vom Papst feierlich proklamiert wurde, trägt natürlich die Spuren seiner mühsamen Ge- 502
schichte, er ist ein Ausdruck vielfältiger Kompromisse. Aber der grundlegende Kompromiss, der ihn trägt, ist doch mehr als ein Kompromiss, er ist eine Synthese von großer Bedeutung: der Text verbindet die Treue zur kirchlichen Überlieferung mit dem Ja zur kritischen Wissenschaft und eröffnet damit neu dem Glauben den Weg ins Heute. Er gibt Trient und das Vaticanum I nicht preis, aber er mumifiziert auch das Damalige nicht, weil er weiß, dass Treue im Geistigen nur durch die immer neu vollzogene Aneignung verwirklicht werden kann. Aufs Ganze des Erreichten hin gesehen, wird man daher unbedenklich sagen dürfen, dass die Mühe eines vier Jahre umspannenden Streites nicht vergeblich gewesen ist.

Anmerkung: Die einzelnen Textstadien, deren Abfolge im Vorstehenden kurz skizziert wurde, werden innerhalb des Kommentars mit den Abkürzungen angeführt, die Alois Grillmeier in seinem Beitrag *Die Wahrheit der Heiligen Schrift und ihre Erschließung. Zum dritten Kapitel der Dogmatischen Konstitution ›Dei Verbum‹ des Vaticanum II* (Theologie und Philosophie = Scholastik 41 [1966] 161–187, hier 162 f.) erarbeitet hat. Seine zusammenfassende Kennzeichnung der Texte wird daher hier mitgeteilt:

Form A: Die Constitutio de Fontibus Revelationis, vorbereitet durch die Commissio Theologica Concilio Oecumenico Vaticano II Apparando (1961). Incipit (= Inc.): Revelatio; Explicit (= Expl.): conscriptis. Fünf Kapitel: I. De duplici fonte Revelationis; II. De S. Scripturae inspiratione, inerrantia et compositione litteraria; III. De Vetere Testamento; IV. De Novo Testamento; V. De Sacra Scriptura in Ecclesia.

Form B: Derselbe Text mit geringfügigen Änderungen vorgelegt der Pontificia Commissio Centralis Praeparatoria Concilii Vaticani II (1961).

Form C: Der den Konzilsvätern für die erste Sitzungsperiode zugesandte Text (in folio): Schemata Constitutionum et Decretorum de quibus disceptabitur in Concilii sessionibus, Series prima (1962), pp. 9–22: Schema Const. dogmat. De Fontibus Revelationis.

Zusatztext I: Im selben Band: Schema Constitutionis dogmaticae de deposito Fidei pure custodiendo, Cap. IV: De Revelatione publica et de Fide catholica (pp. 36–44); Cap. V: De progressu Doctrinae (pp. 45–47).

Zusatztext II: Das vom Sekretariat für die Einheit der Christen ausgearbeitete Schema decreti pastoralis De Verbo Dei (1962) mit 13 Artikeln. Inc.: Verbum Dei; Expl.: »manet in aeternum« (Is. 40, 8).

Form D: Der ab 22.4.1963 an die Väter ausgegebene neue Text: Schema Constitutionis dogmaticae De Divina Revelatione. Inc.: Sacrosancta Synodus; Expl.: sperare licet. Der Text hatte ein Prooemium (Artikel 1–6) und 5 Kapitel: I. De Verbo Dei revelato; II. De Sacrae Scripturae divina inspiratione et interpretatione; III. De Vetere Testamento; IV. De Novo Testamento; V. De Sacrae Scripturae Usu in Ecclesia. – Der Text wurde auf der zweiten Periode des Konzils noch nicht diskutiert. In der Schlussansprache dazu kündigte aber Papst Paul VI. am 5.12.1963 Folgendes an (nachdem er von den für die dritte Periode vorzulegenden Texten, zu denen noch Änderungsvorschläge eingereicht werden könnten, gesprochen hatte): »Huius generis est, ut exemplum supponamus, quaestio de divina Revelatione, quam Concilium eo modo persolvet, ut hinc sacrum depositum veritatum a Deo traditarum tueatur adversus errores, abusiones dubitationes, quibus vis earum subiectiva infringatur, illinc studia Sacrorum Bibliorum, ope Patrum ac theologicae disciplinae recte dirigat, quae docti catholici viri, magisterio Ecclesiae fideliter inhaerentes et quibusvis aptis huius aetatis subsidiis usi, alacriter, prudenter, fidenterque promovere pergent« (AAS 56 [1964] 36).

Form E: Neubearbeitung von D aufgrund der ab Juni 1963 bis 31.1.1964 eingereichten Vorschläge (Frühjahr 1964; ab 3.7. für die Versendung an die Väter frei) durch die Theologische Kommission und ihre Unterkommission. Inc. und Expl. wie in D (64 Seiten in folio, doppelspaltig, links mit Form D, rechts E, und mit Relationen zum Text). Neues Prooemium und 6 Kapitel: I. De ipsa Revelatione (z.T. aus dem Prooemium der Form D); II. De Divinae Revelationis transmissione (olim Cap. I, mit größeren Erweiterungen); III. De Sacrae Scripturae divina Inspiratione et Interpretatione; IV. De Vetere Testamento; V. De Novo Testamento; VI. De Sacra Scriptura in Vita Ecclesiae. Diskussion in der Aula: vom 30.9. bis zum 6.10.1964.

Form F: Neubearbeitung von E aufgrund der Diskussion in der Aula (1964). Inc.: Sacrosancta Synodus; Expl.: verbi Dei, »quod manet in aeternum« (Is. 40, 8; cf. 1 Pt. 1, 23–25) (47 Seiten in folio, doppelspaltig, links Form E, rechts F, mit Relationen). Der Titel von Kapitel III: De Sacrae Scripturae divina Inspiratione et de eius Interpretatione.

Form G: In der vierten Periode des Konzils wurde vom 20. bis 22.9.1965 über Form F des Textes abgestimmt, mit Placet, Non placet, Placet iuxta modum. Der Text erhielt die Zweidrittelmehrheit, wurde aber aufgrund der eingereichten und durch die Theologische Kommission angenommenen Modi ergänzt und am 29.10.1965 neu zur Abstimmung vorgelegt: utrum placeat expensio Modorum, die positiv ausging. Der volle Neudruck erfolgte für die Promulgation der Konstitution in der Sessio Publica vom 18.11.1965. Inc.: Dei Verbum; Expl.: »manet in aeternum« (Is. 40, 8; cf. 1 Pt. 1,23–25). 19 Seiten.

Häufiger zitierte Werke:

Betti, *Commento.*
Hampe, *Die Autorität* 1–3.
Latourelle, *La Révélation.*
Schutz / Thurian, *La parole.*
Semmelroth / Zerwick, *Vaticanum II über das Wort Gottes.*
Stakemeier, *Die Konzilskonstitution.*

Kommentar zum Prooemium und zum Ersten Kapitel

Artikel 1. Das Prooemium lässt in seiner kargen Form und in den nur mühsam verdeckten logischen Brüchen, die es enthält, noch recht deutlich die verworrene Vorgeschichte erkennen, aus der es hervorgewachsen ist. Die einleitende Formel »Dei verbum [...] proclamans«, die erst im Text G aufgrund der Expensio modorum dem Ganzen vorangestellt wurde, zählt freilich zu den glücklichsten Prägungen des Textes: Die Dominanz des Wortes Gottes, sein herrschaftliches Stehen über allem Reden der Menschen und über allem Tun auch der Kirche kommt schön zur Geltung. Die Kirche selbst wird in der Doppelgeste des Hörens und des Verkündigens gezeichnet. Darin wird programmatisch der Zusammenhang zwischen Offenbarungskonstitution und Kirchenkonstitution sichtbar gemacht: Wenn es mitunter scheinen konnte, als tendiere das Konzil zu einer ekklesiologischen Selbstbespiegelung, in der die Kirche völlig in sich selber kreist und sich selbst zum zentralen Gegenstand ihrer Verkündigung erhebt, anstatt der ständige Verweis über sich hinaus zu sein, so ist hier gleichsam das Ganze der kirchlichen Existenz nach oben aufgebrochen, ihr ganzes Sein in den Gestus des Hörens zusammengefasst, von dem allein ihr Reden kommen kann. Dieses Reden aber wird als »proclamare« beschrieben, als Heroldsruf, dessen paradoxe Situation in dem Adverb fidenter unverkennbar anklingt, das René Latourelle mit Recht mit der biblischen παρρησία in Zusammenhang bringt.[1] Darin verbergen sich ebenso die vertrauende Zuversicht, mit der die Kirche ihr Wort in die Welt trägt, wie das Wissen um die »Torheit« des Wortes, die ihm in den Augen der »Welt« nicht erst heute eignet, in der Situation der »Stadt ohne Gott«, gegenüber einem Bewusstsein, das vom Gedanken des »Todes Gottes« geprägt ist,[2]

---

[1] Latourelle, *La Révélation*, 8.

[2] Cox, *Stadt ohne Gott?;* vgl. den bezeichnenden Titel eines Vortrags von Robinson, *Kann man heute kein Atheist sein? Der Glaube post mortem dei;* erweitert auch in: Robinson, *Eine neue Reformation?* Aus der umfangreichen katholischen Literatur zur Frage sei genannt Borne, *Gott ist nicht tot;* Conc (D) 2 (1966) Heft 6; 3 (1967) Heft 3.

sondern von Wesen anhaftet, auch wenn der herausfordernde Widerspruch der »Torheit Gottes« zur »Weltweisheit« mit unterschiedlicher Schärfe ins Bewusstsein tritt und so die παρρησία dessen, der vom Wort Gottes her redet, heute ungleich schärfer angefordert sein mag als in anderen Situationen.

Das Zitat aus 1 Joh ist wohl gewählt, weil es in knapper Zusammenfassung zunächst die formale Struktur des Kerygmas als einer Botschaft kenntlich macht, die aus geschichtlicher Zeugenschaft – Hören und Sehen – kommt und damit auf die in der Inkarnation gründende wesentliche Weise der christlichen Offenbarung und des ihr zugeordneten Glaubens verweist; dann aber macht es zugleich den Sinn der christlichen Verkündigung deutlich, deren Wort in die Gemeinschaft mit Gott dem Vater und seinem Sohn Jesus Christus hineinführt. Im gegebenen Zusammenhang erscheint freilich die Anführung des Zitats nicht völlig logisch, sofern das Konzil mit diesem Text sein eigenes Tun zu beschreiben bzw. den Sinn der vorliegenden Konstitution biblisch einzuordnen versucht. Denn der biblische Text handelt von der eigentlichen (materialen) Verkündigung, mit der die Kirche die Botschaft vom Heil Gottes in Christus Jesus ausrichtet, der Konzilstext hingegen untersucht die formalen Voraussetzungen der Verkündigung: Offenbarung, Überlieferung, Inspiration, die zwar als Grundkatego- 504
rien jedes theologische und kerygmatische Reden bestimmen, aber erst in der Reflexion auf das Gesagte deutlich ins Bewusstsein treten und der Untersuchung zugänglich werden.[3] So ist der Anspruch, den das Zitat erhebt, verglichen mit dem, was die tatsächliche Absicht des Konzils war, zu hoch. Man kann seine Aufnahme in den Text immerhin insofern als sinnvoll bezeichnen, als damit der sinngebende Ort aller theologischen Reflexion und alles lehramtlichen Redens deutlich gemacht wird und der Bezugspunkt in Erscheinung tritt, auf den hin auch diese Konstitution ausgelegt werden muss. Das nachfolgende »propterea« freilich insinuiert wieder jene unkritische Gleichsetzung des konziliaren »propone-

[3] Latourelle, *La Révélation*, 36: »C'est la première fois qu'un concile étudie de façon aussi consciente et méthodique *les catégories fondamentales et toutes premières* du christianisme: à savoir celles de la Révélation, de la Tradition et de l'Inspiration« (Hervorhebung im Original).

re« mit dem »annuntiamus« von 1 Joh, die wir eben als unangemessen kennzeichnen mussten.

Am letzten Satz ist vor allem die Beziehung wichtig, die hier zu den beiden vorangegangenen Konzilien – Trient und Vaticanum I – hergestellt wird. Ist damit nicht eine Absage gegenüber jedem Versuch gegeben, über diese beiden Konzilien hinaus und vorwärts zu kommen? Ist damit nicht eine rückwärts weisende Interpretation des Textes geradezu vom Konzil selbst gefordert? Von der Vorgeschichte des Textes her, dem der Verweis auf Trient wiederum erst in Text G eingefügt wurde, wird man sagen müssen, dass die Formel »[...] inhaerens vestigiis« in der Tat wesentlich den Sinn hatte, gegenüber allen Befürchtungen der »konservativen« Gruppe die Kontinuität der kirchlichen Lehre, die Kontinuität des Vaticanums II mit den vorangegangenen Konzilien herauszustellen, aber doch eine Kontinuität, die nicht starre äußere Identität, sondern Bewahren im Voranschreiten ist. Wirklich lassen sich besonders Kapitel I und II unseres Textes nur im ständigen Vergleich mit den Paralleltexten von Vaticanum I und Trient recht verstehen, und erst der sorgfältig durchgeführte Einzelvergleich kann vollends deutlich machen, was konkret das »inhaerere vestigiis« bedeutet. Am ehesten könnte man seinen Sinn wohl zusammenfassend wiedergeben mit einem in der Exegese gebräuchlich gewordenen Terminus: Unsere Konstitution stellt eine relecture der entsprechenden Texte von Vaticanum I und Trient dar, in der das Damalige auf heutige Weise gelesen und damit zugleich auf sein Wesentliches wie auf sein Ungenügendes hin neu interpretiert wird. So wird man Karl Barths Vorschlag durchaus zustimmen können, unsere Formel zu übersetzen: »von den Spuren jener Konzilien her vorwärtsgehend«.[4] Vielleicht wird man das Zueinander dieses Textes zu seinen Vorgängern von da aus geradezu als ein Anschauungsbeispiel dogmatischer Entwicklung, der inneren relecture des Dogmas in der Dogmengeschichte bezeichnen dürfen.

---

[4] Barth, *Ad limina Apostolorum*, 49. Zu beachten ist hier auch der Unterschied zu der Art und Weise, wie das Vaticanum I seine Kontinuität mit Trient formuliert hatte: »Nos idem decretum renovantes hanc illius mentem esse declaramus [...]« (DS 3007 = Cap. II De revelatione).

Das letzte Satzglied »ut […] amet« ist nach der Relation von Text E gewählt, weil es das pastorale Ziel »pulchre innuit«. Man wird freilich das Bedenken nicht unterdrücken können, dass das Konzil hier noch einmal seine propositio unvermerkt mit dem Dienst des Kerygmas als solchen identifiziert und damit unangemessen qualifiziert. So ist das ganze Prooemium durch das Dilemma von kerygmatischer und doktrineller Intention gekennzeichnet, das sich zunächst, wie schon gesagt, aus der Vorgeschichte des Textes erklärt: Ein ausführliches kerygmatisches Prooemium
aus Text D, das den inhaltlichen Gang der Offenbarung in der 505
Heilsgeschichte schilderte, ist seit Text E in ein kurzes Vorwort kontrahiert und damit seiner logischen Kohärenz beraubt; tieferhin steht freilich das Dilemma des Konzils selbst, der Widerstreit zwischen pastoralem Wollen und doktrineller Aufgabe, im Hintergrund, so dass die Struktur dieses kleinen Textes ein überraschend deutliches Licht auf die Struktur des Konzils als solchen wirft, dessen Größe und Grenze sich in diesen wenigen Sätzen konzentriert abgebildet finden.

Erstes Kapitel

Artikel 2. Das I. Kapitel versucht, zu beschreiben, was eigentlich christlicher Glaube meint, wenn er von »Offenbarung« spricht bzw. sich auf Offenbarung bezieht. Text C kannte ein Kapitel dieser Art nicht, er begann sofort mit der Frage nach der »doppelten Quelle der Offenbarung« und hatte damit »Offenbarung« unvermerkt zu einer Lehre verengt, die man aus verschiedenen »Quellen« erhebt – eine für das Zeitalter des Historismus und seine Fixierung auf das »Positive« kennzeichnende Sichtweise, die hier freilich, ihrer selbst unbewusst, im Gewand des kirchlichen Traditionalismus auftrat. Zu den wichtigsten Vorgängen im Ringen um die Konstitution über die Offenbarung gehört ohne Zweifel der Durchbruch durch diese Blickverengung, die Rückfrage auf das, was vor aller Fixierung in positive Quellen geschieht, wenn Gott sich »offenbart«, und so eine neue Besinnung auf Wesen und Grund christlicher Existenz überhaupt. In Text D verbirgt sich dieses Bemühen noch in einem – freilich ziemlich umfänglichen

– Prooemium; von Text E an erscheint dann ein eigenes Kapitel »De ipsa revelatione«. Erst der Rückgriff auf die umfassende Wirklichkeit des Handelns und Sprechens Gottes ermöglichte es dann auch, die positivistische Redeweise vom duplex fons abzubauen; indem hier der umgreifende Ort alles christlichen Redens wieder sichtbar wurde, konnte die Frage nach den Einzelelementen der Offenbarungsvermittlung entkrampft und in den ihr zugehörigen Rahmen verwiesen werden.

Betrachtet man den Text des Artikels 2 im Gegenüber zum Vaticanum I (DS 3004 f.), so wird sichtbar, wie viel in dieser Sache die katholische Theologie im letzten halben Jahrhundert durch die Anregungen gewonnen hat, die von der Theologie Karl Barths ausgingen und die ihr durch das personalistische Denken von Ebner, Buber u. a. zukamen. Zunächst ist schon der ganz andere Aufbau zu beachten: Während Vaticanum I von der natürlichen Gotteserkenntnis ausgeht und die »übernatürliche« Offenbarung nur in engem Zusammenhang mit diesem Thema schildert, um dann sofort sich der Frage ihrer Übermittlung in Schrift und Überlieferung zuzuwenden, ist hier die Frage der natürlichen Gotteserkenntnis an den Schluss verwiesen und zuerst Gottes Offenbarungshandeln in einer umfassenden heilsgeschichtlichen Schau beschrieben. Blickt man auf die Einzelheiten des Textes, so wird der Fortschritt gegenüber 1870 noch deutlicher. Latourelle hat hier auf folgende vielsagende Textentsprechung aufmerksam gemacht:[5]

Vaticanum I	Vaticanum II
[...] placuisse eius sapientiae et bonitati [...] se ipsum ac aeterna voluntatis suae decreta humano generi revelare [...]	Placuit *Deo* in sua bonitate et sapientia seipsum revelare et notum facere sacramentum voluntatis suae (cf. Eph 1,9) ...

Hier ist zunächst an die Stelle der abstrakten Größen »sapientia et bonitas« der Verweis auf Gott selbst »in seiner Weisheit und Güte« getreten und damit der personale wie auch der theozentrische Ansatz ungleich stärker herausgestellt gegenüber Vaticanum I: Gott selbst, die Person Gottes, ist es, von der das Offenbarungsgesche-

[5] Latourelle, *La Révélation*, 40.

hen ausgeht, auf die es zurückführt, und so reicht Offenbarung auch auf Seiten ihres Empfängers notwendig in die Personmitte des Menschen hinein, betrifft ihn in der Tiefe seines Ich, nicht nur in seinen Einzelvermögen, in Wille und Verstand. Noch wichtiger ist der zweite Unterschied zwischen den beiden Texten: An die Stelle der »ewigen Dekrete seines Willens« ist das »sacramentum« seines Willens getreten. An die Stelle der gesetzlichen Sicht, die Offenbarung weithin als Erlass göttlicher Dekrete betrachtet, ist eine sakramentale Sicht getreten, die Gesetz und Gnade, Wort 506
und Tat, Botschaft und Zeichen, die Person und ihre Äußerungen in der umfassenden Einheit des Mysteriums ineins schaut. Die vielfältige Assonanz des Mysteriumsbegriffs von Eph muss hier mitgehört werden: Dieser Begriff umfasst den Universalismus des Heils (»alles zusammenfassen in Christus«: 1,10), die Einheit der Menschheit im einen Christus, die kosmische Dimension des Christlichen, den geschichtsbezogenen Charakter der Offenbarung und endlich ihre christologische Mitte. Denn das Mysterium Gottes ist im Letzten nichts anderes als Christus selbst – es ist Person (Kol 1,27). Von da aus ergibt sich ein wesentlich dialogisches Verständnis der Offenbarung, das sich in den Wörtern »alloquitur« und »conversatur« anzeigt. In Artikel 25 wird dieser Gedanke wieder aufgenommen, wenn Schriftlesung als colloquium inter Deum et hominem beschrieben wird.[6] Damit wird zugleich das aktuale Moment deutlich, das im Dialogischen liegt: Der Dialog Gottes steht immer im Präsens; seine Anrede: »Nicht mehr Knechte nenne ich euch, sondern Freunde« (Joh 15,15), geschieht hier und heute und will uns zur Antwort führen. So wird sichtbar, wie der Offenbarungsgedanke zugleich ein Menschenbild entwirft: der Mensch als das dialogische Wesen, das im Hören auf Gottes Wort dem Präsens Gottes gleichzeitig wird und in der Gemeinschaft des Wortes die Wirklichkeit empfängt, die dieses Wort unteilbar ist: die Gemeinschaft mit Gott selbst.

Wichtig an unserem Text ist sodann auch die betont trinitarische Konzeption: Die Bewegung der Offenbarung geht aus von Gott (= dem Vater), trifft auf uns durch Christus und schafft uns

---

[6] Vgl. auch Kapitel II 8: »[…] Deus […] sine intermissione cum dilecti Filii sui Sponsa colloquitur.« Siehe dazu Ott, *Die Offenbarung Gottes*, 170.

Zugang zur Gottesgemeinschaft im Heiligen Geist. Obgleich also unser Text betont christologisch denkt – Christus wird am Ende als Offenbarungsmittler und als die Fülle der Offenbarung selbst gekennzeichnet –, kommt es doch zu keiner isolierten Christozentrik. Wenn man dennoch von Christozentrik sprechen will, so ist sie jedenfalls ganz im ursprünglichen paulinischen Sinn verstanden: Christus steht in der Mitte als der Mittler, sein »Ort« ist durch das vermittelnde »per« gekennzeichnet; er umschließt uns in der Dimension des Pneuma, und unser Sein in ihm bedeutet zugleich unser Hingeführtsein auf den Vater.[7] So ist hier einerseits die pneumatologische Sicht nicht übersehen, die sich aus einer Auferstehungschristologie als Korrektur einer einseitigen Inkarnationschristologie von selbst ergibt, und zugleich die Theozentrik zur Geltung gebracht, auf die sich, recht verstanden, Christozentrik notwendig überschreitet.

Schließlich bleibt noch auf ein letztes Anliegen unseres Textes zu verweisen: eine Neusicht des Verhältnisses von Wort und Ereignis im Aufbau der Offenbarung zu ermöglichen. Die Absicht, von der das Konzil sich in dieser Sache führen ließ, war einfach und von den vielfältigen Differenzierungen kaum berührt, die das Problem heute in der theologischen Diskussion gewonnen hat. Es ging den Vätern lediglich darum, den neuscholastischen Intellektualismus zu überwinden, für den Offenbarung hauptsächlich die Vorlage geheimnisvoller, übernatürlicher Lehren bedeutete, womit von selbst auch der Glaube sich weitgehend auf die Zustimmung zu diesen übernatürlichen Erkenntnissen reduziert.[8] Demgegenüber sollte wieder der Totalitätscharakter der Offenbarung zum Ausdruck gebracht werden, in der Wort und Ereignis ein Ganzes sind, ein Realdialog, der den Menschen in seiner Ganzheit trifft, nicht nur seinen Verstand herausfordert, sondern entsprechend dem Wesen des Dialogischen sein Du als solches angeht, ja es erst

[7] Zu einem schriftgemäßen Verständnis der Christozentrik wäre zu verweisen auf die wichtige Untersuchung von Thüsing, *Per Christum in Deum*. Bedenkenswert ist die Kritik an Karl Barths Christozentrismus bei Amberg, *Christologie und Dogmatik*. Vgl. auch Ratzinger, *Christozentrik in der Verkündigung*.

[8] Eine Tendenz in dieser Richtung wird man im Vaticanum I nicht leugnen können, wenngleich die Gegengewichte keineswegs gänzlich fehlen. Vgl. zur Frage besonders Fries, *Kirche und Offenbarung Gottes*, besonders 158 ff.

wahrhaft zu sich selber führt. Damit sind die Anregungen aufgenommen, die die Zwischenkriegstheologie gebracht hatte; die
neuere Kontroverse zwischen Theologie der Heilsgeschichte (Cull- 507
mann) und Worttheologie (Bultmann, Ebeling) bleibt außer Betracht.[9]

Artikel 3 versucht, in gedrängter Kürze so etwas wie ein Kompendium der Offenbarungs- und der Heilsgeschichte vor Christus zu geben. Er bekennt sich damit noch einmal mit Nachdruck zum geschichtlichen Charakter der Offenbarung, die nicht als zeitlose Idee, sondern als geschichtliches Handeln Gottes in dieser Zeit auf den Menschen zukommt und den Menschen in den Zusammenhang dieser Geschichte als Ort seines Heiles verweist. Insofern wird man hier eine gewisse Nähe zur Position Cullmanns und seiner Anhänger finden können, ohne dass man aber im technischen Sinn von einer Theologie der Heilsgeschichte sprechen dürfte. Gerade in den dafür entscheidenden Fragen der Erkennbarkeit des göttlichen Heilshandelns und seiner Vergegenwärtigung trennt sich das Konzil entschieden von dem Weg Cullmanns, wie bei Kapitel II zu zeigen sein wird. Insofern ist auch in dieser Frage das Konzil außerhalb aller fachlich-theologischen Positionen geblieben, und dies wiegt umso schwerer, als es vonseiten der Beobachter nahezu ausschließlich im Sinne einer Theologie der Heilsgeschichte beeinflusst und mit den anderen Positionen moderner Theologie kaum konfrontiert wurde.

Das erste Problem, vor das sich der Text gestellt findet, ließe sich mit dem Schlagwort »Schöpfung und Offenbarung« oder auch »Schöpfung und Heil« umschreiben. Die Antwort des Konzils bestätigt erneut dessen abwartend-behutsame Haltung: Indem zunächst mit Nachdruck gesagt wird, Gott habe seine Schöpfung »durch das Wort«, durch den Logos vollzogen, wird die christologische Verfasstheit der Schöpfung sichtbar, und die Selbstbezeugung Gottes in der Schöpfung, von der gleich anschließend die Rede ist, tritt in einen christologischen Zusammenhang: eine wichtige Vorentscheidung für die Frage von Artikel 6, die die Einheit des göttlichen Handelns herausstellt und damit jeden falschen

[9] Vgl. die Literatur bei Cullmann, *Heil als Geschichte;* siehe auch Ratzinger, *Heilsgeschichte und Eschatologie.*

Extrinsezismus von vornherein ausschließt. Ebenso wird die Hinordnung schon des Schöpfungsgeschehens auf das Heil ausgesagt, dann aber doch die Eröffnung an die Stammeltern mit einem insuper vom Schöpfungsgeschehen abgehoben und als ein neuer Einsatz gekennzeichnet. So wird die Idee der Dualität der Ordnungen mit dem Gedanken der Einheit des logosbestimmten göttlichen Handelns ineinandergeschoben und eine dialektische Verknüpfung der beiden Aussageebenen erreicht.

Die zweite Leitidee des Textes war es, unsere veränderte Geschichtsperspektive, die den Rahmen der Menschheitsgeschichte gegenüber dem biblischen Horizont der 6000 Jahre unermesslich ausgeweitet hat, ins christliche Verständnis des Heils einzubringen. Wieder galt es, eine dialektische Verbindung zweier scheinbar gegensätzlicher Aussagereihen zu gewinnen, indem der Partikularismus der Heilsgeschichte und der Universalismus des göttlichen Heilswillens ineinandergesehen werden mussten; wenn man sich für dieses Ineinander noch durchaus auf die Bibel selbst berufen darf, so käme als Neues die Aufgabe hinzu, dem Universalismus die volle Breite zu sichern, die unser verwandeltes Geschichtsbild umfasst. Immerhin scheint es wichtig, zu bedenken, dass sich die durch unsere neuen Erkenntnisse provozierte Änderung der Sicht
508 gleichsam nur auf die Quantität, nicht aber auf die Struktur als solche bezieht, die auch in der Schrift schon das Besondere und das Ganze in einem unauflöslichen Füreinander zusammengebunden findet. Der Text sieht die ganze Geschichte einerseits unter dem Zeichen des Falls, als gefallene Geschichte also, anderseits unter dem Zeichen der Verheißung und der Obsorge Gottes, die allen »die Geduld des guten Werkes« und so das ewige Leben ermöglicht. Hier wird man freilich die Frage nicht unterdrücken können, ob das Konzil bei seiner Zeichnung von Offenbarung und Heilsgeschichte nicht doch von einer zu ausschließlich optimistischen Sicht ausgegangen ist, der die Tatsache aus dem Auge entschwindet, dass göttliches Heil wesentlich als Rechtfertigung des *Sünders* ergeht, dass die Gnade durch das Gericht des Kreuzes hindurch sich vollzieht und so selbst immer auch Gerichtscharakter trägt, dass deshalb auch das *eine* Wort Gottes in der doppelten Weise von Gesetz und Evangelium auftritt – eine Aussage, die auch dann gilt, wenn man die spezifisch lutherische Theologie von Ge-

setz und Evangelium für einseitig und ungenügend hält.[10] Hätte, wenn man schon Röm 2 als Zeugnis für die universale Heilsmöglichkeit anführte, nicht unbedingt der erschreckende Zusammenhang miterwähnt werden müssen, in den dieses Textstück eingespannt ist, das einer unteilbaren, von 1,17 – 3,20 reichenden Gedankenlinie zugehört, die schließlich in 3,20 in den zum angeführten Text 2,6f. direkt konträren Satz ausläuft: »Aufgrund der Gesetzeswerke wird niemand gerechtfertigt vor ihm [...], dazu 3,23: »Alle haben gesündigt und ermangeln der Herrlichkeit Gottes [...].«[11] Hätte, wenn vom Heil gesprochen wurde, nicht auch das Geheimnis des Zornes Gottes erwähnt werden müssen, das so wuchtig über diesen Kapiteln lastet? Die ganze Thematik von Sünde, Gesetz, Zorn Gottes ist hier in das eine Wörtchen »lapsus« (Post eorum lapsum ...) zusammengezogen und damit doch wohl nicht in ihrem vollen Gewicht gewürdigt und ernst genommen. Der pastorale Optimismus einer auf Verstehen und Versöhnen bedachten Zeit scheint hier den Blick für einen nicht unwesentlichen Teil des biblischen Zeugnisses doch etwas getrübt zu haben.

Dieser Mangel macht sich auch bei dem dritten Thema unseres Abschnitts bemerkbar, den man als den Versuch einer kurz gefassten christlichen Theologie des Alten Testaments bezeichnen könnte (eine Aufgabe, die dann in Kapitel IV nochmals aufgegriffen wird). Hier wäre wohl der Ort gewesen, um der Doppelgestalt der Offenbarung als Gesetz und Evangelium zu gedenken, die ja für die Struktur der christlichen Offenbarung kennzeichnend ist, so dass diese weder ganz in bloßes Evangelium noch je in bloßes

---

10 Vgl. SÖHNGEN, Art. Gesetz und Evangelium (Literatur).

11 Vgl. KUSS, *Römerbrief* 1, 29, besonders 64f. Kuß schließt sich 64 dem Urteil Lietzmanns an, der zur Stelle erklärt hatte: »In VV. 5–12 argumentierte Paulus noch immer vom vorevangelischen Standpunkt aus, der keine Glaubensgerechtigkeit kennt und ein Urteil aufgrund der eigenen Leistungen erwartet. Da er in diesem Zusammenhang aber die Idee der Werkgerechtigkeit gerade ad absurdum führen will, so müssen streng logisch diese ganzen Erörterungen als hypothetisch bezeichnet werden; es würde so kommen, wenn 1. das Evangelium nicht wäre und 2. die Erfüllung des Gesetzes möglich wäre.« Dazu Kuß, 65: »Der Apostel kann nicht im Ernste die Meinung vertreten wollen, es gäbe etwa – abgesehen von dem durch Christus gekommenen Heil – für den Menschen eine realisierbare Möglichkeit, aufgrund von gutem Werk (V. 7) [...] ›ewiges Leben‹ [...] zu gewinnen.«

509 Gesetz aufgelöst werden darf. Im Text erfolgt indes die christologische Würdigung des Alten Testaments lediglich unter zwei Gesichtspunkten: Es erscheint insgesamt als παιδεία (ein Gedanke, der bei Paulus durchaus die Prügelfunktion des Alten Testaments ausdrückt, der aber hier unter die freundlichere Optik der modernen Pädagogik gerückt erscheint); diese wiederum hat den Sinn einer Hinführung auf den einen Gott (Monotheismus), auf seine vorsorgende und vergeltende Macht; zum anderen bedeutet sie die Vorbereitung auf den verheißenen Erlöser. Dabei wird zugleich noch einmal die Ausweitung des Horizonts aufgenommen, von der der Text ausgegangen war: Mit dem letzten Satzglied (atque [...] praeparavit) soll offensichtlich gesagt werden, dass die ganze Zeit vor Christus, auch außerhalb Israels, Vorbereitung auf das Evangelium bedeutet, die freilich in Israel in der spezifischeren Form der Erwartung des Erlösers und der Einübung in den Glauben an den einen Gott stattfindet. Damit ist noch einmal in einer geglückten Weise die Einheit der gesamten vorchristlichen Geschichte und die Besonderheit des Auftrags, der über Israel lag, ausgedrückt.

Artikel 4, der von Christus als dem letzten Wort Gottes spricht, steht schon rein äußerlich genau in der Mitte des I. Kapitels und lässt so eindrucksvoll von der Architektonik des Textes her dessen ganz und gar christologische Bestimmtheit deutlich werden. Das Zitat aus Hebr 1 zeigt einerseits die Kontinuität der Gottesgeschichte mit den Menschen: Das Reden Gottes in Christus führt sein Reden durch die Väter und die Propheten fort; gleichzeitig aber wird auch das wahrhaft Neue des Neuen Testamentes darin deutlich: An die Stelle der Worte tritt *das* Wort. Christus redet nicht mehr bloß von Gott, sondern er ist selbst das Reden Gottes; dieser Mensch ist selbst und als ganzer das Wort Gottes, das sich zu einem der Unsrigen gemacht hat.[12] So wird hier auch die Offenbarungsvollendung in Christus allem Positivismus entrückt: Gott hört nicht willkürlich an irgendeinem Punkt der Geschichte und an irgendeiner Stelle seines Gesprächs auf zu reden, obgleich es an sich noch viel zu sagen gäbe, sondern Christus ist das Ende von Gottes Sprechen, weil es nach ihm und über ihn hinaus nichts

[12] Vgl. LATOURELLE, *La Révélation*, 18 f.

mehr zu sagen gibt, denn in ihm hat Gott sich selbst gesagt.[13] In ihm ist der Dialog Gottes ans Ziel gekommen: er ist zur Vereinigung geworden.

Damit wird noch einmal sichtbar, wie wenig Intellektualismus und Doktrinalismus das Wesen von Offenbarung zu erfassen vermögen, in der es nicht um ein Reden *über* etwas geht, das der Person ganz äußerlich bleibt, sondern um den Existenzvollzug des Menschen, um das Zueinander des menschlichen Ich mit dem göttlichen Du, so dass das Ziel dieses Gespräches letztlich nicht Information, sondern Einheit und Verwandlung ist. Zugleich wird freilich deutlich, inwiefern das Christusgeschehen gerade als Ende auch ein notwendig weitergehender Anfang ist, der die ganze Geschichte hindurch Gegenwart und Verheißung des Kommenden bleibt. Wir sagten vorhin, Christus sei das Ende von Gottes Sprechen, aber dieses Ende ist ja nichts anderes als immerwährendes Angesprochensein des Menschen von Gott, es ist die immerwährende Hinordnung des Menschen auf den einen Menschen, der Gottes Wort selber ist. So kann die folgende Geschichte zwar nicht mehr überschreiten, was in Christus geschehen ist, wohl aber muss sie versuchen, es allmählich einzuholen, die Menschheit einzuholen in den Menschen, der als Mensch von Gott her der Mensch für alle anderen, der Raum aller menschlichen Existenz und der definitive Adam ist. Und wenn vorhin gesagt wurde, Christus sei das Ende von Gottes Sprechen, weil nach ihm
nichts mehr zu sagen ist, so heißt das zugleich, dass er die bestän- 510
dige Anrede Gottes an den Menschen ist, dass zwar nichts *nach* ihm kommt, wohl aber in ihm sich erst die ganze Weite von Gottes Wort zu eröffnen beginnt. Insofern wird man hier die Basis für die nachfolgende Problematik von Offenbarung und Überlieferung finden dürfen; zugleich wird hier das eigentliche Wesen der Offenbarung und ihrer Wahrheit deutlich: Sie offenbart nicht *etwas* und nicht vielerlei, sondern in dem Menschen Jesus, in dem Menschen, der Gott ist, wird sichtbar, was es um den Menschen ist – Wahrheit

[13] Vgl. Rahner, *Dogmenentwicklung*, 60: »Es wird nichts Neues mehr gesagt, nicht obwohl noch viel zu sagen wäre, sondern weil alles gesagt, ja alles gegeben ist im Sohn der Liebe, in dem Gott und die Welt eins geworden sind […].«

und Lüge der menschlichen Existenz treten in Erscheinung von demjenigen her, der deshalb der wahre und eigentliche Mensch ist, weil er ganz von Gott her, »una persona« mit Gott selber ist.

René Latourelle hat zum Verständnis des Textes auf eine von den Vätern sicher nicht beabsichtigte, aber dafür umso erhellendere Parallele zum Vaticanum I verwiesen. Wo das Vaticanum I von der Kirche als Zeugnis der Offenbarung handelt, spricht es in ganz ähnlichen Formen darüber, wie es hier von der Funktion Christi (DS 3012f.) geschieht.[14] Dort wird gesagt, die Kirche sei selbst und als solche ob ihrer wunderbaren Ausbreitung, ihrer Heiligkeit, Fruchtbarkeit, Einheit und Beständigkeit ein unerschütterliches Zeugnis ihrer göttlichen Sendung. Hier hingegen heißt es, Christus sei durch seine eigene Gegenwart und Offenbarung, durch seine Zeichen und Worte, seinen Tod und seine Auferstehung die Vollendung der Offenbarung, die er selbst mit seinem göttlichen Zeugnis beglaubigt. Natürlich wird dadurch der Text von Vaticanum I nicht aufgehoben oder bestritten, aber die christologische Zentrierung, die jeden Ekklesio-Monismus weit hinter sich lässt, wird doch deutlich: Die Kirche kann im Grund nur Zeichen sein, weil und soweit sie von Christus her lebt, der selbst Zeichen und Inhalt der Offenbarung ist, das große göttliche σημεῖον und μυστήριον, das allein allen anderen Zeichen und Zeugnissen Tragkraft und Bedeutung gibt. So konnte von diesem Text her auch das fundamentaltheologische Problem in ein neues Stadium treten: Alle die Einzelwunder werden hier eingefügt in das eine und entscheidende Gotteswunder, das Jesus Christus selbst ist, der wahre Zeuge Gottes. Das Zeugnis ist von dem Bezeugten, die Beglaubigung von dem beglaubigten Inhalt nicht abzutrennen, und endlich wird auch nicht übersehen, dass das Ganze in einem eschatologischen Zusammenhang steht: Christlicher Glaube ist wesentlich zugleich Hoffnung und kann so seine endgültige Beglaubigung erst in der Einlösung der Hoffnung finden: Sein Wagnis besteht weniger in der Paradoxie des Verstandes als in

[14] LATOURELLE, *La constitution »Dei Verbum«*. Genaue Gegenüberstellung der Texte 686 und 688. Schön die Formulierung 689: »Or, c'est précisément, semble-t-il, parce que l'Église a travaillé à se mieux définir qu'elle s'est en quelque sorte décentrée par rapport à elle-même pour se centrer davantage sur le Christ.«

dem Vertrauen, das sich auf einen Weg macht, dessen Ziel noch nicht zu sehen ist.[15]

Der letzte Abschnitt unterstreicht noch einmal den definitiven
Charakter der in Christus geschehenen Offenbarung, die durch
kein neues religionsgeschichtliches oder menschheitsgeschicht-
liches Stadium überholt werden kann. Das kleine Textstück taucht
erstmals in Fassung D auf, in der es eine durchgehende Skizze der
Heilsgeschichte abschloss und durch die Aussage konkretisiert
war, das Christentum (»Christianismus« – ein untheologisches
Wort, das man schon seiner theologischen Ungeklärtheit wegen
in keine weitere Textfassung aufnahm, sondern durch den patris-
tischen Begriff der Oeconomia ersetzte) sei nicht eine vorüber-
gehende Periode der Religionsgeschichte (historia religiosa), son- 511
dern deren schlechthin letztes und definitives Stadium. Der ganz
konkrete Sinn, den der Text damit gegenüber der Bewusstseinslage
unseres Jahrhunderts ausdrückte, ist der Genauigkeit der theologi-
schen Fachsprache geopfert worden; freilich ist dafür die christo-
logische Begründung für den Endgültigkeitsanspruch des Christ-
lichen deutlicher geworden und der eschatologische Bezug hin-
zugekommen, der die nun gerade auch vom Innern des Glaubens
her zu behauptende Vorläufigkeit des Christlichen und damit sei-
ne Zukunftsbezogenheit deutlich macht, die zusammen mit der
Bindung an das ein für alle Mal vollzogene Christusgeschehen be-
steht, so dass man je eins nicht ohne das andere aussagen darf.
Vielleicht hätte die damit angedeutete Dimension von Hoffnung
und Verheißung, die nicht nur für den Glauben des Alten Testa-
ments, sondern auf verwandelte Weise nicht weniger für denjeni-
gen des Neuen Testaments wesentlich ist, noch deutlicher heraus-
gestellt werden müssen, weil wohl erst sie die Möglichkeit bietet,
den Sinn des christlichen Endgültigkeitsanspruchs gegenüber dem

---

[15] Vgl. Moltmann, *Theologie der Hoffnung*, z.B. 13: »Lehrsätze finden ihre Wahrheit in ihrer kontrollierbaren Entsprechung zur vorliegenden erfahrbaren Wirklichkeit. Die Hoffnungssätze der Verheißung aber müssen in einen Widerspruch zur gegenwärtig erfahrbaren Wirklichkeit treten«; 14: »Der Widerspruch, in den die Hoffnung den Menschen zur vorliegenden Wirklichkeit seiner selbst und der Welt versetzt, ist eben der Widerspruch, aus dem die Hoffnung selbst geboren wird, es ist der Widerspruch der Auferstehung zum Kreuz.«

Fragen unserer auf Fortschritt und Veränderung gestimmten Zeit sachgerecht auszusagen und ihn von romantisch-restaurativem, bloß rückwärts gewandtem Denken abzuheben. In einer Situation, die immer mehr vom Menschen als dem noch werdenden Wesen her denkt und kaum noch einen Zugang zu Wesensaussagen und dem ihnen innewohnenden Anspruch hat, wird eine sachgerechte Bestimmung der Endgültigkeit des Christlichen, das zu allen Zeiten den Anspruch erhebt, »Neues« Testament zu sein, grundlegende Bedeutung gewinnen. Der Ausgangspunkt ist hier mit der christologischen Verankerung des Gedankens immerhin gewiesen: Der Glaube verkündet ebenso Christus als den Gekommenen wie als den Kommenden und trägt damit die unendliche Offenheit des Menschen ebenso in sich wie die Endgültigkeit der den Menschen nicht abschließenden, sondern ihn erst zu seiner wahren Unendlichkeit eröffnenden göttlichen Antwort.

Artikel 5. Der Abschnitt über den Glauben stellt im Wesentlichen eine Kontraktion der entsprechenden Textstücke des Vaticanum I dar (DS 3008–3010). Seine weiterführende Bedeutung gegenüber dem Konzil von 1870 gewinnt er einmal durch den neuen Zusammenhang, in den er die Analyse des Glaubens einordnet, zum andern durch die Art der Auswahl, die er seiner Vorlage gegenüber vollzieht. Der Zusammenhang ist (wie gezeigt wurde) vorgegeben durch ein ganz christologisch bestimmtes Verständnis der Offenbarung, für das die Trennung von Wort und Wirklichkeit aufgehoben ist in dem, der als der wahre Logos zugleich der wahre Grund alles Wirklichen ist, für das folglich auch die Antithetik von intellektuellem Dogmenglauben und vertrauender Hingabe der eigenen Existenz übergriffen ist durch das totale Ja der Person, das in Jesus Christus die Wahrheit und den Weg in einem, unteilbar erkennt. Auf diese Weise tritt der ganzheitliche Charakter des Glaubens hier von selbst stark hervor; er wird in dem biblischen Begriff des Glaubensgehorsams formuliert, »durch den der Mensch sich in seiner Ganzheit frei Gott überlässt«.

Die Optik, die so durch den Zusammenhang vorgegeben ist, wird unterstützt durch die Auslassungen, die der Text gegenüber DS 3008–3010 aufweist. Das Vaticanum I hatte die Genese des Glaubens durch drei Elemente erklärt: die inneren Hilfen des Heiligen Geistes, die äußeren »argumenta revelationis« (denen der

Hauptteil des Textabschnitts DS 3009 galt) und endlich die innere
Erleuchtung des Heiligen Geistes (die von den Verstehenshilfen als
eigentlich wirkende Macht der Gnade zu unterscheiden ist). Von
diesem Aufbau der Glaubenszustimmung her wird dann der Glau- 512
be selbst dialektisch bestimmt, indem er gleichzeitig als donum
Dei und als opus ad salutem pertinens gekennzeichnet wird, womit natürlich letztlich das »Werk« als »Geschenk« charakterisiert und zugleich die Weise des göttlichen Schenkens als freimachend in die Eigentlichkeit des rechten Wirkens hinein erhellt wird. Auf diese letzte Frage geht unser Text nicht ein; dagegen übernimmt er die Schilderung der Genesis fidei, bei der er jedoch die »äußeren Argumente« weglässt und sich auf die Nennung der inneren Hilfen des Heiligen Geistes und der gratia praeveniens beschränkt. Damit ist sicher die vom Vaticanum I so nachdrücklich unterstrichene Lehre von der Bezeugung der Offenbarung durch äußere Zeichen, wie Wunder und Prophezeiungen, nicht geleugnet oder abgelehnt, aber sie ist merklich auf einen bescheideneren Platz versetzt, der Glaube scheint verinnerlicht, und der Versuch, die Gewissheit des Glaubens mit positivistischen Maßstäben messbar zu machen, ihn vor dem allbeherrschenden Positivismus konkurrenzfähig erscheinen zu lassen, ist fallengelassen; die besondere Weise der Glaubensgewissheit, auf die uns bereits der christologische Abschnitt verwies, tritt wiederum hervor.

Die zweite Auslassung deutet in die gleiche Richtung. Das Vaticanum I hatte den Glaubensgehorsam konkret dahingehend bestimmt, dass wir durch ihn »das von Gott Offenbarte als wahr glauben« (DS 3008). Mit dieser gleich im ersten Abschnitt des Glaubenskapitels stehenden Bestimmung sind alle folgenden Aussagen stark in eine wesentlich intellektuelle Richtung orientiert, der zwar immer wieder korrigierende Elemente entgegengestellt werden, ohne dass dadurch die vorgegebene Gesamttendenz aufgehoben würde. Das Vaticanum II hat diese Aussage vereinfacht, indem es bündig von einem Zustimmen revelationi ab Eo datae spricht. Mit dieser Umwandlung von den revelata zur revelatio ist eine Neusicht eröffnet, die wiederum keineswegs die intellektuelle Komponente des Glaubens aufhebt, aber sie eben als Komponente in einem umfassenderen Ganzen versteht.

Neu gegenüber dem Vaticanum I ist der letzte Satz, der von

einer beständigen Vervollkommnung des Glaubens durch die Gaben des Heiligen Geistes spricht und sich diese in einer immer tieferen Einsicht in die Offenbarung auswirken lässt. Der Satz lässt überraschend deutlich werden, wie unreflektiert die Verfasser trotz aller Anregungen, die sie von evangelischen Theologen übernahmen, im Innern der Tradition katholischen theologischen Denkens sich bewegten. Denn für evangelische Theologen wäre die Redeweise von der »Vervollkommnung« des Glaubens wohl nur schwer vollziehbar – für sie ist Glaube eine Entscheidung zwischen Ja und Nein, die man ganz oder gar nicht fällt, die aber nicht in Graden gestuft vorgestellt werden kann. Grundlegend ist wohl dabei, inwieweit man Glauben als einen eigenen »Besitz« des Menschen ansieht oder lediglich als Gottes paradoxes Handeln am Menschen, das dann nicht als eine »Tugend« vorgestellt werden kann, die sich allmählich weitere Provinzen der menschlichen Existenz erobert, sondern als eine Totalverfassung seiner Existenz, die nicht auf einer Ebene mit den menschlichen habitus und Tugenden gedacht werden dürfte. Der Sache nach kommt so hier nun doch das im Vaticanum I ausdrücklicher in Blick genommene Problem der Dialektik von donum und opus zum Vorschein. Man wird dem ersten Anschein entgegen sagen dürfen, dass diese Dialektik hier voll durchgehalten ist, denn als wirkendes Subjekt der dem »opus« zugeordneten perfectio erscheint der Heilige Geist; so bleibt Gott hier der eigentlich Handelnde, aber sein Handeln durchdringt den Menschen und tut es in wachsendem Maß.

513 Wichtig für das Verständnis dieses kleinen Satzes ist die Erläuterung, die ihm in der Relation zu Text E (dort Seite 13, C) beigegeben ist. Dort heisst es: »[…] ita innuitur continuitas inter primum assensum et progressum, non solum pro singulis fidelibus […], sed etiam pro communitate.« Das bedeutet, dass hier schon eine erste Grundlegung für den in Kapitel II entwickelten Überlieferungsgedanken beabsichtigt ist: Überlieferung vollzieht sich wesentlich als die vom Heiligen Geist vermittelte fortschreitende Einsicht in die einmal gegebene Offenbarung, sie ist die perfectio des Glaubens, die der Geist in der Kirche wirkt. Die Differenz zwischen katholischer und evangelischer Theologie in der Frage der Überlieferung, die in der Diskussion um das II. Kapitel ausgetragen wird, hat hier ihren Ansatzpunkt: Sie lässt sich, wie

dieser Satz zeigt, zurückführen auf ein unterschiedliches Verständnis der Zuordnung von Gottes Handeln und Handeln des Menschen, auf eine unterschiedliche Einstellung zur Dialektik von donum und opus. So meldet sich aber auch hier schon die bei der Kommentierung des II. Kapitels ausführlicher zu bedenkende Frage, ob man nicht unbeschadet der grundsätzlichen Sicht, hinter die katholische Theologie nicht wird zurückgehen können, den traditions-kritischen Faktor bzw. an dieser Stelle die Unmöglichkeit einer gradlinigen »perfectio«-Idee deutlicher hätte bedenken sollen.

Schließlich wird man feststellen müssen, dass es auch nicht ohne Belang ist, wenn der Versuch, den ganzheitlichen Charakter des Glaubens herauszustellen, sich primär der Idee des Gehorsams bedient und erst in zweiter Linie den Gedanken des Vertrauens aufgreift. Damit ist deutlich gemacht, dass die Selbstpreisgabe des Glaubens nicht richtungslos verläuft, sondern die Bindung an das Wort einschließt; dass diese Selbstpreisgabe gerade das Zur-Verfügung-Stehen für die konkrete Weise der Begegnung und des Anspruchs Gottes bedeutet, wie sie geschichtlich durch die Verkündigung der Kirche an mich hingetragen wird. Dass eine solche Sicht durchaus dem paulinischen Kerygma gemäß ist, haben die Arbeiten von Rudolf Bultmann eindrucksvoll deutlich werden lassen.[16]

Artikel 6. Der letzte Abschnitt unseres Kapitels wiederholt in geraffter Form die ersten beiden Abschnitte des Kapitels »De revelatione« aus dem Vaticanum I (DS 3004 f.). Neu gegenüber dem damaligen Text ist hier allein die Ersetzung des Wortes revelare durch die beiden Verben manifestare ac communicare, wodurch noch einmal der das bloß Lehrmäßige überschreitende Realitätscharakter der Offenbarung unterstrichen wird, die nicht bloß 514
»göttliche Beschlüsse« mitteilt, sondern der Dialog des Heils, die im Wort sich vollziehende Kommunikation von Person zu Person ist. Die Fortführung von Vaticanum I ergibt sich sodann aber auch hier wiederum durch den anderen Kontext: 1870 hatte man mit der natürlichen Gotteserkenntnis begonnen und war von ihr her

---

[16] Vgl. die Darstellung bei Hasenhüttl, *Glaubensvollzug*, 189–196, mit ausführlichen Belegen aus Bultmanns Werken.

zur »übernatürlichen« Offenbarung aufgestiegen. Das Vaticanum II hat nicht nur den allzusehr dem Physis-Denken zugehörigen (wenn auch einstweilen wohl noch unentbehrlichen) Fachbegriff supernaturalis vermieden, sondern ist auch den umgekehrten Weg gegangen: Es entfaltet die Offenbarung von ihrer christologischen Mitte her, um dann als eine Dimension des Ganzen die unaufhebbare Verantwortung der menschlichen Vernunft herauszustellen. So wird sichtbar, dass das menschliche Gottesverhältnis nicht aus zwei mehr oder minder selbständigen Stücken zusammengefügt ist, sondern unteilbar ein einziges darstellt; es gibt keine in sich ruhende natürliche Religion, sondern jede Religion ist »positiv«, aber gerade in ihrer Positivität schließt sie die Verantwortung des Denkens nicht aus, sondern ein. Das Vaticanum II hatte keinen Grund, diese vom Vaticanum I mit großer Behutsamkeit entwickelte Grundidee zu verschweigen, ihr wird im Gegenteil in der Auseinandersetzung mit dem Angriff des Atheismus noch zunehmend Bedeutung zukommen.[17]

---

[17] Zum Naturbegriff im Vaticanum I siehe die hervorragende Darstellung bei Balthasar, *Karl Barth*, 314–335.

Zweites Kapitel

Artikel 7. Dem II. Kapitel unserer Konstitution sind noch die Spuren des erbitterten Ringens anzumerken, aus dem sein endgültiger Text hervorgegangen ist. Artikel 7 ist bewusst in enger Anlehnung an Trient (DS 1501) formuliert und wiederum in seiner Bewegungsrichtung nur zu verstehen aus dem Vergleich mit dem Trienter Text und von den neuen Akzenten her, die hier gesetzt werden. Zwei Neuerungen in dem mit »Ideo Christus Dominus [...]« beginnenden Satz führen die Linie von Kapitel I fort und machen sie nun unmittelbar für das Traditionsproblem fruchtbar: Nach »ante per Prophetas Ipse« wird gegenüber Trient »adimplevit« neu eingefügt; am Ende des Satzes ist die Formel »eis dona divina communicantes« neu. Die gemeinsame Absicht beider Einfügungen ist leicht zu erkennen: Indem die Tätigkeit Jesu bezüglich des Evangeliums nicht nur als »promulgieren«, sondern als »erfüllen« gekennzeichnet wird, wird der einseitig gesetzliche Aspekt gedämpft, 515
zu dem die Kategorialisierung des Christlichen unter dem Begriff der nova lex schließlich geführt hatte, die hinter dem Promulgationsgedanken steht; es wird die Einheit der Heilsgeschichte in Altem und Neuem Bund, also ein geschichtlich-sakramentales statt eines juridisch-gesetzlichen Verständnisses der christlichen Wirklichkeit entworfen, und es wird wiederum der Realitäts- und Heilscharakter des Wortes Christi herausgestellt, das nicht nur Forderung, sondern zuerst Fülle ist, aus der heraus das Wirken kommt und von der allein her das Wesen der christlichen Forderung zu verstehen ist. Dass es so gemeint ist, verdeutlicht die zweite Zufügung: Die Predigt der Apostel wird mit den Begriffen donum und communicare erläutert; wiederum tritt so an die Stelle des gesetzlichen Bildes die Idee der Gnade und das dialogische Prinzip: Verkündigung als Kommunikation im schenkenden Handeln Gottes. Für die Frage der Überlieferung ist damit ein wesentlich neuer Ansatzpunkt geschaffen, denn wenn der Ursprung der Überlieferung, das, was am Anfang steht und weitergegeben werden muss, nicht ein promulgiertes Gesetz ist, sondern die Kommunikation in der geschenkten Fülle Gottes, dann muss auch Weitergabe etwas anderes bedeuten als vorher.

Der folgende Satz (»Quod quidem fideliter …«), der nun unmittelbar den Anfang des Überlieferungsgeschehens schildert, führt diese Linie fort. Hatte Trient diesen Ausgangspunkt allein in der Predigt Christi und der Apostel gesehen, so kennt der jetzige Text jeweils einen Dreischritt der Ereignisse: der praedicatio oralis werden die exempla und institutiones der Apostel an die Seite gestellt und demgemäß hinsichtlich des christologischen Ursprungs wiederum über das *Wort* des Herrn hinaus der *Umgang* mit ihm und seine *Werke* als überlieferungsbegründend verzeichnet. Die gleiche Ausweitung wird schließlich auch noch bei der Nennung der pneumatologischen Komponente des Offenbarungsursprungs vollzogen, wenn das Trienter »Spiritu Sancto dictante« in ein – übrigens auch schriftgemäßeres – »Spiritu Sancto suggerente« abgeändert wird (Joh 14,26 Vg). Das durchgehende Anliegen ist wiederum unschwer zu erkennen. Es geht gewiss nicht darum, Theologie der Heilsgeschichte gegen Worttheologie auszuspielen, sondern an die Stelle eines verengt doktrinellen Offenbarungsbegriffs, wie er sich in der Trienter Wort-Theologie ausgedrückt hatte, eine umfassende Sicht auf den Wirklichkeitscharakter der Offenbarung zu eröffnen, die eben deshalb, weil sie den ganzen Menschen betrifft, nicht nur im Predigtwort Jesu gründet, sondern im Ganzen der lebendigen Erfahrung seiner Person und so mit dem Gesagten das Ungesagte umfasst,[1] das die Apostel wiederum nicht völlig ins Wort zu bringen vermögen, sondern das sich in der gesamten von ihnen gesetzten Wirklichkeit christlicher Existenz niederschlägt, die abermals den Rahmen des zu ausdrücklicher Rede Gewordenen weit überschreitet. Und schließlich ist auch die den Jüngern verheißene Führung des Parakleten kein »Diktat«, sondern »suggestio«, erinnerndes Verstehen des Ungesagten im einst Gesagten, das in die Tiefe eines Geschehens hinablotet, die mit den Begriffen praedicatio oralis (»ab ipsius Christi ore« hatte Trient gesagt) und dictare nicht ausgemessen werden kann und deren Weitergabe daher auch nie bloß ein Prozess der Tradierung von Worten ist. Zu erwähnen ist endlich noch, dass am
516 Schluss, wo von der Entstehung der Heiligen Schrift die Rede ist,

[1] Vgl. SCHLIER, *Was heißt Auslegung der Heiligen Schrift?*, 50, und überhaupt *Besinnung auf das Neue Testament*, 7–62.

mit Absicht neben den Aposteln von »apostolischen Männern« gesprochen wird, um die Verfasserfrage der Evangelien offenzuhalten (vgl. Kapitel IV der Konstitution).

Neu gegenüber Trient ist sodann auch die im folgenden Satz (»Ut autem Evangelium ...«) im Anschluss an Irenäus vollzogene Verbindung von Sukzessions- und Traditionsprinzip. In der Tat sind für Irenäus beide Prinzipien ein unteilbares Ganzes: »Die Nachfolge ist die Gestalt der Überlieferung, die Überlieferung ist der Gehalt der Nachfolge.«[2] Auf andere Weise hat Tertullian in seiner »Praescriptio«, die zusammen mit den antignostischen Texten des Irenäus die entscheidende Grundlegung des Überlieferungsgedankens bedeutete, den nämlichen Gedanken entfaltet.[3] »Überlieferung« erscheint in beiden Fällen (im Gegensatz zum gnostischen Überlieferungsgedanken) nicht so sehr als ein materiales denn als ein formales Prinzip; sie bedeutet im Letzten eine hermeneutische Grundentscheidung, derart, dass der Glaube nicht anders als in der geschichtlichen Kontinuität der Glaubenden anwesend ist, in ihr, nicht gegen sie gefunden werden muss.[4] Aber diese Frage ist hier zunächst nur angedeutet, indem die Gründung von Tradition und von Sukzession ineinandergesehen werden.

Bevor wir schließlich noch eine durchgängige terminologische Differenz unseres Kapitels gegenüber dem Trienter Traditions-

---

[2] So habe ich den Sachverhalt zusammenfassend zu umschreiben versucht in: RATZINGER, *Primat, Episkopat und Successio*, 49.

[3] Aus der umfangreichen Literatur darüber sei genannt KUSS, *Hermeneutik Tertullians*.

[4] Dabei darf freilich die Grenze nicht übersehen werden, die Irenäus in seiner Konzeption mitgedacht hat, die das kirchliche Lehramt keineswegs ins Beliebige freigeben wollte, ging es doch darum, die Beliebigkeit der gnostischen Spekulation abzuwehren. Das hat besonders Norbert BROX treffend herausgestellt in seiner Miszelle *Charisma veritatis certum*, 327: »Das Amt ist nicht die autoritative Versicherung einer sonst nicht als solche erkennbaren Wahrheit und Lehreinheit, sondern die lückenlose Zeugenkette wird als der gute Grund für die unveränderte Tradierung des Kerygmas (III 24, 1) angeführt. In der gnostischen Diadoche muss die angebliche Berührung der Autorität mit den Aposteln [...] die Gnosis autorisieren, die in ihrem Ursprung [...] unzugänglich und als Geheimlehre [...] unnachprüfbar bleibt. [...] In der Kirche erweist sich die legitime Autorität des Bischofs darin, dass er wegen der Diadoche der Lehre sich auf die Apostel berufen kann, denn er predigt dasselbe wie die Apostel. Dass er aber dasselbe lehrt, wird nach Irenäus aus der Schrift belegt [...].«

dekret ins Auge fassen, sei auf den letzten Satz von Artikel 7 hingewiesen, der das eschatologische Moment ins Spiel bringt: Alle Erkenntnis in der Zeit der Kirche bleibt Erkennen im Spiegel und so Stückwerk; die Unmittelbarkeit zur Wirklichkeit, zum Angesicht Gottes selbst, bleibt dem Eschaton vorbehalten (vgl. 1 Kor 13, 12). Dies ist die einzige Stelle in unserem Kapitel, in der man ganz leise auch ein traditionskritisches Element anklingen hören kann, denn wo nur spiegelbildlich geschaut und gelesen wird, da ist auch mit Verzerrungen und Verschiebungen zu rechnen; jedenfalls wird hier ein Stück theologia negativa vernehmbar, mit dem eine gewisse Grenze der kerygmatischen wie der ekklesialen Positivität notwendig mitgesetzt ist, ohne dass diese Linie weiter ausgezogen würde: darauf wird im Folgenden noch zurückzukommen sein.

Die vielleicht wichtigste terminologische Änderung unseres Textes gegenüber Trient wird uns vor allem bei der Behandlung der folgenden Abschnitte beschäftigen müssen; sie dürfte übrigens zugleich die am wenigsten reflektierte Verschiebung sein, die frei-
517 lich gerade so besonders für den neuen Stand der Frage kennzeichnend ist, von dem beide Seiten des konziliaren Disputs ausgingen: Während Trient den Begriff der Überlieferung nur im Plural – als Überlieferungen – kannte, kennt ihn das Vaticanum II, von einem Schriftzitat (2 Thess 2, 15) abgesehen, nur im Singular: *die* Traditio.[5] Damit wird der nie wirklich zur Reflexion gebrachte Unterschied der Fragestellungen deutlich fassbar: Das Vaticanum II findet seinen Ansatz in einem abstrakten Reflexionsbegriff, Trient hingegen hatte es mit dem konkreten Phänomen, den tatsächlich bestehenden Überlieferungen zu tun, mit denen die faktische Lebensform der Kirche gemeint war: dass man das Herrenmahl als Opfer in der Gestalt der Messe beging, dass es Fasttage gab, dass man die Kinder taufte, nach Osten gewandt betete, sich beim Gebet bekreuzigte usw.[6] Kurz: es stand die nicht im Einzelnen auf die

[5] Vgl. Bévenot, *Traditiones in the Council of Trent;* Leeuwen, *Der Reifungsprozess des Zweiten Vatikanischen Konzils*, 6.

[6] Über die Zusammenstellungen von Traditiones im Umkreis des Trienter Konzils Congar, *Traditions apostoliques*, besonders 289 ff.; Ratzinger, *Ein Versuch zur Frage des Traditionsbegriffs*, 58–64.

Schrift verrechenbare Lebensgestalt der Kirche, die tatsächliche Form des christlichen Lebens, wie sie in der Kirche ausgebildet war, zur Debatte. Auf diese Weise war für die Väter von Trient die Frage der Überlieferung mehr ein Problem der Reform des kirchlichen Lebens als ein Problem der Reform der kirchlichen Lehre.[7] Man sah in der Frage der Überlieferung das eigentliche Existenzproblem der Kirche, nicht das Problem der historischen Verantwortbarkeit der einzelnen in ihrem Katechismus vorgelegten Sätze, wie es im Streit des Vaticanum II geschah. Dass man sich dies nicht bewusst zu machen vermochte, bildete die bedenkliche Schwäche und die innere Unlösbarkeit des erbitterten Disputs um die Tradition, der seit 1962 die Väter über eine Fragestellung entzweite, die man im Grunde als unfruchtbar bezeichnen muss.[8] Sachlich ist freilich die Rückkehr zu einer ganzheitlicheren Sicht des Problems durch das neue Offenbarungsverständnis und die daraus resultierende umfassendere Sicht des Phänomens der Überlieferung doch wieder erreicht worden, aber die satzhafte Auffassung von Überlieferung und die daraus folgende quantitative Betrachtungsweise blieben bis zuletzt daneben als Sprengstoff bestehen.

Artikel 8 taucht erstmals in Text E unter der Überschrift »De sacra Traditione« auf und sucht dem vielfältig geäußerten Verlangen nach einer klaren positiven Darlegung dessen, was mit Tradition gemeint ist, Rechnung zu tragen; man kann unschwer (wie 518
schon in den Zufügungen, mit denen Artikel 7 über Trient hinausgeht) die Feder von Yves Congar in dem Text wiedererkennen und dahinter die Anregungen der katholischen Tübinger Schule des 19. Jahrhunderts wirken finden, ihren dynamisch-organischen Traditionsbegriff, der seinerseits vom Geist der deutschen Romantik wesentliche Befruchtung empfangen hat.[9]

---

[7] Ratzinger, *Ein Versuch zur Frage des Traditionsbegriffs*, 61 f.

[8] Das hat großartig und zugleich höchst ernüchternd für beide Seiten des konziliaren Streits aus der Sicht der Ostkirche Erzbischof Edelby in seiner am 5. 10. 1964 vorgetragenen Intervention auf dem Konzil zum Ausdruck gebracht, abgedruckt bei Hampe, *Die Autorität* 1, 119–122.

[9] Vgl. das zweibändige Werk von Congar, *La Tradition et les traditions,* in dem er die Summe aus zahlreichen früheren Arbeiten zum Thema zieht. Zum Überlieferungsbegriff der deutschen Romantik, besonders der Tübinger, die ver-

Der erste Abschnitt stellt zunächst den Totalitätscharakter der Überlieferung heraus: Mit ihr ist zunächst schlicht die vielschichtig-eine Gegenwart des die Zeiten durchschreitenden Christusmysteriums gemeint; sie besagt das Ganze der Gegenwart des Christlichen in dieser Welt. So werden noch einmal die Dreistufungen von Artikel 7 aufgegriffen, in denen dort die Perspektiven der Ursprungswirklichkeit angedeutet worden waren; Lehre – Leben – Kult werden als die drei Vollzugsweisen der Überlieferung benannt. Sie hat ihren Ort nicht nur in den ausdrücklich tradierten Bekundungen kirchlicher Lehre, sondern in dem Ungesagten und oft auch Unaussagbaren des ganzen Dienstes der christlichen Gottesverehrung und des Lebensvollzuges der Kirche. So wird von da aus schließlich als zusammenfassende Formel für Tradition die Aussage formuliert, sie sei die »Perpetuierung«, die beständige Fortsetzung und Gegenwärtigung alles dessen, was die Kirche ist, alles dessen, was sie glaubt. Tradition wird mit dem Sein und mit dem Glauben der Kirche identifiziert und so definiert. Die Gefahr, die in dieser Aussage (wie überhaupt im dynamischen Traditionsbegriff der Tübinger) lauert, hatte Kardinal Meyer in einer wichtigen Rede am 30. 9. 1964 signalisiert: Nicht alles, was in der Kirche existiert, muss deshalb auch schon legitime Tradition sein, bzw. nicht jede Tradition, die sich in der Kirche bildet, ist wirklich Vollzug und Gegenwärtighaltung des Christusgeheimnisses, sondern neben der legitimen gibt es auch die entstellende Tradition. Meyer hatte als Beispiele solcher negativer Tradition eine liturgiewidrige Frömmigkeit und einen kasuistischen, untheologischen Moralismus genannt. Er forderte, es müsse im Text gesagt werden, dass in statu viatorum Tradition sich nicht nur im Sinne des Fortschritts je tieferer Glaubenseinsicht auswirkt, sondern dass sie auch unter der Möglichkeit des deficere stehe und tatsächlich diese Möglichkeit immer wieder realisiere. Tradition müsse folglich nicht nur affirmativ, sondern auch kritisch betrachtet werden; für diese unerlässliche Traditionskritik stehe als Maßstab die Heilige Schrift

---

schiedenen Arbeiten von Josef Rupert Geiselmann, besonders: *Lebendiger Glaube aus geheiligter Überlieferung*, und *Die lebendige Überlieferung als Norm des christlichen Glaubens*.

zur Verfügung, auf die daher Tradition immer wieder zurückzubeziehen und an der sie zu messen sei.[10]

Auf diese Einwendungen hin wurde von der ursprünglich drei- 519
gliedrigen Formel – in der Tradition gibt die Kirche weiter »omne [...] quod ipsa est, omne quod habet, omne quod credit« – das Mittelglied (omne quod habet) gestrichen; die Relation in Text F erklärt dazu, durch diese Weglassung solle klar in Erscheinung treten, dass aus der apostolischen Überlieferung alles das und nur das hervorkommt, »quae substantialia sunt Ecclesiae [...]« (dort Seite 19). Man wird diese Konzession, auf die im jetzigen Text nichts mehr hindeutet, als ungenügend bezeichnen und es bedauern müssen, dass auf die Anregung des amerikanischen Kardinals nicht positiv eingegangen wurde. Schon Trient hatte sich nicht dazu durchringen können, die Traditionskritik, deren Notwendigkeit man nicht bestritt (die Notwendigkeit von Reform war ja einer der Gründe des Konzils, und diese Reform bezog sich auf die traditiones), positiv auszusagen; sie verbirgt sich dort, für den historisch nicht Informierten kaum erkennbar, in dem »ad nos usque pervenerunt«. Mit dieser Formel versuchte man damals, in der Vielfalt untergegangener und bestehender traditiones ein Kriterium gültiger Tradition zu schaffen; man fand es in der gesamtkirchlichen Rezeption – nur die kirchlich rezipierten Überlieferungen wurden als für den Glauben belangvoll gekennzeichnet. Dazu kam als zweites Kriterium die Apostolizität, die nun ihrerseits auch das gemeinkirchlich Gelebte noch einmal in wirkliche und bloß tatsächliche Überlieferung scheiden helfen sollte. Faktisch wurde jedoch die kirchliche Rezeption als Kriterium der Apostolizität verstanden und so diese als eigener Maßstab weitgehend ausgeschaltet.[11] Immerhin hatte man versucht, eine Unterscheidung innerhalb der Überlieferungen zu finden, die freilich ungenügend war, insofern eine Kritik der kirchlichen Rezeption kaum möglich blieb. Das Vaticanum II hat in diesem Punkt bedauerlicherweise

---

[10] Vgl. Wenger, *La troisième session*, 145 f.; Dorn / Denzler, *Die Dritte Session*, 103. Bedauerlicherweise wurde diese wichtige Rede in den Sammelband von Hampe nicht aufgenommen.

[11] Vgl. Ratzinger, *Ein Versuch zur Frage des Traditionsbegriffs*, 58 ff., 65; Bévenot, *Traditiones in the Council of Trent*, 338.

keinen Fortschritt gebracht, sondern das traditionskritische Moment so gut wie völlig übergangen. Es hat sich damit einer wichtigen Chance des ökumenischen Gesprächs begeben; in der Tat wäre die Herausarbeitung einer positiven Möglichkeit und Notwendigkeit innerkirchlicher Traditionskritik ökumenisch fruchtbarer gewesen als der durchaus fiktiv zu nennende Streit um die quantitative Vollständigkeit der Schrift.

Der zweite Abschnitt unseres Textes stellt den dynamischen Charakter der Tradition heraus und rief damit den lebhaften Widerspruch des kanadischen Kardinals Léger hervor. Es wird gesagt, dass die von den Aposteln herkommende Tradition unter dem Beistand des Heiligen Geistes in der Kirche voranschreite; es wachse nämlich das Verstehen der überlieferten Worte und Wirklichkeiten. Wiederum werden drei Faktoren dieses Wachstums angeführt: Nachsinnen und Studium der Gläubigen; innere Einsicht, die aus geistlicher Erfahrung kommt; die lehramtliche Verkündigung. Abschließend wird das Unterwegssein der Kirche und ihrer Offenbarungserkenntnis bis zur Vollendung des Gotteswortes in der Kirche in der Endzeit herausgestellt. Wichtig ist dabei, dass das Voranschreiten des Wortes in der Zeit der Kirche nicht einfach als eine Funktion der Hierarchie angesehen wird, sondern im gesamten Lebensvollzug der Kirche verankert erscheint: Durch ihn wird da und dort das Ungesagte im Gesagten vernehmbar; die gesamte geistliche Erfahrung der Kirche, ihr glaubendes, betendes, liebendes Umgehen mit dem Herrn und seinem Wort lässt das Verstehen des Ursprünglichen wachsen und entbindet im Heute des Glaubens aus dem Gestern seines geschichtlichen Ursprungs neu das allzeit Gemeinte und doch nur in den wechselnden Zeiten und auf ihre Weise zu Verstehende. In diesem Verstehensvorgang, der die konkrete Vollzugsweise der Überlieferung in der Kirche darstellt, bildet der Dienst des Lehramtes eine Komponente (und zwar, von seinem Sinn her, eine kritische, nicht eine produktive); aber er ist nicht das Ganze.

Die dynamische Konzeption von Überlieferung, mit der hier das Konzil seine positive Auffassung von Tradition entfaltet, stieß auf entschiedenen Widerstand von ganz entgegengesetzten Richtungen her: sie wurde einerseits von Kardinal Ruffini aus dem Blickwinkel einer traditionell-neuscholastischen Theologie abge-

lehnt, gleichzeitig aber auch von Kardinal Léger vom ökumenischen Gesichtspunkt her bekämpft.[12] Dabei ließ sich eine erstaunlich enge Berührung zwischen den Argumenten der beiden in ihrer theologischen Gesamtorientierung sonst weit voneinander entfernten Konzilsväter feststellen.[13] Ruffini betonte entschieden den Offenbarungsabschluss mit dem Tod des letzten Apostels, lehnte die Einbeziehung von Apostelschülern in den Offenbarungsursprung ab und wandte sich gegen die Aussage vom Leben und Wachsen der Offenbarung, die er, entsprechend den Texten von Trient und Vaticanum I, nur im Zusammenhang mit der Betonung der strengen Unveränderlichkeit der ein für alle Mal abgeschlossenen Offenbarung ausgesprochen wissen wollte, wobei er auf den von beiden Konzilien angeführten einschlägigen Text des Vinzenz von Lérins verwies. Er sah in der Konzeption des Schemas, besonders auch in dessen Betonung der geistlichen Erfahrung als eines Prinzips der voranschreitenden Offenbarungserkenntnis, den von Pius X. als Modernismus verurteilten theo- 520
logischen Evolutionismus anklingen. In anderer Tonart und mit anderen Begründungen insistierte Kardinal Léger auf demselben Punkt. Er sah in der Darstellung des Schemas, besonders in seinem Fortschrittsgedanken, der nicht nur die Erkenntnis der Überlieferung, sondern sie selbst zu betreffen scheint (Haec […] Traditio […] proficit), den strengen Unterschied von apostolischer und nachapostolischer Überlieferung verwischt und die strikte Transzendenz der göttlichen Offenbarung gegenüber allem kirchlichen lehramtlichen Reden und Handeln gefährdet: Die strikte Bindung der Kirche an das endgültige und unverrückbare Gotteswort, das nicht wächst, sondern nur immer neu angeeignet werden kann und auch von der Kirche nicht manipulierbar ist, war das Anliegen, das den Kardinal bedrängte. Die Theologische Kommission konnte sich nach gründlicher Prüfung der Frage zu wesentlichen

[12] Texte der Reden bei Hampe, *Die Autorität* 1, 112ff. (Ruffini) und 114ff. (Léger).

[13] Vgl. dazu die Bemerkung, mit der Maron, *Evangelischer Bericht*, 32, die Diskussion über die Tradition kommentiert: »Wieder einmal – wie schon öfter während dieses Konzils – ist der seltsame Fall eingetreten, dass manche evangelischen Beobachter dieser Entwicklung den Traditionalisten (relativ!) näherstehen als den Fortschrittlern.«

Textänderungen nicht entschließen. Sie verwies darauf, dass der Satz »Traditio [...] proficit« ja erläutert sei durch ein zweites Satzglied: »crescit [...] tam rerum quam verborum [...] *perceptio*«, das heißt: das Wachstum der *Überlieferung* ist ein Wachstum im *Verstehen* der ursprunggebenden Wirklichkeit.[14] Sie formulierte die Frage der religiösen Erfahrung vorsichtiger, ohne sie preiszugeben, und sie lehnte es ab, den von den vergangenen Konzilien angeführten Text des Vinzenz von Lérins wiederum zu zitieren angesichts des Zwielichts, in das dieser Kirchenschriftsteller von der historischen Forschung inzwischen getaucht worden ist:[15] Er erscheint nicht länger als ein authentischer Vertreter des katholischen Überlieferungsbegriffs, sondern sein Kanon der Tradition ist von einem semipelagianischen Leitgedanken her entworfen; er versucht, die Gnadenlehre Augustins als Überschreitung des »immer Geglaubten« zu denunzieren, und erweist sich vor diesem Hintergrund nun doch als ein unangemessener Versuch, das Verhältnis von Beständigkeit und Wachstum in der Bezeugung des Glaubens zur Aussage zu bringen.[16] Die Abweisung des Vorschlags, den bekannten und durch zwei Konzilien gewissermaßen geheiligten Text des Lerinensers aufzunehmen, zeigt freilich wieder die Überschreitung von Trient und Vaticanum I, die weiterführende »relecture« ihrer Texte, auf die wir schon wiederholt gestoßen sind. Das Vaticanum II nimmt zwar das mit jenen Zitierungen Gemeinte nicht zurück: die Verneinung eines modernistischen Evolutionismus, das Ja zum definitiven Charakter der Christusoffenbarung und der apostolischen Überlieferung, der die Kirche nichts hinzuzufügen hat, sondern die ihr Maßstab ist; aber es hat eine andere Vorstellung davon, wie geschichtliche Identität und Kontinuität stattfindet. Das statische »semper« des Vinzenz von Lérins scheint ihm zum Ausdruck dieses Problems nicht mehr geeignet. In einer solchen Neuorientierung schlägt sich schließlich einfach unser vertieftes Wissen um die Probleme historischen Verstehens nieder,

---

[14] So in dem nach den Abstimmungen vom 20. bis 22.9.1965 ausgegebenen Heft mit der Expensio modorum 20f.

[15] Ebd. 21: »Interpretatio autem Vinc. Lirin. controvertitur.«

[16] Vgl. Altaner / Stuiber, *Patrologie*, 454f. (Literatur); Baus, Art. Vinzenz von Lérins (Literatur); Ratzinger, *Das Problem der Dogmengeschichte*, 9.

dem die einfache Gegenüberstellung von Vorgegebenheit und Erklärung nun einmal nicht gerecht wird, weil die Erklärung als Prozess des Verstehens vom Verstandenen selbst nicht reinlich trennbar ist. Diesem Ineinander, das den tiefsten Unterschied von Aneignung und Angeeignetem nicht aufheben will, auch wenn es sie nicht mehr für streng isolierbar hält, dürfte das dialektische Nebeneinander der beiden Sätze »Traditio proficit« und »crescit perceptio« gut entsprechen.

Nach dem Konzil ist die Einrede von Kardinal Léger (und so indirekt auch diejenige von Ruffini) von evangelischen Theologen erneut aufgegriffen worden: behutsam von Johann Christoph Hampe[17], nachdrücklich und entschieden von Oscar Cullmann[18] und John K. S. Reid[19], der zu der Formel vom Voranschreiten der Überlieferung sagt, sie sei »sowohl unklar als auch unwahr.«[20] Er meint, hier würden der Auftrag des Herrn und dessen faktische Erfüllung als miteinander identisch hingestellt, und fährt fort: »Hier stehen wir vor der breitesten und tiefsten Kluft, die die Kirchen der Reformation von der römisch-katholischen trennt.«[21] Cullmann verweist in diesem Zusammenhang auf seine bekannte Theorie, wonach die Bildung des Schriftkanons und die Selbstunterwerfung der Schrift unter diesen Kanon »einen entscheidenden Einschnitt in die Heilsgeschichte darstellen, der selbst wesensmäßig zur Heilsgeschichte gehört. Es stellt sozusagen ihren Höhepunkt dar.«[22] Immerhin – von diesem Höhepunkt der Heilsgeschichte weiß die Bibel selbst nichts, und nichts lässt erkennen, dass die Kirche von damals jenen Vorgang so verstanden habe. Vielmehr ist diese These Ausdruck einer speziellen theologischen Theorie, der heilsgeschichtlichen Konzeption, wie Cullmann sie entwickelt, die aber auch von protestantischer Seite keineswegs

[17] Hampe, *Die Autorität* 1, 116, Anmerkung 3.
[18] Hampe, *Die Autorität* 1, 189–197.
[19] Hampe, *Die Autorität* 1, 223–231, besonders 229 ff.
[20] Hampe, *Die Autorität* 1, 229.
[21] Hampe, *Die Autorität* 1, 230 f.
[22] Hampe, *Die Autorität* 1, 192 f. Ausführlich hat Cullmann diese Auffassung entwickelt in *Die Tradition*, 42–56.

allgemein geteilt wird.[23] Wollte man das Problem umfassend und sachgerecht diskutieren, so müsste man auch die vielfältigen sonstigen Positionen in Betracht ziehen, die in der evangelischen Theologie in dieser Frage anzutreffen sind, und vor allem müsste das Ganze in den umfassenderen Rahmen der Grundfrage nach der Möglichkeit und Weise des historischen Verstehens überhaupt gestellt werden. Das kann nicht der Sinn dieses Kommentars sein. Das entscheidende Problem, das durch Cullmann aufgeworfen ist,
521 liegt freilich nicht in der Frage der Entwicklung, sondern im Problem des Gegenübers von Schrift und Kirche, auf das wir bei der Kommentierung von Artikel 9 und 10 ausführlich werden eingehen müssen. So mag hier einstweilen der Hinweis genügen, dass bei Cullmann und Reid, ähnlich wie bei Ruffini und Léger, das Verstehensproblem, dessen Sichtbarwerden in den letzten Jahrzehnten das reinliche Gegenüber von Objekt und Subjekt aufgelöst hat, ohne zur Identifizierung beider zu führen, in einer Weise übersprungen ist, die dem heutigen Stand der hermeneutischen Frage schlechterdings nicht mehr gerecht werden kann und die es sich historisch wie theologisch zu einfach macht: Das haben gerade auch die vielschichtigen Überlegungen der Vollversammlung Glaube und Kirchenverfassung in Montréal 1963, die dem gleichen Problem zugeordnet waren, deutlich gezeigt.[24]

Der letzte Abschnitt von Artikel 8 (»Sanctorum Patrum ...«)

---

[23] Vgl. die Auseinandersetzung Cullmanns mit der Bultmann-Schule in seinem Buch *Heil als Geschichte*.

[24] Vgl. dazu die tiefgehenden Ausführungen von Dinkler, *Theologische Aufgaben der ökumenischen Arbeit heute*, besonders 117–127. Über die inhaltliche Berührung zwischen Montréal und unserer Konstitution vgl. Schutz / Thurian, *La parole*, 101 ff.; Stakemeier, *Weitergabe der Offenbarung*, 182 f. Beide machen auf Nr. 44–46 des offiziellen Berichts der Konferenz aufmerksam, wo sich der wichtige Satz findet: »So können wir sagen, dass wir als Christen existieren durch die Tradition des Evangeliums, welches in der Schrift bezeugt und der Kirche durch die Kirche weitergegeben wird in der Kraft des Heiligen Geistes. So verstanden wir die Tradition aktualisiert in der Predigt des Wortes, in der Verwaltung der Sakramente, im Gottesdienst, in der christlichen Unterweisung, in der Theologie und in der Mission und in dem Zeugnis, das die Glieder der Kirche durch ihr Leben für Christus geben [...].« Vgl. auch Heft II der Arbeitshefte der Vierten Weltkonferenz für Glauben und Kirchenverfassung: *Tradition und Traditionen*.

konkretisiert die allgemeine Umschreibung des Traditionsbegriffs, die vorausgeht, und versucht zugleich von der neuen Sicht her die besondere Bedeutung der Kirchenväter für den Glauben der Kirche zu formulieren. Sie können ja nun nicht mehr, wie es die statische Konzeption tut, als Träger einzelner satzhafter apostolischer Überlieferungen gewertet werden, ihre Bedeutung ist vielmehr aus dem dynamischen Verständnis der Tradition neu zu würdigen: Ihre Schriften bezeugen die lebendige Gegenwart der Tradition, sind gleichsam lebendiger Ausdruck der »Perpetuierung« des Christusgeheimnisses im Leben der Kirche. Die Frage nach der Sonderstellung der Väter ist damit freilich eher aufgerissen als beantwortet, denn Ähnliches ließe sich auch von theologischen und geistlichen Schriften aller übrigen Perioden der Kirchengeschichte sagen. Immerhin hat der Satz den Sinn, die Väter als einen spezifischen Fundort von Tradition anzugeben, nicht im Sinn fixierter Einzelsätze, sondern als Ausdruck des Verstehensvollzugs, der das einmal Übergebene aneignend gegenwärtig hält. Wiederum wird dann auf »Praxis und Leben« der »glaubenden und betenden Kirche« verwiesen, worin der Reichtum der Überlieferung sich wirksam vollzieht. Wichtig ist sodann, wie konkret die Auswirkungen der Tradition beschrieben werden: Durch sie wird der Kanon deutlich gemacht, und durch sie wird die Schrift in Akt gesetzt, zum ständigen Kolloquium Gottes mit den Menschen, freilich nicht im Sinne einer pietistisch-individualistischen Auffassung, sondern als Gespräch des Sohnes mit seiner Braut, der Kirche. Das schließt das Kolloquium des Einzelnen, sein dialogisches Betroffensein von dem Wort, das auch ihm neu und höchstpersönlich zugesprochen ist, keineswegs aus, aber es fügt den Einzeldialog in den Dialog Sohn–Braut ein und bringt so auf eine durchaus biblische Weise die unersetzliche Bedeutung der Kirche im Vorgang des Verstehens der Schrift in Blick. In diesem Zusammenhang tritt nun endlich auch der pneumatologische Charakter des Überlieferungsbegriffs in Erscheinung: Überlieferung gründet letztlich darauf, dass das Christusgeschehen nicht auf die Zeit des historischen Jesus eingrenzbar ist, sondern sich fortsetzt in der Anwesenheit des Pneuma, durch das der am Kreuz »fortgegangene« Herr »wiedergekommen ist« und durch das er seine Kirche »erinnert« an das Gewesene, so dass sie erinnernd in dessen Inne-

res geführt wird und es als Gegenwart sich anzueignen und zu erfahren vermag.[25] Erst wenn diese pneumatische Dimension in
522 die Betrachtung einbezogen wird, wird auch die Christologie in ihrer unverkürzten neutestamentlichen Weite gesehen und damit zugleich die biblische Entsprechung zu unserem modernen Verstehensproblem sichtbar. Für diese notwendige Korrektur einer einseitig inkarnatorisch gesehenen Christozentrik konnte das Konzil vor allem aus den Voten der dem Erbe der Ostkirche verpflichteten Väter lernen.[26]

Im Hinblick auf die vorhin behandelten Bedenken evangelischer Theologen erscheint es als wichtig, dass unser Text im Übrigen die Funktion der Tradition ganz auf die Schrift rückbezogen sieht: Zunächst gewährleistet sie den Kanon, und dies nicht bloß im Sinne eines vergangenen heilsgeschichtlichen Aktes, sondern doch auch in dem Sinn, dass den Kanon annehmen immer auch notwendig heißt Überlieferung annehmen und dass da, wo Überlieferung – und zwar Überlieferung als dynamischer Vollzug von Glaube, nicht als satzhafte apostolische Nachricht – grundsätzlich verneint würde, auch der Kanon als solcher aufhören würde zu

[25] Vgl. Mussner, *Die johanneische Sehweise;* ders., *Die johanneischen Parakletsprüche.* Energisch und z. T. über das Ziel hinausgehend wird dieser Gedanke in der Bultmann-Schule zur Geltung gebracht, so etwa, wenn Ernst Käsemann sich gegen Joachim Jeremias wendet, der auf die Abgeschlossenheit der Offenbarung mit dem Satz hingewiesen hatte: »Die Verkündigung der Kirche ist nicht selbst Offenbarung. Offenbarung geschieht, wenn eine überspitzte Formulierung erlaubt ist, nicht am Sonntag von 10 bis 11 Uhr.« Dagegen stellt Käsemann fest, hier räche sich der neutestamentlich nicht begründete Unterschied zwischen Evangelium und Kerygma, »indem er das geistgewirkte Zeugnis von der Jesusbotschaft und damit letztlich Geist und Christus trennt. Lehren nicht die johanneischen Abschiedsreden, dass Christus, Geist und Predigt im verheißenen Parakleten zusammenfallen und die Offenbarungsfunktion des Geistes sich in der Verkündigung manifestiert? […] Wo Offenbarung auf die Jahre 1 bis 30 beschränkt wird, ist nach meiner Meinung ein neues Dogma kreiert«: Käsemann, *Exegetische Versuche und Besinnungen* 2, 38 f.

[26] Vgl. die oben in Anmerkung 8 erwähnte Rede von Erzbischof Edelby. Siehe auch die von Nikos A. Nissiotis vorgebrachte Kritik an der Offenbarungskonstitution, die erneut diesen Gedanken aufgreift: *Second Vatican Council*, besonders 193 f. Unter den Periti fand das Anliegen einer mehr pneumatologischen Sicht einen entschiedenen Vertreter in Heribert Mühlen, vgl. dessen Untersuchung: *Der Heilige Geist.*

bestehen und nichts mehr begründen könnte, wieso man gerade diese Auswahl von Schriften als »Schrift« ansieht. Des Weiteren ist Tradition beschrieben als der Vorgang, kraft dessen »Litterae« »colloquium« sind. Diese Doppelbeschreibung der Tradition zeigt sie gänzlich in Funktion zur Schrift hin, sie weist freilich zugleich die Schrift in den Raum von Überlieferung ein. Wenn man bedenkt, dass man in Montréal auf den Vorschlag der Orthodoxen hin ernsthaft daran gedacht hatte, das Sola scriptura durch ein Sola traditione zu ersetzen, wird man das nicht mehr verwunderlich finden können.[27]

Artikel 9 führt in den eigentlichen Brennpunkt der Kämpfe hinein: in die Frage nach dem gegenseitigen Verhältnis von Schrift und Überlieferung. Die Frontstellung der Diskussion gegen den Begriff der »zwei Quellen« der Offenbarung ist im Text noch deutlich zu erkennen. Diesem Gedanken wird ein Doppeltes vorgeworfen: einmal, dass er in einem typisch neuzeitlichen Positivismus die Offenbarung mit ihrer geschichtlichen Bezeugung identifiziert und damit den ursprünglichen Begriff der »Quelle« im theologischen Sinn zugunsten eines historistischen Begriffs von »Quellen« verfälscht. Man könnte hier auf Trient verweisen, das den Ausdruck »Quelle« noch ausschließlich im Singular verwendet und allein auf das »Evangelium« bezieht, das als Christi Wort allen historischen Überlieferungsformen vorausliegt und sie trägt. Der zweite Vorwurf sagt, durch die Idee des partim – partim, die sich im Gedanken der zwei Quellen verberge, werde eine mechanische Aufteilung der Offenbarung gleichsam auf zwei voneinander unabhängige Behälter vorgenommen und damit wiederum ihr wahres Wesen verkannt, da sie ja nicht eine Sammlung von Sätzen ist, die man beliebig zertrennen und dann sozusagen auf zwei verschiedene Werke verteilen kann, sondern eine lebendige, organische Einheit, die immer nur ganz anwesend sein kann. Geiselmann hatte im Anschluss an die Tübinger Theologen des 19. Jahrhunderts die Formel »totum in sacra scriptura – totum in traditione« als Antithese zum partim – partim in die Debatte geworfen und verlangt, dass das Verhältnis von Schrift und Tradition nicht im

[27] Vgl. Dinkler, *Theologische Aufgaben der ökumenischen Arbeit heute*, 118.

Sinne eines mechanischen Nebeneinanders, sondern im Sinn eines organischen Ineinanders verstanden werden müsse.[28]

Beide Anliegen haben sich im Text durchsetzen können. Es wird betont, dass Schrift wie Überlieferung aus derselben Quelle hervorströmen; freilich wird, um dem Streit zwischen singularischem und pluralischem Verständnis von »fons« auszuweichen, das Wort
523 »scaturigo« verwendet – die Redeweise von den duo fontes bleibt damit weiterhin möglich. In der Sache ist jedoch die umgreifende theologische Sicht von Trient gegenüber der Verflachung der neuscholastischen Theologie wiederhergestellt und sogar vertieft, insofern der dahinterstehende Begriff von revelatio, wie in Artikel 7 gezeigt werden konnte, personaler und weniger gesetzlich gefasst ist als in dem Text von 1546. Auch der Gedanke der Einheit, des organischen Ineinanders ist hier und noch einmal am Ende von Artikel 10 (»ut unum sine aliis non consistat«) mit allem Nachdruck formuliert.

Man kann sich indes fragen, ob das wirklich ein Gewinn war und ob das katholische Sola scriptura, das dadurch ermöglicht werden sollte (und das freilich nach dieser Formel immer mit einem totum in traditione innerlich zusammenbestehen muss), nicht ziemlich teuer erkauft worden ist. Während nämlich das erste der beiden genannten Anliegen, die Vorordnung der Offenbarung vor ihren konkreten Bezeugungsformen, auch von protestantischer Seite ohne Weiteres anerkannt werden konnte, hat die nachdrückliche Betonung der Einheit von Schrift und Überlieferung stärkste Bedenken ausgelöst und deutlich werden lassen, dass es beim protestantischen Sola scriptura weniger um die materiale Herkunft der einzelnen Glaubensaussagen geht als um das Problem der richterlichen Funktion der Schrift gegenüber der Kirche. Dies scheint nun aber durch die Betonung des unlöslichen Ineinanders von Schrift und Überlieferung bzw. (nach Artikel 10) von Schrift, Überlieferung und Lehramt noch vollständiger ausgeschaltet als bei einer mehr mechanischen Konzeption, die immerhin den Unterschied der einzelnen Größen wahrt. So kam es zu dem paradoxen Ergebnis, dass heute gerade jene Formulierun-

---

[28] Geiselmann, *Die Heilige Schrift und die Tradition*, 282; ders., *Das Konzil von Trient*, 203 ff.

gen unseres Textes, die aus dem Versuch einer möglichst weitgehenden Aufnahme der reformatorischen Anliegen hervorwuchsen und dazu bestimmt waren, den Raum für ein katholisches Sola scriptura freizuhalten, auf den stärksten Widerspruch reformatorischer Theologen stoßen und als die gefährlichste Entfernung von Sinn und Meinung des reformatorischen Sola scriptura erscheinen. Die vorhin angeführten kritischen Stimmen von Cullmann und Reid richten sich ja gerade gegen die Vision der Einheit von Schrift und Überlieferung, wie sie die Artikel 9 und 10 unseres Textes entfalten.

Wenn man versucht, sich in dieser Frage ein Urteil zu bilden, wird zunächst festzustellen sein, dass ein solcher Ausgang eines dramatischen Versuchs ökumenischer Begegnung natürlich nicht nur ein böser Zufall oder Ergebnis bloßer Missverständnisse ist: Er zeigt die tatsächliche Divergenz der beiderseitigen Ausgangspunkte an, auf der die Kirchenspaltung beruht, die man keineswegs nur als ein Produkt von Missverständnissen ansehen kann.[29] Das besagt freilich noch nicht, dass die beiden Positionen unbeweglich einander gegenüber verharren und gegenseitig auf ihre Kapitulation warten müssen. Zunächst ist ja schon allgemein anerkannt, dass trotz der fundamentalen Differenz, die in den Artikeln 8–10 sichtbar wird, die Konstitution als Ganzes einen großen Schritt zueinander bedeutet, durch den sowohl das Grundverständnis von Offenbarung und Glaube wie auch die tatsächliche Funktion der Schrift in der Kirche auf eine Weise ausgelegt wird, die eine Vielzahl von Streitpunkten gegenstandslos macht. Karl Barth hat mit Recht darauf hingewiesen, dass dem einen Kapitel von der Überlieferung, die überdies immerhin ganz im Blick auf die Schrift gesehen wird, vier Kapitel gegenüberstehen, die sich so gut wie ausschließlich mit der Bibel befassen; damit wird rein vom äußeren Aufbau her schon sichtbar, welchen Rang unser Text der Schrift im Leben der Kirche und im Aufbau ihres Glaubens

[29] Das hat DINKLER, *Theologische Aufgaben der ökumenischen Arbeit heute*, 117, richtig, wenn auch übertrieben herausgestellt: Gerade seine Abhandlung zeigt, dass die beiderseitigen Positionen nun doch auch wieder so unbeweglich und so unversöhnlich nicht sind, wie man nach der Einleitung vermuten müsste.

zumisst.[30] Faktisch ist hier die Schrift als Maßstab eingesetzt, und in einer bekannten Stelle von Artikel 21 kommt das auch zum Ausdruck, wenn gesagt wird, dass alle kirchliche Verkündigung und die gesamte christliche religio von der Schrift genährt und geleitet werden muss (nutriatur et regatur oportet). In der gleichen Richtung liegt die Aussage von Artikel 10, welche feststellt, dass das kirchliche Lehramt nicht über dem Worte Gottes steht, sondern ihm dient; freilich ist hier der Begriff Wort Gottes nicht ausdrücklich auf die Schrift begrenzt, so dass er die Tradition mit umfassen kann und damit in einer gewissen Unbestimmtheit verharrt.

Was nun die weitergehenden Einwürfe von Cullmann und Reid anlangt, so wird man in Kürze zweierlei feststellen können. a) Diesen Kritiken wird man, wie oben ausgeführt, zugestehen müssen, dass die ausdrückliche Nennung der Möglichkeit entstellender Tradition und die Herausstellung der Schrift als eines *auch* traditionskritischen Elements im Inneren der Kirche praktisch fehlen und dass damit eine nach dem Ausweis der Kirchengeschichte höchst wichtige Seite des Traditionsproblems, vielleicht der eigentliche Ansatzpunkt der Frage nach der ecclesia semper reformanda, übergangen worden ist. Gerade ein Konzil, das sich bewusst als Reformkonzil verstand und damit implizit Möglichkeit und Wirklichkeit entstellender Tradition einräumte, hätte hier ein
524 wesentliches Stück theologischer Grundlegung seiner selbst und seines eigenen Wollens reflex vollziehen können. Dass das versäumt worden ist, wird man nur als eine bedauerliche Lücke bezeichnen können. – b) Auf der anderen Seite stellt freilich die Position Cullmanns keine wirkliche Alternative dar, und hier wird zugleich das tiefste Problem der reformatorischen Position deutlich. Ein striktes Gegenüber der Schrift zur Kirche, wie Cullmann es fordert, ist nicht nur (wie oben gezeigt) deshalb von vornherein unmöglich, weil die in der Bibel zusammengefasste Literatur überhaupt nur in der Kirche »Bibel«, »Schrift« ist und sein kann, es würde überdies die Absurdität mit sich bringen, den Glauben zur Funktion der historischen Forschung zu machen und ihn damit der Erstinstanzlichkeit der Wissenschaft auszuliefern, deren Ge-

[30] Barth, *Ad limina Apostolorum*, 51 f.

wissheit eine höchst mittelmäßige Form von Wahrscheinlichkeit nicht überschreiten kann – eben auf einer ganz anderen Ebene liegt, als es die des Glaubens ist. Eine solche Position kann im Grunde nur unter Absehung von unserer hermeneutischen Grundsituation aufrechterhalten werden; hier hat die Bultmann-Schule unwiderruflich Klarheiten geschaffen, hinter die nicht mehr zurückzugehen ist. Wenn Cullmann meint, in der Exegese gebe es zwar auch Irrtümer, aber man könne sie mithilfe der historisch-literarischen Methode, die wir auch als eine Gabe Gottes betrachten müssen, »auf ein Mindestmaß beschränken«, so muss man nur lesen, was Ernst Käsemann gegen die gleichartige Argumentation von Joachim Jeremias mit beißender Ironie gesagt hat. Jeremias hatte ausgeführt, in der Exegese habe es zwar Irrtümer gegeben, aber die immer mehr verfeinerten Methoden würden immer wirksamere Schutzwälle dagegen aufrichten, die ihr eine immer größere Zuverlässigkeit verleihen würden. Wenn man sich auf die Exegese verlässt, brauche man nicht zu befürchten, »dass wir uns in ein gefährliches, aussichtsloses Unternehmen einlassen«. Dazu Käsemann: »Ganz im Gegenteil, es scheint mir harmloser, in ein Minenfeld mit verbundenen Augen hineinzulaufen. Kann man denn nur eine Sekunde vergessen, dass wir täglich mit einer Hochflut an zweifelhaften oder gar abstrusen Einfällen auf exegetischem, historischem, theologischem Gebiet zu tun haben und unsere Wissenschaft allmählich in einen weltweiten Buschkrieg ausgeartet ist [...]? Kann man sich selber und von vornherein aus der Massa perditionis lösen? Können wir unser Handwerk anders als in dem Wissen treiben, dass die Füße derer, die uns heraustragen werden, schon längst und jederzeit vor der Türe stehen?«[31] Sosehr wir materialiter weithin Jeremias und Cullmann gegen Käsemann und Bultmann zustimmen werden, hinsichtlich des grundlegenden Formalproblems haben die Letzteren deutlicher gesehen. Es gibt keinen Rekurs an die Historie gegen das Kerygma, und (so müssen wir hinzufügen) das Kerygma gibt es nicht anders denn als kirchliches Kerygma. Die historische Forschung hat die reformatorische Idee von der Eindeutigkeit der Schrift selbst aufgehoben, bzw. diese Eindeutigkeit kann immer nur rela-

[31] Käsemann, *Exegetische Versuche und Besinnungen* 2, 36f.

tiven Charakter haben, nämlich innerhalb des Raumes des Kerygmas. Das besagt, dass eine Entgegensetzung von Schrift und Kirche letztlich nicht möglich ist, und aus diesem Grund wird man den Einspruch von Cullmann und Reid, soviel Wesentliches und Notwendiges er enthält (siehe unter a!), aufs Ganze gesehen, nicht annehmen können. Im Übrigen gibt es eine Lösung ohne Wagnis und Vertrauen nicht. Wenn Cullmann mahnt, auf die Exegeten bzw. ihre Führung durch den Heiligen Geist zu vertrauen, so ist zu sagen, dass das Erschrecken vor den unheimlichen Möglichkeiten des Lehramtes auch nur durch ein Vertrauen auf den seine Kirche führenden Geist, durch dieses aber wirklich gebannt werden kann; der Auftrag der Wachsamkeit ist damit freilich gewiss nicht abgewertet oder aufgehoben.

Kehren wir zu unserem Text zurück, so werden wir feststellen, dass im Anschluss an die Betonung der Einheit von Schrift und Überlieferung eine Art Definition der beiden Größen versucht wird. Dabei ist wichtig, dass nur über die Schrift eine eigentliche »Ist«-Definition gegeben wird: Von ihr wird gesagt, dass sie schriftlich festgehaltenes Sprechen Gottes *ist*. Die Tradition wird dagegen nur funktional beschrieben, von dem her, was sie tut: Sie vermittelt Wort Gottes, »ist« es aber nicht. Kommt schon auf diese Weise der Vorrang der Schrift deutlich zum Vorschein, so zeigt er sich noch einmal bei der näheren Charakterisierung des Vorgangs der Überlieferung, deren Auftrag das »Bewahren, Auslegen und Verbreiten« ist; sie ist nicht produktiv, sondern »konservativ«, dienend einem Vorgegebenen zugeordnet.

Der folgende Satzteil »quo fit [...] hauriat« beruht auf einem von 111 Vätern vorgeschlagenen Modus; die betreffenden Väter hatten mit kleinen Verschiedenheiten etwa folgende Einfügung gewünscht: »quo fit ut non omnis doctrina catholica ex (sola) Scriptura (directe) probari queat.«[32] Es war klar, dass hier ein letztes Mal das Problem der materialen Vollständigkeit der Schrift sich zu Worte meldete, welches das Konzil in seiner ersten und dritten Periode zu erbitterten Auseinandersetzungen getrieben hatte. Als die Frage am 6.10.1965 in der Theologischen Kommission verhandelt wurde, flammte der Streit auf; ein Vermittlungsvorschlag

[32] Expensio modorum, 23ff. (Modus 40) (siehe oben, Anmerkung 14).

ihres Sekretärs, Msgr. Philips, konnte sich nicht durchsetzen, und so wurde schließlich jede Einfügung dieser Art abgelehnt. Am 525
18. 10. wurde dem Präsidenten der Kommission, Kardinal Ottaviani, ein im Auftrag des Papstes von Kardinal Cicognani verfasstes Schreiben zugestellt, das neben einigen Verbesserungen für das III. Kapitel auch eine Einfügung an dieser Stelle als wünschenswert (»magis opportunum«) bezeichnete. Dem Schreiben waren sieben Textvorschläge beigegeben, zu denen der Staatssekretär in seinem Brief erklärte: »His enim formulis ii etiam assensum ac suffragium praestaturi esse censentur, qui in maiore Concilii parte pollent.« Die Kommission entschied sich nach eingehender Beratung für die dritte der vorgeschlagenen Formeln, die wohl auf Carlo Colombo zurückging. Sie steht jetzt im Text. Vom ökumenischen Gesichtspunkt her ist sie völlig unbedenklich; Heinrich Ott erklärt dazu: »Übrigens steht es doch wohl auch für einen Protestanten, der das Fundament der Reformation nicht vergessen hat, fest: dass wir Gewissheit über Gottes Offenbarung nicht aus der Schrift allein schöpfen, sondern dass sie uns durch die Predigt und das innere Zeugnis des Heiligen Geistes zuteil wird.«[33] Tatsächlich wäre auch gegen den Text der 111 nichts einzuwenden gewesen, denn dass es nicht für jede katholische Lehre einen Schriftbeweis gibt, wird im Ernst niemand bestreiten können. Die ökumenischen Schwierigkeiten des Textes liegen, wie gezeigt, an ganz anderen Stellen; die Leidenschaft hatte sich hier an einem Punkt fixiert, an dem sie im Grunde nahezu gegenstandslos war. Im Übrigen wird man diesen Text bei ruhiger Analyse sogar als einen positiven Fortschritt zur Klärung des Traditionsproblems ansehen dürfen: Die Funktion der Tradition wird hier auf der Ebene der Vergewisserung, also im formalgnoseologischen Bereich, gesehen, und in der Tat dürfte dies die eigentliche Ebene sein, auf der der Sinn von Tradition gesucht werden muss.

Ökumenisch weit schwieriger ist hingegen der letzte Satz, der die Trienter Formel wiederholt, wonach Schrift und Überlieferung pari pietatis affectu ac reverentia anzunehmen und zu verehren sind. Diese Formel war schon zu Trient lebhaft diskutiert; sie konnte sich damals wohl nur durchsetzen, weil sie, durch das De-

[33] Bei Hampe, *Die Autorität* 1, 173 f.

kret Gratians (D 11 c 5) überliefert, als Text des Basilius galt, auf den sie substantiell auch zurückgeht.[34] Bei Basilius ist freilich die Aussage auf die εὐσέβεια, auf den Vollzug des Glaubens in Bekenntnis und Gottesverehrung, hingeordnet, nicht auf eine davon abgelöste Doktrin, und vom gleichen Gesichtspunkt gingen die Väter von Trient aus, denen vor allem die Heiligkeit des Kanons der Messe, als des Zentrums der consuetudo ecclesiae, vor Augen stand. Im gegenwärtigen Konzil wurde der Text nicht neu reflektiert; er war für die Minderheit das Feldzeichen für die Treue zu Trient, zur Ganzheit des kirchlichen Glaubens. Aus diesem Grunde mussten die in der dritten Konzilsperiode unternommenen Versuche, auch hier zu einer weiterführenden relecture des Damaligen zu gelangen, fehlschlagen. Von hier aus lässt sich aber auch präzis bestimmen, was der Satz im Kontext unserer Konstitution bedeutet. Er stellt nicht eine allseitige Beschreibung des Verhältnisses von Schrift und Überlieferung dar, sondern ist einfach ein Bekenntnis zur Treue gegenüber der Unverletzlichkeit des Dogmas, der kirchlichen Gestalt des Glaubens. Zweifellos ist damit, ökumenisch gesprochen, eine Grenze gezogen, aber keine andere als die durch den beiderseitigen Grundansatz vorgegebene, der wir bei unseren bisherigen Überlegungen bereits ausführlich begegnet sind.

Artikel 10. Der letzte Abschnitt des II. Kapitels schildert die Beziehung der Kirche zu Schrift und Überlieferung als dem ihr übergebenen Gut. Er stellt zunächst heraus, dass Bewahrung und tätige Verwirklichung des Wortes Sache des ganzen Gottesvolkes, nicht bloß der Hierarchie sind. Die Kirchlichkeit des Wortes, von der

[34] Vgl. Bévenot, *Traditiones in the Council of Trent*, 336 f. Der Text bei Basilius lautet: Τῶν ἐν τῇ ἐκκλησίᾳ πεφυλαγμένων δογμάτων καὶ κηρυγμάτων τὰ μὲν ἐκ τῆς ἐγγράφου διδασκαλίας ἔχομεν, τὰ δὲ ἐκ τῆς τῶν ἀποστόλων παραδόσεως διαδοθέντα ἡμῖν ἐν μυστηρίῳ παρεδεξάμεθα· ἅπερ ἀμφότερα τὴν αὐτὴν ἰσχὺν ἔχει πρὸς τὴν εὐσέβειαν. (*Spir* 27, 66: PG 32, 188).
Bei Gratian wird D 11 c 5 gesagt: »Inviolabilis est consuetudo, quae nec humanis legibus nec sacris canonibus obviare constat.« Als auctoritas dafür wird Basilius in folgender Form zitiert: »Ecclesiasticarum institutionum quasdam scripturis, quasdam vero apostolica traditione per successiones in ministerio confirmatas accepimus; quasdam vero consuetudine roboratas approbavit usus, quibus par ritus et idem utrisque pietatis debetur affectus […].«

hier ausgegangen wird, stellt also nicht einfach eine Lehramtlichkeit dar, sondern umfasst die Gemeinschaft der Glaubenden insgesamt. Vergleicht man den Text mit dem entsprechenden Abschnitt der Enzyklika »Humani generis« (DS 3886), so ist der Fortschritt unverkennbar. Dort war noch streng antithetisch gesagt, der göttliche Erlöser habe sein Wort »weder den einzelnen Gläubigen noch den Theologen als solchen zur authentischen Erklärung anvertraut, sondern einzig und allein dem Lehramt«. Das Soli magisterio wird zwar hier im folgenden Abschnitt aufgenommen, aber der Kontext lässt nun klarwerden, dass die auf das Lehr- 526
amt beschränkte Funktion der authentischen Auslegung ein spezifischer Dienst ist, der nicht das Ganze der Gegenwartsweise des Wortes umgreift, in der es eine unersetzliche Funktion gerade auch der Gesamtkirche, Bischöfe und Laien zusammen, gibt. So wird man in diesem kleinen Abschnitt zugleich ein wichtiges Stück einer erneuerten Theologie des Laikates erblicken dürfen, die hier in den Zusammenhang der Theologie des Wortes eintritt und die nicht bloß weltliche, sondern auch wahrhaft kirchliche und geistliche Funktion des Laien sichtbar werden lässt. Dabei wird man es als eine glückliche Entscheidung des Konzils empfinden, dass es bei der Betonung des Anteils der »Laien« an der Reinerhaltung des Wortes sich nicht auf die Theorie vom Glaubenssinn eingelassen hat, die freilich im Zusammenhang mit den Dogmen von 1854 und 1950 der Einsicht in den Anteil der Gesamtkirche an der Bezeugung des Wortes zum Durchbruch verholfen hat.[35] Denn dieser Theorie haftet zu viel Ungeklärtes an, als dass man sie für einen gefahrlosen Ausdruck der in Rede stehenden Sache ansehen dürfte. Hier wird man dem Misstrauen des Tübinger Dogmatikers Johann E. Kuhn schwerlich ganz unrecht geben können, der von der Theorie des Glaubenssinnes die Begünstigung eigenmächtiger und sekundärer Überlieferungen befürchtete.[36] Die Funktion der Gesamtkirche dürfte, wie die Geschichte lehrt, eher in dem »perseverat« liegen, das unser Text in den Mittelpunkt stellt: in der Kraft der Beharrung, die die falsche und glaubenswidrige Neue-

---

[35] Vgl. die in Ratzinger, *Einleitung*, Anmerkung 4, genannte Literatur.
[36] Vgl. Geiselmann, *Das Konzil von Trient*, 201 f.

rung als solche erkennt und überführt und ihr gegenüber die Treue zum Ursprünglichen durchhält.

Der wesentliche Gehalt des zweiten Abschnitts von Artikel 10 wurde bereits bei der Auslegung von Artikel 9 mitbedacht. Wiederum zeigt ein Vergleich mit dem zugrunde liegenden Vortext aus »Humani generis« (DS 3886) den vorwärtsführenden Charakter der relecture, die hier vom Konzil geleistet worden ist.[37] Erstmals betont hier ein lehramtlicher Text ausdrücklich die Unterordnung des Lehramtes unter das Wort, seinen Dienstcharakter. Gewiss kann man sagen, dass daran in der Sache ernsthaft nie ein Zweifel sein konnte. Immerhin war die faktische Prozedur doch nicht selten geeignet, diese prinzipiell stets anerkannte Ordnung einigermaßen zu verdunkeln. So ist die Gefahr einer falschen Orientierung nicht von der Hand zu weisen, wenn »Humani generis« (mit Berufung übrigens auf Pius IX.) erklärt, es sei offenkundig falsch, das Klare vom Dunkeln her er-klären zu wollen, was im Kontext besagen will, dass nicht das Lehramt von der Schrift her, sondern nur umgekehrt die Schrift vom Lehramt her erklärt werden dürfe. Das wird dann noch dahingehend zugespitzt, dass es als Aufgabe der Theologie bezeichnet wird, nachzuweisen, wie das vom Lehramt Festgestellte in den Quellen enthalten sei, »und zwar in genau dem Sinn, in dem es definiert worden ist«. Man wird schwerlich bestreiten können, dass die Form, wie hier einzig die Schrift als das Unklare, das Lehramt als das Klare ausgegeben wird, einseitig ist und dass in der Reduktion der theologischen Aufgabe darauf, das Vorhandensein der lehramtlichen Aussage in den Quellen zu beweisen, eine Entmündigung der Quellen droht, die schließlich den Dienstcharakter des Lehramts aufheben müsste, wenn man konsequent immer in dieser Richtung weiterschreiten würde.[38] Auf diesem Hintergrund wird man die nachdrückliche Herausstellung der ministeriellen Funktion des Lehramts ebenso begrüßen müssen wie die Aussage, dass sein erster Dienst das Hören ist – dass es selbst immer wieder auf das lauschende Verneh-

---

[37] Vgl. LATOURELLE, *La Révélation*, 34.

[38] Vgl. RATZINGER, *Das Problem der Mariologie*, 80 ff., in Auseinandersetzung mit José Antonio de Aldama, De quaestione mariali in hodierna vita Ecclesiae, 77–99.

men gegenüber den Quellen, auf deren je neue Befragung und Bedenkung angewiesen ist, um sie so wahrhaft aus-legen und behüten zu können: behüten nicht im Sinne einer Schutzhaft (wozu manchmal das Tun des Lehramts in der Geschichte doch tendiert haben dürfte), sondern im Sinne der Treue, die fremder Herrschaft wehrt und das Herrentum des Wortes Gottes gegen Modernismus und Traditionalismus gleichermaßen verteidigt. Zugleich wird auf diese Weise der Gegensatz von »hörender« und »lehrender« Kirche 527
auf seine wahren Maße zurückgeführt: Im Letzten ist die ganze Kirche hörend, und umgekehrt hat die ganze Kirche teil am Verharren in der rechten Lehre.

Der letzte Abschnitt unseres Textes fasst zusammen, indem er den gegenseitigen, untrennbaren Funktionszusammenhang von Schrift – Überlieferung – kirchlichem Lehramt ausdrückt, von denen je eins nicht unabhängig von dem anderen gedacht werden könnte. Die Einwände gegen diese Position wie ihre tatsächliche Unübersteiglichkeit dürften durch das zu Artikel 9 Gesagte deutlich geworden sein. In der Tat kann nun einmal Schrift nicht ohne Überlieferung, Überlieferung nicht ohne Kirche und diese nicht ohne das eine und das andere gedacht werden, ohne dass die je spezifische Funktion dieser drei Größen damit bestritten werden dürfte – sie ist durch das Vorangegangene ja auch deutlich herausgehoben. Noch einmal wird das Ganze in den pneumatologischen Zusammenhang eingeordnet und damit einem bloß kirchlichen Funktionalismus entzogen. Das letzte Satzglied lässt die »Heilsmacht des Wortes« anklingen und trägt damit noch einmal ein wichtiges Element zu einer Theologie des Wortes bei, das im dialogischen Konzept unserer Konstitution notwendigerweise nicht mehr bloß als eine der eigentlichen sakramentalen Heilsrealität vorausgehende Bedingung, sondern selbst als der Dialog des Heils erscheint.[39]

---

[39] Dieser Gedanke war in dem vom Einheitssekretariat vorbereiteten Schema decreti pastoralis De Verbo Dei (nach der Aufstellung von A. Grillmeier Zusatztext II) leitend. Von den immer zahlreicher werdenden katholischen Versuchen einer Theologie des Wortes seien hier genannt Volk, *Zur Theologie des Wortes Gottes*; Semmelroth, *Wirkendes Wort;* Scheffczyk, *Von der Heilsmacht des Wortes.*

Sechstes Kapitel

Das letzte Kapitel der Offenbarungskonstitution ist innerhalb des Konzils aus zwei Wurzeln hervorgewachsen: Bereits die Texte A, B und C kannten ein Kapitel »De Sacra Scriptura in Ecclesia«, das der Bedeutung des Schriftwortes und der Schriftauslegung für die Kirche und die einzelnen Gläubigen Rechnung zu tragen versuchte und einen Abschnitt über die Funktion der Exegese enthielt. Trotz einer positiven Grundintention waren freilich die Begrenzungen und Vorbehalte so ausgebreitet, dass niemand dieses Entwurfs recht froh zu werden vermochte. Daneben stand ein kurzes Schema des Einheitssekretariats, das unter dem Titel »De verbo Dei« ein viel weiter gespanntes Ziel verfolgte: einen Grundriss einer Theologie des Wortes vorzulegen und damit auch innerhalb der lehramtlichen Aussagen eine Lücke zu schließen, die in der Gesamtkonstruktion der katholischen Theologie immer deutlicher bewusst wird. Innerhalb dieses Textes nahm selbstverständlich auch der Hinweis auf die Schrift eine hervorragende Stellung ein. Aus beiden Texten konnten so Elemente in das nach der Wende vom November 1962 entstandene Schema De revelatione (Text D) übernommen werden, aus dessen Kapitel »De Scripturae usu in Ecclesia« durch mehrere Umgestaltungen hindurch schließlich der Endtext hervorwuchs.

571 *Artikel 21* fundiert die Aussagen des Kapitels mit einem der lateinischen Tradition von Hieronymus und Augustinus bis zur Nachfolge Christi[1] geläufigen Bild von großer Kraft und Tiefe: Die Kirche empfängt das Brot des Lebens vom Tisch des Wortes und des Leibes Christi; so verehrt sie die heiligen Schriften »wie den Herrenleib selbst«. Die Befürchtungen einiger Väter, dass mit diesem Gedanken der Zersetzung des Glaubens an die Transsubstantiation Vorschub geleistet werde, wurden von der Theologi-

[1] Vgl. dazu die eingehende Untersuchung von Stramare, »*Mensae duae*«. Die Theologische Kommission verwies im Rahmen der Expensio modorum, 60, gegenüber den vorgebrachten Einwänden auf Hieronymus, *In Eccl* 3, 13 (PL 23, 1039); Augustinus, *Serm* 56, 10 (PL 38, 381); 57, 7 (PL 38, 389); 58 IV 5 (PL 38, 395); 59 III (PL 38, 401). – Zum Gesamtthema dieses Kapitels ist besonders zu vergleichen De Lubac, *L'Écriture dans la Tradition*.

schen Kommission insofern berücksichtigt, als sie anstelle des missdeutbaren »velut« das klar koordinierende »sicut et« setzte; auf die Grundidee zu verzichten oder auch sie aufzuweichen war sie nicht bereit. Der Text unterstreicht damit noch einmal, was schon durch die Liturgiekonstitution deutlich gemacht worden war: dass die Liturgie des Wortes nicht eine mehr oder minder verzichtbare Vormesse, sondern grundsätzlich gleichen Ranges mit der im engeren Sinn sakramentalen Liturgie ist; dass die Kirche als Gemeinschaft des Leibes Christi gerade auch Gemeinschaft des Logos ist, vom Wort her lebend, so dass »Fleisch« und »Wort« die beiden Weisen sind, wie der »Leib Christi«, des fleischgewordenen Wortes, auf uns zukommt und unser »Brot« wird. So darf man hier eine Aussage sehen, die gleichermaßen für den Kirchenbegriff, für den Liturgiebegriff, für das Verständnis des Glaubens, für die Theologie des Wortes und der Sakramente von Bedeutung ist; die Ausweitung einer allzu ausschließlich sakramentalen Konstruktion des Kirchenbegriffs wird sich von hier aus als innere Notwendigkeit ergeben.

Die folgenden Sätze unseres Abschnittes führen vor allem drei Gedanken durch: Die Schrift hat gegenüber der Überlieferung ihr Besonderes darin, dass sie gleichsam den »Erdgeruch« des Landes der Väter atmet, die Stimme des Ursprungs ertönen lässt. Sie lässt uns hören den unverwechselbaren Klang, mit dem die Propheten gesprochen, die Weise, wie Israel in seinen großen und in seinen schweren Tagen gebetet hat; sie lässt uns die Stimme Jesu Christi vernehmen – in dem einen und anderen besonders einprägsamen und auffallenden aramäischen Wort, das unübersetzt überliefert wurde, hören wir ihn in seiner Muttersprache, über die Entfernung der Jahrhunderte hinweg begegnen wir ihm, wie er als Mensch unter Menschen lebte.[2] Und nicht weniger wird das leidenschaftliche Temperament des Paulus vernehmbar, die Ruhe vermittelnde Stimme des Lukas – kurz: die Menschlichkeit des Wortes Gottes, seine geschichtliche Urgestalt bleibt uns durch diese Urkunde und nur durch sie nahe. Aber das Konzil bleibt nicht bei einer solchen Aussage stehen, die leicht auch in leere Romantik abgleiten kann; das »Durchtönen« der Stimme der Apostel und

[2] Vgl. Jeremias, *Abba*, 33–67 und 145–152.

Propheten durch die Schrift ist ihm deswegen wichtig, weil diese Stimmen ihrerseits durchtönt sind vom Heiligen Geist, weil in ihnen der Dialog *Gottes* mit den Menschen auf uns zutritt. So steht der Verweis auf die Ursprungsfarbe der Schrift im Kontext der dialogischen Idee, und diese wiederum ist aufgelichtet auf den den Menschen gründenden Urdialog des Gottesgeistes mit dem Menschen hin.[3]

Von da aus ergeben sich die zwei weiteren Motive von Artikel 21. Das eine ist der spezifische Normcharakter der Schrift, das andere der Verweis auf vis et virtus des biblischen Wortes: Was vom Wort Gottes allgemein in der Bibel gesagt ist, trifft für das Schriftwort, das uns den Grunddialog Gottes mit dem Menschen aufbewahrt und immer neu ermöglicht, in besonderem Maße zu.
572 Dieses Wort ist Leben, das den Menschen auferbaut; es ist nicht leeres Gerede, sondern Kraft, die den Menschen nährt, der nicht bloß vom Brot lebt, sondern vom sinngebenden Wort Gottes, wie es im wachen Lesen und Hören der Schrift auf ihn zutritt.

Der Verweis auf den spezifischen Normcharakter der Schrift, der sich aus allem Gesagten ergibt, rührt noch einmal an das im Zusammenhang von Kapitel II Artikel 9 ausführlich diskutierte Problem des Gegenübers von Kirche und Schrift. So versteht es sich, dass um die endgültige Form dieses Textes besonders hart gerungen werden musste und dass sie einigermaßen gedämpft erscheint gegenüber der kraftvollen Gestalt, die der Text in Form E gewonnen hatte. Dort war gesagt worden, alle kirchliche Verkündigung und die christliche Religion überhaupt müssten auf die Schrift »Semper respicere tamquam ad normam et auctoritatem quibus iudicantur et reguntur«. Nachdem in Text F davon nur die ganz unverbindliche Formel »Omnis ergo praedicatio ecclesiastica sicut ipsa religio christiana Sacra Scriptura nutriatur oportet« übriggeblieben war, ist man im Endtext immerhin wieder zum Anspruch des regere zurückgekehrt, während die in der Lehrbuchtradition vielfältig abgestuften und vorgeprägten Begriffe regula und auctoritas nicht wiederaufgenommen wurden. Man hatte sich überzeugt, dass man auf diese Weise in einer ungenauen Form in terminologische Diskussionen der Theologie eingegriffen hätte,

[3] Vgl. Ott, *Die Offenbarung Gottes*, 170.

was nicht der Sinn einer konziliaren Äußerung sein konnte. Vielleicht wird man den Verlust der beiden Termini auch weniger bedauern als das Verschwinden des gleichzeitig damit in Text E ausgedrückten Gedankens, der Schrift komme als einer in sich stehenden, fest umgrenzten Größe in einer spezifischen Form das Gepräge einer »regula« zu, an der man sich, eben weil sie so unveränderbar und unumstoßbar in sich selber steht, immer wieder messen müsse. Der Kern der gemeinten Sache ist freilich auch in der verkürzten Form des Endtextes gegeben und ergänzt so auf glückliche Weise die Formulierungen des Kapitels II.

Artikel 22. Die Aufforderung, die Tore zur Heiligen Schrift für alle Gläubigen weit aufzutun, gewinnt auf dem Hintergrund der Geschichte ihr besonderes Gewicht. Die Zäune, die seit dem 13. und besonders seit dem 15. Jahrhundert gegenüber der muttersprachlichen Bibel und dem Bibellesen des Nichttheologen aufgerichtet worden waren,[4] werden hier entschlossen abgebaut. Unser Text bedeutet damit die endgültige und definitive Überwindung der in den verschiedenen Formen des Index von Paul IV. über Pius IV., Sixtus V., Clemens VIII. bis zu Gregor XVI. aufgerichteten Grenzen und erweist sich hier als relecture der Trienter Entscheidungen: das »inhaerens vestigiis« zeigt sich wiederum als ein Vorwärtsgehen. Wenn damals die Auseinandersetzung mit der Reformation zu einer Abschirmung der Schrift geführt hatte, so führt nun das Bemühen um den Dialog zugleich zu intensivem Zurückgehen auf sie.

Die folgenden Sätze greifen im selben Geist das Trienter Vulgata-Dekret (DS 1506–1508) neu auf und verändern es in einem doppelten Sinn, indem sie es in einen neuen und diesmal wahrhaft ökumenischen Kontext einfügen: a) Statt der missverständlichen Aussage, die Vulgata habe als »authentisch zu gelten«, wird die einfachere und eindeutigere Formel gewählt, sie werde von der Kirche immer in Ehren gehalten. Aber diese Feststellung wird nun nicht mehr bloß über die klassische Bibelübersetzung des lateinischen Westens getroffen, sondern auf die großen Übersetzun-

[4] Vgl. STONNER, Art. Bibellesen. Der gleichnamige Artikel desselben Autors in der Neuauflage des LThK² (Bd. 2, 366 f.) ist leider hinsichtlich des historischen Materials arg verkürzt.

gen der verschiedenen Teilkirchen – orientalisch und lateinisch – ausgedehnt, wobei dem Gewicht, das die Septuaginta für die frühe Kirche und schon für das griechische Neue Testament und dessen christliche relecture des Alten Testaments besaß, besonders Rechnung getragen wird; in der Formel »ut suam suscepit« wird der
573 grundlegende Vorgang der Rezeption der Bibel des alten Gottesvolkes und seiner Gestalt in der Bibel der griechisch sprechenden Juden als Heilige Schrift des neuen Gottesvolkes zum Bewusstsein gebracht. Durch diesen neuen Kontext wird nun auch der Grund für die kirchliche Wertschätzung der Vulgata ausgedrückt: Sie ist die Bibel der Väter, als Übersetzung unvermeidlich auch schon ein Stück Auslegung, die Weise, wie die alte Kirche des Westens die Bibel gelesen, verstanden und angenommen hat. Insofern ist sie nicht nur Schrift, sondern ein Stück kirchlicher Schriftauslegung und »Überlieferung«. Sie allein für authentisch zu erklären hieße die Überlieferung der Schrift überzuordnen; sie »in Ehren zu halten« und gleichzeitig den Rückgriff auf den Urtext zu verlangen bedeutet demgegenüber eine Neubestimmung des Verhältnisses von Schrift und Tradition, so dass der Schritt, den das Vaticanum II in dieser Sache getan hat, hier am konkreten Exempel vielleicht deutlicher wird als in den formalen Grundaussagen von Kapitel II. Vor allem aber sollte auch beachtet werden, dass sich hier die Grundideen der Konstitution über die Kirche und des Dekrets über den Ökumenismus praktisch auswirken, wenn die Isolierung und die faktische Absolutsetzung der lateinischen Kirche durchbrochen und sie zusammen mit den nichtlateinischen Kirchen wieder als die eine Gesamtkirche gewertet wird, so dass von der lateinischen Überlieferung allein nicht geredet werden darf, sondern, bevor sie genannt wird, Gleiches auch über die Überlieferungen der Kirchen des Ostens gesagt werden muss. Die Erweiterung des Horizonts, die das Vaticanum II gegenüber Trient und Vaticanum I gebracht hat, zeigt sich hier als ein nicht nur menschliches, sondern wahrhaft theologisches Phänomen. – b) Wie vorhin schon angedeutet, wird gleichzeitig mit der Ehrung der Überlieferung, die sich in der Anerkennung der bleibenden Würde der altchristlichen Bibelübersetzungen vollzieht,[5] der Rückgriff auf den

[5] Ein paralleles Phänomen liegt in der spezifischen Wertschätzung der Luther-

Urtext gefordert und von ihm her die Zugänglichmachung des Gotteswortes der Schrift in den modernen Sprachen verlangt. Erhellend für die Grundstruktur kirchlicher Reform dürfte sein, wie hier das »Zurück« zugleich und von innen her ein Vorwärts ist und wie die Einheit im alle verbindenden Urtext gleichzeitig die Ermöglichung der Vielheit ist: Hinter die klassischen Übersetzungen zurückgehen auf den Urtext heißt zugleich neu übersetzen und so vorwärtsschreiten; sich auf den einen Grundtext besinnen bedeutet zugleich jeder modernen Sprache die Bibel eröffnen. Der Einheitsradius des Textes greift weiter: Wo man auf katholischer und reformatorischer Seite hinter die klassischen Übersetzungen der eigenen Überlieferung zurückschreitet auf die Quelle, die alle verbindet, wird auch neues gemeinsames Übersetzen, mit dem Übersetzen gemeinsames Lesen und gemeinsames Verstehen möglich. Die Ermutigung zu gemeinsamen Bibelübersetzungen mit den nichtkatholischen Christen ist eine Aufforderung zur gemeinsamen relecture der Bibel aus unserer heutigen christlichen Situation heraus, zu einem gemeinsamen Verstehen des alle tragenden Gotteswortes; wenn irgendetwas, kann sie Ausgangspunkt eines neuen gemeinsamen Verstehens der uns alle tragenden Botschaft werden. Trient ist hier in der Tat weit überschritten, und gerade die pragmatischen Aussagen dieses Textes sind in Wirklichkeit theologische Vorgänge von großer Bedeutung.

Artikel 23. Nachdem Artikel 22 die Basis der ständigen Anwesenheit des Gotteswortes in der Bibel, ihre sprachliche Eröffnung durch entsprechende Übersetzungen, behandelt hat, wendet sich Artikel 23 der Frage der Auslegung als der nächsten Stufe der Eröffnung der Bibel in die jeweiligen Zeiten hinein und damit der Sache der Exegese zu, die in diesem Kapitel unter dem Aspekt ihres kirchlichen Dienstcharakters betrachtet wird, während in den Kapiteln III–V Grundfragen ihres Weges zwischen Historie und Theologie behandelt worden waren. So wird gleich im ersten Satz der grundsätzliche kirchliche Ort der Exegese umrissen: Sie ergibt

---

bibel im deutschen Protestantismus vor. Kennzeichnend dafür war z.B., dass nach den Zeitungsberichten Bischof Dibelius der EKD die revidierte Ausgabe der Luther-Übersetzung mit den Worten übergab: »Hier haben wir unseren Luther wieder.«

sich aus der ständigen Aufgabe der Kirche, sich immer neu und tiefer in das Wort Gottes zu versenken, um immer neu aus ihm
574 Wasser des Lebens anbieten zu können. Wenn dabei die Kirche als Sponsa Verbi, als Braut des Wortes, bezeichnet wird, so wird die innere Zuordnung der Kirche zum Wort angedeutet und auch darauf verwiesen, dass die innere Kongenialität, die die Voraussetzung des Verstehens ist, aus der Liebe kommt, die allein sehend machen kann für den Anderen und für Gott.[6] Aus der Vorgeschichte dieses Satzes wäre noch zu erwähnen, dass in den aufeinanderfolgenden Textredaktionen stufenweise der Fortschrittsgedanke abgebaut worden ist, der sich beim Gedanken der Exegese leicht einstellt: In Text D heißt es, dass die Kirche »profundiorem in dies Sacrarum Scripturarum intelligentiam assequitur«, in Text E war daraus geworden: »ad profundiorem [...] intelligentiam assequendam procedit«; so las man auch noch in Text F, während der Endtext sagt: »ad profundiorem [...] intelligentiam assequendam accedere satagit«, und damit die Aufgabe der Kirche als immer neu bezeichnet, ohne eine durchgehende Fortschrittslinie daraus zu konstruieren. Das dürfte auch in der Tat dem Wesen des kirchlichen Bemühens um die Schrift sehr viel gemäßer sein: Wo es um das Eigentliche des Menschen geht, versagt das Fortschrittsmodell, weil das Eigentliche immer neu gefunden werden muss und Fortschritt im Grunde nur in den kollektiven Ordnungen denkbar ist, die in das Spezifische der Person nicht hinabreichen. Der Verzicht auf den Fortschrittsgedanken erweist sich übrigens auch ökumenisch als das allein Angemessene: Die Reformation beruht auf der Verneinung jedes durchgehenden linearen Fortschritts und auf der ständigen direkten Rückfrage auf die Schrift; die Ostkirchen beruhen auf dem strengen Festhalten an der Einstellung der Kirche der Väterzeit.

Die folgende Ermutigung zum Studium der Väter und der Li-

---

[6] Der Gedanke, dass die Liebe Erkenntnis schafft, ist wohl am nachdrücklichsten in der an Ps.-Dionys anschließenden Überlieferung zur Geltung gebracht worden. So sagt Thomas Gallus von Vercelli in seiner Paraphrase zur Mystica theologia: »[...] per unitionem dilectionis (quae effectiva est verae cognitionis) unitur Deo intellectualiter ignoto« (*Dionysiaca* 1, 710 b). Viel »intellektualistischer« stellt sich demgegenüber die Sicht Augustins dar: vgl. Schmaus, *Trinitätslehre*, 376 ff.

turgien fehlt in Text D; in E und F findet sie sich in ganz rudimentärer Form, und erst im Schlusstext hat sie ihre ausgeführte Gestalt gewonnen: Sie ist aus dem Bestreben der Minorität hervorgewachsen, einen isolierten Biblizismus zu verhindern und der Tradition im Leben der Kirche den gebührenden Platz zu erhalten. Auch wenn man die Einstellung dieser Minorität nicht teilt, wird man doch zugeben müssen, dass ihr Anliegen berechtigt war; eine Loslösung der Schrift von der gesamtkirchlichen Überlieferung führt entweder zum Biblizismus oder zum Modernismus oder zu beidem. Denn sie würde bei der menschlichen Weise des Verstehens nicht eine größere Unmittelbarkeit zur Schrift, sondern ihre Einordnung in die eigene Denktradition nach sich ziehen. So ist es sachlich berechtigt, Väter und Liturgie als Wegweisung zur Bibel zu empfehlen. Freilich stellt sich damit eine Aufgabe, von der gleich im folgenden Satz gesprochen wird: Die Entwicklung der theologischen Wissenschaft hat dazu geführt, dass sich deren einzelne Disziplinen weit voneinander entfernt und sich in ihre Spezialisierung hinein verschlossen haben, so dass sie einander vielfach kaum noch zu verstehen vermögen. Das Schicksal der inneren Zusammenhanglosigkeit, das die Universität im Gefolge der modernen Form der Wissenschaftlichkeit erlitten hat, spiegelt sich im Inneren der theologischen Arbeit wider und stellt eines ihrer Hauptprobleme in der heutigen Situation dar.

Die weiteren Ausführungen unseres Abschnitts betreffen die Arbeit der Exegeten. Ihnen wird zunächst die Zusammenarbeit mit den anderen theologischen Disziplinen ans Herz gelegt und damit das eben skizzierte Dilemma der heutigen Theologie zwischen Spezialisierung und Einheit angesprochen.[7] Die Aufgabe stellt sich zwar zwischen allen theologischen Disziplinen (Exegese und Patrologie, Dogmatik und Moraltheologie usw.), hat aber doch ihren Brennpunkt im Zueinander von Exegese und systematischer Theologie als Grundform des Zueinanders von historisch-kritischer Methode und vom Glauben getragener Aussage über das

---

[7] Vgl. Semmelroth / Zerwick, *Vaticanum II über das Wort Gottes*, 55 f. Siehe die verschiedenen Sammelwerke zum Thema Exegese und Dogmatik, besonders Vorgrimler, *Exegese und Dogmatik*.

Gesamt der christlichen Wirklichkeit. Die eigentliche Aufgabe wird freilich doch der Systematik zufallen, die den Versuch wagen muss, vom Ganzen zu reden und dabei die spezielleren Aussagen
575 des Schriftauslegers aufzunehmen und zu bewältigen. Das zu tun, wird für die Theologie heute nicht weniger grundlegend sein als die Auseinandersetzung mit der modernen Welt, ja die Letztere bleibt bodenlos, wenn das Erste nicht in einer befriedigenden Weise gelingt. Die Auseinandersetzungen, die in Rom am Vorabend des Konzils zwischen Lateran und Bibelinstitut entstanden waren und die nur den einstweiligen Höhepunkt einer seit dem Beginn der historisch-kritischen Arbeit schwelenden Krise bilden, sind Ausdruck dieses Dilemmas, von dem auf andere Weise und in anderen Formen auch die Reformationskirchen erschüttert werden. Wenn der letzte Satz von Artikel 23 eine ausdrückliche Ermutigung der exegetischen Arbeit ausspricht, will er damit bewusst die 1962 nochmals versuchten Methoden als ungeeignete Mittel zur Lösung der Frage hinstellen: Das Problem, das die historisch-kritische Methode für die Theologie aufwirft, kann nicht dadurch gelöst werden, dass man sie ablehnt oder mehr oder weniger verbietet. Freilich wird gleichzeitig die Einordnung dieser Methode in den Zusammenhang des Glaubens der Kirche verlangt; die Arbeit der Exegeten habe »secundum sensum ecclesiae« und »sub vigilantia Sacri Magisterii« zu geschehen. »Vigilantia« wurde in Text F statt des vorher gebrauchten »sub ductu« gesetzt, um auszudrücken, dass die Funktion des Lehramts nicht das Vorausgehen ist – der Fortschritt ist Sache der Wissenschaft; dem Lehramt kommt wesentlich die negative Funktion zu, ungangbares Gelände als solches zu kennzeichnen. Das Nebeneinander von »sub ductu Magisterii« und »aptis subsidiis«, das heißt von Hinweis auf die Kirchlichkeit der Exegese einerseits und auf ihre Methodengerechtheit anderseits, drückt freilich noch einmal die innere Spannung kirchlicher Exegese aus, die als solche nicht mehr aufzuheben sein wird, sondern als Spannung bestanden werden muss.

Zu dieser zweifachen Verflechtung der Exegese – ins Ganze der Theologie und in den Zusammenhang der kirchlichen Lehrverkündigung hinein – tritt schließlich noch eine dritte Bestimmung: ihre kerygmatische Funktion. Sie kreist nicht in sich selbst, sondern dient letztlich der Weitergabe des Wortes Gottes: Wie die

Bibel von der Predigt kommt, muss auch der Umgang mit ihr zu ihr zurückführen.[8]

Artikel 24 ist der Funktion der Schrift für die Theologie zugeordnet. Diese Funktion wird zunächst mit dem Bild des Fundaments beschrieben, wobei das Moment der Beständigkeit im Vordergrund steht: Wie vieles auch in einem Haus wachsen mag, sein Fundament bleibt und ist die immerwährende Voraussetzung, ohne die das Übrige nicht bestehen könnte. Ähnlich wie in Artikel 21 bei der Rede von der suprema regula der Kirche der Hinweis auf die Schrift durch ein »una cum traditione« ergänzt wird, ist auch hier der Gedanke ihrer Fundamentfunktion in diesen Zusammenhang gestellt. Das dürfte beide Male durch die Rücksicht auf die Konzilsminderheit veranlasst worden sein, entspricht aber auch dem Duktus von Kapitel II und, recht verstanden, dem Anspruch der Sache selbst. Dass auch für die Reformationskirchen das Sola scriptura die Erschließung der Schrift und die Bestimmung ihres hermeneutischen Zentrums durch die Bekenntnisschriften tatsächlich nicht aus-, sondern einschließt,[9] dürfte doch ein deutlicher Hinweis darauf sein, dass es Schrift letztlich wirklich immer nur in einem wie auch immer gearteten una cum traditione gibt, das im Übrigen nicht nur die Zuordnung der Schrift auf 576
die Überlieferung hin, sondern gleichzeitig auch deren Rückbindung an die Schrift ausdrückt.

Der statische Charakter des Bildes vom Fundament wird in der zweiten Satzhälfte ergänzt durch die Prädikatsbestimmungen »roboratur« und »iuvenescit«: Das »Haus« der Theologie ist kein ein für alle Mal errichteter Bau, sondern es steht nur dadurch, dass Theologie lebendig vollzogen wird, und so ist auch das Fundament das immer Gründende und der immerwährende Ausgangspunkt für das Stehenkönnen der Theologie. Deshalb wird in die organische Ebene übergewechselt, Schrift als das Jungmachende bezeichnet, das die Theologie kraftvoll erhält. Der Gedanke war bereits in der Enzyklika »Humani generis« ausgesprochen und dort durch den Hinweis ergänzt worden, die Erfahrung

[8] Vgl. Schelkle, *Von der Predigt zur Predigt*.

[9] Das hat in voller Offenheit herausgestellt Dinkler, *Theologische Aufgaben der ökumenischen Arbeit heute*, 123 ff.

beweise, dass ohne den ständigen Rückgang auf das sacrum depositum die Spekulation der Unfruchtbarkeit verfalle (DS 3892), er war aber dort durch die eigenartige Form der Beschränkung der exegetischen Aufgabe auf den Nachweis der lehramtlichen Vorlage (vgl. den Kommentar zu Artikel 10) doch recht unwirksam geworden und gewinnt erst durch die Schriftunmittelbarkeit, die unser Text von der Theologie verlangt, sein volles Gewicht.

In einem dritten Bild, das auf Leo XIII. zurückgeht, wird endlich die Schrift als »Seele der heiligen Theologie« bezeichnet.[10] Die Aussage empfängt hier ihre weiterreichende Kraft durch den Zusammenhang mit dem Dekret über die Priesterbildung, das die gleiche Formel (S. Scriptura anima theologiae) verwendet, um aus ihr eine praktische Konsequenz zu ziehen, die für die Systemgestalt der katholischen Theologie eine nahezu revolutionierende Bedeutung besitzen dürfte. In den bisherigen Handbüchern der Dogmatik bildete den Ausgangspunkt der Betrachtung die jeweilige kirchliche Lehrvorlage. Im Anschluss daran wurde ein Schrift- und Überlieferungsbeweis geboten und dann eine theologische Verarbeitung versucht. Das hatte zur Folge, dass die Schrift grundsätzlich nur unter dem Aspekt des Beweises für vorhandene Aussagen betrachtet wurde, und selbst wo dies sehr sorgfältig und mit modernen exegetischen Methoden vollzogen wurde, kam es auf diese Weise kaum dazu, dass das Thema aus der eigenen Perspektive der Schrift entfaltet oder dass Fragen aus der Bibel neu erhoben wurden, die in der kirchlichen Lehrvorlage nicht vorgesehen sind. Wo neue Fragen verhandelt wurden, ergaben sie sich in der Regel aus der Arbeit der systematischen Theologie selbst, nicht aus den Anstößen der Schrift. Im Dekret über die Priesterausbildung wird nun gesagt, die dogmatische Theologie sei so anzulegen, »ut ipsa themata biblica primum proponantur«.[11] Das bedeutet, dass die Bibel in Zukunft zuerst aus sich selbst gesehen, bedacht und befragt werden muss und dann erst die Entfaltung der Überliefe-

---

[10] Vgl. Leloir, *La Sainte Écriture*

[11] Nr. 16, amtliche Ausgabe (Rom 1966) 376; vgl. dazu Vaggagini, *Decreto sulla formazione sacerdotale;* hinzuzunehmen wären die Studien von Benoit, *Studienordnung*, Grelot, *Bibelunterricht* und Pellegrini, *Stellung der Väter*, die sämtlich in dem wichtigen Heft der Zeitschrift »Seminarium« Jahrgang 18 (1966) enthalten sind.

rung und die dogmatische Analyse einsetzen kann. Die Konsequenzen, die das für das Methodenproblem in der katholischen Theologie hat, müssen erst noch überlegt werden – dass die Formel von der Schrift als Seele der Theologie hier ganz konkretes Gewicht gewinnt, dürfte unschwer zu sehen sein.

Der letzte Satz unseres Artikels unterstellt die Predigt und alle Formen der kirchlichen Verkündigung dem gleichen Gesetz, das wir eben auf die Theologie angewandt fanden: Schriftgemäßheit
ist ihre vordringlichste Aufgabe. Die Einheit der konziliaren Arbeit 577
wird auch hier wieder deutlich: die Forderung der regelmäßigen Homilie, die von der Liturgiekonstitution (Kapitel II Artikel 52) erhoben worden war, wird hier aufgegriffen und ausgeweitet zum Verlangen nach biblischer Orientierung der ganzen Verkündigungsarbeit. Auch hier werden angesichts der bisherigen primär systematischen Ausrichtung Aufgaben in Fülle bestehen, wobei selbstverständlich kein Archaismus intendiert sein kann und die vom System gesuchte Sicht der Ganzheit und Einheit des Christlichen wie die Hineinbindung des Ganzen in den Glauben der Kirche auch weiterhin aufgegeben bleiben.

Endlich ist noch auf die in unserem Abschnitt gebrauchte Formel zu verweisen, dass die heiligen Schriften das Wort Gottes »enthalten und, weil inspiriert, wahrhaft Wort Gottes sind«. Diese Formulierung, deren Absicht es war, einmal ganz zentral den wesentlichen Unterschied von Schrift und Überlieferung und den spezifischen Vorrang der Schrift zu formulieren, hat unerwarteterweise gerade bei Exegeten Bedenken ausgelöst, denen im ständigen Umgang mit der Schrift die unaufhebbare Differenz zwischen vermittelndem Menschenwort und dem Wort Gottes selbst besonders deutlich zum Bewusstsein kommt. Auch die Schrift ist Gotteswort nur als und in Menschenwort, auch sie schließt das Moment der Vermittlung ein und lässt sich nicht in eine unvermittelte Direktheit des Göttlichen auflösen.[12] Dazu ist festzustellen, dass unser Text Derartiges auch nicht sagen will. Er ist nicht dem Problem von Vermittlung und Unmittelbarkeit zugeordnet, sondern ver-

---

[12] Auf die weitergehenden Bedenken einer extrem aktualistischen Theologie, nach der sich Gotteswort im Schriftwort nur je ereignisweise zuträgt, braucht hier nicht eingegangen zu werden.

sucht, die besondere Bedeutung der Schrift herauszustellen, die letztlich darauf gründet, dass sie aufgrund der Inspiration als Ganze Offenbarungswort ist, was von keinem anderen Dokument
578 christlicher Vergangenheit behauptet werden darf, und so die Schrift als die grundlegende Gestalt der »Überlieferung« ausweist.

Artikel 25 zieht die praktischen Konsequenzen aus der in Artikel 22 formulierten neuen Einstellung zu Urtext, Übersetzung und Zugänglichkeit der Bibel. Die Bibellesung wird in die Mitte der christlichen Existenz gerückt und der katholischen Frömmigkeit damit eine neue Polarisierung gegeben. Das Gebetsleben des katholischen Christen war bisher neben der Teilnahme an der Liturgie wesentlich durch die verschiedenen Andachtsformen – Rosenkranz, Kreuzweg, Herz-Jesu-Verehrung usw. – bestimmt, die seit dem Spätmittelalter und im Laufe der Neuzeit entstanden; die private Bibellesung spielte darin keine hervorragende Rolle und war selbst für die Meditation wie für die Predigt nicht von erstrangiger Bedeutung. Es darf daher als ein Vorgang von einiger Tragweite für die Entwicklung des spirituellen Lebens angesehen werden, wenn unser Text den persönlichen Umgang mit der Schrift als eine grundlegende Form der Gottesbeziehung in den Mittelpunkt rückt und seine Bedeutung mit dem nachdrücklichen Wort des heiligen Hieronymus unterstreicht: »Die Schrift nicht kennen heißt Christus nicht kennen.« Es ist wichtig, zu sehen, dass es dem Konzil dabei nicht um eine bloß intellektuelle, informative oder gar aus kulturellen und bildungsmäßigen Erwägungen hervorkommende Kenntnisnahme von der Heiligen Schrift geht, sondern um Bibellesung als Gebet, als Vollzug jenes Dialogs mit dem Herrn, auf dessen lebendige Realisierung in Glaube und Gebet die Blätter der Schrift gleichsam warten. Man wird sagen dürfen, dass die katholische Frömmigkeit die Bibel weithin erst noch richtig entdecken muss und dass ein solcher Vorgang umgekehrt auch für die Exegese von Bedeutung sein wird, die sonst leicht in ein bloß intellektuelles Klima gerät, dem eine letzte Tiefe dieses Buches verborgen bleiben muss, wie viel auch an historischen Erkenntnissen gewonnen werden mag. Es versteht sich von selbst,
579 dass die Mahnung zur Schriftlesung und zu einer entsprechenden Entfaltung der Spiritualität in besonderer Weise die Verkünder des Wortes (ob Priester oder nicht) und jene Menschen trifft, die sich

als Ordensleute in einer spezifischen Weise dem Leben für das Wort und vom Wort her zur Verfügung gestellt haben.

Nur Unverstand könnte leugnen, dass die Schriftlesung auch missverstanden und Anlass zu Gefahren werden kann: Niemand hat das mehr erfahren als Luther in seinem Kampf gegen die Schwarmgeister, gegen die er die Autorität seiner Deutung stellte, die nun faktisch das Sola scriptura doch in irgendeiner Form begrenzen musste.[13] Schließlich ist die Bibel ein Buch, in dem sich alle Probleme des historischen Verstehens abspielen, wie sehr sie diese Probleme auch immer wieder in der Unmittelbarkeit des Glaubens zu überschreiten und zu durchbrechen vermag. Daher ist es von der Sache der Bibellesung selbst wie vom Wesen des Glaubens her sinngemäß, dass entsprechende Verstehenshilfen als Voraussetzung sinnvollen Bibellesens verlangt werden. Der Höhepunkt der Schriftlesung aber ist es und wird es bleiben, wenn die Kirche gemeinsam im gottesdienstlichen Vollzug auf das Wort Gottes hört und im Raum der liturgischen Feier die handelnde Gegenwart des Logos, des Wortes in den Wörtern, selbst erfährt. Die private Schriftlesung verweist letztlich auf diese im Vollsinn »kirchliche« Lektüre der Bibel, aber diese kirchliche Lektüre müsste ihre Seele verlieren, wenn sie nicht immer wieder genährt würde vom ganz persönlichen Eintauchen in das Gotteswort. Das Konzil hat in der täglichen Inthronisierung des Evangeliums der Liturgie des Wortes eine besonders feierliche Gestalt gegeben und sich darin als »hörende Kirche« (die es gerade als »lehrende Kirche« sein wollte und musste: vgl. Artikel 10!) ganz der Herrschaft des Evangeliums zu unterstellen versucht; dieses Thronen des Evangeliums soll über das Konzil hinausdauern und kann es nur, wenn die Kirche im wachsenden Maß sich vom Wort der Schrift durchdringen lässt.[14]

Der letzte Abschnitt unseres Artikels dehnt das bisher Gesagte auch auf die Ebene des Missionarischen aus und vollzieht damit wiederum einen neuen Schritt, der für das Grundverständnis von Mission von einiger Bedeutung sein wird. Was von protestanti-

---

[13] Vgl. Hacker, *Das Ich im Glauben bei Martin Luther*, 65–96; Schütte, *Protestantismus*, 451–461; Knox, *Christliches Schwärmertum*, 124 ff.

[14] Über Geschichte und Bedeutung dieses Ritus Maio, *Il libro del Vangelo*.

scher Seite längst geschehen ist, wird nun auch zur Sache des katholischen Christen und der katholischen Kirche gemacht: die Verbreitung der Schrift unter den Nichtchristen. Damit tritt in den bisher allzu hierarchisch-institutionellen Missionsgedanken ein neues Element ein: das Vertrauen auf die selbstwirkende Macht des Wortes, das gewiss die kirchliche Verkündigung nicht überflüssig machen kann und soll, aber das es als ein Stück Anwesenheit Jesu Christi unter die Völker tragen kann, weit über den Raum der hierarchischen Kirche hinaus. Vielleicht sollten wir versuchen, die Präsenz Christi, die auf solche Weise mitten unter den
580 Ungetauften und weithin ungetauft Bleibenden entsteht, theologisch höher einstufen zu lernen: Was es bedeutet, wenn Menschen auf diese Weise vielleicht auch nur gleichsam die Mantelquaste des vorübergehenden Herrn zu fassen vermögen (vgl. Mk 6,56), kann letztlich nur er selbst entscheiden. So wird hier jener Geist der Offenheit auf besonders schöne Weise spürbar, der das Konzil in zunehmendem Maße geprägt hat. »Mir scheint unbestreitbar, dass die Kirche mit diesem Wort des Konzils so etwas wie den Verzicht auf das Monopol geleistet hat, über die Bibel allein zu verfügen und sie allein lesen zu können. Damit hat sie in aller Einfalt einen Maßstab für die Erneuerung gefunden, die sie in dem so unglaublich kurzen Zeitraum von drei Jahren einleitete.«[15]

Artikel 26 kehrt noch einmal zu dem am Anfang unseres Kapitels stehenden Vergleich mit dem eucharistischen Mysterium zurück: Wort Gottes und Leib Christi, Wort und Sakrament gehören zusammen und sind die zweifach-eine Weise, in der der fleischgewordene Logos bei seiner Kirche ist und ihr Leben gibt. Zugleich wird die geistliche Intention der ganzen Konstitution nachdrücklich ausgesprochen, die gewiss mancherlei doktrinell-theoretische Probleme klären musste, im Letzten aber nicht die Absicht haben konnte, theologische Erörterungen vorzutragen, sondern dem Leben des Glaubens in der Kirche dienen wollte. In diesem Sinn ist

---

[15] González Ruiz, *Der Gebrauch der Bibel in der Kirche des Konzils*, 238. Vgl. Schutz / Thurian, *La parole*, 184: »C'est aussi un signe que l'Église catholique pense également que la Parole de Dieu écrite peut parler d'elle-même et toucher le cœur des hommes qui ne croient pas. Le Concile manifeste ainsi la volonté d'une entière confiance et soumission de l'Église catholique à la Parole de Dieu, contenue dans l'Écriture, qui fait résonner la voix de l'Esprit Saint où il veut.«

hier zugleich das Prooemium nochmals aufgenommen und seine Meinung verdeutlicht. Wenn wir dort die pastorale Zielsetzung in etwas überhöhten Formen und unausgeglichen mit dem theologischen Anliegen des Ganzen vorgetragen fanden, so zeigt sich hier überzeugender und geglückter die innere Einheit beider Intentionen und das Zugehen auch des theologischen Bemühens auf die geistliche Grundabsicht: Kirche aus dem Worte Gottes zu erneuern, das ihr wahres Lebensbrot ist. Auch die universalistische Idee des Prooemium kehrt hier wieder: »Das Wort Gottes möge seinen Lauf nehmen und zum Aufleuchten kommen« (2 Thess 3,1). Gerade das unmittelbar Vorhergegangene, die Bereitschaft, den Samen des Wortes Gottes in der Bibel freigebig und furchtlos auszustreuen, auch wo man das, was daraus wächst, nicht überwachen noch kontrollieren kann, ist ein volles Ja zum universalen Sinn und zur inneren Kraft des Gotteswortes, das nicht fruchtlos zurückkehrt (Jes 55,10f.). Die Konstitution, die mit der Idee des Universalismus beginnt, endet mit ihr: Das Wort Gottes ist den Menschen zugedacht, und der Dienst am Wort, den die Kirche mit dieser Konstitution versucht, kann sich daher nicht auf innerkirchliche Reform beschränken; er ist letztlich auf die Menschheit als Ganze hingeordnet, denn nicht nur die Kirche, sondern jeder Mensch lebt in seiner letzten Tiefe vom Worte Gottes mehr als vom Brot, das ihm das todbedrohte irdische Leben gewährt.

Zur Pastoralkonstitution über die Kirche in der Welt von heute »Gaudium et spes«

Kommentar zum ersten Kapitel des ersten Teils der Pastoralkonstitution über die Kirche in der Welt von heute »Gaudium et spes«

Artikel 11. In diesem Artikel versucht die Konstitution, den theologischen Ort und die theologische Legitimierung für ihr eigenes Vorhaben – ein Gespräch der Kirche mit der heutigen Welt – deutlich zu machen. Im Zürcher Text (Artikel 2) hatte man diese Begründung mit dem an Mt 16,3 (Lk 12,56) angelehnten Begriff der »Zeichen der Zeit« zu geben versucht: die Zeit sei ein Zeichen und eine Stimme, insofern sie Gottes Anwesenheit oder seine Abwesenheit mit sich bringe, deshalb müsse »die Stimme der Zeit als Gottes Stimme« gewertet werden. Der Gedanke war in dieser Form scharfer Kritik verfallen: die Verbindung des römischen Sprichworts von der Zeit als Gottes Stimme mit dem eschatologischen Warnruf Jesu gegenüber der Blindheit seines Volkes, das, nach Zeichen ausschauend, ihn selbst, das eschatologische Gotteszeichen an seine Zeit, und seine Botschaft nicht zu deuten vermochte, wurde nicht nur als exegetisch unzulässig, sondern als sachlich problematisch empfunden: Ist nicht mit Christus als dem wirklichen »Zeichen der Zeit« gerade die Antithese zur Maßgeblichkeit des Chronos gesetzt, wie sie aus dem Wort von der vox temporis spricht? Daraufhin erschien bereits im Ariccia-Text eine vorsichtigere Fassung des Gedankens, die im Text 5 abermals nuanciert und gedämpft wurde, ohne dass man die von Anfang an leitende Grundidee darüber aufgegeben hätte. Es hieß nun, die Kirche müsse in den Ereignissen, Forderungen und Anliegen der Zeit die Anzeichen der Gegenwart Gottes aufspüren. Das Ganze war jetzt im Anschluss an einen trinitarischen Aufriss der Geschichte stark pneumatologisch akzentuiert: die Kirche als das vom Vater geeinte Volk Gottes müsse verharren in der Hoffnung auf Christus, den Erlöser, und werde dabei geführt vom Heiligen Geist, »der das All erfüllt und weht, wo er will«. Als Belege wurden

Weish 1,7, die Pfingstliturgie der Kirche und Joh 3,8 genannt. Freilich musste man auch hier wieder in der Debatte die Problematik einer zeitgemäßen Schriftanwendung erfahren, das Dilemma zwischen historischer Genauigkeit, die die Schrift ins Damalige entrückt und sie darin festhält, und der Überzeugung, dass sie auch vom Heutigen handelt und darin angeeignet werden kann. Es zeigte sich, wie so oft in der Debatte um die Pastoralkonstitution, dass wir noch keine Regeln kerygmatischer Hermeneutik besitzen, und so blieb man genötigt, sich an den Anspruch der historischen Exegese zu halten, die freilich, radikal genommen, schließlich jede Vergegenwärtigung der Schrift verbieten müsste. Gerade mit dem Problem der Gegenwart des Christlichen aber hatte es der Text zu
313 tun, und so spiegelte sich im Grunde in dem Streit um die Möglichkeit der Schriftzitate das tiefere Dilemma des Textes überhaupt und schließlich das Dilemma der Kirche in unserer Zeit: Gehört sie, indem sie sich auf das Zeugnis der Schrift bezieht, notwendig der Vergangenheit zu, oder kann sie, ohne sich selbst untreu zu werden, Kirche der Gegenwart sein? Hat vielleicht Auguste Comte doch recht, wenn er als die Zeit der Kirche die Vergangenheit diagnostiziert und Gegenwart und Zukunft als Zeit des Positivismus versteht? Bestätigt die Kirche nicht selbst ihre Zuweisung zur Vergangenheit, indem sie diese als die entscheidende Zeit herausstellt? Wenn man auf diesen Hintergrund achtet, ist unschwer zu sehen, dass in Wirklichkeit in der methodischen Debatte, auf die wir eben stießen, schon der Streit um die Pastoralkonstitution selbst ausgetragen wurde, eben die Frage nach der Gegenwart des Christlichen, nach Glauben »in der Welt von heute«.

Der Endtext (seit Text 5 kaum mehr verändert) sucht einen Ausweg, indem man zwar den pneumatologischen Hinweis von Weish 1,7 (bzw. Pfingstintroitus) stehen ließ, ihn aber nicht mehr als Zitat aufführte. Der trinitarische Aufriss fiel der Tendenz zur Vereinfachung zum Opfer. Außerdem wurde aber der Gedanke dadurch kritischer gefasst, dass man an die Stelle von animadvertere jetzt discernere setzte: In den Geschehnissen der Zeit sind die Zeichen des göttlichen Willens nicht einfach »aufzuspüren«, sondern zu »unterscheiden«. Das wird man als einen glücklichen Griff bezeichnen dürfen, denn damit wird aus der spirituellen Überlieferung der Kirche der Gedanke der discretio spirituum in den Zusammenhang des Konzilstextes eingebracht, der auf eine glückliche Weise den neuen Ansatz des Konzils ergänzt und den geschichtlichen Zusammenhang markiert, in dem es mit seinem Unterfangen tatsächlich steht, das damit über seine vordergründig so »weltliche« Zielsetzung hinaus in seinem geistlichen Anspruch und seiner geistlichen Tiefe durchsichtig wird. Insgesamt wird man die Meinung des Konzilstextes dahingehend interpretieren dürfen, dass er einer einseitig nur christologischen und »chronologischen« Sicht gegenüber den pneumatologischen und »kairologischen« Aspekt in den Vordergrund rückt und in ihm gleichsam den Punkt findet, in dem er vor Anker geht. Gewiss, die Kirche ist an den einmaligen Ursprung in Jesus von Nazareth gebunden und in diesem Sinn »chronologisch« auf die Kontinuität mit ihm und mit dem Zeugnis des Anfangs verpflichtet. Aber weil der »Herr der Geist« ist (2 Kor 3,17) und durch den Geist Gegenwart bleibt, darum gibt es für die Kirche nicht nur die chronologische Linie mit ihrer Verpflichtung zur Kontinuität und Identität, sondern darum gibt es auch für sie den Augenblick, den Kairos, den sie deuten und in dem sie das Werk des Herrn als gegenwärtiges vollziehen muss. Sie ist nicht Versteinerung des Damaligen, sondern dessen lebendige Gegenwart in jeder Zeit. Ihre Dimension ist daher die Gegenwart und die Zukunft nicht weniger als die Vergangenheit. Ihr Gehorsam gegen den Herrn muss gerade auch Gehorsam gegen ihn als Pneuma, als Anruf im Heute sein; er muss sich in der »Unterscheidung der Geister« vollziehen und sich auf das Wagnis einlassen, sich jederzeit dieser Unterscheidung zu stellen. *Sie* freilich ist vonnöten, damit nicht unversehens aus dem Augenblick des Heiligen Geistes die Augenblicklichkeit des Zeitgeistes wird, damit nicht unter dem Schein des Gehorsams gegenüber dem Pneuma sich die Unterwerfung unter das Diktat der Mode und der Abfall vom Herrn vollzieht. Damit wird die notwendige Verbindung von Heiligkeit und Aggiornamento sichtbar: als Eingehen auf den Kairos muss es zugleich Dia-krisis seiner Geister aus dem Stehen im einen Geist des Herrn sein. In diesem zwiefacheinen Sinn ist es freilich kirchliche Aufgabe, notwendige pneumatologische Ergänzung zum christologischen Gehorsam.[1]

[1] Vgl. zu den spirituellen Wurzeln des Aggiornamento-Begriffs bei Johannes

Neben der damit angedeuteten inhaltlichen Linie unseres Textes ist seine formale Struktur zu beachten, die durch die Idee des Dialogs bestimmt ist. Ein Dialog erfordert bekanntlich als Bedingung seiner Möglichkeit dreierlei: zunächst zwei sich gegenüberstehende Partner, zwischen denen einerseits ein gewisser Unterschied oder sogar Gegensatz bestehen muss, über den das Gespräch hinausführen will, zwischen denen aber anderseits ein Minimum an Übereinstimmung nötig ist, damit überhaupt ein
314 Gespräch stattfinden kann. Es ist hier nicht der Ort, über das Wesen des Dialogs und über seine unterschiedlichen geschichtlichen Typen (platonisch, biblisch) zu reflektieren. Verfolgen wir lediglich den letzten Gedanken, die im Dialog gesetzte Einheit, etwas weiter, weil es sich hier um ein Moment handelt, das gegenwärtig vielleicht zu wenig bedacht wird. Wenn man auf die Dialoge Jesu oder auf die frühchristliche Missionspredigt als die damalige Form des Dialogs mit den Nichtchristen achtet, so fällt auf, dass dieser Dialog sich keineswegs an völlig Fremde wandte, sondern innerhalb eines gemeinsamen geistigen Klimas ausgetragen wurde, ohne das er nicht vollziehbar wäre: Die Streitreden Jesu geschehen innerhalb der gemeinsamen Anerkennung des Alten Testamentes als verbindlichen Gotteswortes und versuchen von da aus, Sinn und Bedeutung des Anspruchs Jesu zu erschließen. Auch die frühchristliche Mission, einschließlich Paulus, hat sich mit der Maxime »Zuerst den Juden« vorab an diese Grundgemeinsamkeit gehalten und, auch als diese Grenze überschritten wurde, ihren unmittelbaren Wirkraum in den »Gottesfürchtigen« gefunden, die schon vom Glauben Israels berührt waren und damit den »Anknüpfungspunkt« des christlichen Dialogs darboten. Das Konzil konnte auf einen ähnlichen »Vorhof« des Christlichen nicht ohne Weiteres zurückgreifen. Es formulierte seinen »Anknüpfungspunkt« in einer zweifachen Aussage: einmal im Anschluss an Johannes XXIII. in der Idee der *homines bonae voluntatis* (z.B. n. 22), zum anderen in der Idee der *humanitas* (deutlich schon in n. 3 und dann immer wiederkehrend). Mit dem guten Willen ist freilich ein rein formales Kriterium an die Stelle inhaltlicher Be-

---

XXIII. Willam, *Angelo Roncalli*, 32ff. und 146ff.; dazu meine ausführliche Rezension in ThQ.

stimmtheit gesetzt; bei dem zweiten Motiv fällt auf, dass gegenüber dem wesentlich theo-logischen Ausgangspunkt der frühen Christen (die »Gottesfürchtigen«) nun das anthropologische Motiv beherrschend in den Vordergrund tritt. Diese »Anthropozentrik«, von der die ganze theologische Konzeption des Textes bestimmt ist, dürfte in der Tat seine am meisten charakteristische Entscheidung darstellen. Sie trat schon deutlich hervor in der Relatio, mit der Bischof Guano am 20.10.1964 Text 3 präsentierte. Dort hieß es: »In hanc quaestionem centralem de homine quae semper maximi momenti manet, confluunt problemata humana nostri temporis.« Noch schärfer formulierte Erzbischof Garrone denselben Gesichtspunkt in seiner am 21.9.1965 vorgetragenen Einführung zu Text 6: »Ut ex tabula rerum videre est, totus Schematis prospectus in hominem et in conditionem humanam quasi contrahitur; haec est vere veluti anima Schematis.«

In unserem Artikel kommt dieser Gesichtspunkt am Ende des ersten und dritten Abschnitts zur Geltung. Im ersten Fall wird als Ziel der konziliaren Unterscheidung der Geister das Hinführen auf »wahrhaft humane Lösungen« angegeben. Im zweiten Fall wird noch eindrücklicher gesagt, durch die Darstellung des Konzils solle die Sendung der Kirche sich als »religiös und gerade dadurch als höchst menschlich« erweisen. Es soll also deutlich gemacht werden, dass gerade im christlichen Glauben an Gott die wahre Humanität, die volle Menschlichkeit des Menschen erreicht wird und dass so die Idee der Humanität, unter der der heutige Atheismus dem Glauben entgegentritt, als die Angel des Gesprächs und als das Medium des Dialogs walten kann. Das Gottesproblem wird im Spiegel der Humanitätsidee angegangen und deshalb auch der Atheismus vom Gesichtspunkt des Humanismus her untersucht. Die ganze Konstitution könnte man von da aus ein Gespräch des Christen mit dem Ungläubigen über die Frage, wer und was eigentlich der Mensch sei, bezeichnen.

Wenn man von da aus wird sagen dürfen, dass die Frage nach dem inneren Prinzip des Dialogs, nach dem ihn ermöglichenden Einheitsmoment, aufs Ganze gesehen, durchaus in einer glücklichen Weise angegangen ist, so befriedigt die Formulierung der Gesprächspartner weit weniger. Allein in unserem kurzen Text finden sich drei verschiedene Bezeichnungen für das sprechende Sub-

jekt, ohne dass über die Art des Unterschieds reflektiert oder eine Begründung für den Subjektswechsel gegeben würde: Populus Dei – Concilium – Ecclesia. Dass Konzil und Kirche nicht dasselbe sind, ist offensichtlich. Dagegen stellt die Expensio modorum zu Text 6 gegenüber dem Vorschlag zweier Väter, einheitlich nur Ecclesia (unter Weglassung von »Volk Gottes«) zu sagen (Modus 1), fest, beides bedeute ohnehin das Gleiche, nämlich die ganze Kirche. Freilich wird man die Art, wie »Volk Gottes« hier zu einer Art empirischen Begriffs gemacht wird, nur höchst bedenk-
315 lich finden können. Mit Giuseppe Alberigo wird man sagen müssen, dass bei dieser Art, von der Kirche zu sprechen, die Gefahr nicht gering ist, von Neuem in eine bloß soziologische und dann auch ideologische Sicht der Kirche abzusinken, die gerade an den wesentlichen Erkenntnissen der Liturgiekonstitution und der Konstitution über die Kirche vorübergeht, indem sie sich eines zum Schlagwort vereinfachten und veräußerlichten Begriffs bedient, der seinen Sinn nur innerhalb eines eigentlich theologischen Zusammenhangs bewahren könnte.[2]

Auch die Benennung des anderen Gesprächspartners mit genus humanum bleibt ganz unbefriedigend. Denn dagegen muss nun einmal (wie es auf dem Konzil ja auch wiederholt geschah) eingewandt werden, dass die Kirche selbst zum genus humanum gehört und sich folglich diesem nicht gegenüberstellen kann. Wenn bei der Beantwortung der Modi zu Text 6 diese Ausdrucksweise mit der Begründung festgehalten wird, sie sei unerläßlich, weil eine gewisse Unterscheidung zwischen Kirche und Menschengeschlecht notwendig sei, um den Dialog zu ermöglichen (Modus 13), so ist das Problem verfehlt. Die Kirche findet ihr Gegenüber *im* Menschengeschlecht, etwa in den Nichtchristen, Nichtgläubigen usw. Aber sie kann sich nicht außerhalb davon stellen und kann sich auch nicht aus Dialoggründen selbst aus ihm ausklammern, um künstlich eine Solidarität herzustellen, die in Wahrheit ohnedies ihr Geschick ist. Das Unverständnis der Redaktoren des Textes für diesen Sachverhalt kann man wohl nur aus einem tief eingewur-

---

[2] Alberigo, *Die Konstitution in Beziehung zur gesamten Lehre des Konzils*, besonders 69, 71 und öfter. Der ganze Beitrag gehört zum Bedeutendsten, was bisher kritisch über die Problematik der Pastoralkonstitution gesagt worden ist.

zelten Extrinsezismus des kirchlichen Denkens und aus der langjährigen Gewöhnung an die Ausklammerung der Kirche aus der allgemeinen Entwicklung wie aus dem Rückzug in eine kleinkirchliche Sonderwelt verstehen, von der aus man nun zur übrigen Welt zu sprechen versucht.

Artikel 12. Der Text dieses Artikels war insofern besonders heiß umstritten, als hier die Entscheidung über den theologischen Ansatz und so über die Struktur des ganzen Textes fiel. Allgemeine Zustimmung fand die Tatsache, dass man auf eine statisch-philosophische Anthropologie im Sinne der neuscholastischen Tradition verzichtete, das Aufbauschema Leib–Seele beiseite ließ und ohne den Versuch einer vollständigen, systematischen Anthropologie ein Mosaik von elementaren Grundaussagen aufbaute, das zusammen ein dynamisches, geschichtsbezogenes und wesentlich aus den Gegebenheiten der Bibel geformtes Bild des Menschen ergab. Indes schien vielen, besonders Theologen des deutschen Sprachraumes, die Abwendung von einer in Philosophie und Theologie geteilten Anthropologie längst nicht radikal genug; sie waren überzeugt, dass man im Grunde doch bei einer allzu sehr im Sinn eines bloßen Nebeneinanders verstandenen Natur-Übernatur-Schematik verblieben war und dass man noch immer von der Fiktion ausging, als lasse sich zunächst ein rationales philosophisches Menschenbild von allgemeiner Einsichtigkeit konstruieren, auf das sich alle »Gutwilligen« einigen könnten, dem dann die eigentlich christlichen Aussagen als eine Art von krönendem Abschluss angefügt würden, der einigermaßen entbehrlich, sozusagen als das christliche Sondergut erschien, das einem die anderen nicht streitig machen sollten, aber das im Grunde doch beiseite bleiben könnte. Der Protest gegen den »Optimismus« des Schemas (alle diese Einwände bezogen sich auf Text 4) hatte hier seinen eigentlichen Grund: Es ging nicht darum, eine pessimistische Sicht des Menschen durchzusetzen oder aus einem gewissen Konkordismus mit bestimmten Formen lutherischen Denkens heraus eine übertriebene Sündentheologie zu konstruieren. So wie der Text war, fragte man sich vielmehr, warum eigentlich dieser vernünftige und völlig freie Mensch, der in den ersten Artikeln vorgestellt wurde, plötzlich noch mit der Christusgeschichte belastet würde, die als ein wenig motivierter Zusatz zu einem in sich durchaus ge-

schlossenen Bild erscheinen konnte. So wurde dem Text vorgewor-
316 fen, dass er mit dem Gedanken der Gottebenbildlichkeit nur scheinbar einen theologischen Ausgangspunkt wähle, während er in Wirklichkeit in einer theistisch gefärbten, reichlich geschichtslosen Sicht verbleibe. Demgegenüber wurde der Ansatz bei Christus, dem »zweiten Adam«, gefordert, von dem aus allein das christliche Menschenbild sachgemäß entwickelt werden könne. Wenn diese Position auf den fiktiven Charakter eines angeblich rationalen Menschenbildes verweisen und daher als realistisch allein das Ausgehen vom konkreten christlichen Bekenntnis bezeichnen konnte, das gerade als Bekenntnis seine Verstehbarkeit und Vernünftigkeit darstellen könne und müsse, so wurde dagegen eingewandt, dass der Dialog ein schrittweises Vorgehen verlange, das dem Gesprächspartner erst allmählich den Zugang zum Zentrum des Glaubens aufschließen könne. Letztlich steht hier die ganze Frage nach dem Verhältnis von Glauben und Verstehen zur Debatte, wobei man nicht wird bestreiten können, dass im Gefolge der thomistischen Teilung von Philosophie und Theologie sich allmählich ein Nebeneinander herausgebildet hat, das nicht mehr genügend sieht, dass es eine Vernunft *im* Glauben gibt und geben muss und dass umgekehrt jede Vernunft von einem geschichtlichen Standort bestimmt ist und also die bloße Vernunft nicht existiert. Anderseits wird man zugeben müssen, dass die konkreten Formen des Dialogs auf verschiedene Weise stattfinden können und dass hier auch manches für ein Vorgehen von außen nach innen spricht, wie es sich allen Widerständen zum Trotz im Konzilstext schließlich durchsetzen konnte. Für einen anderen Weg hätten in der Tat – das ist zuzugeben – einfach noch die Vorarbeiten und die Muster gefehlt.

Immerhin wurde im Anschluss an die erwähnten Einwände eine stärker geschichtlich bestimmte Fassung des Textes versucht, die sich vor allem in der Einfügung eines eigenen Artikels über die Sünde (n. 13) und auch in einer differenzierteren Fassung unseres Artikels äußerte. Man beginnt nun nicht mehr einfach mit dem Verweis auf die Gottebenbildlichkeit und die daraus resultierende Größe des Menschen, sondern zeigt in einem mehr phänomenologischen Vorgehen die ungeheuere Spannung des Menschwesens zwischen Größe und Niedrigkeit, zwischen höchstem Anspruch

und einem Abgrund auf, der Verzweiflung bedeuten kann. Im
Hintergrund wird nicht bloß der Gedanke an die tatsächlichen
Gegensätzlichkeiten des modernen Denkens und der anthropo-
logischen Versuche aller Zeiten stehen, sondern auch Pascals Wort
von der rätselhaften Spannung des Menschen zwischen grandeur
und misère: Artikel 13 kommt am Ende auf die Dialektik von sub-
limis vocatio und profunda miseria zurück und zeigt im Sinn
Pascals, dass die biblische Offenbarung gerade zu diesem wider-
sprüchlichen Befund den deutenden Schlüssel gibt. Damit ist ge-
genüber dem einseitigen und allzu statischen Optimismus des
Ariccia-Textes nun doch eine sehr viel weiträumigere Sicht des
Menschen gewonnen, die mit der Polarität seines Wesens zugleich
die Spannung seiner Geschichte und die nur von da aus zu verste-
hende Dynamik des biblischen Geschichtsbildes aufgreift.

Die Problematik des Ausgangspunktes bei der Idee der Gott-
ebenbildlichkeit besteht darin, dass dieser Begriff im Alten Testa-
ment (abgesehen von der Sonderauffassung in Weish 2,23) inhalt-
lich ganz unbestimmt bleibt. Seine volle Spannung erhält er erst
dadurch, dass im Neuen Testament mit der Adam-Vorstellung
auch die Gottebenbildlichkeitslehre auf Christus als den definiti-
ven Adam übertragen wird, so dass dieser Gedanke über seinen
schöpfungstheologischen Ursprung hinaus nun zu einem eschato-
logischen Motiv wird, das weniger von der Herkunft als von der
Zukunft des Menschen handelt und so weniger als statische Gabe
denn als Dynamik der über dem Menschen liegenden Verheißung
erscheint. Es lag in der Logik des einmal gewählten Ausgangs-
punktes, dass man die Christologie, die sich hier als eine unab-
weisbare Komponente der christlichen Anthropologie aufdrängt,
erst am Schluss bringen wollte und deshalb nicht bereit war, sie
hier schon aufklingen zu lassen. So blieb man bei einer exklusiv
schöpfungstheologischen Betrachtung, die freilich gerade auch
den Reichtum einer christlichen Schöpfungstheologie nicht aus- 317
misst, für die Schöpfungstheologie nur in Eschatologie verstehbar,
das Alpha wahrhaft erst vom Omega her erfassbar ist. Im Grunde
hätten schon die im Text angeführten Verse aus Psalm 8 (5–7) zu
einer Erweiterung der Sicht zwingen müssen: Diese alttestament-
lichen Aussagen über den Menschen sind wohl schon innerhalb
des Alten Testamentes messianisch und dann im Neuen Testament

christologisch ausgelegt worden, so dass die Verbindung von Adam und Christus, von Anthropologie und Christologie sich hier geradezu zwingend anbot. Sie hätte übrigens auch der inneren Zentrierung der Konstitution um die Idee der Humanitas und ihrem Versuch, wahre Humanitas als eine nur theologisch zu fassende Größe aufzuweisen, aufs Beste entsprochen.

Die Aussagen, die dem Text angesichts der Ausklammerung des Neuen Testaments verblieben, wirken etwas matt und farblos, wenn sie auch von der Patristik her gegenüber der neuscholastischen Lehrbuchtradition angereichert und verlebendigt sind. Mit Augustin (Trin XIV 8, 11) wird Gottebenbildlichkeit als Gottfähigkeit gedeutet, als die Befähigung, Gott zu erkennen und zu lieben. Bei Augustin gewinnt von da aus die Idee der Gottebenbildlichkeit ihren dynamischen Sinn: Der Mensch ist gottebenbildlich in dem Maß, in dem er sich auf Gott bezieht, und er verzerrt seine Gottebenbildlichkeit durch seine Abwendung von Gott. Unser Text bietet eine etwas andere Sicht, wenn er als Folge der Gottebenbildlichkeit den Herrschaftsanspruch des Menschen über die Welt anführt. Immerhin bleibt er damit auf der augustinischen Linie, denn da die Herrschaft über die Welt für ihn nur eine Folge, nicht der Inhalt der Gottebenbildlichkeit ist, weist diese Herrschaft über sich hinaus und wieder zurück auf die Gottebenbildlichkeit. Sie soll letztlich Einbeziehung der Dinge in die Verherrlichung Gottes sein. Damit wird hier für die Grundfrage der ganzen Konstitution nach der Sinngebung der Arbeit eine wichtige Vorentscheidung getroffen. Die Arbeit *ist* nicht einfach die Gottebenbildlichkeit, wenn sie auch eng mit ihr verbunden gesehen werden muss. In der deutlich herausgestellten Differenz zwischen Inhalt und Folge der Gottebenbildlichkeit liegt eine Aussage, die in der nachkonziliaren Diskussion wohl nicht genügend beachtet worden ist: Letztlich gründet hier auch das Eigenrecht der Anbetung und die Unmöglichkeit, den Weltdienst des Menschen einfachhin mit seinem Gottesdienst zu identifizieren.

Ohne dass man sich auf Karl Barths Konstruktion eingelassen hätte, der die Gottebenbildlichkeit bekanntlich in der Relation von Mann und Frau finden und so als reine analogia relationis erklären will (was Augustin auf eine viel subtilere Weise erreicht!), bringt doch der Konzilstext das Existieren des Menschen als Mann und

Frau in einen nicht näher definierten Zusammenhang mit der Gottebenbildlichkeit, um von da aus den Menschen als ens sociale zu beschreiben, das von Wesen her in Beziehungen existiert. Der Versuch, die moderne Philosophie der Person, etwa das dialogische Prinzip von Ferdinand Ebner und Martin Buber, hier in die Grundkonzeption vom Menschen einzubeziehen, ist offenkundig. Zugleich geht es darum, schon hier einen Ausgangspunkt für die Theologie der Geschlechter und die darauf aufbauende Theologie der Ehe vorzubereiten und anzudeuten, dass die geschlechtliche Differenzierung des Menschen in Mann und Frau weit mehr als eine bloß biologische Gegebenheit zum Zwecke der Fortpflanzung ist, die mit dem eigentlich Menschlichen des Menschen nichts zu tun hätte: In ihr vollzieht sich jene Verwiesenheit des Menschen auf das Du, die für sein Wesen als Mensch konstitutiv ist.[3] Wenn freilich Gregory Baum in diesem Zusammenhang meint, in der zwischenmenschlichen Beziehung werde der Mensch als Person begründet,[4] ist der Sachverhalt doch vergröbert, insofern auch hier (ähnlich wie vorhin im Fall der Arbeit) die Gottebenbildlichkeit der Geschlechtlichkeit vorgängig und nicht mit ihr identisch ist: dass der Mensch des absoluten Du fähig ist, dies ist der Grund dafür, dass er ein Ich ist, das dem anderen Ich zum Du werden kann. Die Befähigung zum absoluten Du begründet Möglichkeit und Notwendigkeit des mitmenschlichen Du. Auch hier ist es also entscheidend, auf die Differenz von Inhalt und Folge zu achten: So wie sie vorhin die einfache Identifizierung von Weltdienst und Gottesdienst ausschloss, so macht sie hier die Identifikation von Religion und Mitmenschlichkeit unmöglich, die aber gegeben wäre, wenn Person allein schon vom mitmenschlichen Du her konstituiert würde. Der Zirkel der Mitmenschlichkeit steht vielmehr offen auf den Dritten, den ganz anderen: auf Gott hin, und gerade das ist für das Konzil der Inhalt der Gottebenbildlichkeitslehre: die Gottunmittelbarkeit des Menschen, der nicht nur in der Indirektheit seines Werkes und seiner mitmenschlichen Beziehungen mit Gott zu tun hat, sondern ihn selbst erkennen und lieben kann.

---

[3] Vgl. Delhaye, *Die Würde der menschlichen Person*, hierzu besonders 160, Anmerkung 10.

[4] Baum, *Der Mensch in seiner Welt*, hierzu 76.

Artikel 13. Im Text von Ariccia war von der Sünde immer nur in obliquo die Rede, an keiner Stelle unseres Kapitels bildete sie unmittelbar das Aussageziel eines Satzes.[5] Für diesen nahezu vollständigen Ausfall einer Thematik, die für die biblische Anthropologie wesentlich ist, kann man verschiedene Gründe nennen. Einen ersten Anstoß wird man in der optimistischen Sicht der Welt und des Menschen sehen dürfen, die Johannes XXIII. in seiner Rede zur Eröffnung des Konzils diesem gleichsam mit auf den Weg gegeben und den »Unheilspropheten« entgegengestellt hatte, die nur fortwährend eine Entwicklung zum Schlimmeren hin erkennen wollen. Der Impuls, von dem Johannes ausging, wies freilich in eine etwas andere Richtung: einer Mentalität, die sich einzig an das Mittelalter als an das Idealbild kirchlichen Seins anklammerte und die daher im Grunde die Wiederherstellung des Mittelalters als Leitbild ihres Handelns und Denkens vor Augen hatte, stellt er die Auffassung entgegen, dass jede Zeit der Kirche neue Möglichkeiten bietet und dass die Kirche sich daher in den Möglichkeiten ihrer jeweiligen Zeit auswirken und auf diese antworten muss.[6] So ist sein Optimismus wesentlich Absage an die Mittelalter-Romantik, die darauf vergisst, dass jede Zeit Gottes ist und in ihrer jeweiligen Heutigkeit dem Heute Gottes geöffnet werden kann und soll. Die optimistische Grundstimmung, die sich immerhin von dieser
319 Bejahung des Heute her aufs Konzil übertrug, dürfte sich bei den Verfassern mit einer an Teilhard genährten Weltsicht verbunden haben, auch wenn man sich mühte, spezifisches Gedankengut

---

[5] Vgl. die Konzilsrede von Bischof Hermann Volk vom 24.9.1965, abgedruckt bei Hampe, *Die Autorität* 3, 31 ff. Die Aussage des Bischofs: »In keinem der 106 Kapitel des Schemas kommt das Wort ›Sünde‹ vor«, ist freilich nicht ganz genau; das Wort stand z.B. in Nr. 11 (Seite 13, 21); Nr. 15 (15, 27); Nr. 17 (16, 20); Nr. 20 (18, 30); die Sache erschien öfter, aber sie wurde nie direkt thematisch.

[6] Siehe den Text der Rede in der amtlichen Ausgabe: *Constitutiones, decreta, declarationes*, 854–872, besonders 859: »Hi enim […] dictitant nostra tempora, si cum elapsis saeculis comparentur, prorsus in peius abiisse […].« 860: »[…] Nemo tamen negare potest, has novas inductas rerum condiciones, id saltem commodi habere, ut e medio innumera illa impedimenta iam auferantur, quibus olim saeculi filii liberam Ecclesiae actionem praepedire consueverant […].« Vgl. auch das bei William, *Angelo Roncalli,* 131 f., gebotene Material aus der Venediger Zeit.

von Teilhard aus dem Konzilstext fernzuhalten.[7] Schließlich kam hinzu, dass den vorwiegend französischen Verfassern die von Luther herkommende starke Akzentuierung des Sündenthemas aus ihren andersgearteten theologischen Voraussetzungen heraus fremd war: Sie dürften mehr aus einer thomistisch gerichteten und auch durch die Sicht der griechischen Väter bestimmten theologischen Grundhaltung gedacht haben, die die Sünde zwar nicht übergeht, aber mehr vom Schöpfungsgedanken und vom Wissen um das schon geschehene Heil bestimmt wird und keinesfalls bereit ist, die Sünde zum Zentrum der theologischen Konstruktion zu machen. Angesichts des siegreichen Christus hält sie es für verkehrt, »in diesem Schuldbewusstsein zu verharren und sich damit abzufinden.«[8]

In Text 5 wurde durch die Einfügung von Artikel 13 die Einseitigkeit des Ariccia-Textes behoben, die Grundeinstellung einer wesentlich vom schon geschehenen Heil her bestimmten Sicht freilich beibehalten: Die Unheimlichkeit der Sünde wird mit vollem Nachdruck anerkannt, aber sie bestimmt doch nicht die Sicht in einer Weise, wie das in der lutherischen Theologie oder auch im katholischen Augustinismus der Neuzeit der Fall ist. Es dürfte bemerkenswert sein, festzustellen, dass sich im nachkonziliaren Gespräch gerade auch Stimmen aus dem evangelischen Lager im gleichen Sinn zu Worte melden, so etwa, wenn Sigurd Martin Daecke eine Teilhard zugeschriebene Bemerkung zitiert: »Ihr seid alle vom Bösen hypnotisiert«, und dann fortfährt: »Hat er nicht recht mit seiner souveränen Geringschätzung der Sünde und des Bösen, mit seinem Willen, die Welt als gute Schöpfung zu sehen, sie positiv zu betrachten und das Negative nicht überzubewerten? In seiner Überzeugung, dass das Böse keine gegengöttliche Macht ist, son-

[7] Vgl. zur Frage Teilhard und die Pastoralkonstitution bei Hampe, *Die Autorität* 3, die Beiträge von Spülbeck, *Teilhard de Chardin*, und Daecke, *Das Ja und das Nein des Konzils zu Teilhard*. Hinsichtlich der tatsächlichen Bedeutung Teilhards für den Konzilstext sieht Daecke sicher richtiger als der zu sehr harmonisierende Beitrag von Spülbeck; andererseits interpretiert Daecke freilich Teilhard in ein nachkirchliches Denken hinein, das diesem sicher völlig fernlag. Zum Kampf um die durch Teilhard aufgeworfenen Fragen auf dem Konzil siehe auch Ratzinger, *Die letzte Sitzungsperiode*, 39 ff.

[8] Delhaye, *Die Würde der menschlichen Person*, 162, besonders auch 161.

dern etwas immer schon Überwundenes und Erledigtes, trifft Teilhard sich mit Karl Barth […]. Auch für die Bibel steht die Sünde nicht so im Mittelpunkt des Denkens wie für die Kritiker Teilhards. Gerade für Paulus, auf den sie sich berufen, ist die Sünde mit Christus überwunden und hat ihre Mächtigkeit verloren, gehört sie dem alten, vergangenen Äon an.«[9] Nun, eine souveräne Geringschätzung der Sünde und des Bösen hat das Konzil nicht gezeigt, und dazu besteht auch wahrlich kein Grund, weder von der Bibel noch von unserer Erfahrung (gerade der unseres Jahrhunderts) her. Aber für eine theologische Sicht, die sich nicht von dem Thema der Sünde »hypnotisieren« lässt, sondern ganz vom Positiven her denkt, hat es sich tatsächlich entschieden. Dabei ist bemerkenswert, dass Text 6 unseren Abschnitt gegenüber Text 5
320 wieder dämpfte, manchmal in einem Sinn, der beinahe einen leicht semipelagianischen Eindruck erwecken kann, glücklich hingegen, wenn bei der Beschreibung der Partner der luctatio dramatica das Gegensatzpaar »inter Malignum et Deum« gestrichen wurde: In der Bibel erscheint der Teufel nirgendwo als Gegenüber Gottes; Gott hat nicht nötig, mit ihm zu kämpfen, sondern ist souveräne Macht, gegen die niemand zu kämpfen vermag. Eine Sicht, die den Teufel auf eine gleiche Ebene mit Gott stellt, macht sich eines Dualismus verdächtig, der vor der biblischen Überlieferung nicht vertretbar ist.

Mehrere Modi verlangten, dass ausdrücklich von der Sünde der Stammeltern der Menschheit, vom Urstand und der übernatürlichen Erhebung des Menschen gesprochen werde. Das Begriffspaar Natur–Übernatürlich wurde indes wie in der ganzen Konstitution, so auch hier vermieden, auch wenn man selbstverständlich an der damit gemeinten Sache festhielt; jedoch sollte einer neuen Überlegung des ganzen Themas der Weg offenbleiben und nicht eine zusätzliche Fixierung auf die Schematik der bisherigen Darstellung erfolgen. Ebenso vermied man es angesichts der neuen Debatten im Fragenkreis von Urstand und Ursünde, dieses Thema ausdrücklich zu behandeln. Auch hier war man sich einig, dass der wesentliche Gehalt der Aussagen von Trient unaufgebbar ist, dass aber der Theologie die Möglichkeit gelassen werden muss,

---

[9] Daecke, *Das Ja und das Nein des Konzils zu Teilhard*, 110.

neu danach zu fragen, was eigentlich dieser wesentliche Gehalt sei. So blieb man im Anschluss an die biblische Sprechweise vom Adam dabei, in einer nicht individuell eingeengten, sondern wesentlich kollektiven und zugleich damit ganz grundsätzlichen Weise vom »Menschen« zu sprechen, der sich gegen Gott gestellt hat und ohne Gott an sein Ziel kommen will. Ebenso vermied man es, den Augenblick des »Falls« zu fixieren, und stellte stattdessen einfach fest, dass der Mensch sich »vom Beginn seiner Geschichte an« gegen Gott erhoben hat. Demgemäß wählte man als biblischen Verweis nicht den von der Dogmengeschichte in seiner Auslegung stark fixierten Text Röm 5, sondern Röm 1,21 ff., wo Paulus zwar ebenfalls das Thema der allgemeinen Sündigkeit und der allgemeinen Heilsbedürftigkeit entfaltet, aber nicht vom Grundsätzlichen der Adam-Theologie her, sondern vom Faktischen der ständigen Revolte des Menschen gegenüber seinem Schöpfer. Bei dieser gegenüber dem klassischen neuscholastischen Typ von Erbsündenlehre konkreteren Darstellung der allgemeinen Sündigkeit ergibt sich von selbst – entsprechend der von Röm 1,21 ff. eröffneten Perspektive – die Zuwendung zur erfahrbaren Situation des Menschen mit seinen Zerrissenheiten, seinen Abgründen, seiner Ordnungslosigkeit. Der Text der Konstitution steht damit weit näher bei Pascal als bei Scheeben. Man fühlt sich unmittelbar an Fragment 434 der Pensées erinnert: »Der Knoten unseres Daseins nimmt seine tausendfältigen Windungen und Verschlingungen in diesen Abgrund, so dass der Mensch ohne dieses Geheimnis [der Erbsünde] unverständlicher ist als dieses Geheimnis für den Menschen.«[10] Scheeben hatte dazu ziemlich scharf bemerkt: »[…] Bei Lichte besehen, bleibt in dieser Annahme gar kein Mysterium mehr übrig. […] Mysterium könnte man sie allenfalls nur nennen 321
wegen der Unbegreiflichkeit ihres Wesens, die in jener Theorie wirklich so groß ist, dass sie nicht sowohl aus der Schwäche unserer Vernunft als aus der Ungereimtheit der Sache entsteht […].«[11] Der Konzilstext tritt selbstverständlich in das Problem der Theorie der Erbsünde nicht ein und entscheidet folglich hier nichts. Aber es gilt ihm doch als selbstverständlich, dass jene generelle Sündig-

[10] Pascal, *Pensées*, 185 (ed. Brunschvicg; dt. Laros, 170).
[11] Scheeben, *Mysterien des Christentums*, 171.

keit des Menschen, von der die Schrift handelt, auch in unserer Erfahrung des Menschwesens und seiner Geschichte sich bestätigt und dass dieses Faktum wie überhaupt das Konkrete, das Aktuelle des Sündigens des Menschen nicht zu weit getrennt werden darf von jener Revolte gegen Gott, die seit Anbeginn der Geschichte das Drama zwischen dem Menschen und seinem Schöpfer bestimmt. Dass dem Konzil der Zusammenhang zwischen menschlicher Existenzerfahrung und Botschaft des Glaubens wichtig ist, zeigt sich nochmals im letzten Satz unseres Artikels, der auf das in 12 angeschlagene Thema der Spannung des Menschwesens zwischen grandeur und misère zurückgreift und feststellt, dass dieser Tatbestand, den uns zunächst einfach die Phänomenologie zuträgt, im Licht der Bibel »lesbar« und deutbar wird. Die Verbindung von Erfahrung und Glaube bzw. die Einsicht, dass der Glaube den Schlüssel zum Sinn unserer menschlichen Erfahrung bietet, stellt ja in der Tat die Voraussetzung für den Dialog zwischen Glaube und Unglaube dar: Nur wenn der Glaube die Erfahrung erhellt und sich als Antwort auf unsere Erfahrungen ausweisen lässt, kann das Gespräch über die Menschlichkeit des Menschen zu einem Gespräch über Gott und mit Gott führen. Insofern ist diese Verbindung und die Zuwendung zur Sicht Pascals vom Sinn der Pastoralkonstitution her vorgezeichnet und für ihre Möglichkeit grundlegend. Dabei wird man sich daran erinnern, dass ja auch Pascal nicht von ungefähr eine Theologie der Erfahrung entfaltete, sondern dass auch sie sich ihm aufdrängte, weil die Pensées als Dialog mit den Ungläubigen geplant waren und insofern zu den wenigen Texten neuzeitlicher Theologie zählen, in denen der Versuch der Pastoralkonstitution vorweggenommen ist.

Der Blickpunkt auf die Erfahrung ist auch im zweiten Abschnitt unseres Artikels ständig gewahrt. Von da aus versteht sich der Rückgriff auf Röm 7,13–25, den zweiten Text des Römerbriefs, in dem das Thema Sünde ganz von der Erfahrung her angegangen wird: Es ist bezeichnend, wie hier mit Röm 1 und Röm 7 das Problem von Röm 5 umkreist wird und sich zugleich der Versuch erkennen lässt, durch die Auswertung dieser beiden Texte eine allzu starre Auffassung des Adam-Christus-Textes aufzulockern und ihn durch die Einfügung in einen größeren und konkreteren Zusammenhang zugänglicher zu machen. Im Übrigen wird hier der

Vorrang des Christus-Themas vor dem Sündenthema gewahrt und zugleich der grundsätzliche Optimismus des ganzen Entwurfs bestätigt, wenn mit Joh 12,31 der schon geschehene Sieg Christi ins Bewusstsein gerückt wird. Dieser Tenor wurde im Endtext sogar noch verstärkt, indem man statt »in servitute peccati retinet« nunmehr formulierte »retinebat« und damit die Knechtschaft der Sünde nicht mehr als Gegenwart, sondern von Christus her schon jetzt als Vergangenheit charakterisierte. Die Kommission nannte dafür allerdings nur grammatikalische Gründe (Modus 17), folgte aber doch zugleich einer geistigen Gesamteinstellung, die in diesem Fall freilich nicht ganz unproblematisch genannt werden kann.

Artikel 14. Der ganze Artikel handelte ursprünglich allein »von der Würde des menschlichen Leibes«, während sich der folgende mit der »Würde der Seele und besonders des menschlichen Intellekts« befasste (Text 4). In Text 5 wurde diese Einteilung aufgehoben und die gesamte Konstitution des Menschen in Artikel 14 zusammengefasst, um möglichst jeder Art von Dualismus entgegenzutreten und die Einheit des Menschen auch äußerlich auszudrücken, die so vollständig ist, dass man ihn immer nur als Leib und Seele zugleich beschreiben kann, eins im anderen und je ungetrennt davon.

Während demgemäß der zweite Abschnitt vorwiegend von der Seele des Menschen handelt, versucht der erste so etwas wie eine Theologie des Leibes, wobei die Einleitungsworte »corpore et anima unus« von vornherein diese mehr methodische Trennung übergreifen und das Grundmotiv des Textes ausdrücken sollen: die untrennbare Einheit des leib-geistigen Menschen. Die Tatsache, dass man technisch-theologische Begriffe nach Möglichkeit vermeiden und doch keinen Zweideutigkeiten Vorschub leisten wollte, hat hier freilich dem Bemühen des Konzils um eine über- 322
zeugende antidualistische Anthropologie deutlich erkennbare Grenzen gesetzt. Man musste sich so versagen, die Möglichkeiten auszuwerten, welche die thomistische Formel von der anima als unica forma corporis anbietet, von der aus Karl Rahner und Johann B. Metz den Leib als »die welthafte Selbstgegebenheit der Seele, Seele gleichsam in einem bestimmten ›Aggregatszustand‹« bestimmen und sagen können, der Mensch bestehe nicht eigent-

lich aus zwei Wirklichkeiten (»Teilsubstanzen«), sondern sei die eine und ständig ganze Wirklichkeit der anima, »insofern sie selbst nur wirklich ist im realen Außer-sich-Sein [...] und als Leib«.[12] Ebenso kommt nicht der biblische Unterschied von σῶμα und σάρξ zur Sprache und unterbleibt eine Aufschließung des Gegensatzes von σάρξ und πνεῦμα. So wird nicht sichtbar, dass die Bibel den Menschen je als Ganzheit betrachtet und ihre Unterscheidungen nicht aus metaphysischen Bauteilen des Menschen entnimmt, sondern aus seinen geschichtlichen Entscheidungsrichtungen: »Fleisch« ist nicht dasselbe wie Leib; während »Leib« (ähnlich wie »Seele«) einfach den ganzen Menschen benennt, so wie er als lebendige Einheit sich unserer Erfahrung darbietet und so wie er als ein einziges, einiges Geschöpf aus Gottes Händen kommt, benennt Fleisch den Menschen in der Existenzrichtung der Selbstherrlichkeit, der Abweisung des göttlichen Anspruchs und der göttlichen Erbarmung, die ihm im Pneuma gegenübertritt und ihn selbst insgesamt zu einer pneumatischen Existenz werden lässt (ἓν πνεῦμα mit dem Herrn: 1 Kor 6,12). Auch die hilfreiche Unterscheidung von Gabriel Marcel in »avoir possession« und »avoir implication« scheint nicht auf, die es ermöglicht, das »ich habe einen Leib« von jeder anderen Weise des Habens abzugrenzen: auf den Leib allein ist ein »ich habe« anzuwenden, »das wegen seiner Innerlichkeit auch ein ›ich bin‹ sein kann.«[13]

Der einzige Versuch, über die bloße Schematik des Leib-Seele-Dualismus hinauszukommen und eine neue Sprache zu gewinnen, die der Einheit des menschlichen Wesens gemäß ist, liegt im Begriff der interioritas vor, den der zweite Abschnitt unseres Artikels einführt. Einige Konzilsväter fanden zwar, das Wort »schmecke nach protestantischem Pietismus« (Modus 6 zu Artikel 14). Die Kommission wies diesen Einwand zurück, mit Recht, denn der Zusammenhang weist auf eine völlig andere Herkunft. Zunächst ist man an die intériorité Teilhards erinnert, die wohl den unmittelbaren Anlass zu dieser Wortbildung gegeben haben dürfte: Sie stellt für ihn jene Innenseite der Dinge dar, die zwar bei den Gegenständen der Physik und der Chemie nicht in Erscheinung tritt,

---

[12] Metz, Art. Leiblichkeit, 33.

[13] Vgl. dazu Böckle, *Personverständnis in der Moraltheologie*, hierzu 174.

aber doch das eine Grundprinzip aller Wirklichkeit ist, ohne das man letztlich nichts verstehen kann vom Ganzen des Seins.[14] Selbstverständlich hat das Konzil diese Sicht der »zweiseitigen Struktur« des ganzen Universums nicht in seine Aussagen aufgenommen, aber doch wohl von Teilhards Idee der intériorité sich mit inspirieren lassen, um eine Art Anschauungsmodell dafür anzudeuten, was die »Innerlichkeit« im Menschen, sein Geist, bedeutet und ist. Inhaltlich stärker prägend ist wohl auch hier wieder die Einwirkung Pascals; der Einfluss des großartigen Fragments 793 mit der Herausarbeitung der Stufen des Wirklichen ist deutlich zu spüren. Wenn davon die Rede ist, dass die Innerlichkeit die Gesamtheit der Dinge übersteigt, kann man unmöglich die Nähe zu Pascals Formulierung übersehen: »Alle Körper, das Firmament, die Sterne, die Erde und ihre Königreiche wiegen nicht den kleinsten der Geister auf; denn jener erkennt jenes alles und sich, die Körper aber erkennen nichts.«[15] Und endlich wird Augustins Theologie der Innerlichkeit im Hintergrund sichtbar, wenn von der conversio ad cor die Rede ist, von jener Tiefe, in der Gott den Menschen erwartet: Augustins geistliche Erfahrung, dass intimum und summum ineinanderfallen, dass der ferne Gott dem Menschen der Nächste ist, näher als er sich selbst, und dass der Mensch Gott nur ferne ist, weil er sich selber ferne ist, seine Einsicht, dass der Mensch sich findet und Gott, indem er die Wanderschaft zu sich selbst in seine Innerlichkeit aus der Äußerlichkeit der Selbstentfremdung vollzieht, klingt hier auf. Damit wirken zwei Grundbegriffe augustinischen Denkens in unseren Text herein, mit denen der große Kirchenvater eine Synthese der geschichtlich gestimmten Anthropologie der Bibel mit der metaphysischen Konzeption der Antike intendierte: die Unterscheidung von homo interior und exterior, die gegenüber dem Corpus-Anima-Schema mehr das Element der Existenzentscheidung und Existenzrichtung mit 323
ins Spiel bringt, den Menschen also mehr geschichtlich-dynamisch als metaphysisch »einteilt«, und die philosophia cordis: Der biblische Begriff des Herzens, der bei Augustinus die Einheit von In-

[14] Teilhard de Chardin, *Der Mensch im Kosmos*, 30 ff.

[15] Brunschvicg 294 (Laros 256). Vgl. dazu Guardini, *Christliches Bewusstsein*, 40–46, 101 ff.

nerlichkeit und Leiblichkeit ausdrückt und der dann wieder bei Pascal zu einem Schlüsselbegriff wird,[16] tritt hier in den Konzilstext ein, und mit ihm ist einschlussweise nun doch weitgehend das anwesend, was Rahner und Marcel von anderen Denkansätzen her formuliert haben.

Vielleicht darf man so in den Begriffen des Herzens und der Innerlichkeit mit allem, was sie einschließen und an denkerischen Zusammenhängen mit ins Spiel bringen, die eigentliche Theologie des Leibes sehen, die dieser Abschnitt bietet. Denn Theologie des Leibes kann letztlich ihren Sinn nicht erfüllen als eine rein regionale, auf den von der Seele abgehobenen Körper bezogene Theologie, die die Vorzüge des Körperlichen zusammenstellt, sondern muss ihre Aufgabe doch schließlich darin erblicken, den Körper als Leib zu verstehen, ihn in seiner Menschlichkeit zu beschreiben, als Leibhaftigkeit von Geist, als die Weise, wie menschlicher Geist konkret ist. Sie muss also gerade Theologie der Einheit des Menschen als Geist in Leib und Leib in Geist sein, so dass Theologie des Leibes da mehr und eigentlicher erfolgt, wo vom cor als dem Geist die Rede ist, »sofern er in Blutnähe gelangt« und so nicht mehr bloß Geist, sondern verleiblicht und eben darin menschlich ist.[17] Erst von diesem Zusammenhang her erhalten dann auch die Einzelaussagen ihren Sinn, die in dem kleinen Enkomion auf den Leib zusammengetragen sind, welches der erste Abschnitt unseres Textes darstellt: Der leib-geistige Mensch ist, um mit Rahner zu sprechen, »Geist in Welt«, d. h., durch den Leib versammelt er die ganze materielle Welt in den Geist hinein und nimmt sie so zugleich in die Anbetung auf: In ihm als dem Berührungs- und Durchdringungspunkt von Materie und Geist betet die Materie ihren Schöpfer an. Auch hier sind wieder verschiedene Vorstellungselemente sichtbar. Der für die ganze Scholastik so wichtige neuplatonische und besonders durch Pseudo-Dionys in die Theologie eingeführte Gedanke der reductio tritt auf, d. h. die Idee, dass der Mensch den Endpunkt der kosmischen Bewegung darstellt und sie aus der emanatio wieder auffängt in die sich selbst verströmende göttliche

[16] Vgl. Guardini, *Christliches Bewusstsein*, 185–196.

[17] Guardini, *Christliches Bewusstsein*, 187.

Liebe zurück.[18] Die Mikrokosmosidee klingt an, aber sie verbindet sich mit Teilhards Visionen der Anbetung durch die Materie, deren eindringliche Sprache man hier gedämpft glaubt nachklingen zu hören.[19] Die statische Mikrokosmosidee gewinnt damit einen dynamischen Sinn: Der Mensch ist nicht einfach eine Abbildung des Universums und seiner vielfältigen Zusammensetzung, sondern der Transformationspunkt ihrer Bewegung in die Anbetung hinein. Was so im ersten Satz unseres Abschnitts in einer großen kosmischen Perspektive gesagt ist, wird im letzten Satz im Anschluss an 1 Kor 6, 20 mehr ins Individuelle gewandt und ethisch ausgeweitet: Des Menschen Leib soll der Verherrlichung Gottes dienen und nicht der Eigensucht. Aber es ist wohl richtig, diese Anweisung im Licht des Anfangs zu verstehen, der damit zugleich den Imperativ des heiligen Paulus auf eine neue Weise aufnimmt und in die Gegebenheiten unserer Zeit einfügt. Dazwischen steht so etwas wie eine kleine Heilsgeschichte des Leibes, die durch die Komponenten Schöpfung – Verheißung (Auferstehung) – Verantwortung bestimmt ist: Das Mysterium des Alpha und des Omega, die Herkunft aus der schöpferischen Macht Gottes und die Zukunft in der erlösenden Liebe des Herrn umspannen die jetzige Situation, in der der Leib ebenso Medium der Anbetung wie Werkzeug der Rebellion sein kann. In der Mitte zwischen Herkunft und Zukunft steht der Ruf zur Entscheidung.

Auf Antrag eines Konzilsvaters wurde am Schluss des Artikels 324
noch eine ausdrückliche Aussage über Geistigkeit und Unsterblichkeit der Seele eingefügt.[20] Damit ist nichts über die Anima separata und nichts über die Weise entschieden, wie man Unsterblichkeit philosophisch und theologisch erklären will (mehr natural, mehr dialogisch usw.). Wohl aber ist damit die Auflösung des Menschen in bloße Materialität ausgeschlossen, die dann das Fortleben nur noch als reines Mirakel einer Auferweckung ansehen kann, die völlige Neuschaffung wäre und so das unlösbare Paradox aufwerfen müsste, worin eigentlich noch die Kontinuität mit dem

---

[18] Zum Historischen vgl. Ratzinger, *Geschichtstheologie*, 140–148.

[19] Vgl. den schönen Auswahlband Teilhard de Chardin, *Hymne de l'Univers*.

[20] Siehe Relatio zu Text 5, Seite 29.

vorherigen Geschöpf, mit diesem bestimmten Menschen besteht, ohne die wiederum der Begriff »Auferweckung« sinnlos wird. Dass das Konzil solchen denkerisch unsauberen Theorien entgegentrat, die gegenwärtig mitunter als Ergebnisse einer wieder ernst genommenen biblischen Anthropologie angeboten werden, in Wahrheit aber als Produkte schwärmerischer Denkträgheit anzusehen sind, ist durchaus zu begrüßen, selbst wenn man die dafür gewählte Sprache etwas sorglos und ungeschützt finden kann. Noch eine andere Absicht ist in dem Satz erkennbar: die Tatsache, dass der Mensch auf die eigentliche Wahrheit des Seins erst stößt, wenn er die Zone des bloß Richtigen überschreitet. Im Bereich der reinen Konstatierbarkeit ist die Seele nicht feststellbar. Wer sich darauf beschränkt, kann dahin kommen, die Seele als einen abstrakten Sammelbegriff für eine Vielzahl von Elementen anzusehen, die sich als Reflex physikalischer (biologischer) und sozialer Gegebenheiten erklären lassen. In Wahrheit ist mit einer solchen grundsätzlichen Abweisung metaphysischer Aussagen eine Gegenmetaphysik gesetzt, die den methodischen Wahrheitsverzicht der exakten Wissenschaften (die positivistisch, also auf das »Richtige« beschränkt sein müssen) zum Prinzip erhebt und damit das Unmenschlichste und Zerstörerischste tut, was denkbar ist: der Mensch wird grundsätzlich der Wahrheitsfähigkeit beraubt. Unser Text sieht demgegenüber das Ja zur Seele (d. h. zur Geistigkeit des Menschen) als Ja zur Metaphysik und so als das Ja zur Wahrheitsfähigkeit des Menschen, als die Eröffnung des Menschen für die Wahrheit an, deren Berührung ihm als Mensch nicht nur möglich, sondern so nötig ist wie die Liebe – sie ist das Brot, ohne das der Geist nicht leben kann.

Artikel 15. Die drei folgenden Artikel (15–17) entfalten das Wesen der menschlichen Geistigkeit unter drei Aspekten: als Intellekt (d. h. als Fähigkeit des Menschen zur Wahrheit), als Gewissen (d. h. als Fähigkeit des Menschen zum Guten) und als Freiheit. Es fällt auf, dass das Phänomen der Intersubjektivität, die Bestimmung des Menschen zur Liebe, nicht genannt wird und dass so nicht nur die moderne Philosophie des Personalen, sondern auch der Begriff Person aus dem Spiele bleibt, in welchem die moderne christliche Anthropologie ihr Zentrum sieht und in dem sie zugleich die eigentlich christliche Entdeckung des Menschen findet:

Der Begriff der Person ist ein Produkt der Theologie, d.h. des Ineinandertreffens von biblischem Glauben und griechischer Philosophie, er ist aus dem Ringen um das christliche Gottesbild (in Trinitätslehre und Christologie) gewonnen worden und ohne diese Zusammenhänge weder möglich noch zu verstehen.[21] Insofern stellt er auch die Nahtstelle zwischen Gotteslehre und Anthropologie dar: Der Kampf der Alten Kirche um die Christologie war ebensosehr ein Kampf um Gott wie um den Menschen. Dass die Frage nach Gott nun als die Frage nach dem Menschen gestellt werden kann, wie es die Konstitution tut, und dass umgekehrt die Frage nach dem Menschen sich nur noch als theologische Frage zu Ende führen lässt, ist in jenen Auseinandersetzungen deutlich geworden. Der Verzicht unseres Textes auf die Thematik der Ich-Du-Beziehung und auf die Behandlung des menschlichen 325
Geistes als Liebe wird sich wohl aus der Technik der Textkomposition erklären, die nun einmal das ganze soziale Phänomen dem II. Kapitel zugewiesen hatte; in Artikel 12 beispielsweise wurden in Text 5 ausdrücklich aus diesem Grund jene Sätze gestrichen, die etwas ausführlicher die mitmenschliche Implikation der Lehre von der Gottebenbildlichkeit geschildert hatten.[22] Der Nachteil dieser Aufgliederung besteht darin, dass nun die Philosophie der Liebe, der ganze Fragenkomplex von Ich und Du in der anthropologischen Grundlegung praktisch ausfällt und damit der konstitutive Charakter dieser Realitäten für das menschliche Sein nicht in voller Schärfe in Erscheinung tritt. Der Begriff des Personalen ist auf diese Weise so gut wie völlig ausgefallen, wenn auch seine einzelnen Elemente in Kapitel I und II anzutreffen sind.

Der erste Satz greift zunächst noch einmal den an Pascal erinnernden Gedanken der Überlegenheit des Geistes gegenüber dem ganzen Universum auf, spitzt aber nun das vorher allgemein über die »Innerlichkeit« Gesagte auf den Intellekt zu – durchaus im Sinn Pascals, der die Überlegenheit des Geistes gerade in seiner Erkenntnisfähigkeit erblickte. Dazu kommt ein Gedanke der augustinisch-mittelalterlichen Überlieferung: Wenn der Intellekt als

[21] Ratzinger, *Personverständnis in der Dogmatik;* Andresen, *Entstehung und Geschichte des trinitarischen Personbegriffs.*

[22] Relatio, B, Seite 28.

Teilhabe am Licht des göttlichen Geistes geschildert wird, klingt die aus Augustin geschöpfte Illuminationslehre des Mittelalters, freilich eher in ihrer thomistisch domestizierten Form, an;[23] mit dem Teilhabebegriff tritt ein weiterer Grundgedanke einer von Platon sich nährenden christlichen Metaphysik ins Spiel.[24] Beide Elemente, »Lichtmetaphysik« und Ontologie der Teilhabe, sind nur genannt, ohne näher ausgeführt zu werden, zeigen aber doch den Hintergrund der augustinischen Denktradition, auf deren Boden die Verfasser des Textes standen, und sind insofern für die Auslegung der Konstitution, für die Bestimmung ihres geistigen Ortes von einiger Bedeutung: Trotz ihrer Inspiration am Fortschrittsdenken Teilhards und an anderen Elementen modernen Denkens bildet die Tradition der christlichen Metaphysik den eigentlichen denkerischen Hintergrund des Textes.

Das zeigt sich deutlich auch in dem Begriffspaar scientia–sapientia, von dem unser Artikel bestimmt ist. Er anerkennt vollauf die bedeutenden Fortschritte, die der menschliche Geist auf dem Gebiet der Wissenschaft und der Technik, in der Dienstbarmachung der materiellen Welt erzielt hat. Aber er stellt nicht minder nachdrücklich heraus, dass »Wissenschaft« nur die eine Betätigungsform menschlichen Geistes ist, die nicht sein Ganzes ausfüllt, sondern sogar das eigentlich Menschliche auslässt, das erst in der Weisheit zum Zuge kommt. Es ist interessant, zu beobachten, wie sich hier der von Augustin formulierte Wissenschaftsbegriff als Gegenpol zur Weisheit eng mit dem heutigen Verständnis von Wissenschaft (science) trifft: Scientia im Sinn Augustins hat es mit dem Mundus sensibilis zu tun, den sie in der ars (τέχνη) handhabbar macht. Sie ermöglicht so zwar den praktischen Ge-
326 brauch (uti) der Welt, aber sie ist auf das Erscheinende, auf den »Schein« beschränkt, den die sinnlichen Dinge gegenüber dem nicht erscheinenden, nicht sinnenhaften, eigentlichen Sein bedeuten. Sie schafft dem Menschen also zwar Nutzen (uti–usus), gibt ihm aber nicht die Wahrheit. So bleibt sie ambivalent, indem sie

[23] Zur Illuminationslehre besonders Gilson, *Bonaventura*, 345–432; Ratzinger, Art. Licht, besonders 51 f.

[24] Vgl. dazu vor allem die eindringliche Untersuchung von Söhngen, *Thomas von Aquin;* Pesch / Schlette, Art. Teilhabe (Literatur).

nicht aufzeigt, wozu dem Menschen seine Technik eigentlich nützt; ja sie ist gefährlich, wenn sie selbst als das Letzte und Einzige erscheint und so aus dem »Gebrauchen« ein »Genießen« wird, das den Menschen vom Eigentlichen abhält.[25] Dieser platonisch inspirierte Begriff der Wissenschaft als Wissen vom Erscheinenden kommt dem naturwissenschaftlichen Wissensbegriff mit seinem notwendigen methodischen Positivismus und seiner Ausklammerung der Frage nach der Wahrheit des Seins sehr nahe und bietet daher mit Recht den Verfassern den Ansatzpunkt, um auch heute auf der Notwendigkeit der Sapientia zu insistieren. Sie definieren sie als die Möglichkeit, vom Sichtbaren zum Unsichtbaren vorzustoßen und die Phänomene zu überschreiten auf die »intelligible Wirklichkeit hin«, die der Mensch »mit wahrer Gewissheit« zu berühren vermöge. Diese Aussagen erinnern an die Formel des Vaticanum I über die Möglichkeit »sicherer« Gotteserkenntnis aus der Vernunft; wie dort, so wird auch hier gleichzeitig eingeräumt, dass der Mensch durch die Sünde einer Verdunklung und Schwächung verfallen ist. Tatsächlich ist das Thema der beiden Konzilien letztlich dasselbe: Die metaphysische Frage und die Gottesfrage decken sich im Grunde; das Gottesproblem ist nicht eine zusätzliche Region der Metaphysik, sondern mit der Frage des Seins selbst gesetzt, so wie umgekehrt die Seinsfrage gleichzeitig die Gottesfrage bedeutet. Unser Text vertieft demnach einfach die Aussagen des vorigen Konzils, indem er die Problematik der Gottesfrage in den Zusammenhang des Zueinanders von scientia und sapientia einordnet und so die spezifische Form der Gotteserkenntnis gegenüber der modernen Wissenschaftswelt deutlich werden lässt. Zugleich gewinnt der Hinweis auf die Sünde als Gefährdung der Gotteserkenntnis von hier erst so recht seinen Sinn; rein gegenständliches Beweiswissen wird ja durch die Sünde nicht gehindert. Bei der sapientia hingegen geht es um die Menschlichkeit des Menschen, der seine Tendenz zur Unmenschlichkeit oder Untermenschlichkeit im Wege steht: Nur wo er Licht ist, kann er das eigentliche Licht sehen; da er aber so oft Finsternis ist, Abwendung vom Licht, sieht er auch nichts. Der dynamische Charakter der Lichtmetaphysik, in der Erkennen und Sein untrennbar sind

---

[25] Vgl. SÖHNGEN, *Wissenschaft und Weisheit.*

und beides als lebendiger Vollzug begriffen wird, lässt den ganzmenschlichen Anspruch der Gotteserkenntnis (und der Erkenntnis von »Wahrheit« überhaupt) deutlich werden. Das Ja zur Metaphysik, das Artikel 14 und 15 im Blick auf die Frage nach dem Menschen und nach Gott formulieren, gehört zu den Grundeinstellungen unseres Textes: Wo die metaphysische Frage definitiv abgewiesen wird, ist der »Tod Gottes« die unausweichliche Konsequenz, aber auch die Verkürzung des Menschen um die Dimension der Weisheit unausweichlich, und alle Theologie, die dann noch übrig bleibt, ist inkonsequentes Gerede.

Mit der Verwendung des Scientia-sapientia-Schemas erreicht der Text zugleich wieder seinen eigentlichen Leitbegriff, das Hu-
327 manum, und erhält so auch die Möglichkeit, das Programm der »Unterscheidung« durchzuführen, das er sich gesetzt hat, indem von hier aus eine kritische Differenzierung des Fortschrittsbegriffs möglich wird. Das Voranschreiten der Wissenschaft und der durch sie ermöglichten artes bringt keine Sicherung für die Zukunft des Menschen. Sie bleibt gefährdet, wenn dem Zuwachs an Wissenschaft ein Mangel an Weisheit gegenübersteht. Das Neue, die Entdeckungen des menschlichen Verstandes, ist an sich nicht auch schon das Humanere, es muss erst humanisiert werden durch »Weisheit«. Die Vermenschlichung des Menschen wird von der Wissenschaft allein nicht besorgt. Ob also die Fortschritte der Wissenschaft Fortschritte des Menschen sind, entscheidet jeweils erst der Mensch selbst. So ist hier jede mechanische Wissenschaftsgläubigkeit und die Hoffnung auf die erlösende Macht des technischen Fortschritts durch das Prinzip »Weisheit« als das eigentlich Menschliche infrage gestellt. Zugleich ergibt sich damit die Möglichkeit, jenen Völkern und Kulturen gerecht zu werden, die als »Entwicklungsländer« erst am Anfang des technischen Fortschritts stehen und die doch durch ein ungebrochenes Sein in der Weisheit einen Beitrag für das Ganze der menschlichen Familie leisten können, der nicht weniger wertvoll ist als die industriellen Leistungen der wirtschaftlich fortgeschritteneren Nationen.

Etwas äußerlich angeklebt wirkt der abschließende Verweis auf die Weisheit des Glaubens. Der Versuch, natürliche und übernatürliche Ordnung auseinanderzuhalten, der im Hintergrund steht, lässt beides eher fragwürdig erscheinen. Dabei drückt gerade

Augustins Idee der sapientia eine Konzeption aus, in der beides noch in unlösbarer Einheit gesehen wird, als die *eine* Offenheit des Menschen für die Wahrheit, die freilich je nach dem Maß seines Licht- oder Dunkelseins Stufungen umschließt, aber doch nicht in zwei Bereiche zerschnitten werden kann.

Artikel 16. Seit Newman und Kierkegaard steht das Gewissen mit neuer Eindringlichkeit im Mittelpunkt der christlichen Anthropologie; im Werk beider vollzieht sich zugleich in einer vordem nicht gekannten Weise die Entdeckung des Einzelnen, der unmittelbar von Gott angerufen ist und der in einer Welt, die Gott kaum noch erkennen lässt, durch den Ruf des Gewissens Gottes unmittelbar gewiss zu werden vermag. Zugleich stellt bei Newman das Gewissen die innere Ergänzung und Begrenzung des Prinzips Kirche dar: Über dem Papst als Ausdruck für den bindenden Anspruch der kirchlichen Autorität steht noch das eigene Gewissen, dem zuallererst zu gehorchen ist, notfalls auch gegen die Forderung der kirchlichen Autorität.[26] Mit dieser Herausarbeitung des Einzelnen, der im Gewissen vor einer höchsten und letzten Instanz steht, die dem Anspruch der äußeren Gemeinschaften, auch der 328
amtlichen Kirche, letztlich entzogen ist, ist zugleich das Gegenprinzip zum heraufziehenden Totalitarismus gesetzt und der wahrhaft kirchliche Gehorsam vom totalitären Anspruch abgehoben, der eine solche Letztverbindlichkeit, die seinem Machtwillen entgegensteht, nicht akzeptieren kann.

Unser Text geht allerdings von seiner Absicht her nicht unmittelbar auf solche Probleme ein, sondern bietet einen allgemeinen Abriss einer christlichen Gewissenslehre; lediglich durch das Gewicht, das er im Rahmen seiner Anthropologie der Thematik des Gewissens beimisst, ordnet er sich in die von Newman ausgehende Linie des Denkens ein. Gegenüber einer bloß soziologischen oder tiefenpsychologischen Deutung des Gewissens stellt er dessen Transzendenzcharakter heraus: es ist das »im Herzen von Gott eingeschriebene Gesetz«, der heilige Ort, an dem der Mensch mit Gott allein ist und seine Stimme in seinem Innersten hört. Damit ist freilich das Problem vereinfacht und die erkenntnistheoretische Fragestellung ebenso übersprungen, wie die psychologischen und

[26] Siehe die Texte bei Läpple, *Der Einzelne in der Kirche*, 262.

soziologischen Faktoren ausgeklammert sind, die aus der faktischen Gestalt des Gewissens nun einmal nicht weggedacht werden können. Wieso dann, wenn hier unmittelbar Gottes Ruf zu hören ist, das Gewissen »irren« kann, bleibt unerfindlich. Wie schon in den vorhergehenden Artikeln muss man auch hier eine mangelnde Verarbeitung der Einsichten moderner Philosophie und ihrer angrenzenden Wissenschaften feststellen, die gerade an dieser Stelle den Eindruck vorkritischen Denkens schwer abweisbar macht. Übernommen ist aus dem modernen Denken meist nur der allgemeine Impuls, etwa in unserem Falle die Absicht, im Sinne Newmans den Einzelnen und sein Gewissen zur Geltung zu bringen; dagegen sind die einzelnen Erkenntnisse, zu denen jene Impulse geführt haben, kaum berührt. Vorherrschend bleibt eine von den Schulschemata gelöste, aufgelockerte scholastische Überlieferung.[27]

Zusammen mit der Transzendenz des Gewissens wird entschieden seine Unbeliebigkeit und Objektivität herausgestellt. Den Vätern lag offenbar (wie sich ja auch in der Debatte um die Religionsfreiheit immer wieder zeigte) entschieden daran, die Gewissensethik nicht in eine Herrschaft des Subjektivismus umschlagen zu lassen und nicht auf dem Umweg über das Gewissen eine schrankenlose Situationsethik zu kanonisieren. Unser Text sagt vielmehr, der Gehorsam gegenüber dem Gewissen bedeute das Ende des Subjektivismus, das Abgehen von der »blinden Willkür« und die Angleichung an die objektiven Normen des sittlichen Handelns. Er stellt damit das Gewissen als Prinzip der Objektivität vor, überzeugt davon, dass sich im sorgsamen Hören auf seinen Anspruch die gemeinsamen Grundwerte der menschlichen Existenz enthüllen. Der erkenntnistheoretische Optimismus, der sich
329 hier noch einmal ausspricht, wird nur gemildert, wenn am Schluss gesagt wird, dass Nachlässigkeit in der Suche nach den Werten des Wahren und Guten und Gewöhnung an die Sünde das Gewissen abstumpfen und nahezu zum Erblinden bringen könne: Dieser Passus wurde in Text 5 eingefügt, um, wie die Relatio feststellte, den »pessimistischen Aspekt« auszudrücken, auf dem viele Väter

---

[27] Zur Problemgeschichte und zur gegenwärtigen Fragestellung bezüglich des Gewissens STELZENBERGER, Art. Gewissen.

bestünden. Immerhin ist bezeichnend, dass auch hier das Problem nicht grundsätzlich, sondern nur faktisch gesehen wird: Wertblindheit wird als die Gefahr Einzelner dargestellt, die sich allzu sehr im Dunklen ansiedeln; jene generelle Krise des menschlichen Geistes gegenüber dem Guten, von der Luthers Denken so tief erschüttert war, kommt nicht ins Blickfeld des Textes. Immerhin kann er sich für seine Sicht mit einem gewissen Recht auf Röm 2,14 ff. berufen, wo Paulus sich davon überzeugt zeigt, dass es ein in die Herzen eingeschriebenes Gesetz gibt, das auch inmitten einer sündigen Menschheit jedem den wesentlichen Willen Gottes erkennbar werden lässt.

Bei Paulus bleibt der Inhalt dieses ungeschriebenen Gesetzes undeutlich; unser Artikel versucht, ihn aus dem Gesamt des neutestamentlichen Denkens näher zu bestimmen, indem er sich an die christliche Konzentration des Gesetzes in dem Doppelauftrag zur Gottes- und Nächstenliebe hält. Ohne dass man eine deutliche Bezugnahme behaupten könnte, erinnert er damit an den Anfang des Decretum Gratiani: »Ius naturale est, quod in lege et evangelio continetur, quo quisque iubetur alii facere, quod sibi vult fieri et prohibetur alii inferre, quod sibi nolit fieri.« In diesem bedeutsamen Text wird das Naturgesetz mit der Goldenen Regel identifiziert und so mit dem Kern des Evangeliums gleichgesetzt. Indem unser Text sachlich dem gleichen Gedanken nachgeht, ist er zugleich wieder bei dem eigentlichen Leitmotiv der ganzen Konstitution angelangt. Denn wenn die einfache Stimme des Gewissens, die doch den ganzen Willen Gottes bloßlegt, im Auftrag zur Liebe besteht, so ist, was sie gebietet, letztlich die »Menschlichkeit des Menschen«, das Human-Sein im vollen Sinn, und es wird inhaltlich deutlich, was eigentlich Humanität auf dem Feld des Handelns ist, ja auch die formale Bestimmtheit des »guten Willens« gewinnt inhaltliches Profil: Der gute Wille ist eben der dem Gewissen konforme Wille, das Ja zur Liebe, die den Menschen menschlich macht. Damit wird die Aussage der Kirchenkonstitution konkretisiert, wonach das Leben nach dem Gewissen zum Heil führt: Das Gewissen berührt im Letzten nicht nur ein Gesetz, noch weniger stellt es den rein formalen Imperativ dar, sich nach den jeweils vorhandenen religiösen und völkischen Ordnungen zu richten, sondern es berührt im Ruf zur Menschlichkeit der doppelten Liebe zugleich den Kern des Evangeliums. Vor allem aber wird das Gewissen als der Knotenpunkt der Gemeinsamkeit zwischen Christen und Nichtchristen und damit als die eigentliche Drehscheibe des Dialogs herausgestellt: Die Treue zum Gewissen verbindet Christen und Nichtchristen und gestattet ihnen, gemeinsam an der Lösung der sittlichen Aufgaben der Menschheit zu wirken, wie sie sie beide zur demütigen und offenen Frage nach der Wahrheit zwingt. In diesem Kern der Aussage ist der »Objektivismus« unseres Schemas sicher im Recht und auch durch kein kritisches Denken überholbar. Unbefriedigend ist lediglich die Ausarbeitung der konkreten Form des Gewissensspruchs, der mangelnde Blick auf die Gegebenheiten unserer Erfahrung und die ungenügende Reflexion der Grenzen des Gewissens.

Hinsichtlich der verpflichtenden Kraft des irrenden Gewissens gebraucht unser Text eine etwas ausweichende Formel. Er sagt nur, dass das Gewissen dadurch seine Würde nicht verliere. Dabei muss
330 allerdings daran erinnert werden, dass die vor allem von Johann B. Metz mit Nachdruck herausgestellte These, wonach Thomas von Aquin als Erster entschieden die verpflichtende Geltung des irrenden Gewissens gelehrt habe, historisch und sachlich nur mit erheblichen Einschränkungen zutrifft. Historisch schließt sich Thomas hier dem aristotelischen Intellektualismus an, wonach Objekt des Willens allein das sein kann, was die Vernunft ihm vorlegt und der Wille sich immer dann verfehlt, wenn er von der Vernunft abweicht: Er kann nicht noch einmal die Vernunft kontrollieren, sondern hat ihr zu folgen und ist demgemäß schlecht, wenn er der Vernunft widerspricht, auch wenn die Vernunft im Irrtum war. Sachlich ist die These des Thomas im Grunde dadurch aufgehoben, dass er von der Schuldhaftigkeit des Irrtums überzeugt ist. Die Schuld liegt so zwar nicht im Willen, der ausführen muss, was ihm die Vernunft aufträgt, aber in der Vernunft, die um Gottes Gesetz wissen *muss*.[28] Die Lehre von der verpflichtenden Kraft des

[28] Thomas, *Sth* I–II q 19 a 5 6; *De ver* q 17 a 3 corpus und ad 4; a 4 ad 5 8 (in der Übersetzung von Edith Stein, Bd. II, 81–86). Metz hatte seine These aufgestellt in seinem Buch *Christliche Anthropozentrik*, 60, und gerade auf sie seine Ansicht von der »anthropologischen Wende« bei Thomas gestützt.

irrenden Gewissens gehört in der Form, in der sie heute vorgetragen wird, durchaus dem neuzeitlichen Denken zu.

Artikel 17. Der Abschnitt über die Freiheit, mit dem die Konstitution bewusst ein Grundthema des modernen Denkens aufgreifen will, gehört zu den am wenigsten befriedigenden des ganzen Textes. Die ganze neutestamentliche Freiheitslehre ist seit Text 5 völlig ausgeklammert und damit ein für den Christen einfach unrealistischer Standort bezogen: Die Auslassung der Christologie aus der Lehre von der Gottebenbildlichkeit, mit der die Freiheitsidee hier verknüpft wird, rächt sich an dieser Stelle noch einmal; der Versuch, an die christliche Anthropologie von außen heranzuführen und die Glaubensaussage von Christus dabei allmählich zugänglich zu machen, hat hier zu der falschen Konsequenz verleitet, das Eigentliche des christlichen Glaubens als das vermeintlich weniger Dialogfähige vorderhand beiseite zu lassen. In Wirklichkeit könnte doch der Ansatz des Textes nur dann Sinn haben, wenn er wirklich stufenweise zum Kern der neutestamentlichen Botschaft vorführte, also sie inmitten des Menschlichen aufdecken und damit zusehends die Perspektive auf Christus hin eröffnen würde, nicht aber wenn man möglichst im Vorchristlichen verbleibt und Christus dann unvermittelt erst am Ende in Erscheinung treten lässt. Dem Text 4 war von den Konzilsvätern mit Recht eine Vermengung der neutestamentlichen Heilsgabe der in Christus eröffneten Freiheit mit der rein philosophischen Idee der Wahlfreiheit vorgeworfen worden; dass man als Konsequenz daraus die spezifisch christlichen Aussagen überhaupt weitgehend strich, dürfte kaum im Sinne der betreffenden Redner gewesen sein.

Bezeichnend ist die Auswahl der zwei biblischen Texte, die in unserem Abschnitt angeführt werden: Sir 15,14 und 2 Kor 5,10, wobei man stillschweigend aus dem tribunal Christi, von dem Paulus spricht, das tribunal Dei machte und damit den Text aus der Perspektive des Glaubens in diejenige der natürlichen Theologie versetzte, in der auch der Sirach-Text verbleibt. Mit ihm hatte man auf jenen Strom spätjüdischer Weisheitstheologie zurückgegriffen, der von einem ausgesprochenen ethischen Optimismus bestimmt ist und am ehesten so etwas wie Theologia naturalis (vor allem aber Ethica naturalis) betreibt, der aber doch im Gegenlicht

331 der kritischen Weisheitstheologie gelesen werden muss, wie sie in Ijob und Kohelet vorliegt, die beide (ganz explizit Job) die optimistische Weisheitslehre kritisieren und relativieren. Man hätte auch darauf achten müssen, dass Sir 15,14 moralisierende und individualisierende relecture von Dtn 11,26ff. ist, das in Jer 21,8 eine erregende pragmatische Abwandlung erfährt und am Ausgangspunkt der Zwei-Wege-Lehre der jüdischen Ethik steht. Ist Jer 21,8 in der konkreten Situation des belagerten Jerusalem verankert, so ist die Aussage von Dtn 11,26 ganz von der Bundestheologie her bestimmt: Das angeredete Du ist Israel, das im Bundesangebot Gottes die Wahl zwischen Leben und Tod empfängt. So kann aber der Christ bei der Auswertung solcher Texte nicht von der tatsächlichen Bundesgeschichte absehen, nicht ausklammern, dass Israel – repräsentativ für die Menschheit – nicht imstande war, das Angebot des Bundes zu verwirklichen, sondern vielmehr das Gesetz als ein Joch erfahren musste, »das weder unsere Väter noch wir zu tragen vermochten« (Apg 15,10). Es kann nicht davon abstrahiert werden, dass das verheißene Leben schließlich nicht aus der Freiheit der Gesetzeserfüllung kam, sondern aus dem Tod dessen, der sich als Gesetzesübertreter dem Gesetz gemäß ans Holz hängen ließ (Gal 3,12ff.). Sir 15,14 aus diesen Zusammenhängen der Offenbarungsgeschichte herauszureißen und zu einem Beleg für eine harmlose philosophische Freiheitslehre zu machen, stellt nicht nur eine ungeschichtliche Lektüre der Schrift, sondern auch eine ungeschichtliche und so unwirkliche Betrachtung des Menschen dar. Die allgemeine Freiheitslehre, die unser Text entwickelt, kann infolgedessen weder theologischer noch philosophischer Kritik standhalten: Philosophisch geht sie an der ganzen modernen Diskussion über die Freiheit vorbei. Sie nimmt jene Verschattung der Freiheit, von der uns heute Psychologie und Soziologie so unheimlich zu sagen wissen, einfach nicht zur Kenntnis und verweigert sich damit der tatsächlichen Situation des Menschen, dessen Freiheit nur durch ein Gitter von Determinationen hindurch zur Wirkung kommt. Theologisch lässt sie jenen ganzen Problemkomplex beiseite, den Luther polemisch-einseitig in den Begriff des servum arbitrium gefasst hat; von jenem den Menschen durchziehenden Zwiespalt, den Röm 7,13–25 so dramatisch schildert, lässt der ganze Text

kaum etwas ahnen. Er verfällt in eine geradezu pelagianische Terminologie, wenn er davon spricht, dass der Mensch »sese ab omni passionum captivitate liberans, finem suum [...] persequitur et apta subsidia [...] procurat«. Das wird nicht aufgewogen durch den logisch kaum damit verknüpften folgenden Satz, der von einer Verwundung durch die Sünde spricht, die Gnade aber nur als Hilfe auffasst, um den Willen wieder plene actuosam zu machen: Der Umfang des menschlichen Dilemmas, das nun einmal nicht nur die bescheidene Differenz zwischen plene actuosus und actuosus ausmacht, sondern ihn bis in die letzte Tiefe seines Seins infrage stellt und unfrei macht, ist hier nicht annähernd gesehen. Im Grund wird mit der Formel plene actuosus ein jedenfalls semipelagianisches Vorstellungsschema beibehalten. Man kann sich dem Eindruck nicht entziehen, dass hier der theologisch durchaus vertretbare Wille zum Optimismus, der den ganzen Text beherrscht, missdeutet worden ist und zu Verharmlosungen geführt hat, die ihm keineswegs entspringen müssen. Wenn Optimismus im Sinne Johannes' XXIII. die Bereitschaft zum Heute und zum Morgen besagt, den Verzicht auf die Romantik des Vergangenen und eine Spiritualität der Hoffnung mitten in der jeweiligen Gegenwart, so nötigt er auf keine Weise zu den Verharmlosungen einer der Stoa nachgebildeten Ethik. Hier hätte man sich vom Marxismus über das Maß der menschlichen Entfremdung und Verfallenheit belehren lassen können. Sie nicht ernst zu nehmen heißt, nicht groß vom Menschen zu denken, sondern ihn über den Ernst seiner Lage hinwegzutäuschen.

Dass man sich der Problematik der menschlichen Freiheit nicht wirklich gestellt hat, bedingt dann auch, dass man ausschließlich bei der Behandlung der Wahlfreiheit verblieb und den vollen Umfang des Freiheitsthemas gar nicht zu Gesicht bekam. Der eigentliche ontologische Gehalt der Freiheitsidee, die Fähigkeit, das eigene Wesen anzunehmen und mit ihm eins zu werden, ist ebensowenig gesehen wie der dialogische Charakter der menschlichen Freiheit, die erst durch den unerzwingbaren Anspruch der Liebe zum ganzen Sein-Können ihrer selbst geführt wird. Erst von diesem Ansatz aus hätte sich dann aber auch zeigen lassen, dass die Forderung Gottes, unter welcher der Mensch steht, nicht Gegensatz zu seiner Freiheit ist, sondern deren wahre Ermöglichung;

dass menschliche Freiheit nicht in der abstrakten Auswahl zwischen verschiedenen Verhaltensmöglichkeiten besteht, sondern ihrem Wesen nach im Angesichte Gottes lebt und nur von diesem Gegenüber her wirklich begriffen werden kann. Erst von da aus
332 könnte dann auch die christliche Vollendung der Freiheit in der »Freiheit der Kinder Gottes« verständlich gemacht werden, zu deren Bedeutung unser Text keinen Zugang zu eröffnen vermag.

Trotz aller Einwände, die man so gegen unseren Text vorbringen kann, ist es wichtig, auch auf seine positiven Absichten zu achten. Es geht ihm zunächst darum, ausdrücklich vom Glauben her ein Ja zum Wert der Freiheit zu sagen, den der moderne Mensch trotz der fortschreitenden Problematisierung der Freiheitsidee immer ausdrücklicher erfährt. Das wird zwar – wieder im Blick auf den Aufbau des Textes – hier nicht auf den ganzen Umfang der Freiheitsidee, etwa die soziale oder die politische Freiheit, ausgeweitet, sondern nur auf einer psychologischen Ebene getan, aber doch in der Absicht, damit den Ausgangspunkt des Freiheitsbegriffs festzulegen und von ihm her den Menschen als das freie Wesen zu bejahen, das sich zu sich selbst entscheiden muss und weder äußerem Zwang noch der Nötigung des Triebs (die heute den eigentlichen Hebel für die gesellschaftliche Manipulation des Menschen bietet) unterworfen werden darf. Auf der anderen Seite ging es dem Konzil darum, die Verwechslung von Freiheit und Bindungslosigkeit abzuwehren, die weithin das Leitbild der öffentlichen Meinung von heute darzustellen beginnt und damit gerade als Mittel zur Manipulation des Menschen verwendet wird, der mithilfe des Trugbilds dieser Freiheit in Wahrheit seiner Freiheit beraubt und in die Verfügung der anonym den geistigen und wirtschaftlichen »Markt« beherrschenden Mächte genommen wird.[29] Endlich geht es dem Text darum, jedem Determinismus gegenüber die sittliche Verantwortlichkeit des Menschen herauszustellen. Im Hintergrund wird wiederum ein Paradox unserer gegenwärtigen geistigen Situation sichtbar, die einerseits ganz vom Ruf nach Freiheit lebt und sie jeder Bindung entgegensetzt, anderseits dem sittlichen Phänomen gegenüber die Entdeckungen des Determinismus betont, die Übertragung der

[29] Vgl. dazu die wichtige Untersuchung von Dreier, *Konsumwerbung*.

Verhaltensforschung vom Tier auf den Menschen vornimmt und die Unausweichlichkeit statistischer Gesetze des Handelns herausstellt. Der Text bekennt sich demgegenüber zur sittlichen Freiheit des Menschen und hält sie, biblisch mit vollem Recht, auch jedem theologischen Determinismus entgegen. Sosehr das Neue Testament, wie oben angedeutet, um die Verfallenheit und Ohnmacht des Menschen weiß, so nachdrücklich hat es doch stets die sittliche Verantwortung *aller* Menschen herausgestellt; Luthers servum arbitrium ist zuletzt trotz alles Bedenkenswerten, das es aussagt, auch neutestamentlich nicht zu halten. Alle diese Anliegen wären ohne Zweifel wirksamer zur Geltung gekommen, wenn sie kritischer gefasst worden wären. Aber auch so bleiben sie in ihrer Bedeutung bestehen und stellen einen wichtigen positiven Beitrag dar, den unser Text trotz aller seiner Schwächen zum Streit um den Menschen zu bieten hat.

Artikel 18. Die Aufnahme des Todesproblems in den anthropologischen Entwurf der Pastoralkonstitution bedeutet den Übergang von einer bloß essentialistischen Frage nach dem Menschen zu einer Darstellung, die auch die Ebene der Existenz mit in ihre Überlegungen aufnimmt. Es ist sicher kein Zufall, dass erst hier, in einem Stück Existenzanalyse, auch die christologische Thematik zur Sprache kommt (abgesehen von dem neu aufgenommenen Artikel 13, der ebenfalls dem Existenzbereich zugeordnet ist). Die Struktur des Textes ist freilich nicht einheitlich; man kann leicht drei Ebenen unterscheiden, auf denen er sich bewegt: zunächst einen Versuch, vom Grundphänomen Tod her die Frage des Mensch-Seins insgesamt in den Blick zu bringen, also in der Tat so etwas wie eine Analyse eines menschlichen Grundexistentials; daneben steht die ontologische Ebene des Denkens im Sinn der traditionellen Metaphysik, und schließlich begibt man sich auf die heilsgeschichtlich-theologische bzw. christologische Ebene.

Der Text beginnt dementsprechend damit, zu zeigen, dass Tod nicht nur ein äußerlicher Augenblick am Ende eines davon unberührten Lebens ist, nicht nur ein biologischer Vorgang, der mit dem Eigentlichen des Menschen im Grunde nichts zu tun hätte, sondern eine beständige Bestimmtheit des menschlichen Lebens. Im Prozess der Auflösung und im Phänomen des Schmerzes ist er

ständig im Leben selbst anwesend, und als die Furcht vor dem Nichts durchdringt er die ganze Existenz des Menschen, der in ihm fortwährend den Widerspruch zum Sein erfährt, die Unverfügbarkeit seines eigenen Daseins, das ihm durch die seinem Zugriff entzogene Todesmöglichkeit zugleich gehört und nicht gehört, so dass all seinem Planen und Berechnen immerfort die Grenze des Nicht-zu-Planenden, überhaupt das Phänomen der Grenze, der Macht des anderen entgegensteht. Der Text vertieft
333 diesen Aspekt, indem er die Nicht-Natürlichkeit, die existentielle Widersprüchlichkeit des Todes herausstellt: Das Sein des Menschen ruft danach, sich selbst zu besitzen, seiner gewiss zu sein, und es ruft nach Ewigkeit, ja es stellt gleichsam selbst den Anspruch des Immer-sein-Wollens dar, ist aber gleichzeitig gezeichnet von der Anwesenheit des Nichts, des Endes, das so als »Angst« (timor – abhorret – respuit) die Daseinsgestalt des Menschen zeichnet. Es war im Rahmen eines lehramtlichen Textes, der Gesichtspunkte bietet, aber nicht eine ausgeführte Philosophie oder Theologie des Todes intendieren kann, zweifelsohne nicht möglich, die Linie dieser Gedanken weiter auszuziehen und damit die innere Einheit der verschiedenen Ebenen des Themas deutlicher herauszustellen, als es tatsächlich geschah. Sonst hätte man hier die Frage nach dem Unsterblichkeitsverlangen deutlicher spezifizieren müssen. Tatsächlich erhebt der heutige Mensch häufig Einspruch gegenüber der Behauptung, er wolle ewig leben; davon wisse er nichts, er sei mit seiner Vergänglichkeit durchaus einverstanden. Dagegen kann man sicher zunächst einwenden, dass solche Aussagen meist einer Situation entstammen, in der der Mensch noch gar nicht wirklich mit der Todesfrage konfrontiert war, und dass sein Widerspruch zum Phänomen des Endes ihm selber erst bewusst wird, wenn er das Ende als Realität, als »Existential« wahrgenommen und erfahren hat. Daran muss aber umgekehrt ernst genommen werden, dass der Mensch die endlose Fortsetzung seines gegenwärtigen Daseins in der Tat im Grunde nicht wünscht, sondern dass an die wirkliche Form seines Ewigkeitsverlangens eher Nietzsches Satz heranführt: Denn alle Lust will Ewigkeit ... Nur jene Augenblicke, in denen der Mensch das eigentliche Leben berührt oder zu berühren glaubt, will er nicht vergehen sehen; in ihnen wird ihm durchaus die Uneigentlichkeit

seines gewöhnlichen Lebens erfahrbar, das ihm von solchen Augenblicken her gar nicht eigentlich als »Leben« erscheint, und zugleich wird er freilich darin inne, dass das eigentliche Leben ewig sein müsste und dass das Vorübergehen des Eigentlichen als Wunde, als Widerspruch in ihm steht. Von diesem Phänomen der Widersprüchlichkeit aus, das sich in der Angst am meisten artikuliert, wie auch von der Differenz zwischen eigentlichem und uneigentlichem Leben her hätte auch der etwas unvermittelt im zweiten Abschnitt auftretende Satz sinngemäß eröffnet werden können, dass der Mensch ohne Sünde dem leiblichen Tod entzogen geblieben wäre. Diese Aussage ist für das heutige Denken in ihrer klassisch-dogmatischen Form kaum verständlich, sie könnte aber auf dem Weg einer Existenzanalyse, die das naturale und das existentiale Phänomen des Todes unterscheiden lehrt, einsichtig gemacht werden. Dass sich die Verfasser dieser Fragen immerhin bewusst waren, geht daraus hervor, dass sie die verschiedenen Modi ablehnten, die in diesem Zusammenhang von präternaturalen Gaben gesprochen sehen wollten:[30] Die Problematik dieser »naturalen« Terminologie wurde absichtlich dem Text ferngehalten; diese Vorsicht entspricht auch dem behutsamen Vorgehen, das man in Artikel 13 bezüglich der Frage nach Ursünde und Urstand befolgt hatte. In gewissem Maß klingen die eben skizzierten Gedanken in unserem Text an, wenn er ausdrücklich sagt, dass die technischen Erleichterungen des Lebens keine Antwort auf das Phänomen der Angst (als Reflex des Nichts, das im Sein durch die Todeslinie wohnt) darstellen und dass auch die durch die moderne Medizin ermöglichte biologische Lebensverlängerung nichts mit dem Ruf der menschlichen Existenz nach Ewigkeit zu tun habe: Was der Mensch braucht, ist ja nicht eine möglichst lange und noch dazu ständig depotenzierende Fortsetzung seines todbedrohten Dahinlebens (abgesehen von den Problemen, die fürs Ganze der Menschheit aus solcher biologischer Lebensverlängerung entstehen), sondern das eigentliche Leben, das er nur selten berührt und nach dem doch sein ganzes Verlangen zielt.

Die klassische philosophische Unsterblichkeitslehre kommt nur 334
in einer Andeutung kurz zur Sprache, wenn gesagt wird, der

[30] Modi 8 und 9, Text 6 (Seite 170).

Mensch trage den Samen der Ewigkeit in sich, der auf die bloße Materie nicht reduziert werden könne. Diese Aussage ist allerdings mit der christologischen Heilslehre des zweiten Abschnitts nicht ausgeglichen. Diese geht nicht von den bleibenden ontologischen Komponenten – vergängliche Materie, unvergängliches, nicht materielles Sein – aus, sondern betrachtet das Todesschicksal und die Ewigkeitsverheißung geschichtlich: Tod kommt aus Sünde, Ewigkeit aus der Heilstat Jesu Christi. Dass jeder Versuch fehlt, die Beziehung der beiden Aussagen zueinander und so das Verhältnis zwischen ontologischer und christologischer Betrachtungsweise zu klären, hängt wohl damit zusammen, dass man grundsätzlich auf die traditionellen Begriffe wie »Natur«, »außernatürlich«, »übernatürlich« zu verzichten entschlossen war und keine Möglichkeit fand, ohne die Natur-Übernatur-Schematik das Zueinander von Ontologie und Geschichte zu beschreiben. Auffällig ist hier der Akzentunterschied zwischen Artikel 14 und 18: Während dort selbstverständlich in der klassischen Terminologie von anima spiritualis et immortalis gesprochen wird, fällt hier aller Akzent auf die geschichtliche Betrachtung der neuen Ermöglichung ewigen Lebens durch die Heilstat des Herrn. Das philosophische Denken kommt nur indirekt im letzten Satz noch einmal ins Spiel, wenn gesagt wird, dass der Glaube, verbunden mit soliden Argumenten, dem Menschen Antwort auf seine Angst biete. Das Vertrauen auf die Argumente, das sich hier zu Wort meldet, ist erstaunlich; es erklärt sich wohl zunächst aus der scholastischen Tradition und ihrer Form der Verbindung von fides und praeambula fidei bzw. fides und argumenta; zum anderen kommt es sicher aus dem Versuch des Textes hervor, Gespräch mit den Ungläubigen zu sein, denen nicht einfach die Verheißung des Glaubens, sondern auch deren Vernünftigkeit vor Augen gestellt werden soll. Dabei sollte allerdings deutlich sein, dass Aussagen wie diejenige des ewigen Lebens des Menschen ihrem Wesen nach nur Glaubensaussagen sein können, deren Vernünftigkeit als Vernunft des Glaubens stattfinden muss, als solche freilich in der Tat zu fordern ist.

Positiv wird die christologische Verheißung in dreifacher Richtung entfaltet: als Verheißung ewiger Gemeinschaft des Menschen mit Gott, als Verheißung der neuen Kommunikation der Menschen miteinander in Christus und endlich als Hinweis auf die Todesgemeinschaft Christi mit uns, die zugleich unsere Lebensgemeinschaft mit ihm verbürgt und einschließt. Damit klingt hier erstmals das Ostergeheimnis als Mitte der Christologie und als Mitte der christlichen Existenz überhaupt auf. Erzbischof Garrone hatte in seiner am 21. 9. 1965 vorgetragenen Relatio zu Text 4 gerade auf diesen Gesichtspunkt ausdrücklich hingewiesen und erklärt, dass die Analyse in der Tiefe des Glaubens habe ansetzen müssen, speziell im Schöpfungsglauben und im Ostergeheimnis (Seite 8). Im Vergleich zur bisherigen katholischen Theologie, besonders auch zu der christologischen Erneuerung, wie sie sich in Deutschland zwischen den beiden Kriegen vollzogen hatte und im Umkreis des Chalkedon-Jubiläums allgemein bestätigt wurde, kann das einigermaßen überraschen: Katholische Theologie hatte im Grunde schon seit der griechischen Patristik, wieder bei Thomas von Aquin und mit neuer Eindringlichkeit in den letzten Jahrzehnten die Christologie ganz vom Gedanken der Inkarnation her begriffen. Dass im Programm unserer Konstitution Schöpfung und Ostern als die beiden Brennpunkte der theologischen Ellipse genannt werden, verweist doch wohl auch auf den von Teilhard ausgehenden Impuls und auf die eigenartige Bestätigung, die sein Leben dadurch empfing, dass ihm sein Wunsch erfüllt wurde, an Ostern zu sterben: im Blick auf Christus, den er, österlich denkend, weit mehr als Omega denn als Alpha erfahren hatte.

Artikel 19. Der im Herbst 1964 vom Konzil diskutierte »Zür- 335
cher Text« (Text 3) enthielt keinen Abschnitt über den Atheismus. Verhältnismäßig ausführlich handelte hingegen davon die am 6. 8. 1964 veröffentlichte Enzyklika »Ecclesiam suam«, die allerdings Atheismus noch weitgehend mit Kommunismus identifizierte und einen Dialog damit kaum für möglich hielt: »Quo in rerum statu difficile cogitari quit de colloquio, ne dicamus id haberi non posse […] hac de causa, loco colloquii, silentium habetur […]. Si autem disputationem ingrederemur, quomodo in tali rerum conditione seri possunt colloquia? Haec scilicet non essent nisi vox clamantis in deserto.« Als positive Aufgabe wird immerhin herausgestellt, die verborgenen Ursachen aufzudecken, die die Menschen verwirren und zur Gottesleugnung veranlassen. Soweit Atheisten als Wissenschaftler konsequentes logisches Den-

ken befolgen, wird der Versuch vorgeschlagen, ihnen zu helfen, auf dem Weg des Denkens nicht vorzeitig haltzumachen, sondern es bis zur Urwahrheit selbst vorzutreiben; soweit sie sich um Hilfen für das Leben der Menschen in der Welt mühen, soll dieses Handeln zu seinen christlichen Quellen zurückgerufen werden.[31] Zweifellos blieb dieser Text nicht ohne Einfluss auf die Konzilsdebatte, in der diese Enzyklika wiederholt zitiert wurde; aber auch unabhängig davon hätte sich den Vätern bei dem Versuch einer Auseinandersetzung zwischen dem Glauben und der modernen Welt das Thema Atheismus aufdrängen müssen. So wurde in der Tat in der Generaldebatte wie in dem Gespräch über das I. Kapitel (20.–26. 10. 1964) das Thema in den verschiedensten Formen immer wieder berührt. Der Erste, der es (soweit ich es überblicken kann) aufgriff und sofort auf eine beträchtliche Höhe führte, war Kardinal Silva Henríquez von Santiago (Chile) am 20. 10. 1964. Er verwies auf den humanistischen Charakter des modernen Atheismus, dem mit einer bloßen Verurteilung nicht zu begegnen sei, sondern auf den christlich nur geantwortet werden könne mit Christus, dem neuen Menschen. Die wahre christliche Anthropologie liege im Geheimnis Christi, »das nicht nur die Epiphanie Gottes, sondern auch die Epiphanie der Fülle des Menschen ist«.[32] Damit war der entscheidende Punkt aufgedeckt, an dem eine Mäeutik des Gottesglaubens dem heutigen Bewusstsein gegenüber
336 ansetzen kann, und der Weg für den neu zu schaffenden Konzilstext vorgezeichnet, der das Thema Atheismus als Frage nach dem Menschen behandeln und den christlichen Glauben an Gott als Antwort auf die Frage nach dem Menschen erweisen musste. Richtig hatte der Kardinal auch die spirituelle Grundrichtung erfasst, die eingeschlagen werden musste, wenn er eine vom auferstandenen Christus her zu entwerfende Eschatologie als Aufgabe des Schemas erklärte und damit die Zukunftsbezogenheit des modernen Menschen als Aufgabe für die kirchliche Verkündigung erkannte und die personalistische Zentrierung der Eschatologie in der Christologie und der Christologie im Paschamysterium forderte. Bereits am folgenden Tag wurde das Thema Atheismus von

---

[31] Vatikanische Ausgabe 1964, Seite 48 f.

[32] Zitiert nach Dorn / Denzler, *Die Dritte Session*, 208.

einer Reihe weiterer Redner aufgenommen, besonders von Kardinal Suenens, der sich (im Gegensatz zu Silva) zwar zunächst gegen die militanten Formen des heutigen Atheismus wandte, aber ebenfalls ein Ernstnehmen des Phänomens anstelle bloßer Verurteilung forderte und den hernach gleichfalls in den Text eingegangenen Gedanken herausstellte, dass viele Menschen, indem sie Gott leugnen, in Wahrheit nur eine Karikatur Gottes zurückweisen und den lebendigen Gott des Glaubens gar nicht kennen. In den folgenden Tagen stellten sich zwei gegensätzliche Richtungen unter den Rednern über den Atheismus heraus. Die eine Gruppe forderte eine Verurteilung des Kommunismus (so besonders Franič von Split, Yü Pin von Formosa, ehemals Nanking, und Bolatti von Rosario, Argentinien; im Wesentlichen auch Stimpfle von Augsburg). Dem stand auf der anderen Seite die von Kardinal Silva eröffnete Linie gegenüber, die in dem Madrider Weihbischof Guerra Campos nochmals einen sachkundigen Redner fand, der im Rahmen seines Diskussionsbeitrages die Probleme des marxistischen Atheismus den Vätern zu erläutern versuchte und einige wertvolle Anregungen für die Form der Auseinandersetzung damit bot.[33] Kardinal Alfrink kam am 5.11.1964 nochmals auf das Thema zurück und schloss sich der »positiven« Richtung an.[34]

Diesen Anregungen entsprechend enthielt der Ariccia-Text
(Text 4) einen eigenen, ziemlich ausführlichen Abschnitt über
den Atheismus, dessen Grundgerüst und -richtung im Endtext
beibehalten ist. Am 26. und 27.9.1965 kam es nochmals zu einer
gehaltvollen und eindringlichen Debatte über das Problem des 337
Atheismus, in der sich, freilich nun noch schärfer und eindringlicher als im Vorjahr, die beiden Richtungen gegenüberstanden, die sich damals schon abgezeichnet hatten. Höhepunkte bildeten die Reden der Kardinäle König und Šeper sowie des Patriarchen Maximos. Šeper stellte nachdrücklich die Mitschuld der Christen an der Verbreitung des Atheismus und die Notwendigkeit einer neuen Haltung der Christen heraus, König ging vor allem den geistesgeschichtlichen Wurzeln des Atheismus nach, Maximos rief zu einer eindringlichen Gewissenserforschung der Kirche auf:

[33] Text bei Hampe, *Die Autorität* 3, 576–580.

[34] Text bei Hampe, *Die Autorität* 3, 580 f.

»Manche haben gefordert, das Schema müsse die Sünde der Welt herausstellen. Aber die große, die enorme Sünde der Welt, die Jesus im Evangelium unablässig geißelt, ist der Egoismus und die Ausbeutung des Menschen durch den Menschen. Manche verlangten, der Text müsse vor allem von der Notwendigkeit sprechen, das Kreuz zu tragen [...]. Aber wer trägt denn in Wahrheit mehr das Kreuz als die arbeitenden, armen Massen, die sich mühen, aus ihrem Geschick durch Arbeit, Solidarität und Sozialisation selbst herauszukommen? [...] Ist es nicht der Egoismus gewisser Christen, der zum großen Teil den Atheismus der Massen ausgelöst hat und auslöst? Haben wir also den Mut, die moralischen Werte der Solidarität, der Brüderlichkeit, der Sozialisation zu ihren Wurzeln zurückzuführen, die christlich sind. Zeigen wir, dass der wahre Sozialismus das Christentum ist, wenn es integral gelebt wird in der gerechten Verteilung der Güter und in der fundamentalen Gleichheit aller [...]. Wenn wir das Evangelium integral gelebt und gepredigt hätten, hätten wir der Welt den atheistischen Kommunismus erspart. Senden wir doch der Welt der Arbeit statt einer banalen Verdammung, die man längst kennt, immer mehr Priester und Laien, das Leben der Mühsal und der sozialen Anstrengung der Menschen unserer Zeit zu teilen [...].«[35] Auf der anderen Seite stand eine eindringliche Rede des aus der Tschechoslowakei stammenden Bischofs Hnilica, der selbst Haft erduldet hatte und vom Mysterium des Satans sprach, dem das Mysterium der Liebe entgegenzustellen sei. Schärfer noch sprach der Exilukrainer Rusnak und der in den USA lebende Ruthene Niclos Elko, der den dialektischen Materialismus als den wahren apokalyptischen Drachen unserer Zeit, eine Armada des Antichristen und die Pest der heutigen Gesellschaft bezeichnete. Ihm sei nicht anders als durch eine feierliche Verurteilung zu begegnen.[36] Eher vermittelnd waren die Kardinäle Florit und Slipyj; Letzterer übte allerdings doch eine stillschweigende Kritik an Patriarch Maximos, wenn er feststellte, die Marxisten selbst würden jedenfalls seiner Diagnose über die Gründe ihres Erfolges nicht recht geben. Ihrer Meinung nach habe

---

[35] Nach WENGER, *La quatrième session*, 151 f.

[36] DORN / DENZLER / SEIBEL, *Vierte Session*, 78 f. Zum Ganzen das Material bei WENGER, *La quatrième session*, 149–163.

sich der Marxismus bei den arbeitenden Massen nicht der Fehler der Christen wegen durchgesetzt, sondern weil er richtig sei. Ein kämpferisches Aktionsprogramm entwickelte der Jesuitengeneral Arrupe, der eine vom Papst gesteuerte zentrale Strategie kirchlicher Arbeit für das richtige Gegenmittel gegen Marxismus und Atheismus ansah.

Kardinal König, der zwischen der dritten und vierten Konzilssession zum Präsidenten des Sekretariats für die Ungläubigen ernannt worden war, hatte sich in seiner Rede erboten, mithilfe von Experten einen neuen Text zum Atheismusproblem zu erarbeiten. Auf diesen Vorschlag ging man ein. Es wurde eine kleine Subkommission mit König und Šeper als Konzilsvätern und den Jesuiten de Lubac und Daniélou als Experten gebildet; der neue Text geht im Wesentlichen auf ihre Arbeit zurück. Der Subkommission wurden noch drei Bischöfe des Sekretariates für die Ungläubigen beigegeben: Aufderbeck (Erfurt), Hnilica (Rom) und Kominek (Breslau); als Periti kamen aus diesem Sekretariat die Patres Miano und Girardi hinzu. Für den Aufbau des Textes folgte man dem Vorschlag, den Kardinal König in seiner Rede präsentiert hatte: zuerst über die Formen und Wurzeln des Atheismus zu handeln, dann über die Zurückweisung und die Heilmittel. Natürlich bleibt angesichts des ungeheuer vielschichtigen Problems auch der so zustande gekommene Text summarisch und allgemein; eine wissenschaftliche Analyse konnte ja auch nicht Sache des Konzils sein. Insgesamt ist aus dem eingehenden konziliaren Disput doch eine abgewogene und wohlfundierte Aussage hervorgewachsen, die man unter die bedeutendsten Äußerungen dieses Konzils zählen darf.

Bedeutsam ist zunächst schon seine Platzierung, die auf den 338
ersten Blick etwas überraschend anmuten kann und die in der Tat in vieler Hinsicht eher ein Produkt des Zufalls darstellt. Dennoch entbehrt sie nicht einer tiefen Berechtigung: Sehr bewusst wird die Frage nach dem Atheismus im Rahmen der Frage nach dem Menschen abgehandelt und damit deutlich gemacht, dass sie nicht einfach ein metaphysisches Versagen oder ein Scheitern der Erkenntnistheorie ausdrückt, sondern ihren eigentlichen Antrieb im Verlangen nach dem wahren Humanismus hat und so auf der anthropologischen Ebene beantwortet werden muss: Ist Gott nur

eine Projektion des Menschen, in der dieser sich selbst entfremdet wird, oder ist er die Ermöglichung des Menschseins des Menschen? Auch die Nachbarschaft zum Todesproblem und damit überhaupt zur existenzbezogenen Seite der konziliaren Anthropologie ist wichtig: Der Atheismus ist eine Frage, die nur auf der Existenzebene verstanden werden kann und nicht von einer reinen Essenzphilosophie her zu erfassen ist, und er findet seinerseits seine Grenze am Todesproblem, auf das er nicht zu antworten vermag. Schließlich ist wichtig, dass dem Abschnitt über den Atheismus der christologische Artikel des Konzilstextes folgt: Als Antwort auf die Leugnung Gottes um des Menschen willen bekennt sich die Kirche zu dem Gott, der Mensch geworden ist; der angeblichen Projektion des Menschen, die Gott erst schafft, tritt hier der Gott entgegen, der sich sich selbst entfremdet, um den Menschen in sein Eigentliches zu führen. Damit wird die Linie von Kardinal Silva aufgenommen: In der Christologie erweist sich christlicher Glaube an Gott als Humanismus des neuen Menschen Jesus.[37]

Es wird wohl Zufall sein, dass unser Text mit genau denselben Worten beginnt wie die Erklärung über die Religionsfreiheit: Dignitatis humanae ... Immerhin ist die Verknüpfung sinnvoll, die auf diese Weise entsteht: Nur ein Glaube, der ganz auf die Freiheit des Menschen und auf die Achtung vor dieser Freiheit gegründet ist, kann unbefangen als Anwalt des besseren Humanismus der humanistischen Verheißung des heutigen Atheismus entgegentreten. Zugleich ist mit diesem Anfang (der auch an das Mischungsgebet der römischen Messe erinnert »[...] humanae substantiae dignitatem«) die inhaltliche Linie des Ganzen vorgezeichnet: Der Glaube daran, dass der Mensch Gesprächspartner Gottes ist, bestimmt, mit ihm in die Kommunikation der Liebe zu treten, geschaffen, zu schauen und zu lieben – dieser Glaube garantiert dem Menschen eine Würde, die ihm niemand sonst geben kann. Er erniedrigt ihn nicht, sondern er sagt das Höchste von ihm, was überhaupt denkbar ist.

Im Folgenden wird die außerordentliche Differenziertheit des Phänomens Atheismus herausgestellt; in großem Umriss werden

---

37 Vgl. dazu Gollwitzer, *Atheismus des Ostens*, besonders 597.

seine verschiedenen Arten angedeutet: skeptischer, agnostischer, positivistischer Atheismus, Atheismus aus Mangel an religiöser Erfahrung – das Problem der »Gottunfähigkeit« des Menschen, der Gott gar nicht mehr zu leugnen braucht, sondern schlicht in der Abwesenheit Gottes lebt und die Frage, die sie aufrichtet, kaum zu empfinden scheint; aber auch jener »positive« Atheismus kommt zur Sprache, der mehr Parteinahme für den Menschen als gegen Gott ist (»magis [...] ad affirmationem hominis quam ad Dei negationem«), Revolte gegen die Unmenschlichkeit der Welt und freilich auch Aufbegehren gegen Unrecht, Leid und Not dieser Welt überhaupt: die Frage Jobs, aber nun zur Geste des Prometheus gesteigert.[38] Damit sind zugleich auch die Ursachen des Atheismus berührt: das »Theodizeeproblem«, auf das Kardinal Florit hingewiesen hatte; auch der geistesgeschichtliche Hinweis von Kardinal König ist aufgenommen: die heutige Zivilisationsform, die »hominisierte« Welt der Technik scheine nirgendwo mehr den Ausblick auf Gott freizugeben; der Mensch begegnet allenthalben nur mehr sich selbst.[39] Und freilich kommt auch die Verdunkelung des Gottesbildes hinzu: Der Gott, den der Atheismus leugnet, ist häufig eher ein Götze, eine Karikatur – den wahren Gott, das Antlitz des Vaters Jesu Christi hat er nie kennengelernt. Damit ist eine weitere Ursache berührt: die Schuld der Christen, die Gottes Antlitz oft mehr verhüllt als enthüllt haben. In der Tat, ist es nicht bestürzend, festzustellen (wie Kardinal König es in seiner Rede getan hatte), dass der Atheismus seine Wurzeln in der westlichen Welt hat, nicht in Asien oder Afrika, also 339
gerade dort entsprungen ist, wo seit fast zwei Jahrtausenden das Christentum verkündigt wird? Jede bloße Verurteilung der anderen endet an dieser Einsicht, und man wird Gollwitzer zustimmen müssen, dass eine Erklärung über den Atheismus so weit christlich ist, »als sie bußfertig ist.«[40] Nicht anders als im Zeichen der Buße können die Christen heute recht über den Atheismus reden, der auch ihre Schuld ist und insofern mit ihre eigene Sache, nicht bloß

[38] Gollwitzer, *Atheismus des Ostens*, 597.
[39] Vgl. Frings, *Das Konzil und die moderne Gedankenwelt*, 17 ff.; Ratzinger, Art. Neuheidentum.
[40] Gollwitzer, *Atheismus des Ostens*, 601.

die der anderen, die man als die Bösen den Guten gegenüberstellen und verurteilen könnte.

Artikel 20. Aus der Skizzierung der verschiedenen Arten des Atheismus herausgenommen und zu einem eigenen Artikel vereinigt ist die Darstellung zweier für die geistige Situation der Gegenwart in besonderem Maße prägender Formen des Atheismus: Im ersten Abschnitt unseres Artikels wird der »postulatorische Atheismus« behandelt, im zweiten der marxistische Atheismus. Offenbar wollte man damit den in der westlichen Welt verbreiteten Atheismus und denjenigen, der mit dem Kommunismus verbunden ist, nebeneinanderstellen und damit nochmals nachdrücklich deutlich machen, dass die Abwesenheit Gottes und seine Leugnung sich wahrhaftig nicht auf die kommunistischen Länder beschränkt, sondern dass die westliche Welt durchaus ihre eigene und für ihre geistige Physiognomie zutiefst prägende Form von Gottlosigkeit kennt. Wie es der Situation gemäß ist, bleibt die Schilderung des »westlichen Atheismus« unbestimmter, schillernder; am ehesten könnte man sich an Nicolai Hartmanns Umkehrung von Kants Postulaten der praktischen Vernunft erinnert fühlen: Das Postulat der menschlichen Würde und Freiheit ist nicht mehr, dass ein Gott sei, sondern dass es Gott nicht geben darf.[41] Den Verfassern stand wohl eher Sartres Existentialismus vor Augen, der in einer »Wüste von Stolz« ohne Gott verharren will: »Auch wenn es einen gültigen Gottesbeweis gäbe, so wäre dem Menschen dennoch um seiner Würde, seiner Humanität willen keine Zuflucht zur Transzendenz erlaubt: keine jenseitige Instanz könnte ihn von seiner Freiheit befreien.«[42] Daneben steht allgemein die Mentalität des Menschen, der, vom technischen Fortschritt geblendet und erfüllt, die Erlösung des Menschen allein von mehr Wissenschaft, mehr Aktion erhofft und nicht vom Warten auf den rettenden Gott, das ihm als »Warten auf Godot« (Samuel Beckett) zur sinnlosen und absurden Gebärde wird.

Begreiflicherweise galt die Aufmerksamkeit des Konzils weit mehr den Aussagen über den Marxismus, die eine etwas turbulente Geschichte mitzumachen hatten. Im Anschluss an die Dis-

---

41 Söhngen, Art. Postulatstheologie, 644 f.

42 Zitiert nach Flügel, *Der atheistische Marxismus*, 613.

kussion des ersten Teiles von »Schema XIII« (Text 4) vom 22. bis 28.9.1965 reichte eine Gruppe von Bischöfen, die dem Coetus internationalis Patrum nahestanden, beim Generalsekretär des Konzils als Verbesserungsvorschlag für den Text die Bitte ein, es möge eine ausdrückliche Verurteilung des Kommunismus vorgenommen werden. Durch ein Versehen des Sekretärs der Commissio mixta, Msgr. Glorieux, gelangten diese Emendationes nicht an die zuständige Subkommission, so dass die Relatio zu dem neubearbeiteten Text nichts davon erwähnte. Sie vermerkte lediglich unter B zu Nr. 20 (Seite 30): Zwei Väter baten, der marxistische Atheismus möchte hier mit Namen genannt werden. »Sed commissio non ita sentivit.« Die Unterzeichner waren aufs Äußerste empört, dass ihre Anfrage einfach übergangen worden war. Der unter dem Einfluss von Erzbischof Sigaud, einem der Häupter 340
des Coetus internationalis, stehende Steyler Pressedienst drückte seine Empörung aus, die von einem Teil der Presse aufgegriffen wurde: Man sprach von 450 Vätern, die die Petition unterzeichnet hätten. Die Sache wurde vors Konzilstribunal gebracht; dabei ergab sich, dass die Zahl der Unterzeichner nur 334 betrug, davon waren 297 Unterschriften rechtzeitig eingegangen. Da jedoch ein Verschulden von Msgr. Glorieux, der in jenen turbulenten Tagen mit Tausenden von Emendationsvorschlägen außerordentlich überlastet war, nicht nachgewiesen werden konnte, blieb die Demarche ohne Folgen. Im Übrigen war man in der Kommission der Meinung, dass der Entscheid auch dann negativ ausgefallen wäre, wenn ihr die Petition vorgelegen hätte, da sie Geist und Struktur des Textes betraf, die nach der generell positiven Abstimmung nicht mehr angetastet werden konnten. Die Richtung, in der die Kommission ihre Entscheidung gefällt hatte, wurde von Erzbischof Garrone in seiner am 15.11.1965 vorgetragenen Relatio zum Textus emendatus meisterhaft herausgestellt: »[...] ad hoc tendit textus, ut, si ab aliquo atheo legatur, nihil in expositione non verum inveniat; ut inde etiam Ecclesiae clamorem percipiat, de filiis oppressis et de mutilato homine ›sine Deo‹ crudeliter dolentis; sed nihilominus sciat et sentiat se ab Ecclesia vera et invincibili dilectione diligi« (Seite 6). Damit war der Kern des Anliegens der 334 durchaus berücksichtigt und zugleich dem Geist der Gesamtdebatte entsprochen, der eine bloße Verurteilung als unzu-

länglich enthüllt und eine neue Einstellung gefordert hatte, die nichts am Bekenntnis der Kirche mindert, nichts an ihrem Protest gegen Unrecht, Gewalt und Verfolgung und die doch auch im Atheisten den Menschen erkennt, der der Kirche aufgegeben ist und dem sie versuchen muss, den Weg zum Evangelium Jesu Christi zu öffnen.

Die Abstimmung, die am selben Tag über den neuen Text (5) von Kapitel I stattfand, stellte indes die Kommission noch einmal vor das Problem, das ihr vorher nur durch einen Zufall erspart geblieben war: 220 Väter forderten nicht nur eine ausdrückliche Nennung des Kommunismus, sondern auch, dass über den Atheismus hinaus »alle seine Irrtümer« verurteilt würden. Sie verlangten ferner, dass in diesem Teil ausschließlich über den Kommunismus gehandelt werden solle »als den hauptsächlichen Irrtum der heutigen Zeit«; dies müsse ausführlich geschehen. Zehn Väter unterstützten außerdem den ersten dieser drei Wünsche (Nennung des Kommunismus), und vier weitere wollten, dass wenigstens der Marxismus mit Namen genannt würde. Einer schlug vor, den Text aus der Enzyklika »Ecclesiam suam« Pauls VI. anzuführen. Die Kommission erklärte diesen Vorschlägen gegenüber wie auch zu einem (als Modus 12 in der Expensio modorum aufgeführten) Text gleicher Richtung, sie würden eine nicht mehr annehmbare substantielle Veränderung des Textes darstellen. »Kommunismus« umfasse überdies auch politische und ökonomische Konzeptionen, die hier nicht zur Debatte stünden bzw. über deren Sachgehalte an anderen Stellen des Entwurfs positiv gehandelt würde. »Marxismus« bedeute ein philosophisches System, das einer weitläufigen Auslegung bedürfte, weshalb es besser sei, auf das Wort hier zu verzichten. Die Kommission erklärte bei dieser Gelegenheit auch den Vorfall mit den 334 unberücksichtigten Petitionen vom
341 29. 9. (siehe oben)[43] und stellte fest, dass die jetzt den 220 gegebene

[43] Diese Erklärung ist von Wetter, *Konzil und Kommunismus*, hierzu 593, missverstanden worden, als seien bei der Abstimmung vom 15. 11. 1965 220 + 334 Eingaben eingereicht und 334 davon nicht weitergereicht worden und als sei dies noch einmal ein eigener Vorgang gegenüber der unberücksichtigten Petition vom 29. 9., bei der für Wetter die Zahl der Unterzeichner »nie bekannt« wurde (592, Anmerkung 1). Meine Darstellung stützt sich unmittelbar auf die Konzilsakten, vgl. dazu auch Wenger, *La quatrième session*, 164 ff.

Antwort auch auf die damaligen Wünsche zutreffe. Eine kleine Konzession wurde dieser Gruppe immerhin gemacht: In Artikel 21 wurde den Worten »omni firmitate reprobet« (Ende des ersten Abschnitts) hinzugefügt: »sicut antehac reprobavit«. Dazu kam eine neue Anmerkung (16), in der auf die früheren Verurteilungen des Kommunismus hingewiesen wurde. Die eigentliche Absicht der Petenten war freilich damit nicht erfüllt, zumal da man in die Anmerkung den für sie entscheidenden Text nicht aufnahm: das Exkommunikationsdekret des Heiligen Offiziums vom 1.7.1949, während man je einen Text von Johannes XXIII. (aus »Mater et Magistra«) und Paul VI. (aus »Ecclesiam suam«) hinzufügte und damit auch innerhalb dieser Anmerkung noch einmal andeutete, dass die Frage in Bewegung ist und dass die einzelnen Texte je von ihrem geschichtlichen Standort aus zu lesen und zu verstehen sind. Das Verfahren der Kommission erinnert hier etwas an das Vorgehen in der Frage der Geburtenkontrolle, wo man gleichfalls der zuletzt vom Papst selbst gewünschten direkten Wiederholung der Normen von »Casti connubii« durch eine Anmerkung (14 zu Pars II Cap. I) auswich, bei der man darauf bestand, neben den Texten Pius' XI. und Pius' XII. auch die Ansprache Papst Pauls VI. vom 23.6.1964 zu nennen, um so wiederum die Texte in eine Linie geistiger Entwicklung wenigstens andeutend einzureihen.

Auf die Frage, ob das Konzil richtig entschieden hat, indem es sich weigerte, den Kommunismus zu nennen und neuerdings zu verurteilen, wird es je nach Standort auch weiterhin abweichende Antworten geben: Gustav A. Wetter empfindet dieses Schweigen als befremdlich und bedauerlich; allein die Torschluss-Stimmung der letzten Konzilsperiode lasse es ihm möglich erscheinen, dass der gewählte Weg doch »vielleicht der beste Ausweg« war.[44] Er verweist darauf, dass das Geschehen in der heutigen Welt »mindestens im gleichen Maße durch die Auseinandersetzung mit dem Kommunismus bestimmt« ist »wie durch die Bevölkerungsexplosion, den Hunger und die Gefahr eines Atomkrieges«. Man müsse fragen, ob die kurzen Ausführungen über den Atheismus im Allgemeinen, von denen nur ein kleiner Teil den kommunistischen Atheismus im Besonderen treffe, den Gläubigen die nötigen Hilfs-

[44] Wetter, *Konzil und Kommunismus*, 596.

mittel bieten würden, um sich in diesen schwierigen Fragen zurechtzufinden.[45] Helmut Gollwitzer stellt demgegenüber fest, dass
342 man »sehr dankbar für den Grundtenor dieser drei Abschnitte« sein müsse,[46] und Philippe Delhaye äußert sich in ähnlichem Sinn.[47] Tatsächlich wird man sagen dürfen, dass die Waffe der Verurteilung mit dem Dekret vom 1.7.1949 bis zur Grenze des Möglichen erprobt worden ist und dass man damit nun einmal nicht mehr dem Problem gerecht werden konnte. Dass die Kirche den Atheismus nur ablehnen kann und dass sie nicht bloß der Verfolgung der Gläubigen, sondern überhaupt dem Angriff auf die menschliche Freiheit ganz allgemein entgegentreten muss, ist klar. Aber dass sie darüber hinaus auf ihren eigenen Anteil an der ganzen Frage des Marxismus, auf die Mangelhaftigkeit ihres eigenen »Humanismus« sich besinnen und so die umfassende, auch sie selbst angehende Frage, die der Marxismus bedeutet, annehmen muss, ist nicht weniger klar. Dass sich die Kirche im Konzil zu diesem Schritt entschlossen hat, ist das eigentliche Drama, das hinter dem Artikel 20 steht und ihn als einen Meilenstein in der Kirchengeschichte unseres Jahrhunderts erscheinen lässt, der an Bedeutung wohl wenig hinter der Entscheidung zurückbleibt, welche die Erklärung über die Religionsfreiheit darstellt. Hier ist eine neue Haltung gewonnen, die grundlegend sein wird für die Möglichkeit, in den Strukturen und unter den Voraussetzungen unseres Jahrhunderts den Glauben zu verkündigen. Die Gewissenserforschung, die von diesem Text ausgeht (von dem, was er nicht sagt, mehr noch als von dem, was er sagt), die Erschütterung der Selbstidentifizierung des Christlichen mit der westlichen Welt und der Ansporn, das Leid der Armen, die Not der Entrechteten als christliche Aufgabe anzusehen, weil Christentum sich als Humanismus legitimieren muss, um bestehen zu können – diese Gewissenserforschung wird in den bevorstehenden Auseinandersetzungen mehr Möglichkeiten der Wegweisung geben, als eine durchgeführte Darstellung des Kommunismus und eine erneuerte Verurteilung sie hätten bieten können.

---

[45] Wetter, *Konzil und Kommunismus*, 590, 595f.

[46] Gollwitzer, *Atheismus des Ostens*, 599.

[47] Delhaye, *Die Würde der menschlichen Person*, 170–177.

Artikel 21. Nach der Darstellung der verschiedenen Formen des Atheismus und seiner Ursachen versucht Artikel 21, die Antwort der Kirche auf die Herausforderung zu formulieren, vor die sie damit gestellt ist. Die beiden ersten Abschnitte unseres Artikels geben zugleich die beiden Seiten dieser Antwort wieder: Die Kirche kann zum Atheismus als These nur Nein sagen und ihn ablehnen, aber sie muss zugleich sich selbst befragen lassen durch den Atheismus; er zwingt sie, ihre eigene Botschaft tiefer zu verstehen, indem sie den Wurzeln des Atheismus nachgeht, der nicht einen so machtvollen Einfluss in der Menschheit hätte gewinnen können, 343
wenn er in seiner gegenwärtigen Form nicht einer Frage des Menschen entspräche und einem Ungenügen, das die konkrete christliche Verkündigung in ihm hinterlassen hat. Weil die Kirche für die Menschen da ist, bedrängt von der Pflicht, das Evangelium den Menschen zu erschließen, muss sie neue Wege suchen, die Menschen zu finden. Sie darf den glimmenden Docht nicht löschen und das geknickte Rohr nicht brechen, sondern muss sich vom Impuls der Liebe Christi führen lassen, der sie allen Menschen gegenüber ohne Ausnahme bindet. Der Dienst der Evangelisierung, zu dem die Kirche gerufen ist, entlässt so die beiden Seiten der Antwort aus sich: Er bedeutet einerseits, dass das Bekenntnis zu dem einen Gott der Verneinung Gottes entgegengestellt wird, er bedeutet aber ebenso den Auftrag, sich immer von Neuem um die Menschen zu mühen, um sie zu verstehen und sich so ihnen verständlich machen zu können.

Einige Einzelheiten dieser beiden ersten Abschnitte verdienen noch hervorgehoben zu werden. Zunächst ist darauf zu achten, dass das Nein zum Atheismus nicht mit dem Wort »damnat« (verurteilen), sondern mit »reprobat« (zurückweisen) formuliert wird: Das Konzil hat gemäß dem Wunsch des Papstes Johannes, auf Verurteilungen zu verzichten, das Wort damnare grundsätzlich vermieden, selbst da, wo es Grenzen ziehen musste. Der einzige Text, in dem längere Zeit das Wort damnare figurierte, war die Erklärung über das Verhältnis zu den anderen Religionen, wo der Antisemitismus »verurteilt« wurde. Dass man auch hier zu reprobare überging, ist bekanntlich vielfach als unverzeihliche Abschwächung der Stellungnahme des Konzils zur Israel-Frage aufgefasst worden, entspricht aber in Wirklichkeit doch einfach einer generellen terminologischen Regelung, auf die wir hier, dem Atheismus gegenüber, wieder stoßen, an dessen entschiedener Zurückweisung durch die Kirche doch sicher kein Zweifel sein kann. Über die Ausweitung dieser Reprobatio durch die Einfügung der Anmerkung 16 wurde bereits in der Behandlung des Artikels 20 das Nötige gesagt. Umstritten war durch alle Textstadien die Formulierung, welche feststellt, dass die Lehren und Handlungsweisen des Atheismus »der Vernunft und der allgemeinen Erfahrung widersprechen«. Der Optimismus hinsichtlich der Erkennbarkeit Gottes, der in diesen Worten in überraschend ungeschützter Form aufklingt, kehrt in unserem Text noch dreimal wieder: Am Ende des vierten Abschnitts wird gesagt, dass einzig Gott auf die Frage nach dem Rätsel Mensch plene et omni certitudine Antwort gebe. Am Anfang des fünften Abschnitts heißt es, das Heilmittel gegen den Atheismus sei unter anderem zu erwarten a doctrina apte exposita. Kaum noch zu erkennen ist in der letzten Textfassung das gleiche Motiv am Ende des vorletzten Abschnitts, wo die Atheisten eingeladen werden, das Evangelium Christi ohne Voreingenommenheit zu bedenken. Die zentrale Formulierung der Idee stellt ohne Zweifel unsere Stelle dar. Dass ein Theologe aus der Schule Karl Barths wie Helmut Gollwitzer diesem Text etwas fassungslos gegenübersteht, wird niemanden verwundern: »Gott ist doch nicht ein aller Welt vor Augen liegender Gegenstand, der nur von Menschen ohne gesunden Menschenverstand nicht gesehen wird. (Dies allerdings behauptet das Konzil, wenn es zu Beginn von Artikel 21 sagt, der Atheismus widerspreche ›der Vernunft und der allgemeinen menschlichen Erfahrung‹; ich bin mir bewusst, dass ich in meiner Kritik vom Standort evangelischer Theologie aus spreche, aber ich wundere mich doch sehr, dass das Konzil im Jahre 1965, nach den langen Diskussionen über die vernünftige Gotteserkenntnis seit dem Ersten Vaticanum, so ungeschützt und undifferenziert meint reden zu können!)«[48]

Versuchen wir, bevor wir uns über den Text ein Urteil bilden, zunächst seine Vorgeschichte und seine tatsächliche Aussageabsicht etwas genauer zu erkunden! Die erste Form des Atheismusartikels (Text 4) hatte davon gesprochen, dass die Lehren und

---

[48] Gollwitzer, *Atheismus des Ostens*, 602 f.

Handlungsweisen des Atheismus der allgemeinen menschlichen Erfahrung widersprächen. Umgekehrt wurden die Atheisten eingeladen, sich zu überlegen, ob sie ihre Opposition gegen Gott mit stichhaltigen und einwandfreien Begründungen stützen könnten (»rationibus validis atque puris fulcire«). Hier war also zunächst die Unbegründbarkeit des Atheismus behauptet und die Meinung ausgedrückt, dass der Atheist, der sich der denkerischen Basis seiner Sache gründlich zu vergewissern beginnt, auf die Haltlosigkeit seiner Verneinung Gottes stößt. Gleichzeitig war die Überzeugung formuliert, dass der Atheismus mit der Gesamterfahrung der Menschheit im Widerspruch steht und folglich der Gottesglaube sich von der menschlichen Erfahrung her als notwendig aufdrängt. Die einzige Vorsicht, die der Text walten ließ, bestand also darin, dass er nicht positiv die Beweisbarkeit Gottes lehrte, sondern umgekehrt negativ die Unhaltbarkeit und Unvernünftigkeit des Atheismus herausstellte, dies freilich mit einer Selbstverständlichkeit, die man doch als unkritisch wird bezeichnen müssen. In Text 5 fehlte die Aufforderung an die Atheisten, sich von der Unbegründbarkeit ihrer These zu überzeugen, obgleich sie vielleicht den bes- 344
seren Ausgangspunkt geboten hätte: Die Nichtbeweisbarkeit des Atheismus kann wirklich behauptet werden, jedenfalls viel eher als die »Beweisbarkeit« Gottes. Und zugleich hätte man von da aus aufdecken können, dass die Gottesfrage positiv und negativ außerhalb des demonstrativen Denkens steht; es hätte die besondere Ebene der Entscheidung klargestellt werden können, die vor der Frage Gott gefordert ist, und in diesem Sinn dann sachgemäß dem Atheismus die Illusion der Wissenschaftlichkeit und der Vernünftigkeit genommen werden können. Stattdessen blieb der erste Satz stehen, wobei allerdings einige Väter, denen noch vom Modernismus her die Bemühung der Erfahrung in der Theologie verdächtig klang (wie sich besonders deutlich auch in der Debatte um die Offenbarung zeigte), die ausschließliche Berufung auf die Erfahrung ablehnten, die ihnen eher als Ausflucht vor dem vollen Anspruch der Vernunft erschien. So verschieden tönt ein Text, je nach dem Standort, von dem aus er gehört wird! Um sie zu beschwichtigen, wurde nun »rationi et« eingefügt und dafür die universalis experientia in eine communis experientia gedämpft. Die Absicht dieser Neufassung ist klar: Mit der ratio wollte man ein-

fach die bekannten Bestimmungen des Vaticanum I in verkürzter Form wiederaufgreifen, mit der Zufügung (bzw. dem Bestehenlassen) der experientia wollte man den neuscholastischen Rationalismus begrenzen, der in der Formulierung von 1870 steckt, und seine allzu statische Idee der Ratio naturalis in eine geschichtlichere Perspektive rücken: Der Text deutet an (das war offenkundig schon die Richtung, in der man in Ariccia gedacht hatte), dass man die Möglichkeiten der Vernunft in Sachen Gotteserkenntnis sich weniger in der Form eines geschichtsfreien Syllogismus der Philosophia perennis vorstellen muss als einfach in der konkreten Tatsache, dass der Mensch seine ganze Geschichte hindurch sich mit Gott konfrontiert wusste und so einfach von seiner Geschichte her sich auf Gott als eine unausweichliche Gegebenheit seiner eigenen Existenz verwiesen findet. Der Hintergrund, den der Text damit dem Vaticanum I gibt, ist nicht mehr so sehr die Philosophiegeschichte als die Religionsgeschichte: Um die These des Vaticanum I bestätigt zu finden, muss man nicht so sehr fragen, ob es vor Christus Philosophen gab, die einen einwandfreien monotheistischen Gottesbegriff entwickelten, sondern ob die Menschheit um Gott wusste oder nicht. Sie wusste auch dann um ihn, wenn er ihr unter der Verschattung der Götter begegnete.

Bei der Abstimmung über Text 5 war das Problem den Vätern offenbar deutlich geworden; eine beachtliche Anzahl von Modi befasste sich mit der Frage, zu der nun die Vertreter der entgegengesetzten Richtungen ihre Wünsche anmeldeten. Nur die wichtigsten Äußerungen können hier kurz erwähnt werden. Wiederum war es vor allem die communis experientia, an der man sich stieß. Die einen wollten sie durch fides ersetzt sehen, die anderen durch die Experientia sanctorum. Die Gründe waren unterschiedlich: von den einen wurde, wie schon früher, experientia als Schwächung der ratio empfunden, als Ausweichen vor der strengen Idee der Beweisbarkeit Gottes, die sie sich gebildet hatten; den anderen stand dagegen auch die Zweideutigkeit der menschlichen Erfahrung vor Augen. Die Kommission ging auf diese Wünsche nicht ein, sie erklärte, dass die tota humana historia sicher ein Zeugnis für das Factum religiosum abgebe. Allerdings ist die Anspruchshöhe dieser Antwort der Kommission gegenüber dem Konzilstext erheblich zurückgeschraubt: sie spricht nur von einem Zeugnis für das Factum religiosum, das aber nicht ohne Weiteres ein Zeugnis für Gott bzw. gegen den Atheismus darstellen muss. Das bloße Factum entscheidet noch nichts über die Veritas. Insofern ist mit dieser Antwort die Frage eher verschärft als gelöst: die Erfahrung der Geschichte führt in der Tat nur bis zum Factum und nicht zur Veritas; darin liegt ja auch der eigentliche Grund, weshalb in der Theologie die Verlagerung der Argumentation von der Vernunft auf die Erfahrung in Verruf gekommen ist, sosehr sie der allgemeinen Denkentwicklung entspricht. Aber gerade diese Denkentwicklung, der Rückzug auf Erfahrung und Faktizität, ist es ja, die den Menschen zugleich in die Krise der Wahrheitsfrage und der Gottesfrage geführt hat.[49]

Eine weitere Gruppe von Modi erklärte, der Atheismus habe seinen Ursprung im Kritizismus Kants und Hegels. Ihm gegenüber müsse die Verlässlichkeit der Prinzipien »der gesunden Philosophie« mit Nachdruck herausgestellt und die Aussage des Vaticanum I von der natürlichen Gotteserkenntnis wiederholt werden. Dem stand auf der anderen Seite die Forderung gegenüber, es müsse gesagt werden, dass der Atheismus, den die Kirche allzeit verwirft, dennoch den Gläubigen Anlass bietet, sich von allen Spuren der Idolatrie zu läutern; Gott bleibe trotz seiner Offenbarung in Christus unzugänglich und kein Mensch könne im Pilgerstand Gott seinem Wesen nach intellektuell anschauen. Als Grund für ihr Verlangen nannten die beiden Väter, die diesen Modus ein- 345
reichten, nach der Verurteilung des Agnostizismus müsse nun auch die göttliche Transzendenz anerkannt werden. Die Antwort der Kommission ist ebenso unverständlich wie unbefriedigend: »Locus non est ut de hac disputata quaestione tractetur. Unde modus non accipitur« (Modus 21, Text 6, Seite 183). Wieso die Herausstellung der göttlichen Transzendenz, die Betonung der Tatsache, dass auch der offenbare Gott ein verborgener bleibt, mit einem Wort: das Element der Theologia negativa, eine Quaestio disputata darstellen soll, ist rundherum nicht einzusehen. Allerdings hatten die beiden Väter der Kommission durch die ungeschickte Formulierung, dass Gott vom »viator intellectu per essentiam videri non potest«, einen gewissen Anlass für diese Antwort

[49] Vgl. Ratzinger, *Einführung in das Christentum*, besonders 29–52.

gegeben, obgleich auch über diese Aussage im Grunde kein Streit bestehen kann. Aber wie immer man die Formulierung beurteilen mag, so war doch mit dem Modus eine Frage aufgeworfen, die man so einfach nicht beiseiteschieben durfte. Eine Darstellung, die den Atheismus zu verstehen versucht, muss doch einfach das Moment der Verborgenheit Gottes beachten; sie wird unernsthaft, wenn sie sich so gibt, als ob Vernunft und Offenbarung eine glatte und eindeutige, jedermann fassbare Gewissheit anbieten würden: dann könnte Atheismus ja wirklich nur noch böser Wille sein. Dann könnte vor allem der Atheist sich unmöglich ernst genommen fühlen durch den Text und wenig Lust empfinden, in ein Gespräch einzutreten, in dem seine Sache von vornherein als der offenen Vernunft zuwider deklariert ist und er nur als ein bedauernswerter Kranker behandelt wird, bei dem man nach den Ursachen der Krankheit forscht, um ihn heilen zu können.

Etwas eigenartig ist auch die Antwort auf Modus 8 (Seite 181), der die Wiederaufnahme der Aussage von Text 4 verlangt hatte, die Atheisten möchten die Tragfähigkeit ihrer Gründe für den Atheismus überprüfen; darauf wird gesagt, dieser Vorschlag werde angenommen. Man verweist dafür auf den letzten Satz des vorletzten Abschnitts (der aus Modus 34 hervorging), d. h. auf die Einladung an die Atheisten, das Evangelium unvoreingenommen zu erwägen. Das ist ohne Zweifel eine in sich sinnvolle Aussage, aber doch etwas ganz anderes. Immerhin war es angesichts der intensiven Betonung der Vernunft, die im Text ohnedies schon vorliegt, wohl richtig, nicht auch noch einmal auf diese Formel des Ariccia-Textes zurückzukommen.

Insgesamt hat unser Text in dieser Sache das vom Vaticanum I gestellte Problem nicht positiv weitergeführt: Dazu reicht die bloße Hinzufügung der experientia zur ratio nicht aus. Die neue denkerische Situation ist ebensowenig berücksichtigt wie die intensive theologische Diskussion zu dieser Frage, die vor allem seit Karl Barths Einspruch gegen die Analogia entis stattgefunden hat. Das Konzil hat den Sachgehalt der Theologia negativa übergangen, es hat auch Augustins gegenüber Thomas ungleich tiefere Erkenntnislehre nicht berücksichtigt, die darum weiß, dass das Organ, mit dem Gott gesehen werden kann, nicht die geschichtslose »Ratio
346 naturalis« sein kann, die es gar nicht gibt, sondern allein die ratio

pura, i.e. purificata, oder, wie Augustin es im Anschluss an das Evangelium ausdrückt: das Cor purum (»Selig die reinen Herzens sind, denn sie werden Gott schauen«). Augustin weiß ferner darum, dass die nötige purificatio des Blicks durch den Glauben (Apg 15,9) und durch die Liebe geschieht, jedenfalls nicht allein aus der Macht des Nachdenkens und überhaupt nicht allein durch die Eigenmacht des Menschen. Indem man diese Ansätze überging, ist auch die Möglichkeit versäumt worden, eine positive Aufgabe des Atheismus für den Glauben sichtbar zu machen: dass er einer allzu affirmativen Theologie gegenüber immer wieder den Part der negativen Theologie übernehmen muss und so auch zur Reinigung des Glaubens und des Gottesbildes beitragen kann. Über solcher Kritik an unserem Text darf freilich sein positiver Gehalt nicht übersehen werden, der darin liegt, dass der Text zu zeigen versucht, dass Atheismus sich nur zu Unrecht als Ergebnis von Wissenschaft etablieren kann. Der Text ist überdies (auch gegen Barth) davon überzeugt, dass Glaube an Gott nicht reines Paradox zu menschlichem Erkennen bedeutet, sondern letztlich der Vernunft, die bereit ist, zu vernehmen, sich führen zu lassen und den Dingen auf den Grund zu gehen, nicht unzugänglich bleiben kann.

Nachdem die ersten beiden Abschnitte das Nein zum Atheismus als Doktrin und das Ja zum Gespräch mit den Atheisten formuliert haben, versuchen der dritte und der vierte Abschnitt bereits die Grundrichtung eines solchen Gesprächs zu skizzieren. Die Leitlinie ist durch die Idee des Humanum angegeben, die hier durch den Blick auf den postulatorischen Atheismus und auf den Marxismus ihre besondere Färbung erfährt. Von diesen (in Artikel 20 behandelten) beiden Richtungen her werden zwei positive Aussagen formuliert. Zunächst wird festgestellt, dass der Gottesglaube nicht den Menschen sich selbst entfremdet, sondern im Gegenteil die Menschenwürde begründet und stärkt, insofern erst von der Idee der Gottunmittelbarkeit des Menschen her seine Freiheit und sein Anspruch auf Wahrheit vollkommen gesichert werden; dann wird gesagt, dass die eschatologische Hoffnung die Bedeutung der irdischen Aufgaben nicht schmälert, sondern ihr neue Motive gibt. Das wird gleichsam beides durch die negative Betrachtung der Sache zusätzlich deutlich gemacht: Der Mensch

ohne Ewigkeitshoffnung wird in seiner Würde infrage gestellt und dem Zugriff kollektiver Mächte preisgegeben, er wird aus einem Endzweck leicht zu einem Mittel. Und der Mensch ohne Hoffnung auf das Jenseits muss sein leidzerrissenes, todbedrohtes Dasein immer mehr als unbeantwortbares Rätsel, ja als Absurdität verstehen; der Verzicht auf die christliche Hoffnung bedeutet konsequent den Weg in die Verzweiflung. Hier sind nicht ohne Geschick Existentialismus und Marxismus gegeneinander ausgespielt. Das Verlangen des Existentialismus, den Menschen von Gott zu befreien, um ihn endlich wirklich frei zu machen, erfährt sein Korrektiv am Marxismus, bei dem die Befreiung von Gott konsequent durchgeführt und gerade dadurch der Einzelmensch
347 zur Funktion des Kollektivs geworden ist. Der Marxismus wiederum, der den Menschen vom Blick aufs Jenseits löst, um ihn ganz für die diesseitige Aufgabe zu gewinnen, wird unter die Beleuchtung des Existentialismus und seiner Idee des »homme absurde« gestellt, dem nur die Verzweiflung bleibt und für den die irdische Aufgabe bei Camus zur Sisyphusarbeit wird – nur dass die fröhliche Sinnlosigkeit nicht überzeugen kann, die Camus seinem Sisyphus zuschreibt. Freilich müsste gerechterweise zugegeben werden, dass faktisch die christliche Hoffnung doch vielfach dazu tendiert hat, den Impuls zur irdischen Aufgabe abzuschwächen, und dass die christliche »Weltverachtung« doch zur Folge hatte, dass der humanistische Impuls des Christentums schließlich in der Neuzeit gegen das amtliche Christentum weitergeführt werden musste.[50] Sagt man das nicht, so wirkt die Behauptung, die christliche Hoffnung mindere nicht die Energie des irdischen Einsatzes, sondern stärke sie, als bloße Beteuerung, der die Tatsachen widersprechen. Hier wäre also gleichfalls eine tiefere Gewissenserforschung nötig gewesen und das Zugeständnis, dass man im Grunde doch dem Angriff der Atheisten erst wieder so recht das Wachwerden für die eigenen Aufgaben verdankt.

Der folgende Abschnitt versucht einen Zugang zu Gott zu bahnen, indem er auf das Rätsel Mensch verweist und erklärt, dass es

---

[50] Vgl. Delhaye, *Die Würde der menschlichen Person*, 175, Anmerkung 47, mit Hinweis auf Bultot, *La doctrine* 1 / 2; vgl. auch Auer, *Gestaltwandel des christlichen Weltverständnisses*, besonders 333–338.

Grenzsituationen gibt, in denen niemand sich ganz der Frage der Transzendenz entziehen kann. Man fühlt sich an das schöne Wort Schleiermachers erinnert: »Es gibt in dem Verhältnis des Menschen zu dieser Welt gewisse Übergänge ins Unendliche, durchgehauene Aussichten, vor denen jeder vorübergeführt wird, damit sein Sinn den Weg finde zum Universum [...].«[51] Dieser Verweis auf die Grenzsituationen muss keineswegs bedeuten, dass Gott (wie Bonhoeffer mit Recht abwehren will) zum Lückenbüßer menschlichen Versagens gemacht wird: Die Weise, wie sie vor Gott stellen, indem sie den Menschen aus der Oberflächlichkeit des Alltags heraus in die eigentliche Tiefe des Menschseins führen, hat nichts mit dem Versuch zu tun, Gott auf die Ebene eines Deus ex machina herabzuziehen, der durch das Voranschreiten des eigenen menschlichen Könnens überflüssig wird. Das plene et omni certitudine ist wiederum in Text 5 zur Beruhigung von Vätern eingefügt worden, die »jeden Anschein des Agnostizismus« vermieden sehen wollten.

Die gleiche Angst hat auch die Formulierung des ersten Satzes des folgenden Abschnitts beeinflusst. In Text 5 hatte es geheißen, dass das Heilmittel gegen den Atheismus »non solum a doctrina, sed etiam ab [...] Ecclesiae vita« zu erwarten sei. Demgegenüber wünschte einer der Väter, man solle positiv von einer zeitgemäßen Form der Evangelisation als Mittel gegen den Atheismus sprechen. Die Kommission verschob dies durchaus sinnvolle Anliegen auf die gleiche Ebene mit dem vorhin erwähnten Einwand, verwechselte (wie es scheint) intellektuelle Beweisführung und Evangelisation und schuf, »um die Bedeutung des intellektuellen Aspekts der Widerlegung nicht zu mindern«, die jetzige Formulierung, die sich damit dem etwas rationalistischen Duktus des ganzen Textes einfügt und das kerygmatische Problem, auf das der betreffende Vater die Aufmerksamkeit gelenkt hatte, auch weiterhin beiseitelässt (vgl. Modus 23, Text 6, Seite 183). Auch das zweite Satzglied (»tum ab [...] Ecclesiae vita«) hat eine ziemlich bewegte Geschichte. Es war im Text 5 eingefügt worden, weil »viele Väter erklärten, das wesentliche Heilmittel gegen den Atheismus sei die Erneuerung der Kirche« (Relatio zu Text 5, Seite 31). Bei der Abstimmung

---

[51] Schleiermacher, *Über die Religion*, in der Ausgabe von 1799 Seite 153f.

über die Modi wurde nun auch die gegenteilige Stimme laut: Es sei abwegig, zu behaupten, die ganze Kirche müsse sich ständig reinigen. Die Kirche an sich sei heilig, die Reinigungsaufgabe gelte nur von ihren Gliedern (Modus 24, Seite 183). Die Kommission wies diesen Einwurf mit Hinweis auf »Lumen gentium« zurück, obwohl dort in der Tat explizit nur von der Sündigkeit der Glieder der Kirche (und so der Sache nach unmittelbar auch nur von der Reinigungsbedürftigkeit ihrer Glieder) die Rede ist. Bedeutsam ist, dass damit nun die bloß intellektuelle Ebene gründlich überschritten wird: Die eigentliche Antwort auf den Atheismus ist das Leben der Kirche, das das Antlitz Gottes sichtbar machen soll, indem es das Antlitz von Einheit und Liebe sichtbar macht. Das schließt doch umgekehrt das Zugeständnis ein, dass durch die Uneinigkeit der Christen und durch ihre Zustimmung zu Systemen sozialer Ungerechtigkeit das Antlitz Gottes verdeckt wird. Das aber impliziert die Einsicht, dass die Frage der Erkennbarkeit Gottes keine Frage der puren Vernunft ist, sondern dass es eine durch Schuld heraufbeschworene Verdunklung Gottes in der Welt gibt, die nur
348 durch Buße und Umkehr gewendet werden kann. Wichtig ist auch, die zwei Hauptelemente zu beachten, die als Inhalt des christlichen Zeugnisses angegeben werden: die Gerechtigkeit und Liebe, besonders gegen die Notleidenden – damit wird (vielleicht nicht ausdrücklich und scharf genug) das Problem der sozialen Gerechtigkeit angesprochen –, die Forderung einer Liebe, die sich nicht durch Almosen der Gerechtigkeit entzieht, sondern Gerechtigkeit als Form und Voraussetzung von Liebe ernst nimmt und damit wesentlich auch auf die sozialen Strukturen und auf die institutionellen Ordnungen dieser Welt bezogen ist. Dann erst wird die »brüderliche Liebe« genannt, die man wohl als die zeichenhafte Liebe der Christen untereinander verstehen darf; sie soll die Christen in einer zerrissenen und nach Einheit trachtenden Welt zum Signum unitatis machen. Es hätte nahegelegen, hier die Spaltung der Christenheit als Element christlicher Schuld zu erwähnen, die Gott vor den Menschen verdeckt und das »Zeichen der Einheit« auslöscht. Auch wenn das nicht geschehen ist, liegt ein solcher Gedanke sicherlich in der vom Text gemeinten Sinnrichtung.[52]

---

[52] Vischer, *Ökumenische Bewegung*, hierzu 485, bedauert das Fehlen solcher

Nicht zu übersehen ist, dass als Zeichen christlichen Lebens auch das Martyrium genannt wird und so einem einseitigen Aktivismus gegenüber die Theologie des Kreuzes ihren Platz behält: Der Versuch, die Atheisten zu gewinnen, darf nicht zur Aufhebung des Glaubens werden, der gerade im Widerspruch, im radikalen Zeugnis der Selbstpreisgabe seine stärkste Überzeugungskraft gewinnt.

Da der nächste (vorletzte) Abschnitt die konkretesten Aussagen enthält, ist es begreiflich, dass er besonders umstritten war. Der Text proklamiert die Zusammenarbeit von Gläubigen und Ungläubigen am gemeinsamen Aufbau dieser Welt. Er anerkennt, dass dafür das Gespräch miteinander die Voraussetzung bedeutet, und bejaht deshalb »den aufrichtigen und klugen Dialog«. Gegenüber der Situation, wie sie zu Zeiten Pius' XII. bestanden hatte, ist das ohne Zweifel ein bedeutender und mutiger Schritt. Die Forderung nach dem Dialog mit den Atheisten, die hier erstmals in einem lehramtlichen Dokument auftritt, war in Text 5 auf Wunsch »mehrerer Väter« (plurium Patrum) eingefügt worden (Relatio, Seite 31). Bei der Abstimmung darüber wurden dann doch verschiedene Bedenken laut. Drei Väter erklärten, es müsse herausgestellt werden, dass der Dialog die Anerkennung der fundamentalen Naturrechtsprinzipien als Mindestvoraussetzung einschließe (Modus 29). Zwei Väter wollten die Zeile über den Dialog ganz getilgt sehen, drei wünschten die Feststellung, dass diesem Dialog aufgrund der diametral entgegengesetzten Grundansichten und aufgrund der Freiheitsbeschränkung für die Christen in den atheistischen Ländern schwerwiegende Hindernisse im Wege stünden. Dazu kamen noch Vorschläge von mehr stilistischem Charakter und meist auch restriktiver Tendenz (Modus 30). Die Kommission erklärte, beide Anliegen seien im Text schon berücksichtigt: Der sachliche Kern, der mit der Forderung nach der Einheit im Naturrecht intendiert sei, sei in dem Wort recte schon gegeben; die übrigen Absicherungen, die verlangt würden, seien im Prinzip alle in dem Wort prudenti eingeschlossen. Beiden Wörtern wird damit ohne Zweifel zusätzliches Gewicht verliehen. Wichtig ist, dass man es vermied, mit dem umstrittenen Begriff des Naturrechts

---

Äußerungen, stellt aber gleichzeitig nachdrücklich die ökumenische Bedeutung der Konstitution heraus.

eine inhaltlich präzisierte Voraussetzung zu machen, die einfach in ihrer konkreten Gestalt, auch da, wo die Sache durchaus bejaht wird, vielen unzugänglich bleibt, und dass man sich stattdessen auf das ganz offene Wort recte beschränkte, das einen viel weiteren Gesprächsraum zulässt. Im Übrigen wird die Forderung nach der Freiheit der Christen von staatlichen Zwangsmaßnahmen, die in der Tat eine Grundvoraussetzung eines sinnvollen Gesprächs bleiben muss, deutlich genug erhoben. Es wäre absurd und dem Leiden der Verfolgten gegenüber ungerecht, diese Voraussetzung zu verschweigen.

Im letzten Absatz hat die Abstimmung über die Modi noch eine wirkliche Verbesserung herbeigeführt. In Text 5 hatte es geheißen, die Kirche wisse, dass *sie* mit den geheimsten Wünschen des menschlichen Herzens in Einklang stehe: Modus 32 (18 Väter) machte demgegenüber mit Recht darauf aufmerksam, dass die Kirche nicht sich zu empfehlen, sondern für das Wort Gottes einzutreten habe. Daraufhin wurde das Wort se durch nuntium suum ersetzt und so der nötige Verweis über die Kirche auf ihre Botschaft erreicht. Der Schluss greift wieder auf das Kernstück des Textes und seiner Auseinandersetzung mit dem humanistischen Atheismus zurück: Glaube mindert den Menschen nicht, sondern führt ihn in die Richtung, in der allein die unendliche Unruhe, die ihn treibt, ihr Genüge finden kann: Das Maß des Menschen ist Unendlichkeit, alles andere ist zu wenig. Deshalb kann nur Gott das Maß des Menschen sein.

349 *Artikel 22.* Dem Gesamtaufbau des Textes gemäß gipfelt das Kapitel über die Würde des Menschen bei Christus, der nun als die wahre Antwort auf die Frage des Menschseins, also auch auf die Frage nach dem wirklichen Humanismus und so auf die Frage des Atheismus, ausgelegt wird. Artikel 22 kehrt damit zum Ausgangspunkt, zu Artikel 12, zurück und interpretiert Christus als den eschatologischen Adam, auf den schon der erste Adam verwies; als das wahre Bild Gottes, das den Menschen wieder umschafft in die Ähnlichkeit mit Gott hinein. Der Versuch, das Gespräch mit dem Nichtgläubigen auf der Basis der Humanitas-Idee zu führen, erreicht hier seinen Höhepunkt bei dem Bemühen, Menschsein christologisch auszulegen und damit die Resolutio in theologiam zu gewinnen, die freilich umgekehrt auch eine Resolu-

tio in hominem bedeutet (wenn homo nur weit genug gefasst ist). Man wird wohl sagen dürfen, dass hier erstmals in einem lehramtlichen Text ein neuer Typus einer ganz christozentrischen Theologie auftritt, die von Christus her Theologie als Anthropologie wagt und dadurch gerade erst radikal theologisch wird, indem sie über Christus auch den Menschen in die Rede von Gott einbezieht, die tiefste Einheit der Theologie aufdeckend. Der sonst theologisch etwas zurückhaltende Text unserer Konstitution gewinnt hier eine beträchtliche Höhe und wird wegweisend für die Richtung des theologischen Denkens in unserer Situation.

Dass hier für die Wiederherstellung des Gottesbildes im sündigen Menschen der Begriff similitudo verwendet wird, dürfte wohl einen Anklang an Irenäus bedeuten, der mit seiner Unterscheidung von imago und similitudo den späteren Unterschied von »natürlichem« und »übernatürlichem« Gottesbild vorweggenommen hat. Allerdings wirkt es dann eigenartig, dass man die similitudo nur als deformata bezeichnet, während nach klassischer Lehre die similitudo verloren, die imago aber verwundet ist. An einer Ausdrucksweise, die man demnach von der Schulsprache her als ungenau bezeichnen muss, kann man freilich wieder sehen, wie wenig das Konzil in diese technischen Details der Schule eintreten wollte und wie sehr ihm daran lag, jenseits davon das Gemeinsame, Grundlegende zur Aussage zu bringen. Noch ein Hinweis zum Text mag hier seinen Platz finden. Gegen die Formulierung »Adam primus homo« hatte ein Vater eingewandt, durch sie werde die Frage präjudiziert, ob »Adam« als eine individuelle Einzelpersönlichkeit am Anfang der Menschheitsgeschichte verstanden werden muss. Man möge also die Worte primus homo weglassen. Die Kommission erklärte demgegenüber, ein solches Präjudiz sei nicht gegeben und deshalb könne der Text stehenbleiben (Modus 3). Wie schon in Artikel 13 wird auch hier die Diskussion um Urstand und Ursünde ganz offengehalten.

Nachdem der Grundgedanke – Christus der neue Adam, das eschatologische Gottesbild – herausgestellt ist, folgt der Text in seinem Aufbau den drei Grundmysterien der Christologie: Inkarnation – Kreuz – Auferstehung. Der Gedanke der Assumptio hominis wird zunächst in seiner ganzen ontologischen Tiefe angerührt: Das Menschsein aller Menschen ist eines; indem Christus das eine Menschsein des Menschen an sich gezogen hat, ist ein Vorgang geschehen, der jeden Menschen trifft, das Menschsein ist fortan in jedem Menschen christologisch bestimmt. Dann wird dieser Gedanke mehr auf die aktuale Ebene des konkreten menschlichen Existierens ausgeweitet: Menschliches Wirken, Denken, Wollen, Lieben ist Instrument des Logos geworden; was zunächst auf der Ebene des Seins gegeben ist, gibt doch auch der Ebene des Handelns, dem aktualen Vollzug menschlicher Existenz, eine neue Bedeutung.

Diese Betrachtungsweise ist wohl auch gerade deshalb wichtig, weil sie den Übergang von der Inkarnations- zur Kreuzestheologie öffnet. Eine allzu sehr auf der Wesensebene angesiedelte Inkarnationstheologie kann versucht sein, sich im Grunde mit dem ontologischen Phänomen zu begnügen: Dass Gottes Sein und das Sein des Menschen ineinandergefügt sind, das scheint die eigentliche Wende, das Grundlegende und Entscheidende, vor dem das faktische Leben Jesu und sein Sterben nur noch als etwas Sekundäres, als die Ausführung eines Prinzips dastehen, die diesem Prinzip letztlich nichts mehr hinzufügt. Wenn aber deutlich wird, dass das Sein des Menschen nicht als bloßes Wesen besteht, sondern erst im Vollzug zu seiner Wirklichkeit kommt, dann wird zugleich sichtbar, dass man sich mit einer bloß essentialistischen Betrachtung keinesfalls begnügen kann, dann muss dieses Sein eben in seinem Vollzug betrachtet werden. Tut man dies, so konkretisiert sich der Begriff des novus homo in den des Agnus innocens hinein; dann wird sichtbar, dass das Sein Jesu konkret pro me (bzw.
350 pro nobis) heißt und von dieser Struktur her Sein in der Selbsthingabe, im Mysterium des Kreuzes ist. Erst jetzt wird die ganz persönliche Betroffenheit von Christus sichtbar, der nicht einfach ein großes Super-Ego darstellt, in das die Ich-Monaden hineinorganisiert werden, sondern der konkreteste Mensch ist, der mich, gerade mich anblickt und nicht bloß in der Beziehung einer großen Korporativpersönlichkeit zu mir steht, sondern im persönlichen Gespräch der Liebe, in dem er ein Wort für mich hat, das nur mir gehört und das niemand sonst kennt (vgl. Offb 2, 17). Die leidenschaftliche Frömmigkeit, aus der heraus Pascal dem Herrn die Worte in den Mund legte: »In meinem Todeskampf dachte ich an dich; diese Blutstropfen habe ich für dich vergossen«, hat von

dem paulinischen pro me her durchaus ihr biblisches Recht.[53] So erscheint also Christus nicht mehr als bloß allgemeine Form, in die die Existenzen hineingestaltet werden, sondern seine Vorbildlichkeit konkretisiert sich in den Ruf der Nachfolge hinein, die dem Kreuz des Menschen Sinn gibt als Teilhabe am pro me Jesu Christi in einem christlichen pro invicem aus dem cum Christo heraus: Das Stehen im Kreuz als Gestalt des Seins im pro me Jesu Christi ist nun die Konkretisierung der ontologischen »Affektion« der menschlichen Natur durch die Inkarnation. Wie die ontologische Idee sich in Christus kreuzestheologisch konkretisiert, so muss die ontologische Behauptung, durch die Inkarnation sei alles Menschsein christologisch betroffen, nun als Existenzformel gefasst werden: Sie heißt konkret Beanspruchung und Sich-beanspruchen-Lassen durch das pro me Jesu Christi, das die spirituelle Wirklichkeit und Konkretheit der Zwei-Naturen-Lehre ausdrückt. Damit führt die inkarnationstheologische Grundlegung notwendig in eine kreuzestheologische Spiritualität hinein, für die nun freilich wichtig ist, dass die Hineinnahme der Passion des Menschseins in das pro me Jesu Christi zugleich die Hineinnahme in die Auferstehungsverheißung, in eine Existenz unter dem Zeichen der Hoffnung ist, die auf die »Redemptio corporis« zu lebt.

Die deutliche Herausstellung des Mysterium paschale als Zentrum der menschlichen Existenz und der menschlichen Geschichte wirft allerdings ein Problem auf, das gerade in einem Text besonders schwer wiegt, der das Gespräch mit den Ungläubigen sucht: Wenn das Heil in dieser Weise christologisch bestimmt ist, schließt dann der christliche Glaube nicht notwendig die Nicht-Christen aus dem Heil aus? Erscheint er dann nicht als ein Partikularismus, der die Menschheit in Gerettete und Verlorene teilt? Bleibt er dann seinem Anliegen, die wahre Menschlichkeit zu ermöglichen, treu? Das Konzil konnte hier im Prinzip auf die Antwort verweisen, die in der Kirchenkonstitution (Kapitel II Artikel 16) erarbeitet worden war, wo man versucht hatte, das Ineinander der allgemeinen Heilsmöglichkeit mit der verpflichtenden Kraft der Berufung zum Glauben auszusagen. Die Schwere des Problems, die damit nicht

---

[53] Zitiert nach Gilson, *Bonaventura*, 282. Zur Problematik und Grenze des Pro me Hacker, *Martin Luther*, 21–37 und öfter.

aus dem Weg geräumt werden konnte, lässt es verstehen, dass um die Formulierung des Textes noch einmal mühsam gerungen werden musste. Überraschend glücklich war die Sache in Text 4 ausgedrückt, wo man gesagt hatte: »Weil aber Christus für alle gestorben ist, dürfen wir auch glauben, dass der Geist allen die Möglichkeit gibt, auf eine Weise, die er kennt, sich diesem Geheimnis gleichzugestalten.« Damit war die Tatsache der universalen Heilsmöglichkeit herausgestellt, das Wie aber Gott überlassen und auf jede unnütze Untersuchung darüber, die zuletzt doch nichts klären kann, verzichtet. Man hätte im Grunde schlicht bei dieser Formel bleiben können. In der Diskussion des Textes wurde indes die Forderung laut, man müsse ausdrücklich sagen, dass das Heil durch die Kraft des Heiligen Geistes auch zu den Nichtchristen reicht (was in Wirklichkeit in dem pro Omnibus ohnedies ausgedrückt war). Daraufhin wurde in Text 5 der Abschnitt geschaffen, der mit einigen Änderungen auch in der Schlussredaktion stehenblieb. Man fügte nun mit der Idee der Einheit der vocatio noch eine weitere Begründung für die Universalität des Heiles an und versuchte, den Sinn des omnes deutlicher zu beschreiben: »non tantum pro credentibus in Deum […] sed et pro Omnibus hominibus bonae voluntatis.« Damit war noch einmal wiederholt, was die Kirchenkonstitution bereits herausgestellt hatte, dass nämlich (entgegen einer weitverbreiteten dogmatischen Anschauung) die Heilsmöglichkeit nicht an die explizite Anerkennung Gottes gebunden sein muss. In den Modi wurde demgemäß vielfach eine noch engere Anlehnung an »Lumen gentium« gewünscht. Durchgedrungen ist stattdessen der Vorschlag, als Gegensatz zu »allen Menschen guten Willens« nicht mehr die an Gott Glaubenden, sondern die Christgläubigen zu nennen, so dass eher
351 wieder eine vorsichtigere Nuance in den Text gekommen ist, insofern die Gutwilligen nun nicht mehr als Antithese zu den Gottgläubigen erscheinen, und die Frage, wie sich der gute Wille inhaltlich ausdrücken muss, wieder offener wird. Inhaltlich wirklich bedeutsam ist freilich die Änderung nicht, denn die Absicht, möglichst genau bei »Lumen gentium« zu bleiben, war wohl das Leitmotiv aller genannten Vorschläge. Insofern hat man mit all diesen Zufügungen im Grunde nur die Worte amplifiziert und kaum etwas gewonnen gegenüber dem präzisen und gefüllten Satz des

Ariccia-Textes. Wirklich bedeutsam ist dagegen eine kleine Änderung im letzten Wort unseres Abschnitts: Das Aktiv »se consocient« wurde in das Passiv »consocientur« umgewandelt und damit deutlich gemacht, dass der eigentlich Handelnde hier nur Gott sein kann: Das Ostergeheimnis kann man nicht selbst schaffen, als Geheimnis von Kreuz und Auferstehung kann es wesentlich nur empfangen werden.

Betrachtet man den ganzen Abschnitt, so wird man trotz allem, was weniger befriedigend an ihm sein mag, feststellen dürfen, dass er einen Fortschritt gegenüber der Kirchenkonstitution bringt. Denn in dieser liegt allzu sehr der Akzent auf der Aktivität des Menschen: Das Suchen nach Gott und das Bemühen um ein im Werk sich ausdrückendes Leben vom Gewissen her werden dort 352
als zentrale Faktoren des Heils außerhalb der Kirche genannt. Die Aktivität Gottes ist auf den Influxus gratiae reduziert, der Mensch erscheint als das wirkende Subjekt des Heilsgeschehens, das im Wesentlichen in den Kategorien einer natürlichen Ethik beschrieben wird. Hier hingegen steht im Zentrum das Eingeständnis, dass die Weise der Rettung Gottes Sache und nicht von uns zu definieren ist. Als Subjekt des Prozesses erscheint nicht mehr der Mensch mit seinem quaerere, adimplere, conari, posse und niti (das sind die höchst bezeichnenden Verben, die »Lumen gentium« in diesem Zusammenhang verwendet), sondern Gott bzw. sein Heiliger Geist, der dem Menschen sein Heil »offert« und ihn »consociat«. Die inhaltliche Bestimmung endlich wird nicht aus den Kategorien des guten Willens genommen (einer recht fragwürdigen und leicht an Pelagianismus grenzenden Formel), sondern aus dem paschale mysterium und damit aus dem Zentrum der Christologie: Heil ist nicht »Werk«, sondern muss, wo und wie immer es geschieht, letztlich Teilhabe am Ostergeheimnis, an Kreuz und Auferstehung sein. Damit hat das Konzil sozusagen im letzten Augenblick eine relecture seiner eigenen Aussagen gegeben und die höchst unbefriedigenden Formulierungen von De Ecclesia 16 durch bessere überholt. Wenn man über die Meinung des Vaticanum II zur Frage nach dem Heil der Vielen handelt, sollte man in 353
Zukunft mehr von diesem Text aus »Gaudium et spes« ausgehen als von der Kirchenkonstitution, deren wenig glücklicher Anlauf hier um ein gutes Stück verbessert worden ist.

Der Schlussabschnitt kommt noch einmal auf das in Nummer 19–21 wiederholt angesprochene Rätsel von Leid und Schmerz zurück. Er greift damit ebenso das Theodizeeproblem wie die Undurchdringlichkeit des Menschen für sich selbst auf und führt beides, die Frage, die gegen Gott aufzustehen scheint, und die Grenzerfahrung, die zu ihm hinführt, zusammen in die christologische Mitte. Er endigt mit dem Gedanken unserer Einbeziehung in Christus, durch die wir Sohn im Sohne werden. Wenn damit die Idee der Brüderlichkeit aufklingt, erscheint noch einmal ein zentrales Anliegen unserer Zeit in seiner christlichen Erfüllung, zugleich aber zeigt sich, dass die Brüderlichkeit den Vater voraussetzt und sich darin vollendet, das gemeinsame Abba-Vater-Sagen zu ermöglichen. Ein Text, der für manchen zunächst allzu humanistisch angelegt zu sein scheint, mündet so doch in der Idee der Anbetung; Christus erweist sich wirklich, auch theologisch gesehen, als der Weg und als der Mittler, der am Ende vor das Angesicht des Vaters bringt. Damit kommt zuletzt die paulinische Form der Christozentrik zur Geltung, die durch das Wörtchen per charakterisiert ist, die Christus als Mitte kennt, die ihr Ziel im Vater hat. Gerade dieses Münden in der Anbetung, in Theo-logie im strengsten Sinn des Wortes, rechtfertigt den anthropologischen Versuch unseres Textes, der nicht zu einer unangemessenen Form der Anthropozentrik führt, sondern im Ernstnehmen des Menschen ihn als das Wesen erkennt, das nicht in sich, sondern über sich hinaus zu sein bestimmt ist und erst bei sich selber ist, wenn es von sich selber fortgekommen ist: Abba, Vater!

Das Menschenbild des Konzils in seiner Bedeutung für die Bildung[1]

Seine eigentliche Anthropologie entwickelt das Konzil im ersten Kapitel der *Konstitution über die Kirche in der Welt von heute*, die meist unter dem Namen »Schema XIII« bekannt geworden war. Will man aber die konkrete, vor allem auch die auf das Problem der Bildung bezogene Seite dieser Anthropologie in Blick gewinnen, dann genügt es nicht, sich auf dieses eine Kapitel zu beschränken, sondern es wird nötig, diese Ausführungen aus ihrem vollen Kontext, d.h. auf dem Hintergrund des gesamten Konzilswerkes zu würdigen. Man müsste also, um den Zusammenhang wie auch die geistige Bewegungslinie, die hier vorliegt, zu erkennen, praktisch alle dem anthropologischen Problem zugewandten Texte des Konzils hinzunehmen, so etwa die *Erklärung über die Religionsfreiheit*, die Dekrete *über die Priesterbildung*, *über das Laienapostolat* usw. Das zu versuchen, wäre eine sehr weitreichende Aufgabe, die den Rahmen eines Vortrags sprengen müsste. So muss es hier genügen, eine Skizze wenigstens in Bezug auf den Text des Schemas XIII und seine anthropologische Gesamtrichtung zu versuchen, wobei ja dieser Text schon mit seinen 85 Großformatseiten schwer in Kürze aufzuschließen ist. In einem zweiten Teil möchte ich dann zeigen, wie die anthropologische Grundidee des Konzils im *Erziehungsdekret* wirksam wird und welche konkreten Auswirkungen 33
bzw. Anfragen und Aufgaben sie aus sich entlässt.

[1] Dem Charakter eines Vortrags entsprechend wurde auf die Beigabe ausführlicher wissenschaftlicher Belege verzichtet.

A) Das Menschenbild in der Pastoralkonstitution über die Kirche in der Welt von heute

I. Aufnahme und Kritik des modernen Menschenbildes

1. Situationsschilderung und Auswertung

a) Geschichtlichkeit und Einheit des Menschen

Der Einstieg in unser Problem eröffnet sich von zwei Stellen her. Einen ersten Zugang bietet die umfangreiche Einführung, die dem Textteil der *Konstitution über die Kirche in der Welt von heute* vorangesetzt ist. Diese Einführung versucht so etwas wie eine Gegenwartsanalyse, eine Beschreibung der Situation des Menschen und so auch des christlichen Glaubens in der Geschichtsstunde von heute zu geben. Ihre Darstellung, die noch keine theologische Aussage beabsichtigt, sondern einfach den Geschichtsort umgrenzen will, an dem sich heute der Glaube ungefragt vorfindet, sieht den Menschen der Gegenwart vor allem bestimmt durch die Dynamik einer geschichtlichen Lage, deren rapide Progression die Konstanz des Wesens Mensch, von der wir bisher ausgingen, fast völlig auszulöschen, ja geradezu ein anderes Wesen hervorzubringen scheint. Bekanntlich geistern derlei utopische Ideen heute in dem von der Naturwissenschaft geprägten Denken, die Vorstellung etwa von einem Menschen der Zukunft, der kaum noch etwas
34 gemeinsam haben würde mit dem gegenwärtigen oder gar mit dem Menschen der Antike; Vorstellungen, die nicht anstehen zu sagen, dass das Wesen Mensch noch kaum begonnen habe, jedenfalls von dem aus, was uns bisher zu Gesicht gekommen ist, noch nicht definiert werden könne.[2]

Das Konzil nimmt dies Empfinden radikaler Umschichtungen zur Kenntnis, deren jähe Expansion und deren noch unüberschau-

---

[2] Vgl. z. B. LORENZ, *Das sogenannte Böse:* »Es ist kein allzu großer Optimismus nötig, um anzunehmen, dass aus uns Menschen noch etwas Besseres und Höheres entstehen kann [...]. Das langersehnte Zwischenglied zwischen dem Tier und dem wahrhaft humanen Menschen – *sind wir!*« (322, zitiert nach SARTORY, *Fragen an die Kirche*, 45).

bare Tiefe der Gläubige von seiner Orientierung auf das Ewige und Immerwährende her zunächst weithin als etwas Bedrohliches empfindet. In vieler Hinsicht enthält dies Empfinden eine durchaus richtige Witterung: Die Auslöschung der Konstanz des Menschen, die hier bisweilen so gleichgültig oder gar triumphierend angekündigt wird, kann ja auch zur Auslöschung der Menschlichkeit des Menschen werden. Man fühlt sich erinnert an Nietzsches Wort, das er im Zusammenhang mit seiner Idee des Todes Gottes formuliert: Wir stürzen fortwährend nach allen Seiten, nach links, rechts, oben, unten; es gibt kein Oben, Unten, Links, Rechts mehr, alle Richtungen und Orientierungen sind aufgehoben, der Mensch erkennt den Orientierungspunkt des Menschlichen nicht mehr, er ist ein ins Unendliche orientierungslos stürzendes Wesen geworden.

Obwohl es also hier Besorgnis vom Glaubenden her gibt und sie zu Recht geben kann, ja sogar geben muss, hat diese bedrohlich erscheinende Progression doch gleichzeitig auch etwas Großartiges an sich, und auch dem verweigert sich der Text nicht. Mit den neuen Gefährdungen steigen auch neue Möglichkeiten des Menschen auf, eine globale Humanisierung scheint möglich, die den tiefsten Ansprüchen der Bibel von der Einheit des einen Menschen 35
entspringende, bisher utopisch erschienene Forderungen der Verwirklichung zugänglich macht. Das ist die andere Seite, die wir als Gläubige nicht übersehen dürfen, dass nun in Regionen, die kaum die Minimalvoraussetzungen einer menschenwürdigen Existenz bereitzustellen schienen, mit dem äußeren »Fortschritt« sich auch neue Möglichkeiten bieten, den Menschen zu seiner wahren Würde zu führen (also »Hominisierung« in den Dienst der »Humanisierung« treten kann). Dazu kommt, was Paul Claudel in seinem Christoph Columbus dichterisch großartig ausgesagt hat: Die durch die Technik erzwungene Vereinigung der Menschheit entspricht dem heilsgeschichtlichen Impuls der Bibel und gibt ihrer Idee der Einheit erst vollends die Möglichkeit der Verwirklichung. Die ausführliche Darstellung dieser Situation und die bewusste Aufnahme ihrer Ambivalenz als Gefahr und Möglichkeit, als Bedrohung und Verheißung ist entscheidend, weil diese Aufnahme der gegenwärtigen Situation in ihrer Doppelgesichtigkeit der Anthropologie von vornherein einen geschichtlichen Index gibt.

Ohne die Einheit und die zeitenübergreifende Konstanz des Wesens Mensch zu leugnen, wird dieser Mensch doch zugleich als das geschichtlich voranschreitende und nur so sich selbst vollziehende und zu sich selbst kommende Wesen ausgelegt, ein Gedanke, der ja in der Geschichtstheologie der Kirchenväter vom biblischen Erbe her schon angerührt wurde: Die sechs Geschichtszeitalter, von denen die Väter im Anschluss an den Schöpfungsbericht sprechen, wurden als die sechs Altersstufen des einen Adam geschildert, der
36 die Geschichte hindurch wächst, von seiner Kinder- und Jugendzeit über das Mannesalter dem Greisenalter zugeht und so erst im geschichtlichen Werden in seiner Einheit und Ganzheit in Erscheinung kommt. Die Menschheit ist zusammen gleichsam ein einziger Mensch, und der Mensch ist das Wesen, das allein in seiner geschichtlichen Gesamtheit sich selbst darstellt, sich auslegt und vollzieht. Dies hat dann zur Folge, dass dem Menschen, der nicht von einem einzigen Punkt aus, sondern nur in der Dynamik seines geschichtlichen Sich-Darlebens begriffen werden kann, seine Aufgabe je an dem bestimmten Geschichtspunkt zugewiesen ist, an dem er sich findet. Sein Auftrag als Mensch kann von der jeweiligen geschichtlichen Situation nicht losgelöst werden, die einem jeden die Weise gerade *seines* Menschseins zuteilt.

b) Verantwortlichkeit und Brüderlichkeit

Als zweiten Text, der einen Eintritt in die anthropologische Perspektive des Konzils und in seine konkreten Imperative gestattet, möchte ich das zweite Kapitel des zweiten Teils von *Schema XIII* nennen: »*Über die rechtmäßige Förderung des kulturellen Fortschrittes.*« In diesem Text, der mit dem Thema unserer Überlegungen bereits enger und deutlicher zusammenhängt, wird bewusst noch einmal die vorhin geschilderte Situation von heute aufgegriffen und dabei der Blick ausgeweitet auf das neue Ethos, das sich global, sowohl im marxistischen wie im liberalen, dem sogenannten westlichen, Bereich entwickelt hat – es gibt heute so etwas wie ein Credo des neuen Menschen, das die Grenzen von marxistisch
37 und liberal (östlich und westlich) überschritten hat. »Wir stehen«, so sagt das Konzil, »vor der Geburt eines neuen Humanismus, für den der Mensch vor allem durch seine Verantwortlichkeit gegen-

über seinen Brüdern und gegenüber der Geschichte definiert ist.« Ich glaube, dass der Text, indem er so den heutigen Stand des menschlichen Selbstbewusstseins charakterisiert, exakt das trifft, was wir im Kern die Anthropologie des modernen Bewusstseins nennen dürfen. Es ist, wie man sieht, eine funktionale Anthropologie, die ohne metaphysische Ansprüche vom faktischen Miteinander der Menschen ausgeht, es als Ausgangspunkt des Ethos wertet und von hier aus als Aufgabe des Menschen die gegenseitige Ermöglichung des Menschseins ansieht; die ethische Verantwortung wird folglich ohne metaphysischen Bezugspunkt einfach als die Verantwortung des Menschen vor dem Menschen und seiner Zukunft bzw. vor dem Menschen als einem zukünftigen Wesen begriffen. Ich glaube, dass hier, quer durch alle Differenzierungen unserer »pluralistischen Welt«, eine Grundstruktur des heutigen menschlichen Selbstverständnisses getroffen ist – dieses a-metaphysische, funktionale Verstehen, in dem der Mensch einfach von der Notwendigkeit des Miteinanderseins, von den Verflechtungen her, die es ausdrückt, ein Ethos der Verantwortlichkeit füreinander und vor dem Menschen als einem zukünftigen Wesen entwickelt hat. Man muss hinzufügen (und das erklärt die Universalität dieser Entwicklung), dass sich dieses Ethos folgerecht aus der inneren Struktur der Wissenschaft als des konstitutiven Elements modernen Existierens und der von ihr gebildeten Lebensordnungen erhebt. Es wird daher in Abschnitt 57 unseres Textes eine etwas weiter ausgeführte Skizze dieses »Wissenschaftsethos« (wenn man so 38
sagen darf) entworfen. Hier wird gesagt, das Konzil sehe deutlich die positiven Werte, die sich aus der heutigen Situation ergeben. Unter ihnen seien aufzuzählen: die Treue und die exakte Gewissenhaftigkeit gegenüber der gefundenen Wahrheit in den wissenschaftlichen Untersuchungen; die Notwendigkeit des Miteinanderarbeitens in den technischen Unternehmungen; der Sinn für die internationale Solidarität; das täglich lebendiger werdende Bewusstsein der Verantwortlichkeit der Fachleute für die Unterstützung und den Schutz der Menschen; der Wille, die zukünftigen Lebensbedingungen des Menschen glücklicher zu gestalten, vor allen Dingen in Bezug auf diejenigen, die unter kultureller Armut und unter der Unmöglichkeit selbstverantwortlichen Handelns leiden. Der Text fügt hinzu, dies alles, was als inneres Ethos aus

der Wissenschaftsgesinnung von heute aufgestiegen ist, könne durchaus als eine Art Vorbereitung auf die Botschaft des Evangeliums hin verstanden werden; es sei offen für eine innere Durchformung von der göttlichen Liebe, die der vollziehen könne, der gekommen ist, um die Welt heil zu machen.

Freilich, das Konzil entwickelt im gleichen Atemzug, in dem es diese positive Deutung der heutigen anthropologischen Situation unternimmt, auch eine Aporetik des neuen Menschenbildes. Die Ausweglosigkeiten der modernen Situation werden deutlich, wenn gefragt wird, was zu tun sei, damit nicht der häufiger werdende kulturelle Austausch, der zwischen den einzelnen Völkern und Gemeinschaften zu einem fruchtbaren Dialog führen könnte, in
39 Wahrheit das Leben der einzelnen Gemeinschaften zerstört und die Weisheit der Alten, den kostbaren Schatz, der in ihr eingeborgen ist, verflüchtigt. Oder anders: Wie soll der Dynamismus und die Ausbreitung der neuen Kultur begünstigt werden, ohne dass dabei die Treue gegenüber dem Erbe der Überlieferung verlorengeht? Wie kann eine so rasend vorangehende wissenschaftliche Entwicklung und die Spezialisierung, die mit ihr gegeben ist, gleichzeitig mit der Notwendigkeit verbunden werden, zur Synthese, zu einheitlichen Gesamtanschauungen zu kommen? Wie soll endlich die legitime Autonomie dieser Bereiche anerkannt werden, ohne dass man am Ende in einem rein irdischen Humanismus landet, der sich der Religion entgegenstellt? Wenn das Konzil gleichzeitig mit der Idee, die heutige Situation des Menschen könne so etwas wie eine offene Tür auf das Evangelium und seine Liebesgesinnung hin werden, die Antinomien und so die Weglosigkeiten dieser Situation herausstellt, bleibt es von einer Verurteilung des Heute wie von einem Modernitätskonformismus gleich weit entfernt. Es geht ihm darum, das für sich ungenügend bleibende neue Ethos einem größeren Zusammenhang zu eröffnen; die Anthropologie der Brüderlichkeit, die es enthält, wenn es den Menschen wesentlich von der Funktion des Miteinander her definiert, zur christlichen Brüderlichkeit hin zu erfüllen, sie in den Zusammenhang der Christologie hinein zu eröffnen und die Zukunftsbezogenheit, die den Menschen heute in seinem Geschichtshorizont so tief bestimmt, in den christologischen Horizont des kommenden Christus einzuordnen. Das bedeutet dann freilich

auch umgekehrt eine Erneuerung und Vertiefung der Christologie, in deren Botschaft vom wiederkommenden Herrn der Mensch als 40
das zukunftbezogene Wesen erkennbar wird.

Damit dürfte jetzt in Umrissen deutlich geworden sein, in welcher Form das Konzil zur Darstellung des christlichen Menschenbildes an die heutige Situation anzuknüpfen versucht. Bevor wir den nächsten Schritt tun, mag es aber doch nützlich sein, ausdrücklich die Bilanz des bisher Bedachten zu ziehen und seine Tragweite noch etwas näher zu überlegen.

2. Der Ertrag für die Idee der christlichen Bildung

a) Wissenschaft und Liebe

Die Dynamik der menschlichen Geschichte wird aufgenommen. Dass ihr Progress trotz seiner Zweideutigkeit grundsätzlich auch als Humanisierungsprozess, als die notwendig nur im Voranschreiten der Geschichte sich vollziehende Entfaltung und das Zu-sich-selbst-Kommen des Wesens Mensch begriffen wird, bedeutet zugleich eine neue Einstellung zur Bildungsproblematik und zur Kultur insgesamt gegenüber dem im katholischen Bewusstsein bis zur Stunde noch tragenden Bildungsprogramm des heiligen Augustinus. Augustin hat bekanntlich in seinem Büchlein »De doctrina christiana« aus dem Geist der Alten Kirche ein Bildungsprogramm des Christen formuliert. Dieses Programm ist trotz aller geistigen Verschiebungen, die seither eingetreten sind, bis zur Stunde bewusstseinsprägend geblieben. Augustin hatte dabei (mit beachtlichen biblischen Gründen wohlgemerkt!) die Ansicht formuliert, was nicht dem Heil diene, sei leere Neugier, »curiositas«, die zu nichts führt. Es könne also für den Christen Bildung sinn- 41
voll nur in dem Bezug auf das Heil hin geben; eine selbstzweckliche Bildung bzw. eine reine Wissenschaft scheidet damit für den Christen aus. Die »Nachfolge Christi« hat am Ende des Mittelalters diesen Gedanken erneut aufgegriffen und sogar noch weiter zugespitzt. Ich denke, man muss darüber hinaus zugeben, dass er im katholischen Bewusstsein bis heute nicht durch eine neue positive Idee überholt ist, denn auch Thomas von Aquin hat als treuer Erbe

der Väterzeit – gegenteiligen Versicherungen zum Trotz – kein durchaus neues Bildungsideal formuliert. Man wird weiter sagen müssen, dass das, was man heute (nicht unproblematisch) gern »katholischen Bildungsnotstand« nennt, auf irgendeine Weise auch mit dieser Grundorientierung des katholischen Bewusstseins zusammenhängt, welches weithin abgelehnt hat, sich an der reinen Wissensprogression der Neuzeit zu beteiligen. Im reformatorischen Raum war demgegenüber trotz Luthers Polemik gegen die »Hure Vernunft« vermöge der Stellung, die man wissenschaftlicher Schriftauslegung einräumte, wie auch aufgrund der beginnenden Entlassung der Welt in ihre Weltlichkeit ein anderer Horizont für die Bildungsfrage entstanden.

Nun wäre sicher nichts falscher, als in plötzlich entdeckter Fortschrittsfreude Augustins Programm als schädlich und überholt einfach zum alten Eisen zu werfen. Seine Aussage bleibt bedeutsam, und wenigstens als Korrektiv wird sie immer vor Augen stehen müssen. Andererseits war eine gründliche Neubedenkung der Frage längst gefordert. Man wird es zu den großen, geschichtsträchtigen Entscheidungen des Konzils rechnen müssen, dass es
42 sich dieser Aufgabe gestellt hat. Es hat das Programm, das Wissen grundsätzlich der Heilsperspektive einordnet, zwar nicht als solches aufgehoben, aber radikal neu gedacht, wenn es vom Fortschritt und vom Wissen als Pflicht spricht, weil in der anthropologischen Schau, die es aus der Situation von heute entwickelt, die Arbeit daran als Form von Brüderlichkeit, von Menschlichkeit und von Verantwortung und so letztlich als Ausfluss des Imperativs der christlichen Liebe erscheint.

Es dürfte deutlich sein, dass bei einer solchen Sicht die Abgrenzung zur »curiositas«, zur reinen Neugier, bestehen bleibt. Denn als Grund, weshalb nun Fortschritt und Wissen als Werte erscheinen, ja als solche anzustreben sind, wird hier sichtbar, dass sie der Brüderlichkeit und der Verantwortung der Menschen füreinander entsprechen, womit sie letztlich in einer Heilsperspektive stehen, die nur sehr viel weniger eng und sehr viel weniger zweckhaft als ehedem gedacht ist. Darin dürfte wohl die eigentliche Korrektur an Augustin liegen, dass letztlich gerade ein absichtsloses Bemühen um Erkenntnis dem Menschen angemessen und so auch seinem Heil dienlich ist. Ich glaube, dass man die Bedeutung der

Bildungsidee des Konzils nicht übertreibt, wenn man sie so mit dem geschichtstragenden Grundentwurf Augustins in Beziehung setzt und ihr damit eine epochale Bedeutung zuschreibt, die man gewiss nicht leichthin vergeben soll und deren tatsächliches Eintreten ja auch noch von der Weise der Verwirklichung abhängt. Wichtig scheint mir jedenfalls, zu betonen, dass die Bildungsfrage nicht von einer Augenblickskonjunktur abhängig gemacht werden darf und dass Entscheidungen wirkungslos bleiben, die nur dem 43
Wunsch entspringen, den Proporz der Kräfte zu erhalten. Nur wenn die Neusicht der Bildungsfrage die gleiche Tiefe erreicht, in die Augustins Programm hinablotet, wird sie auch eine ähnliche Wirkung erzielen können.[3]

b) Verantwortlichkeit und Freiheit

Indem das Ethos der modernen Kultur grundsätzlich als Humanismus und damit als offen auf *den* Homo, den schlechthinnigen Menschen, hin begriffen wird, den der Glaube in Jesus Christus sieht (weshalb ja christlicher Glaube an Gott immer zugleich wahrer »Humanismus« ist und so im Christlichen sich ein unerhörtes Ineinanderfallen von Anthropozentrik und Theozentrik ergibt), werden die diesem »humanistischen« Kern zugeordneten Grundformen seines Ethos mit akzeptiert: Verantwortlichkeit, Freiheit, Sachlichkeit, Respekt vor der Pluralität und relativen Eigengesetzlichkeit der Sachbereiche, Brüderlichkeit.

Vielleicht darf in diesem Zusammenhang auf eine sehr kennzeichnende sprachliche Eigentümlichkeit aufmerksam gemacht werden. Das Wort responsabilitas (= Verantwortlichkeit) stellt eine lateinische Neubildung des Konzils dar. Weder die heidnische Antike noch das christliche Latein kennen ein genaues Äquivalent für »Verantwortlichkeit«. So hat man zunächst einfach aus dem französischen responsabilité das neue Wort responsabilitas gebildet und in Klammern die französische Form beigegeben. Gegen Ende des Konzils wurde »responsabilitas« eines seiner weitaus häufigsten Worte, das fortwährend – vielleicht sogar zu oft – in

[3] Vgl. zu diesen Ausführungen Ratzinger, *Der Christ und die Welt von heute.*

44 den verschiedensten Dokumenten wiederkehrt. Ich glaube, man kann an solchen Schlüsselworten, die neu aufsteigen und dann plötzlich durch alle Texte hindurchgehen, die hermeneutische Kraft der Sprache sehen. Eine Analyse auf Leit- und Lieblingsworte, zumal wenn sie neu aus dem Bewusstsein einer solchen Versammlung aufsteigen, vermag besonders deutlich die geistigen Schwerpunkte zu zeigen, die dort wirksam sind.

Als weitere Punkte, an denen das Konzil die Verbindungslinie zwischen christlichem und modernem Humanismus sieht, wären sodann die Idee der Freiheit und die der sachgemäßen Autonomie zu nennen. Vor allem der letztgenannte Gedanke gehört wieder zu den Ideen, deren häufiges Auftreten das besondere Engagement des Konzils erkennen lässt. Im *Schema XIII* sind es besonders die Abschnitte 36, 42, 59, 76, die sich für diese Sache einsetzen. Die Begründungen, die dafür angeführt werden, wechseln und lassen so erkennen, dass das Konzil hier noch keinen eindeutig überzeugenden Weg gefunden hat, sondern im Stadium des Tastens verblieb. So wird etwa verwiesen auf den Schöpfungsgedanken, indem gesagt wird, die Sachbereiche seien Ausdruck von Schöpfungsideen. Der Respekt vor der Schöpfung und dem Schöpfer gebiete also, die Gesetze des Schöpfers zu akzeptieren. Daneben findet man christologische Begründungen von der Inkarnation und der Anerkennung des Menschlichen her, die sie bedeutet. Endlich – wohl am ehesten überzeugend – gibt es die anthropologische bzw. eschatologische Begründungsform vom Unterwegssein der Kirche her, die noch nicht das Reich Gottes ist, die daher
45 noch nicht die Allkompetenz hat, die das Reich Gottes haben wird; als unterwegs Seiende ist sie an keine Kultur gebunden, sondern für alle da, hat aber deshalb auch alle in ihrem Eigensein zu respektieren. Für die Idee der christlichen Bildung ist dieser Gedankenkomplex von erheblicher Bedeutung.

Das bisherige katholische Bildungsideal war ja grundsätzlich vom Integrationsgedanken bestimmt, also von der Idee, dass es in der Bildung wesentlich auf Integration, auf die Verganzheitlichung und Vereinheitlichung ankomme. Das Konzil hat diese Idee ohne Zweifel und mit vollem Recht beibehalten, indem es immer wieder von der Notwendigkeit der Synthese spricht und so die Einheit des Geistes als Bildungsziel vor Augen hält. Aber diesem Leitbild tritt nun doch der Pluralitätsgedanke ergänzend zur Seite. Die notwendige Integration des Wissens zur Bildung kann die Pluralität der Bildungsinhalte und ihre Eigengesetzlichkeit nicht aufheben. Indem auf diese Weise Integrations- und Pluralitätsgedanke in ein sinnvolles Gleichgewicht treten, gewinnt das Motiv der Sachgesetzlichkeit und die daraus folgende geistige Freiheit bezüglich der verschiedenen Bildungsbezirke ein Gewicht, das für katholische Bildungsprogramme und -haltungen ohne Zweifel neue Überlegungen herausfordert. Die wirkliche Aneignung des konziliaren Auftrags wird jedenfalls noch mancherlei Mühe verlangen.

II. Die Neuformulierung des christlichen Ethos[4]

Nach diesem kurzen Versuch einer Bilanz ist es nun an der Zeit, den Faden des vorhin Begonnenen nochmals aufzugreifen, um in 46
möglichst großer Breite den anthropologischen Horizont des Konzils in Blick zu gewinnen. Wenigstens zwei in dieser Form teilweise neue Bestimmtheiten seien noch genannt.

1. Die personalistische Tendenz

Als Erstes könnte man von einer personalistischen Tendenz sprechen. Sie tritt vor allem in dem *Kapitel über die Ehe* in Erscheinung und löst hier eine mehr essenzialistische, ja in vieler Hinsicht geradezu naturalistische Betrachtung des Menschen ab. Im Gefolge des aristotelischen wie auch des stoischen Ethos waren in Kanonistik und Moraltheologie die Ehe und ihr Ethos wesentlich in Funktion zum genus – zur menschlichen Art – und folglich primär generativ – als Mittel der Arterhaltung – betrachtet worden; diese Aufgabe wiederum hatte ihre zentrale Normierung, dem naturalistischen Grundansatz entsprechend, in der Idee der Naturgemäßheit gefunden. Von der antiken Gegenüberstellung von Indi-

[4] Dieser Abschnitt schließt sich weithin an meine Ausführungen in: Ratzinger, *Die letzte Sitzungsperiode*, 50–58, an, versucht aber, ihre grundsätzliche anthropologische Bedeutung noch weiter zu reflektieren.

viduum und Gattung ausgehend, hatte man den Sinn der Ehe nicht im Bereich des Individuums, sondern in dem der Gattung erblickt, die versittlichende Idee folglich nicht aus einem geistigen Zusammenhang, sondern aus dem physischen Bereich genommen, in dem man das Ganze wesentlich angesiedelt hatte. Man war damit völlig im antiken Kategoriennetz verblieben (unter dessen Voraussetzung, bei der bloßen Wahl zwischen Individuum und Art, eine andere Lösung in der Tat kaum möglich war) und hatte den christlichen Zuschuss ans menschliche Denken, die Entdeckung der »Person« kaum ausgewertet. Das Konzil geht nun
47 gerade davon aus, entthront die herrschende Kategorie der Naturgemäßheit (die überhaupt nicht mehr vorkommt) und nennt stattdessen als entscheidende Norminstanzen die Verantwortlichkeit vor dem anderen Partner, vor der Menschheit und vor Gott. Das bedeutet: Die Normierung wird nicht mehr genommen aus dem naturalen Bestand, sondern aus der Person und ihrer Verantwortlichkeit, die freilich nicht im leeren Raum steht, sondern im Umschlossensein von dem rufenden und hörenden Gott.

Anstelle eines Normengeflechts, das durch die Begriffe genus und natura bestimmt ist, tritt so ein neues Bild, das unter der Grundidee der Verantwortlichkeit durch die Kategorien Person, Wort, Gemeinschaft, Gewissen gekennzeichnet ist. So zeigt sich zugleich, dass die neue Sicht des Menschen und seines Ethos, die ihn weniger von seinem Sein her als vom mitmenschlichen Relationsgefüge aus begreift, in dem er steht, und deshalb wesentlich von Relationsbegriffen wie Brüderlichkeit und Verantwortlichkeit ausgeht, dennoch keineswegs funktionalistisch und kollektivistisch sein muss, sondern der vollen Entdeckung der Person und der Überwindung des Naturalismus zugute kommen kann. Da »Person« anderes und mehr besagt als »Individuum« heißt dies zugleich, dass der »Personalismus« kein Individualismus ist, sondern nun umgekehrt erst vollends die Entdeckung der Gemeinschaft und der Verantwortlichkeit vor ihr bedeutet, die das Gegenspiel zu kollektiver Aufsaugung und Normung darstellt: Personale Verantwortlichkeit normiert nicht in der Weise, in der gleiche Exemplare ein und derselben Gattung genormt sind, sondern for-
48 dert die Person in ihrer unvertretbaren Einmaligkeit heraus. Auf diese Weise kommt hier auch das Besondere des je eigenen Gewis-

sens ins Spiel, das freilich keinen inhaltslosen Formalismus und keine Freistellung ins Beliebige darstellen darf, sondern im Zusammenhang einer inhaltlich bestimmten, gemeinsamen Verpflichtung in Funktion tritt. Wohl besagt die Rede vom Gewissen, dass die naturgesetzliche Weise der Normierung mit ihrer völligen Gleichstellung der Exemplare einer Gattung nur unterhalb des Bereichs der Person möglich ist. Wo es um Personen geht, gibt es zwar durchaus auch die gemeinsame Verpflichtung, die aber doch erst in der persönlichen Übersetzung ihre letzte Konkretheit erhält: Darin liegt doch wohl das Spezifikum menschlicher Normgebundenheit im Gegensatz zum bloß naturalen Bereich.

2. Der geschichtlich-dynamische Charakter

Neben der personalistischen Tendenz und in engem Zusammenhang mit ihr muss sodann noch der dynamisch-geschichtliche Charakter genannt werden, den die ethische Idee im *Schema XIII* erhält, besonders deutlich im *Kapitel über Krieg und Frieden.* Da ich die Sache anderweits bereits ausführlicher dargestellt habe, mag hier eine ganz kurze Andeutung genügen. Das lange und erbitterte Ringen um die Frage, was das Konzil zum Problem des modernen Krieges sagen müsse, hatte schließlich zu der Einsicht geführt, dass eine statische Ethik des gerechten Krieges nach traditionellem Muster, in der genaue Grenzen zwischen erlaubt und unerlaubt festgelegt werden, nicht mehr möglich ist. Eine Aussage,
die das Unmögliche verlangt, wäre sinnlos; eine Aussage, die das 49
unvermeidbar Erscheinende zum Erlaubten macht, würde amoralisch. Man begann sich so zugleich bewusst zu werden, dass die bisherigen Normierungen zwar vielleicht nützlich waren, aber doch im Bereich des als »erlaubt« Erklärten eine zu einfache Beruhigung enthielten. Denn auch dies »Erlaubte« trägt doch vielfach eine tiefe Unmenschlichkeit in sich und ist weit davon entfernt, im Innersten ethisch sein zu können. Aber was soll man tun?

Das Konzil hat die Konsequenz gezogen, dass es auf eine statische Ethik des gerechten Krieges verzichtete und eine dynamische Notstandsethik formuliert, in der es unterscheidet zwischen dem ethischen Ziel, worauf hingestrebt werden muss (der totale Friede), und zwischen dem, was jetzt realisierbar ist, um den Menschen auf dieses Ziel hin in Bewegung zu setzen. Das Konzil geht also vom Menschen als dem vorläufigen Wesen aus, dem das je Mögliche abverlangt werden muss, damit er allmählich zum noch Unmöglichen reife; es erkennt, dass der Spielraum der Freiheit nötig ist, in dem der Raum des Möglichen ertastet wird.[5] Aber, so möchte man fragen, hat sich das Konzil hier nicht an eine schnöde Zweckmäßigkeit verkauft und an einen »Realismus«, der dem Ernst der ethischen Forderung widerstreitet? Dazu wäre viel zu sagen. Es mag genügen, daran zu erinnern, dass solcher Realismus durchaus biblisch ist – der Nüchternheit des Glaubens würde widerstreiten, was wir »Idealismus« nennen. Die ganze Bewegungslinie vom Alten zum Neuen Testament ist nur von diesem Realismus aus zu verstehen, der den Menschen je an seinem geschichtlichen Ort nimmt und ihn hier freilich ganz beansprucht, um ihn über sich hinaus auf sein Ziel zuzuführen. Nur auf diesem Hintergrund ist auch das Menschenbild des heiligen Paulus zu verstehen, das den Menschen deshalb so schonungslos in seinen Abgründen und Unmöglichkeiten ernst nehmen kann, weil es entworfen ist aus dem Glauben an den, der gerecht macht die Ungerechten – die trotz ihres Ethos ungerecht geblieben sind. Ein Ethos, das mit einer reinen Aktivbilanz des Menschen ohne Schulden abschließt, das gar nicht einen Ruf nach Gnade enthält, kann nur ein Selbstbetrug sein.

III. Die Zeitgebundenheit theologischer Aussagen

Damit drängt sich eine letzte Überlegung auf. Praktisch bei allem, was sie sagt, denkt die Theologie von einem profanen Bezugsmodell her; sie kann gar nicht anders ihre Aussagen formulieren, wenn sie überhaupt in Menschensprache reden will. Umgekehrt geht dann freilich auch die theologische Aussage ins allgemeine

---

[5] Es darf in diesem Zusammenhang an die wunderbare Formulierung der wohl noch dem ersten Jahrhundert entstammenden *Zwölfapostellehre* erinnert werden: »Wenn du das ganze Joch des Herrn tragen kannst, wirst du vollkommen sein; wenn du es nicht vermagst, so tue, was du kannst!« (*Did*, VI 2)

menschliche Reden und Denken ein und befruchtet es weit über ihren unmittelbaren Anspruchsraum hinaus. Dementsprechend hat die mittelalterliche und die patristische Anthropologie von dem profanen Modell des Menschen als des aus Leib und Seele komponierten Wesens her gedacht und in dieses Modell die theologischen Grundaussagen einzupassen versucht. Wenn wir dieselben Aussagen heute auf ein anderes Modell hin beziehen, auf dasjenige nämlich des vor der Menschheit und ihrer Zukunft verantwortlichen Wesens, so werden wir gewiss nicht behaupten, dass dieses uns heute vorgegebene profane Bezugsmodell schlechterdings besser oder dass das andere einfachhin falsch sei. Jedes Mo- 51
dell hat seine blinden Seiten. Andererseits werden wir aber auch nicht übersehen dürfen, dass dieses neue profane Bezugsmodell nicht ohne eine Dosis vorgegebener christlicher Ideen zustande gekommen wäre und insofern von sich aus einen stärkeren Einschuss christlichen Glaubens in sich trägt, als das seinerzeit aus der Antike übernommene ihn aufweisen konnte. Insofern darf man hier tatsächlich sagen, dass darin etwas anonym Christliches steckt, auch wenn man sonst gegen die Verwendung dieses Begriffes Bedenken tragen wird.

Das bedeutet aber dann, dass das neue Bezugsmodell neue Möglichkeiten bietet, den Sinn des Christlichen zu entfalten. Ein paar Hinweise müssen hier genügen. Die *Pastoralkonstitution über Kirche und Welt (»Schema XIII«)* weist das Geheimnis des Menschen, dessen konkrete Situation sie zuerst aufgezeichnet hat, ein in das doppelte christliche Grundgeheimnis der Inkarnation und der Trinität, die zugleich als Brennpunkte des anthropologischen Problems ausgelegt werden. Trinität ist ja Ausdruck des relativen (oder vielleicht besser: relationalen) Charakters der Person. Überdies hat die Dogmengeschichte inzwischen sichtbar gemacht, dass der Personbegriff erst aus der Trinitätslehre geboren worden ist, dass so die Person zuerst entdeckt worden ist als das Wesen der Bezogenheit, das nur im Zu- und Ineinander von Ich und Du, nicht anders, bestehen kann. Dieser Gedanke war der Antike wie der asiatischen Philosophie unzugänglich geblieben. Erst die Realitäten der christlichen Gotteserfahrung haben den Weg dazu geöffnet und so den Menschen sich selber ganz neu verstehen gelehrt.

Inkarnation, der zweite Brennpunkt christlichen Glaubens, ist 52 wiederum mit und in der Aussage über Gott, die sie bedeutet, zugleich Aussage über den Menschen, indem sie die radikale Interdependenz des Menschlichen ausdrückt. Denn Inkarnation setzt, damit sie sinnvoll sei, den Glauben voraus, dass alle Menschen ein Adam sind. Nur so kann es geschehen, dass sie in den zweiten Adam hinein transponiert und in ihn umgewandelt werden, wie es das Ziel der Inkarnation ist.

Dazu kommt dann ein Weiteres: Der zweite Adam, Christus, wird in der Bibel zugleich als der letzte Adam geschildert, dessen Kommen erst begonnen hat und in seiner endgültigen Gestalt noch aussteht. Wenn folglich Christus ganz wesentlich als der noch Kommende begriffen und als das Ziel des Menschen angesehen wird, mit Christus zweiter Adam zu werden, so tritt damit die Zukunftsgerichtetheit des Menschen gerade von der Christologie her in Erscheinung. Die Christologie der Bibel schließt, das ist uns heute wieder nachdrücklich bewusst geworden, ein »progressives« Element ein; gerade von ihr her muss der Mensch als ein auf Zukunft hin seiendes Wesen begriffen werden.

B) Die Bildungskonzeption in der Erklärung über die christliche Erziehung

Damit können wir uns nun endlich der Frage zuwenden, welches das konkrete Bildungskonzept sei, das die *Konzilserklärung über die christliche Erziehung* vorzulegen vermochte. Man muss leider
53 sagen, dass dieser Text von den Vätern nicht mit großer Liebe behandelt worden ist. Er ist mehr durch die Hintertür der verschiedenen Ermüdungsstadien durchgeschlüpft und schöpft so die Möglichkeiten nicht aus, die ihm die konziliare Anthropologie geboten hätte. Manche Anregungen können ihm dennoch entnommen werden.

Ich möchte, was hier zu sagen ist, aber nicht noch einmal in der Form eines eigentlichen Referats vorlegen, sondern nur Punkt für Punkt kurz den Inhalt des Textes angeben und, wo es sich aufdrängt, einige kommentierende Bemerkungen hinzufügen.

I. Das Bildungsziel

Nach einem ziemlich ausführlichen Vorwort wird in Nr. 1 und noch einmal in 2 ein doppeltes Bildungsziel herausgestellt. Ziel der Bildung sei einerseits die persönliche Formung, die Entfaltung dessen, was im Menschen angelegt ist, letztlich ausgerichtet auf seine ewige Bestimmung. Dann aber geht es auch um die Öffnung des Einzelnen zum Dienst für Einheit und Frieden unter den Menschen. Die Öffnung auf die Mitmenschlichkeit hin, die so auch in diesem Text formuliert wird, findet ihre Brennpunkte in den Begriffen Verantwortlichkeit, Freiheit, Dialog: Das Echo der vorhin bedachten konziliaren Grundeinstellung wird vernehmbar und bestimmt die Formung des Bildungsideals.

Leider recht unverbunden steht neben diesem allgemeinen Bildungsziel in Nr. 2 das Ziel der spezifisch christlichen Bildung. Es wird wieder ähnlich doppelseitig formuliert wie vorhin: Einerseits geht es um die Hinführung des Einzelnen zur Glaubenserkenntnis 54
und zur Möglichkeit des gottesdienstlichen Handelns aus dem Glauben heraus, zum anderen um die Befähigung, dem Wachstum des Mystischen Leibes zu dienen, und darüber hinaus darum, fähig zu machen zum Zeugnis des Christlichen vor der Menschheit überhaupt.

II. Die Bildungsträger

In Nr. 3 werden dann im Anschluss an die Formulierung des Bildungszieles die verschiedenen Bildungsträger genannt. Als primärer Bildungsträger erscheinen die Eltern, die die persönliche und die soziale Bildung wie auch die Bildung auf das Volk Gottes hin zu tragen hätten. Dem Staat wird nur ein subsidiärer Bildungsauftrag zugewiesen, nämlich zu ordnen, was an Bildungsträgern vorhanden ist, die Rechte der vorhandenen zu schützen und, wo Bildungsträger fehlen (und *nur* in diesem Fall) subsidiär Bildungsinstitutionen einzurichten. Während also dem Staat diese ausschließlich ergänzende Funktion zugeschrieben wird, wird der eigenständige Bildungsauftrag der Kirche betont, der freilich in einer gewissen Selbstbescheidung vorzüglich auf die Katechese be-

zogen wird. Eine so unterschiedliche Behandlung von Staat und Kirche, die dem Ersteren eine bloß subsidiäre Stellung, der Letzteren dagegen einen eigenständigen Bildungsauftrag einräumt, kann leicht parteiisch erscheinen. Aber man wird nun einmal bei näherem Zusehen in der Tat sagen müssen, dass es in dieser Sache einen charakteristischen Unterschied zwischen der Situation von Staat und Kirche gibt. Während der Staat nur der Sachwalter der Ange-
55 legenheiten seiner Bürger ist, also kein über sie hinausreichendes Prinzip vertritt, vermittelt die Kirche für den, der ihren Glauben teilt, eine Botschaft, die nicht aus ihr selbst, sondern von oben kommt. Während der Staat seine Legitimation nur von den Eltern beziehen kann, vertritt die Kirche für den, der mit ihr glaubt, eine Botschaft, vor der alle Glaubenden sich als Hörende und Empfangende wissen. Freilich: Nicht alle Staatsbürger teilen den Glauben der Kirche. Und für den, der diesen Glauben nicht teilt, stellt sich der Anspruch der Kirche notwendig sehr viel problematischer dar, vor allem, wenn er in einer Form und mit einem Radius erhoben wird, als ob alle Staatsbürger auch Gläubige wären oder es jedenfalls an sich zu sein hätten. In der Tat wird man zugeben müssen, dass man bis zur Stunde nicht selten zu einfach die Deckung von Gemeinschaft der Gläubigen und staatlicher Gemeinschaft vorausgesetzt hat (»cuius regio eius et religio«!), dass man zu wenig bedacht hat, dass der kirchliche Anspruch nur im Innern des Glaubens sinnvoll ist und dass man sich endlich, auf der Basis des Glaubens sprechend, zu wenig gemüht hat, eine Dolmetschung des Glaubensanspruchs über den Raum des Glaubens hinaus zu finden.

Umgekehrt wird man freilich – was unser Vaterland angeht – sagen müssen, dass die deutsche Jurisprudenz sich, von einigen rühmlichen Ausnahmen abgesehen, mit einer Zähigkeit dem Rechtspositivismus und seinem fundamentalen Missverständnis des Rechts verschrieben hat, die erschrecken muss. Die Absolutsetzung des Staates, die sich ergibt, wenn er sich selbst alleinige Quelle und Norm seines Rechtes wird, kann sich nur verhängnisvoll
56 auswirken. Was unsere Frage angeht, so werden wir sagen müssen: Wenn der doppelte Positivismus, auf den wir stießen, der Glaubenspositivismus der Theologie und der Rechtspositivismus des Staates, miteinander reden sollen, kann es nur ein Aneinandervor-

beireden geben. So käme wohl alles darauf an, dass beiderseits über diesen Positivismus hinausgedacht würde.

Kehren wir nach dieser Abschweifung zu unserem Text zurück. In Nr. 5 wird der Übergang zur Schule als dem vorzüglichsten Bildungsinstitut genommen und gesagt, die Eltern sollten in der Wahl der Schule wirkliche Freiheit haben. Sehr wichtig ist nun, dass dieser Anspruch auf Freiheit der Schulwahl seitens der Eltern wesentlich mit dem Pluralismus der Gesellschaft begründet wird (Nr. 6). Das ist gegenüber den bisherigen kirchlichen Äußerungen zur Frage etwas Neues. Die Abweisung des staatlichen Schulmonopols ergibt sich so aus einem gesellschaftlichen, nicht mehr bloß aus einem theologischen oder einem metaphysischen Prinzip. Auf dieser Basis müsste prinzipiell eine Verständigung mit einer liberalen Mentalität möglich sein, sofern sie nämlich wirklich liberal ist und nicht ihrerseits von einer Kryptodogmatik aus denkt. Freilich, wenn man den Gedanken ernst nimmt und ihn nicht bloß taktisch versteht, wird er auch für die kirchliche Seite eine Überprüfung der bisherigen Positionen nötig machen.

Um dem Anspruch des Textes gerecht zu werden, wird man noch eine weitere Überlegung hinzunehmen müssen, dass nämlich zu unterscheiden ist zwischen der Idealforderung und ihrer Realisierungsform. In der Pluralitätsidee ist die Einsicht mit eingeschlossen, dass die Freiheiten der einzelnen Bürger und Gruppen 57
miteinander konkurrieren und dass folglich die Freiheit der Einzelnen nur durch einen Ausgleich der einander widersprechenden Freiheiten zustande kommen kann. Wer die eigene Freiheit vindiziert, muss die Freiheit der anderen respektieren. Wie er im Konfliktfall der gegeneinander stehenden Freiheiten im Rahmen des Sinnvollen Konzessionen der anderen an seine Freiheit erwartet, so wird er seinerseits analog zu Konzessionen an die Freiheit seiner Partner bereit sein müssen. Hier liegt denn auch die vom Text herausgestellte spezifische Aufgabe des Staates, zwischen den aufeinanderstoßenden Freiheiten zu vermitteln und die friedenstiftende Funktion des Rechts zur Geltung zu bringen.

Wichtig ist dann Abschnitt 7. Hier wird bezüglich der katechetischen Unterweisung die Mitwirkung der Kirche auch und gerade an nichtkatholischen Schulen gefordert. Dem Text würden also Praktiken wie ein »Bestreiken« der nichtkatholischen Schule zur

stärkeren Herausstellung der Notwendigkeit der katholischen Schule widersprechen. Dass es derlei gegeben hat und wohl noch gibt, ist bekannt. Ein solches Vorgehen wird hier mit Recht abgelehnt, denn dadurch würde ja ein institutionelles Prinzip dem konkreten Verkündigungsauftrag vorgeordnet und an die Stelle des Dienstes am Menschen der leere Formalismus der Selbstbehauptung eigener Rechte gesetzt. Mit solchem Verhalten bricht das Konzil entschieden. Man darf hier von einer bedeutsamen und sehr grundsätzlichen Einsicht sprechen. Wenn sie sich durchsetzt, wird sie bedeuten, dass der Vorrang der Verkündigung vor der
58 Schematik der so genannten Jura ecclesiae in Erscheinung tritt, die letztlich nur die Formel für ein bestimmtes Stadium der Verzahnung von Kirche und Gesellschaft darstellen.

III. Die Frage der katholischen Schule

Nr. 8 und 9 endlich bieten die Ausführungen über die katholische Schule. Es dürfte nicht unwichtig sein, dass erst jetzt auf sie die Rede kommt, nachdem zuvor das Prinzip der Schule überhaupt, die Idee der Pluralität und die Verpflichtung zur katechetischen Arbeit in der nichtkatholischen Schule behandelt sind. Wenn man folglich schon den Platz, der dem Thema »katholische Schule« zugewiesen wird, beachten muss, so scheint mir an den inhaltlichen Aussagen dreierlei bedeutsam. Zunächst ist wichtig, dass die Variabilität dieses Typs betont wird. Der Text sagt dazu: Dem gemeinsamen »Leitbild der katholischen Schule müssen alle von der Kirche abhängigen Schulen zu entsprechen suchen, wenn auch die katholische Schule den örtlichen Verhältnissen entsprechend verschiedene Formen annehmen kann« (Nr. 9). Das ist zwar immer noch recht eng formuliert und, wie die Kommissionsverhandlungen zeigen, von den Verfassern sogar noch enger gedacht, öffnet aber doch eine Tür.[6] Des Weiteren erscheint mir wichtig, dass der

---

[6] Die Verfasser verstanden unter »katholischer Schule« nur solche Schulen, bei denen die Kirche selbst als Schulträger fungiert. Unsere deutschen staatlichen Konfessionsschulen, deren Rechtskonstruktion den nichtdeutschen Bischöfen anscheinend unverständlich blieb, würden so überhaupt nicht unter den Begriff

Text die Pflicht der katholischen Schule herausstellt, voll dem Bildungsanspruch der heutigen Stunde zu genügen, sie muss sich – so wird gesagt – »den Anforderungen der Zeit gebührend aufschließen«. Nimmt man das ernst, so bedeutet es, dass das Genügen vor dem Anspruch der Stunde zu den Definitionsmerkmalen dieser Schule gehört. Das heißt aber dann, dass sie ihren Anspruch 59
nur erheben kann, wenn sie ihrer Pflicht genügt. Ihre Katholizität entbindet sie nicht von dem Sachanspruch, der im Begriff Schule liegt.

Hier und in einigen weiteren Formulierungen wird der Sache nach die Übereinstimmung zwischen dem formalen Prinzip der Institution und ihrem konkreten Inhalt verlangt. Damit stehen wir noch einmal vor der Frage, die wir bereits im Rahmen der Erörterung von Abschnitt 5 kurz berührt hatten, als wir auf die Beziehung von Wirklichkeit und Norm stießen. Wir werden dazu jetzt sagen können, dass die abstrakte Sicherstellung der Institution als Behauptung eines formalen Rechts nicht genügt, wenn es nicht gelingt, auch den materialen Gehalt der Institution zu verwirklichen. Die Behauptung der eigenen Rechte findet ihre Grenze an der Möglichkeit, ihren inneren Sinn zu erfüllen. Wo dies nicht geschieht, hat das formale Recht seinen Inhalt und so seinen Anspruch verloren. Das heißt: Nur wenn die katholische Schule der Anforderung des Begriffs »Schule« im heutigen Sinne gerecht wird und nicht bloß institutionell, sondern inhaltlich katholisch ist, kann sie mit ihrem vollen Anspruch auftreten. Das ist zu bedenken, wenn man die Ausführungen des Dekrets richtig auslegen will, die von einer »Pflicht« der Eltern sprechen, ihre Kinder katholischen Schulen anzuvertrauen, wann und wo immer sie können. Dieser »Pflicht« der Eltern entspricht eine Pflicht auf Seiten der katholischen Schule, die ihre Forderung nicht erheben kann, wo sie ihrem eigenen Wesen nicht genügt.

Eine weitere Überlegung scheint mir in diesem Zusammenhang

»katholische Schule« fallen, und der Streit würde sich damit schnell erledigen. Aber es ist klar, dass die Ratio legis ein variableres Bild von katholischer Schule verlangt, als es die Bischöfe der betreffenden Kommission zu denken vermochten. Immerhin ist die Beachtung dieses Sachverhalts geeignet, vor einem falschen Kleben an Äußerlichkeiten und vor einer Absolutsetzung unserer gegenwärtigen deutschen Form katholischen Schulwesens zu warnen.

nötig zu sein. Für den Außenstehenden wird es fast notwendig als
60 ein innerer Widerspruch erscheinen, wenn die Kirche dem *Staat* gegenüber das Elternrecht, d. h. die absolute Schulfreiheit der Eltern, betont, die frei von staatlicher Reglementierung nach ihrem Gewissen die Schule ihrer Wahl müssen beanspruchen können, wenn aber gleichzeitig die Kirche den *Eltern* gegenüber dann nicht das Elternrecht, sondern das Kirchenrecht herausstellt, so dass sich von hier aus dann eine strikte Elternpflicht ergibt, allein den kirchlich vorgegebenen Schultyp wählen zu dürfen. Gewiss wird der Gläubige das, was dem Außenstehenden als Widerspruch und unlautere Taktik erscheint – die Propagierung des Elternrechts und der Elternfreiheit nach außen, das Aufrichten von Elternverpflichtung und Kirchenrecht nach innen –, von seinem Glauben her auflösen können, indem er zeigt, dass Recht und Pflicht hier jeweils auf anderen Ebenen liegen. Die Eltern haben in der Tat das Recht und die Freiheit, unabhängig von gesellschaftlichem oder staatlichem Zwang die Schule zu wählen für ihre Kinder. Dass dieses Recht für den Gläubigen auch eine Pflicht beinhaltet, beruht auf dem frei übernommenen Glauben. Das bedeutet: Die kirchliche Bindung in dieser Sache beruht auf einer vorgängigen Freiheit, der freien Entscheidung für den Glauben, die dann in ihrem Freiheitsraum als Teil ihrer selbst impliziert, diesen Glauben als Höchstwert auch weitergeben zu wollen, ja, um des Heils der Kinder willen weitergeben zu müssen. Aber damit eine solche Auflösung des Widerspruchs, wie sie sich im Inneren des Glaubens vollziehen kann, auch innerlich wahr bleibt und nicht in Formalismus abgleitet, muss zunächst einmal die Freiheit des Glaubens
61 entschieden als solche festgehalten werden und in Erscheinung treten. Von hier aus wird die innere Notwendigkeit der *Erklärung über die Religionsfreiheit* einsichtig, ohne deren ernstlich angenommenen Gehalt derlei Aussagen unredlich werden müssten. Aber das genügt noch nicht. Es muss darüber hinaus die Art der kirchlichen Verpflichtung in ihrer Unterschiedenheit von gesellschaftlichen Zwängen und von staatlichen Verpflichtungen deutlich in Erscheinung treten. Sie hat nur Sinn als eine innere Konsequenz des Glaubens, fängt also an, fragwürdig zu werden, wenn sie zu sehr als eine gesellschaftliche Verpflichtung der organisatorisch verfassten Kirche erscheint, die dann für ihre Gesellschaft in

Anspruch nähme, was sie anderen Gesellschaften verwehrt. Das bedeutet, dass eine solche Verpflichtung nicht in eine soziologische Struktur der Kirche umgesetzt werden kann. Sie bewegt sich im Raum des gläubigen Gewissens, im Sinne dessen, was im ersten Teil über die Neuorientierung des Ethischen und über personale Normierung gesagt wurde.

Wenn man dies Ganze überlegt, so dürfte deutlich werden, dass das Ringen um die katholische Schule sich heute nicht mehr erschöpfen kann in der Alternative Konfessionsschule oder nicht. Eine so glatte Alternative wird dem Umfang der Frage längst nicht mehr gerecht. Eine differenziertere Betrachtung tut not, die sich etwa in folgenden Fragen andeuten ließe:

1. Ist die katholische Schule auch tatsächlich *katholische* Schule? Kann sie ihren institutionellen Anspruch auch inhaltlich ausfüllen?
2. Ist die katholische Schule auch wirklich eine dem Bildungs-
anspruch unserer Zeit angemessene Schule? Kann sie ihren An- 62
spruch auf der Ebene der Schule und des Schulischen realisieren?
3. Wird bei der rechtmäßigen Behauptung der eigenen Freiheit in Sachen Schule die Friedenspflicht des Rechts bzw. das Prinzip der Rechtsverträglichkeit und der Rechtsbegrenzung durch andere Rechte eingehalten?
4. Wird die kirchliche Verpflichtung zur gläubigen Erziehung, die nach außen hin als Elternrecht und Freiheit der Eltern zur Schulwahl vertreten wird, angemessen im Raum der Freiheit des Glaubens verstanden oder in unangemessener Weise in ein institutionelles Kirchenrecht umgewandelt, das damit der Behauptung der gesellschaftlichen Freiheit der Schulwahl widerspräche?

Damit komme ich zum Schluss: In Nr. 10 und 11 des Textes ist von katholischen Universitäten und theologischen Fakultäten die Rede. Ein inhaltliches Leitbild einer katholischen Universität, d.h. eine katholische Bildungskonzeption auf akademischer Ebene, wird allerdings nicht entworfen. Immerhin wird (was sich eigentlich von selbst verstehen sollte) betont, dass Qualität vor Quantität zu gehen habe. Man wird leider nicht sagen können, dass damit nur offene Türen eingerannt werden. So wird man die Bedeutung dieses Satzes dahin präzisieren dürfen, dass die Forderung der Sachgemäßheit den Alleinanspruch einer bestimmten Institution begrenzt.[7]

Vielleicht wird man geneigt sein, manche der hier angestellten Überlegungen als gefährliche Aufweichungen oder gar als Preis-
63 gabe von lange und opfervoll verteidigten Fronten anzusehen. In der Tat werden sich, wenn man das Gesagte ernst nimmt, manche Positionen als unhaltbar erweisen. Aber darin liegt, recht betrachtet, kein Zeichen von Schwachheit, sondern eins von Kraft und von Zuversicht auf die Zukunft hin. Denn der Gläubige ist kein Funktionär, der seinen Verstand lediglich aufwenden darf, um vorgegebene Positionen zu verteidigen. Die Freiheit des Glaubens erlaubt ihm, ja verlangt von ihm, die Sache selbst zu bedenken; denn der Glaube ist keine Position, sondern die Wahrheit, die sich zwar immer wieder in Positionen ausdrücken muss, aber auch immer wieder über sie hinweggehen wird. Mit den wechselnden Konstellationen der Geschichte wechseln auch die Positionen derer, die sie tragen. Der Glaube bleibt.

[7] Es soll am Schluss nicht verschwiegen werden, dass die hier skizzenhaft versuchte Auslegung des Erziehungsdekrets ganz bestimmte Akzente heraushebt und dass sich, vor allem im Blick auf die in den Anmerkungen genannten päpstlichen Lehräußerungen, auch durchaus andere Akzentsetzungen denken ließen. Immerhin scheint mir jene Auslegung am meisten sachgemäß zu sein, die den Text von der gesamten Bewegungsrichtung des Konzils her versteht. Auch die Zitate können ja nicht den Sinn einer bloßen Wiederholung des Damaligen haben, sondern dienen einer dynamischen relecture, die den geschichtlichen Zusammenhang aufgreift und weiterführt.

Die Zukunft der Welt durch die Hoffnung des Menschen[1]

In seinen Bekenntnissen[2] geht der heilige Augustinus dem merkwürdigen Phänomen der Zeit nach und versucht ihr Wesen zu ergründen. Bei der bohrenden Analyse, die er anstellt, stößt er auf einen überraschenden Sachverhalt: dass es eigentlich die Gegenwart als eine umgrenzbare Größe gar nicht gibt. Denn in dem Augenblick, in dem ich etwas Gegenwart zu nennen mich anschicke, ist eben diese Gegenwart auch schon wieder vorüber und einem neuen Augenblick gewichen. Gegenwart ist so, genau besehen, nur der ausdehnungslose Schnittpunkt von Vergangenheit und Zukunft; der Eindruck der Gegenwart entsteht überhaupt nur dadurch, dass unser Bewusstsein ein Stück Zeit zu einer Einheit zusammenfasst und es als seine Gegenwart versteht. Gegenwart ist so ein psychisches, ein geistiges Phänomen. Darum sind auch die Gegenwarten der einzelnen Menschen so verschieden, weil der Ausschnitt, den sie umfassen und als ihr Jetzt verstehen, ganz ungleich ist. Augustinus bohrt an dieser Stelle weiter und fragt: Was ist eigentlich, wenn es so steht, überhaupt wirklich? Die Vergangenheit ist es nicht mehr, die Zukunft noch nicht, die Gegenwart aber schaffen wir selbst, indem wir Vergangenheit und Zukunft zu einem Ganzen vereinigen. Was also ist Wirk-lichkeit? 95
Wir wollen diesen Überlegungen hier nicht weiter nachgehen, obgleich es nützlich ist, sie ab und zu ins Gedächtnis zu rufen, um die

[1] Dieses Manuskript wurde für eine Vortragsreihe verfasst, die der Auslegung der Pastoralkonstitution des 2. Vatikanum über die Kirche in der Welt von heute dienen sollte. Es versucht, den gedanklichen Ansatz des 3. Kapitels des ersten Teils der Konstitution deutlich zu machen.

[2] Augustinus, *Conf* XI 13,17 – Schluss. Vgl. die Analyse des Textes durch Balthasar, *Das Ganze im Fragment*, 21–25.

Fraglichkeit unseres Zugangs zum Wirklichen, das uns scheinbar so handfest und sicher begegnet, vor das Bewusstsein zu bringen.

Bleiben wir bei der ersten Beobachtung: Gegenwart ist eine Bildung des menschlichen Bewusstseins, das Vergangenheit und Zukunft zusammenfasst zu einem Heute. Das bedeutet, wir sagten es schon, dass Gegenwart sehr verschiedene Akzente haben kann. Es gibt Zeiten, in denen die Gegenwart ganz angefüllt ist mit Vergangenheit, wie es in Spätkulturen geschieht, die nicht mehr vorwärts, sondern nur noch rückwärts schauen. In der Kirche vor dem Konzil mochte es in mancher Hinsicht so ähnlich beschaffen sein: Die Theologie schien schon alles erdacht, die Frömmigkeit schon alles geübt und geformt zu haben, was zu denken, zu tun und zu gestalten war, alle Räume waren ausgefüllt mit den Gegebenheiten der Überlieferung, wie ein Kirchenraum, der völlig mit Altären, Bildern, Zeugnissen der Frömmigkeit vergangener Geschlechter angefüllt ist. Wo solches erreicht ist, versinkt entweder eine Gegenwart, die ohnedies nur noch Vergangenheit ist, ins endgültig Ver-
96 gangene, oder es kommt zu einer Art Explosion, die dem Neuen Raum schaffen will und dabei dann freilich meist mit mancherlei wirklich Verstaubtem auch Kostbares und Heiles zur Seite wirft.[3] Andere Zeiten wiederum gibt es, die so völlig von der Drangsal des Augenblicks absorbiert sind, dass keine Möglichkeit bleibt, zurück oder nach vorne zu schauen. Und endlich gibt es Zeiten, in denen das ganze Gewicht bei der Zukunft liegt, in denen Gegenwart ganz angefüllt ist von dem Blick auf das Morgen. Von dieser Art war die Gegenwart des Urchristentums, das in einer mit Vergangenheit überfüllten Geschichte dies Ganze als im Grunde beendet ansah und sich ganz der Erwartung des Kommenden öffnete, der neuen Welt, die sie vom wiederkommenden Christus erwartete. Von dieser Art ist in einer freilich ganz anderen Weise auch unsere Zeit, der vielfach alles Bisherige nur als die Vorgeschichte zu dem ganz Neuen erscheint, auf das die Menschheit in immer schnelleren Schritten zugeht.

Wir leben heute in der Tat unter dem Eindruck einer ungeheuren Wende in der Entwicklung der Menschheit, einer Wende, vor

---

[3] Vgl. dazu die lehrreichen Ausführungen von Grillmeier, *Die Reformidee des II. Vatikanischen Konzils*, besonders 1469 ff.

der uns der Übergang vom Mittelalter zur Neuzeit harmlos vorkommt, und selbst der Bruch der Völkerwanderung, der zwischen
Antike und Mittelalter liegt, scheint womöglich kaum die ein- 97
schneidende Bedeutung zu haben, die dem heutigen Umbruch eignet, der jedenfalls nur den ganz großen Umbrüchen in der Entwicklung der Menschheit vergleichbar wirkt. Vielleicht ist nie bisher der Faktor »Zeit«, »Entwicklung«, dem Menschen so sinnfällig vor Augen getreten wie heute. Wer auch nur in den letzten dreißig Jahren bewusst gelebt hat, ist von einer Veränderung in die andere gestürzt worden. Was gestern noch utopischer Zukunftsroman war, der unerfüllbare Träume als Wirklichkeiten schilderte, ist heute von der Entwicklung überholt, erscheint harmlos und bescheiden gegenüber dem, was wir erleben und was anfängt, möglich zu werden. Der Traum des Dädalus und des Ikarus, in den Himmel zu fliegen, ist kein ferner Mythos mehr, der nur resignierend die Erdenschwere des Menschen bestätigt, dem keine Flügel gewachsen sind, er ist erfüllbar – die Hand des Menschen reicht in den »Himmel« hinein, das Unmögliche gibt es nicht mehr. Die festumrissenen Grenzen der Wesen verschwimmen, die Beweglichkeit alles Wirklichen tritt hervor, Evolutionslehre wird sozusagen von innen her dem Menschen glaubhaft und vollziehbar. Die Welt von einst war gezeichnet durch Kontinuität. Trachten und Gebräu-
che blieben sich gleich von Generation zu Generation. Menschen 98
und Dinge schienen fest gefügt. Dass es einen Übergang vom einen zum anderen gäbe, war unausdenklich, selbst wenn man es für wissenschaftlich begründet und richtig ansah. Heute sind wir Zeugen der Unabgeschlossenheit alles Existierenden, Zeugen einer Wirklichkeit, die nicht Bestand, sondern Werden ist.

Der Mensch von heute blickt auf die Zukunft. Sein Stichwort heißt »Fortschritt«, nicht »Überlieferung«; »Hoffnung«, nicht »Glaube«. Er kennt zwar eine gewisse Romantik des Vergangenen. Er liebt es, sich mit Kostbarkeiten der Geschichte zu umgeben, aber all dies bestätigt doch nur, dass jene Zeiten vorüber sind und dass das Reich des Menschen von heute eben das Morgen ist, die Welt, die er selbst baut. Denn was erwartet wird, ist, im Gegensatz zur Urkirche, nicht das Reich Gottes, sondern das Reich des Menschen, nicht die Wiederkehr des Menschensohnes, sondern das endgültige Aufstehen einer rationalen, freien und brüderlichen

Ordnung aus Menschen, die sich selbst gefunden haben. Die Entwicklung, die wir erleben, stellt sich nicht als Geschenk von oben dar, sondern als Produkt harter Arbeit, planenden, berechnenden,
99 erfinderischen Handelns. Hoffnung heißt daher für den heutigen Menschen nicht mehr Ausschau nach dem Unverfügbaren, sondern Tun aus eigener Kraft. Der Mensch erwartet das Heil von sich selbst, und er scheint imstande, es sich zu geben. Mit dem Primat der Zukunft verbindet sich so ein Primat der Praxis, ein Primat der menschlichen Aktivität, vor allen anderen Haltungen. Auch die Theologie öffnet sich immer stärker dieser Einstellung, Orthopraxie tritt gegen Orthodoxie auf den Plan, »Eschatopraxis« scheint wichtiger als Eschatologie. Wenn es früher populärer Aufklärerei überlassen blieb, dem Bauern zu sagen, dass Kunstdünger wirksamer sei als Gebet, so kann man nun, angemessen verspätet, derlei auch in bemüht moderner »religiöser« Literatur lesen und dabei die Überlegung angestellt finden, dass unter solchen Umständen wohl auch das Gebet »umfunktioniert« werden müsse: Es könne nun wohl kaum noch als Herbeirufen göttlicher Hilfe, sondern müsse als Sammlung für die Praxis menschlicher Selbsthilfe angesehen werden. Der oft totgesagte Fortschrittsglaube lebt von Neuem auf, und der Optimismus, der Mensch werde zu guter Letzt doch noch die Stadt des Menschen schaffen können, findet neue Anhänger.

100 Die Stadt des Menschen – was für viele ein Feldzeichen ihres Wollens ist, hat für andere doch einen melancholischen Klang. Denn gleichzeitig mit der Hoffnung breitet sich auch Furcht aus. Die Angst wächst wieder, die im optimistischsten Augenblick der Nachkriegszeit fast ausgetilgt schien. Als die ersten Menschen ihre Füße auf den Mond setzten, konnte sich wohl niemand der Begeisterung, dem Stolz, der Freude entziehen ob des Ungeheueren, das dem Menschen in diesem Augenblick gelungen war. Man empfand das Geschehen nicht als Sieg einer Nation, sondern als Sieg des Menschen. Aber die Trauer darüber, dass der gleiche Mensch, der so Unerhörtes vermag, nicht imstande ist zu verhindern, dass Jahr um Jahr Tausende oder sogar Millionen von Menschen verhungern, dass er nicht imstande ist, Millionen von Menschenbrüdern menschenwürdiges Dasein zu geben, dass er nicht imstande ist, den Krieg zu beenden und die steigende Flut des Verbrechens aus-

zutrocknen, das mischte doch eine tiefe Traurigkeit in den Augenblick der Freude. Der Weg zum Mond ist leichter zu finden als der Weg des Menschen zu sich selbst. Das technische Können ist nicht notwendig ein humanes Können; das Können seiner selbst liegt offenbar auf einer gänzlich anderen Ebene als das Können der technischen Verrichtung. 101

Wir müssen weitergehen. Die Technik schafft neue Möglichkeiten der Humanität, ohne Zweifel. Zu antitechnischem Ressentiment hat der Christ keinerlei Grund. Wer noch in einer weitgehend vortechnischen Welt aufgewachsen ist, ist nicht versucht, der Romantik des Natürlichen zu verfallen. Er weiß, wie schwer das alles war, wie viel Inhumanität sich gerade auch in der atechnischen Welt ansammeln konnte; er weiß, wie vieles wirklich besser und schöner und menschlicher geworden ist. Aber die gleiche Technik, die solche Chancen der Humanität eröffnet, bietet auch dem Antihumanen neue Wege an. Wir brauchen gar nicht von den letzten Schrecken zu sprechen, von Atomwaffen, von biologischen Waffen, von chemischen Waffen, obgleich der Vorrat an Furchtbarkeit, der mit ihnen gegeben ist, als geheime Angst irgendwo im Bewusstsein bleibt. Wir brauchen nur auf die »Stadt des Menschen« hinzuschauen: Immer mehr Planung heißt auch immer mehr Verplanung des Menschen. Die Eruptionen, die unsere moderne Gesellschaft erschüttern, sind doch wohl auch ein unbewusster Aufstand gegen die völlige Verplanung unserer Existenz, die ein Gefühl des Erstickens schafft, gegen das man sich wehren möchte und doch nicht kann. Die Planung schafft Abhängigkeit 102
und damit eine Ohnmacht des Einzelnen, wie es sie vielleicht nie zuvor gab. Dazu kommt, dass wir das Verhängnis unserer eigenen Werke immer schrecklicher spüren: Luft – Wasser – Erde, noch immer die Elemente, von denen wir leben, drohen im Gifthauch unserer Technik sich zu zersetzen, die Energien, von denen wir zehren, erscheinen uns am Rand, in dem, was sie zurücklassen, zugleich als die Kräfte, die uns eines Tages verderben könnten. Die Stadt des Menschen beginnt uns Furcht einzuflößen – sie könnte zum Grabmal des Menschen werden.[4]

---

[4] Sorgfältig abwägend wird diese Ambivalenz der modernen Entwicklungen dargestellt bei Simon, *Woran ich glaube*, 127–197.

Nun wäre es gewiss viel zu einfach, an dieser Stelle mit dem Holzhammer des Theologen zum Schlag auszuholen und zu sagen: also doch Erlösung von der Technik und nicht durch die Technik, also doch Hoffnung durch den Glauben und nicht gegen ihn. Ein so begründeter Gott würde allzusehr dem deus ex machina der griechischen Tragödie gleichen, der bei Euripides schon fast ein Spott auf die Götter und auf den Glauben zu sein scheint: Die Welt ist so, dass nur ein plötzlich auftretender Gott sie in Ordnung bringen könnte, aber den gibt es nur bei uns im Theater, scheint er sagen zu wollen. Die Tragödie wird damit bei Euripides auswegloser als ehedem, denn die Wirklichkeit bleibt gottlos und un-
103 gerecht. Der christliche Gott kam nicht als Deus ex machina, um wunderhaft alles von außen her in Ordnung zu bringen, sondern als Menschensohn, um von innen her die Passion des Menschen mitzuerleiden. Und eben dies ist auch der Auftrag des Christenmenschen: die Passion des Menschseins von innen her mitzuerleiden, den Raum des Menschseins auszuweiten, dass es Platz gewinne für die Anwesenheit Gottes in ihm.

Aus diesen Zusammenhängen muss man den auffallenden Optimismus verstehen, mit dem das Konzil dem technischen Zeitalter begegnet und seine Fortschritte als Verwirklichungen des Schöpfungsauftrags beurteilt, die Erde dem Menschen Untertan zu machen.[5] Es verfällt damit nicht der Euphorie eines unkritischen technischen Bewusstseins, das seiner eigenen Abgründe noch nicht bewusst geworden ist. Es weiß im Gegensatz zu diesem genau, dass ein entleerter Himmel noch nicht genügt, um eine glückliche Erde zu erschaffen, wie manche der Propheten der neuen Humanität zu denken scheinen. Aber es braucht auch nicht die Flucht in die Romantik der reinen Natur anzutreten oder gar den Menschen einfach der Passivität zu überantworten. Die Stadt des Menschen zu schaffen wird dann ein sinnvoller Versuch, wenn man weiß, wer
104 der Mensch ist. Wenn man das Maß des Menschlichen kennt. Und die Technik wird dann zur Hoffnung, wenn sie von der Gottebenbildlichkeit des Menschen her, die der Kern seines Wesens ist, ihre Richtform hat. Die Behauptung des Konzils, durch die christliche Botschaft würden die Menschen nicht vom Aufbau der Welt abge-

---

[5] GS I, besonders Art. 34. Vgl. den *Kommentar* von Auer im LThK^2-Erg.Bd. 3.

halten und nicht zur Vernachlässigung des Wohls der Mitmenschen getrieben, sondern strenger zur Bewältigung dieser Aufgaben gedrängt, mag apologetisch klingen.[6] Aus einer umfassenden Sicht auf die Faktoren geschichtlichen Handelns hin ist sie einsichtig und überzeugend. Der Mensch ist die Hoffnung des Menschen, der Mensch ist freilich auch die Hölle des Menschen und seine ständige Bedrohung. Dass der Glaube zu guter Letzt doch den Menschen als Hoffnung anzusehen wagt, kommt davon, dass der Mensch für ihn nicht mehr das unbestimmbare Wesen ist, als das er sich selbst fortwährend kennenlernt, sondern letztlich Jesus Christus heißt. In ihm und definitiv erst in ihm ist der Mensch die Hoffnung des Menschen. Das heißt aber zugleich, dass Gott nicht anders die Hoffnung des Menschen sein wollte, als indem er selbst Mensch wurde. Das Reich Gottes wird die Stadt des Menschen sein – das Neue Testament schließt mit dem Ausblick
auf diese Stadt. Freilich, diese Stadt bedeutet das Ende aller unse- 105
rer Planungen und ihren Zusammenbruch. Sie kommt von oben. Aber sie kommt doch nur, weil und wenn der Mensch den Raum seines Menschseins ausgeschritten und ausgelitten hat bis auf die Grenze seines Könnens hin. So bleibt uns einstweilen einfach dies, den Glaubenssatz, in Christus sei der Mensch des Menschen Hoffnung geworden, dadurch zu bewahrheiten, dass wir selbst, von diesem Maßbild her lebend, einander Hoffnung werden und versuchen, der Zukunft die Züge Jesu Christi aufzuprägen, die Züge der kommenden Stadt, die darum so ganz menschlich sein wird, weil sie ganz Gottes ist.

[6] GS 34, Schluss: »Unde apparet christiano nuntio homines ab exstruendo mundo non averti, nec ad bonum sui similium negligendum impelli, sed potius officio haec operandi arctius obstringi.«

Zum Dekret über Dienst und Leben der Priester »Presbyterorum ordinis«

Dienst und Leben der Priester

Vorüberlegung zur Fragestellung

Als die Väter des II. Vatikanischen Konzils das Dekret über Dienst und Leben der Priester erarbeiteten, ging es ihnen vor allem darum, nach den großen Debatten über das Bischofsamt wie nach den bedeutenden Aussagen über die Stellung des Laien in der Kirche und über das Ordensleben auch ein Wort der Ermutigung an die Priester zu sagen, die Tag um Tag die Last der Arbeit im Weinberg Gottes tragen. Es war klar, dass man sich dabei nicht mit irgendeinem frommen Zuspruch begnügen konnte. Nachdem die Bischöfe die Bedeutung ihres Amtes und seinen theologischen Grund ausgeleuchtet hatten, musste auch das Wort an die Priester theologischen Tiefgang haben. Nur so konnte es überzeugende Anerkennung ihres Wirkens und Ermutigung für ihr Mühen sein.

Ein solches Wort an die Priester war aber nicht nur aus Gründen der Proportion zwischen den »Ständen« in der Kirche notwendig. Wenn die Väter die eigenständige Bedeutung des bischöflichen Amtes im Gegenüber zum Dienst der Petrusnachfolge herausstellten, durften sie sich einer weitgehenden Zustimmung in der öffentlichen Meinung von Kirche und Welt, besonders auch in der christlichen Ökumene sicher sein. Der katholische Begriff des Priestertums hingegen hatte seine selbstverständliche Geltung auch im Inneren des kirchlichen Bewusstseins eingebüßt; die Krise dieses Begriffs, die nach dem Konzil schnell sichtbar wurde und zur Krise der priesterlichen Existenz und der priesterlichen Berufungen wurde, war zwar noch nicht voll ausgeprägt, aber schon im Gange. Sie ergab sich einerseits aus einem veränderten Lebensgefühl, in dem das Sakrale immer weniger verstanden wurde und das Funktionale zur allein bestimmenden Kategorie aufstieg. Sie hatte aber andererseits auch durchaus theologische Wurzeln, die von der veränderten sozialen Situation her nun eine unerwartete Lebenskraft entfalteten. Die Auslegung des Neuen Testaments selbst schien ganz nachdrücklich eine nicht-sakrale Sicht aller kirchlichen Dienste zu bestätigen. Es war keine Kontinuität zwischen den sakralen Ämtern des Alten Testaments und den neuen Diensten der werdenden Kirche zu sehen; noch weniger war ein Zusammenhang mit den heidnischen Vorstellungen vom Priestertum zu erkennen. Die Neuheit des Christlichen schien sich gerade in der Entsakralisierung der Ämter darzustellen. Nicht Sacerdotes (hiereis) hießen die Diener der christlichen Gemeinden, sondern Presbyter – Älteste. Es ist klar, dass in dieser Betrachtungsweise des Neuen Testaments der protestantische Ursprung der modernen Exegese wesentlich wirksam wurde, aber das änderte nichts an der Evidenz, die solcher Auslegung zuzukommen schien, im Gegenteil: Die Frage wurde brennend, ob nicht doch Luther gegen Trient Recht hatte.

So standen und stehen sich zwei Konzeptionen des priesterlichen Amtes gegenüber: auf der einen Seite eine sozial-funktionale Sicht, die das Wesen des Priestertums mit dem Begriff »Dienst« umschrieb – nämlich Dienst an der Gemeinde in der Ausführung einer Funktion am Sozialgebilde Kirche. Auf der anderen Seite steht eine sakramental-ontologische Sicht, die den Dienstcharakter des Priestertums selbstverständlich nicht leugnet, ihn aber im Sein des Dienenden verankert sieht und dieses Sein wiederum von einer Gabe her bestimmt weiß, die vom Herrn durch die Vermittlung der Kirche geschenkt wird und Sakrament heißt. Mit der funktionalen Sicht verbindet sich auch eine terminologische Verschiebung. Man vermeidet zusehends das sakral bestimmte Wort »Priester(tum)« und ersetzt es durch das neutral-funktionale Wort »Amt«, das bis dahin in der katholischen Theologie kaum eine Rolle gespielt hatte.

Dieser Unterschiedenheit im Wesensverständnis des priesterlichen Dienstes entspricht bis zu einem gewissen Grad auch eine unterschiedliche Akzentuierung in der Definition der Aufgaben des Priesters: Der im Katholizismus klassisch gewordenen Zentrierung des Priestertums auf die Eucharistie hin (sacerdos – sacrificium) tritt der Primat des Wortes entgegen, der bisher als typisch protestantisch gegolten hatte. Freilich muss eine vom Primat des Wortes her denkende Konzeption des Priestertums keineswegs unbedingt antisakramental sein: Das Priesterdekret des Vatikanum II beweist selbst das Gegenteil. An diesem Punkt steigt die Frage auf, wieweit die eben dargestellten Alternativen überhaupt ausschließend sein müssen, und wieweit sie sich gegenseitig befruchten und damit von innen her aufgelöst werden können. Es ist die vom II. Vatikanum angestoßene Frage, wieweit das klassisch gewordene nachtridentinische Priesterbild ausgeweitet und durch die Anfragen von der Reformation, von der kritischen Exegese und vom modernen Lebensgefühl her ohne Verlust des Wesentlichen entfaltet werden kann; wieweit umgekehrt auch die protestantische Idee des »Amtes« sich öffnen lässt für die lebendige Überlieferung der katholischen Kirche des Ostens und des Westens. Denn in Sachen Priestertum gibt es auch nach Trient keinen irgendwie wesentlichen Unterschied zwischen Katholizismus und Orthodoxie.

1. Zum Wesen des priesterlichen Amtes

Das II. Vatikanische Konzil ist in diese damals eben erst aufbrechenden Fragen nicht eingetreten; nach den großen Diskussionen über die bischöfliche Kollegialität, über die Ökumene, die Religionsfreiheit und über die Fragen der modernen Welt wären Zeit und Kraft dafür nicht mehr verfügbar gewesen. So haben die Synoden von 1971 und 1990 das Thema Priestertum erneut aufgenommen und die Konzilsaussagen fortgeführt; die Gründonnerstagsbriefe des Papstes und das Direktorium der Kleruskongregation konkretisieren es weiter auf den Alltag priesterlichen Lebens hin. Aber auch wenn das Konzilsdekret nicht auf die Kontroversen der Gegenwart ausdrücklich Bezug nimmt, so gibt es doch die grundlegende Orientierung, auf der alles Weitere aufbauen konnte.

Welche Antworten also finden wir auf die eben angedeuteten Probleme? Um es gleich zu sagen: Man kann das Konzil nicht auf eine bestimmte Alternative festlegen. In der einleitenden Definition des Priestertums wird gesagt, dass die Priester durch die

Weihe zum Dienst für Christus den Lehrer, Priester und König bestellt werden und an seinem Amt teilnehmen, durch das die Kirche auf Erden zum Volk Gottes, zum Leib Christi und zum Tempel des Heiligen Geistes auferbaut wird (PO 1). Im zweiten Punkt wird von der Vollmacht zur Darbringung des Opfers und zur Nachlassung der Sünden gesprochen. Dieser besondere Auftrag des Priesters wird aber sehr nachdrücklich eingefügt in eine geschichtlich-dynamische Schau der Kirche: In ihr haben alle »Anteil an der Sendung« des ganzen Leibes, aber »nicht alle verrichten denselben Dienst« (vgl. Röm 12,4). Fassen wir das bisher Bedachte zusammen, so können wir feststellen, dass das erste Kapitel des Dekrets einen deutlichen Nachdruck auf den ontologischen Aspekt des Priesterseins legt und dabei auch die Vollmacht des Opfers herausstellt. Sie wird zu Beginn des dritten Abschnitts noch einmal so beschrieben: »Die Priester werden aus der Reihe der Menschen genommen und für die Anliegen der Menschen bei Gott bestellt, um Gaben und Opfer für die Sünden darzubringen; allen Menschen begegnen sie deshalb als ihren Brüdern.« Das Neue gegenüber Trient darf man in der starken Betonung des kirchlichen Lebenszusammenhanges und des gemeinschaftlichen Weges der ganzen Kirche sehen, worin diese klassische Vision eingebettet wird.

Umso mehr mag es dann aufhorchen lassen, wenn zu Beginn des zweiten Kapitels, das von den konkreten Aufgaben der Priester spricht, gesagt wird: »Die erste Aufgabe der Priester als Mitarbeiter der Bischöfe« ist es, »allen die Frohe Botschaft zu verkünden« (PO 4). Hier scheint nun deutlich der Primat des Wortes bzw. des Verkündigungsdienstes ausgesprochen zu sein. So entsteht die Frage: Wie verhalten sich die beiden Aussagereihen zueinander, *»bestellt, um Gaben und Opfer darzubringen«* und *»erste Aufgabe (primum officium), das Evangelium zu verkünden (Evangelium evangelizandi)«?*

1.1 Christologische Grundlegung

Um Antwort zu finden, müssen wir zunächst fragen: Was heißt das eigentlich, »evangelisieren«? Was geschieht dabei? Was ist dieses Evangelium? Zunächst einmal – um den Primat der Verkündigung zu begründen, hätte sich das Konzil sehr wohl auf die Evangelien berufen können. Ich denke etwa an die kleine und sehr bezeichnende Episode zu Beginn des Markus-Evangeliums, wie der Herr, der ob seiner Wundermacht von allen gesucht wird, sich an einen einsamen Ort zurückzieht und dort betet (Mk 1,35 ff.). Auf das Drängen des »Simon und der mit ihm« antwortet der Herr: Gehen wir anderswohin, in die umliegenden Ortschaften, damit ich auch dort verkünde, »denn dazu bin ich ausgezogen« (1,38). Als das eigentliche Wozu seines Kommens bezeichnet Jesus die Verkündigung von Gottes Reich. Dies muss daher auch als die bestimmende Priorität aller seiner Diener gelten: Sie ziehen aus, um Gottes Reich auszurufen, das heißt, den lebendigen, wirkmächtigen, gegenwärtigen Gott zur Priorität unseres eigenen Lebens zu machen. Nun kann man zum rechten Verständnis dieser Priorität schon in dieser kleinen Perikope zwei zusätzliche Einsichten gewinnen: Diese Verkündigung geht mit der Einkehr in die Einsamkeit des persönlichen Betens Hand in Hand. Solche Einkehr scheint geradezu ihre Bedingung zu sein. Und sie ist verbunden mit der »Austreibung der Dämonen« (1,39), das heißt: Sie ist nicht nur Rede, sondern sie ist zugleich wirkmächtiges Tun. Sie geschieht nicht in eine schöne heile Welt hinein, sondern in einer von Dämonen beherrschten Welt und bedeutet einen befreienden Eingriff in diese Welt.

Aber wir müssen einen Schritt weitergehen und über die kleine, vielsagende Markusperikope hinaus das ganze Evangelium vor Augen haben, um die Priorität Jesu richtig zu verstehen. Er verkündet das Reich Gottes; er tut es vor allem in Gleichnissen, und er tut es auch in der Gestalt von Zeichen, in denen dieses Reich als gegenwärtige Macht auf die Menschen zukommt. Wort und Zeichen sind untrennbar. Wo die Zeichen als bloße Wunder angesehen werden, ohne ihren Wortgehalt, bricht Jesus sein Handeln ab. Aber er lässt es auch nicht zu, dass seine Verkündigung als bloß intellektuelle Angelegenheit, als Materie für Diskussionen angesehen wird: Sein Wort verlangt Entscheidung, es schafft Wirklichkeit. Es ist in diesem Sinn »inkarniertes« Wort; das Zueinander von Wort und Zeichen zeigt »sakramentale« Struktur.[1]

---

[1] Ich habe diese Zusammenhänge etwas ausführlicher dargestellt in Ratzinger, *Evangelisierung, Katechese und Katechismus*, 35–43.

Wir müssen noch einen Schritt weitergehen. Jesus teilt nicht Inhalte mit, die von seiner Person unabhängig sind, wie es gewöhnlich ein Lehrer oder ein Erzähler tun wird. Er ist mehr und anderes als ein Rabbi. Im Voranschreiten seiner Verkündigung wird immer deutlicher, dass er in den Gleichnissen von sich selber spricht, dass das »Reich« und seine Person zusammengehören, dass das Reich in seiner Person kommt. Die Entscheidung, die er verlangt, ist eine Entscheidung über das Stehen zu ihm, wie Petrus sie fällt, indem er sagt: Du bist der Christus (Mk 8,29). Zuletzt tritt als Inhalt der Reich-Gottes-Predigt ganz deutlich Jesu eigenes Pascha-Geheimnis, sein Geschick von Tod und Auferstehung hervor, so besonders in dem Gleichnis von den treulosen Pächtern (Mk 12,1–11). Nun verschränken sich Wort und Wirklichkeit auf neue Weise: Das Gleichnis ruft den Zorn der Gegner hervor, die alles tun, was erzählt wurde. Sie töten den Sohn. Das bedeutet: Die Gleichnisse wären leer ohne die lebendige Person des fleischgewordenen Sohnes, der »ausgezogen ist« (Mk 1,38), der vom Vater »gesandt wurde« (12,6). Sie wären leer ohne die Verifikation des Wortes in Kreuz und Auferstehung. So verstehen wir jetzt, dass Jesu Predigt in einem noch tieferen Sinn »sakramental« zu nennen ist, als wir vorhin hatten sehen können: Sein Wort trägt die Realität der Inkarnation und das Thema von Kreuz und Auferstehung in sich. Es ist Tat-Wort in diesem ganz tiefen Sinn. Es weist so für die Kirche auf das Zueinander von Verkündigung und Eucharistie, aber auch von Verkündigung und gelebtem, erlittenem Zeugnis voraus.

Von der österlichen Schau her, wie sie im Johannes-Evangelium vor uns steht, müssen wir noch einen Schritt weitergehen. Jesus ist der Christus, hatte Petrus gesagt. Jesus Christus ist der Logos, fügt nun Johannes hinzu. Er selbst ist das ewige Wort des Vaters, das bei Gott ist und Gott ist (Joh 1,1). In ihm ist dieses Wort Fleisch geworden und hat unter uns gewohnt (Joh 1,14). In der christlichen Verkündigung geht es nicht um Wörter, sondern um *das* Wort. »Wenn man also vom Dienst für das Wort Gottes spricht, ist die innertrinitarische Beziehung mitgedacht.«[2] Gleichzeitig gilt, »dass dieser Dienst teilnimmt an der Funktion der Menschwer-

[2] Genn, *Trinität und Amt nach Augustinus*, 181.

dung.«[3] Man hat mit Recht darauf aufmerksam gemacht, dass die Predigt Jesu vom Lehrvortrag der Rabbinen dadurch grundlegend unterschieden ist, dass das Ich Jesu, er selbst im Mittelpunkt seiner Botschaft steht.[4] Gleichzeitig muss man aber daran erinnern, dass Jesus selbst als das Kennzeichnende seiner Rede angesehen hat, dass er »nicht im eigenen Namen« spricht (Joh 5,43; vgl. 7,16): Sein Ich ist ganz offen auf das Du des Vaters hin, es steht nicht in sich selbst, sondern führt in die Dynamik der trinitarischen Beziehung hinein. Für den christlichen Prediger bedeutet dies, dass er nicht von sich redet, sondern sich zur Stimme Christi macht, um so dem Logos selbst Raum zu geben und durch die Gemeinschaft mit dem Menschen Jesus in die Gemeinschaft mit dem lebendigen Gott zu führen.

Damit kommen wir wieder zum Priesterdekret des II. Vatikanums zurück. Es spricht von den verschiedenen Weisen der Verkündigung und stellt dann als Konstante in all diesen Formen fest: Nie darf der Priester seine eigene Weisheit lehren, sondern immer geht es um das Wort Gottes, das auf Wahrheit und Heiligung hindrängt (PO 4). Der Dienst am Wort verlangt eine tiefgehende Selbstenteignung des Priesters, er steht unter dem Muster des Pauluswortes: »Ich lebe, doch nicht mehr ich, sondern Christus lebt in mir« (Gal 2,20). Mir kommt hier eine kleine Begebenheit aus der Frühgeschichte des Opus Dei in den Sinn. Eine junge Frau hatte erstmals Gelegenheit, an Vorträgen des Gründers Don Escrivá teilzunehmen. Sie war überaus neugierig, den viel gerühmten Redner zu hören. Als sie aber an der Messe mit ihm teilgenommen hatte – so erzählte sie später – wollte sie nicht mehr einen menschlichen Redner hören, sondern nur noch Gottes Wort und Willen erkennen. Der Dienst des Wortes erfordert vom Priester die Teilhabe an der Kenose Christi, das Auf- und Untergehen in Christus. Dass er nicht von sich selbst redet, sondern die Botschaft eines anderen bringt, bedeutet freilich keine persönliche Teilnahmslosigkeit, sondern das Gegenteil: ein Sich-Verlieren in Christus hinein, das den Weg seines österlichen Geheimnisses aufnimmt und so zur wahren

---

[3] Genn, *Trinität und Amt nach Augustinus*, 183.

[4] Vgl. z. B. Aron, *Die verborgenen Jahre Jesu*, 237 f.; Neusner, *A Rabbi talks with Jesus*, 30.

Selbstfindung und zur Gemeinschaft mit dem führt, der das Wort Gottes in Person ist. Diese paschatische Struktur des nicht-Ich und doch ganz Ich selbst zeigt, wie sehr letztlich der Wortdienst über alles Funktionale hinaus ins Sein hineinreicht und Priestertum als Sakrament voraussetzt.

1.2 Ausfaltung in der Überlieferung (Augustinus)

Weil wir hier am zentralen Punkt unserer Frage angelangt sind, möchte ich versuchen, dies noch mit zwei aus den Schriften des heiligen Augustinus genommenen Bildreihen zu erläutern, die aus der Betrachtung des biblischen Wortes genommen sind und zugleich die dogmatische Tradition der katholischen Kirche wesentlich beeinflusst haben.

Da ist zunächst die Bezeichnung des Priesters als *servus Dei* oder als *servus Christi*.[5] Im Hintergrund dieser aus der damaligen Kirchensprache genommenen Rede vom Knecht Christi steht der Christushymnus Philipper 2,5–11: Christus, der gottgleiche Sohn, hat Knechtsgestalt angenommen, ist Knecht geworden für uns. Die tiefgehende Theologie von Freiheit und Dienst, die Augustinus in diesem Zusammenhang entwickelt, müssen wir hier beiseitelassen. Bedeutsam für unsere Frage ist, dass der Begriff *Knecht* ein Beziehungsbegriff ist. Knecht ist jemand in Bezug auf einen anderen. Wenn der Priester als Knecht Jesu Christi definiert ist, bedeutet dies, dass seine Existenz wesentlich relational bestimmt wird: Das dienende Hingeordnetsein auf den Herrn macht das Wesen seines Amtes aus, das so in sein Sein selbst hineinreicht. Er ist Diener Christi, um von ihm her, für ihn und mit ihm Diener der Menschen zu sein. Die Christusbezogenheit steht nicht gegen die Zuordnung zur Gemeinde (zur Kirche), sondern sie ist ihr Grund und gibt ihr erst ihre ganze Tiefe. Auf Christus bezogen sein bedeutet, in seine eigene Knechtsexistenz hineingenommen zu sein und mit ihm im Dienst des »Leibes«, der Kirche zu stehen.

---

[5] Vgl. dazu Genn, *Trinität und Amt nach Augustinus*, 101–123; zum allgemeinen Wortgebrauch von »Servus Dei« in der Zeit Augustins: Brown, *Augustinus von Hippo*, 114–118.

Gerade weil der Priester Christus gehört, gehört er ganz radikal den Menschen. Nur auf diese Weise kann er ihnen so tief und so unbedingt zugeeignet sein. Das bedeutet wiederum, dass die ontologische Fassung des Priesteramtes, das ins Sein des Betroffenen hineinreicht, nicht dem Ernst des Funktionalen, des sozialen Dienstes entgegensteht, sondern eine Radikalität des Dienens schafft, die im bloß Profanen nicht denkbar wäre.

Mit dem Begriff »Knecht« hängt das Bild vom *»unaustilgbaren Charakter«* zusammen, das zum Glaubensbesitz der Kirche geworden ist. »Character« bedeutet in der Sprache der Spätantike den Eigentumsstempel, der einem Ding, einem Tier oder eben auch einer Person eingeprägt wird und nicht mehr ausgetilgt werden kann. So ist Eigentum unwiderruflich gekennzeichnet und »ruft nach seinem Herrn«. Wir könnten sagen: »Charakter« bedeutet Zugehörigkeit, die der Existenz selber eingeprägt ist. Insofern drückt das Bild vom Charakter wiederum das Bezogensein, das Verwiesensein aus, von dem wir eben gesprochen haben. Und zwar ist es eine Zugehörigkeit, die man nicht selbst verfügen kann; die Initiative dazu kommt vom Eigentümer – von Christus her. Damit wird das Wesen des Sakraments deutlich: Ich kann mich nicht einfach als so dem Herrn zugehörig deklarieren. Er muss zuerst mich als den Seinigen annehmen, dann kann ich in dieses Angenommensein hineintreten und es meinerseits annehmen, es zu leben versuchen. Insofern beschreibt also das Wort »Character« den seinshaften Charakter des Christusdienstes, der im Priestertum liegt und verdeutlicht zugleich, was mit seiner Sakramentalität gemeint ist. Erst von da aus kann man dann verstehen, wieso Augustinus den Charakter funktional (und ontologisch zugleich) als ius dandi beschreibt, als die Voraussetzung für die gültige Spendung der Sakramente.[6] Die Zugehörigkeit zum knechtgewordenen Herrn ist Zugehörigkeit für die Seinigen. Sie bedeutet, dass nun der Knecht im heiligen Zeichen geben kann, was er aus seinem Eigenen nicht zu geben vermag: Er spendet den Heiligen Geist, er spricht los von Sünden, er setzt das Opfer Christi und ihn selbst in

---

[6] Genn, *Trinität und Amt nach Augustinus*, 34, 63 f.; zum antiken Begriff von Charakter (griechische Entsprechung Stigma, Sphragis) vgl. Schlier, *Galater*, 284, dort weitere Literatur.

seinem heiligen Leib und Blut gegenwärtig – alles Vorbehaltsrechte Gottes, die kein Mensch sich selbst zulegen und zu der ihn keine Gemeinde delegieren kann. Wenn so »Charakter« Ausdruck der Dienstgemeinschaft ist, dann zeigt er einerseits, wie der Herr immer letztlich selbst handelt und wie er andererseits doch in der sichtbaren Kirche durch Menschen handelt. So garantiert der Charakter die »Gültigkeit« des Sakraments auch beim unwürdigen Diener, aber er ist zugleich Gericht über diesen Diener und Forderung, das Sakrament zu leben.

Noch ein kurzes Wort zu einer zweiten Bildreihe, mit der Augustinus sich selbst und seinen Gläubigen das Wesen des priesterlichen Dienens klarzumachen versuchte. Sie ergab sich ihm aus der Meditation der Gestalt Johannes des Täufers, in dem er das Amt des Priesters vorgebildet findet.[7] Er macht darauf aufmerksam, dass Johannes im Neuen Testament mit einem aus Jesaja entlehnten Wort als »Stimme« bezeichnet wird, während Christus im Johannes-Evangelium als »das Wort« erscheint. Das Verhältnis von »Stimme« *(vox)* und »Wort« *(verbum)* hilft dazu, das Zueinander von Christus und Priester zu verdeutlichen. Das Wort existiert im Herzen, ehe es durch die Stimme sinnlich vernehmbar wird. Durch die Vermittlung der Stimme geht es dann auch in das Vernehmen des anderen ein und ist dann auch in seinem Herzen gegenwärtig, ohne dass der Sprechende dadurch des Wortes verlustig ginge. Der sinnliche Klang, die Stimme also, die das Wort vom einen zum anderen (oder zu den anderen) trägt, geht vorüber. Das Wort bleibt. Aufgabe des Priesters ist es letztlich ganz einfach, Stimme für das Wort zu sein: »Ich muss abnehmen, er muss wachsen« – die Stimme hat keinen anderen Sinn, als das Wort zu vermitteln; sie tritt dann wieder zurück. Größe und Demut des priesterlichen Dienstes werden von hier aus gleichermaßen deutlich: Der Priester ist wie Johannes der Täufer reiner Vorläufer, Diener des Worts. Es geht nicht um ihn, sondern um den anderen. Aber er ist vox mit seiner ganzen Existenz; es ist seine Sendung, Stimme dem Wort zu werden, und so nimmt er gerade in seiner radikalen Verwiesenheit an der Größe der Sendung des Täufers, an der Sendung des Logos selber teil. Auf der gleichen Linie bezeichnet Au-

[7] Augustinus, *Serm* 293,1–3 (PL 38, 1327 f.).

gustinus den Priester als den Freund des Bräutigams (Joh 3,29), der nicht sich selbst die Braut zueignet, aber als Freund mit an der Freude der Hochzeit teilnimmt: Der Herr hat den Knecht zum Freund gemacht (Joh 15,15), der nun zum Haus gehört und im Hause bleibt – aus dem Knecht zum Freien geworden ist (Gal 4,7; 4,21–5,1).[8]

2. Christologie und Ekklesiologie

Der kirchliche Charakter des Priestertums

Mit allem Bisherigen haben wir vom christologischen Charakter des Priestertums gesprochen, der immer auch ein trinitarischer Charakter ist, denn der Sohn ist seinem Wesen nach Herkommen vom Vater und Hingehen zu ihm. Er teilt sich mit im Heiligen Geist, der die Liebe und darum das Schenken in Person ist. Das Konzilsdekret betont dann aber mit Recht in einem weiteren Schritt den ekklesialen Charakter des Amtes, der von seiner christologisch-trinitarischen Grundlage nicht abgetrennt werden kann. Die Menschwerdung des Wortes bedeutet, dass Gott nicht einfach durch den Geist zum Geist des Menschen kommen will, sondern dass er ihn durch die materielle Welt sucht, dass er ihn gerade auch als soziales und geschichtliches Wesen anrühren will. Gott will durch Menschen zu den Menschen kommen. Gott ist so zu den Menschen gegangen, dass sie durch ihn und von ihm her zueinander finden. So schließt Menschwerdung Gemeinschaftlichkeit und Geschichtlichkeit des Glaubens mit ein. Der Weg über den Leib bedeutet, dass die Realität Zeit und die Sozialität des Menschen Faktoren der menschlichen Gottesbeziehung werden, die wiederum auf der vorausgehenden Menschenbeziehung Gottes beruhen. Deshalb sind Christologie und Ekklesiologie untrennbar voneinander: Gottes Handeln schafft »Volk Gottes«, und »Volk Gottes« wird von Christus her zu »Leib Christi«, gemäß der tiefsinnigen Auslegung, die Paulus im Galaterbrief von der Abrahamsverheißung gibt. Sie gilt – so liest Paulus im Alten Testament

[8] Genn, *Trinität und Amt nach Augustinus*, 139 ff.

– »dem Samen« Abrahams, also nicht vielen, sondern einem. Gottes Handeln zielt demgemäß darauf hin, dass wir, die vielen, nicht bloß »eins«, sondern »einer« werden – in der Leibesgemeinschaft mit Jesus Christus (Gal 3,16 f.28).

Das Konzil hat gerade von dieser ekklesialen Tiefe der Christologie her die weltgeschichtliche Dynamik des Christusgeschehens herausgestellt, in deren Dienst der Priester steht. Das letzte Ziel für uns alle ist, dass wir glücklich werden. Aber Glück gibt es nur im Miteinander, und Miteinander gibt es nur in der Unendlichkeit der Liebe. Glück gibt es nur in der Entschränkung des Ich ins Göttliche hinein, in der Vergöttlichung. So sagt das Konzil mit Augustinus, das Ziel der Geschichte sei es, dass die Menschheit Liebe werde: So ist sie Anbetung, lebendiger Kult, »Stadt Gottes«. Und so erfüllt sich das innerste Verlangen der Schöpfung, dass Gott alles in allem sei (1 Kor 15,24.28; PO 2, Schluss; Augustinus, *Civ* X 6). Was Kult ist, was Sakramente sind, kann man letztlich nur in dieser großen Perspektive verstehen.

Gerade diese ganz ins Große der letzten Fragen weisende Sicht führt dann auch zum ganz Konkreten: Weil es so ist, ist christlicher Glaube nie bloß geistig-innerlich, nie bloß subjektive oder privatpersönliche Beziehung zu Christus und seinem Wort, sondern ganz konkret-kirchlich. Das Konzilsdekret unterstreicht von da aus in einer vielleicht ein wenig forcierten Weise die Zuordnung der Presbyter zum Bischof: Sie vertreten ihn, sie handeln in seinem Namen und Auftrag. Der große christologische Gehorsam, der den Ungehorsam Adams umkehrt, konkretisiert sich im kirchlichen Gehorsam, und der kirchliche Gehorsam wieder ist für den Priester ganz praktisch Gehorsam gegenüber seinem Bischof. Das Konzil hätte wohl stärker betonen können, dass es zuerst den gemeinsamen Gehorsam aller gegenüber dem Wort Gottes und seiner Vorlage in der lebendigen Überlieferung der Kirche geben muss. Diese gemeinsame Bindung ist auch die gemeinsame Freiheit; sie schützt vor Willkür und gewährleistet den wahrhaft christologischen Charakter des kirchlichen Gehorsams. Der kirchliche Gehorsam ist nicht positivistisch; er gilt nicht einfach einer formalen Autorität. Er gilt demjenigen, der selbst gehorsam ist und den gehorsamen Christus verkörpert. Aber er ist freilich unabhängig von Tugend und Heiligkeit des Amtsträgers, eben weil er sich auf das Objektive des vom Herrn geschenkten Glaubens bezieht, das alle Subjektivität überschreitet. Insofern liegt im Gehorsam gegenüber dem Bischof immer auch die Überschreitung der Lokalkirche – es ist ein katholischer Gehorsam: Dem Bischof wird gehorcht, weil er die ganze Kirche hier am Ort vertritt. Und es ist ein Gehorsam, der über den geschichtlichen Augenblick hinaus ins Ganze der Glaubensgeschichte verweist. Er beruht auf alledem, was in der Communio sanctorum gewachsen ist und öffnet sich gerade so auf die Zukunft hin, in der Gott alles in allem sein wird und wir ein Einziger sein werden. Insofern liegt in der Gehorsamsforderung eine ernste Forderung an den, der Autorität verwaltet. Aber das bedeutet nicht, dass der Gehorsam konditional wäre: Er ist ganz konkret. Ich gehorche nicht einem Jesus, den ich oder andere sich aus der Schrift erdenken; dann würde ich nur meinen eigenen Lieblingsideen gehorchen und in dem von mir erdachten Jesusbild mich selber anbeten. Nein, Christus gehorchen heißt, seinem Leibe, ihm in seinem Leib gehorchen. Vom Philipperbrief her steht der Gehorsam Jesu als Überwindung von Adams Ungehorsam im Zentrum des Heilsgeschehens. Dieser Gehorsam muss im priesterlichen Leben sich als Gehorsam gegen die Autorität der Kirche, konkret: gegen den Bischof inkarnieren. Nur so wird die Absage an die Selbstvergötzung real. Nur so wird auch in uns Adam überwunden und das neue Menschsein eröffnet. In einer Zeit, in der Emanzipation als der eigentliche Kern von Erlösung angesehen wird und Freiheit als das Recht erscheint, alles und nur das zu tun, was ich selber will, ist der Begriff Gehorsam sozusagen anathematisiert. Er ist nicht nur aus unserem Vokabular, sondern aus unserem Denken ausgeschieden. Aber gerade dieses Konzept von Freiheit schafft die Unfähigkeit zum Miteinander, die Unfähigkeit zu lieben. Es knechtet den Menschen. Darum muss der recht verstandene Gehorsam rehabilitiert und im Zentrum christlicher und priesterlicher Spiritualität neu zur Geltung gebracht werden.

3. Spirituelle Anwendungen

Wo Christologie pneumatologisch-trinitarisch und so zugleich ekklesial gefasst wird, ergibt sich – wir sahen es – der Übergang zur

Spiritualität, zur Frage nach dem gelebten Glauben ganz von selbst. Das Konzilsdekret hat sich – nachdem die dogmatische Grundlage ja auch in der Konstitution über die Kirche vorgegeben war – ganz besonders diesem Aspekt zugewandt, auch mit sehr konkreten Aussagen. Ich möchte daraus nur noch einen Gesichtspunkt herausgreifen. In PO 14 spricht das Dekret von dem schwierigen Problem, wie der Priester, zerrissen durch die Fülle seiner oft sehr verschiedenen Aufgaben, die innere Einheit seines Lebens wahren könne – ein Problem, das bei wachsendem Priestermangel immer mehr zur eigentlichen Krise priesterlicher Existenz zu werden droht. Ein Pfarrer, dem heute drei oder vier Pfarreien anvertraut sind, ist unterwegs von einem Ort zum anderen; die Situation, die den Missionaren wohl bekannt ist, wird immer mehr auch zur Regel in den christlichen Kernlanden. Der Priester muss versuchen, die sakramentale Versorgung der Gemeinden sicherzustellen, Verwaltungsarbeiten bedrängen ihn, Fragen aller Art fordern ihn und dazu die persönliche Not so vieler Menschen, für die er ob alledem oft kaum noch Zeit findet. Zwischen solchen Aktivitäten hin- und hergerissen fühlt er sich leer, und es wird ihm immer schwerer, Zeit zur Sammlung zu finden, aus der er neue Kraft und Inspiration schöpfen könnte. Äußerlich zerrissen und innerlich leer geworden, verliert er die Freude an seinem Beruf, der schließlich nur noch als Last erscheint und kaum noch getragen werden kann. Die Flucht drängt sich auf.

Das Konzil hat drei Impulse zur Bewältigung dieser Situation angeboten. Das Grundmotiv ist die innere Gemeinschaft mit Christus, dessen Speise es war, den Willen des Vaters zu tun (Joh 4,34). Es ist wichtig, dass die ontologische Einheit mit Christus im Bewusstsein und so im Handeln lebendig werde: Alles, was ich tue, tue ich in der Gemeinschaft mit ihm. Gerade indem ich es tue, bin ich bei ihm. Das Vielfältige und äußerlich oft geradezu Gegensätzliche meiner Aktivitäten bildet doch einen Beruf: Es ist alles Mitsein mit Christus, werkzeugliches Handeln in der Gemeinschaft mit ihm.

Daraus ergibt sich dann das zweite Motiv: Die priesterliche Askese ist nicht neben dem seelsorglichen Tun anzusiedeln, als eine zusätzliche Last und ein weiteres Pensum, das meinen Tag noch mehr überfrachtet. Im Wirken selbst lerne ich mich überwinden, mein Leben lassen und hergeben; in der Enttäuschung und im Misserfolg lerne ich verzichten, Schmerz annehmen, mich loslassen. In der Freude des Gelingens lerne ich Dankbarkeit. Im Vollzug der Sakramente empfange ich sie selber innerlich mit; ich tue ja nicht irgendeine äußere Arbeit, ich rede mit Christus, durch Christus mit dem dreifaltigen Gott und bete so mit den anderen und für sie. Diese Askese des Dienstes, der Dienst selbst als die eigentliche Askese meines Lebens ist zweifellos ein sehr wichtiges Motiv, das freilich immer wieder bewusste Einübung, ein inneres Ordnen des Tuns vom Sein her verlangt.

So ist ein drittes Motiv unerlässlich. Auch wenn ich den Dienst als Askese, das sakramentale Tun als persönliche Begegnung mit Christus zu leben versuche, brauche ich Augenblicke des Atemholens, damit diese innere Richtung überhaupt real werden kann. Dies alles – sagt das Konzilsdekret – kann nur erreicht werden, wenn die Priester durch ihr Leben immer tiefer in das Mysterium Christi eindringen. Höchst beeindruckend ist, was der heilige Karl Borromäus aus eigener Erfahrung zu diesem Thema sagt: Wenn der Priester zu einem rechten priesterlichen Leben gelangen will, muss er die Mittel dazu anwenden: fasten, beten, den Umgang mit schlechten Menschen ebenso meiden wie schädliche und gefährliche Vertraulichkeiten. »Wenn in dir schon ein kleiner Funke göttlicher Liebe entzündet ist, dann gib Dienst und Leben der Priester ihn nicht sofort preis, setze ihn nicht dem Wind aus [...]; bleibe gesammelt mit Gott [...]. Du bist Seelsorger? Versäume darüber nicht die Sorge um dich selbst; teile dich nicht dermaßen großzügig aus, dass dir selber nichts mehr übrigbleibt, denn wie du an die Seelen der anderen denken musst, für die du da bist, so darfst du auch deine eigene Seele nicht vergessen [...]. Wenn du die Sakramente spendest, betrachte, was du tust. Wenn du die Messe feierst, betrachte, was du darbringst; wenn du im Chor Psalmen betest, betrachte, zu wem und was du sagst; wenn du Seelen führst, betrachte, mit welchem Blut sie gewaschen sind [...].«[9] Allein das viermalige »meditare« (betrachte) zeigt, wie wesentlich diesem großen Seelsorger die unserem Tun zugeordnete innere Vertiefung

[9] Karl Borromäus, *Acta Ecclesiae Mediolanensis*, Milano 1599, 1177 f.: Brevierlesung am 4. November.

ist. Dabei wissen wir, wie radikal Karl Borromäus, der mit 46 Jahren aufgezehrt von der Hingebung seines Dienens starb, sich selbst den Menschen gegeben hat. Gerade dieser Mann, der sich wirklich für Christus und von ihm her für die Menschen verbrauchte, lehrt uns, dass solches Sichgeben ohne die Zucht und die Zuflucht einer wahren gläubigen Innerlichkeit nicht möglich ist. An diesem Punkt müssen wir wieder neu lernen. Innerlichkeit wurde in den letzten Jahrzehnten weithin als Intimismus und Privatismus verdächtigt. Aber Dienst ohne Innerlichkeit wird zu leerem Aktivismus. Das Scheitern nicht weniger Priester, die mit großem Idealismus an ihre Aufgabe herangegangen waren, beruht letztlich auf dieser Verdächtigung der Innerlichkeit. Zeit für Gott, für das eigene innere Stehen vor ihm, ist eine pastorale Priorität, die allen anderen Prioritäten gleichrangig, ja, ihnen gegenüber in gewisser Hinsicht vorrangig ist. Sie ist nicht eine zusätzliche Last, sondern das Atemholen der Seele, ohne das wir notwendig außer Atem kommen – den geistlichen Atem, das Atmen des Heiligen Geistes in uns verlieren. Auch andere Weisen der Erholung sind wichtig und sinnvoll, aber die grundlegende Art, sich vom Werk zu erholen und es wieder lieben zu lernen, ist das innere Suchen nach Gottes Angesicht, das uns immer wieder die Freude an Gott zurückgibt. Einer der demütigen und in ihrer Demut großen Pfarrer unseres Jahrhunderts, Don Didimo Mantiero (1912–1992) von Bassano del Grappa, hat in seinem geistlichen Tagebuch notiert: »Die Bekehrten waren und sind immer eine Erwerbung durch das Gebet und das Opfer unbekannter Gläubiger. Christus gewann die Seelen nicht durch die Kraft seiner wundervollen Rede, vielmehr durch die Kraft seines beständigen Betens. Tagsüber predigte er, aber nachts betete er.«[10] Seelen, das heißt lebendige Menschen, kann man nicht einfach durch Überredung oder durch Diskussion zu Gott herüberziehen. Sie wollen von Gott für Gott erbetet sein. Deswegen ist die christliche Innerlichkeit auch die allerwichtigste pastorale Tat. In unseren pastoralen Planungen müsste das wieder viel stärker bedacht werden. Wir müssen endlich wieder lernen, dass wir weniger Diskussion und mehr Gebet brauchen.

---

[10] Grygiel, *Didimo Mantiero*, 54.

Ausblick: Die christologisch vermittelte Einheit von Altem und Neuem Testament

Am Schluss möchte ich noch einmal auf die in der Einleitung skizzierte Problematik zurückkommen: Was bedeutet vom Neuen Testament her das Priestertum der Kirche? Gibt es das überhaupt? Trifft der Vorwurf der Reformatoren zu, dass die Kirche die Neuheit des Christlichen verraten und den Presbyter, die christliche Wende zurücknehmend, wieder zum Sazerdoten gemacht hat? Hätte sie nicht streng bei der Funktion des Ältesten bleiben müssen, ohne Sakralisierung und Sakramentalisierung? Wenn man auf diese Frage sachgemäß antworten will, reichen bloß terminologische Untersuchungen über die anfängliche Verschiedenheit und die später eintretende Verschmelzung der Begriffe Presbyter und Hiereus (Sacerdos) nicht aus. Man muss tiefer gehen; die ganze Problematik des Verhältnisses von Altem und Neuem Testament steht zur Debatte. Ist das Neue Testament wesentlich Bruch mit dem Alten oder wesentlich Erfüllung, in der alles verwandelnd aufgenommen und gerade im Erneuern bewahrt ist? Steht Gnade gegen Gesetz, oder gibt es einen inneren Zusammenhang beider?

Historisch ist zunächst einmal festzustellen, dass im Jahr 70 der Tempel zu Jerusalem zerstört wurde und damit der ganze Sektor von Opfer und Priestertum, der in gewisser Hinsicht das Herzstück des »Gesetzes« bildet, verschwunden ist. Das Judentum hat dies Verlorene einerseits aufzubewahren versucht, indem es die Heiligkeitsvorschriften des Tempels nun auf das Leben des Juden überhaupt übertrug;[11] zum anderen hat es das verlorene Erbe des Tempels in der Form der betenden Hoffnung auf die Wiederherstellung des Jerusalemer Kultes in seiner Spiritualität verankert. Die Synagoge, die nur einen Ort der Versammlung zum Gebet, zum Verkündigen und Hören des Wortes bildet, ist ein Fragment, in Erwartung des Größeren. Eine streng reformatorische Auslegung des geistlichen Amtes und des christlichen Kultes reduziert aber das Christentum auf das Bild der Synagoge, auf Versammlung, Wort, Gebet. Die historistische Auslegung der Einmaligkeit

[11] Neusner, *A Rabbi talks with Jesus*, 114f.

von Christi Opfer verbannt Opfer und Kult in die Vergangenheit und schließt Priestertum in der Gegenwart ebenso aus wie Opfer. Inzwischen wird auch in den Kirchen der Reformation immer mehr gesehen, dass damit die Größe und Tiefe des neutestamentlichen Geschehens verkannt ist. So wäre das Alte Testament gerade nicht erfüllt. In Christi Auferstehung aber ist der Tempel durch Gottes eigene Macht neu aufgebaut (Joh 2,19!). Dieser lebendige Tempel – Christus – ist selbst das neue Opfer, das in Christi Leib, der Kirche, sein beständiges Heute hat. Von ihm her und auf es hin gibt es den wahrhaft priesterlichen Dienst des neuen Kultes, in dem alle »Figuren« erfüllt sind.

Daher ist eine Konzeption abzuweisen, die in Sachen Kult und Priestertum den völligen Bruch mit der vorchristlichen Heilsgeschichte voraussetzt und jeden Zusammenhang zwischen alttestamentlichem und neutestamentlichem Priestertum leugnet. So wäre das Neue Testament nicht Erfüllung, sondern Gegensatz zum Alten Bund; die innere Einheit der Heilsgeschichte wäre zerstört. Durch das Opfer Christi und seine Annahme in der Auferstehung ist der Kirche das ganze kultische und sazerdotale Erbe des Alten Bundes übergeben worden. Einer Reduktion der Kirche auf Synagoge gegenüber muss diese ganze Fülle des christlichen Ja herausgestellt werden; so erst erfasst man Weite und Tiefe des Amtes der apostolischen Nachfolge. In diesem Sinn müssen wir nicht verschämt und mit Entschuldigungen, sondern mit aller Entschiedenheit und Freude sagen: Ja, das Priestertum der Kirche ist Fortsetzung und Aufnahme des alttestamentlichen Priestertums, das gerade in der radikalen und verwandelnden Neuheit seine wahre Erfüllung findet. Auch für das Verhältnis des Christentums zu den Weltreligionen ist diese Sicht wichtig. So sehr das Christentum neu beginnt, das von Gott herkommende Größere und ganz andere ist, so wenig ist es nur Negation des menschlichen Suchens. Die adventliche Gebärde dieser Religionen, so verzerrt und entstellt sie auch manchmal sein mag, greift nicht ins Leere. Solche Auffassung des Priestertums bedeutet keine Entwertung des allgemeinen Priestertums der Getauften. Wiederum hat Augustinus dies sehr schön herausgestellt, indem er alle Gläubigen Knechte Gottes nennt, die Priester aber die Knechte der Knechte und aus der Perspektive seines Auftrags her die Gläubigen als seine Herren bezeichnet.[12] Priestertum des Neuen Testaments steht in der Nachfolge des fußwaschenden Herrn: Seine Größe kann nur in seiner Demut bestehen. Größe und Niedrigkeit gehen ineinander, seitdem Christus als der Größte der Geringste wurde, seitdem er, der Erste, den letzten Platz eingenommen hat. Priestersein heißt, in diese Gemeinschaft des Geringwerdens eintreten und so an der gemeinsamen Herrlichkeit der Erlösung teilhaben.

---

[12] Genn, *Trinität und Amt nach Augustinus*, 117f.

Zur Frage der Mission

Konzilsaussagen über die Mission außerhalb des Missionsdekrets

Wenn man das innere Gewicht ermessen will, das ein Thema in den Erwägungen der Väter des Zweiten Vaticanum besaß, und wenn man den Gesamtaspekt erfassen will, den das Konzil diesem Thema gegeben hat, genügt es nicht, jenen Text zu befragen, der sich ex professo mit der betreffenden Sache befasst. Dann ist es vielmehr nötig, gerade den mehr unabsichtlichen Äußerungen zur selben Sache in der gesamten Breite der konziliaren Aussagen nachzugehen, die verschiedenen Nuancen zu beachten, die sich aus der unterschiedlichen Blickrichtung der einzelnen Diskussionen ergeben, und so die leitende Gesamtintention zu ertasten, die sich im konziliaren Gespräch und in den daraus gereiften Texten zur Geltung bringt. Wie ernst es z.B. dem Konzil mit der Vertiefung der kirchlichen Bedeutung des Laien war, wird man nur feststellen können, wenn man über das Laiendekret hinaus nach der Einordnung des Laien in den einzelnen Texten fragt, die sich mit den verschiedenen Sachgebieten kirchlichen Lebens oder mit der theologischen Grundlegung des Ganzen befassen. Dasselbe gilt selbstverständlich auch für die missionarische Thematik.

Der Versuch, eine solche Bestandsaufnahme zu unternehmen, würde freilich nach dem Gesagten, wenn er umfassend sein sollte, auch die Einbeziehung der konziliaren Diskussionen erfordern, die den lebendigen Hintergrund der Texte bilden und die gerade in dem, was nicht in diese Texte eingegangen ist, in beiläufigen Anmerkungen oder in mehr allgemeinen Imperativen, oft besonders deutlich die Grundorientierung der Konzilsaula wiedergeben. Deshalb kann der kleine Versuch, der hier unternommen wird, nur ganz vorläufigen Charakter haben, mehr eine Anregung, die Aufgabe in Angriff zu nehmen, als schon deren Ausführung selbst sein. Es soll deshalb auch nicht versucht werden, jede Einzeläußerung zu registrieren, die sich auffinden lässt, sondern allein die größeren Stellen zu analysieren, die zusammen einen gewissen Durchblick durch die Breite und Tiefe der missionarischen Thematik auf dem Konzil gestatten.

I. Die Grundlegung des Themas in der dogmatischen Konstitution über die Kirche

Der zentrale Konzilstext über Wesen, Aufgabe und Weg der Mission, der alle anderen Missionstexte des Konzils, einschließlich des Missionsdekrets selbst, trägt und die Ausgangspunkte dazu enthält, findet sich in der Konstitution über die Kirche, in den Nummern 13–17. Versuchen wir deshalb einfach, seine Grundlinien nachzuzeichnen; die lockende Aufgabe eines Vergleichs mit dem Grundlegungskapitel I des Missionsdekrets muss im Hinblick auf die Grenzen dieses Versuchs ausgeklammert bleiben.

1. Der trinitarische Ausgangspunkt

Die missionarische Idee taucht in der Konstitution über die Kirche in jenem Augenblick auf, in dem die Katholizität als Wesensbestimmtheit des neuen Gottesvolkes thematisch wird, als welches das zweite Kapitel dieses Textes die Kirche auslegt. Das »Neue Volk« ist (zum Unterschied vom »Alten«, könnte man hinzufügen) »katholisch«: »Zum Neuen Gottesvolk werden alle Menschen gerufen.«[1] Da diese Katholizität ein Unterscheidungsmerkmal des Neuen Volkes vom Alten und so des Neuen Bundes vom Alten darstellt, also zu jenem »Neuen« gehört, das die Benennung »Neuer Bund« und »Neues Volk« von innen her begründet, muss sie als im eigentlichen Sinn konstitutiv für die Kirche und für jenes Stadium der Heilsgeschichte angesehen werden, das mit ihr erreicht ist. Wenn man auf der anderen Seite bedenkt, dass die Selbstkundgabe Gottes als des in drei Personen Einzigen die neue Form der Gottesbeziehung ausdrückt, die in Jesus Christus eröffnet wird,

[1] LG 13, Anfang.

dann erscheint es verständlich, dass der Konzilstext die lapidar hingeworfene Thematik des Katholischen in den folgenden Sätzen von der trinitarischen Idee her entfaltet und so das neue Angesicht des Gottesvolkes mit dem sich zeigenden Angesicht Gottes selbst in Verbindung bringt.

Es entspricht ältester theologischer Tradition, die ihrerseits auf dem Urbekenntnis Israels zum einen Gott gründet, wenn mit dem Blick auf den Vater in besonderem Maß die Idee der Einheit und die Schöpfungsidee verbunden wird: Das eine Volk, das ein Einziges bleiben soll, muss durch alle Welt und durch alle Zeiten sich ausbreiten, um so den Willen Gottes zu erfüllen, der die menschliche Natur als eine Einzige geschaffen hat und aus allen Zerstreuungen ihrer Geschichte am Ende sammeln will in die Einheit der Kinder Gottes hinein.[2] Damit sind gleichsam die beiden Grenzpfähle der Geschichte gesetzt: Schöpfung und Eschatologie, welche beide die Thematik der Einheit ausdrücken, die letztlich in der Einheit Gottes wurzelt. Der eine Gott hat den Menschen geschaffen und Menschheit als Einheit gewollt. Zerstreuung, Uneinheit erscheinen so als Widerspruch zur Schöpfungsidee des Menschen, und die Dramatik der Geschichte ergibt sich aus der Gegenläufigkeit der beiden Bewegungen der Zerstreuung und der Vereinigung. Damit deutet sich der innere Ort der Missionsidee erstmals an: Mission ist Ausführung der heilsgeschichtlichen Grundbewegung der Vereinigung, den aus der Sünde kommenden Trennungen entgegen, und so die eigentliche Vollstreckung der Bewegungslinie der Heilsgeschichte.

Die Konstitution knüpft an den johanneischen Text von dem Ineinssammeln der Kinder Gottes die christologische Idee, indem sie Christus den »Erben des Alls« nennt. Das Wort ist hier dem Neuen Testament entnommen (Hebr 1,2), das seinerseits darin einen der kühnsten Texte alttestamentlicher Hoffnung aufgreift (Ps 2,8): Der König Israels wird als Gottes Sohn angesprochen und so zum Erben der Weltherrschaft Gottes bestellt. Was, ver-

---

[2] »Quapropter hic populus, unus et unicus manens, ad universum mundum et per omnia saecula est dilatandus, ut propositum adimpleatur voluntatis Dei, qui naturam humanam in initio condidit unam, filiosque suos, qui erant dispersi, in unum tandem congregare statuit (cf. Jo 11,52)«. LG 13, Fortsetzung.

glichen mit der Armseligkeit der Wirklichkeiten Israels, nur wie eine unheimliche Ironie wirken konnte, erhält in Christus, dem Sohn Davids und Gottes Sohn, seine unerhörte und doch irdisch paradox bleibende Realität, die sich in keiner politischen Macht, sondern allein in dem »allumfassenden Volk der Söhne Gottes« realisiert, aber auf diesem Volk auch immerfort als ein fordernder Auftrag liegt: Christus dem Herrn »die Enden der Erde« zu übergeben; die ganze weltumspannende Fülle des Wesens Mensch dem zuzueignen und zuzuführen, der der allein legitime Erbe ist – wieder zeichnet sich die Mission als Grundbewegung der Selbstverwirklichung des Neuen Volkes und als Grundauftrag der Heilsgeschichte ab, in dem die theokratische Hoffnung Israels umgewandelt ist in die demütige Herrschaft des Gekreuzigten.

Die konkrete Weise des Geschehens der Vereinigung, die sich in der christologischen Aussage erst andeutet, wird ein Stück weiter entfaltet in der Aussage über den Heiligen Geist, »den Herrn und Lebensspender, der für die ganze Kirche und für die Gläubigen einzeln und insgesamt der Urgrund der Vereinigung und Einheit in der Lehre der Apostel und in der Gemeinschaft, im Brotbrechen und im Gebet ist (vgl. Apg 2,42)«.[3] Das große Thema der Einheit, das die ersten Sätze durchzieht, erhält nun, im Blick auf den Heiligen Geist, seine ganz konkrete Gestalt: Es geht um jene Einheit, die in der kleinen Gemeinde derer exemplarische Gestalt gefunden, die in Jerusalem zuerst an die Auferstehung Jesu geglaubt haben. Die Koordinaten dieser Einheit sind: Lehre der Apostel – Gemeinschaft – Brotbrechen – Gebet. So wird sichtbar, dass diese Einheit nicht einfach eine quantitative Größe ist: Schwerlich könnte man sich eine äußerlich unansehnlichere Schar vorstellen als diese Urzelle der Kirche in Jerusalem. Freilich, sie war ein Sauerteig, der zur Ausbreitung drängte und für den das alttestamentliche Hoffnungswort von den Enden der Erde ein drängendes Muss darstellte. Aber sie konnte Sauerteig doch nur sein, weil sich in ihr qualitativ das Wesen dieser neuen Einheit darstellte, um die es geht; weil sie Einheit war von dem Wort, das von Gott her kommt (Lehre der Apostel) und zu Gott hin geht (Gebet), und weil sie gemeinsam das Brot brach, das Frucht der völligen Hingabe und

[3] LG 13, Fortsetzung.

so allein Bürgnis der völligen Vereinigung ist. Die große Idee der Einheit erscheint hier mit einem Mal ganz armselig und gering; das Schwertgerassel des zweiten Psalms ist verschwunden – »Stecke dein Schwert in die Scheide!« hatte Jesus dem Petrus gesagt (Mt 26,52) – und der Pfingststurm ist in das sanfte Wehen (1 Kön 19,13) der täglichen christlichen Eintracht umgewandelt, die dennoch und gerade so den Auftrag behält, dem Herrn die Welt als sein Erbe zu übergeben.

2. Entfaltung vom Kirchenbegriff her

Der folgende Abschnitt baut das zunächst vom Gottesgedanken her Entworfene vom Innern des Kirchenbegriffs her weiter aus. Den Grundbildern vom Volk, vom Reich, vom Sammeln, die hier wiederkehren, wird das Bild vom Leib hinzugefügt: »Alle über den Erdkreis hin verstreuten Gläubigen stehen mit den übrigen im Heiligen Geiste in Gemeinschaft, und so weiß ›der, welcher zu Rom wohnt, dass die Inder seine Glieder sind‹.«[4] Das Bild vom Sammeln wird darüber hinaus konkretisiert auf die (mit dem Leib-Gedanken eng zusammenhängende) großartige Idee des heiligen Irenäus von der »Rekapitulation« der ganzen Menschheit unter ihrem Haupt; eine Idee, die im Übrigen schon im Epheserbrief des heiligen Paulus sich deutlich abzeichnet (1,10). Endlich klingt noch das Bild der heiligen Stadt an, in die alle Völker kommen und ihre Geschenke tragen: wieder eines der großen Bilder alttestamentlicher Vereinigungshoffnung, die im Neuen Testament umgewandelt und in jene größere Hoffnung aufgenommen wurden, die in Jesus Christus ihre Mitte hat.

Die gemeinsame Grundidee der beiden letztgenannten Aussagen, die zugleich den eigentlichen Gehalt dieses Abschnitts darstellt, liegt im eschatologischen Gedanken: Das Reich Christi realisiert sich zwar in dieser Welt, ist aber kein innerweltliches Reich, das als solches zu anderen Reichen in Konkurrenz treten könnte, sondern gleichsam der Aufbruch der ganzen Menschheit über sich

[4] LG 13, 2. Absatz. Der Text zitiert hier Chrysostomus, *In Io* hom 65, 1 (PG 59, 361).

hinaus in ihre ewige Zukunft hinein. Aus diesem eschatologischen Grundcharakter des Reiches, in dessen Diensten die Katholizität der Kirche steht, deren dynamische Realisierung wiederum die Mission darstellt, entwickelt der Text den Kern einer Methodik der Mission, die sich in den Worten ausdrückt: »Da aber das Reich Christi nicht von dieser Welt ist (vgl. Joh 18,36), so entzieht die Kirche oder das Gottesvolk mit der Verwirklichung dieses Reiches nichts dem zeitlichen Wohl irgendeines Volkes. Vielmehr fördert und übernimmt es Anlagen, Fähigkeiten und Sitten der Völker, soweit sie gut sind. Bei dieser Übernahme reinigt, kräftigt und hebt es sie aber auch.«[5] In ihrer eschatologischen Ausrichtung gründet zugleich die Freiheit der Kirche gegenüber den Dingen und Ordnungen dieser Zeit: »Alles ist euer, ihr aber seid Christi« hat Paulus diese aus der eschatologischen Bestimmtheit kommende Freiheit der Kirche und des Christenmenschen formuliert, die sich von da aus zugleich als ein verpflichtender Auftrag für alle Zeiten darstellt. Ihr »Nicht-von-der-Welt-Sein« macht die Kirche gerade frei gegenüber dieser Welt; dass sie nicht an eine Form dieser Welt gebunden ist, gibt ihr die Kraft, sich aller Welt zuzuwenden, die ganze Welt zu umfassen und alle ihre Kräfte sich zu assimilieren – sich, das heißt: dem Leib des Herrn und so dem eschatologischen Erben des Alls, in dessen Diensten sie steht.

Der Text, den wir eben betrachten, gibt damit den theologischen Ort für eine Reihe von mehr praktischen Aussagen in anderen Konzilstexten an. So empfängt von hier aus etwa die Verordnung der Liturgiekonstitution ihre Begründung: »In den Missionsländern soll es erlaubt sein, außer den Elementen der Initiation, die in der christlichen Überlieferung enthalten sind, auch jene zuzulassen, die sich bei jedem einzelnen Volk im Gebrauch befinden, sofern sie […] dem christlichen Ritus angepasst werden können.«[6] Ebenso gründet hier der Hinweis des Dekrets über die

---

[5] LG 13, Fortsetzung.

[6] SC 65; vgl. SC 119: »Da die Völker mancher Länder, besonders in der Mission, eine eigene Musiküberlieferung besitzen, die in ihrem religiösen und sozialen Leben große Bedeutung hat, soll dieser Musik gebührende Wertschätzung entgegengebracht und angemessener Raum gewährt werden, und zwar sowohl bei der Formung des religiösen Sinnes dieser Völker als auch bei der Anpassung der Liturgie an ihre Eigenart […]. Deshalb soll bei der musikalischen Ausbildung

Priesterausbildung, der eine Einführung der Theologen in jene nichtchristlichen Religionen verlangt, die in dem betreffenden Gebiet verbreitet sind, um damit die Möglichkeit der Unterscheidung, der Aufnahme des Guten, der Zurückweisung des Falschen und einer sachgemäßen Verkündigung zu schaffen.[7]

An dieser Stelle prägt sich eine gewisse Dialektik in der Betrachtung der nichtchristlichen Religionen bzw. ihrer Benutzbarkeit für katholische Theologie und Verkündigung aus, die wir aber wiederum schon in unserem Text vorgeprägt finden; sie meldet sich hier in der Zweiheit der Begriffe »assumere« (aufnehmen) und »purificare« (reinigen) an. Wir werden die beiden Pole, die sich damit abzeichnen, deutlicher begründet und ausgefaltet in der Nummer 17, im eigentlichen Missionstext der Kirchenkonstitution wiederfinden; sie sind als die zentrale Leitlinie des Konzils in der Verhältnisbestimmung von Kirche und Weltreligionen zu betrachten, die sich so zunächst und zuerst aus der Katholizität und ihrem eschatologischen Grund ergibt. Denn, so können wir jetzt den Faden des vorhin Bedachten wiederaufnehmen, die eschatologische Wesenheit der Kirche macht sie frei gegenüber der Welt (und so frei zum »Katholischen« – katholisch und eschatologisch greifen ineinander), sie stellt aber auch die Welt unter den kritischen Maßstab des Eschatologischen: Nur durch das läuternde Feuer der eschatologischen Krisis hindurch kann das Menschliche gefügig gemacht werden, Gefäß des Königtums Jesu Christi zu sein.

3. Innerkirchliche Katholizität

Der dritte Abschnitt von Nummer 13 entfaltet die innerkirchliche Bedeutung der Katholizität, indem er einen dreifachen Pluralismus im Innern der kirchlichen Einheit aufdeckt: Die Kirche, das

---

der Missionare sorgfältig darauf geachtet werden, dass sie im Rahmen des Möglichen imstande sind, die überlieferte Musik der betreffenden Völker sowohl in den Schulen als auch im Gottesdienst zu fördern.«

[7] OT 16, Schluss. Es wäre freilich zu fragen, ob nicht ganz allgemein eine Einführung in die Religionsgeschichte und ihre Probleme zum Grundbestand der Priesterausbildung gehören sollte.

eine Volk Gottes, setzt sich aus den vielen Völkern dieser Welt zusammen, die viele bleiben und den Reichtum ihrer unterschiedlichen Gaben in die eine eschatologische Gottesstadt einbringen; die Kirche setzt sich zusammen aus verschiedenen Ständen: Ordensstand, Laienstand und dazu die hierarchischen Ämter, wobei wiederum zu sagen ist, dass diese Vielheit erst die Einheit des Organismus Kirche ermöglicht und verwirklicht; endlich gilt, dass die eine Kirche sich aus vielen »Kirchen« in den einzelnen Orten und Gegenden des Erdenrunds zusammensetzt und dass abermals nur die Vielheit der Ecclesiae, die miteinander im Band der Einheit, der Liebe und des Friedens Gemeinschaft halten,[8] die erfüllte Einheit der Ecclesia catholica bildet. Damit ist auch klar, dass die Vielheit keine solche des Nebeneinander, sondern des Ineinander im Füreinander und Voneinander ist: eine ekklesiologische Perichorese, in der das trinitarische Ineinander sein kirchliches Abbild findet.[9]

Der Grundentwurf von Katholizität, der damit gegeben ist, hat weitgehende Konsequenzen für das kirchliche Leben – gerade auch für seine missionarische Seite –, die sich in einer Reihe von Konzilstexten andeuten. Die erste Entfaltung findet man im dritten Kapitel, Nummer 23 der Kirchenkonstitution, wo der Begriff der Teilkirche und ihre Beziehung zur Gesamtkirche dargestellt wird. Der Gedanke der ekklesiologischen Perichorese, den wir eben als Kern dieses Verhältnisses erfasst haben, führt hier zur konkreten Einsicht in die gegenseitige Verantwortlichkeit der Teilkirchen untereinander: Nicht nur das Haupt (womit in diesem Fall der Papst bzw. die Hauptkirche zu Rom gemeint ist) trägt Verantwortung für die Glieder, sondern auch die Glieder, d. h. die Teilkirchen untereinander, tragen Verantwortung untereinander. »Alle Bischöfe müssen nämlich die Glaubenseinheit und die der ganzen Kirche gemeinsame Ordnung fördern und schützen sowie die Gläubigen anleiten zur Liebe zum ganzen mystischen Leibe Christi, beson-

[8] LG 22 (dort zitiert aus Eusebius, *H e* V 24, 10 [GCS 9/1, 495]).

[9] Vgl. Ratzinger, *Die pastoralen Implikationen*. Vgl. auch die Ausführungen von Schmémann, *La notion de primauté*, und eine Reihe von Arbeiten von Le Guillou, besonders *Collège apostolique et le Collège Episcopal* und *L'experience Orientale*.

ders zu den armen und leidenden Gliedern und zu jenen, die Verfolgung erdulden um der Gerechtigkeit willen«, sagt der Text dazu.[10] Sobald man einmal diese universelle Verantwortung gesehen hat, ergibt es sich von selbst, dass man damit nicht an der Schwelle der Kirche haltmachen kann: »Die Sorge, das Evangelium überall auf Erden zu verkündigen, geht die ganze Körperschaft der Hirten an. Ihnen allen zusammen hat Christus den Auftrag gegeben und die gemeinsame Pflicht auferlegt [...]. Deshalb sind die einzelnen Bischöfe gehalten [...], in Arbeitsgemeinschaft zu treten untereinander und mit dem Nachfolger Petri, dem die große Aufgabe, den christlichen Namen auszubreiten, in einzigartiger Weise übertragen ist. Daher müssen sie mit allen Kräften den Missionen Arbeiter für die Ernte wie auch geistliche und materielle Hilfen vermitteln [...].«[11]

Es bedeutet ein schönes Zeichen für die innere Einheit der konziliaren Arbeit wie für die Konkretheit des darin wirksamen Wollens, dass diese Aussage ihrerseits nicht auf den dogmatischen Lehrtext über die Kirche beschränkt geblieben ist, sondern in den einzelnen Dekreten, die sich darum gruppieren und ihn in die einzelnen Aufgabengebiete hinein konkretisieren, wiederkehrt: im Dekret über das Bischofsamt,[12] in demjenigen über das Priesteramt,[13]

---

[10] LG 23, 2. Absatz, in der Mitte.

[11] LG 23, 3. Absatz, Anfang.

[12] CD 6: »Episcopi, qua legitimi Apostolorum successores et Collegii episcopalis membra, inter se coniunctos semper se sciant atque omnium Ecclesiarum sollicitos sese exhibeant, cum ex Dei institutione et praecepto apostolici muneris unusquisque Ecclesiae una cum ceteris Episcopis sponsor sit. Praesertim solliciti sint de illis orbis terrarum regionibus, in quibus verbum Dei nuntiatum nondum est aut in quibus, praecipue ob parvum sacerdotum numerum, christifideles in periculo versantur a vitae christianae mandatis discedendi, immo et ipsam fidem amittendi.« – Nr. 15: »Ita Ecclesias sibi concreditas sanctificent, ut in eisdem universae Christi Ecclesiae sensus plene effulgeat. Idcirco vocationes sacerdotales ac religiosas quam maxime foveant, speciali cura vocationum missionalium adhibita.

[13] PO 10: »Meminerint igitur Presbyteri omnium ecclesiarum sollicitudinem sibi cordi esse debere. Quapropter Presbyteri illarum dioecesium, quae maiore vocationum copia ditantur, libenter se paratos praebeant, permittente vel exhortante proprio Ordinario, ad suum ministerium in regionibus, missionibus vel operibus cleri penuria laborantibus exercendum.« Es wird eine entsprechende Überprüfung der Ordnungen für Inkardination und Exkardination verlangt,

in demjenigen über die Priesterausbildung.[14] Auf die mehr praktisch ausgerichteten Einzelheiten, die dabei zur Sprache kommen, braucht hier nicht näher eingegangen zu werden; stattdessen ist es vielleicht nützlich, noch auf das Echo zu verweisen, das der gleiche Gedanke, wenn auch ohne direkte Anwendung auf die Mission im engeren Sinn, im Dekret über die Laien findet, welches sich an zwei Stellen gegen die Selbstzwecklichkeit der Gruppen bzw. Organisationen wendet und stattdessen die Öffnung für die weltweite Sendung der Kirche und das Eintreten in sie verlangt.[15]

4. Die Vielheit der Religionen und die Einheit des göttlichen Rufs

Kehren wir wieder zur Nummer 13 der Kirchenkonstitution zurück. Der letzte Abschnitt dieses reichen Textes, der noch zu betrachten übrigbleibt, bietet die Überleitung zur Frage nach der Kirchengliedschaft, in der die Frage nach der Beziehung der einzelnen Menschen zur katholischen Kirche enthalten ist. Dieser Überleitungsabschnitt ist insofern bedeutsam, als er zwei Grundformen der Beziehung zur Catholica herausstellt, die so zugleich als die umgreifenden Kategorien für die anschließenden Einzelausführungen des Textes gelten müssen: Die Menschen gehören »der katholischen Einheit des Gottesvolkes« auf verschiedene Weise zu oder sind ihr zugeordnet: Zu*gehörigkeit*, die ihrerseits wieder verschiedene Formen umgreift, und Zu*ordnung* sind die beiden

eine Erleichterung des Priesteraustausches, die Errichtung internationaler Seminare und dergleichen. Endlich werden auch Regeln für das Verhalten der Priester in ihren neuen Einsatzgebieten gegeben.

[14] OT 2, Schluss: »Opus vero fovendarum vocationum fines singularum dioecesium, nationum, familiarum religiosarum atque rituum dilatato corde transcendat oportet atque ad universalis Ecclesiae necessitates respiciens illis praecipue regionibus auxilium afferat, in quibus ad Domini vineam instantius operarii advocantur.«

[15] AA 19: »Consociationes non sunt sibi ipsi finis, sed missioni Ecclesiae circa mundum adimplendae inservire debent.« Ähnlich AA 30. Die universale Verpflichtung zur Caritas (ohne direkten missionarischen Bezug) in Nr. AA 8, 4. Absatz; Hinweis auf die besondere Verpflichtung der Laien zum kirchlichen Einsatz in Gegenden mit geringer Katholikenzahl, AA 17. Vgl. LG 35, Schluss.

Weisen des In-Beziehung-Stehens, von denen hier gesprochen wird; parallel mit dieser Zweiteilung läuft die dreifache Unterscheidung in katholische Gläubige, andere an Christus Glaubende und »alle Menschen überhaupt, die durch die Gnade Gottes zum Heile berufen sind«. Mit diesem letzten Begriff nimmt der Text noch einmal die umfassende Idee auf, die er vorher allen Einteilungen vorausstellt: die Idee des göttlichen *Rufs*, der an alle Menschen ergeht und so die verbindende Klammer über allen Teilungen der Geschichte darstellt. »Zu dieser katholischen Einheit des Gottesvolkes, die den allumfassenden Frieden bezeichnet und fördert, sind alle Menschen *berufen* [...].«[16] In dieser Universalität des göttlichen Rufs liegt zugleich die Dynamik, die alle Teilungen immer neu überschreiten heißt und so auch die Einzelbeschreibungen der folgenden Abschnitte des Konzilstextes innerlich durchdringt und vereint.

Die Paragraphen 14, 15 und 16, auf die wir damit stoßen, können wir hier übergehen: In 14 werden die Erfordernisse der vollen Gliedschaft in der katholischen Kirche geschildert, in 15 die Bande zwischen katholischer Kirche und nichtkatholischen Christen dargestellt (also die dogmatische Basis für das Ökumenismusdekret entworfen), in 16 endlich wird die Beziehung zwischen Nichtchristen und katholischer Kirche geklärt. Dieser Text ist ein erster Abriss und zugleich wiederum die Basis dessen, was in der Erklärung über die Beziehung der Kirche zu den nichtchristlichen Religionen gesagt wird. Da über diese Erklärung hernach noch eigens gesprochen werden muss, brauchen wir an dieser Stelle nur auf den Schluss von Nummer 16 einzugehen, der jene theologische Auswertung und Einordnung anfügt, die in der genannten Erklärung nicht mehr wiederholt wird, aber doch in der Sache dort vorausgesetzt werden muss. Der Text stellt nämlich zunächst alles Verbindende zwischen den Religionen und der Kirche dar, wie es sich letztlich aus der Einheit der Vocatio des alle rufenden Gottes ergibt: In ihr gründet auch die umfassende Hoffnung des Heils, das nicht von unten, aus dem Eigenen des Menschen, sondern von oben, aus der rettenden Güte Gottes kommt. Dann aber fasst er das Ganze der verbindenden Elemente in jenen geschichtstheo-

[16] LG 13, letzter Absatz.

logischen Begriff zusammen, in dem schon die Väter das Rätsel der jahrtausendelangen Vorgeschichte des Evangeliums in der Menschheit zu erklären versuchten: Praeparatio evangelica. »Was sich nämlich an Gutem und Wahrem bei ihnen findet, wird von der Kirche als Vorbereitung für die Frohbotschaft und als Gabe dessen geschätzt, der jeden Menschen erleuchtet, damit er schließlich das Leben habe.«[17] Damit ist zugleich dem Ganzen der Charakter des Vor-läufigen aufgedrückt, das nicht statisch, sondern nur innerhalb einer geschichtlichen Betrachtung zu verstehen ist, die vom Unterwegssein und von der Notwendigkeit der Selbstüberschreitungen weiß. Der Praeparatio-Begriff relativiert somit die Weltreligionen und deckt freilich gerade in dieser Relativität ihr Positives auf: Sie können positiv sein, solange sie und soweit sie relativ sind, relativ nämlich auf das Evangelium hin. Aber dennoch genügt dieser Begriff allein nicht, um die theologische Perspektive hinsichtlich der Religionen hinlänglich zu beschreiben; dies aus einem doppelten Grund: Er würde für sich allein genommen ausschließlich den Fortschrittsgedanken insinuieren, der indes zur Beschreibung der menschlichen Geschichte und ihrer Bewegungstendenzen in keinem Fall ausreicht, weder innerhalb noch außerhalb der Kirche (und, wie uns heute die Naturwissenschaft mit ihrer Bestreitung einer gradlinigen Orthogenese sagt, auch nicht für die vormenschliche Entwicklung der Natur). Er würde ferner die Betrachtung der religiösen Geschichte des Menschen auf eine ausschließlich anthropologische Perspektive reduzieren (oder könnte das mindestens tun) und damit entscheidende Kräfte dieser Geschichte außer Acht lassen.

Demgemäß weitet der Text seine Betrachtung in doppelter Richtung aus. Er öffnet zunächst gleichsam die Bühne ein Stück weiter und lässt neben den menschlichen Akteuren das Oben und

---

[17] LG 16 mit Hinweis auf Eusebius, *Praep ev* 1, 1 (PG 21,28 AB). Freilich ist der Grund dieses Hinweises nicht recht einsichtig, denn die Ausrichtung des Werkes von Eusebius in Bezug auf die nichtchristlichen Religionen ist in dem angeführten Werk eine völlig andere als in unserem Text: Eusebius weist das Abwegige der heidnischen Mythen auf und das Ungenügende der griechischen Philosophie und zeigt, dass die Christen recht hatten, wenn sie beides hinter sich ließen und stattdessen sich den heiligen Büchern der Hebräer als der wahren Praeparatio evangelica zuwandten.

das Unten sichtbar werden, das ins Drama der menschlichen Geschichte hineingehört. Hinter der Praeparatio, hinter dem Wahren und Guten steht letztlich derjenige, von dem jede gute Gabe kommt (vgl. Jak 1,17) und der jeden Menschen erleuchtet (Joh 1,9), damit er das Leben habe (Joh 10,10). Auf der anderen Seite aber wird »der Böse« sichtbar,[18] der dem von Gott herkommenden Licht und seiner klärenden Helligkeit das Blendwerk der Täuschung entgegenhält. Von diesem gleißnerischen Blendwerk her (das den Menschen eitel macht: Röm 1,21) erklärt der Text dann auch die Bruchlinie, die durch die menschliche Geschichte läuft. Mit dem Römerbrief verweist er darauf, dass die Menschen die Wahrheit Gottes mit der Lüge vertauschten und der Schöpfung mehr dienten als dem Schöpfer (Röm 1,22.25). »Daher ist die Kirche eifrig bestrebt, zur Ehre Gottes und zum Nutzen des Heils all dieser Menschen die Missionen zu fördern, eingedenk des Befehls des Herrn, der gesagt hat: ›Predigt das Evangelium der ganzen Schöpfung‹ (vgl. Mk 16,16).«[19]

5. Der Weg der Mission

Damit ist die Überleitung zum eigentlichen Missionsabschnitt der Kirchenkonstitution gegeben (Nr. 17), dessen Inhalt wir hier nur kurz zu skizzieren brauchen, weil die Linien, die er in knappen Strichen entwirft, in der theologischen Grundlegung des Missionsdekrets ausgezogen sind, das damit gleichsam einen authentischen innerkonziliaren Kommentar zu dem hier Gemeinten darstellt. Unser Text geht zunächst von den positiven Grundlagen der Mission aus: Den am Ende von 16 angeführten kurzen markinischen Missionsbefehl ergänzt er nun durch Zitierung der Aussendungsrede des Erhöhten im Matthäusevangelium unter Anfügung der Missionsaufforderung am Anfang der Apostelgeschichte; als Echo aller drei Texte, in dem gleichsam die Stimme der Kirche aller Jahrhunderte vernehmbar wird, fügt er das Wort des heiligen

---

[18] LG 16: Die deutsche Übersetzung ist hier undeutlich und lässt nicht ganz klar werden, dass nicht einfach »das Böse«, sondern »der Böse« vom Text gemeint ist.
[19] Schluss von LG 16.

Paulus hinzu: »Weh [...] mir, wenn ich die Frohbotschaft nicht verkündete« (1 Kor 9,16).

Zu dieser positiven Grundlegung kommt der Versuch einer doppelten Wesenserhellung des Missionsbegriffs und so einer nochmaligen Andeutung der inneren Notwendigkeit der Mission von ergänzenden Aspekten her. Der Aussendungsbefehl des Matthäusevangeliums verweist auf den Sendungsbegriff überhaupt, dessen große theologische Entfaltung das Johannesevangelium bietet, das Christus selbst als den Gesandten verstehen lehrt, dessen Sein Sendung ist: Nicht von sich und nicht für sich selbst und so gerade, in dieser doppelten Aufhebung der Grenzen des Ich, ganz eins mit dem Vater und ganz sein Werkzeug für die Menschen. Damit verweist die Sendungslinie der Kirche zurück auf die Sendung des Sohnes vom Vater her, auf die Urdynamik der trinitarischen Liebe. Dieser trinitarische Bezug des Sendungsgedankens klingt freilich hier nur ganz locker an, das Missionsdekret erst hat ihn breit entfaltet. Liegt der Ausgangspunkt dieses Gedankens im Christologischen und in der Beziehung Christi zum Vater, so geht die zweite Gedankenlinie vom Pneumatologischen aus: Mission wird als weltgeschichtlicher Vollzug des göttlichen Heilswillens ausgelegt; die Kirche ist Werkzeug des Heiligen Geistes, der sie von innen her bedrängt, sich seinem Werk zur Verfügung zu stellen.

Neben die Wesensbestimmung der Mission treten in diesem knappen Umriss einer theologischen Grundlegung der Missiologie eine Beschreibung des Ziels der Mission, ihres Trägers und ihrer Methode. Ziel der Mission, so sagt der Text, ist die volle Ausbildung junger Kirchen in der einen Kirche; wenn der Text damit die stärker institutionalistisch denkende Plantationstheorie vorauszusetzen scheint, die die Mission wesentlich vom Hierarchischen her denkt und sie primär als Errichtung neuer, hierarchisch kompletter Ekklesien ansieht, so darf man nicht übersehen, dass er hinzufügt: »[...] bis die neuen Kirchen [...] auch selbst das Werk der Verkündigung fortsetzen können.« Der Weg geht also von Evangelisierung zu Evangelisierung; die dynamische Aufgabe des Weitertragens der frohen Botschaft ist das Umgreifende, das als solches freilich dann die »Pflanzung« der Kirchen einschließt und verlangt. Was die Methode angeht, so wird zunächst der Grundriss des allgemeinen Weges der christlichen Verkündigung angegeben: Die Botschaft, die sich an das menschliche Hören wendet, bereitet zum Glauben und zum Bekenntnis, führt so zur Taufe, damit zur Einfügung in den Leib Christi und weist so auf die Erfüllung des Ganzen in der Liebe. Dazu kommt dann aber die besondere Form der missionarischen Verkündigung, die wir schon zweimal anklingen hörten: »[…] aller Same des Guten, der sich in Herz und Geist der Menschen oder in den eigenen Riten und Kulturen der Völker findet«, soll nicht untergehen, »sondern geheiligt, erhoben und vollendet« werden »zur Ehre Gottes, zur Beschämung des Teufels und zur Beseligung des Menschen«. Der ganze Gehalt des hier Gesagten wird erst verständlich im Licht des reichen Echos, mit dem das Missionsdekret in seinen einzelnen Kapiteln darauf antwortet; die Grunddialektik von »aufnehmen« und »reinigen«, in der das christliche Ja und Nein zu den Religionen sich missionarisch konkretisiert, ist uns oben bereits begegnet. Das Ganze wird noch ergänzt durch das »ora et labora«, auf welches der letzte Satz des Textes anspielt, der damit zugleich klarmacht, dass die ganze missionarische Arbeit der Kirche ihr Herz verliert, zur leeren Geschwätzigkeit und Aktivität entarten muss, wenn sie nicht durchatmet wird vom Gebet, wenn sie nicht gleichsam den Stein bildet, über dem sich die Jakobsleiter des Auf- und Absteigens vom redenden Gott zum hörend-erhörenden Gott hin vollzieht. So aber ist auch Scheitern und Erfolg dem anheimgestellt, um den allein es hier gehen kann.

Endlich der Träger der Mission: Laien und Priester werden genannt; die Aufteilung beider erscheint freilich etwas schematisch (Laien mehr auf die Taufe, Priester auf die Eucharistie zugeordnet); immerhin ist es wichtig, dass eine bloß hierarchologische Betrachtungsweise überwunden ist. Die nähere Entfaltung blieb auch hier dem Missionsdekret vorbehalten. Und schließlich kommt das eigentliche Ziel der Mission wie allen kirchlichen Dienstes zur Sprache, vor dem auch Evangelisierung und Errichtung der Kirchen, ja die ganze pilgernde Kirche als solche nur dienendes Mittel ist: die Zurüstung der kosmischen Liturgie, in der das ganze Weltall ein einziger Gestus der Anbetung sein wird.

II. Der Missionsgedanke in den Dekreten über das Laienapostolat und über Dienst und Leben der Priester

Neben der Konstitution über die Kirche bieten die Dekrete über das Laienapostolat und über den priesterlichen Dienst die am meisten in die Tiefe gehenden Äußerungen zur Missionsidee. Wenn sie auch keine völlig neuen Gedanken hinzufügen können, weiten sie doch den Ansatz aus und gehören so zum Gesamtbild, welches das Konzil von einer Theologie der Missionen entworfen hat.

1. Das Dekret über die Laien

Die grundlegende Aussage des Laiendekrets zu unserer Frage liegt in dem Satz: »Die christliche Berufung ist ihrer Natur nach auch eine Berufung zum Apostolat.«[20] Damit ist ein dynamisches Grundverständnis der christlichen Existenz gegeben; das Missionarische erscheint nun nicht mehr bloß als eine äußere Aktivität, die einem in sich ruhenden christlichen Sein gleichsam als Akzidens hinzugefügt würde, sondern das christliche Sein ist selbst und als solches Bewegung über sich hinaus, ist also schon als Sein missionarisch geprägt und muss daher die äußere Aktivität als Verwirklichung seines tiefsten Wesens jederzeit und in jedem wahrhaft lebendigen Christen notwendig aus sich hervorbringen. Deshalb kann der Text wenig später den Leib-Christi-Gedanken des heiligen Paulus missionarisch verdeutlichen, indem er sagt: »Es gibt in der Kirche verschiedene Dienste, aber nur *eine* Sendung.«[21] Das will sagen: Das hierarchische Prinzip, an dem die katholische Kirche festhält, kann nicht bedeuten, dass es zweierlei Christen gibt, von denen die einen das Christsein nur für sich besitzen, während die anderen christlichen Dienst für die Übrigen tun. Vielmehr bestehen zwar verschiedene Aufgaben, aber das Christsein ist in allen das Gleiche, es hat in allen den Charakter der »Sendung«. Damit wird ein Grundgehalt des Leib-Christi-Be-

---

[20] AA 2.

[21] AA 2, 2. Absatz, Anfang.

griffs richtig ins Licht gesetzt, der so in der Kirchenkonstitution nicht deutlich geworden war: Das Wort vom Leib Christi ist in der Tat bei Paulus zunächst nicht so sehr eine Seins- als vielmehr eine Dienstaussage. Es ist ein Funktionsbegriff, der die gegenseitige Abhängigkeit der Christen untereinander und von ihrem Haupt und gleichzeitig ihr Einander-Zugewiesensein ausdrückt. Man könnte geradezu behaupten, der Leib-Christi-Gedanke sei im ersten Anlauf, in dem er uns begegnet – in 1 Kor 12,4–31 –, nichts anderes als ein kühnes Gleichnis für die einigende Kraft der christlichen Agape, die vom Herrn her kommend alle Unterschiedlichkeiten überprüft und die Vielen zur Einheit des In-Christus-Seins verschmilzt, wie es der vereinigenden Kraft der Liebe gemäß ist.

Kehren wir zum Laiendekret zurück. Es fundiert seine dynamische Sicht des Christseins (die vielleicht die bedeutendste Aussage des ganzen Textes darstellt) in zwei Motiven: in der Idee des Reiches Gottes und der Herrlichkeit Gottes, die ja nicht nur eine ferne Zukunft für die Kirche darstellen, sondern als ihre Zukunft zugleich die Triebkraft sind, die sie vorwärts führt, und in diesem Sinn wie jede wahre Zukunft wirkende Kraft inmitten der Gegenwart sind. Das andere Motiv liegt in der Idee von Glaube, Hoffnung und Liebe, vor allem in dem zwingenden Impuls, der aus der Liebe aufsteigt, die aufhören würde, sie selbst zu sein, wenn sie aufhörte, sich mitzuteilen. So muss der Wille, »Gottes Herrlichkeit durch die Ankunft seines Reiches zu dienen«,[22] in jedem Christen wirksam sein, und »allen Christen wird also die herrliche Last auferlegt, daran mitzuwirken, dass die göttliche Heilsbotschaft von allen Menschen überall auf Erden erkannt und angenommen wird«.[23]

Die Verästelung der Motive reicht noch weiter und erfasst so das ganze Gebäude der Theologie: Die christliche Liebe weist zurück auf die eucharistische Gemeinschaft, in der wiederum das Leib-Christi-Geheimnis nicht nur in seinem substantialen, sondern auch gerade und untrennbar davon in seinem dynamischen Sinn vollzogen wird: als Geheimnis der Entgrenzung der Einzelnen, die dem Herrn und darin den Menschen übereignet werden,

---

[22] AA 3, 2. Absatz. Vgl. AA 4, 3. Absatz: »ad regnum Dei dilatandum«.
[23] AA 3, 3. Absatz.

denen er sich übereignet hat.[24] Sie weist aber auch auf die Schöpfungstatsache, kraft deren jeder Mensch »Bild Gottes« genannt werden darf, womit jeder Partikularismus im Voraus abgewiesen und ein Universalismus gesetzt ist, der nie bloße Theorie bleiben darf.[25] Auch hier weist der Weg freilich wieder in die Christologie hinein: In Christus, dem vollendeten Bild Gottes (2 Kor 4,4; Kol 1,15), bekommt der Universalismus der Schöpfung seine volle und konkrete Dringlichkeit.

Schließlich muss aber über die theologische Idee hinaus die Tatsächlichkeit unserer Weltsituation einbezogen werden, in der in zunehmendem Maß jeder Mensch jedes Menschen Nächster zu werden beginnt: Die Einheit der Menschheit fängt an, geschichtliche Wirklichkeit zu werden, und die Forderungen, die aus ihr aufsteigen, erhalten so einen unmittelbar auf den Einzelnen zukommenden Ernst. Der Text leitet daraus die Verpflichtung weltweiter Zusammenarbeit und weltweiter Hilfsbereitschaft ab.[26] Beides ist nicht Mission; aber die Notwendigkeit zu beidem entspringt schließlich der gleichen wesentlichen Offenheit des christlichen Daseins. Wir werden darauf zurückkommen müssen, wenn wir am Schluss die Frage nach dem Verhältnis von Dialog und Mission zu stellen haben.

2. Das Priesterdekret

Das Dekret über den priesterlichen Dienst gehört zu den theologisch reichhaltigsten und tiefsten Texten des Konzils überhaupt. Es enthält gerade zur Missionsfrage eine solche Fülle von Aspekten und ist durch sein Neuverständnis des Priestertums und der Sakramente dafür so bedeutsam, dass es eine eigene Untersuchung verdiente. Hier müssen wir uns damit begnügen, die Hauptpunkte zu benennen, die dabei weiter bedacht werden müssten.

---

[24] AA 8, besonders 3. Absatz. Vgl. zu der reichen patristischen Theologie über den Zusammenhang von Eucharistie und Caritas Ratzinger, *Volk und Haus Gottes*.

[25] AA 8, 5. Absatz.

[26] AA 8, 4. Absatz, und AA 27.

a) Priestertum, Sakrament und Wort

Das Überraschende und Auszeichnende dieses Textes ist es, dass er das Amt des Priesters nicht primär vom Opfer, sondern von der Idee der Versammlung des Gottesvolkes her versteht, die sich zunächst durch den Dienst des Wortes vollzieht: »An erster Stelle wird das Volk Gottes durch das Wort des lebendigen Gottes zur Einheit versammelt [...]. Das erste Amt des Priesters [...] ist es daher, allen das Evangelium Gottes zu verkündigen.«[27] Damit ist der liturgische Aspekt nicht ausgeschlossen, vielmehr erhält er erst durch diesen Ausgangspunkt seine volle christliche Weite und Tiefe. Denn der Leib, den Christus sich bereiten, und das Opfer, das er dem Vater darbringen wollte, soll die ganze Menschheit umfassen, oder wie Paulus es ausdrückt: Die Völker der Welt (die »Heiden«) sollen die Gott wohlgefällige Opfergabe werden, die durch den Heiligen Geist konsekriert wird (Röm 15,16).[28] Und Augustinus nimmt den Gedanken auf, wenn er sagt, der priesterliche Dienst tendiere darauf hin, »dass die ganze erlöste Gottesstadt, d.h. die Versammlung der Gemeinschaft der Heiligen, als allumfassendes Opfer Gott durch den Hohenpriester dargebracht werde, der auch sich selbst in seinem Leiden für uns dargebracht hat, damit wir Leib eines solchen Hauptes würden«.[29]

Das Wort der Verkündigung zielt also seinem Wesen nach auf Liturgie, auf die kosmische Liturgie, in der die ganze Menschheit in den Leib Christi verwandelt, »Hostie« geworden ist, Gestus der Verherrlichung Gottes und so »Reich Gottes«, in dem die Welt sich vollendet. Diese kosmische Liturgie ist nicht Liturgie in einem uneigentlichen, allegorischen Sinn, sondern nur von ihr aus und von dem großen Bogen aus, der vom Wort der Verkündigung auf sie hinführt, kann man die Liturgie »zwischen den Zeiten« überhaupt verstehen. Die Eucharistiefeier der Christen ist nicht ein in sich stehender Ritus; ihr alter Name »Synaxis« macht ihr Wesen un-

---

[27] PO 4, Anfang.

[28] PO 4, 2. Absatz. Vgl. meine Bemerkungen zum Priester-Dekret in meinem Bändchen: Ratzinger, *Die letzte Sitzungsperiode*, 63–67.

[29] Augustinus, *Civ* 10,6 (CChr 47, 279); zitiert PO 2, 4. Absatz. Vgl. zur Kulttheologie Augustins Ratzinger, *Volk und Haus Gottes;* ferner Lécuyer, *Le sacrifice selon S. Augustin.*

übertrefflich klar: Versammlung der Menschen in Christus hinein zu sein. Das Dekret greift daher mit Bedacht auf diesen Namen zurück und fügt so die Eucharistie in die eben geschilderten Zusammenhänge ein: »Die eucharistische Zusammenkunft *(synaxis)* ist also die Mitte der Versammlung *(congregatio)* der Gläubigen, der der Priester vorsteht.«[30] Und das Zentrum des eucharistischen »Tuns« des Priesters, der Akt der Verwandlung, ist zugleich Verkündigung von Tod und Auferstehung des Herrn, Verkündigung unseres Heils: Sakramentales Tun und Verkündigung sind keine Gegensätze, sondern christlicher Opferdienst hat seine christliche Eigentümlichkeit gegenüber der Religionsgeschichte gerade darin, dass er als solcher Wortdienst ist, wie christlicher Kult seine Eigentümlichkeit darin hat, dass er Versammlung der Menschen untereinander darstellt. Das Dekret sagt darüber, dass es im Wortgottesdienst der Messe »zu einer untrennbaren Einheit kommt zwischen der Ankündigung des Todes und der Auferstehung Christi, der Antwort des hörenden Volkes und der eigentlichen Aufopferung, durch die Christus den Neuen Bund besiegelt hat in seinem Blut und an der die Gläubigen mit ihrem Verlangen und durch den Empfang des Sakramentes teilnehmen«.[31]

Damit ist der missionarische Charakter der christlichen Liturgie, den die Liturgiekonstitution nur unbestimmt angedeutet hatte,[32] mit aller Deutlichkeit herausgestellt; vor allen Dingen aber ist

---

[30] PO 5, 3. Absatz.

[31] PO 4, Schluss.

[32] Der missionarische Charakter klingt an am Ende von SC 2, wo es heißt: »Zugleich stärkt sie [= die Liturgie] wunderbar deren [= der Christen] Kräfte, dass sie Christus verkünden. So stellt sie denen, die draußen sind, die Kirche vor Augen als Zeichen, das aufgerichtet ist unter den Völkern. Unter diesem sollen sich die zerstreuten Söhne Gottes zur Einheit sammeln, bis eine Herde und ein Hirt wird.« Demgegenüber sagt SC 9: »In der heiligen Liturgie erschöpft sich nicht das ganze Tun der Kirche; denn ehe die Menschen zur Liturgie hintreten können, müssen sie zu Glaube und Bekehrung gerufen werden.« Die damit getroffene Begrenzung des Liturgiebegriffs und die Abgrenzung der Gläubigen-Liturgie vom eigentlich missionarischen Tun ist selbstverständlich durchaus berechtigt, vgl. Hofinger, *Mission und Liturgie;* Ratzinger, *Der eucharistische Weltkongress*, besonders 230. Die tatsächliche Verschiedenheit zwischen Gläubigen-Liturgie im engeren Sinn und missionarischer Verkündigung hebt aber anderseits die innere Einheit beider Gegebenheiten und den Verkündigungssinn

das Wesen des priesterlichen Berufes und der Schwerpunkt seiner Spiritualität offengelegt: Der Priester, so können wir nun sagen, ist nicht von einer rituell aufgefassten Liturgie her zu verstehen, sondern vom Dienst der Versammlung des Gottesvolkes und der Verkündigung aus, also wesentlich »missionarisch« (in einem grundsätzlichen und nicht auf Heidenmission einzuengenden Verständnis freilich).

b) Priesterliche Spiritualität

Das Dekret über die Priester hat in der Tat von seinen Einsichten her die Spiritualität des Priesters neu formuliert; es trifft sich dabei in einer glücklichen Weise mit den Gedanken, denen wir eben im Laiendekret begegnet sind, und vertieft sie noch. Es geht von der Not des Priesters aus, der sich zerrissen findet zwischen Aktion und Kontemplation und dem es schwer wird, die Einheit des Geistes zu finden in der Vielheit der Aufgaben, in die ihn sein täglicher Dienst hineinführt. »Weder die rein äußere Ordnung der seelsorglichen Arbeiten kann diese Einheit erzielen, noch die bloße Pflege der Frömmigkeitsübungen, so sehr diese auch dazu beitragen mögen. Sie kann vom Priester jedoch erreicht werden, wenn er in der Ausübung seines Amtes dem Beispiel Christi des Herrn folgt, dessen Speise es war, den Willen dessen zu tun, der ihn gesandt hatte, um sein Werk zu vollenden.«[33] So darf zunächst einfach gesagt werden, Christus selbst sei die Einheit, die den Priester in den wechselnden Arbeiten des Alltags trägt.

Aber was bedeutet das praktisch? Es bedeutet zunächst, dass priesterliches Tun sich verstehen darf als Teilhabe an der Hirtenarbeit und an der Hirtenliebe Jesu Christi, dass also die priesterliche Frömmigkeit nicht neben der seelsorglichen Aktivität einhergeht, sondern sich mitten in ihr vollzieht. Der Text sagt demgemäß, dass die Priester, die ihr Tun auf diese Weise verstehen, »gerade in der Betätigung der Hirtenliebe das Band der priesterlichen Vollkommenheit finden werden, das ihr inneres Le-

---

der Liturgie nicht auf, durch den sie an der missionarischen Struktur des Christlichen als solchen teilnimmt, die sie sogar in zentraler Weisheit ausdrückt.

[33] PO 14, 1. Absatz, Schluss.

ben und Tun zur Einheit verknüpft«.[34] Die Einheit des Geistes liegt also in der Einheit der Sendung, der all das Viele eingeordnet ist, das um dieser Sendung willen geschieht. »Wenn sie nach diesem Grundsatz handeln, werden sie die Einheit für ihr Leben in der Einheit der Sendung der Kirche finden [...]«, sagt das Dekret.[35] Die priesterliche Spiritualität ist mithin eine wesentlich missionarische Spiritualität, und sie muss es sein, wenn das Bild des Priesters zutrifft, das wir vorhin kennengelernt haben. Nach dem oben Bedachten stellt das keinen Gegensatz zu sakramental-liturgischer Spiritualität dar, sondern eröffnet erst den Zugang zum zentralen biblischen Sinn der Sakramente und der Liturgie. Der Text betont das ausdrücklich, indem er sagt: »Diese Hirtenliebe erwächst am stärksten aus dem eucharistischen Opfer, das daher die Mitte und Wurzel des ganzen priesterlichen Lebens bildet, so dass der Priester sich bemühen muss, all das in sein Herz aufzunehmen, was auf dem Opferaltar sich vollzieht. Das kann jedoch nur geschehen, wenn die Priester selbst sich immer inniger in das Geheimnis Christi betend vertiefen.«[36]

Wie konkret der Sendungsgedanke den Menschen fordert, wie realistisch das Übersetzen der sakramentalen Zeichen in die Wirklichkeit des eigenen Lebens gemeint ist und wie sehr hier das Zentrum des christlichen Anspruchs auf den Menschen zutritt, zeigt eine andere Formulierung: Für die Priester ist in besonderem Maß jene seelische Orientierung vonnöten, »kraft deren sie allezeit bereit sind, nicht ihren Willen zu suchen, sondern denjenigen dessen, der sie gesandt hat«.[37] Die missionarische Spiritualität ist eine Spiritualität des Kreuzes; sie ist es gerade deshalb und muss es eben deshalb sein, weil sie eine »weltoffene« Spiritualität ist: Die heute so leidenschaftlich behandelte Frage der christlichen Weltzuwendung und ihrer Vereinbarkeit mit dem Geist des Kreuzes, der von der eucharistischen Feier her vorgegeben ist, rückt von der missionarischen Idee aus in die richtige Perspektive. Der missionarische Gedanke eröffnet so nicht nur die innere Einheit des

---

[34] PO 14, 2. Absatz.
[35] PO 14, 3. Absatz, gegen Schluss.
[36] PO 14, 2. Absatz, Schluss.
[37] PO 15, 1. Absatz.

priesterlichen Lebens, indem er die Einheit von Kult und Leben aufdeckt; er zeigt die Einheit der christlichen Spiritualität als solcher an, die Priester und Laien (wenn auch je auf andere Weise und nach den verschiedenen Gegebenheiten ihres Alltags) prägen soll, die alle dadurch bestimmt sind, dass sie sich einem Sein verschrieben haben, das Sendung bedeutet: zugehen auf die anderen (»Weltoffenheit«) und so notwendig hinausgehen über sich selbst (Kreuz). Wie weit die hier begründete Form christlicher Weltoffenheit von jedem törichten Konformismus und von kritikloser Weltbeflissenheit entfernt ist, bedarf wohl keiner eigenen Erläuterung mehr.

III. Die Erklärungen über die Religionsfreiheit und über das Verhältnis der Kirche zu den nichtchristlichen Religionen: Das Problem der Beziehung von Mission und Dialog

Es dürfte deutlich geworden sein, dass die im engeren Sinn theologischen Texte des Konzils tiefgehend von der missionarischen Idee geprägt sind.[38] Aber gibt es nicht einen gewissen Zwiespalt in der Gesamtorientierung des Konzils? Stehen den nach innen gewandten Texten, für die Weltzuwendung wesentlich »Mission« heißt, nicht die mehr nach außen gerichteten Texte – Religionsfreiheit, Erklärung über die Weltreligionen, Konstitution über Kirche und Welt[39] – gegenüber, für die Weltzuwendung »Dialog«,

---

[38] Dabei ist noch nicht hingewiesen worden auf die Ansätze, die sich auch in der Offenbarungs-Konstitution, besonders DV 8 und DV 10, finden ließen, wonach die Entfaltung des Gotteswortes in der Kirche durch dessen betende, betrachtende, verkündigende, denkerische, lebensmäßige Aneignung geschieht, die nicht nur Sache der Hierarchie, sondern der ganzen glaubenden Kirche ist. Von einem solchen Überlieferungsbegriff her ist klar, dass der Weg des Gotteswortes durch die Geschichte auch von der vielgestaltigen Aneignung durch die Menschen und Völker abhängt, die diesem Wort in der Geschichte Fleisch und Blut zur Verfügung stellen und es auf vielfältige Weise tun. Damit ist ein naiver Begriffsrealismus, der nur eine einzige Geschichtsgestalt des Wortes gelten lassen konnte, ebenso verneint, wie der Reichtum des menschlichen Geistes in den Dienst des Wortes Gottes gefordert ist.

[39] Vom Thema her möchte man auch das Dekret über die Kommunikationsmittel hierher rechnen, das indessen in IM 3 den Ausgangspunkt seiner Überle-

»Zusammenarbeit« aller Gutwilligen bedeutet? Und kommt in diesem Zwiespalt nicht das innere Dilemma des Aggiornamento-Begriffs zum Vorschein, den man einerseits als Erneuerung aus dem Inneren des Glaubens verstehen kann, so dass der Bezugspunkt der Erneuerung die christlichen Ursprünge sind, besonders die Heilige Schrift; den man aber anderseits auch als Erneuerung im Sinne der Modernisierung verstehen kann, so dass der Bezugspunkt die Verträglichkeit des Christlichen mit der modernen Welt wäre? In der Tat gibt es ein solches Dilemma; das hat gerade der Kampf um das Schema 13 (die pastorale Konstitution über die Kirche in der Welt von heute) deutlich gemacht.[40] Dialog und Mission sind nicht einfach dasselbe, und wenn auch niemand die Modernisierung als einzigen Inhalt des Aggiornamento auffassen und folglich niemand die moderne Welt als seinen einzigen Bezugspunkt ansehen konnte, so bleibt doch wahr, dass die kirchliche Erneuerung zwei Bezugspunkte hat: auf der einen Seite den christlichen Ursprung als den wesentlichen und grundlegenden Maßstab dessen, was sich überhaupt christlich nennen darf; auf der anderen Seite die moderne Welt, in die hinein das wesentlich Christliche übersetzt werden muss und die so als Übersetzungsziel

---

gungen gerade in der Pflicht zur weltweiten Verbreitung des Wortes Gottes und so in der missionarischen Idee findet: »Die katholische Kirche ist von Christus, dem Herrn, gegründet, um allen Menschen das Heil zu bringen, und darum der Verkündigung des Evangeliums unbedingt verpflichtet. Deshalb hält sie es für ihre Pflicht, die Heilsbotschaft auch mithilfe der sozialen Kommunikationsmittel zu verkünden und Grundsätze über deren richtige Anwendung aufzustellen.« Nicht ganz so eingeengt ist der Blickpunkt in IM 2, wo vor dem Dienst für die »Ausbreitung und Festigung des Gottesreiches« der Beitrag dieser Medien »zur Erholung und Bildung des Geistes« genannt wird. Diese zwei Aspekte bilden das Einteilungsprinzip für die zwei Kapitel des Textes, in dem jedoch der Verkündigungsaspekt den Vorrang behält. In Wirklichkeit freilich sind die Kommunikationsmittel nun einmal nicht primär Medien der christlichen Verkündigung, und so besteht in ihrer einseitigen Betrachtung von diesem Aspekt aus die Schwäche des Dekrets, das es sich mit seinem allzu direkten theologischen Ansatz doch wohl zu leicht gemacht hat: Eine an sich profane Sache kann man nicht dadurch theologisch sachgerecht behandeln, dass man primär ihre kirchliche Verwendbarkeit bedenkt. Vgl. den *Kommentar* zu IM von SCHMIDTHÜS im LThK² Erg.-Bd. 1.

[40] Vgl. RATZINGER, *Die letzte Sitzungsperiode*, 31–39.

im Blickfeld liegen muss, wenn man nicht einem wahrhaft unbiblischen Historismus und Archaismus zusteuern will. In diesem Sinne wird man sich über die zwei Pole des kirchlichen Erneuerungswollens und ihre innere Zuordnung grundsätzlich verhältnismäßig leicht einigen können, aber in der Praxis ist die Balance doch schwierig, und über die Verteilung der Gewichte wird man immer streiten können. Wie aber ist sie auf dem Konzil erfolgt? Hat man etwa zwei Arten von Texten nebeneinandergestellt, solche, die von Mission her denken, und solche, die es mit dem Dialog halten? Dann bliebe der nachkonziliaren Arbeit die Aufgabe, die Abwägung zwischen beiden Textgruppen vorzunehmen und die rechte Beziehung zwischen ihnen herzustellen. Oder hat das Konzil selbst die Ordnung der Motive deutlich werden lassen? Versuchen wir, um zu einer Antwort zu kommen, uns die Grundorientierung der Erklärung über die Religionsfreiheit und derjenigen über das Verhältnis der Kirche zu den nichtchristlichen Religionen klarzumachen; eine Diskussion der vielschichtigen Aussagen der pastoralen Konstitution über die Kirche in der Welt von heute würde keine wesentlich andere Sicht zutage fördern und kann deshalb beiseite bleiben, zumal sie wiederum die Grenzen dieser kleinen Arbeit sprengen würde.

1. Die Erklärung über die Religionsfreiheit

Ist Religionsfreiheit ein Gegensatz zum missionarischen Auftrag der Kirche? Eine solche Behauptung bleibt auch dann ein totales Missverständnis, wenn man die nachträglichen Hinzufügungen der Konzilserklärung über die einzig wahre Religion und ihren konkreten Bestand in der katholischen Kirche beiseitelässt, die zur Beruhigung der Opposition dem Text in einem ziemlich späten Stadium vorangestellt wurden. Man wird sogar umgekehrt sagen müssen: Religionsfreiheit ist die Bedingung dafür, dass Mission überhaupt stattfinden kann. So war es kein Zufall, dass die Optionen für die Erklärung über die Religionsfreiheit nicht zuletzt von den Missionsbischöfen kamen, deren Arbeit vom Exklusivitätsanspruch der Nationalreligionen bedroht ist und die daher ein vitales Interesse an einer Gestalt der Beziehung zwischen Gesellschaft und Religion bekunden mussten, in der die Freiheit zu den Konstruktionsprinzipien dieser Beziehung gehört. Diese Einstellung ist dann mehr als ein konjunkturbedingtes Interesse, wenn Mission für das Christentum mehr als eine Zufallssache, nämlich ein Teil seines Wesens selber ist. Der in Ecuador wirkende Bischof Muñoz Vega hat diese Einsicht in einer zu wenig beachteten Rede im Rahmen der Debatte über die Religionsfreiheit am 21. September 1965 klargestellt: Mission kann nur sein, wenn die einzelnen Religionen ihren Anspruch auf Deckungsgleichheit mit einer bestimmten Gesellschaft oder Nation aufgeben und an die Stelle des gesellschaftlichen Zwanges einer bestimmten Religionszugehörigkeit das Grundprinzip der Freiheit des religiösen Bekenntnisses tritt. Die Religionsfreiheit ist nicht nur ein äußeres, sondern ein inneres Postulat der Mission; die missionarische Idee bedeutet zugleich die Bestreitung der Exklusivsetzung einer bestimmten Religion durch politische oder gesellschaftliche Zwangsmittel. (Dabei wird als klar vorausgesetzt, dass »Religionsfreiheit« im Sinne des Konzils nicht die Gleichgültigkeit der Wahrheit meint, überhaupt nicht die Beziehung zwischen Religion und Wahrheit bzw. zwischen dem Einzelmenschen und der religiösen Wahrheit betrifft, sondern die Beziehung zwischen Gesellschaft und Religion, die Freiheit des religiösen Bekenntnisses von gesellschaftlichen Zwangsmitteln.) Man kann geradezu behaupten: Der totale Wahrheitsanspruch des christlichen Glaubens, seine geistige »Exklusivität«, die den Grund für den missionarischen Charakter des Christlichen darstellt, schließt jede gesellschaftliche Exklusivität aus und erfordert »Religionsfreiheit« als Bedingung seiner Verwirklichung. Die negative Stellungnahme zur Religionsfreiheit, die seit langem in der katholischen Theologie herrschend war, beruht zum Teil auf einem Missverständnis dieses Gedankens, zum anderen Teil aber auf dem Fehlen der missionarischen Situation und dem Rückzug in eine Konservativität, die vor allem den gegenwärtigen Bestand schützen will; schließlich auch auf einem ungeschichtlichen Denken, das nur die abstrakten Größen von Wahrheit und Irrtum zur Kenntnis nimmt, ohne deren geschichtliche Verwirklichung zu bedenken.

Über diesen grundsätzlichen Zusammenhang von Religionsfreiheit und Mission hinaus ergeben sich aus der Durchführung des Gedankens auch konkrete Imperative für die Methodik der Mission. Die Konzilserklärung warnt vor dem, was man Proselytenmacherei zu nennen sich gewöhnt hat, vor einer Methode also, die ohne äußeren Zwang durch unlautere Taktiken der Einflussnahme vor allem den geistig Unterlegenen sich willfährig macht.[41] Sie warnt selbstverständlich vor jeder Form von äußerer Gewalt, die der Freiheit des Glaubensaktes zuwider wäre,[42] und sie betont endlich, im Anschluss an das Beispiel Christi und seiner Weise der missionarischen Verkündigung, dass der Bote des Evangeliums den »Menschen, die in Irrtum oder Unwissenheit bezüglich des Glaubens leben, liebevoll, klug und geduldig« begegnen müsse. »So ist Rücksicht zu nehmen sowohl auf die Pflichten gegenüber Christus, dem lebendig machenden Wort, das zu verkünden ist, wie auch auf die Rechte der menschlichen Person und auf das Maß der Gnade, das von Gott durch Christus dem Menschen gewährt wird, an den sich die Einladung richtet, den Glauben freiwillig anzunehmen und zu bekennen.«[43]

2. Die Erklärung über Kirche und nichtchristliche Religionen

Aber wie steht es mit der Erklärung über das Verhältnis der Kirche zu den nichtchristlichen Religionen? Ich denke, man muss von unserer Fragestellung her drei Aussagen in dem Text unterscheiden.

a) An erster Stelle ist die Begrenzung der Perspektive zu beachten, die der Text selbst vornimmt. »Von ihrem Auftrag her, Einheit und Liebe unter den Menschen und unter den Völkern zu fördern, betrachtet die Kirche hier vorzüglich das, was den Menschen gemeinsam ist und was zur gegenseitigen Verbindung beiträgt.«[44] Das heißt: Die Erklärung bekennt sich bewusst als eine Teil-

---

41 DH 4, 4. Absatz.

42 DH 10. Die Anmerkung 7 bietet dazu eine ausführliche Dokumentation aus der gesamten christlichen Überlieferung.

43 DH 14, Schluss.

44 NA 1, 1. Absatz.

aussage; sie wendet sich der lang vernachlässigten Aufgabe zu, das Verbindende zwischen Christentum und Religionen herauszustellen, ohne damit den Anspruch zu erheben, das Ganze der Relation von Kirche und Weltreligionen geklärt zu haben. Im Gegenteil, sie setzt dies Ganze als gegeben voraus und akzentuiert unter dieser Voraussetzung einen Aspekt, der bislang zu wenig beachtet wurde. Damit kommen wir auf früher Gesagtes zurück: Die Erklärung zieht die Gedanken von Nummer 17 der Kirchenkonstitution weiter aus, sie ist ein innerkonziliarer Kommentar zu diesem Punkt und findet demnach ihren theologischen Zusammenhang in dem Volk-Gottes-Kapitel der Konstitution über die Kirche. Ihren inneren Zusammenhang und die Grenze ihrer Aussage begreift man nur, wenn man sie in dieses Kapitel und sein Gesamtbild eingefügt versteht. Sie hebt also die theologische Konzeption, die wir oben aufgrund dieses Kapitels entwarfen, nicht auf, sondern gibt einem Detail des dort gezeichneten Bildes deutlichere Farbe und Gestalt.

b) Diese grundsätzliche Einordnung macht dann die zweite Aussageebene verständlich: die Schilderung des Verbindenden zwischen den Religionen der Völker und dem christlichen Glauben. Wir brauchen hier nicht auf die ausführlichen Abschnitte über Israel und über den Islam einzugehen, die eine gewisse Sonderstellung einnehmen. Für unser Vorgehen genügt es, die Schilderung der übrigen Religionen (in Nr. 2 des Textes) kurz zu betrachten. Der Text befasst sich zunächst mit den »Naturreligionen« (er denkt wohl besonders an die Religionen Afrikas, aber überhaupt an die so genannten primitiven Religionen schriftloser Völker); ausführlicher werden Hinduismus und Buddhismus behandelt, und schließlich wird noch eine Bemerkung über die »übrigen Religionen« angefügt. Greifen wir das über Hinduismus und Buddhismus Gesagte heraus. Dem Text geht es hier offensichtlich darum, die innere Relation der dort vorzufindenden Phänomene zum Christlichen aufzudecken, also hinter der äußeren Verschiedenheit, ja Gegensätzlichkeit, die innere Relativität des Menschlich-Religiösen auf das Christliche hin sichtbar zu machen. Im Hinduismus etwa begegnet einerseits die überquellende Vielfalt einer fast ins Grenzenlose sich ausfaltenden Mythologie und auf der anderen Seite die radikale Aufhebung der Fülle der Bilder in der Einheit des philosophischen Gedankens, der hinter alle Vielfalt in die absolute Einheit und Identität zurücktastet. Es begegnet die Härte einer Askese, die oft geradezu das Menschenmögliche zu überbieten scheint, das Zurücksinken in das All-Eine durch die Meditation, aber auch das einfache Sich-fallen-Lassen in das Vertrauen auf die göttliche Liebe hinein. Der Konzilstext ordnet diese Phänomene um zwei geistige Pole: Mythos wie Philosophie sind Weisen des menschlichen Suchens nach Gott und des Mühens: das unzugängliche Geheimnis Gottes im Wort menschlicher Rede fassbar zu machen, es »auszudrücken«. Kein Zweifel, es wäre auch eine ganz andere Betrachtung des Mythos möglich: Man könnte das Moment des Phantastischen, des Eigenmächtigen, der Verkennung der Wahrheit des einen Gottes, ihrer Verdunkelung und Angleichung an die menschlichen Wünsche herausstellen, ohne dem Mythos unrecht zu tun. Man kann aber ebenso gut (und muss es schließlich) in all diesen Irrwegen das dennoch bleibende Unterwegssein der menschlichen Unruhe auf Gott hin und so die positive Grundbewegung, die im Mythos *auch* liegt, herausstellen, ohne ihm damit eine Endgültigkeit zuzuschreiben, die er im Grunde selbst gar nicht beansprucht. Ähnlich steht es um die Schilderung des Buddhismus, der vor allem als »negative« Theologie des Ungenügens der Welt geschildert und in seinem positiven Wollen mit der von ihm selbst formulierten Idee des »Weges« erläutert wird, auf dem Erleuchtung oder Befreiung gesucht wird. Auch hier wäre es ebenso gut möglich, das theologische Ungenügen einer sich wesentlich atheistisch verstehenden Religion herauszuarbeiten; aber liegt nicht in diesem A-theismus in der Tat eine Theologia negativa, die den Christen etwas angeht und die er in ihrem positiven Anspruch viel ernster bedenken müsste, als es bisher geschehen ist? Eben dazu will ihn die Erklärung über die Weltreligionen auffordern.

Wenn man diesem Text etwas vorwerfen kann, so ist es nicht die Begrenzung der Perspektive, die er ausdrücklich als solche bekennt, sondern eher eine gewisse Vereinfachung der Fragestellung: Bei der Behandlung der Beziehung zwischen Christentum und Weltreligionen hätte er sich wohl dem seit Barth und Bonhoeffer viel beredeten Problem des Verhältnisses von »Glaube« und »Religion« stellen müssen, also jener Position, die einen ausschließenden Gegensatz zwischen beiden behauptet, Religion als »Unglauben« schildert und ein »religionsloses Christentum« proklamiert, womit das »Religiöse« nicht nur in den Weltreligionen, sondern auch im Christlichen selbst entschieden infrage gestellt wird. Eine religionsfreundliche Perspektive, wie sie hier auftritt, kommt leicht in den Verdacht, unkritisch zu sein, wenn sie diese Frage auslässt. Freilich kann man auch in der theologischen Literatur gelegentlich ein unausgegorenes Ineinander beider Standpunkte finden: Während das Religiöse im Christlichen attackiert und das religionslose Christentum propagiert wird, werden freundliche Betrachtungen über den Heilscharakter der nichtchristlichen Religionen angestellt …

c) Die dritte Aussageebene besteht in den praktischen Konsequenzen, die aus dem Gedanken der Gemeinsamkeiten zwischen Kirche und Weltreligionen entwickelt werden. Was schon in der Kirchenkonstitution gesagt worden war (und im Missionsdekret ausführlich wiederholt wird), hören wir auch hier: »Die katholische Kirche verwirft nichts von dem, was in diesen Religionen wahr und heilig ist.«[45] Wiederum also wird deutlich, dass die Bekehrung zum christlichen Glauben nicht nur eine Abwendung von den Göttern und eine Hinwendung zum einen Gott darstellt, sondern doch zugleich mit dem Gestus der Reinigung auch die Aufnahme des im Heidnischen dunkel Gewollten bedeutet, das gerade so zu seinem eigentlichen Sinn kommt. Der Konzilstext lässt einen doppelten Grund dafür erkennen, dass inmitten der Abwendung doch auch die »Aufnahme« wirksam ist. Er weist zurück auf den Schöpfergott, von dem alle Menschen kommen, und findet (ohne dass dies sehr deutlich ausgeführt würde) die Religionen der Völker in einem Zusammenhang mit der Schöpfungswirklichkeit;[46] er sieht sie aber vor allem auch beleuchtet von jenem Licht, das alle Menschen erleuchtet, die in diese Welt kommen, und sieht so auch

---

45 NA 2, 2. Absatz.

46 NA 1, 2. Absatz: »Una enim communitas sunt omnes gentes, unam habent originem, cum Deus omne genus hominum inhabitare fecerit super universam faciem terrae, unum etiam habent finem ultimum, Deum, cuius providentia ac bonitatis testimonium et consilia salutis ad omnes se extendunt, donec uniantur electi in Civitate Sancta, quam claritas Dei illuminabit, ubi gentes ambulabunt in lumine eius.«

einen christologischen Faktor in ihnen wirken;[47] beides ist ja im Letzten untrennbar.[48]

Die weiteren Konsequenzen beziehen sich auf die Haltung der Menschen und Gemeinschaften untereinander; sie entsprechen im Wesentlichen dem, was von anderem Ausgangspunkt her auch in der Erklärung über die Religionsfreiheit entwickelt wird. »Die Kirche mahnt ihre Kinder, mit Klugheit und Liebe durch Gespräche und Zusammenarbeit mit den Anhängern anderer Religionen, im Zeugnis christlichen Glaubens und Lebens, jene geistigen und moralischen und auch die sozio-kulturellen Werte anzuerkennen, zu wahren und zu fördern, die sich bei jenen finden.«[49] Dazu tritt die Mahnung zur Brüderlichkeit gegen alle Menschen, denn »wer nicht liebt, kennt Gott nicht« (1 Joh 4, 8).[50] Darin liegt ohne Zweifel ein umfassender Anspruch an den Missionar und die Weise der Mission; eine Gewissenserforschung erster Ordnung für alle bisherige Mission und eine Verneinung des Europäismus im Missionarischen, eine strenge Unterscheidung von »Kulturmission« und »Glaubensmission«, die nicht miteinander vermengt werden dürfen. Und es wird sichtbar, welch heilsame Notwendigkeit gerade deshalb Mission für den Glauben ist, weil sie ihn zwingt, die Relativität seiner Ausdrucksformen zu erkennen und sich zu reinigen von falschen Identifizierungen mit Wirklichkeiten, die in Wahrheit nicht der Ordnung des Glaubens, sondern den Ordnungen dieser Welt zugehören. Der Glaube braucht die Mission, um er selbst bleiben zu können; die Mission aber wird ihm diesen kritischen Reinigungsdienst nur leisten können, wenn sie ganz von der Liebe beseelt ist, dem anderen nicht *sich* aufdrängen will, sondern *Christus* schenken möchte. Versucht sie das, dann muss der Respekt vor dem Eigensein des anderen und vor seiner geistigen Welt

---

47 NA 2, 2. Absatz.

48 Über die Einheit von Schöpfungsglaube und Christologie vgl. BALTHASAR, *Karl Barth*, wo das Thema 336–344 von der neueren katholischen Theologie her entfaltet wird; KÜNG, *Rechtfertigung*, 138–150, mit einem Querschnitt durch die ganze Tradition; HAIBLE, *Schöpfung und Heil*.

49 NA 2, 3. Absatz.

50 NA 5, 1. Absatz. Die Nummer wird eingeleitet mit dem schönen Satz: »Nequimus vero Deum omnium Patrem invocare, si erga quosdam homines, ad imaginem Dei creatos, fraterne nos gerere renuimus.«

ein Grundgesetz werden. So aber wird sichtbar, dass der Dialog die Mission nicht ausschließt, wohl aber die Mission den Dialog verlangt.

3. Mission und Dialog

Betrachtet man das Ganze, so wird man feststellen, dass quer durch alle Texte des Konzils, wenn auch mit unterschiedlichen Akzenten, drei Aussagekreise bezüglich des Verhältnisses von Kirche und Weltreligionen vorliegen:

a) die eigentlich missionarische Thematik;
b) der Gedanke der »Zusammenarbeit« und des »Gesprächs«;
c) der Gedanke der die Kirche überschreitenden Heilsmöglichkeit kraft des allenthalben wirksamen Heilswillens Gottes.[51] Freilich wird diese Heilsmöglichkeit nirgendwo direkt mit den anderen Religionen *als solchen* in Zusammenhang gebracht, so dass diese etwa als ersatzweise Heilswege geschildert würden, sondern sie wird gebunden an die beiden Komponenten der rettenden Gnade Gottes einerseits und des Gehorsams gegen das Gewissen anderseits. Aber nichts hindert anzunehmen, dass in den durch die Religionen angebotenen Formen solcher Gehorsam stattfinden kann, wobei freilich bedeutsam bleibt, dass nicht die Religionen, sondern eben der Gehorsam und die ihn ermöglichende Gnade als Heilsweg benannt werden.

Wenn man nun aber versucht, einen Zusammenhang zwischen diesen drei Motivkreisen herzustellen, wird man sagen müssen, dass in der Meinung des Konzils ohne Zweifel das Gefälle von c) nach a) verläuft: Weil am Ende überall allein die Gnade das Rettende ist, darum muss die Botschaft von der Gnade allen verkün-

---

[51] LG 16: »Qui enim Evangelium Christi Eiusque Ecclesiam sine culpa ignorantes, Deum tamen sincero corde quaerunt, Eiusque voluntatem per conscientiae dictamen agnitam, operibus adimplere, sub gratiae influxu conantur, aeternam salutem consequi possunt.« Vgl. auch AG 7: »[...] Etsi ergo Deus viis sibi notis homines Evangelium sine eorum culpa ignorantes ad fidem adducere possit [...].« Die Erklärung über das Verhältnis der Kirche zu den nichtchristlichen Religionen nimmt, entsprechend ihrer begrenzten Absicht, zur Heilsfrage überhaupt nicht Stellung.

digt werden, darum muss der Weg über alles menschliche Suchen und Versuchen hinaus auf das Evangelium von der Gnade zuführen. Und auch »Gespräch« und »Zusammenarbeit« können nicht ein Letztziel bleiben, sondern sind Vorläufer für die Einheit, die nicht von Menschen, sondern von Gott her kommt. Freilich: Wie lange kann das Vorläufige dauern in dieser Welt, die selbst ja nichts anderes als Vorläufigkeit ist gegenüber dem Endgültigen, dem Königtum Gottes, das in dem neuen Himmel und auf der neuen Erde walten wird!

Wenn es also eine dynamische Einheit der drei Motive gibt, in der das Missionsmotiv den übergeordneten Platz einnimmt, so heißt das doch nicht, dass das Missionsmotiv die beiden anderen aufsaugen würde, so dass am Schluss im Grunde nur noch *ein* Motiv bliebe. Nein, es sind und bleiben drei Motive, deren dynamische Einheit ihre Dreiheit nicht aufhebt, sondern bestätigt. Deshalb bleibt das »Gespräch« ein wirkliches Gespräch, das nicht durch die Ungeduld des Erfolgverlangens in eine unzeitige Direktheit des missionarischen Wollens gedrängt werden darf; deshalb bleibt aber auch die unmittelbare Mühsal des missionarischen Dienstes jederzeit notwendig, die nicht durch einen Mangel an gläubiger Hoffnung ausgelöscht werden darf. Und vielleicht wird man hinzufügen müssen, dass das Gespräch seinen eigentlichsten Platz doch im Innern des Missionarischen hat: in dem Glauben, der sich selbst besser verstehen will, indem er den anderen verstehen lernt und damit lernt, zwischen dem eigenen Willen und der übernommenen Botschaft zu unterscheiden. Je weniger der Missionar sich selbst weitergibt, je mehr er einfach Christus bringt, desto geringer wird das Dilemma zwischen Dialog und Verkündigung werden, desto reiner wird die Verkündigung den Zugang eröffnen zu jenem entscheidenden Dialog, für den alles andere Gespräch nur Vorstufe sein kann: dem Dialog der Menschheit mit ihrem Schöpfer, den anzubeten ihr höchstes Müssen und ihr größtes Dürfen in einem ist.

Teil F
Rezeption

Theologische Aufgaben und Fragen bei der Begegnung lutherischer und katholischer Theologen nach dem Konzil[1]

Vorüberlegung zur Fragestellung

1. Themen aus dem Gesamtbereich der konziliaren Arbeit

Das gestellte Thema ist beinahe unermesslich; es in einem einzigen Vortrag behandeln zu wollen, ist ein aussichtsloses, schier absurdes Unterfangen. Praktisch jedes der Dokumente des Konzils schließt theologische Fragen und Aufgaben ein, die auch für die Begegnung von katholischer und evangelischer Theologie bedeutsam sind; umgekehrt werden sich in allen Bereichen der theologischen und kirchlichen Arbeit nach dem Konzil neue Fragen und Aufgaben erheben bzw. die alten Fragen und Aufgaben in neuer Form stellen und neue Besinnung von beiden Seiten verlangen. Insofern müsste eigentlich vom Thema her, so wie es steht, praktisch über den Gesamtbereich der Theologie gehandelt werden. Da dies unmöglich ist, drängt sich eine Beschränkung auf jenen Text auf, der in vieler Hinsicht das Herzstück der theologischen Arbeit des Konzils darstellt, die Konstitution über die Kirche. Gewiss darf

[1] Vortrag im Rahmen einer Tagung des ökumenischen Instituts des Lutherischen Weltbundes am 24. Februar 1966 auf dem Liebfrauenberg im Elsass. Die Weite des mir aufgegebenen Themas wie auch die Absicht, Material für die Diskussion bereitzustellen, bedingten eine mehr oder weniger zufällige Auswahl und eine skizzenhafte Darstellung. Dass in den Jahren des Konzils immer wieder bei den gleichen Gedanken angesetzt werden musste, um Schritt für Schritt vorwärtszukommen, hatte auch hier zur Folge, dass ich mich mehrfach genötigt fand, Aussagen aus früheren Veröffentlichungen aufzugreifen, um ein Stück weiterzutasten. Vielleicht kann aber doch dieses »Stück« die Veröffentlichung und die Aufnahme in diesen Band *[ursprünglich bezogen auf: *Das neue Volk Gottes*] rechtfertigen.

man – das möchte ich betonen – diese Konstitution nicht verabsolutieren. Neben ihr steht ja als zweiter großer Pfeiler der konziliaren Arbeit die Pastoralkonstitution »Über die Kirche in der Welt von heute« (das lange so genannte Schema XIII), und diese bezeichnet in mancher Hinsicht sogar in höherem Maß als die Kirchenkonstitution den Ort *gemeinsamer* theologischer Aufgaben, denn die Fragen, um die sie kreist, sind Fragen, die die Welt von heute an *alle* Christen richtet und durch die wir alle in unserem Glauben zutiefst infrage gestellt und zur Antwort aufgerufen sind. Ich glaube, dass manche der bisherigen zwischenkonfessionellen Streitfragen an Belang verlieren oder doch jedenfalls in verkleinertem Maßstab erscheinen werden vor dieser fundamentalen gemeinsamen Befragtheit des Glaubens als solchen durch den Unglauben, der nicht mehr nach konfessionellen Differenzen und Möglichkeiten, sondern nach der Grundmöglichkeit von Glaube überhaupt und insgesamt in der Welt von heute fragt.

Weiterhin wäre als großer selbständiger Text des Konzils, von dem man bei einem solchen Thema genauso gut ausgehen könnte, die Konstitution über die Offenbarung zu erwähnen, der einzige Text übrigens, an dem alle vier Sitzungsperioden gearbeitet haben. Das verschafft ihm, wie mir scheint, eine nicht immer genügend bedachte Sonderstellung innerhalb der Konzilsarbeit, die über dieses Äußere hinaus darin liegt, dass diese Konstitution die manchmal drohende Einengung auf eine bloß ekklesiologische Thematik durchbrochen hat und gleichsam das Ganze des Konzils und des Redens der Kirche von sich selbst aus dem bloßen Selbstgespräch herausnimmt, es aufsprengt nach oben hin auf den redenden Gott, vor dem auch die Kirche nur Hörende ist. Der Text beginnt mit Bedacht mit den Worten »Verbum Dei religiose *audiens«;* er fasst so die gesamte Aussage des Konzils zu guter Letzt in die Geste des Hörens zusammen. Seine Bemühung um ein vertieftes Verständnis der Begriffe »Offenbarung«, »Überlieferung«, »Glaube« wie um ein neues Verhältnis zur Heiligen Schrift und zur wissenschaftlichen Form ihrer Auslegung, der historisch-kritischen Exegese, eröffnet wichtigste theologische Fragen und Aufgaben zwischen den Konfessionen, wie er selbst schon aus solchem Gespräch und den Befruchtungen, die die katholische Kirche und Theologie davon empfingen, hervorgewachsen ist. Immerhin gibt es zwischen diesem Text und demjenigen von der Kirche einen sehr engen inneren Zusammenhang, der vorhin schon kurz angedeutet wurde, wenn ich sagte, die Offenbarungskonstitution sprenge die ekklesiologische Thematik und verweise die Kirche selbst in die Situation der Hörerin des Wortes; sie gibt so gleichsam erst von ihrer übergeordneten Stelle aus den Ort an, an dem das Ganze der ekklesiologischen Aussage eingeordnet werden muss.

Mit dieser Verhältnisbestimmung der Konstitutionen über die Offenbarung und über die Kirche ist dann aber wiederum ein zentrales Problem zwischen den Konfessionen und gerade auch für die katholische Kirche selbst berührt, das Problem »Kirche und Wort«, das sich in der Relation der beiden Texte andeutet und eine der Herzfragen zwischen reformatorischen Kirchen und katholischer Kirche darstellt. Es steht die Frage auf, wie kirchliches Amt und Wort Gottes zueinander stehen. Die Antithese, die hier bisher vorliegt, ist ja bekannt. Wenn der evangelische Christ der katholischen Kirche vorwerfen wird, sie habe das Wort in die Verfügung des Amtes genommen und so es sich untertan und sich selbst zum Herrn des Wortes gemacht, anstatt dessen gehorsamer Hörer und Diener zu sein, so wird der katholische Christ umgekehrt sagen, die Reformation habe das Wort Gottes aus seinem kirchlichen Zusammenhang herausgelöst, es damit dem Streit der Historiker ausgeliefert und ihm die Basis genommen, von der aus es überhaupt erst als Wort Gottes wirksam werden könne. Man steht damit mitten im Kern des eigentlichen evangelisch-katholischen Problems, das von den Aussagen des Konzils her eine neue Beleuchtung, neue Möglichkeiten des gegenseitigen Sichbefragens empfängt, ohne dass freilich das Grundproblem als solches aufgehoben oder überwunden worden wäre.[2]

2. Kirche und Kirchen

Eine zweite, sich nahelegende Thematik muss hier aus dem nämlichen Grunde ausscheiden: die Frage, die man unter dem Stich-

---

[2] Vgl. die ausführliche Erörterung dieser Frage in: Ratzinger, *Amt und die Einheit.*

wort »Kirche und Kirchen« zusammenfassen könnte. Es gehört zu den wichtigsten Vorgängen dieses Konzils, dass es den in der römisch-katholischen theologischen Sprechweise in den letzten Jahrhunderten, man darf fast sagen im letzten Jahrtausend, gänzlich zurückgetretenen, wenn auch nie vollständig untergegangenen Plural »die Kirchen« wieder neu zu Ehren gebracht und ihm über seinen bisherigen ortskirchlichen Sinn hinaus, der zunächst der Sprechweise des Neuen Testaments folgt, eine Bedeutung gegeben hat, die sich zwar auch jetzt noch nicht einfach mit dem Sprachgebrauch und der Sinngebung deckt, wie sie in unterschiedlichen Nuancen im Bereich des Genfer Weltkirchenrates gebräuchlich sind, aber gegenüber der strengen Gegensätzlichkeit der bisherigen Sprech- und Anschauungsweise doch gleichsam die Brückenpfeiler aufgestellt hat, auf denen beides einander eines Tages sollte begegnen können. Die Entfaltung dieses Plurals gehört nach meinem Dafürhalten deshalb zu den überraschendsten Vorgängen des Konzils, weil sie am wenigsten aus dem Innern des Katholischen her zu erwarten war, und zwar auch dann nicht, wenn man hinter die nachtridentinischen oder hinter die mittelalterlichen Verhärtungen zurückgriff. Diesen Prozess zu untersuchen und die Möglichkeiten sorgfältig zu prüfen, die aus der Entfaltung eines für die katholische Theologie neuen Plurals »die Kirchen« erwachsen, wird sicher zu den wichtigsten Aufgaben des nachkonziliaren Gesprächs der Konfessionen gehören.

Wie schon gesagt, soll freilich auch dieses Thema hier höchstens indirekt behandelt werden, weil ich eine positive Entfaltung meiner Sicht der Sache bereits in meinem zweiten Konzilsbericht vorgelegt habe.[3] Vielleicht ist es aber gestattet, hier kurz das Ergebnis jener Untersuchung anzudeuten, auf das wir im Verlauf unserer Überlegungen dann von einer anderen Seite her nochmals zurückkommen werden. Ich hatte damals herauszustellen versucht, dass es zunächst zwischen dem reformatorischen und dem katholischen Plural »die Kirchen« eine Antithese gibt, die sich etwa so ausdrücken ließe: Der reformatorische Kirchenbegriff, jedenfalls

---

[3] Ratzinger, *Zweite Sitzungsperiode*, 60–71; in diese Darstellung ist im Wesentlichen aufgenommen Ratzinger, *Die Kirche und die Kirchen*.

in seiner heutigen Form, gestattet nicht, den Plural »die Kirchen«, der die verschiedenen sichtbaren Konfessionskirchen bezeichnet, in eine dieser sichtbaren Kirchen als den sie umgreifenden Singular »die Kirche« einzuschließen. Einen Singular, der alle »Kirchen« in sich zusammenfassen würde, kann vielmehr keine der bestehenden Kirchen für sich in Anspruch nehmen. Auf der institutionellen Ebene stehen folglich die Kirchen alle mehr oder weniger gleichberechtigt nebeneinander; der Singular »die Kirche« ist auf dieser Ebene nicht anzutreffen. Der katholische Kirchenbegriff verlangt demgegenüber in seiner bisherigen Gestalt genau umgekehrt, dass es die Einheit der Kirche auch auf der sichtbaren und institutionellen Ebene gibt und geben muss. Es gibt danach nicht eine Vielzahl nebeneinanderstehender Kirchen ohne einen auf gleicher Ebene aufzufindenden Singular, sondern es gibt nur *eine* Kirche, und dies nicht bloß eschatologisch, sondern konkret, geschichtlich, institutionell. Demgemäß kann es nach dieser bisherigen Ansicht den Plural »Kirchen« grundsätzlich legitim nur innerhalb der Klammer des Singulars geben.

Neben dieser Antithese, die die vorkonziliare Situation wiedergibt, besteht nun vom Konzil her ein Ansatz zur Begegnung, der freilich bislang lediglich einen *Ansatz* darstellt und erst durchgearbeitet und auf seine tatsächlichen Möglichkeiten durchgeprüft werden muss. Dieser Ansatz könnte etwa so charakterisiert werden. Zwar kann vom katholischen Kirchenverständnis her der Plural »die Kirchen« an sich nur Ortskirchen innerhalb der Einheit der einen Kirche bezeichnen, aber konkret hat die katholische Kirche in ihrer Geschichte auch das ortskirchliche Prinzip und damit den von ihr her legitimen, ja, notwendigen Plural immer mehr zurückgedrängt, alle Kirchen gleichsam zu Teilen einer einzigen Ortskirche – derjenigen von Rom – zu machen versucht, so dass nun ihr universalkirchlicher Singular selbst auf einen ortskirchlichen Singular »die Kirche von Rom« zusammenschrumpft und sich diese Ortskirche mehr und mehr mit der Gesamtkirche identifiziert. Deshalb musste sich der Plural der Ortskirchen, der innerhalb der Klammer der Einheit seinen ihm zustehenden Platz nicht mehr finden konnte, außerhalb dieser Klammer realisieren. Damit entsteht von beiden Seiten her eine Defizienz. Einerseits hat die eine Kirche, die sich als solche versteht, die römisch-katholische, sich selbst bis zu einem gewissen Grad auf das Maß einer Ortskirche reduziert und damit einen Plural außerhalb ihrer herausgefordert, ja, geradezu nötig gemacht; anderseits haben die Ortskirchen ihren inneren Einheitszusammenhang verloren und sich in einer Selbständigkeit etabliert, die umgekehrt eine Verkennung des eigentlichen Wesens von Kirche und Kircheneinheit darstellt. Ich denke, dass man mit einer solchen Überlegung am ehesten die gegenwärtigen Möglichkeiten katholischer Ekklesiologie in dieser Frage charakterisieren kann, ohne dass man sich in schwärmerische Übertreibungen hineinbegibt, die keinerlei kirchliche Deckung besitzen und damit auch ökumenisch wertlos sind.

3. Leib Christi und Kirche – Kirche und Christus

Da die beiden bisher genannten Fragekreise als Themen ausscheiden, scheint mir nach allem Überlegen das Richtigste, an das erste und zweite Kapitel der Kirchenkonstitution (»Das Mysterium der Kirche« und »Das Volk Gottes«) anzuknüpfen. Beide Kapitel sind, wie mir scheint, ohnedies über dem Streit um Kapitel 3 (Kollegialität der Bischöfe und Primat des Papstes) zu sehr in den Hintergrund getreten. Dabei umschließen sie die Problematik einer doppelten Identifizierung, in der evangelische Beobachter am Anfang des Konzils und schon vor diesem vielfach das Hauptproblem des neueren katholischen Kirchenbegriffs sahen. Die Frage dieser beiden Identifizierungen hat denn auch im Hintergrund das konziliare Gespräch weitgehend bestimmt. Die Enzyklika »Mystici corporis« aus dem Jahre 1943, das letzte große ekklesiologische Dokument des kirchlichen Lehramts vor dem Konzil, hatte ausdrücklich eine Identifizierung vollzogen, indem sie die beiden Größen »mystischer Leib Christi« und »römisch-katholische Kirche« einander gleichsetzte. Die reformatorische Kritik warf darüber hinaus der Leib-Christi-Ekklesiologie, die sich nach dem ersten Weltkrieg in der katholischen Kirche, besonders in den von Jugendbewegung und liturgischer Bewegung bestimmten Kreisen, entwickelt hatte, eine zweite und weit gefährlichere Identifizierung vor; die katholische Theologie habe nicht nur Kirche – Leib Christi – und römisch-katholische Kirche gleichgesetzt, sie habe darüber hinaus in Wahrheit Kirche und Christus identifiziert. Damit stehen wir von einer anderen Seite her wieder vor der Frage des Gegenüber von Kirche und Christus, von Kirche und Wort, wie auch vor der Frage nach Einheit und Vielheit der Kirche und können so dieses Problem von einem vielleicht noch etwas weniger abgenutzten Ausgangspunkt her untersuchen. Es wird sich zeigen, dass hier zugleich das Problem der Sündigkeit der Kirche und so auch die Frage nach dem präzisen Sinn von »Reform« oder »Reformation« sich stellt, d. h., es wird der Unterschied zwischen Reform im katholischen und Reformation im evangelischen Verstand sichtbar werden: Wenn kürzlich dem Konzil vorgeworfen wurde, es habe Reformen, aber nicht Reformation gebracht, wird man ja fragen müssen, ob es das überhaupt wollen konnte oder auch nur durfte, ohne sich selbst zu verkennen.

Die Untersuchung der beiden Identifizierungen, die somit den Hauptinhalt dieses Beitrags bilden soll, geschieht selbstverständlich im Hinblick auf die Aussagen des Konzils, beschränkt sich aber nicht auf Konzilsexegese, sondern versucht, von der Basis des im Konzil wirksam gewordenen Denkens aus die Sache selbst zu entfalten. Ich brauche gewiss nicht eigens zu bemerken, dass ich meine Aufgabe als katholischer Theologe nicht darin sehe, irgendeinen verschwommenen und utopischen Einheitsstandpunkt darzustellen, sondern darin, die katholische Perspektive ohne ökumenischen Triumphalismus zu entfalten. Das bedeutet, dass ich versuchen möchte, die Punkte aufzudecken, an denen bisher noch unüberbrückbar die Wege auseinandergehen, wie auch jene, an denen die Antithese vordergründig oder jedenfalls durch innerkatholische Reform überwindbar erscheint. Mit anderen Worten: Es sollen die Möglichkeiten einer *katholischen* Reform gezeigt werden, die dabei »katholisch« bleibt und nicht eine Selbstaufhebung der katholischen Kirche bewusst oder unbewusst anstrebt, die niemandem zum Guten gereichen könnte.

I. Leib Christi und Kirche

1. Die Problematik der vorkonziliaren Positionen

Versuchen wir nun, der ersten unserer Fragen, dem Problem der Identifizierung von Leib Christi und römisch-katholischer Kirche, nachzugehen.[4] Zur Vorgeschichte wäre nochmals kurz zu erwähnen, dass die Enzyklika »Mystici corporis Christi« von 1943, und wiederum die Enzyklika »Humani generis« von 1950, mit Nachdruck die völlige Gleichsetzung von Corpus Christi mysticum und Ecclesia Romana catholica vollzogen, womit sie den Widerspruch nicht nur reformatorischer Christen, sondern auch katholischer Ökumeniker hervorriefen. Dazu muss man freilich sagen, dass demjenigen, der Theologie nicht von Augenblickspostulaten und -konstellationen her, sondern auf dem Hintergrund der Geschichte betreibt, diese Gleichsetzung nicht überraschend kam. Eher ist es innerhalb der katholischen Überlieferung schwierig, ihr Problem und ihr Problematisches zu erkennen. Denn es war ohne Zweifel schon in der Kirche der Väter, also noch vor der Trennung von Ost und West, allgemeine Glaubensüberzeugung der katholischen Christenheit, dass die Kirche, die der Christ im Glaubensbekenntnis nennt, also die theologische Größe »Kirche«, auf die sich der Glaube richtet, und die institutionelle Größe »Kirche« untrennbar eins sind; dass gerade in der konkreten, sichtbar-sakramentalen Tischgemeinschaft sich die verborgene Tischgemeinschaft des Herrn mit den Seinigen realisiert und manifestiert. Insofern gibt es schon in der altkirchlichen Überlieferung eine grundsätzliche Identifikation, die wir als eine Gleichung Ecclesia catholica = Corpus Christi für jene Zeit konstatieren können. Auf den ersten Blick sieht es mithin so aus, als würden die Enzykliken von 1943 und 1950 nur die alte patristische Grundgleichung Ecclesia catholica = Corpus Christi aufnehmen. Dennoch gibt es hier etwas Neues, was Kritik möglich, ja, nötig macht. Es liegt – im rein Begrifflichen kaum zu erkennen – in der internen Änderung beider Größen, die sich den Gang der Geschichte hindurch zugetragen hat. Damit wird der Weg deutlich, auf dem hier die katho-

[4] Vgl. hierzu RATZINGER, *Kirchenbegriff und Kirchengliedschaft.*

lische Theologie aus dem Gitter allzu fest gefügter Begriffe ausbrechen kann: Sie muss die allzu einfache Selbstidentifikation mit der Kirche der Väter kritisch durchleuchten und die dazwischen liegenden geschichtlichen Entwicklungen und Verschiebungen als Realitäten auch *theologisch* in Rechnung setzen. So habe ich vorhin schon bei dem Versuch, für das Problem »Kirche und Kirchen« einen Weg nach vorn zu finden, angesetzt beim Weggehen von einer bloß begrifflichen Konstruktion und beim Annehmen geschichtlicher Wirklichkeit, die auch ekklesiologisch nicht zu überspringen ist. Genau dasselbe scheint mir in diesem Punkt wieder nötig zu sein. Zwischen der patristischen Gleichung Ecclesia catholica = Corpus Christi und der Enzyklikengleichung von 1943 liegt eine geschichtliche Entwicklung, die beiden Größen einen etwas veränderten Inhalt gegeben hat, so, dass zunächst die Größe »Ecclesia catholica« jetzt anders aussieht, was sich rein äußerlich darin zeigt, dass sie nun Ecclesia *Romana*-catholica genannt wird. In der Zufügung des »Romanum«, das zweifellos eine gewisse Einschränkung des Catholicum bedeutet, muss die ganze Aussage des Ersten Vaticanum mitgehört werden, die Zuspitzung, welche die Lehre dieses Konzils dem Begriff des Katholischen gegeben hat. Durch die Präzisierung auf »Romanum« im Sinn des päpstlichen Jurisdiktionsprimats hat das Catholicum eine innere Zuspitzung erfahren, die eine einfache Gleichsetzung mit dem Catholicum der Vätertheologie selbst dann nicht gestattet, wenn man die Primatsidee in der Kirche der Väter implizit anwesend glaubt. Auf der anderen Seite hat nun aber auch der Corpus-Christi-Begriff eine sehr weitgehende Metamorphose durchgemacht, so dass beide Seiten der Gleichung vom Wandel der Geschichte betroffen sind. Denn der Begriff Corpus Christi mysticum entspringt einer romantischen Ekklesiologie, die Kirche als den Organismus der Gnade, als Organismus des Heiligen Geistes denkt. Dass damit gegenüber der patristischen Idee des Corpus Christi (ohne mysticum – eine erst dem Mittelalter entstammende Zufügung!) etwas durchaus Neues gegeben ist, werden wir anschließend noch weiter bedenken müssen. Zugleich können wir feststellen, dass der romantisch-organologisch gefasste Gedanke von der Kirche als mystischem Organismus Christi gänzlich anderen Ursprüngen entstammt als die im juristisch-hierarchologischen Denken beheimatete Idee der notwendigen Romanitas alles Katholischen. Das aber bedeutet, dass in der durch die Enzyklika von 1943 vorgenommenen Gleichung faktisch zwei durchaus verschiedene und auch nicht einfach aufeinander zu verrechnende Ekklesiologien einander gleichgesetzt werden: die primatial-hierarchologische Kirchenauffassung von 1870 und die auf der deutschen Romantik fußende Ekklesiologie der Zwischenkriegszeit. Beide Konzeptionen, die aus völlig verschiedenen Ursprüngen hervorgewachsen sind, auf diese Weise in die Identität zu zwingen, war ohne Zweifel ein geschichtlich unangemessenes Verfahren.

Bevor wir das weiter bedenken, möchte ich im Vorbeigehen kurz darauf hinweisen, dass sich hier zugleich das ökumenische Problem in seiner ganzen Tiefe zu Wort meldet, die Frage nämlich, was eigentlich Spaltung der Christenheit heißt; was Einheit der Kirche bedeutet; wer oder was »die Kirche« ist. Die Enzykliken Pius' XII. demonstrieren dafür eine allzu glatte Lösung. Nach ihnen gibt es im Grunde gar keine Spaltung. Denn wer nicht zur römisch-katholischen Kirche gehört, gehört »reapse«, in Wirklichkeit, überhaupt nicht zur Kirche. Die Einheit der Kirche besteht in ihrer Einheit unter dem Papst; sie kann also gar nicht verlorengehen, denn wer außerhalb davon steht, steht damit außerhalb der Kirche, die so immer ungeteilt, immer eins und ohne Spaltung bleibt. So kann man von dieser Sichtweite aus im Grunde überhaupt nicht von einer Kirchenspaltung reden. Freilich wird diese Lösung dann doch nicht konsequent durchgehalten, insofern den nicht-römisch-katholischen Christen die gültige Taufe und damit das Christsein zugesprochen wird. Da es ein gänzlich nichtekklesiales Christsein gerade nach katholischer Auffassung nicht geben kann und anderseits Christsein außerhalb der römisch-katholischen Kirche unbestritten bleibt, muss irgendeine Form von Kirchenspaltung dennoch zugestanden werden, die aber theologisch völlig im Nebel gelassen wird. Der Versuch, das ökumenische Problem als Problem zu beseitigen, scheitert so, und der solchermaßen versuchte Ausweg erweist sich als ungangbar. Freilich muss man nun hinzufügen, dass es auch die entgegengesetzte reformatorische Einseitigkeit gibt, die die Realität der kirchlichen Spaltung nach der anderen Wegrichtung zu leugnet. Das geschieht dann, wenn gesagt wird, dass eine »organisatorische« Einheit der Kirchen theologisch gar nicht nötig sei, dass Kirchenspaltung schon im Neuen Testament bestehe und die Trennung der Konfessionskirchen etwas von den Anfängen her Existierendes darstelle. Das eigentlich Problematische einer solchen Redeweise liegt wohl in dem Wörtchen »organisatorisch«. Wenn das bloß heißen sollte, dass eine gesamtkirchliche Administration, eine einheitliche Verwaltung der ganzen Kirche nicht vonnöten sei, könnte man nur zustimmen. Aber ist die Kommunioneinheit und die Einheit des Bekenntnisses, die zwischen den Konfessionskirchen fehlt, denn etwas »Organisatorisches«? Wenn die sichtbare Einheit unter dem Begriff »Organisation« theologisch neutralisiert wird, wird theologisch Zentrales unterschlagen und die Realität der Kirchenspaltung ihres wahren Ernstes beraubt. So wird in den beiden eben skizzierten Fällen im Grunde die ökumenische Frage negiert, indem die sichtbare Einheit der Kirche das eine Mal überspannt, das andere Mal als eine theologisch gar nicht bedeutsame Größe eliminiert wird. Wenn man diesen Gegensatz bedenkt, kann man wohl besonders deutlich sehen, in wie vielen Sprachen sich das ökumenische Gespräch abspielt und wie schwierig es ist, zu einem wirklichen Verständnis des anderen zu gelangen.

2. Die Vielschichtigkeit des Leib-Christi-Begriffes

Um zurückzukehren: Die Aufarbeitung der Gleichsetzung von 1943 müsste die Modifizierungen bedenken, die beide Seiten der Gleichung im Lauf der Geschichte in einer Weise erfahren haben, dass die Möglichkeit der Gleichung selbst infrage gestellt ist und neu bedacht werden muss, was von ihr bestehen bleiben kann. Da ein paar Andeutungen über die Veränderung, die der Katholizitätsbegriff durch seine Verbindung mit der Romanität erfahren hat, vorhin schon vorgelegt wurden, möchte ich mich im begrenzten Rahmen dieses Beitrags damit begnügen, noch eine kleine Bemerkung zu den Metamorphosen des Leib-Christi-Begriffs hinzuzufügen. Freilich muss in diesem Zusammenhang auf die schwierige Frage der ursprünglichen paulinischen Sinngebung ganz verzichtet werden; ich möchte nur die drei Hauptstadien der Entwicklung in der dabei eng mit der Kirchengeschichte interferierenden Geschichte der Theologie nennen. Das patristische Verständnis des Gedankens kann bei allem überquellenden Reichtum, der ihm eignet, dahingehend zusammengefasst werden, dass hier das Wort Leib Christi Kirche kennzeichnet als neues Gottesvolk, das den Leib Christi empfängt und daher auch in seiner Verfassung als communio, d.h. als Gemeinschaft miteinander kommunizierender eucharistischer Tischgemeinschaften besteht. Man könnte von einem sakramentalen Leib-Christi-Begriff reden, in dem ungeteilt die geistliche Existenztiefe der Kirche und ihre rechtliche Existenzform zum Ausdruck kommen.

Im Mittelalter wird, wie schon bemerkt, das Wörtchen »mysticum« dem alten Leib-Christi-Begriff hinzugefügt. Es wird bald im Sinn der römischen Rechtssprache ausgelegt, in der das Wort Corpus mysticum Bezeichnung für eine juristische Person, für eine Körperschaft ist. Statt von Corpus Christi mysticum fängt man demgemäß an, von Corpus ecclesiae mysticum zu sprechen. Kirche wird nicht mehr vom Sakrament des Leibes Christi her begriffen, sondern erscheint als Körperschaft der Christen, die zusammen das »Corpus mysticum«, die Christenheit als Rechtskörper, bilden.[5]

Von der dritten Etappe, der neuzeitlichen Wiedergeburt des Leib-Christi-Gedankens unter den Auspizien der deutschen Romantik, war vorhin schon die Rede. Das Wort »mysticum« spielt dabei abermals eine bedeutende Rolle. Es wird nun von der »Mystik« her verstanden und hilft mit, das alte Wort umzuinterpretieren als Ausdruck für den »geheimnisvollen« Organismus der göttlichen Gnade.

Die Gleichsetzung von »Leib Christi« und katholischer Kirche ist anders zu beurteilen, je nachdem welcher Leib-Christi-Begriff dabei gemeint ist. Die Schwäche der Kirchenenzyklika Pius' XII. dürfte darin bestehen, dass sie den Unterschied der drei Konzeptionen nicht reflektiert hat, so dass alle drei ineinandergehen. Will man zu einer klaren Aussage kommen, ist eine saubere Trennung unerlässlich. Eine vollständige Gleichsetzung beider Seiten ist auf der Basis des körperschaftlichen, mittelalterlichen Begriffs möglich, aber hier bleibt man auch auf einer weitgehend vortheologi-

---

[5] Zum Ganzen der Entwicklung: De Lubac, *Corpus mysticum.*

schen Ebene, Kirche wird nur nach ihrer rechtlichen Seite erfasst. Ganz unmöglich ist umgekehrt die Gleichung, wenn man den romantischen Leib-Christi-Gedanken unterstellt. Denn der »geheimnisvolle Organismus« der Gnade Christi ist nicht eingrenzbar auf den Bereich der sichtbaren Einheit der römisch-katholischen Kirche. Ein gewisses, aber kein vorbehaltloses Recht kommt der Gleichung endlich im Fall eines sakramentalen Begriffs zu, wie er in der Patristik vorliegt. Abgesehen von dem zusätzlichen Problem, das die Zuspitzung von »catholica« auf »catholica Romana« aufwirft, musste schon die Patristik einen nicht aufgehenden Rest anerkennen, indem auch sie schon vor der Tatsache stand, dass es Getaufte außerhalb der katholischen Kircheneinheit gibt, die dennoch wirkliche »Christen« sind.

Damit ist eine erste Einschränkung der Gleichsetzung, auch und gerade auf der Ebene des sakramentalen, nicht romantisch-gnadentheologischen Leib-Christi-Begriffs, gegeben. Seitdem sich im Ketzertaufstreit die – römische – Ansicht von der Gültigkeit der Ketzertaufe durchgesetzt hat, ist damit auch das Christsein der »Häretiker« anerkannt, so dass eine pure Identifikation von Ecclesia catholica und Leib Christi nicht mehr möglich ist.

3. Die Antwort des Konzils

Dazu kommt im Gefolge der weiteren Entwicklung, besonders des Schismas von 1054, eine zweite Einschränkung der Gleichsetzung. Die amtliche Sprache der Kirche hat nie aufgehört, die getrennten orientalischen Kirchen unbeschadet ihrer Trennung dennoch »ecclesiae« zu nennen. Das ist ein systematisch-theologisch nie aufgearbeiteter Tatbestand, der aber deshalb nur umso wichtiger genannt werden muss. Neben dem glaubensmäßigen Singular der einen Kirche stand damit immer, auch in Zeiten, in denen das sachlich nicht reflektiert wurde, selbst noch in Texten Pius' XII., ein Plural, der diesen Singular sprengte und eine vorbehaltlose Identifikation von Catholica und Leib Christi unbemerkt aufhob.

Das Konzil konnte an diese Gegebenheiten anknüpfen und hat es vor allem durch zwei Aussagen getan. 1. Es hat auf das restlos identifizierende »est« (corpus Christi *est* ecclesia Romana catholica) verzichtet, das, wie gezeigt, gerade auch fundamentalen Gegebenheiten der katholischen Tradition widerspricht. An die Stelle des »est« hat man aus diesem Grund das weiträumigere »subsistit« gesetzt (»haec ecclesia [...] subsistit in ecclesia catholica« [LG 8]). Damit soll versucht werden, den dialektischen Charakter der Gleichsetzung, ihre innere Offenheit und Unabgeschlossenheit herauszustellen. 2. Das Konzil hat bewusst das bisher unreflex Gegebene aufgegriffen und ausdrücklich von ecclesiae und communiones bzw. communitates ecclesiales gesprochen. Damit wird sozusagen der doppelte Überhang, der das bloße »est« aufhebt und das »subsistit« erzwingt, ausdrücklich namhaft gemacht. Mit dieser Öffnung ist zwar der spezifische Anspruch der römisch-katholischen Kirche nicht einfach aufgegeben, aber es ist ein *beiderseitiges* Defizit, ein *beiderseitiges* Sollen, herausgestellt. Auf der einen Seite ist damit deutlich gemacht, dass die Catholica, indem sie in einem zu spezifizierten Sinne Romana wurde, ein Defizit hinsichtlich eines Plurals aufweist, den es in ihr geben müsste. Gleichzeitig wird freilich die Idee festgehalten, dass die ecclesiae, die außerhalb stehen, ihrerseits ein Defizit an Singular haben, so dass beiderseits ein Sollen auf etwas hin stattfindet, was nicht gegeben ist. Anders ausgedrückt: Die Reduktion des Absolutheitsanspruchs, die in der neuen Formel artikuliert ist, schließt einerseits ein Sollen auf den Singular hin für diejenigen ein, die bloß im Plural stehen; sie besagt aber auch ein Sollen auf die Pluralität hin für die römisch-katholische Kirche, die sich allzusehr in einen ortskirchlichen Singular eingeschlossen und ihn verabsolutiert hat. Ich denke, von da aus werde sichtbar, dass der Verzicht auf das Wort von der Rückkehr doch nicht bloß eine Frage des Sprachgebrauchs, sondern den Ausdruck einer neuen sachlichen Ansicht von der Doppelseitigkeit des Problems darstellt. Es braucht sicher nicht eigens gesagt zu werden, dass mit alledem noch längst keine Deckung von katholischer und reformatorischer Ansicht hinsichtlich des Problems »Kirche und Kirchen« erreicht ist. Dennoch wird man die angedeutete Entwicklung zu den wichtigsten Vorgängen des Zweiten Vatikanischen Konzils rechnen dürfen, die in einem vorher kaum absehbaren Maß Möglichkeiten einer nicht nur moralischen, sondern eigentlich theologischen Achtung der anderen Kirchen als Kirchen einschließt, deren Folgen auch für das gesetzgeberische Verhalten der katholischen Kirche bedeutsam sein müssen, sobald sie einigermaßen theologisch durchschaut und rezipiert sind. Man wird aber zugleich sagen müssen, dass eine solche Rezeption eines fast unvorbereitet aufgebrochenen neuen Bewusstseins Zeit braucht und auch dann ein Geschehnis voller Hoffnung ist, wenn seine Wirkung nicht unmittelbar zu greifen ist. Umgekehrt möchte ich noch einmal betonen, dass ein solcher Vorgang Möglichkeiten der Begegnung doch wohl in doppelter Richtung eröffnet und beiderseits zur Überprüfung der ekklesiologischen Position nötigt. Insofern darf man hier wohl mit Recht von einer gemeinsamen Aufgabe sprechen, die sich von je verschiedenen Seiten her nach dem Konzil den Konfessionen und ihrer Theologie stellt.

II. Christus und die Kirche

1. Die Einheit von Christus und Kirche

Damit komme ich zu der zweiten, sehr viel tiefer gehenden und auch theologisch schwierigeren Gleichung, zur Frage nach der Gleichsetzung von Christus und Kirche. Wenn man diese Frage anzugehen versucht, ohne sich einem Klischee auszuliefern, wird man sehr schnell bemerken, dass das Problem weit schwieriger liegt, als die übliche Kritik der Identifizierungstheologie wahrhaben will. Man kann nicht übersehen, dass in den beiden Problemkreisen, um die es uns hier geht, die geschichtlichen Implikationen der Frage oft nicht deutlich genug im Blick stehen, obgleich überhaupt erst von ihnen her das Problem sich bildet. In unserer Frage jedenfalls ist die Lage eigentlich sogar eher umgekehrt, als man sich heute weithin vorstellt. Das Neue Testament kennt die Rede von der sündigen Kirche nicht. Es kennt vielmehr anstelle des sündig gewordenen alten Gottesvolkes die neue und endgültige Braut, die sich Christus im Wasserbad gereinigt hat zur Braut ohne Makel und Runzeln (vgl. Eph 5,27). Die Aufgabe, zunächst tatsächlich und dann auch theologisch zu akzeptieren, dass trotzdem auch die neue Braut Makel und Runzeln *hat,* dass auch das neue Gottesvolk Kirche der Sünder, vielleicht sogar »sündige Kirche« ist, forderte einen Prozess, der Jahrhunderte dauerte und weithin dem Prozess des Abbaus der eschatologischen Erwartung parallel lief. Gegen diese Feststellung kann man auch nicht auf die Sendschreiben der Apokalypse verweisen, die ja nicht *die* Kirche sündig nennen, sondern im Gegenteil die Ausstoßung der schuldig gewordenen Gemeinden aus der Kirche vorsehen, wobei sich freilich hier der Ansatzpunkt der späteren Entwicklung deutlich abzeichnet. Dazu kommt aber ein Tatbestand, der unserem heutigen theologischen Geschmack noch viel mehr zuwiderläuft: Während das Neue Testament die Redeweise von der sündigen Kirche nicht kennt, kennt es durchaus so etwas wie eine Identifizierung von Christus und Kirche, so z.B., wenn in 1 Kor 12,12 ganz unerwartet an einer Stelle, an der »die Kirche« stehen müsste, »der Christus« steht. Damit erscheint dieses Wort – »der Christus« – hier direkt als Wechselbegriff zu dem in V. 13 genannten Wort »ein Leib«, so dass in 1 Kor 12,12 und 13 im Wechsel der Ausdrücke Christus, Leib, Kirche eine ausdrückliche Gleichung dieser Größen gegeben scheint. Derselbe Sachverhalt liegt indirekt auch in Gal 3,28 vor, wenn dort die Christen als *ein einziger* in Christus (εἷς ἐν Χριστῷ) bezeichnet werden. Andere Texte ließen sich noch nennen, wo die Sache sprachlich zwar nicht ebenso deutlich wird, aber derselbe Sinn gegeben ist. Freilich muss man hinzufügen, dass dies nur die eine Seite der neutestamentlichen Aussage darstellt; auf der anderen Seite gibt es im Neuen Testament selbstverständlich das klare Wissen um Trennung und Gegenüber, wie es sich etwa in der apostolischen Paraklese zeigt, die aber doch nie die Kirche selbst als sündig vorstellt.

2. Der dynamische Charakter dieser Einheit

Wenn man versucht, zu verstehen, wie die eben umrissene biblische »Identifizierung« aufzufassen sei (die von ihrer spirituellen Ausrichtung her etwas ganz anderes als Triumphalismus und kirchliche Selbstgerechtigkeit bedeutet), dann führt die Analyse der Leib-Idee, mit der die Identifizierung engstens zusammenhängt, auf den Text 1 Kor 6,15ff., der im Zusammenhang mit dem Leib-Begriff den Einheitsgedanken entwickelt und uns damit *die* Form von Einheit sichtbar macht, die Paulus im Begriff σῶμα (Leib) mithörte. In der genannten Stelle wird gesagt, dass, wer der Dirne anhangt, ein σῶμα (»Leib«) mit ihr wird und dass, wer dem Herrn anhangt, ein πνεῦμα (»Geist«) mit ihm wird, wobei πνεῦμα (»Geist«) keinen Gegensatz zu σῶμα (»Leib«) darstellt, sondern σῶμα auf der neuen Ebene der Auferstehung meint. Wir werden später auf diesen Text nochmals zurückkommen müssen, dessen Vertauschbarkeit von Soma und Pneuma mir für die Erhellung des gedanklichen Modells, das im Hintergrund der Leib-Christi-Idee des Paulus steht, von entscheidender Bedeutung zu sein scheint. Einstweilen möchte ich mich darauf beschränken, den Gehalt der Einheitsidee festzustellen, der hier ans Licht kommt. Wir werden von diesem Text aus dazu sagen können, Christus und Kirche seien in *der* Weise eins, in der Mann und Frau einen Leib mitsammen bilden durch die eheliche Gemeinschaft. Indem wir aber dies feststellen, wird sichtbar, dass die Einheit, die Paulus im Wort vom σῶμα Χριστοῦ (Leib Christi) mitgehört hat, nicht eine solche der Identifizierung, sondern eine solche der dynamischen Vereinigung darstellt.

Wenn wir dazu diese Aussage vom neutestamentlichen Grundkonzept des in Christus Geschehenen her und umgekehrt von der Erfahrung der christlichen Geschichte her, wie sie schon in der apostolischen Paraklese bis in die Gemeindebriefe der Apokalypse hinein aufklingt, zu entfalten versuchen, werden wir sagen dürfen, dass die dynamische Vereinigung, von der hier die Rede ist, zwei ungleichartige Beziehungen einschließt. Da ist zunächst die Hingabe Christi an die Kirche. Diese eine Seite der Beziehung, die Christus-Seite, ist endgültig und unzerstörbar. Das gerade ist der Inhalt des »Evangelium«, dass nun entgegen der Amoralität und der Gesetzeswidrigkeit der Menschen, die das Gesetz nicht zu erfüllen vermögen, das Dennoch der göttlichen Gnade ergeht, die trotz der Sünde und trotz der Nichteinhaltung des Gesetzes, einfach »aus Gnaden«, den Menschen rettet und in einen Bund hineinführt, der nicht mehr auf dem Conditionalis steht »Wenn ihr das tut, dann werdet ihr erhalten«, sondern auf dem Absolutum des göttlichen Erbarmens. Insofern gehört es zum Kern des Evangeliums, dass die Hingabe Christi an die Kirche endgültig und unwiderruflich ist. Darin liegt, wie gesagt, das Spezifikum des

Neuen Bundes, sein Neusein gegenüber dem »Alten«, dass er auf dem Absolutum der unzurücknehmbaren und nie mehr zurückgenommenen göttlichen Erbarmung steht, die diesen Neuen Bund zum endgültigen macht, der nicht mehr verfallen und nicht mehr »alt« werden wird. Der neue Weinstock wird nicht mehr ausgerissen wie der alte, denn dieser Weinstock ist von der Wurzel Christus her der für immer heilige Weinstock Gottes.

Nun aber muss auch die andere Seite der Relation Christus-Kirche, die Hingabe der *Kirche* an Christus, betrachtet werden. Sie ist angefochten, bruchstückhaft, vom Geheimnis der Treulosigkeit überschattet. In der Überquerung und Vereinigung dieser beiden ungleichartigen Beziehungen in der *einen* Beziehung, die wir mit dem Wort »ein Leib« umschreiben, liegt das eigentliche Geheimnis der Kirche zwischen den Zeiten. Und in der Tatsache, dass sich in dieser *einen* Beziehung diese *beiden* gegensätzlichen Beziehungen treffen und überqueren, gründet dann auch dies, dass die Kirche *schon* neuer Bund und doch *noch nicht* Reich Gottes ist, dass also, was in der prophetischen Perspektive eins zu sein scheint, in der Geschichte weit auseinanderfällt; dass die Vision des Neuen Bundes, wie sie bei den Propheten entworfen wird, nicht erfüllt ist. Die Väter haben das ausgedrückt in der Dreiheit von Schatten-Bild-Wirklichkeit. Die Kirche ist für sie zwar nicht mehr bloß »Schatten«, wie das Alte Testament, aber auch noch nicht »Wirklichkeit«, Vollgestalt der Verheißung, sondern »Bild«, ein »Zwischen«, in dem schon das Neue, schon die Endgültigkeit der nicht zurückzunehmenden Vereinigung geschenkt ist und doch noch dauernde Treulosigkeit und dauernder Abfall walten, so dass beider undurchdringliche Vereinigung das eigentümliche Gebilde der Kirche zwischen den Zeiten konstituiert.

3. Reform und Reformation

Gehen wir einen Schritt weiter. In der Überquerung der beiden ungleichartigen Beziehungen, die dennoch in paradoxer Einheit die eine Beziehung Christus–Kirche darstellen, gründet auch die eigentümliche Angefochtenheit, unter der das Prädikat »heilig« für die Kirche steht. Aufgrund der nie von ihr weichenden Hingabe des Herrn ist sie immerfort die von ihm Geheiligte, in der die Heiligkeit des Herrn anwesend wird unter den Menschen. Aber es ist wahrhaft die Heiligkeit des *Herrn,* die anwesend wird und die sich zum Gefäß ihrer Anwesenheit immer wieder, auch und gerade, in paradoxer Liebe die schmutzigen Hände der Menschen wählt. Es ist Heiligkeit, die aufstrahlt als Heiligkeit Christi inmitten der Sünde der Kirche.

In der Gleichzeitigkeit und Einheit beider Beziehungen liegt endlich auch der Ansatzpunkt des Missverständnisses der Kirche, und von ihr her fällt dann die Entscheidung darüber, was man unter Reform oder Reformation der Kirche verstehen wird. Es besteht einerseits die Möglichkeit, in einer christologischen Engführung nur den Christusaspekt der Beziehung Christus–Kirche zu sehen und dann zu einer reinen Identitätstheologie und zu einer glatten Theologia gloriae zu kommen, in der die Kirche sich völlig als das schon anwesende Reich Gottes versteht und damit im Grunde ihre eschatologische Zukunft vergisst, zur törichten Jungfrau wird, die das Öl in ihren Lampen schon jetzt verbrennt, um sich gleichsam ihr eigenes Fest zu illuminieren, anstatt die Ampel bereitzuhalten für die hochzeitliche Ankunft des Herrn. Ohne Zweifel ist dies die katholische Gefahr, wie sie zwischen den Weltkriegen in dem bekannten Buch von Ansgar Vonier: Das Mysterium der Kirche, besonders deutlich in Erscheinung getreten ist. Die katholische Gefahr könnte man von hier auch beschreiben als die Vorwegnahme des Eschaton, indem die Kirche sich selbst als das schon gegebene Reich Gottes versteht, womit der Erneuerungsgedanke, die Erschütterung durch die Sündigkeit der Kirche praktisch ausgeschieden wird. Freilich gibt es ebenso die Gefahr des umgekehrten Missverständnisses, indem man einzig und allein von der unteren Komponente, der Treulosigkeit der Kirche, ausgeht und so Reform im Bruch mit der konkreten Kirche vollzieht, die dann als Antichrist, als im völligen Abfall stehend angesehen wird. Wieder ist klar, dass dies die Gefahr der reformatorischen Christenheit und ihrer Theologie darstellt, die da, wo katholische Kirche gleichsam sich selbst ins Eschaton vorausversetzt, in einer entgegengesetzten Verschiebung den Kirchenbegriff aufs Alte Testament hin reduziert. Ich habe den Eindruck, dass das laute Rufen nach dem Volk-Gottes-Begriff in einer von der Leib-

Christi-Idee losgelösten Fassung, wie es auf dem Konzil immer wieder zu hören war, nicht frei von diesem Irrtum gewesen ist. Ein achristologischer Volk-Gottes-Begriff verkennt das Neutestamentliche an der Kirche und reduziert den Kirchenbegriff auf seine alttestamentliche Komponente. Es scheint mir wichtig, zu sehen, dass der Volk-Gottes-Begriff allein niemals das Ganze der neutestamentlichen Idee von Kirche ausdrückt; im Neuen Testament besagt er immer das alttestamentliche Element an der Kirche, ihre Kontinuität mit Israel. Seine neutestamentliche Spezifizierung erhält er nun einmal am deutlichsten im Leib-Christi-Begriff. So könnte man sagen, der reformatorische Glaube kenne zwar eine Heilsgewissheit des einzelnen Gläubigen, aber keine Heilsgewissheit der Kirche. Der katholische Glaube hingegen kennt eine Heilsgewissheit der Kirche, aber keine Heilsgewissheit des Einzelnen. Der reformatorische Glaube ist überzeugt, dass mein Glaube mich gewiss macht, dass die Gnade als das letzte Wort für mich und über mich schon gesprochen ist. Mir scheint, dass hier auf der Ebene des Einzelnen die gleiche Ausschaltung der Eschatologie gegeben ist, die wir vorhin in einem triumphalistisch verzeichneten katholischen Kirchenbegriff auf der Ebene der Kirche gegeben fanden. Das Eschaton ist in eine undialektische Präsenz geführt. So aber ergibt sich die eigentümliche Überquerung, dass einerseits Kirche in den Stand des Alten Testaments zurückversetzt, anderseits der Einzelne in den Stand des Eschaton vorausversetzt wird und der Mittelraum, der die Zeit der Kirche kennzeichnet – die Region des »Bildes« zwischen Schatten und Wirklichkeit – ausfällt.

4. Kirchengliedschaft und Heiligkeit der Kirche

Ich möchte das Ganze noch von einer anderen Seite her beleuchten. In den Aussagen des Konzils über die Kirchengliedschaft findet sich eine Formulierung von beachtlicher Bedeutung, die über dem Streit um die herkömmlichen Aspekte der Frage bisher noch kaum bemerkt worden ist. Hier wird ein Rückgriff hinter Jahrhunderte theologischer Überlieferung vollzogen, der geeignet sein könnte, das Heiligkeits- wie das Erneuerungsproblem für beide

Seiten neu zur Frage zu stellen. Dabei steht von selber auch die Frage nach den Grenzen der Institution, nach der teilweisen Nichtdeckung von Institution und Kirche im eigentlich theologischen Sinn auf und erhält neue Perspektiven, so, dass eine Aufgabe für beide Seiten sich ergeben könnte.

Bis zum Konzil hatte sich in der katholischen Kirche, wenigstens seit der Trienter Epoche, die Auffassung durchgesetzt, dass Kirchengliedschaft nach rein institutionellen Merkmalen zu bestimmen sei. Danach ist Glied der Kirche entweder jeder Getaufte, wie die Kanonisten sagen, oder derjenige, der getauft ist, der sich der Hierarchie, einschließlich des Papstes, unterordnet und das katholische Glaubensbekenntnis teilt: So sagt es die Tradition der Apologetik, die sich die Enzyklika über den mystischen Leib zu Eigen machte. Den beiden gegenläufigen Überlieferungen ist dabei doch dies gemeinsam, dass sie je eine rein institutionelle Bestimmung der Kirchengliedschaft geben und bewusst vom inneren Status des betreffenden Menschen absehen. Entscheidend für das Zu- oder Absprechen der Kirchengliedschaft ist in jedem Falle nur, ob jemand den institutionellen Kriterien genügt. Hat er sie, dann gehört er zur Kirche, auch wenn er als Sünder innerlich von Christus abgeschnitten ist. Hat er sie nicht, dann gehört er nicht zur Kirche, auch wenn er als Begnadigter ganz zu Christus gehört.

Gegenüber dieser rein institutionellen Bestimmung der Kirchengliedschaft, hinter der ein allzu institutionalisiertes Kirchenverständnis, aber auch eine bestimmte Lösung der Frage der Heiligkeit der Kirche steht, hat die Konstitution über die Kirche in unserer Sache wieder ein geistliches Kriterium aufgenommen, indem sie sagt: »Jene werden der Gemeinschaft der Kirche voll eingegliedert, die, im Besitz des Geistes Christi, ihre ganze Ordnung [...] annehmen [...]« (LG 14). Als Kriterium voller Kirchenzugehörigkeit wird so auch das Stehen im Geiste Jesu Christi genannt. Damit ist in einer erregenden Weise das Problem der Kirche der Heiligen, der Heiligkeit als einer Wesensforderung der Kirche ins Spiel gebracht. In den Anfängen der Kirche erschien es zunächst als das Selbstverständliche, dass der Christ auch der Heilige nach dem vollen Anspruch des Wortes sein müsse. Der Kampf der ersten Jahrhunderte ging darum, das Unkraut im Acker anzunehmen, den Traum einer Kirche der Reinen zu lassen und die Kirchengliedschaft der Sünder zu bejahen. Nachdem dieses aber gesichert war, begann man in die gegenteilige Einseitigkeit zu verfallen, so dass schließlich die Heiligkeit überhaupt aus der Frage der Kirchengliedschaft ausgesondert wurde.

Der Konzilstext könnte hier eine dritte Etappe eröffnen, indem er ohne Rückfall in Schwärmerei doch auch den bloßen Institutionalismus überschreitet und den unlöslichen Zusammenhang von Kirche und Heiligkeit wieder ganz ernst nimmt. Was eine solche Neuentwicklung heißen kann, möchte ich versuchen, von einem Wort von Hans Urs von Balthasar her zu entfalten, der in seiner 1961 veröffentlichten Abhandlung »Wer ist die Kirche?« mit Nachdruck die Heiligkeitsforderung unterstrichen hatte, die aus dem Wesen der Kirche aufsteigt, um dann fortzufahren: »Ist dem so, dann ist dort am meisten Kirche, wo am meisten Glaube, Liebe und Hoffnung, am meisten Selbstlosigkeit und Tragen der andern sich findet.«[6] An anderer Stelle verdeutlicht er den gleichen Gedanken so: »Solches Gefäß-sein für Gott wäre die Rolle der Kirche. [...] Und dort, wo sie dies realisiert, wäre sie ganz sie selbst, hätte sie ihre wahre Spitze und Mitte, die ganz anderswo liegen als in ihrem sichtbaren Verwaltungszentrum.«[7] In der Tat wird man sagen müssen, dass äußere Spitze und innere Spitze der Kirche nicht ineinanderfallen. Die innere Spitze der Kirche ist auf jeden Fall da, wo am meisten ihr Eigenes ist, dessentwillen sie besteht, wo am meisten Heiligkeit, am meisten Christusförmigkeit ist. So kann die innere Spitze der Kirche weit hinausreichen über ihre institutionellen Grenzen. Diese Erkenntnis aber führt den Streit um die Kirchengliedschaft und um das Kirchesein der anderen Kirchen erst auf die richtige Ebene oder zeigt zumindest die Beschränkung seiner Perspektive. Alle diese Fragen erfassen nur die Ordnung der Mittel, die zwar der unerlässliche Ausdruck der rettenden Anwesenheit des Herrn inmitten unserer Welt sind und bleiben, aber doch nicht das ganze Wesen von Kirche decken, sondern mit ihm in einer Verschränkung stehen, die zwar das schlechthinnige Auseinanderfallen beider verhindert, aber doch

[6] Balthasar, *Wer ist die Kirche?*, 181.

[7] Balthasar, *Philosophie, Christentum, Mönchtum*, 382.

eine Deckungsungleichheit zulässt, so dass da ein inneres Mehr an Kirche gegeben sein kann, wo ein äußeres Weniger besteht und umgekehrt.

Damit wird ein weiterer Schritt möglich. Wir können nun sagen: Wenn Kirche am meisten da ist, wo am meisten Christusteilhabe stattfindet, so heißt dies umgekehrt, dass Kirche da, wo sie am meisten ist, am wenigsten in sich verschlossen und abgeschlossen ist. Denn da ist sie ganz Teilhabe an dem wesentlichen »Für«, an der dienenden Offenheit Jesu Christi; da trägt sie mit Christus, der aller Menschen Last getragen hat. Dass die Sünder dennoch zur Kirche gehören, obwohl sie scheinbar ihrem Wesen widerstreiten, liegt doch daran, dass die Heiligkeit Jesu Christi keine ausschließende, sondern eine tragende und rettende Heiligkeit ist. Ja, man darf, wie ich glaube, sogar mit Hans Urs von Balthasar sagen: »Gewiss, die Kirche ist voller Sünder, aber *sofern* sie Sünder sind, können sie nicht zur Kirche gezählt werden. Sie können darin nur ›uneigentliche‹, ›sogenannte‹, ›scheinbare‹, ›zahlenmäßige‹, ›simulierte‹ Glieder sein, können aber *als* Sünder die Gliedschaft am einen Leib der Liebe nicht ausdrücken.«[8] Aber man muss dann mit Balthasar hinzufügen, dass sich dieser Leib der Liebe gerade darin als solcher erweist, dass in ihm das Gesetz nicht nur des Einander*er*tragens, sondern des Einandertragens gilt. »Hier wird klar«, schreibt er, »dass die ›Kirche der Heiligen‹ nicht nur die Kirche der Sünder, der Unvollkommenen, der Strebenden ›repräsentiert‹, sondern dass sie sie trägt und vor Gott verantwortet, sich mit Christus entäußert, um in der Schwachheit und Schande das geringste Glied einzuholen, um es nicht nur im Wort, in der Beteuerung, sondern in der Tat und Wahrheit repräsentieren zu können.«[9]

An dieser Stelle wird auch die Wahrheit sichtbar, die hinter der altkirchlichen Bußdisziplin, so fragwürdig sie in vielem sein mochte, stand, dass nämlich Sünde und Begnadigung nicht eine Sache des Einzelnen sind, sondern dass die ganze Kirche mitleidet und mitliebt, mitbetet und mitträgt. Vielleicht kann man von hier

---

[8] BALTHASAR, *Wer ist die Kirche?*, 182.
[9] BALTHASAR, *Wer ist die Kirche?*, 178.

aus sogar einen neuen Zugang gewinnen zu dem Phänomen der Sünderkirche, zu dem Paradox, auf das wir vorhin gestoßen waren: dass die »Braut ohne Makel und Runzeln« so voller Makel und Entstellungen ist. Hängt das nicht innerlich damit zusammen, dass die Kirche Ausdruck und Entfaltung jener Liebe Gottes ist, die sich in Christus mit den Sündern zu Tisch setzte und so sehr mit ihnen vermischte, dass Paulus geradezu sagen konnte, er sei für uns zur Sünde geworden (vgl. 2 Kor 5,21), indem er die Sünde ganz an sich gezogen, zu der seinigen, zu seinem Anteil gemacht und so offenbart hat, was Liebe ist? Muss von da aus, so möchte man fragen, nicht die Kirche in unteilbarer Gemeinschaft mit der Sünde und den Sündern stehend erscheinen, um dieses Schicksal des Herrn und sein Tragen unser aller geschichtlich fortzusetzen? Dann würde sich in der unheiligen Heiligkeit der Kirche gegenüber der menschlichen Erwartung des »Reinen« die eigentümliche, neue und wahre Heiligkeit der Liebe Gottes manifestieren, die sich nicht in der adligen Distanz des unberührbar Reinen hält, sondern sich mit dem Schmutz der Welt vermischt, um ihn so zu überwinden. Es würde sich jene Heiligkeit ausdrücken, die entgegen antiker Reinheitsvorstellung wesentlich Liebe, und das heißt Einstehen für den anderen, Mitübernehmen des anderen, Tragen des anderen und darin erlösend ist.

Schlussbemerkung
Leib Christi und Geist Christi

Das Ganze würde sich noch weiter verdeutlichen, wenn wir in eine Analyse des biblischen Grundsinnes von »Leib Christi« eintreten könnten. Dann würde sich zeigen, dass dieser Begriff heute nicht zuletzt deshalb in Misskredit geraten ist, weil er immer wieder auf einer falschen Ebene verstanden wird: Man überspringt die Auferstehungstheologie, die seine Grundvoraussetzung ist und von der aus klar wird, dass »Leib Christi« in Wahrheit ein pneumatologischer Begriff ist, der die Verbindung der Ekklesiologie nicht nur mit der Christologie, sondern mit der Lehre vom Heiligen Geist herstellt. So kommt es zu einer Interferenz von »Geist« und »Leib«, von der aus Leib nicht mehr als das Abschließend-Begrenzende, sondern als das Eröffnend-Einende anzusehen ist. Hat man aber dies begriffen, dann wird auch klar, dass unsere Gliedschaftsfrage falsch gestellt ist, die vom Begriff des *Körpers* ausgeht, statt vom Auferstehungs-*Leib* her zu denken. Viele Gegensätze fallen dann in sich zusammen, und die Frage erreicht eine neue Ebene mit neuen Möglichkeiten.

Weltoffene Kirche?
Überlegungen zur Struktur des Zweiten Vatikanischen Konzils

Wenn man das Zweite Vatikanische Konzil sowohl hinsichtlich seiner unmittelbaren innerkirchlichen Wirkungen wie auch hinsichtlich der Art seiner geistigen Bewegung mit früheren Konzilien vergleicht, scheint sich auf den ersten Blick eine Ausnahmestellung zu ergeben, die nachdenklich stimmen muss. Frühere Konzilien, die sich wie dieses als Reformkonzilien verstanden, traten der Verweltlichung der Kirche entgegen, sie waren in irgendeiner Form von jenem flammenden »Allein« beseelt, das Ignatius in seinem *Soli Deo gloria* als die Leidenschaft seines Lebens formuliert hat, in der zugleich das dreifache reformatorische Allein – *sola scriptura, sola gratia, solus Christus* – mit umgriffen und innerkirchlich aufgehoben erscheint. Jene Konzilien, so könnten wir also sagen, waren beseelt vom Drang nach Vergeistlichung, nach der Radikalität des Christlichen, das sich vom Weltlichen reinigt und in seinem unbedingten Anspruch und Sinn wieder deutlich darstellt, als Abscheidung von dem, was nicht Christus ist, im Sinne der Nachfolgeforderung: »Wenn jemand zu mir kommt und Vater und Mutter, Weib und Kinder, Bruder und Schwestern, ja, sein eigenes Leben nicht hasst, kann er mein Jünger nicht sein« (Lk 14,26). Dieses Konzil trat, so scheint es, gerade solcher geistlichen Leidenschaft entgegen; anstelle des ausschließenden Allein formulierte es viel eher ein einschließendes Alles: Alles ist von christlichen Kräften durchdrungen. Alles steht für Christus offen, für alles muss die Kirche offenstehen. Es hatte – so scheint es – nicht Entweltlichung, sondern Öffnung zur Welt zum Ziel; statt des trennenden und reinigenden Anathems bot es die klärende Interpretation, die selbst im Atheismus noch den verborgenen Trieb zum Christlichen hin erkennt.

Das hatte auch, verglichen mit der bisherigen Konzilien-

geschichte, eine eigentümliche Verschiebung der Fronten zur Fol-
ge, was das Echo auf das Konzil angeht: Der Beifall kam zunächst 282
von außen, von jenen, die nicht den Glauben und das Leben der
Kirche teilen, während sich die treuen Teilhaber des kirchlichen
Lebens eher als die Verurteilten fühlen konnten. Die Welt schien
der Bewegung des Konzils zuzustimmen, weil sie sich selbst da-
durch bestätigt fühlte, während innerkirchlich ein gewisses Zögern
und Ratlosigkeit antworteten.

Dieser Sachverhalt, der den Kern der geschichtlichen Sondergestalt des letzten Konzils berührt, gibt ohne Zweifel gewichtige Fragen auf. Man muss sich fragen – und darin die Frage der so genannten Konservativen ernsthaft aufgreifen –, ob die Bewegung dieses Konzils legitim war, und wenn, was sie eigentlich bedeutete. Man kann diese Bewegung (wir sahen es) kurz mit dem Schlagwort »Öffnung zur Welt« beschreiben. Entspricht eine solche Bewegung dem Wesen der Kirche und ihrem wesentlichen Auftrag? Oder ist sie, wie die konziliare Opposition behauptete, ihrem Wesen direkt entgegen? Erst diese Frage deckt, wie ich glaube, den eigentlichen Kernpunkt des innerkonziliaren Zwistes auf, erst sie enthüllt das eigentliche Problem des Konzils und zeigt, wie tief und ernsthaft die Frage war, die hier bestand. Und es ist klar, dass diese Frage mit dem Konzil nicht zu Ende ist, sondern im Grunde erst jetzt durch die Weise seiner kirchlichen Rezeption entschieden wird. Die so genannten Neuerer müssen und können jetzt erst beweisen, dass die von ihnen gewollte Bewegung Erneuerung und nicht »Verweltlichung« war.

Mit der zuletzt gestellten Alternative ist eine gewisse Vorentscheidung gegeben, die wir nun aber deutlicher durchreflektieren müssen. Ich möchte so vorgehen, dass ich zuerst die Grundfrage nach der Möglichkeit einer Öffnung zur Welt analysiere, und zwar von der Grundgegebenheit des christlichen Glaubens, vom christologischen Bekenntnis her. Dann soll in einem zweiten Teil die konkrete konziliare Öffnung mit der christologischen Grundaussage verglichen werden.

I. Grundsätzliches zur Frage der Weltzuwendung der Kirche

Die Kirche lebt vom trinitarischen Geheimnis her, das sich in Christus auf sie hin eröffnet hat. Mit anderen Worten: Dass es Kirche gibt, kommt daher, dass Gott sich geöffnet hat. Dieses Sich-Eröffnen Gottes und das daraus folgende Offensein heißt weltgeschichtlich und heilsgeschichtlich: Jesus Christus. Gott hat sich geöffnet, sich »verweltlicht«: Er hat Fleisch angenommen. Er hat den Ring der trinitarischen Liebe überschritten, so dass in ihm nun
283 vollends und für immer deutlich wird, was es heißt: *Bonum diffusivum sui.* Liebe muss sich mitteilen, und Gott ist Liebe nicht nur irgendwie, sondern er ist *die* Liebe selbst, von der alle andere Liebe ihren Namen, ihr Wesen, ihr Sein hat. Der als Liebe begriffene Gott lässt sich nicht einfangen in die Begriffe »Substanz« und »Subsistenz«: Der Selbstand, das Stehen bei sich selber, das der Antike als höchste Möglichkeit des Seins erschien, ist nicht mehr das Größte, sondern als größer enthüllt sich nun das Nicht-stehen-bleiben-Können und -Wollen bei sich selber, das Hinausgehen über sich, das mitteilende Sich-Eröffnen und Sich-Verschenken.

Aber gehen wir einen Schritt weiter: Wohin tendiert die Christustat der Selbsteröffnung, der Selbstüberschreitung und der Weltwerdung Gottes? Etwa nur dahin, die Welt in ihrem Weltsein und ihrer Weltlichkeit zu bestätigen und ihr Gefährte zu werden, der sie ganz so lässt, wie sie selber ist? Die Frage scheint rhetorisch zu sein, aber wir tun gut daran, sie nicht zu einfach abzufertigen. Denn zum Christusgeschehen gehört das Unerwartete, dass es ein *commercium* gibt, d. h. einen Austausch zwischen Gott und Welt und insofern durchaus das, was man als »Dialog« bezeichnen kann. Noch einmal wird also hier die antike Vorstellungswelt zurückgelassen, die keine Einwirkung des Niederen auf das Höhere, kein Hören von oben nach unten zulässt und so den Tausch hier ausschließen und verbieten müsste. Aber zugleich ist doch klar, dass dieser Tausch in der Tat trügerisch wäre, wenn er die Welt als gleichrangig behandeln würde und sie nicht letztlich emporziehen würde zu Gott: Dass hier getauscht wird, dass Gott das Unsrige nimmt, um so und nicht anders das Seinige zu geben, ist eine Geste der Noblesse, die die Armut des Bettlers als seinen Reichtum annimmt, um ihm das Geschenk des Reichtums erträglich zu machen, dem er im Grunde nichts entgegenzusetzen hat. Dieser Sachverhalt tritt deutlich in Erscheinung, wenn wir uns daran erinnern, dass die Theologie im Anschluss an die Schrift die Öffnung Gottes in Christus zur Welt mit dem Begriff der »Sendung« *(missio)* beschrieben hat: Ihr Sinn ist die Durchdringung der Welt mit dem Wort Gottes und so ihre Verwandlung in die Einheit der Liebe mit Gott hinein.

Wenn die Kirche kein eigenes Wesen und keine Eigenbedeutung neben Christus hat, sondern ihren Sinn darin sehen muss, Instrument der Bewegung Jesu Christi zu sein, dann sind von da aus ihre Richtung und ihr Auftrag deutlich genug vorgezeichnet. Es gibt für die Kirche keine Möglichkeit, sich zufrieden über das Erreichte in sich selbst zu verschließen. Sie ist selbst die Geste der Öffnung und muss sich daher fortwährend in den Dienst dieser Geste stel- 284
len und sie geschichtlich realisieren. Aber diese Geste hat keinerlei Selbstzwecklichkeit, sondern ihr einziges Ziel ist, einzuführen in das *sacrum commercium,* in den heiligen Tausch, der mit der Menschwerdung Gottes begonnen hat. Folglich gibt es legitimerweise nur eine doppelte Form der Öffnung der Kirche zur Welt, und sie freilich muss es immer geben: die Mission als Mitvollzug der Bewegung der Sendung und die einfache Geste der absichtslos dienenden Liebe im Mitvollzug der Liebe Gottes, die sich verströmt, auch wo sie antwortlos bleibt. Damit ist aber nun bereits ein sehr deutlicher Maßstab für die Möglichkeiten der »Weltoffenheit« seitens der Kirche gesetzt. Legitim ist je, was Vollzug wahrer Liebe ist; legitim sind (und das hängt eng damit zusammen) jene Offenheiten und Öffnungen, die vom Auftrag der missionarischen Verkündigung gefordert sind. Unrechtmäßig sind Öffnungen und Offenheiten, die dem Verkündigungsauftrag (der »Mission«) entgegenstehen. Der Dienst der Mission bildet zusammen mit demjenigen der Liebe den zwiefach-einen Kanon, an dem zu messen ist, was wahre, nämlich christologisch angemessene, und was falsche, nämlich verweltlichende Öffnung der Kirche ist.

Hier erhebt sich ein Einwand. Sind missionarische Arbeit und absichtslose Liebe nicht ausschließende Gegensätze? In der Tat wird heute vielfach verlangt, dass mehr und mehr an die Stelle der Mission die ganz selbstlose Öffnung der Kirche gesetzt werden müsse, in der sie nicht auf Bekehrung hin tendiere, sondern sich in

einem wahren *amour désinteressé,* in einer Liebe ohne Hintergedanken, einfach dem anderen um seiner selbst willen zuwende. Dabei spielt ein Vergleich mit, der für das hier wirksame Denken recht erhellend ist: So wie der wahrhaft großzügige Staat Entwicklungshilfe ohne politische Bedingungen gewähren müsse, ohne jeden selbstsüchtigen Imperialismus, der aus der Hilfe für den anderen eigenen Machtzuwachs zu gewinnen sucht, so auch müsse die Kirche auf jede Art von kirchlichem Imperialismus verzichten, dem Menschen dienen, ohne Zuwachs an Katholiken zu erstreben. Dieser Vergleich zeigt indes deutlich das ungeheure Missverständnis von Kirche und Mission, das hier am Werk ist. Wenn Mission kirchlichen Imperialismus darstellt, durch den sie in mehr oder minder selbstsüchtiger Form bestrebt ist, ihre Mitgliederzahlen zu heben und so ihren Einfluss als Organisation und ihre Macht als Institution zu vergrößern, dann hat sie ohnedies kein Recht. Soweit sie solches wollte, könnte sie sich auf Christus sicher nicht berufen. Wenn aber auf der Kirche der Auftrag liegt, das Wort der
285 göttlichen Liebe weiterzugeben, das ihr geworden ist, ihren eigentlichen und wahren Reichtum, die Erfahrung des Wortes Gottes und in ihm der rettenden Liebe Gottes mitzuteilen, dann leidet dieser Auftrag keine Ausnahme. Dann wäre es umgekehrt Selbstsucht oder sträfliche Bequemlichkeit oder Feigheit, wenn sie irgendwann und irgendwo und aus irgendwelchen Gründen heraus dieses Wort und diesen Auftrag unterschlagen wollte, um humanitärer und selbstloser zu erscheinen. Zweifellos kommt in dem erwähnten Einwand eine Gefahr zur Sprache, die bei der Mission beachtet werden muss: Sie kann in geistlichen Imperialismus umschlagen und so sich selbst zur Karikatur verkehren. Aber sie ist es so lange nicht, als sie wirklich aus dem Glauben und in dem Gehorsam des Glaubens vollzogen wird. So wie Gott die Welt nicht erheben, sondern sie erniedrigen würde, wenn er sie in einem *amour désinteressé* nicht zu sich führen, sondern in sich selbst bestätigen würde, so würde die Kirche geistlicher Selbstsucht verfallen, die sich auf humanitäre Hilfen beschränkte und ihr Eigenstes auszuteilen versäumte. Wo Mission wahrhaft aus dem Glauben geschieht, bildet sie nicht nur keinen Gegensatz zur Selbstlosigkeit wahrer Liebe, sondern ist deren höchste Form: Weitergabe des göttlichen Rufes, der unsere ewige Seligkeit in sich trägt.

Das Gesagte schließt nicht aus, dass sich die Kirche in ihrer Eigenschaft als menschliche Organisation, die sie auch ist, im gegebenen Fall an rein humanitären Hilfsaktionen beteiligt, die dann einfaches menschliches und christliches Liebeszeugnis sind; es schließt nicht aus, dass die Kirche erkennt, dass die beste Weise der Mission, d. h. des Weitergebens der Liebe Jesu Christi und seines Wortes, in einer bestimmten Situation diejenige sein kann, dem anderen gleichsam in schweigender Liebe zu dienen, ohne ihn in einer Form mit der Botschaft zu behelligen, die ihn doch nicht näher an sie heranbrächte. Aber es schließt die Verdächtigung der im Glauben betriebenen Mission als geistlichen Imperialismus aus und erklärt, dass die Kirche keinen höheren und letztlich keinen anderen Öffnungsauftrag hat als denjenigen, selbstlos das weiterzugeben, was auch sie ohne Verdienst empfangen hat. Die gläubige Liebe der Kirche kann und darf im Letzten nicht darauf verzichten, jedem und jederzeit anzubieten, was sie als Höchstes zu verschenken hat: das Wort der göttlichen Huld.

In der Gesetzlichkeit des Weitergebenmüssens liegen dann, wie schon eingangs angedeutet, sekundär und als ihre Implikationen weitere Öffnungsnotwendigkeiten: Die Kirche muss so reden, so
denken, so sein, dass die anderen das Wort von ihr vernehmen 286
und verstehen können. Hier ergibt sich der Übergang zum zweiten Teil, zur Frage, inwieweit das Öffnungsbemühen des Zweiten Vatikanischen Konzils diesen Gegebenheiten zugeordnet ist.

II. Kirchliche Zuwendung zur Welt auf dem Zweiten Vatikanischen Konzil

Welche sind die hauptsächlichen Formen von Öffnung, die sich auf dem Konzil vollzogen haben?

1. Der neue Realismus der Theologie

Fast alle Dokumente, besonders aber diejenigen über die Ausbildung der Priester, über die Missionen, über den Ökumenismus, über die göttliche Offenbarung und über die Kirche durchzieht eine erste Grundtendenz, die sich kennzeichnen lässt als Öffnung innerhalb der Theologie, in der eine verengte Form des Theologisierens, die man ein wenig depravierend als »Enzyklikentheologie« bezeichnen könnte, überschritten wird zu einer größeren Weite des theologischen Horizontes hin. Enzyklikentheologie, das bedeutet eine Form von Theologie, in der Tradition sich allmählich einzuengen schien auf die je letzten Äußerungen des päpstlichen Lehramtes. Bei manchen theologischen Äußerungen vor dem Konzil und noch während des Konzils selbst konnte man die Sorge empfinden, dass Theologie sich darauf zu reduzieren beginne, Registrierung und – vielleicht noch – Systematisierung lehramtlicher Äußerungen zu sein. Das Problem schien je schon von vornherein in die Lösung hinein aufgehoben, das System dominierte gegenüber dem fragenden Zugehen auf die Wirklichkeit selbst.

Demgegenüber hat das Konzil den Willen bekundet und auch durchgesetzt, Theologie wieder von der Ganzheit der Quellen her zu betreiben, diese Quellen nicht nur im Spiegel der lehramtlichen Auslegung der letzten hundert Jahre zu beschauen, sondern sie aus sich selbst zu lesen und zu verstehen; es hat den Willen bekundet, nicht nur die innerkatholische Tradition zu hören, sondern auch die theologische Entwicklung bei den übrigen christlichen Kirchen und Konfessionen zu bedenken und kritisch aufzunehmen; es hat endlich den Auftrag gesetzt, das Fragen des Menschen von heute als solches zu hören und von ihm aus die Theologie wiederum und neu zu bedenken und über alles dies hinaus auf die Wirklichkeit, »die Sache selbst« zu hören und sich von ihr belehren zu lassen.

287 Niemand wird bestreiten können, dass es hier Gefahren gibt. In unserem Jahrhundert waren es gerade auch Historiker, die den Gedanken einer reinen Lehramtstheologie entwickelt haben, um den Unsicherheiten der historischen Erkenntnis bei der Glaubensaussage zu entgehen und um gleichzeitig den Historikern möglichst viel Raum freizuhalten für ungehindertes Forschen und Fragen.[1] Der Widerstand gegen die These, dass es ein katholisches *sola*

[1] Diese Position scheint zuerst in einer Reihe von Artikeln von dem Löwener Dogmenhistoriker René Draguet unter dem Titel *Méthodes théologiques d'hier et d'aujourd'hui* formuliert worden zu sein, sie wurde dann aufgegriffen und weitergeführt von Charlier, *Essai*, das ebenso wie die Arbeit von Chénu, *Une*

scriptura gebe, kam gerade auch von Exegeten: Sie fürchteten, dass dann alles aus der Schrift bewiesen werden müsse, dass die Freiheit exegetischer Forschung mehr denn je zuvor unter den Zwang eines dogmatischen Apriori komme und dass umgekehrt das Dogma durch die unvermittelte Rückbindung an die geschichtlichen Ursprünge in eine gefährliche Ungewissheit gerate. Ohne dass hier versucht werden soll, das schwierige Problem des Traditionsbegriffs und so eine theologische Einzelfrage aufzurollen, die außerhalb unseres Themas liegt, können wir doch zu der Frage der Grundeinstellung, die im Sinne des Konzils hier leitend werden sollte, sagen: Eine Lehramtstheologie, die aus Furcht vor dem Risiko der historischen Wahrheit oder vor dem Risiko der Wirklichkeit entstünde, wäre eben eine Theologie der Furcht, eine Theologie des Kleinglaubens vom Ansatz her und im Letzten ein Ausweichen vor der Größe der Wahrheit. Sie wäre eine konservierende Theologie im abträglichen Sinn des Wortes: Konservierung, der es um das Konservieren als solches geht, nicht um die Sache. Und sie wäre deshalb sicher keine missionarische Theologie, sondern das gerade Gegenteil davon.

Tatsächlich ist die Voraussetzung des Missionarischen, dass das Wort nicht in einer in sich gerundeten Systemgestalt ankommt, die die Wirklichkeit nicht mehr neu befragt, sondern sich nur noch aus sich selbst betreibt und von einer vergangenen geistigen Welt gespeist wird. Es kommt vielmehr darauf an, dass – gemäß dem schönen Wort des ersten Petrusbriefes – das *eine* Wort (λόγος) des Glaubens als Ant-wort (ἀπολογία) auf jedes menschliche Fragen immer neu enthüllt und vollzogen wird (1 Petr 3,15). So wird freilich zugleich sichtbar, wie eng die Sache der Theologie und diejenige des christlichen Lebens zusammenhängen: Nur 288
wenn der Glaube je neu gelebt und lebendig in dem Fleisch und Blut einer Zeit verwirklicht wird, kann er auch aus solchem Leben und Erleiden heraus neu zur Aussage geführt werden.

Damit sind wir an einem Punkt angelangt, an dem wir bereits versuchen können, eine grundsätzliche Aussage über die Struktur der konziliaren Öffnung zur Welt zu gewinnen. Die Öffnung in-

---

école de théologie, im Jahr 1942 indiziert wurde. Vgl. Colombo, *La metodologia e la sistemazione teologica*, 20, 24, 50.

nerhalb der Theologie scheint ja zunächst eine rein interne Angelegenheit der Kirche und ihres theologischen Arbeitens zu sein: Weitere Traditionsräume werden unmittelbar einbezogen. Das Verhältnis zwischen Quellen und Lehramt, zwischen Normcharakter des Lehramts und Normcharakter der Schrift wird neu überdacht.[2] Aber in Wirklichkeit liegt darin das Grundmodell dessen, was die konziliare Öffnung als solche meint und soll und kann: Theologie wird wieder an ihre kerygmatische Verpflichtung gemahnt; die Verpflichtung auf die Verkündigung hin, die sie einschließt, schließt aber die Verpflichtung zum wirklichen Menschen ein, schließt ein, dass der Theologe in die Grunderfahrnis der Passion der menschlichen Existenz mit eintreten muss, um von ihr her die theologische Frage auf ihren Grund hin wieder zu durchleben und zu durchleiden und so die Theologie wieder aussagefähig zu machen in diese *passio humana* hinein. Vergessen wir nicht, dass das göttliche Wort letztlich zum Wort der Verkündigung an uns wurde, als es selbst bis in den Grund der menschlichen Passion, bis in die letzte Tiefe des *descensus ad inferos* hinabgestiegen war, und dass dies immer wieder der Weg der Wortwerdung der Theologie sein wird.[3]

Die dreifache Öffnung, die das Konzil verlangt hat: die Öffnung auf die Quellen, die Öffnung auf die Mitchristen, die Öffnung auf das Fragen der ganzen Menschheit hin, ist nicht Ausdruck eines Verweltlichungswillens, einer billigen Anpassung, sondern drückt letztlich den Rückgriff auf den totalen Sinn der Theologie, d. h. auf ihre missionarische Pflicht hin, aus. Die missionarische Pflicht

---

[2] Vgl. dazu besonders den wichtigen Beitrag von Löhrer, *Zur Interpretation lehramtlicher Aussagen;* ferner Ratzinger, *Das Problem der Mariologie*, besonders 80 ff.

[3] Vgl. Balthasar, *Implikationen des Wortes*, 54 ff., besonders 55: »Nehmen wir, um ein Beispiel zu haben, die Parabel vom unbarmherzigen Knecht. Was macht dieses Wort zu dem, was es ist? [...] Was gibt ihm die Rasanz, die jeder Einzelanwendung anhaftet, die aber doch nur für den vorhanden ist, der die besagte Wirklichkeit als Grund der Erzählung bejaht? Es ist eben die hinter dem Ganzen stehende Tatsache, dass Jesus Christus der bezahlte Preis des Loskaufs ist. Jedes der hier gesprochenen Worte ist, um überhaupt ausgesprochen werden zu können, mit Blutwährung bezahlt [...].« Die hier ausgesprochenen Gedanken decken sich ersichtlicherweise nicht einfach mit dem im Text Gesagten, berühren sich aber doch eng damit.

verlangt zunächst das Wagnis der Ganzheit des Christlichen und 289
damit von selbst das Wagnis des Menschlichen, aber nicht, um dabei stehenzubleiben, sondern um ihm in Christus und in seiner Passion den göttlichen Sinn zu geben, zu dem es berufen ist.

2. Abbau der Grenzen in der Kirche

Eine zweite Öffnungsbewegung lässt sich vor allem in der Konstitution über die Kirche, in dem Dekret über das Laienapostolat, über die Priester, über die Erneuerung des Ordenslebens, über den Dienst der Bischöfe feststellen. Sie ließe sich wohl mit dem Begriff »Abbau der ständischen Ordnungen« beschreiben. Die Unterschiede zwischen Laie und Priester, zwischen Mönch und Nichtmönch werden auch weiterhin bestehen bleiben: Es gibt verschiedene Dienste und verschiedene Wege innerhalb der Kirche, und das eine ist nicht das andere. Gleichmacherei wäre nicht nur falsch, sondern auch töricht. Dennoch hat das Konzil in diesem Bereich eine innere Öffnung vollzogen, die einen Teil der von ihm gewollten neuen Offenheit der Kirche selbst darstellt. Ich möchte das nur an einem Beispiel verdeutlichen. In der Liturgik von Eisenhofer, vor dem Krieg eines der klassischen Hauptwerke dieser Wissenschaft, war noch zu lesen, dass zur Definition der Liturgie nicht gehöre, ob Laien am Gottesdienst teilnehmen oder nicht. Ihre Anwesenheit sei für den Begriff der Liturgie, für ihr eigentliches Wesen »akzidentell«; das Wesen der Liturgie würde danach einfach durch die priesterliche Aktion als solche gesetzt.[4] In dieser Aussage ist, wie mir scheint, der Kern jener falschen Theologie des Laikates gegeben, die vom Konzil überwunden worden ist. Der beschriebene Liturgiebegriff entspricht eher jenen heidnischen Auffassungen, nach denen die gottesdienstliche Aktion zur Beruhigung der Götter allein durch die Priester gesetzt

---

[4] Eisenhofer, *HbKL* 1, 17–20. Nach Eisenhofer ist die Anwesenheit der Gläubigen nur bei den Sakramenten unerlässlich (wenn sie diese empfangen wollen!), im Übrigen sei es Sache der Moral und der Pastoral, festzulegen, inwieweit die Anwesenheit der Gläubigen dabei erwünscht oder gefordert sei. Vgl. dazu die wertvollen Ausführungen von Jungmann, *Wortgottesdienst*, 29 ff.

wird, deren Aufgabe es ist, diesen Teil der öffentlichen Angelegenheiten zu besorgen. Christliche Liturgie dagegen bedeutet die gemeinsame Anbetung Gottes durch die Getauften im gemeinsamen Zu-Tisch-Sitzen mit dem auferstandenen Herrn. Für sie ist es gerade kennzeichnend, dass sie alle umfasst, dass sie, wenn auch in unterschiedlicher Funktion, von allen gesetzt wird, weil alle Leib des Herrn sind.[5] Sie hat ihren Ausgangspunkt im gekreuzigten
290 Herrn, von dem der Hebräerbrief sagt, dass er »außerhalb der Stadt gelitten hat«: außerhalb der Tempelmauern, außerhalb der Stadtmauern, auf dem Weg zur Völkerwelt.[6] Ist es zu kühn, das vielfältig schillernde Bild des Hebräerbriefes vom Leiden »außerhalb der Stadt« in einen geistigen Zusammenhang zu bringen mit der liturgischen Grundregel von Mt 5, 23 f., wonach der Christ, ehe er seine Gabe darbringt, sich aufmachen muss, um sich mit dem zu versöhnen, der etwas gegen ihn hat? Bedeutet das außerhalb der Stadt errichtete Kreuz nicht auch dies, dass sich Gott in Christus auf den Weg gemacht hat zu seinen unversöhnten Kindern, denen er entgegenging aus jener Liebe heraus, die nicht wartet, bis der andere – der Schuldige! – den ersten Schritt tut? Und bedeutet nicht beides zusammen, dass der christliche Gottesdienst immer in einem sehr radikalen Sinn »außerhalb der Mauern« stattfindet, dass er die Tempel-und Kirchenwände überschreitet, seinen Ort auf dem Weg zum anderen hin hat, in der Schande des Kreuzes,

---

[5] Vgl. Lengeling, Art. Liturgie, 85: »Dass nicht nur der Priester, wie meist angenommen wird, sondern auch das Volk Subjekt der Liturgie ist, fügen als ausdrückliches Element in ihre Definition ein u. a. F. A. Staudenmaier, J. B. Lüft, Thalhofer, J. B. Renninger, A. Koch, Caronti, J. Braun u. C. M. Magsom.« Siehe auch die eigene Definition von Lengeling, ebd. 88. Vgl. auch Martimort, *HLW [M]* 1, 8.

[6] Im Text verweist das »außerhalb« zunächst freilich einfach auf das *scandalum crucis:* Wie die Opfertiere des Alten Bundes außerhalb des Lagers verbrannt wurden, so hat Christus außerhalb der Stadt gelitten. Aber in V. 14 wendet der Verfasser selbst das »außerhalb« auf das Unterwegssein zur kommenden Stadt an, und in V. 15 f. entwickelt er daraus einen Liturgiebegriff, für den Wohltun und Gemeinsinn »Opfer« sind, an denen Gott Wohlgefallen hat. Auf diese Weise dürfte die im Text vollzogene Ausweitung des Gedankens von V. 13 doch wohl in der Sinnrichtung des in Hebr Gemeinten liegen. Vgl. Kuss, *Hebräer*, 124 zur Stelle. Großartig entfaltet werden die Zusammenhänge im Liturgiebegriff Augustins, vgl. Ratzinger, *Volk und Haus Gottes*, 188–218.

die doch nur die Form für die Demut der vollkommenen Liebe ist? Ich denke, dass die Erneuerung der Theologie des Laientums hier ihren Ausgangspunkt nehmen muss, in der erneuerten Theologie und Wirklichkeit des Gottesdienstes, der kein Klerikerprivileg ist, nicht in den Glasschrein einer kostbaren Geschichte eingeschlossen werden darf, sondern vom Wesen her allgemeiner Gottesdienst ist.

Mit dem Gesagten dürften Struktur und Wollen der konziliaren Öffnung über das vorher Überlegte hinaus ein weiteres Stück deutlich geworden sein. Die neue Theologie des Laikates, die das Konzil anbietet, und die Weltöffnung, die damit gegeben ist, können nicht darin bestehen, dass die Kirche sich nun aus einer um das Wort Gottes und den Leib des Herrn gescharten geistlichen Gemeinschaft umwandelt in einen Verein für Entwicklungshilfe und Weltverbesserung. Sie können nicht darin bestehen, dass die Kirche nun das Wort Gottes für weniger wichtig hielte als früher, um 291
sich dafür mehr mit unmittelbar nützlichen und handgreiflichen Dingen zu beschäftigen. In Wahrheit besteht der »Nutzen« der Kirche gerade darin, dass sie die Region des bloß Nützlichen überschreitet und relativiert und so dem Menschen die Freiheit von der Knechtschaft des bloß Nützlichen sichert, wie sie ihm am Ende nur die Anbetung geben kann, die sich vor dem Maßstab des Nützlichen nicht zu verantworten braucht, weil Gott, dem sie gilt, mehr ist als aller Nutzen dieser Welt. »Welteröffnung« der Kirche bedeutet folglich viel eher dies, dass die allgemeine Berufung und Befähigung zum Dienst der Anbetung gegenüber falscher Klerikalisierung wieder ins Licht gesetzt wurde, dass damit die missionarische Pflicht, die über der christlichen Anbetung liegt und die ihre Struktur bestimmen sollte, wieder sichtbar wird. Weltöffnung der Kirche bedeutet damit auch, dass die Beanspruchung des Christen wächst, dringender und totaler wird, nicht aber, dass sie abnimmt.

3. Die Idee des Dialogs

Ich übergehe in diesem Zusammenhang, weil einer anderen Ordnung zugehörend, die ökumenische Öffnung, die im Zentrum der konziliaren Bewegung liegt, und möchte stattdessen noch jene

zwei Öffnungsbewegungen kurz darstellen, die vielleicht insofern am meisten für das gegenwärtige Konzil charakteristisch sind, als sie am wenigsten Vorbilder in der bisherigen Überlieferung finden. Da wäre zunächst zu verweisen auf einen Gedanken, der vor allem in der Erklärung über die nichtchristlichen Religionen, aber auch im Dekret über die Missionen zum Ausdruck kommt sowie in der Konstitution über »Kirche und Welt«. Seine nachdrücklichste Formulierung hatte er freilich zuvor schon in der Enzyklika *Ecclesiam suam* Pauls VI. gefunden: der Gedanke des »Dialogs«. Ihm korrespondieren auf der institutionellen Ebene die drei Sekretariate, das für die Vereinigung der Christenheit (das freilich von seiner theologischen Struktur wie von seinem Gegenüber her etwas völlig anderes ist als die zwei weiteren Sekretariate und deshalb hier außer Betracht bleibt), das für die Nichtchristen und das für die Ungläubigen. Hier hat das Konzil bzw. die Kirche im Konzil tatsächlich einen weithin neuen Weg beschritten. Die bisherige kirchliche Aussageform nach außen hin war einfach das Kerygma, der Anruf, der dem anderen autoritativ das Wollen Gottes kundtut und von ihm nicht Gespräch, sondern Zustimmung, Bekehrung verlangt. Es wäre einer eingehenden Überlegung bedürftig, wie-
292 weit dieser Ansatz der christlichen Grundsituation entspricht und wieweit er eine – freilich schon früh vollzogene – Verhärtung gegenüber dem neutestamentlichen Befund darstellt. Man wird auf jeden Fall sagen dürfen, dass die neutestamentliche Predigt, auch wenn sie nicht förmlich als Dialog auftritt, doch weithin dialogische Elemente enthält und, angefangen von den Streitgesprächen Jesu bis zum Diatribestil Pauli hin, dem Menschen im Gespräch, in Frage und Antwort, den Weg zum Wort Gottes hin zu öffnen versucht.[7] Anderseits ist freilich der totale Unterschied zur platonischen Form und Idee des Dialogs unverkennbar: Dass der Dialog Jesu als Streitgespräch auftritt, das in der Johanneischen Stilisierung (der klassischen Gestalt des neutestamentlichen Dialogs) wesentlich unter dem Zeichen des Missverständnisses, des Redens

[7] Auf den dialogischen Aspekt der neutestamentlichen Verkündigung haben mich freundlicherweise die Herren Kollegen Friedrich (Erlangen) und Schelkle (Tübingen) hingewiesen.

auf zwei inkommensurablen Ebenen und so des Aneinander-Vorbeiredens erscheint, gehört zum Grundgehalt des neutestamentlichen Befunds. Darin drückt sich die Tatsache aus, dass der neutestamentliche Dialog nicht (wie der platonische) die verborgene Gegenwart des Geistes erhebt, sondern dem Menschen das nicht Ausdenkbare, Neue, die freie Tat Gottes verkündet, die nicht geistig abzuleiten ist, weil sie das Unerrechenbare, Gottes freien Entschluss verkündet, der sogar auf den Widerspruch des Menschen trifft, weil er sich in seiner geistigen Autarkie dadurch gestört fühlt. So gibt es zwar in der christlichen Botschaft von Anfang an ein dialogisches Element, aber auch eine Grenze des Dialogs, die es verständlich werden lässt, dass der Dialog im großen Ganzen sich als christliche Literaturgattung nicht durchgesetzt hat. Jedenfalls zeigt sich, dass die Forderung des Dialogs eine Reihe von Problemen einschließt, die bedacht werden müssen, wenn ein großes Wort nicht unversehens zur leeren Phrase abgleiten soll.

Gehen wir schrittweise vor, auch wenn mehr als ein paar Gedankensplitter in diesem kleinen Versuch ohnedies nicht erhofft werden können! Am leichtesten verständlich zu machen ist der Sinn des Dialogs ohne Zweifel auf der Ebene des ökumenischen Gesprächs, obgleich er gegenüber der katholischen Theologie der Neuzeit in seinem eigentlichen Sinn als Dialog, der nicht Belehrung, sondern wahres Gespräch bedeutet, gleichfalls eine Neuentdeckung ist. Immerhin, hier wird vorausgesetzt, dass der Gesprächspartner wahrhaft Christ ist. Es wird vorausgesetzt, dass auf beiden Seiten Schuld und so auch schuldhafte Verdeckung des christlichen Reichtums vorliegt. Es muss daher ebenfalls vorausgesetzt werden, dass der Reichtum des Wortes Christi auch 293
auf der eigenen Seite getrübt ist, dass deshalb durch Hören auf den anderen das eigene Christsein wachsen kann.

Sehr viel schwieriger wird die Sache, wenn wir uns den beiden anderen Gruppen zuwenden, die jetzt durch Sekretariate vertreten werden. Wir können die Frage zu ihrer vollen Schärfe bringen, wenn wir sie auf ihre institutionelle Konkretisierung hin zuspitzen. Wie werden sich das Sekretariat für die Nicht-Christen, das den absichtslosen Dialog anstreben muss, und die Propagandakongregation, die um die christliche Bekehrung der anderen besorgt zu sein hat, zueinander verhalten? Werden sie nicht einander fortwährend Lügen strafen? Wie werden sich mit einem Wort Mission und Dialog zueinander verhalten?

Hier liegt, wie mir scheint, einer der Punkte, bei denen man sehr darauf wird achten müssen, dass nicht Phrasen oder gutgemeinte, aber wenig bedachte »Anliegen« anfangen, der Redlichkeit und Sachlichkeit Abbruch zu tun. Zweierlei scheint mir klar:

a) Der Dialog kann die Mission weder ersetzen noch ablösen.

b) Der Kern des kirchlichen Auftrags, die Botschaft von Jesus Christus als dem Heiland und Erlöser, kann als solcher von der Kirche nicht dialogisch zur Verhandlung gestellt, sondern im Letzten nur einfach verkündigt werden. Das Kerygma bleibt in diesem Sinn die eigentliche Sprechform der Kirche, die sie den anderen schuldig ist. Soweit sie sich auf die Ebene begibt, auf der man gemeinsam nachdenken und forschen muss, lässt sie ihr Eigenes aus dem Spiel oder bringt es doch nur uneigentlich ins Spiel. Ihr Eigenes kann sie selbst nicht zum Verhandlungsobjekt machen, sondern nur der gläubigen Entscheidung anbieten. Wenn es so steht, erhebt sich freilich nur umso dringender die Frage: Was soll also »Dialog«? Ich glaube, dass dies im Licht unserer beiden ersten Gedankenreihen über die Öffnungsbewegung des Konzils deutlich werden kann. Die Antwort, welche die christliche Botschaft auf die Frage der menschlichen Existenz bedeutet, setzt eben diese Frage voraus, sie kann als Antwort nur begriffen und so in ihrer Eigentlichkeit nur erfahren werden, wo zuvor die Frage des Menschseins *als Frage* erlitten worden ist. Deshalb fordert die Lebendigkeit der christlichen Antwort (Lebendigkeit nicht rhetorisch, sondern essentiell gemeint) grundsätzlich die lebendige Erfahrung der Frage; die christliche Verkündigung kann nur immer wieder von dieser Frage her ihr Leben und ihre Wirklichkeit in der Menschheit empfangen. Aus diesem Grunde muss einerseits die Frage geweckt wer-
294 den und muss anderseits die christliche Botschaft sich immer wieder von dem tatsächlichen Fragen der Menschen zu sich selbst hin erwecken lassen, sich vom Hören auf dieses Fragen aus je neu zur Antwort formen. »Dialog« wird also zunächst und wesentlich immer wieder ein Eingehen in den Reichtum und in die Tiefe des menschlichen Fragens, jenes Teilhaben an der Ganzheit der *passio humana* sein, jenes »allen alles werden« (1 Kor 9,22), das weit mehr als ein pädagogischer Trick ist. Denn solches Teilhaben an

der ganzen Passion des Menschseins und so an der Frage, die das Wesen Mensch als Ganzes bedeutet, ist nötig, damit die Botschaft je sie selber bleibe. Dieses Teilhaben an der Frage, das die Antwort erst zur Antwort macht, hat seinen absoluten Höhepunkt in der Menschwerdung Gottes erreicht. Teilhabe des göttlichen Wortes an der Passion des Menschen in letzter Radikalität! So wird aber sichtbar, dass die Inkarnation trotz der schlechthinnigen Vollmacht des Wortes, das in ihr an uns ergeht, selbst ihrem Wesen nach nichts anderes als vollzogener Dialog in letzter Tiefe ist.

Diesem Grundgedanken, der die eigentliche Fundierung des Dialogischen im Christlichen bedeutet, können dann zwei weitere Überlegungen als seine Ausfaltungen hinzugefügt werden:

a) Die christliche Botschaft wird immer in menschlicher Sprache und so in einer Umdenkung des göttlichen Wortes ins Menschliche hinein vorgelegt, also nie in ihrer absoluten, unvermischten göttlichen Reinheit vorgetragen. Das gilt schon für die Heilige Schrift, denn auch hier ergeht bereits Gotteswort als Menschenwort, in menschlicher Rede und nimmt deren Begrenzungen in sich auf. Ein bestimmtes Weltbild prägt es, bestimmte Weisen des Denkens, Vorstellens, Empfindens gehen damit in es ein.[8] So enthält aber christliche Verkündigung über das allein verpflichtende Kerygma hinaus immer auch einen menschlichen Anteil, der solche Verpflichtung keineswegs beanspruchen kann. Das Gespräch mit dem menschlichen Wissen wird folglich einfach schon deshalb immer von Neuem nötig sein, um das bloß Menschliche als solches erkennen und ausscheiden zu helfen. Weil es im Kerygma immer auch das gibt, was in Wahrheit kein Kerygma, sondern menschliche Umdenkung ist, deshalb ist das geduldige Hören auf das wirkliche Wissen der Menschheit jederzeit wieder vonnöten. Darauf werden wir zurückkommen müssen: Eine vierte Form konziliarer Öffnung hat sich gerade diesem Sachverhalt zu stellen versucht.

b) Nicht im gleichen Maß wie im ökumenischen Bereich, aber 295
dennoch in realer Weise gibt es auch hier auf der einen Seite die Verdunklungen der christlichen Schuld, auf der anderen Seite den

[8] Vgl. dazu den grundlegenden Beitrag von Balthasar, *Gott redet als Mensch.*

verborgenen christlichen Reichtum derer, die ja gleichfalls unter dem Zeichen des Erlösers stehen. Das gilt, wie die Konstitution über die Kirche in der heutigen Welt zu zeigen sich mühte, auch (wo man es wohl am wenigsten erwarten würde) für das Verhältnis von Christen und Atheisten; auch der Atheist hat ein Zeugnis zu verwalten, das den Christen angeht, ihn zum Hören und Nachdenken zwingt.[9]

4. Das Ja zur Eigengesetzlichkeit der weltlichen Bereiche

Vor allem die Konstitution über Kirche und Welt, in zaghaften Ansätzen aber auch das Dekret über die Massenmedien, haben eine wichtige Form der Öffnung zur Welt vollzogen, indem sie die relative Autonomie der irdischen Bereiche, das Recht und die Pflicht zur Sachlichkeit bzw. zur Anerkennung der Eigengesetzlichkeit der verschiedenen Sachbereiche herausgestellt haben. Wiederum liegt hier etwas in dieser Form Neues vor, das eine Abwendung von der durch den Syllabus Pius' X. repräsentierten Theologie und der darin sich noch einmal ausdrückenden Form der mittelalterlichen Weltzuwendung der Kirche einschließt. Zugleich zeigt sich hier die Grenze der Parallele zwischen christologischer und ekklesiologischer Aussage in Sachen Weltzuwendung, die aus der Differenz zwischen Christologie und Ekklesiologie, zwischen Christus und der Kirche notwendig resultiert und freilich allzu oft mehr oder minder übersehen wird, woraus dann ein falsches Verständnis von Weltzuwendung der Kirche hervorgehen muss. Die Weltzuwendung Gottes in Christus hat die Einbeziehung der Welt in Christus und so die »Verchristlichung« der Welt zum Ziel, ohne Vorbehalt und ohne Einschränkung, bis zu dem Punkt hin, dass am Ende durch die Übergabe der Herrschaft Christi an den Vater Gott alles in allem sein wird, also vorher *Christus* alles in allem gewesen sein muss (1 Kor 15,27 f.). Der Herrschaftsanspruch Christi gegenüber der Welt zielt in der Tat

[9] Konstitution über die Kirche in der Welt von heute. 1. Teil, Kap. 1, 19–21. Vgl. Ratzinger, *Atheismus;* dort weitere Literatur.

auf »alles«, auf die restlose Einverleibung des Alls in ihn hinein,
der ja nicht nur das Haupt der Kirche, sondern auch das Haupt des
Alls ist als der Erstgeborene der ganzen Schöpfung (Kol 1,15–20;
2,10; Eph 4,15). Die *christologische* Weltzuwendung, das geht aus
der Schrift eindeutig hervor, will die *Verchristlichung* des Alls; die 296
Einkörperung des Ganzen in Christus den Allherrscher ist ihr letzter Sinn. *Kirchliche* Weltzuwendung hingegen kann nicht ebenso auf eine *Verkirchlichung* des Alls, auf eine Verkirchlichung der ganzen Welt und aller ihrer Bereiche abzielen.

An dieser Stelle wird die Grenze des Inkarnationsmodells deutlich, das heute so gern zur Erklärung des Weltauftrags der Kirche herangezogen wird. Alfons Auer und Johann B. Metz, jene beiden deutschen Theologen also, deren Werk in besonderem Maß um die Frage christlicher Weltoffenheit kreist, haben dieses Modell mit gegensätzlichem Ergebnis angewandt: Auer leitet daraus den Heimholungsauftrag in Bezug auf alle weltlichen Dinge ab, also eine Vorstellung, die trotz mancher Abgrenzungen doch so etwas wie eine Verkirchlichung des Ganzen einzuschließen scheint;[10] Metz entnimmt stattdessen aus der Menschwerdungsidee die Verpflichtung zur »Hominisierung« und so zur bleibenden Weltlichkeit des Weltlichen.[11] Versucht man über so widersprüchliche

---

[10] Vgl. besonders AUER, *Weltoffener Christ;* weiter entfaltet in: Ders., *Gestaltwandel des christlichen Weltverständnisses.* Zu unserer Frage 364: »[…] für die Zuordnung von Kirche und Welt gelten die Prinzipien der Dualität und der Integration.« Auer versteht unter Dualität Eigenständigkeit und hält offenbar den Gegensatz zwischen seiner These und derjenigen von Metz nicht für so gravierend wie Letzterer es tut.

[11] Vgl. METZ, *Weltverständnis im Glauben;* Ders., *Die Zukunft des Glaubens.* Am eindringlichsten hat Metz seine Idee vom Zusammenhang zwischen Inkarnation und Bejahung der Weltlichkeit der Welt entwickelt in seinem Beitrag: *Christliche Orientierung.* Hier, 158, auch die zugespitzte Formulierung: »Die Welt verchristlichen« heißt in einem ursprünglichen Sinn sie »verweltlichen«. Bei dem auf Seite 154 unternommenen Versuch, den Zusammenhang an einem Beispiel zu konkretisieren, wird freilich auch die Grenze der Durchführbarkeit des Gedankens deutlich. Neuerdings tritt bei Metz die Inkarnationsidee gegenüber dem Motiv der Hoffnung bzw. der Zukunftsbezogenheit des Christlichen zurück; vgl. die inzwischen von Metz veranstaltete Sammlung seiner einschlägigen Beiträge in dem Band: *Zur Theologie der Welt*, besonders 75–95. Zu der dort hervortretenden »politischen Theologie« hoffe ich, gelegentlich in der ThQ Stellung nehmen zu können.

Schlussfolgerungen aus ein und demselben Ausgangspunkt ein Urteil zu gewinnen, so wird man Auer recht geben müssen, wenn er von der Vorbehaltlosigkeit und dem Totalitätsanspruch des in der Inkarnation Begonnenen aus denkt: Sie zielt, wie wir sahen, in der Tat darauf ab, Christus das All – alles – zuzuführen; insofern ist Auer konsequenter als Metz. Dennoch hat auch Metz nicht einfach unrecht, dann jedenfalls nicht, wenn er sagen will, dass die Welt von der Kirche als Welt akzeptiert und respektiert werden muss. Warum eigentlich? Nun, zunächst ganz einfach, weil die Kirche nicht Christus ist, sondern letztlich doch nur einen vorbereitenden Dienst tut, um die Welt für Christus zu öffnen. Weil die Kirche nicht Christus und nicht das Reich Gottes ist, darum würde sie
297 dann, wenn sie eigentlich weltliche Dinge sich einverleiben und in eigene Regie nehmen wollte, nicht diese verkirchlichen, sondern sich selbst dabei verweltlichen. Soweit sie Weltliches betreibt, ist und wird sie selbst Welt. Das schließt übrigens nicht aus, dass sie solches bis zu einem gewissen Grad um ihrer eigentlichen Aufgabe willen auch immer wird treiben müssen, aber sie muss sich dann bewusst sein, dass sie dabei diesen Dingen keinen zusätzlichen Rang gibt, sondern hier selbst als menschliche Institution und auf menschliche, weltliche Weise waltet und walten muss, d. h. in Respektierung der Sachgesetzlichkeit der betreffenden Bereiche. Sagen wir es nochmals anders: Weil die Kirche nicht Christus und nicht das Reich Gottes als solches ist, darum ist sie nicht selbstzwecklich zu verstehen, sondern gehört wesentlich der Ordnung der Mittel an. Die Dinge haben zwar ihr inneres Ziel erreicht, wenn sie Christus als der Uridee Gottes gemäß und seiner fähig geworden sind, aber sie sind keineswegs durchaus dazu da, Teile der Institution Kirche zu werden. Deshalb kann die kirchliche Autorität nicht den Sachverstand in den jeweiligen Bereichen der Wirklichkeit ersetzen, sondern lediglich ihn anerkennen und voraussetzen. Und solches reicht nun freilich bis ins Eigentliche des kirchlichen Auftrags hinein; denn auch hier kann die kirchliche Autorität nicht den wissenschaftlichen Sachverstand der Theologie ersetzen, sondern muss ihn noch einmal als solchen anerkennen und voraussetzen und kann nur auf ihm aufbauend, nicht gegen ihn die Verkündigung des Wortes und das Geltendmachen seines Anspruchs vollziehen: Wir stehen noch einmal von einer anderen Seite her

vor dem, was wir vorhin als die unabweisbare dialogische Komponente der christlichen Verkündigung erkannt haben.

Wenn man nun fragt, ob sich in dem hier bedachten Vorgang des Ja-Sagens zu einer relativen Autonomie der irdischen Bereiche eine Öffnung der Kirche zur Welt vollzieht und welcher Art sie allenfalls ist, so wird man eine eigentümliche Ambivalenz des Geschehenen feststellen können, in welcher der grundlegende Gehalt dessen, was das Konzil mit Öffnung gemeint und nicht gemeint hat, recht deutlich zur Erscheinung kommt. Gewiss, vergleicht man die eben geschilderte Grundeinstellung der Konstitution über Kirche und Welt mit der Grundeinstellung der Syllabi Pius' IX. und Pius' X., so ist eine große Öffnung erfolgt: Man verschließt nicht mehr die Augen vor den Ergebnissen der Wissenschaften, die nicht mehr mit den Eigenkonstruktionen der Theologen zusammenfallen, welche sie für fremde Sachbereiche entworfen hatten, bevor sich diese verselbständigten. Man verschließt nicht mehr die Augen vor den Ergebnissen der historischen Forschung, 298
die ein differenzierteres Bild ergibt, als die theologische Systematik vor deren Einsetzen ahnen konnte. Man verschließt nicht mehr die Augen davor, dass die ganze Welt anders geworden ist, als sie nach den Idealvorstellungen der früheren lehramtlichen Verkündigung aussehen müsste, in der die Staaten willige Diener der kirchlichen Botschaft zu sein hätten und nur ausnahmsweise bestimmte öffentliche Rechte auch jenen Religionen eingeräumt werden sollten, die nicht die wahre Religion sind. Man anerkennt die Weltlichkeit der Welt, die unter Umständen dann christlicher handelt, wenn sie einfach sachlich zu handeln sich müht, als wenn sie hierarchischen Befehlen folgt, die bei der Anwendung auf ausgesprochen weltliche Bereiche weltliche Dinge sind und dann in Gefahr stehen, zu sachfremden Interessenwahrnehmungen zu werden. Man anerkennt die Weltlichkeit der Welt und hat sich insofern der Welt geöffnet: der Wirklichkeit, so wie sie tatsächlich ist, die nicht mehr durch ein autoritativ festgehaltenes Wunschbild verdeckt wird.

Aber in gewissem Sinn liegt in der »Säkularisierung«, die sich hier vollzieht, in dieser Rückgabe des Weltlichen an die Welt doch zugleich eine tiefgehende Entweltlichung der Kirche, die sich gleichsam ihres weltlichen Reichtums entblößt und wieder ihre ganze weltliche Armut annimmt: Sie teilt von Wesen her das

Schicksal des Stammes Levi, der als einziger Stamm in Israel kein eigenes Erbland besaß, sondern allein Gott selbst, sein Wort und seine Zeichen, als seinen Losanteil gezogen hatte. Mit ihm kann sie sagen: »Der Herr ist mein Land- und Becheranteil. Du bist es, der mein Los hält« (Ps 16 [15],5). Erst in dieser Armut einer entweltlichten Kirche, die sich zur Welt geöffnet hat, um sich von ihrer Verstrickung zu lösen, wird auch ihr missionarisches Wollen wieder vollends glaubhaft werden und sich wieder unübersehbar von jeder Interessenvertretung weltlicher Mächte unterscheiden: Sie wirbt nicht für sich, sondern für den, dessen Los sie gezogen hat: Der Herr ist mein Teil ...[12] Erst die entweltlichte Kirche kann sich auf wahrhaft christliche Weise der ganzen Welt zuwenden, nicht um sie für eine Institution mit eigenen Machtansprüchen zu gewinnen, sondern um sie zu sich selbst zu führen, indem sie zu dem führt, von dem jeder Mensch sagen kann: *Interior est intimo meo,*
299 *superior superiori meo* – er, der unendlich über mir ist, ist doch so in mir, dass er meine wahre Innerlichkeit ist; ich kann erst wahrhaft durch die Ek-stasis über mich hinaus zu mir selbst kommen. Denn ich selbst liege über mir ... Glaube ist jene Ek-stasis, die den Menschen im Hinausgehen über sich selbst zu sich selbst führt, deren Entweltlichung erst frei macht zu nüchterner Weltbewältigung.

In dieser Art von entweltlichender Weltöffnung ist auch vorgezeichnet, in welcher Form sich die »Weltoffenheit« des einzelnen Christen christlich rechtmäßig vollziehen kann; von hier aus ließe sich nun wohl das Leitbild einer wahrhaft christlichen Askese des im rechten Sinn »weltoffenen« Christen entwerfen.[13]

---

[12] Hier dürfte wohl der eigentliche theologische Kern dessen liegen, was auf dem Konzil immer wieder in der etwas unbestimmten Formel von der »Kirche der Armen« angegangen wurde. Vgl. zu diesem Thema besonders Congar, *Für eine dienende und arme Kirche;* in dem von Congar / Küng / O'Hanlon herausgegebenen Sammelband *Konzilsreden*, die Reden von Kardinal Léger, Seite 87 und Kardinal Gracias, Seiten 151–154.

[13] Vgl. dazu den wichtigen Beitrag von Schlier, *Der Christ und die Welt.*

Schlussüberlegung

Kehren wir zum Ausgangspunkt zurück. Wie steht nach allem Gesagten das gegenwärtige Konzil hinsichtlich seiner geistigen Linie und seiner Grundintention innerhalb des Ganzen der Konzilsgeschichte? Hat es die Kirche verweltlicht oder vergeistlicht? Bedeutet es einen Bruch oder eine Fortführung?[14] Verglichen mit gewissen Entwicklungstendenzen des 19. und der ersten Hälfte des 20. Jahrhunderts stellt es ohne Zweifel einen Bruch dar, aber doch einen Bruch innerhalb einer gemeinsamen Grundintention. Man könnte sagen: Das Konzil markiert den Übergang aus einer Situation, in der ein Maximum an Verchristlichung erreicht schien, das zu bewahren und festzuhalten man als die wichtigste Aufgabe ansah, auf eine Situation hin, in der man erneut eine radikale Minderheitssituation des Christen anerkennen muss, die nicht Konservierung, sondern missionarische Existenz verlangt. Der Versuch, einen vermeintlichen oder wirklichen Höchststand zu bewahren, ist gescheitert. Die Christen sind wieder Minderheit, mehr als sie es je seit dem Ausgang der Antike waren. Es kann nicht mehr darum gehen, das Vorhandene so total wie möglich festzuhalten, sondern jeden einzelnen der missionarischen Situation auszusetzen, in der er tatsächlich steht. Mit anderen Worten: Das Konzil markiert den Übergang von einer konservierenden zu einer missionarischen Haltung, und der konziliare Gegensatz zu konservativ heißt nicht progressistisch, sondern missionarisch. In dieser Antithese liegt im Grunde der genaue Sinn dessen vor, was konziliare Öffnung zur Welt meint und was sie nicht meint. Sie schafft dem Christen nicht eine größere Bequemlichkeit, indem sie ihn freigibt für den weltlichen Konformismus einer modischen 300
Massenkultur – das konnte das Konzil gar nicht tun, denn als christliches Geschehen war es gebunden an den Nonkonformismus der Bibel: »Macht euch nicht die Art dieser Welt zu eigen!« (Röm 12,2). Es lässt ihm die ganze Ausgesetztheit seines Christseins inmitten einer nichtchristlichen Welt bewusst werden – »wie Schafe unter Wölfen«, sagt Christus (Mt 10,16) – und ermutigt ihn, inmitten der Wolfsherde sich an das geschlachtete Lamm,

[14] Vgl. zu dieser Frage jetzt auch JEDIN, *Vaticanum II und Tridentinum*.

Christus, zu halten, furchtlos, weil zu guter Letzt die Schwachheit des Lammes stärker ist als die Tiere aus der Tiefe. Dies Ganze besagt gewiss nicht, dass alle Christen Schafe und alle Nichtchristen Wölfe sind; davon ist keine Rede. Es sagt nur etwas über die Unzuverlässigkeit der Kraft unserer eigenen Güte. Wenn sich da ein Christ auf sich selbst verlässt und anfängt, groß zu tun, ist er schlecht beraten: Wer ein Schaf unter Wölfen ist, hat keinen Grund, groß zu tun mit seiner Kraft und sich verwegen unter die Wölfe zu stürzen, als ob ihm nichts passieren könnte. Aber wer ein Christ in der Nachfolge Christi ist, hat dennoch allen Grund, voller Zuversicht mit Christus in die Welt zu gehen und in ihr seinen Dienst zu tun. Er kann getrost dem »geschlachteten Lamm« (Offb 5,6; vgl. Joh 1,29; Apg 8,32; 1 Petr 1,19) nachgehen, weil er weiß, dass dennoch dieses von den Wölfen zerrissene Lamm die Siegel der Weltgeschichte in Händen hat und sie öffnet (Offb 5,5 f.). Er kann sich ruhig mit dem durch das Kreuz »eröffneten« – zerrissenen – Lamm (vgl. Joh 19,34) eröffnen lassen und so der Eröffnung der verschlossenen Welt auf die Offenheit Gottes hin dienen und damit jener wirklichen Öffnung, ohne welche die ganze Welt heillos verschlossen bliebe: Niemand konnte das Siegel öffnen als allein das Lamm, das geschlachtet wurde (vgl. Offb 5,3 ff.).

Der Katholizismus nach dem Konzil[1]

Das Thema »Der Katholizismus nach dem Konzil« schließt fürs erste jene gewisse Unklarheit ein, die dem Begriff »Katholizismus« innewohnt. In diesem Begriff ist die theologische Idee der Kirche und ihrer wesentlichen Katholizität mit politischen und sozialen Vorstellungen verknüpft, und dies in einer Weise, in der sich eine typisch neuzeitliche Anschauung der christlichen Wirklichkeit anzeigt: Die -ismen drücken die neuzeitliche Verschmelzung und Verhältnisbestimmung von ideeller und gesellschaftlicher Wirklichkeit aus, jene Verschmelzung, die man in einem inzwischen meist abwertenden Sinn heute gewöhnlich als Ideologie bezeichnet. Der Begriff »Katholizismus« bedeutet so die Subsumierung der Kirche als der gemeinschaftlichen Gestalt christlichen Glaubens unter das dem neuzeitlichen Geist vertrautere Phänomen der Ideologie bzw. er drückt, soweit er zur Selbstbezeichnung der Katholiken geworden ist, aus, wie sehr die Katholiken (oder auch die Protestanten: hierin besteht wohl kaum ein Unterschied zwischen den Konfessionen) sich selbst unbemerkt in der Schematik des neuzeitlichen Ideologiedenkens ausgelegt haben. Insofern könnte man behaupten, der Begriff »Katholizismus« sage jene neuzeitliche Verschmelzungsform von Kirche und Gesellschaft und damit der Kirche mit der Anschauungs- und Lebensweise dieser Zeit aus, in der sich die heute so oft kritisierte mittelalterliche Weltverschmelzung des Imperium christianum auf eine veränderte Weise fortsetzt. Würde man von diesem Aspekt des Themas ausgehen, so würde es die Frage zum Inhalt haben, wie sich die im Wort Katholizismus bezeichnete Verschmelzung von Kirche und Welt nach dem Konzil positiv oder negativ darstellt, wieweit

[1] Vortrag auf dem Bamberger Katholikentag 1966.

sie vom Konzil kritisch oder positiv aufgenommen worden ist. Das wäre ohne Zweifel eine wichtige und lehrreiche Fragestellung, die überdies auch einen bedeutenden Aspekt der konziliaren Thematik treffen würde, denn in der Erklärung über die Religionsfreiheit, in den grundlegenden Besinnungen der Pastoralkonstitution über die Kirche in der Welt von heute und in einem noch recht ungelenken Anlauf auch in dem Dekret über die Kommunikationsmittel hat das Konzil sich in der Tat gerade mit diesem Sachverhalt beschäftigt und auf diese Weise das Thema »Katholizismus« in seinem engeren Verstand zum Inhalt seines Bemühens gemacht.

Allein, im Zusammenhang des Katholikentags ist die Fragestellung ohne Zweifel weiter gespannt, wenn auch die Katholikentage mit aus dem Phänomen der sich als Katholizismus begreifenden Kirche heraus entstanden und so mit dem angezeigten Problem engstens verbunden sind. Der Sinn der Frage ist jedoch wohl der, wie sich unter den Katholiken in Deutschland das Konzil ausgewirkt hat, welches die geistige Situation der Kirche unter uns nach dem Konzil und infolge des Konzils heute ist. Sprechen wir es offen aus – es herrscht ein gewisses Unbehagen, eine Stimmung der Ernüchterung und auch der Enttäuschung, wie sie Augenblicken der Freude und der festlichen Erhebung zu folgen pflegt, in denen mit einem Mal die Welt verwandelt schien, die große Hoffnung des ganz anderen und Neuen, das die bleierne Gewöhnlichkeit zerbricht, für einen Augenblick in unseren grauen Alltag geblickt hatte und nach denen uns nur umso schmerzlicher fühlbar wird, wie sehr die Gewöhnlichkeit unser Los und wie sehr der Alltag Alltag geblieben ist. Die Welt, die für einen Moment erstaunt aufgehorcht und sich mit freudiger Zustimmung dem Konzil zugewandt hatte, geht längst wieder ihren Geschäften nach, und zu guter Letzt ist die Kirche doch Kirche geblieben und der Glaube eher noch mühseliger, weil ausgesetzter, schutzloser geworden: Sei es, dass in dem Beifall von 1962 wirklich etwas aufgeklungen war von einer geheimen Sehnsucht, das Höhere und Ewige, das sich uns so sehr verbirgt, möchte nun fassbarer und näher werden, weniger verzäunt durch tausend Vorschriften und weniger verdeckt durch die Last der Vergangenheit, die auf dem liegt, was sich als Gottes Offenbarung uns anbietet – sei es, dass man sich in seiner eigenen Weltlichkeit bestätigt fühlte und von solchen Empfindungen her auf eine Verweltlichung der Kirche hoffte. Die Gläubigen aber sind weniger eins als zuvor: Für die einen hat das Konzil noch viel zu wenig getan, es ist allenthalben in den Anläufen steckengeblieben, ein Konglomerat vorsichtiger Kompromisse, ein Sieg diplomatischer Behutsamkeit über den Sturm des Heiligen Geistes, der nicht komplizierte Synthesen, sondern die Einfachheit des Evangeliums will; für die anderen aber ist es ein Ärgernis, Preisgabe der Kirche an den Ungeist einer Zeit, deren Gottesfinsternis Folge ihrer wilden Verbohrtheit ins Irdische ist. Sie sehen mit Bestürzung, wie ins Wanken gerät, was ihnen das Heiligste war, und wenden sich betroffen ab von einer Erneuerung, die ein Christentum zu herabgesetzten Preisen und so eine Auflösung zu sein scheint, wo ein Mehr an Glaube, Hoffnung und Liebe vonnöten wäre. Sie vergleichen mit Kopfschütteln und mit bebendem Herzen eine Reform, die aus lauter Konzessionen und Abstrichen vom großen Ernst der Nachfolge, von der Unbedingtheit des Dienstes besteht, mit den Erneuerungen früherer Zeiten, mit jener etwa, die mit dem Namen der großen Theresa verbunden ist. Sie hatte vor ihrer Bekehrung ein durchaus modernes Kloster, in dem man die altmodische Ärgerlichkeit der Klausur längst großzügig und modern auslegte und Besuche nach Belieben empfing; sie hatte ein modernes Kloster, in dem man die düstere Askese der alten Regel längst durch »vernünftigere« Lebensformen ersetzt hatte, die dem Empfinden eines Menschen der beginnenden Neuzeit besser entsprachen; sie hatte ein modernes Kloster, das weltoffen war und freundliche Kontakte nach allen Seiten hin ermöglichte. Aber als eines Tages die Nähe Christi sie innerlich getroffen hatte und die unerbittliche Wirklichkeit des Evangeliums, losgelöst von allen beschönigenden Phrasen, vor ihre Seele getreten war, empfand sie dieses Ganze als unerträgliche Flucht vor der Größe des eigentlichen Auftrags, als ein Ausweichen vor der geforderten Bekehrung, stand auf und »bekehrte« sich. Und das hieß: Sie warf das Aggiornamento beiseite und schuf eine Erneuerung, die nicht Konzession, sondern fordernder Anspruch war, sich der eschatologischen Expropriation Jesu Christi anheimzugeben, mit dem Gekreuzigten sich völlig sich selber enteignen zu lassen, um in ihm radikal dem ganzen Leib Christi zugeeignet zu sein. Ist das Konzil – so fragen sich die Gläubigen, von denen hier die Rede ist

– nicht den gerade umgekehrten Weg gegangen, fort von der Bekehrung und also mitten in die Verkehrung der Kirche hinein? Weder die einen noch die anderen Fragen kann man einfach beiseiteschieben: Sie geistlich zu bestehen und in solchem Bestehen Antwort zu geben, das wird die große Aufgabe der Kirche nach dem Konzil sein – eine Aufgabe, die freilich nur im Heiligen Geist erfüllt werden kann. Insofern reicht der Radius der Frage, die diesem Thema zugrunde liegt, weit über das hinaus, was theoretisch beantwortbar ist. Hier kann nur versucht werden, dem Missbehagen, das wir als die augenblickliche Befindlichkeit der Kirche nach dem Konzil festgestellt haben, in einigen Punkten etwas genauer nachzugehen und so zugleich die Aufgabe deutlicher zu formulieren, die uns die gegenwärtige Stunde stellt.

1. Zur Situation der liturgischen Erneuerung

Das am meisten in die Augen fallende Ergebnis des Konzils ist die liturgische Erneuerung. Aber gerade sie, die so sehnlich herbeigewünscht und so freudig begrüßt worden ist, wurde weithin zu einem Zeichen des Widerspruchs. Gewiss: Wer sich ernsthaft auf die Wirklichkeit des christlichen Gottesdienstes einlässt, kann nicht bezweifeln, dass hier Wichtiges und Großes geschehen ist. Er wird die beiden Einwände als vordergründig und unangemessen zurückweisen müssen, die gegen zwei Grundelemente der liturgischen Erneuerung immer wieder zu hören sind. Gegen die Wendung zur Volkssprache wird gesagt, dass dem Mysterium die Verborgenheit in der ihm eigenen Sprache angemessen sei, wie alle Religionen sie kennten, in denen sich immer wieder das Heilige auf solche Art unter dem Schleier des Geheimnisses verberge – überdies sei diese Sprache als die einige Sprache der ganzen Kirche das Band, das die Kontinente verbinde und das uns nicht nur quer über den Erdkreis hin sichtbar als Glieder der katholischen Einheit bezeuge und diese Einheit zum sprachlichen Erlebnis werden lasse, sondern auch der Faden, der uns nach rückwärts verknüpfe mit dem christlichen Beten aller Zeiten, uns hineinstelle in die unübersehbare Vielheit derer, die vor uns und mit uns auf gleiche Weise Gott lobpriesen in ein und der gleichen Stimme. Der zweite Einwand richtet sich gegen die Wendung zur Gemeinschaft, er beschwört das heilige Schweigen, das wiederum dem Geheimnis angemessener sei als das laute Wort, er beschwört die Stille, in der Gott vernehmlicher rede und die dem Einzelnen erlaube, wirklich in die Begegnung mit seinem Herrn einzutreten, zu der ihm das ununterbrochene Reglement einer Messfeier in Gemeinschaft mit Singen und Beten, Aufstehen, Sitzen und Knien keine Zeit mehr gewähre: Liturgie fange an, sich im selbstgenügsamen Betrieb zu erschöpfen, und die äußere Verrichtung trete an die Stelle des Eigentlichen, der Begegnung mit dem Herrn. Damit verbindet sich mehr am Rande der eigentlich theologischen Erwägungen leicht ein drittes: Das Reglement des gemeinsamen Gottesdienstes bedeute zugleich eine Art von Bilderstürmerei gegenüber dem künstlerischen Reichtum, in dem die Vergangenheit dem Lob Gottes in der Messe Formen von unvergänglicher Schöne gab, die nun durch Massendeklamationen ersetzt würden, deren ästhetische Würdelosigkeit weder der Größe der Sache angemessen sei, um die es geht, noch auch dazu angetan, dem Menschen den Zugang dazu zu eröffnen, sondern viel eher dazu, ihn zu verschließen.

Demjenigen, der sich nicht dem Fanatismus eines unabänderlichen Programms verschrieben hat, sondern der bereit ist, zu fragen, wie es denn wirklich sei, wird sich sehr schnell zeigen, dass sich in den besprochenen Einwänden Argumente sehr verschiedenen Ranges mischen und dass gerade in diesem Ineinander sich das Dilemma unseres augenblicklichen Zustandes ausdrückt. Zunächst ist es nicht schwer, zu zeigen, dass das Argument vom Mysterium nicht zählt, ja, dass es ebenso wie der Rückzug in die Stille individueller Frömmigkeit, die von der Gemeinschaft nicht gestört werden will, auf einer grundlegenden Verkennung dessen beruht, was christlicher Gottesdienst von Wesen her ist. Ihn mit den Kategorien der Religionsgeschichte zu messen und deren Empfindungen hier auf entsprechende Weise wiederfinden und sicherstellen zu wollen, heißt gerade an seinem Eigentlichsten vorbeigehen. Christlicher Gottesdienst ist seinem Wesen nach Verkündigung der frohen Botschaft Gottes an die anwesende Gemeinde, antwortendes Aufnehmen dieser Verkündigung durch die Gemeinde, gemeinsame Rede der Kirche zu Gott, die übrigens mit der Verkündigung ineinandergreift: Die Verkündigung dessen, was Christus im Abendmahlssaal für uns getan, ist zugleich Lobpreisung Gottes, der durch Christus so an uns handeln wollte; sie ist Gedächtnis der Heilstaten Gottes, durch das wir uns gedenkend einordnen in das Geschehene, aber als Gedächtnis, das wir begehen, zugleich ein Ruf zu Gott, dass er das damals Begonnene erfüllen und zu Ende führen möge: Bekenntnis des Glaubens und der Hoffnung, Dank und Bitte, Verkündigung und Gebet in einem.[2] Deswegen ist die Liturgie, rein von ihrer sprachlichen Struktur her, gebaut im Zueinander von ich und ihr, das sich immer wieder verschmilzt in das gemeinsame Wir der ganzen Kirche, die durch Christus vor Gottes Antlitz tritt. In einer so gestalteten Liturgie hat die Sprache nicht den Sinn des Verbergens, sondern den Sinn des Offenbarens,

---

[2] Gegen diese Ausführungen ist eingewandt worden, hier werde im Anschluss an reformatorische Tendenzen der christliche Gottesdienst einseitig auf das Wort eingeengt, seine sakramentale Komponente gehe verloren und der Realismus des Opfergedankens, wie ihn Trient (DS 1738–1759) mit Nachdruck herausgestellt hat, werde unterschlagen. Ich gebe zu, dass die Formulierung missverständlich ist und zu einer solchen Auslegung verleiten kann. Dass das Gesagte nicht so gemeint ist, ergibt sich sofort, wenn man es im Zusammenhang des biblischen und altkirchlichen Verständnisses von Gedächtnis liest: Gedächtnis im Sinne der Bibel ist nicht nur Wort, sondern Gegenwärtigsetzung des Einstigen (vgl. z.B. Schlier, *Wort Gottes*, 64ff.; Thurian, *Eucharistie;* Jeremias, *Abendmahlsworte*, 229–246). Die sakramentale Komponente der Handlung, des feiernden Vollzugs ist darin notwendig mitgesetzt. Vor allem ist damit ganz und gar nicht der Opfergedanke übergangen: Das Verständnis der Eucharistie als Opfer hat sich in der Alten Kirche gerade vom Wort des Gedenkens und der Verkündigung her entfaltet, das als Realverkündigung, als »Gedächtnis« im eben beschriebenen Sinn gesehen wurde und damit zugleich jedes bloße Verständnis der Eucharistie als Mahl ausschloss. Wenn ich in meinem Vortrag auf das Element der Verkündigung so großen Wert legte, so sollte das gerade eine Korrektur gegenüber der einseitigen Herrschaft des Mahlgedankens bedeuten, mit dem man der Struktur der eucharistischen Feier nicht gerecht werden kann, in der von vornherein das verkündigende, erinnernde, dankende und in alledem Realität schaffende Gebet eine so sehr die bloße Mahlform sprengende Stellung einnahm, dass das Ganze davon seinen Namen empfing: Eucharistia – »Danksagung«, womit der jetzige »Kanon« gemeint ist. Vgl. zur frühesten Entwicklung besonders Schürmann, *Gestalt der urchristlichen Eucharistiefeier;* zum Ganzen Jungmann, *Missarum solemnia* 1, 201–213; 272–295. Zum Opferbegriff Ratzinger, *Ist die Eucharistie ein Opfer?;* Balthasar, *Die Messe ein Opfer der Kirche?*. Wertvolles Material für die Entwicklung des Opfergedankens vom Wortcharakter der Eucharistie her in den Anfängen der Kirche bei Colson, *Ministre de Jésus-Christ*.

nicht den Sinn des Verschweigens in die Stille des isolierten Einzelgebetes hinein, sondern des Zueinanderführens ins einige Wir der Kinder Gottes, die zusammen sagen: Vater unser. Es war deshalb ein Schritt von entscheidender Bedeutung, dass die Liturgiereform das Wort wieder entritualisiert und ihm seine Bedeutung als Wort zurückgegeben hat. Es kommt uns heute erst allmählich wieder zu Bewusstsein, welche Sinnentleerung es doch im Letzten gewesen ist, wenn der Priester vor dem Evangelium die Worte sprach, Gott möge ihm Herz und Lippen reinigen, so wie er die Lippen des Propheten Jesaja mit glühenden Kohlen reinigte, damit er das Wort Gottes würdig und angemessen zu verkündigen vermöge, obwohl er doch genau wusste, dass er dieses Wort Gottes anschließend genauso vor sich hinflüstern würde wie dieses Gebet selber auch und nicht daran dachte, es zu verkündigen. Oder wenn er »Dominus vobiscum« sagte, obwohl dieses »Ihr«, auf das sich sein Gruß richtete, gar nicht existierte. Wort war zu Ritus entleert, und Liturgiereform hat hier nichts anderes getan, als dass sie den Anspruch des Wortes und so freilich den Anspruch des darin gefassten Gottesdienstes der Kirche wieder zur Geltung brachte. Wenn Friedrich Heer kürzlich einmal geäußert hat, die lateinische Liturgie müsse erhalten bleiben und der Katholik müsse überall, und sei es einmal auf dem Mars oder dem Mond, sie vorfinden können, so wie er seinen Seneca und seinen Homer überall finden wolle, so heißt das, die Liturgie ins Museum der Vergangenheit einreihen, in die ästhetische Neutralisierung abdrängen und von vornherein voraussetzen, dass sie in ihrer ursprünglich gemeinten Bedeutung heute gar nicht mehr gemeint sein kann. In diesem Sinn beruht das Skandalöse der Liturgiereform darin, dass sie durchaus naiv genug ist, Liturgie noch immer so zu meinen, wie sie eigentlich gemeint war: nämlich sie ernst zu nehmen als das, was sie ist. Insofern wird man behaupten dürfen, dass heute niemand überzeugender Notwendigkeit und Recht der Liturgiereform beweise als ihre Gegner, denn was sie verteidigen, ist ein Missverständnis der Liturgie, und was sie beweisen, ist folglich dies, dass die bisherige Form der Liturgie Gefahr lief, das Missverständnis als das Eigentliche erscheinen zu lassen. Wer dies sieht, wird zugleich zugeben, dass zur Liturgiereform bis zu einem gewissen Grad der Skandal und das Missverständnis, das Unbehagen gehört. Er wird erkennen, dass man die Liturgiereform nicht daran messen kann, ob sie die Zahl der Kirchenbesucher vermehrt hat, sondern einzig und allein daran, ob sie dem Grundwesen des christlichen Gottesdienstes als solchen entspricht.

So werden wir sagen: Liturgie hat nicht den Sinn, uns schaudernd und ahnungsvoll mit dem Gefühl des Heiligen zu erfüllen, sondern uns mit dem schneidenden Schwert des Wortes Gottes zu konfrontieren; sie hat nicht den Sinn, uns den festlich-schönen Rahmen zu liefern für stille Einkehr und Besinnung, sondern uns einzufügen in das Wir der Kinder Gottes und damit auch in die Kenose Gottes, der ins Gewöhnliche abgestiegen ist, so dass schon Paulus von der Gemeinde zu Korinth sagen musste: »Schaut doch auf eure Berufung hin, Brüder: Nicht viele Weise nach Menschenmaßstäben, nicht viele Mächtige und nicht viele Vornehme sind unter euch« (1 Kor 1,26). Und im selben Brief hat Paulus gegenüber den ekstatischen Glossolalen, die verzückt in der Sprache des Geheimnisses sprachen, mit unerbittlicher Nüchternheit festgestellt: »Bei der liturgischen Feier will ich lieber fünf verständliche Worte sagen, mit denen ich auch anderen Weisung gebe, als zehntausend unverständliche Geheimnisworte« (1 Kor 14,19). In Rom hat man im 4. Jahrhundert auf diese Texte hin die unverständlich gewordene griechische Liturgie ins Lateinische übertragen, d.h. wieder volkssprachlich zugänglich gemacht. Der bekannte Liturgiehistoriker Theodor Klauser sagt dazu: »Dass die fremdartigen Laute, welche die Charismatiker in Korinth als Liturgen öfters von sich gaben, Äußerungen ihres ekstatischen Zustandes waren, wusste man im 4. Jahrhundert im nüchternen Rom nicht mehr. Wenn Paulus Einwendungen gegen die ›Zungenrede‹ der charismatischen Liturgen machte, musste er nach Meinung der römischen Liturgen dieser Zeit wohl ihr Reden in einer unverständlichen Fremdsprache gemeint haben. Vermutlich hätte der heilige Paulus eine solche Auslegung seiner Äußerungen auch keineswegs beanstandet. Ob Zungenrede oder Fremdsprache – die eine passte in seine Vorstellung von Liturgie ebenso wenig wie die andere.«[3]

Wenn auf diese Weise die Liturgiereform des Konzils nicht nur

[3] Klauser, *Kleine abendländische Liturgiegeschichte*, 27.

berechtigt, sondern notwendig erscheint, so heißt das freilich noch lange nicht, dass alle praktischen Verwirklichungen es ebenso sind. Wenn man sieht, um wie viel reibungsloser die liturgische Erneuerung sich in Ländern vollzieht, die nicht auf die ruhmreiche Vorgeschichte einer langen Liturgischen Bewegung zurückblicken können, wird man wohl nicht zu Unrecht vermuten, dass in der doppelten Wurzel der liturgischen Bewegung, aus der die Frucht des Konzils herausgewachsen ist, doch auch einiges von den Problemen steckt, die uns heute zu schaffen machen. Liturgische Bewegung ist bei uns einerseits eine Frucht der Jugendbewegung, anderseits – eng damit verknüpft – eine Frucht theologischer Erneuerung. Aber von beiden Seiten her gibt es auch gewisse Einseitigkeiten. Von der theologischen Seite her gibt es einen gewissen Archaismus, dessen Ziel es ist, die klassische Gestalt der römischen Liturgie vor den mittelalterlichen und karolingischen Überwucherungen wieder herzustellen. Als Maßstab liturgischer Erneuerung fungiert dann nicht die Frage: Wie muss es sein?, sondern: Wie war es damals? Dazu aber ist zu sagen: Obwohl das Damals uns unerlässliche Hilfen gibt, um das Heute zu bewältigen, ist es doch nicht einfach der Maßstab, den man der Reform zugrunde legen kann. Zu wissen, wie Gregor der Große es gehalten hat, ist wertvoll, aber kein zwingender Grund, dass es heute wieder so sein müsse. Mit diesem Archaismus aber hatte man sich doch vielfach den Sinn für das Legitime, das auch in späteren Entwicklungen liegt, verbaut und den Geschmack einer Periode dogmatisiert, der ehrwürdig ist, aber so wenig alleinseligmachend wie irgendein anderer Geschmack auch. Es sind Kleinigkeiten, aber doch solche symptomatischen Charakters, wenn man das Orate fratres auch weiterhin nur murmelnd zum liturgischen Dienst sagt, weil es nicht zum Grundbestand der alten Liturgie gehört und schon bei seiner Einführung nur an den liturgischen Dienst gerichtet war; wenn man das Stufengebet weiterhin leise und lateinisch spricht, weil es gleichfalls erst in einer Zeit entstanden ist, in der sich die Messe schon in den Kreis der Kleriker und Ministranten zurückgezogen hatte. Als ob nicht eine Bußliturgie der Gemeinde an der Schwelle des Heiligtums sinnvoll, und zwar für die ganze Gemeinde sinnvoll wäre. Manchmal kann man freilich auf diese Weise das Gegenteil hervorbringen, und das führt zu der anderen Wurzel der liturgischen Bewegung hin. Wer sich erinnert, mit welchem Aufwand an Unerbittlichkeit noch vor wenigen Jahren der Choral als die einzig legitime Form von Musik der Kirche dogmatisiert wurde, mit welcher Entrüstung man allem Orchestertand den Platz im Heiligtum verwies (schließlich stammt er erst aus der Barockzeit, dabei ist es schlimm genug, wenn etwas karolingisch ist, statt römisch zu sein!), und wer nun sieht, wie in plötzlich ausgebrochener Jazz-Begeisterung ganz andere Orchester als ehedem Einzug ins Gotteshaus halten, wird sich schwertun, alles, was als Ausdruck liturgischer Bewegung mit größtem Anspruch auf ihn zukommt, gleichermaßen ernst und gewichtig zu nehmen. Der bloße Archaismus hilft nicht und die bloße Modernisierung noch weniger.

Dem, der der Meinung ist, dass der Gottesdienst vor allem für Gott geschehe, wird auch die Rolle etwas verdächtig vorkommen, die das Wort »gestalten« inzwischen in liturgischen Kreisen gewonnen hat. Wer könnte sich wohl vorstellen, wie die Apostel Probegottesdienste feiern, um herauszufinden, welche Form die liturgisch und missionarisch wirksamste sein werde? Man hat leider nicht selten das Gefühl, dass die Aufmerksamkeit der Gestaltenden viel mehr der liturgischen Form zugewandt ist als demjenigen, dem sie gilt. Dann merkt man die Absicht und ist verstimmt. Ein Weniger an Bewusstheit wäre ein Mehr an Gottesdienst. Und wer könnte bestreiten, dass wir auf diese Weise schon mitten in der Ausbildung eines neuen Ritualismus erfindungsreicher Gestaltungen sind, die erneut und beinahe mehr als die gewohnten, oft kaum noch als solche empfundenen Riten die Sache selbst verdecken? Wer könnte des Weiteren leugnen, dass es Übersteigerungen und Einseitigkeiten gibt, die ärgerlich und unangemessen sind? Muss eigentlich wirklich jede Messe versus populum zelebriert werden? Ist es eigentlich so wichtig, dem Priester ins Gesicht schauen zu können, oder ist es nicht oft recht heilsam, daran zu denken, dass er Mitchrist mit den anderen ist und so allen Grund hat, sich gemeinsam mit ihnen zu Gott hin zu wenden und so mit allen zu sagen »Vater unser«? Der Tabernakel ist von den Hochaltären entfernt – dafür gibt es gute Gründe, aber es kann einen ein Unbehagen beschleichen, wenn man sieht, wie nun an seine Stelle der Priestersitz tritt und sich damit ein Klerikalismus in der Liturgie abzeichnet, der ernster sein kann als derjenige der Vergangenheit. Hatte jene liturgische Entwicklung, die den zentralen Sitz des Priesters abbaute und im Tabernakel den Herrn selbst zum Vorsitzenden der Liturgie machte, nicht doch auch ihren guten Sinn, den wir heute erst allmählich wieder von Neuem einzusehen beginnen? War der Abbau des Priestersitzes und der Aufbau des Tabernakels nicht doch auch ein Zeichen der wachsenden Einsicht dafür gewesen, dass das christliche Gotteshaus um Christus polarisiert ist und dass die christliche Liturgie nur *einen* Vorsitzenden kennt, nämlich ihn?[4] Damit sollen nicht jene Einsichten bestritten

---

[4] Gegen diese Ausführungen wurde eingewandt, dass darin die historische Entwicklung völlig verkannt sei; die Entstehung des Tabernakels und das Verschwinden der Zelebrationsrichtung versus populum habe – wie jeder halbwegs Informierte weiß – völlig andere Gründe. Nun sollte vom ganzen Stil der Darstellung her eigentlich klar sein, dass ich nicht den historischen Prozess der Entwicklung von Kirchengebäude, Altar und Tabernakel schildern wollte, sondern einen inneren Übergang aufzudecken versuchte, der zwar nicht in historischen Daten zu fassen, aber in der Entwicklung der christlichen Frömmigkeit durchaus zu erkennen ist. Dass im Übrigen die Dinge sich auch historisch wesentlich vielschichtiger darstellen, als bisher weithin angenommen wurde, zeigt die umfassende Untersuchung von NUSSBAUM, *Der Standort des Liturgen;* dazu die weiterführenden Darlegungen von JUNGMANN, Rez. Nussbaum, Der Standort des Liturgen. Jungmann fasst das Ergebnis der Untersuchung Nußbaums folgendermaßen zusammen: »Die Hinwendung zum Volk war also von Anfang an keine allgemeine Regel. In Syrien fehlte sie allgemein schon in den ältesten Bauten aus dem 4. Jahrhundert. Wenn sie anderswo damals in Übung war, so ist sie wenigstens als feste Regel doch in den folgenden Jahrhunderten überall durchbrochen worden [...].« (447). Jungmann stellt folgende Grundregel für die Entwicklung auf: »[...] je deutlicher in der Messe der Begriff des Opfers zur Geltung kommt, umso regelmäßiger wird für den Liturgen, wo immer der Altar stehen mag, die Ostung gefordert« (448). Interessant ist hierzu ein Hinweis aus der neueren Geschichte: »[...] als die Männer der Oxfordbewegung zur Erkenntnis durchgedrungen waren, dass die Feier der Eucharistie als Opfer anerkannt werden müsse, folgerten sie daraus, dass der Priester am Altar nicht zum Volke hin, sondern nach Osten gewendet stehen müsse [...]« (448 f.). Wertvoll sind auch die Gedanken von SCHWARZ, *Vom Bau der Kirche*, die Jungmann in diesem Zusammenhang ins Gedächtnis ruft: Wenn der geschlossene Kreis von der Gemeinschaft spricht und die Mahlgestalt unterstreicht, so hat Schwarz den Sinn »der ewigen Lücke« im offenen Ring betont und die tiefe Symbolik der »Prozessionskirche« herausgestellt, »in der das Volk auf dem Wege zu Gott hin dargestellt wird« (JUNGMANN, Rez. Nußbaum, 449). In der Tat zeigen die nachkonziliaren Erfahrungen deutlich genug, dass im geschlossenen Kreis leicht jene immanente Offenheit der Liturgie verlorengeht, die die Alte

werden, die den Vorrang der aktiven liturgischen Feier vor der Anbetung mit klaren biblischen Gründen herausgestellt haben, aber eine Gefahr unserer Form soll signalisiert werden, die mir unübersehbar scheint.

Des Weiteren: Dass es heute den radikalen Ruf nach Einfachheit gibt, der allen ästhetischen Glanz beiseiteschieben will, um die ursprüngliche Macht des Wortes und der Wirklichkeit neu zu erfahren, die hier auf uns zutreten, hat sein Recht, ja, seine Notwendigkeit: Die Kirche muss hier immer wieder neu in die Einfachheit der Ursprünge zurückgehen, um hinter allen Gestaltungen das Eigentliche zu erfahren und zu vermitteln. Aber zugleich darf dann doch nicht vergessen werden, dass das Abendmahl des Herrn halten vom Wesen her ein Fest begehen heißt und dass zum Fest auch die festliche Schönheit gehört: Der praeclarus calix reicht bis in die Stunde des Abendmahls zurück, und wenn die ganze Liturgie sich müht, praeclarus calix zu sein, kostbar leuchtendes Gefäß, in dem der Glanz des Ewigen uns schaubar und hörbar wird, braucht sie sich da von keinem Purismus und Archaismus hindern zu lassen. Vielleicht kann solche Schönheit selbstloserer Dienst sein als die Gestaltungsfreudigkeit, die sich in immer neuen liturgischen Ideen gefällt. Und endlich: Die Sprache der Liturgie muss verständlich sein, das ist unwiderruflich wahr und Grundgesetz der Liturgie. Aber als die Kirche aus ihrem semitischen Mutterboden

---

Kirche mit der gemeinsamen Wendung nach Osten (»Conversi ad Dominum«) ausdrücken wollte. Nur wer blind ist oder bewusst die Augen verschließt, kann heute noch übersehen, dass ein liturgischer Funktionalismus sich auszubreiten beginnt, in dem sich die Gemeinde nur noch auf sich selbst bezieht, in ihrem geschlossenen Kreis aber keinen Platz für den Herrn mehr hat. Der Hinweis Jungmanns sollte daher beachtet werden, dass die Erneuerung sinngemäß »weniger die Wendung des Altars zum Volk als vielmehr die Überwindung des allzu groß gewordenen Abstandes des Altares vom Volk« verlangt (449). Beispielhaft scheint mir nach wie vor die Lösung, die die syrische Kirche bereits im 4. Jahrhundert praktiziert hat: Der Wortgottesdienst wurde mitten im Gemeinderaum, in engster Kommunikation mit der Gemeinde, gehalten; bei der eucharistischen Feier hingegen stand der Liturge gemeinsam mit dem Volk nach Osten gewandt (446). Man sollte hier auch den terminologischen Hinweis Jungmanns beachten: Vom Sinn des Vorgangs her kann man nicht von einer »Abwendung vom Volk«, sondern nur von einer »Gleichrichtung« mit dem Volk sprechen.

fortging, hat sie ein paar Worte mitgenommen, die seither allen Christen gehören: das Amen, das Alleluja, das Hosanna und zuerst auch noch das Marana tha. Als Rom die griechische Sprache aufgab, tat es ähnlich: Man behielt das Kyrie eleison, das Hagios o Theos bei, und in der feierlichen Papstmesse wurde auch weiterhin (und wird bis heute) das Evangelium lateinisch und griechisch gelesen. Muss es nicht ein wenig schmerzlich berühren, wenn das Kyrie, der dünne Faden, der uns in den Jahrhunderten der Trennung mit den Kirchen des Ostens verbunden hat, nun weggenommen wird? Und übrigens: Wenn wir die Entscheidung Roms, das von der griechischen zur lateinischen Liturgie überging, uneingeschränkt für richtig halten, so werden wir doch auch nicht übersehen können, dass diese Entscheidung mit der Anfang der Trennung zwischen Ost und West gewesen ist, die weitgehend ein sprachliches und liturgisches Problem war. Die Sprache hat ein viel größeres Gewicht, als wir gewöhnlich bedenken. Das will heißen, dass in der Stunde, in der die Kirche sich abermals zu einer neuen Etappe ihres Weges durch die Geschichte aufmacht, die Übersetzung der Liturgie Gebot ist, aber nicht zum Bildersturm ausarten darf. Es gibt ein Gesetz der Kontinuität, das nicht ungestraft übertreten wird.

Und das alles zusammen heißt, dass zur Liturgiereform ein hohes Maß an innerkirchlicher Toleranz erfordert ist, die den nüchternen Namen für die christliche Liebe in diesem Bereich darstellt. Dass es daran oft nicht wenig fehlt, ist wohl die eigentliche Krise der liturgischen Erneuerung bei uns. Das Einanderertragen, von dem Paulus spricht; die Weiträumigkeit der Liebe, von der bei Augustin die Rede ist – sie allein können den Raum schaffen, in dem christlicher Gottesdienst zu wahrer Erneuerung zu reifen vermag. Denn der eigentlichste Gottesdienst der Christenheit ist die Liebe.

2. Kirche und Welt

Der zweite Bereich, in dem die neue Mentalität des Konzils besonders deutlich empfunden wird, so dass die Geister dadurch in Bewegung gesetzt worden sind, ist der Versuch, zu einer Neubestimmung des Verhältnisses von Kirche und Welt bzw. demgemäß auch von Christ und Welt vorzustoßen. Mario von Galli hat in seinen kürzlich erschienenen großen Konzilsband auch jenes bekannte, außerordentlich suggestive Bild aufgenommen, welches die Sankt-Patricks-Kathedrale in New York wie eine verlorene Insel des Vergangenen inmitten jener gigantischen Hochbauten zeigt, in denen sich der Geist der Gegenwart ausdrückt. Das Bild scheint ein Symbol für die Situation der Kirche in der Welt von heute zu sein: Wenn ehedem die Kirchen das Gesicht der Städte prägten und ihre hochragenden Türme über den Alltag hinaus aufs Ewige verwiesen, so hat in den modernen Hochbauten der Mensch die Monumente seiner eigenen Größe errichtet, die längst die Türme der Gotteshäuser überragen und den Blick zum Himmel verdecken, oder vielmehr: auch den Himmel als den Raum des Menschen, als Welt, deklarieren, die der Mensch zu erforschen und in Dienst zu nehmen sich anschickt. Die neugotische Kathedrale inmitten der stählernen Giganten, in denen sich die moderne Baugesinnung ausdrückt, scheint überdies ein bedrückendes Zeugnis der Gestrigkeit des Christlichen zu sein, das sich in der modernen Welt nicht mehr auszusagen vermag und so der modernen Welt auch nichts zu sagen hat.

Nicht erst das Konzil, sondern vorher schon die Jugendbewegung war der Ausdruck des Willens, mit der Gestrigkeit des Christlichen Schluss zu machen: Man hatte es satt, ob des Christseins als zurückgeblieben und weltfremd verlacht zu werden, entschlossen, Christentum mitten im Heute zu leben und es einzusenken in die Welt unseres Heute. Wer von diesem Wollen erfüllt war, dem musste es freilich ärgerlich sein, dass die päpstlichen Rundschreiben noch immer im Kurialstil, in der Sprachgestalt der Spätantike mit den Varianten, die Mittelalter, Renaissance und Barock hinzugefügt hatten, abgefasst wurden; dass die päpstliche Liturgie und auch das Pontifikalamt den Stil des byzantinischen Hofes, den Stil des Mittelalters und des Barock repräsentierten und wohl eine prunkvolle Schau des Vergangenen, ein lebendiges Museum der Kultur- und Kultgeschichte darstellten, aber nicht den Gottesdienst des heutigen Menschen; dass die katholische Theologie an die Formen des Mittelalters gebunden schien und so am modernen Menschen weithin vorbeiredete und dergleichen mehr. Wer hätte es nicht als befreiend empfunden, dass das Konzil sich auf die Seite derer stellte, die hier aufräumen wollten, den Staub des Vergangenen abschütteln, um frischen Wind einzulassen? Aber spätestens, als das Konzil daranging, in der Pastoralkonstitution über die Kirche in der Welt von heute das Weltverhältnis des Christen und der Kirche neu zu formulieren, zeigte sich, dass es um sehr viel mehr ging als um das Beiseiteräumen verstaubter Formen, dass die Frage grundsätzlicher gestellt war und dass es sich daher um eine tieferreichende Auseinandersetzung handelte, als es die zwischen Rubrikenwächtern und Anwälten des Heutigen hätte sein können.

Auf der theologischen Ebene kann man von zwei Phasen der Entwicklung sprechen, die freilich noch unabgeschlossen ineinandergreifen und überdies in den verschiedensten Formen und unter den verschiedensten Vorzeichen auftreten, so dass sie nur in einer Schematisierung getrennt herausgestellt werden können. Die erste Phase darf man als die inkarnatorische bezeichnen: Inkarnation wird als christliche Zentralkategorie neu entdeckt und zum Ausgangspunkt der ganzen theologischen Konstruktion genommen. Die Idee der Inkarnation bestimmt zunächst das Gottesverhältnis des Christen, die Richtung seiner Gottesbeziehung. Gott ist Fleisch geworden, d. h., Gott ist ausgezogen aus sich selbst, abgestiegen und eingetreten in das Fleisch dieser Welt. Gott lebt nicht in der Welt der reinen Ideen, er ist nicht wie die platonische Ideenwelt durch einen Abgrund von Welt und Materie getrennt, die nur Schatten des Eigentlichen wären, er ist selbst Fleisch geworden. Man geht ihm nach, indem man in diese Bewegung des Abstiegs, der Weltzuwendung eintritt, denn dort ist er zu finden, der absteigende Gott. Der christliche Gott, der menschgewordene Gott ist nicht ein Gott des Jenseits, sondern ein Gott gerade dieser Welt: Das Himmelreich, das Christus verkündigte, ist in Wahrheit ein Handeln Gottes an dieser Welt, nicht ein Ort jenseits von ihr. Und so hat christliches Glauben nichts mit der Leidenschaftslosigkeit, mit der resignierten Weltabwendung des Stoikers zu tun: Der Christus, der am Grab des Lazarus geweint und am Ölberg Angst gelitten hat, der Christus, der angesichts der Devotionalienhändler im Vorhof des Tempels von heiligem Zorn ergriffen wurde und der am Hochzeitsfest zu Kana als Fröhlicher unter Frohen teilgenommen hat, passt nicht in das stoische Ideal der leidenschaftslosen Geistigkeit, er hat die ganze Leidenschaft des wahrhaft menschlichen Menschen in den Dienst des Göttlichen gestellt, in den Dienst jenes Gottes, der selbst ein zürnender und eifersüchtiger, in allem aber ein liebender Gott ist. Aus solchen Erkenntnissen wurde ein menschliches, ein vitales, ein weltfrohes und, wie man nun gern sagte: ein inkarniertes Christentum abgeleitet, das sich nicht in Abtötung, Weltflucht und Jenseitserwartung verliert, sondern sich weltfroh mitten in das Heute hineinbegibt, sich an allem Schönen, Hohen und Großen freut, in ihm die Spuren des Christlichen entdeckt, das nun selbst wieder Fleisch annehmen und als konkreter Auftrag an diese Zeit in dieser Zeit verwirklicht werden soll. Schlagworte wie »Heimholen« und »Taufen« entstanden: Wie Thomas den Aristoteles getauft habe, so müsse die moderne Geistigkeit, getauft, dem Christlichen dienstbar gemacht werden; wie das Mittelalter die weltlichen Energien jener Zeit christlich genutzt habe, so müsse Ähnliches auch heute geschehen.

Aber an dieser Stelle setzt dann auch die Kritik an, welche zur zweiten Phase überleitet, die man als die eschatologische bezeichnen könnte. Der Theologie war inzwischen bewusst geworden, dass die Idee der Inkarnation in der Bibel keineswegs jene absolute Stellung einnimmt, die sie in der katholischen Spiritualität jetzt zu gewinnen anfing. Der christliche Glaube beginnt vielmehr im Neuen Testament mit dem Bekenntnis zur Auferstehung, das erst allmählich durch die theologische Reflexion rückverlängert wird, zunächst auf das Wort des historischen Jesus (Synoptiker) und schließlich auf die Idee der Inkarnation hin (Johannes), die so erst am Ende der neutestamentlichen Entwicklung als Fundierung des Grundthemas der Auferstehung auftritt, das seinerseits vom Kreuzesthema untrennbar ist. Entgegen dem, was der Optimismus der Inkarnationsidee bisweilen ausdrücklich versichert hatte, gibt es im Neuen Testament einen deutlichen Vorrang des Kreuzesthemas vor dem Inkarnationsthema, ja, die Inkarnationsthematik ist in der Bibel selbst schon Kreuzestheologie, denn Inkarnation heißt ja bereits Selbstpreisgabe Gottes und ist so der erste und entscheidende Schritt ins Kreuz hinein. Indessen, das korrigierende Element, das damit der Weltfreudigkeit des reinen Inkarnationsdenkens entgegentritt, wäre schwerlich in der Breite schnell zur

Wirkung gekommen, wenn sich nicht eine andere Einsicht damit verbunden hätte. Man begann sich allmählich zu fragen, ob denn nicht die Idee des inkarnierten Christentums, d.h. eines irdisch engagierten Glaubens und einer irdisch engagierten Kirche, schlussendlich auf eine Restauration des Mittelalters hinauslaufe, das in seiner Verquickung von Imperium und Sacerdotium ein Höchstmaß an Inkarnation des Christlichen erzielt hatte, aber uns gerade ob dieser Verquickung heute in hohem Maß bedenklich und fragwürdig erscheinen muss. So begannen allmählich die Parolen vom Heimholen und vom Taufen fragwürdig zu werden; die Idee der weltlichen Welt wurde modern, d.h. der Gedanke, dass der christliche Auftrag gar nicht die Verchristlichung der Welt sei, sondern vielmehr die Freisetzung der Welt in ihre Weltlichkeit hinein, Anerkenntnis der Welt als Welt, die eben als solche zu belassen und zu respektieren sei. Damit verbindet sich ein neues Geschichtsbild, das übrigens in der Eröffnungsansprache des Konzils durch Papst Johannes XXIII. deutlich aufklang: Bisher war man gewohnt, das Mittelalter als die christliche Idealzeit anzusehen, deren volle Deckung von Kirche und Welt als das anzustrebende Ziel betrachtet wurde; die Neuzeit aber wurde als der große Abfall gewertet, der Geschichte vom verlorenen Sohn verglichen, welcher sein Vermögen in die Hand nimmt und auszieht aus dem Vaterhaus, um dann – im Zweiten Weltkrieg – nach den Trebern der Schweine Hunger zu haben; in solchen Vergleichen klang dann auch schon die Hoffnung auf baldige Heimkehr auf. Jetzt wurde gerade die neuzeitliche (ins Mittelalter selbst zurückreichende) Wende zur Eigenständigkeit der weltlichen Welt als Vollzug der christlichen Verwandlung der Geschichte angesehen und damit der christliche Horizont nach vorwärts orientiert, statt sich im Rückblick auf das Mittelalter zu verlieren. Bei Johannes XXIII. kann man vielleicht die schärfste Kritik der Mittelalterromantik finden, jenes Zurückschauens, das die Dinge nur immer ins Schlechtere abgleiten sieht und die schweren Gefahren der Verquickung von Kirche und Welt wie die neuen Möglichkeiten der Freiheit des Glaubens dabei übersieht, die aus der neuzeitlichen Wende erwachsen; das Ganze aber führt bei dem Papst des Konzils zu einer Theologie der Hoffnung, die fast an naiven Optimismus zu grenzen scheint: »Tantum aurora est; et iam primi orientis solis radii quam suaviter animos afficiunt nostros« heißt eine der erstaunlichen Formulierungen jener denkwürdigen Rede, die den Geist des Konzils entscheidend geprägt hat.[5] Wenn es sich bei Johannes ganz um einen Optimismus aus dem Glauben heraus handelt, so ist doch klar, dass die Verwechslung mit dem Fortschrittsoptimismus der Zeit nahelag und dass auch hier die klärende Auseinandersetzung unentbehrlich war.

Auf dem Konzil ist diese Auseinandersetzung freilich nicht bis zur eigentlichen Tiefe der Fragestellungen vorangetrieben worden, hauptsächlich, weil die theologischen Gegensätze, um die es hier geht, fast vollständig überdeckt waren durch den theologisch vordergründigen, aber praktisch höchst wirksamen Gegensatz zwischen kurialer Tradition und moderner Theologie, der die inneren Fragen und Fraglichkeiten der letzteren selbst kaum zum Zuge kommen ließ. Auch wenn die Formulierungen des Konzils behutsam und in vielem wirklich klärend und vorwärtsweisend sind, war von der gegebenen Frontstellung her das Echo des Konzils in einer bestimmten Richtung festgelegt: Dieses Echo unterschied nur zwischen kurial und fortschrittlich und identifizierte diesen Gegensatz mit weltabgewandter und weltoffener Christlichkeit (obwohl doch in Wirklichkeit die Kurie sich sehr wohl auf die Geschäfte dieser Welt versteht und ihre politische Auffassung des Christlichen mit zu den Vorwürfen gehört, die man ihr in anderen Zusammenhängen macht). Diese Vereinfachung ist zu einem Hauptgrund geistiger Verwirrung geworden, sie führt nicht selten zu einem Missverständnis des Konzils und bedeutet doch zugleich auch den fruchtbaren Auftrag zu einem energischen Ringen um die christliche Spiritualität in der Welt von heute.

Es kann nun nicht die Aufgabe dieses Beitrags sein, der die Situation der Kirche nach dem Konzil beschreiben will, in eine Behandlung der Probleme einzutreten, die sich hier stellen. Eines aber kann auf jeden Fall gesagt werden: Eine Weltzuwendung der Kirche, die ihre Abwendung vom Kreuz darstellen würde, könnte nicht zu einer Erneuerung der Kirche, sondern nur zu ihrem Ende

---

[5] Zitiert nach der amtlichen Ausgabe der Konzilstexte: *Constitutiones, decreta, declarationes*, 870. Zum Verständnis des Hintergrunds Willam, *Angelo Roncalli*.

führen. Der Sinn der Weltzuwendung der Kirche kann nicht sein, den Skandal des Kreuzes aufzuheben, sondern allein der, ihn in seiner ganzen Blöße wieder zugänglich zu machen, indem alle sekundären Skandale weggeräumt werden, die sich dazwischengeschaltet haben und leider oft genug die Torheit der Liebe Gottes mit der Torheit der Eigenliebe der Menschen verdecken und so freilich einen falschen Anstoß geben, der sich zu Unrecht hinter dem Anstoß des Meisters verschanzt. Anders ausgedrückt: Der christliche Glaube ist für den Menschen aller Zeiten ein Skandal: dass der ewige Gott sich um uns Menschen annimmt und uns kennt, dass der Unfassbare in dem Menschen Jesus fassbar geworden, dass der Unsterbliche am Kreuz gelitten hat, dass uns Sterblichen Auferstehung und ewiges Leben verheißen ist: Das zu glauben ist für den Menschen eine aufregende Zumutung. Diesen christlichen Skandal hat das Konzil nicht aufheben können und wollen. Aber wir müssen hinzufügen: Dieser primäre Skandal, der unaufhebbar ist, wenn man nicht das Christentum aufheben will, ist in der Geschichte oft genug überdeckt worden von dem sekundären Skandal der Verkündiger des Glaubens, der durchaus nicht wesentlich ist für das Christentum, aber sich allzu gern mit dem Grundskandal verwechseln lässt und sich in der Pose des Martyriums gefällt, wo man in Wahrheit nur das Opfer der eigenen Engstirnigkeit ist. Sekundärer, selbstgemachter und so schuldhafter Skandal ist es, wenn unter dem Vorwand, die Rechte Gottes zu verteidigen, nur eine bestimmte gesellschaftliche Situation und die in ihr gewonnenen Machtpositionen verteidigt werden. Sekundärer, selbstgemachter und so schuldhafter Skandal ist es, wenn unter dem Vorwand, die Unabänderlichkeit des Glaubens zu schützen, nur die eigene Gestrigkeit verteidigt wird: nicht der Glaube selbst, der längst vor jenem Gestern und seinen Formen war, sondern eben die Form, die er sich einmal aus dem berechtigten Versuch heraus verschafft hat, in seiner Zeit zeitgemäß zu sein, aber nun gestrig geworden ist und keinerlei Ewigkeitsanspruch erheben darf. Sekundärer, selbstgemachter und so schuldhafter Skandal ist es auch, wenn unter dem Vorwand, die Ganzheit der Wahrheit zu sichern, Schulmeinungen verewigt werden, die sich einer Zeit als selbstverständlich aufgedrängt haben, aber längst der Revision und der neuen Rückfrage auf die eigentliche Forderung des Ursprünglichen bedürfen. Wer die Geschichte der Kirche durchgeht, wird viele solcher sekundären Skandale finden – nicht jedes tapfer festgehaltene Non possumus war ein Leiden für die unabänderlichen Grenzen der Wahrheit, so manches davon war nur Verranntheit in den Eigenwillen, der sich gerade dem Anruf Gottes widersetzte, der aus den Händen schlug, was man ohne seinen Willen in die Hand genommen hatte. Das Gefährliche aber ist, dass dieser sekundäre Skandal sich immer wieder mit dem primären identifiziert und ihn dadurch unzugänglich macht, den eigentlich christlichen Anspruch und seine Schwere hinter den Ansprüchen seiner Boten verdeckt.

Und nun noch einmal: Das Konzil hat den christlichen Skandal selbst nicht abbauen können und wollen, nein: es hat ihn deutlicher sichtbar und zugänglich zu machen versucht, indem es die sekundären Skandale abzubauen sich mühte – das ist der wahre Sinn des »Aggiornamento«, der Heutigwerdung des Christlichen. Ja zu dem Skandal Gottes, Ja zu dem Skandal einer Liebe, die so weit geht, dass sie unmöglich scheint; Nein zu dem Skandal der Christen, als wäre er der Skandal Gottes selbst, hinter dem sich nun die Menschen mit ihrem eigenen Wollen verbergen. Das Konzil hat auf diese Weise christlichen Glauben nicht billiger, wohl aber in jenem sehr tiefen Sinn einfacher machen wollen, der ihm nichts von seiner wahren Schwere nimmt, die den Menschen erst zu seiner wirklichen Größe führt. Es ist unerhört einfach und zugleich unerhört schwer, einen Menschen wahrhaft zu lieben. Es kann außerordentlich kompliziert sein, eine bestimmte mathematische oder technische Aufgabe zu lösen, aber es ist nicht schwer in jenem Sinn, in dem es schwer ist, dem ganzen Anspruch einer großen Liebe zu genügen. Der Glaube aber gehört der Ordnung der Liebe zu: Wenn er manchmal ob alles Gestrigen, das er mit sich führte, kompliziert zu werden schien, wie eine schwer durchschaubare geometrische Gleichung, so hat das Konzil versucht, ihm seine wahre Einfachheit wiederzugeben: die Einfachheit einer großen Liebe, die das Schwerste und das Leichteste zugleich ist, weil sie nicht mehr und nicht weniger als uns selbst verlangt.

3. Die Wendung zur Ökumene

Nur mit einem kurzen Ausblick soll abschließend noch auf die dritte große Bewegung eingegangen werden, mit der das Konzil weit ins kirchliche Bewusstsein hineingewirkt und die Physiognomie des Katholizismus umzuprägen begonnen hat: die Wende zur Ökumene. Es ist nicht notwendig, hier noch einmal ausführlich jenes Gefühl der Dankbarkeit zu bekunden, das uns vor diesem Geschehen überkommt. Wer hätte noch vor zehn Jahren zu hoffen gewagt, dass die ganze katholische Kirche von einem so brennenden Empfinden ihres Ungenügens, ihres Zurückbleibens hinter dem Auftrag des Herrn ergriffen werden würde, wie es nötig war, um diesen ökumenischen Impuls auszulösen? Wer hätte zu hoffen gewagt, dass ein so leidenschaftliches Suchen nach den Möglichkeiten der Nähe und des Verstehens aufbrechen würde, eine so lebendige Bereitschaft, das bisher Selbstverständliche und als einzig möglich Erscheinende zu revidieren, um über die bloße Forderung nach Rückkehr hinauszufinden und auf die Möglichkeit einer Vereinigung hinzukommen, die nicht Absorption, sondern wirkliche Begegnung in der Wahrheit und der Liebe des Herrn ist, die über uns allen steht und die uns alle umfängt und trägt? Wer hätte noch vor zehn Jahren anzunehmen gewagt, dass die amtliche Sprache der Kirche beginnen würde, mit vollem Bewusstsein nicht nur die Kirchen des Ostens, sondern auch Gemeinschaften, die aus der Reformation hervorgekommen sind, als Kirchen zu bezeichnen? Das alles braucht hier nicht nochmals bedacht zu werden; wenn es hier vor etwas zu warnen gilt, dann vor dem falschen triumphalistischen Gefühl, als wären hier Leistungen zu rühmen, wo es doch allein rechtens ist, für ein Geschenk zu danken, dem nämlich, von dem jede gute Gabe kommt: Gott dem Vater durch Christus im Heiligen Geist.

Freilich: Wo die Dinge in den Alltag eintreten, haben sie ihre Mühsal, und dieses übersehen oder kurzerhand überspringen zu wollen, könnte schließlich der Sache selbst gefährlich werden. Da gibt es auf evangelischer Seite – um wieder im Bereich des deutschen Katholizismus zu verbleiben – ein gewisses Misstrauen, ob das Ganze nicht doch bloß Taktik sei, aber auch eine Überforderung, die alles nur am Maßstab Luthers misst und dann notwendig immer auf ein Zuwenig und Zukurz hinausläuft, weil der eigene Maßstab nicht noch einmal kritisch bemessen und befragt wird. Da gibt es auf katholischer Seite dann die Ärgerlichkeit darüber, dass doch der eigene gute Wille so wenig erwidert werde, dass sich Ökumenismus zu einer Einbahnstraße entwickle, in der es nur eine Einfahrt, aber keinen Gegenverkehr gebe. Und es gibt freilich zugleich jene naive Voreiligkeit, die die Kontroverstheologie für beendet erklärt, die keine Unterschiede mehr sehen will, die alles verharmlost, indem sie es auf bloße Missverständnisse zurückführt, hinter denen nun plötzlich das große Einverständnis auftaucht; die es sich zu einfach macht, indem sie nur noch den Plural »die Kirchen« sieht und darüber vergisst, sich dem schweren Anspruch zu stellen, der darin liegt, dass die katholische Kirche das Paradoxe wagt und wagen muss, inmitten des angenommenen Plurals sich dennoch auf eine einzigartige Weise den Singular »die Kirche« zuzuschreiben. Und solch unkritischer Progressismus weckt dann wiederum seinen Gegenpart, den Integrismus auf, der das Ökumenische als unkatholisch verdächtigt und umso leichter Anhänger findet, je unbesonnener da und dort die Sache des Ökumenischen wahrgenommen wird. Dazu kommt die Mühsal des Alltags. Die Mischehengesetzgebung ist nur ein Teil davon, das Leben in der gemischten Ehe ein anderer, der mühsam bleiben wird, wenn die Gesetzgebung eines Tages vielleicht noch so optimal wäre: Hier ist die Wunde der Spaltung konkret auszuhalten, sie spaltet da, wo Menschen sich am nächsten sind, und die Heilung der Not könnte im Letzten nur die Heilung der Spaltung selber sein. Aber die Mühsal des Alltags reicht weiter: in das zähe Ringen um den Proporz auf allen möglichen Gebieten, in alle die kleinen Verdrießlichkeiten, die Tag um Tag aus der Spaltung hervorwachsen können. Wer das überspringt, verkleinert, verschweigt, hilft nur dazu, einem Umschlag in den Integrismus den Weg zu bereiten, so wie die Übertreibungen der liturgischen Bewegung am Ende dieser selbst schaden.

So muss auch hier die konkrete Form der Dankbarkeit die Geduld bleiben. Sie ist, wie schon gesagt, die Alltagsform der Liebe, in der zugleich der Glaube und die Hoffnung mit anwesend sind. Denn ohne die Hoffnung, die aus dem Glauben kommt, müsste die Geduld zur Resignation werden und damit jene Dynamik verlieren, die das Einanderertragen zum Einandertragen macht und so aus der Bescheidung der Klugheit, die sich ans Mögliche hält, die positive Kraft der Verwandlung und der Einung werden lässt. Dass eine solche Form der Geduld die menschliche Kraft überschreitet und uns letztlich nur zukommen kann vom Herrn her, der uns immerfort erträgt und trägt, das zu begreifen bedeutet das wirkliche Ende des Triumphalismus, auch des nachkonziliaren, und die Einsicht, wo der wahre Platz der Kirche ist: unter dem Kreuz des Herrn, bei Simon von Kyrene, der ein wenig mitzutragen versucht und erst später erkennen wird, wie sehr er darin selbst getragen wird. So führen alle Überlegungen über die Situation der Kirche nach dem Konzil im Grunde immer wieder zu demselben hin: zu der Liebe, von der die Kirche lebt, indem sie sie vom Herrn her empfängt und jederzeit aufgefordert ist, sie selbst zu geben.

Damit komme ich zum Schluss. Vielleicht hätten Sie ein optimistischeres, ein freudigeres und helleres Bild erwartet. Vielleicht gäbe es auch manchen Anlass dazu. Aber es scheint mir wichtig, das, was uns auf dem Konzil freudig und dankbar gemacht hat, nun auch in seiner Zweigesichtigkeit zu erkennen und so den Auftrag zu verstehen, den es enthält. Und es scheint mir wichtig, den gefährlichen neuen Triumphalismus zu erkennen, zu dem oft gerade die Gegner des Alten tendieren. Solange die Kirche auf Erden pilgert, hat sie keinen Grund, sich ihres eigenen Werkes zu rühmen. Solches Rühmen könnte gefährlicher werden als Pfauenwedel und Tiara, die uns ohnedies mehr zum Lächeln als zum Stolz veranlassen. So ist das Konzil kein Verdienst der Kirche, auf das sie nun pochen und das sie anderen als Ruhmestitel entgegenhalten könnte, sondern ein Anruf des Herrn, ihm nachzugehen, gemäß dem schönen Wort des heiligen Paulus: »Nicht als hätte ich es schon erlangt oder ich wäre schon am Ziel; aber ich jage ihm nach, um es zu ergreifen, da ja auch ich ergriffen wurde von Christus Jesus. Brüder, noch kann ich nicht damit rechnen, dass ich es schon ergriffen hätte; aber eines tue ich: Ich vergesse, was hinter mir liegt, und strecke mich aus nach dem, was vor mir liegt« (Phil 3,12f.). Solange die Welt Welt ist, ist die Kirche auf Pilgerschaft, dem Herrn entgegen. Das Konzil ist nicht eine Herberge, in der man sich gütlich tun und des Weges vergessen könnte, es ist ein neuer Aufbruch, vorwärts: dem Herrn entgegen.

Interview für Redención

Kurz nach der ersten Vollversammlung der deutschen Pastoralsynode im Januar 1971 baten mich zwei in Regensburg studierende spanische Theologen aus dem Passionistenorden um ein Interview über die Synode, das in der von den spanischen Passionisten herausgegebenen Zeitschrift »Redención« veröffentlicht wurde. Der deutsche Text des Interviews, das die noch weithin unbestimmte Situation des Anfangs widerspiegelt, wird hier unverändert vorgelegt.

Frage 1: Welche Haltung haben Sie, als Synodale und als moderner Theologe, in Beziehung zur Synode? Sind Sie zufrieden mit den Ergebnissen der konstituierenden Sitzung in Würzburg?

Meine Haltung zur Synode kann ich schwer mit wenigen Sätzen ausdrücken, weil es sich um ein recht vielschichtiges Problem handelt. Die Synode hat in einer Situation, in der gegensätzliche Strö-
111 mungen in der Kirche gegeneinander stehen und sich gegenseitig bekämpfen, sicherlich insofern eine positive Funktion, als sie alle Strömungen zu einem verantwortlichen Gespräch vereinigt und sie damit nötigt, aufeinander zu hören und gemeinsame Aussagen in der Verantwortung vor der Kirche in Deutschland und schließlich vor der ganzen Kirche zu suchen. Die Möglichkeit, sich kennenzulernen; die Notwendigkeit, Ergebnisse anzustreben, die allen prinzipiell annehmbar sind, und die Beteiligung an der Verantwortung sind sicher positive Momente, die Hoffnung geben können.

Andererseits bleiben natürlich doch auch viele Fragen offen. Die Aufgabenstellung der Synode ist nicht genau umschrieben. Sie will sich praktisch mit allem befassen. An der Unbestimmtheit und Weiträumigkeit der Aufgaben hat schon das Zweite Vatika-

num gelitten und zweifellos wird daraus auch hier ein erhebliches Problem entstehen. Man kann die Befürchtung nicht ganz ausschließen, dass die Synode bei dem Bestreben, sich über alles zu äußern, im Streit um ihre Methode und ihre Themen steckenbleibt. Das kann aber dann dazu führen, dass die Gegensätze, zu deren Überwindung die Synode beitragen sollte, von ihr eher verschärft werden. Die einzelnen Gruppen werden möglicherweise auf ihren Themen bestehen und Fragen synodal zu lösen versuchen, die Aufgabe der Theologie sind und gar nicht in eine synodale Formel gepresst werden können. So kann es auch dazu kommen, dass die Synode die Parteienbildung in der Theologie 112
und damit schließlich die Parteienbildung in der Kirche fördert. Die Öffentlichkeit will über die Synode informiert sein, ist aber nicht imstande, sich auf die komplizierten Sachfragen der Theologie einzulassen und schematisiert sich das Ganze dann in das bequeme politische Modell entgegenstehender Parteien, etwa fortschrittlich und konservativ. Dieses politische Schema, das mit der Sachbezogenheit der Theologie nicht vereinbar ist, wirkt dann aber doch auf die Theologie zurück und gefährdet ihre Sachlichkeit. Auch die Gefahr, dass die Kirche sich im Zusammenhang mit der Synode zu sehr mit den Problemen ihrer Struktur beschäftigt und die Aufgaben des christlichen Lebens darüber in den Hintergrund treten, ist nicht von der Hand zu weisen. Es könnte dann dahin kommen, dass man Kirche als Gremium politischer Beratung und Aktion missversteht und von ihrem eigentlichen Kern abgelenkt wird, der im Leben aus dem Glauben liegt. Insofern kann man heute noch gar keine abschließende Haltung beziehen, weil einfach noch zu vieles offen ist.

In ähnlicher Weise müsste ich auch meine Stellungnahme zur ersten Sitzung differenzieren. Erfreulich war ihre Sachlichkeit. Erfreulich war das gesunde Empfinden für das Sinnvolle und praktisch Vorwärtsführende, das sich dabei gezeigt hat. Erfreulich war auch, dass ganz offensichtlich die Mehrheit der Synode Extremen 113
abträglich ist und eine gesunde Mitte repräsentiert, die weiß, dass Kirche im Heute leben muss, wenn sie überhaupt leben will; dass sie aber auch Kirche bleiben muss, wenn sie Sinn behalten soll. Aber zu einem noch weitergehenden Optimismus besteht noch kein Grund. Man hat bis jetzt nur juristische Probleme klären

müssen und die lassen sich einigermaßen lösen, wenn es vernünftige Sachverständige gibt und wenn die Übrigen bereit sind, der Gemeinvernunft zu folgen und die Dinge entsprechend zu regeln. Im Übrigen war deutlich zu erkennen, dass nur eine kleine Gruppe von Synodalen klar weiß, was sie mit der Synode will: Diejenigen, die dem Frankfurter Kreis nahe stehen. Ihr erklärtes Ziel – eine stärkere Verunsicherung der Kirche – kann aber gerade nicht das Ziel der Synode im Ganzen sein. Die Gefahr, dass sich die vielen guten Normalchristen, die in der Synode vertreten sind, etwas naiv und harmlos treiben lassen, abwarten, was da kommt, scheint mir unbestreitbar. Wenn man positive Ergebnisse erreichen will, werden auch andere Gruppen sich ähnlich untereinander verständigen müssen, wie die Frankfurter; nur eine entsprechende Vorarbeit auf den unteren Ebenen kann ein Gelingen des Ganzen – menschlich gesprochen – einigermaßen wahrscheinlich machen.

114 *Frage 2: Was meinen Sie über die Diskussion Flatten – Rahner? Welche ist Ihre Tendenz?*

Ich bedauere diese Diskussion. Es ist einfach unmöglich, in einer Redezeit von fünf Minuten so grundlegende Probleme sachgemäß zu behandeln, wie sie hier zur Debatte standen. Ein prinzipieller Hinweis darauf, dass die Synode sich nicht einfach in Anpassung an den Zeitgeist gefallen darf, sondern auch den Mut zum Nein haben muss, war durchaus berechtigt. Aber dieser Hinweis war durch mehrere Redner (vor allem durch den ehemaligen Kultusminister Paul Mikat) bereits sehr eindrucksvoll gegeben. Insofern war Flattens Wortmeldung unnötig; misslich war an ihr, dass sie in Einzelheiten einzutreten versuchte, die notwendig zu undifferenziert blieben. In dieser Hinsicht ist es zu verstehen, dass Rahner sich von den Zaungästen der Synode zu einer Antwort drängen ließ – das Verlangen nach einer Antwort stand geradezu spürbar im Raum. Ich muss freilich hinzufügen, dass das, was Rahner gesagt hat, nach meinem Dafürhalten der Sache nicht gerecht wurde. Denn nun musste der Eindruck entstehen, als ob es ein unzweideutiges Ja und Nein in der Kirche überhaupt nicht mehr gäbe. Gerade damit ist aber niemandem gedient. Es käme darauf an, die zwei hier auseinandergeratenen Teile zueinander zu bringen und klar

zu machen, dass einerseits das Dogma das Denken nicht abschneidet, sondern herausfordert, dass es aber andererseits doch eine 115
klare Aussage enthält, für die einzustehen nötig ist und sich lohnt.

Frage 3: Welche sind nach Ihrer Meinung die wichtigsten und dringendsten Probleme der katholischen Kirche in Deutschland?

Das ist eine sehr schwierige Frage, auf die offensichtlich auch in der Vorbereitung der Synode keine präzise Antwort gefunden worden ist. Ich möchte vorab sagen, dass mir das Grundproblem in der Kirche nach dem Konzil allenthalben das gleiche zu sein scheint: Es kommt darauf an, dass der Schwerpunkt der christlichen Existenz wieder richtig gesetzt wird. Es wird, konkreter gesagt, darauf ankommen, dass von der Überfülle der Diskussionen nicht das konkrete Leben aus dem Glauben erstickt und erdrückt wird. Andererseits sind die Diskussionen ja nicht zufällig entstanden – es war dem Glauben einfach nicht mehr gelungen, sich als eine Sache der Gegenwart darzustellen. So wird es darauf ankommen, eine Aussageform des Glaubens und eine Weise des Betens zu finden, durch die einerseits der Glaube sich selbst treu bleibt, aber andererseits seine Beziehung auf die Gegenwart und seine Vollziehbarkeit im Heute klar wird. Das schließt eine Reihe praktischer Fragen ein. Dazu gehört die Aufgabe, eine zeitgemäße Form der kirchlichen Ämter und der Mitverantwortung der Laien zu finden; 116
eine Struktur der Seelsorge, die der modernen Industriegesellschaft angemessen ist usw. Die Frage des Religionsunterrichts wird gründlich überlegt werden müssen, auch das Verhältnis der Kirche zum Staat und zu den bestimmenden Kräften der Gesellschaft muss sorgfältig überdacht werden. Dringlich ist die Frage der Priesterausbildung, ebenso die richtige Einordnung der Theologie ins Ganze des kirchlichen Lebens.

Frage 4: Könnten Sie, als Fachmann in dogmatischen Fragen, die wichtigsten Glaubensprobleme, die Ihre Sachkommission vor sich hat, für unsere Leser hier skizzieren?

Die Glaubenskommission ist erst noch dabei, endgültig ihren Arbeitsbereich festzulegen. Einstweilen hat sie sich entschlossen, um

überhaupt einen Einstieg in die Arbeit zu finden, zunächst den
Prioritätenvorschlag der Vorbereitungskommission der Aufteilung
ihrer Arbeit zugrundezulegen. Demnach ergeben sich folgende
Problemkreise: Konkrete Schritte zur Reform der Predigt, indivi-
duelle Glaubenshilfe; Überprüfung der Stellung und Bedeutung
des schulischen Religionsunterrichts; außerschulische Formen re-
ligiöser Unterweisung vom Kleinkind bis zur Erwachsenenbil-
117 dung; praktische Orientierungshilfen für inhaltliche Schwerpunk-
te der Verkündigung; Gemeindefrömmigkeit und gegenwärtige
Theologie; in diesem Zusammenhang die Frage nach der Weise
der Verkündigung und des Glaubens in unserer technisch-wissen-
schaftlichen Welt überhaupt. Am weitesttragenden sind offen-
sichtlich die beiden zuletzt genannten Fragebereiche. Das Pro-
blem, die inhaltlichen Schwerpunkte der Verkündigung richtig zu
finden, scheint mir von besonderer Bedeutung. Freilich bedarf es
dazu vieler theologischer Vorarbeit und sehr viel mehr als ein paar
grundsätzliche Anregungen wird die Synode schwerlich geben
können. Hier müssen das gemeinsame Leben des Glaubens, die
Arbeit der Prediger und das Nachdenken der Theologen solida-
risch ineinandergreifen und langsam einen neuen Weg ermögli-
chen.

Frage 5: Glauben Sie, dass die junge Welle der deutschen katholischen Kirche in der Synode gut vertreten ist?

Ich weiß nicht genau, was Sie unter der jungen Welle verstehen. Ich
glaube, man muss doch auch da sehr differenzieren. Als Vertreter
der jungen Welle sehen sich ja wohl hauptsächlich die Mitglieder
der sogenannten Solidaritätsgruppen an, bei denen aber auch sehr
unterschiedliche Kräfte vereinigt sind. Es gibt in ihrer Ungeduld,
118 in ihrem Verlangen, dem Menschen zu helfen und die Zeichen der
Zeit aufzugreifen, sicher Dinge, die man sehr ernst nehmen muss.
Aber es gibt auch anderes, das man nur sehr kritisch betrachten
kann, so vor allem eine Geschichtslosigkeit, die glaubt, erst jetzt
beginne die wahre Kirche und die das Heil weit mehr vom Sieg des
Zeitgeistes als vom Heiligen Geist zu erhoffen scheint. Und dazu
möchte ich nun sagen, dass diese Einstellung keineswegs von allen
jungen Leuten geteilt wird. Viele, gerade solche, die näher damit

zu tun bekommen haben, fühlen sich von der hier aufgekommenen Arroganz abgestoßen und suchen sehr entschieden nach den zentralen Quellen des Glaubens, nach einem lebendigen Gottesdienst und nach einem Leben aus den innersten Impulsen des Evangeliums. Persönlich sind sicher beide Sorten von »junger Welle« in der Synode vertreten. Die Erstere ist freilich einstweilen besser organisiert und von einer erstaunlichen Lautstärke in der Öffentlichkeit.

Frage 6: (Keine politisch-theologische Frage, aber:) Was für eine Meinung haben Sie über die heutige Kirche Spaniens?

Ich kenne Spanien leider viel zu wenig, als dass ich dazu mir eine
abgeschlossene Meinung erlauben dürfte. Ich habe das Gefühl,
dass die Kirche in Spanien vor schwierigen Entscheidungen steht.
Die alten Formen der Verbindung von Kirche und Gesellschaft, 119
von Kirche und Staat sind dort länger als anderswo bestehen geblieben. Nun aber drängen die Probleme der modernen Welt auf allen Gebieten mit einer unnachgiebigen Schärfe heran. Die Distanz, die zwischen den bisherigen Formen kirchlichen Lebens und theologischen Denkens einerseits und dem neu Herankommenden auf der anderen Seite zu überwinden ist, scheint mir besonders groß und das wird sicher zu kritischen Situationen führen. Andererseits bemerke ich in der Begegnung mit spanischen Theologen immer wieder eine solche Entschlossenheit, das authentisch Christliche heute zu leben, dass mir scheint, man könne in die positive Kraft der Überlieferung, in die gegenwärtige Vitalität des Glaubens in Spanien große Hoffnungen setzen und dürfe zuversichtlich den schwierigen Entscheidungen entgegensehen, die bevorstehen.

Zehn Jahre nach Konzilsbeginn – wo stehen wir?

Zufällig fiel mir dieser Tage beim Blättern in alten Papieren die Nummer des RuhrWorts vom 13. Oktober 1962 in die Hände. Dort wird berichtet, der französische Historiker und Schriftsteller Daniel-Rops habe festgestellt, das begonnene Konzil werde wenig oder überhaupt nichts von einem Lehrkonzil an sich haben. Auf die Frage, ob es sich dann um die Bewältigung einer Krise handle, ob die Kirche dringend einer »Reform« bedürfe wie etwa im 15. Jahrhundert, antwortete er: Ganz sicher nicht; er zitiert dabei zustimmend folgende Äußerung des damaligen Mailänder Kardinals Montini: »Im Unterschied zu vielen anderen Konzilien tritt das Vaticanum II in einem friedlichen glaubenseifrigen Lebensaugenblick der Kirche zusammen.« Wer das heute liest, wer die damalige Äußerung Montinis mit dem vergleicht, was der gleiche Mann heute als Paul VI. unermüdlich predigt, nimmt mit einiger Erschütterung wahr, wie lang zehn Jahre sind. Damals behauptete im Grunde niemand, dass die Kirche in einer Krise sei, heute leugnet es niemand, wenn auch die Meinungen über ihre Art und ihre Gründe weit auseinanderklaffen.

Was ist geschehen? Hat etwa das Konzil die Krise geschaffen, da es keine zu überwinden hatte? Nicht wenige sind dieser Meinung. Sie ist sicher nicht gänzlich falsch, aber sie trifft doch auch nur einen Teil der Wahrheit. Zur Beurteilung dessen, was seither geschehen ist und was heute weiterhelfen kann, reicht eine solche Auffassung gewiss nicht aus. Ich muss mir hier versagen, die gegensätzlichen Strömungen zu skizzieren, die sich vor dem Konzil in der katholischen Theologie im Gegenüber mit den Problemen einer schnell sich wandelnden Welt aufgebaut und zunächst unter der gemeinsamen Flagge des Progressismus vereint hatten. Das allmähliche Aufbrechen ihrer tieferen Unvereinbarkeit gehört zu den Vorgängen, die sich seit dem Ende des Konzils, besonders seit der Beratung über die Pastoralkonstitution »Die Kirche in der Welt von heute« langsam abzeichneten, um dann ein immer schnelleres Tempo anzunehmen. Wichtig scheint mir aber vor allem, dass das Konzilsende sich in der allgemeinen geistigen Situation der Menschheit, besonders der westlichen Welt, mit einem Generationswechsel von einschneidender Bedeutung verband: mit dem Umschlag von der ersten zur zweiten Nachkriegsgeneration. In dem Maß, in dem er sich vollzieht, bestimmt nicht mehr der Elan einer aus dem Nichts wieder aufzubauenden Welt das Bewusstsein, sondern die drückende Macht einer schon fertig erbauten Welt, in der alles schon getan ist, die aber keinen Sinn anbietet. An diesem Sinn-Vakuum war auch die Nachkriegstheologie nicht ganz unschuldig. Sie hatte sich unter der Führung des existentialistischen Denkens in die Nicht-Objektivierbarkeit von Glaube und Sinn geflüchtet, um die Welt der reinen Sachlichkeit zu überlassen. In der Phase des Aufbaues hatte man diese Freigabe der Welt an ihre eigenen Gesetze als nützlich empfunden; jetzt aber erschien die wertfreie Sachlichkeit der Wirtschaft und der Politik zusehends als fragwürdig; sie erschien immer mehr als der Deckmantel, hinter dem sich Interessen verbargen, die ans Licht gezogen werden mussten. So bricht im Augenblick, in dem ein Höhepunkt des Wiederaufbaues erreicht scheint, die Revolte gegen die fertige und gerade in ihrem Fertigsein sinnlose Welt auf: Man muss zerstören, um wieder bauen zu können. In einem Werbebuch über Kanada stieß ich auf das Gedicht eines jungen Menschen, der schildert, wie ihm die Welt des Wissens verkörpert in einem Atlas begegnet, in dem jeder Weg, jede Furt, jedes Wasser und jeder Hügel schon eingetragen ist; es gibt nichts mehr zu entdecken, bis er schließlich den Atlas verbrennt, um selbst die Wege der Welt zu finden. Das scheint mir ein treffendes Symbol für dieses Gefühl des Erstickens in einer Welt, die alles anbot, nur kein Wozu.

Nach den ersten wilden Erschütterungen kristallisieren sich inzwischen zwei gegensätzliche Modelle der Wirklichkeitsbewältigung: das neopositivistische, in welchem das Konzept rationaler Reform, sachorientierter Weiterentwicklung bestimmend ist, und das neomarxistische, das von den Positivisten nicht zu Unrecht als krypto-theologisch apostrophiert wird: Gerade die positivistische Sachlichkeit wird als Deckmantel von Ideologien und Interessen verabscheut und so bewusst Politik nicht sachlich, sondern aus marxistischen Glaubenssätzen entwickelt. Wir können hier, bei dem Versuch, die nachkonziliare Entwicklung der katholischen Kirche und ihren heutigen Standort zu ermitteln, der politischen und wirtschaftlichen Problematik dieser Ausgangspunkte nicht weiter nachgehen, sondern müssen versuchen, zu sehen, wo das Lebensgefühl der von hier aus geprägten Generationen seine Berührungspunkte mit Glaube und Theologie fand. Zwei Stichworte scheinen mir kennzeichnend für dieses Problem: Die neue Bewegung bedeutet Abschied von der Geschichte und Abschied von der Metaphysik.

Abschied von der Geschichte: Die Geschichte repräsentiert in diesem Bewusstsein die fertige Welt, die unter dem Titel »Establishment« weltlich und unter dem Titel »Amtskirche« kirchlich als das Bedrückende, als der Hemmschuh des Neuen und als die Ursache all jener Fehlschaltungen erscheint, die im gegenwärtigen Weltsystem enthalten sind. Geschichte gilt damit als Hindernis, als Macht des Gewesenen steht sie dem Kommenden im Weg; Modelle des Fortschritts vermag man in ihr nicht zu finden. Berufung auf Geschichte erscheint solchem Denken als Ausdruck von Reaktion und daher als gegenstandslos, ja, falsch. Nur auf dem Hintergrund einer solchen geistigen Verfassung erklärt sich, wie schnell die tatsächlichen Aussagen und Absichten des Vaticanum II der Vergessenheit anheimfallen konnten, um zunächst durch die Utopie eines kommenden Vaticanum III und dann durch Synoden abgelöst zu werden, die vom Vaticanum II allenfalls den »Geist«, aber nicht die Texte gelten lassen – den Geist, das bedeutet hier: die Zuwendung zur Zukunft als dem Feld der unbegrenzten Möglichkeiten. In zwei Formen spielt freilich auch weiterhin Geschichte eine Rolle, auf eine Weise allerdings, die das bisher Gesagte nur noch unterstreicht:

1. Geschichte wird bedeutsam als durchschaute Geschichte im Sinn von Marx und Hegel. Im Durchschauen stellt sich aber der Durchschauende selbst außerhalb der Geschichte, die er in die Hand nimmt, um sie an ihr Ziel zu bringen.

2. Geschichte kann beschworen werden als »gefährliches Ge-

dächtnis« der Menschheit: Das Reservoir des Gegengeschichtlichen, das sich in der Geschichte aufgestaut hat, wird als ein revolutionäres Potential entdeckt, das zu erwecken sich lohnt. Ernst Bloch hat dazu aufgefordert, die Bibel von hier aus neu zu verstehen: Von der Paradiesesschlange an läuft seiner Meinung nach die Kette derer, die im Widerspruch zum Geltenden, zum Herrschenden stehen und diese revolutionäre Hefe der Weltgeschichte, die da angestaut ist, macht nun doch Bibel und Geschichte wichtig. So bietet sich ein neuer Leitfaden für die Auslegung von Schrift und Überlieferung an, der auch die Lektüre des Zweiten Vaticanums prägt; da man von damals vor allem noch die Stimmen des Streits, des Widerspruchs, des Ringens gegen traditionalistische Starre im Ohr hat, scheint es verhältnismäßig leicht, das Ganze so zu lesen und sich demgemäß im Geist des Konzils gerade dadurch zu wissen, dass man von seinen Aussagen fortgeht auf kühnere Ausbrüche aus dem Gewordenen zu.

Abschied von der Geschichte heißt aber notwendig auch Abschied vom Sein als konstanter Realität des Menschen, Zuwendung zur Pragmatik des jeweils erst zu Erschaffenden. Die Eschatologie, die Erwartung der kommenden Welt, wird nicht mehr innerhalb der Theologie der Schöpfung gesehen, sondern sie tritt an die Stelle der Schöpfung: Die wirkliche, lebenswerte Welt muss erst noch geschaffen werden, und zwar durch den Menschen selbst gegen das, was er vorfindet. Das heißt dann auch: Das Pragma menschlicher Arbeit steht nicht mehr im Logos der geschehenen Schöpfung, sondern löst den Logos ab. Der Mensch ist selbst der eschatologische Schöpfer, dem kein Logos vorausgeht, sondern erst nachfolgt: Am Anfang ist nicht »das Wort«, sondern »die Tat«.

Kehren wir zum Ausgangspunkt unserer Überlegungen zurück, so können wir, das Bisherige zusammenfassend sagen: Die kirchliche und weltliche Situation von heute erklärt sich weitgehend aus dem Ineinandergreifen der seelischen und geistigen Erschütterungen des Umbruchs zur zweiten Nachkriegsgeneration hin mit ideellen und theologischen Bewegungen, die einander in die Hände arbeiteten. Das bedeutet, dass der Streit um das wahre Erbe des Zweiten Vaticanums heute von Texten allein her nicht geführt werden kann. Für seinen Fortgang wird es entscheidend sein, ob sich eine geistige Deckung findet nicht nur für eine gegengeschichtlichutopische Auslegung des Konzils, sondern auch für ein schöpferisch-spirituelles Verständnis in der lebendigen Einheit mit der wahren Überlieferung. Davon hängt es aber auch ab, ob Theologie und Kirche auf längere Sicht der Menschheit überhaupt noch etwas zu sagen haben werden. So läuft das Ganze auf die Frage hinaus, mit welchen Kräften man gegenwärtig überhaupt in der katholischen Kirche und in ihrer Theologie rechnen kann. Ich sehe deren drei:

An erster Stelle ist der immer mehr mit neomarxistischen Ideen verschmelzende und dadurch auch immer enger werdende nachkonziliare Progressismus zu nennen, der sich von seinen Ausgangspunkten mit immer größerer Schnelligkeit entfernt. Sein erster Ansatz lag in der Theologie der Welt, die Johann Baptist Metz aus einer Verschmelzung von Karl Rahners transzendentalphilosophisch umgedeutetem Thomismus mit jener Weltdeutung entwickelte, für die sich Friedrich Gogarten von Luther hatte inspirieren lassen. Diese Welttheologie war in der Begegnung mit Ernst Bloch zunächst in Theologie der Hoffnung, dann konsequent in politische Theologie umgeschlagen. Heute ist aus diesem Anstoß, weit über die Lehrer hinausgehend, ein allgemeiner Reformpragmatismus mit unterschiedlichen Strömungen geworden, der immer mehr in eine Bewegung ohne wirklich große Namen ausufert. Gerade in ihrer Gesichtslosigkeit stellt sich diese Bewegung als Macht der einzig wahren Modernität dar, die sich immer mehr mit dem allgemeinen neomarxistischen Trend verschmilzt und damit gerade keine wirklich kritische Kraft in der Gesellschaft ist, von der eine Hoffnung ausgehen könnte, so sehr sie durch die Etikette Hoffnung und Kritik sich selbst zu empfehlen versucht. Das Hauptausbreitungsgebiet solcher Trends sind Studentengemeinden und, gedämpfter freilich, auch einzelne Priestergruppen; wer die Papiere der Katholischen Deutschen Studenten-Einigung, der Dachorganisation der Studentengemeinden liest, fühlt sich in einen marxistischen Zweigbetrieb versetzt, in dem politökonomisches und theologisches Vokabular eine zum Teil recht wunderliche Mischung eingehen. Man versteht sich als »Bedingung der Möglichkeit für eine neue Kirche« und sucht von solchem Sendungsbewusstsein her jene Überwindung der Geschichte ins Werk zu setzen, die die klassenlose Gesellschaft und ihr Paradies auch in der Kirche und durch die revolutionäre Ausnützung der Kirche zustande bringen soll.

An zweiter Stelle wäre jene Haltung zu nennen, die das Heil allein im möglichst genauen Festhalten an der scholastischen Theologie und Philosophie sieht: Hier setzt sich fort, was im Konzil als Kraft der Konservativität in Erscheinung getreten war. Im Bereich der Theologie spielt diese Richtung kaum eine Rolle; es fällt im Gegenteil auf, wie schnell nicht selten gerade Vertreter einer hausbackenen Schultheologie ihre Waffen gestreckt haben und zu vagen Modernismen übergegangen sind. Sehr viel wichtiger ist eine Bewegung der Frömmigkeit, die sich von der Theologie verraten und verlassen fühlt und nun entschlossen ohne Theologie, ja, gegen diese ihren Weg sucht. Unter der instinktiv begriffenen Drohung totaler Verfälschung und eines unvermeidlichen Zusammenbruchs der bisher tragenden Werte tritt man die Flucht an in das, was man für ganz besonders katholisch hält: in eine an Visionen und Wundern genährte Marienfrömmigkeit, in einen engherzigen Kampf um den Buchstaben der alten Liturgie und so fort – nur so glaubt man die katholische Identität wahren zu können. Man soll nicht unterschätzen, was hier auch an echten religiösen Kräften lebendig ist. Aber die Gefahr einer Verengung in Formen, die ans Sektiererische heranführen, ist doch ebenfalls groß; sie wird klar erkennbar, wo man das Vaticanum II selber unter Häresieverdacht stellt und damit den Weg des gesamtkirchlichen Zusammenhangs verlässt.

An dritter Stelle wäre auf jene Kräfte zu verweisen, die eigentlich das Zweite Vaticanum ermöglicht und gestaltet haben, aber schon bald danach von einer Welle der Modernität überrollt wurden, mit der man sie nur durch einen grundlegenden Irrtum hatte verwechseln können. Es handelt sich um eine Theologie und eine Frömmigkeit, die sich wesentlich von der Heiligen Schrift, von den Kirchenvätern und von dem großen liturgischen Erbe der Gesamtkirche her aufbaut. Auf dem Konzil war es dieser Theologie darum gegangen, den Glauben nicht nur aus dem Denken der letzten hundert Jahre, sondern aus dem großen Strom der gesamten Überlieferung zu nähren, um ihn so reicher und lebendiger, zugleich aber einfacher und offener zu machen. Fürs Erste scheint dieser Versuch gescheitert, er blieb ohnmächtig gegenüber den eingängigeren Programmen, die sich seither an seine Stelle setzten. Dennoch mehren sich die Anzeichen dafür, dass der Impuls dieser Theologie doch nicht ins Leere stieß. Es gibt vieles, was sein Wiedererstehen erwarten lässt und darin sehe ich die Hoffnung der gegenwärtigen Situation. Wir erleben nach all dem Getändel selbstgebastelter Liturgien den Aufbruch eines neuen Verlangens nach einer tiefen persönlichen Begegnung mit Gott und nach einem Kult, der wirklich Anwesenheit des Ewigen erkennen lässt. Wir erleben die Sehnsucht der Menschen nach Jesus Christus und jene einfache Gebärde, die sich schlicht dem Handeln des Heiligen Geistes öffnet, nicht um vor der Welt zu fliehen, sondern gerade um ihr mehr geben zu können als neue Probleme. Mir scheint, dass doch immer mehr Menschen anfangen zu erkennen, dass der bloße Pragmatismus kirchlicher Strukturreformen genau das vernachlässigt, was eigentlich den Menschen gegeben werden müsste; in Wahrheit ist der Fanatismus der Strukturreformer ein neuer Klerikalismus und ein klerikaler Egoismus, der am Menschen vorbeiblickt und sich primär um die eigenen Interessen kümmert. Die Gegengewichte gegen diesen Scheinfortschritt sind noch schwach, aber sie bilden sich und so wird vielleicht doch aus der formlosen Gärung, in der wir uns im Augenblick, zehn Jahre nach dem Konzil befinden, langsam eine Erneuerung hervorwachsen, die diesen Namen verdient.

Lassen Sie mich diese Hoffnung und die Richtung, in die sie zielt, abschließend noch etwas näher erläutern. Zu den kennzeichnenden Forderungen jenes neoklerikalen Progressismus, von dem vorhin die Rede war, gehört zum Beispiel das Verlangen nach dem Ende sakraler Räume, nach dem Ende einer aus dem Alltag herausführenden Liturgie: Liturgie könne nur noch Konzentration des Alltags sein, sie müsse sich im Wortgottesdienst als Diskussion, im Sakrament als normales brüderliches Mahl darstellen. Damit verbindet sich die Forderung nach einem »funktionalen« Amt, wie man sagt: Der Priester soll das Zusammensein zu Diskussion und Mahl koordinieren und normalerweise auch leiten, aber sein Beruf soll so weltlich sein wie jeder andere auch; wenn er nicht gerade eine Gemeinde leitet, ist er auch nicht Priester. Ich glaube, dass solche scheinbar modernen Forderungen nicht von Leuten stammen, die wirklich Zeitgenossen unseres Heute und seiner Bedrängnis sind. Sie stammen von Menschen, die noch tief im Gestrigen stecken und unter dem Komplex ihrer Gestrigkeit leiden. Sie fühlen sich von dem festen Panzer der Kirchlichkeit, in dem sie aufgewachsen sind, begreiflich beengt und versuchen verzweifelt, ihn loszuwerden. Sie revoltieren gegen *ihre* Welt, die aber für die meisten Menschen von heute längst ohnedies nicht mehr besteht. Ihr Geschrei stammt zu einem erheblichen Teil aus der Tatsache, dass sie gar nicht mit der Gegenwart synchron sind. Denn das Problem des Menschen von heute ist doch nicht, dass er von so genannten sakralen Tabus eingeengt wird; sein Problem ist doch, dass er in einer Welt hoffnungsloser Profanität lebt, die ihn bis in die Freizeit hinein unnachsichtig programmiert. Die wirkliche Bedrohung, die uns im Nacken liegt, ist nicht mehr die Ordnung der Kirche, sondern das totale Management, das uns bei aller bürgerlichen Freiheit immer mehr zu Funktionären eines anonymen Systems degradiert und einen halb zum Verzweifeln, halb zum Ersticken bringt. Und dazu noch Mehrzweckraum, funktionales Amt und profane Liturgie? Nein. Das ist es sicher nicht, was dem Glauben Zukunft geben kann.

Nur wer noch halb im Gestern lebt, empfindet den Glauben als Bedrückung, als Gefahr. Nur wer noch halb im Gestern lebt, muss ihm die Zukunft streitig machen. Wer das Gestern abstreift und sich dem nackten Heute ausgesetzt findet, entdeckt, dass die Welt das Heilige braucht. Seine dunklen Nächte fragen nach Gott. Und er weiß, dass der Glaube Zukunft hat. Nicht die Zukunft der Funktionäre und des neoklerikalen Managements, sondern die Zukunft Gottes. Die Zukunft des Geheimnisses, des Glaubens, des Gebetes, der wahren Liturgie mit ihrer aus dem Ewigen kommenden Poesie. Das Erbe des Zweiten Vaticanum ist noch nicht erweckt. Aber es wartet auf seine Stunde. Und sie wird kommen, dessen bin ich gewiss.[1]

[1] Vgl. zur Frage auch mein Buch Ratzinger, *Glaube und Zukunft*, besonders den Abschnitt: *Wie wird die Kirche im Jahre 2000 aussehen.*

Kirche und Welt

Zur Frage nach der Rezeption des II. Vatikanischen Konzils

Von allen Texten des Zweiten Vatikanischen Konzils war zweifellos die Pastoralkonstitution »Über die Kirche in der Welt von heute« *(Gaudium et spes)* der schwierigste und neben der Liturgiekonstitution sowie dem Ökumenismusdekret auch der folgenreichste. Er tritt in seiner Gestalt und in der Richtung seiner Aussage am meisten aus der bisherigen Konziliengeschichte heraus und lässt insofern auch mehr als alle anderen Texte die besondere Physiognomie des letzten Konzils sichtbar werden. So wurde er denn auch nach Konzilsende immer mehr als dessen eigentliches Vermächtnis angesehen; nach dem Gärungsprozess dreier Jahre schien hier endlich sein eigentliches Wollen durchgebrochen zu sein und Gestalt gefunden zu haben. Das Zwielicht, das bis zur Stunde über der Frage nach der rechten Sinngebung des Vaticanum II liegt, hängt mit solchen Diagnosen und insofern mit diesem Dokument zusammen. Muss man das ganze Konzil als eine progressive Bewegung lesen, die von einem noch kaum aus dem Traditionalismus gelösten Anfang in der Kirchenkonstitution Schritt um Schritt vorwärts führt bis zur Pastoralkonstitution mit den sie flankierenden Texten über Religionsfreiheit und über die Offenheit zu den Weltreligionen hin, so dass diese Texte dann ihrerseits wie Wegzeiger einer weitergehenden Wanderung dastünden, die kein Stehenbleiben duldete, sondern beharrliches Fortsetzen der einmal gefundenen Richtung verlangt? Oder muss man die Texte des Konzils als eine Ganzheit sehen, in der die nach außen gewandten Stücke der letzten Phase zurückbezogen bleiben auf die eigentliche Mitte des Glaubens, die sich in den dogmatischen Verlautbarungen über Kirche und Offenbarung ausdrückt? Muss man die Dogmatik als Richtschnur der Pastoral lesen, oder ist mit der Zuwendung zur Pastoral auch das Dogmatische in eine neue Richtung gewiesen?

I. Diagnose des Textes und seiner Tendenz

Mit solchen Überlegungen stehen wir bereits mitten in der Wirkungsgeschichte des Konzils und unseres Textes. Bevor wir sie näher zu beleuchten versuchen, müssen wir uns aber noch einmal die Frage stellen, was denn eigentlich präzis das Neue und Besondere der Pastoralkonstitution gewesen ist. Dabei kann es hier selbstverständlich nicht darum gehen, in wenigen Strichen den Inhalt dieses Dokuments auszubreiten, das faktisch so etwas wie eine Summe christlicher Anthropologie und zentraler Probleme des christlichen Ethos darstellt. In der Breite dieses Textes ist es trotz mancher Unzulänglichkeiten gelungen, das Erbe der Tradition so zu reinigen und zu vertiefen, dass es ohne Verkürzung im Wesentlichen gerade inmitten der Fragen von heute neu in seinem Anspruch wie in seiner Verheißung zur Geltung kommt. Was aber an diesem Text so wirksam wurde, war nicht die inhaltliche Summe, die ganz auf der Linie der kirchlichen Überlieferung verbleibt und deren Möglichkeiten ausschöpft; es war vielmehr die allgemeine Intention des Aufbruchs, die sich hauptsächlich im »Vorwort« niedergeschlagen hatte. Ich begnüge mich daher hier damit, kennzeichnende Züge dieses Vorworts zu analysieren – noch einmal: Nicht als ob damit der Text selbst ausgeschöpft wäre, sondern weil die Wirkungsgeschichte, wie sich zeigen wird, sich gerade an den Geist dieses Vorworts klammerte und weitgehend von dessen Zweideutigkeiten geprägt wurde.

Ein erstes Charakteristikum scheint mir in dem dort verwendeten Begriff von »Welt« zu liegen, der trotz vieler Klärungsversuche, die sich im zweiten Absatz niedergeschlagen haben, in einem weitgehend vortheologischen Stadium verblieben ist, aber eben darin seine besondere Wirkung entfaltet hat. Die Konstitution versteht unter »Welt« ein Gegenüber zur Kirche. Der Text soll dazu dienen, beide in ein positives Verhältnis der Kooperation zu bringen, dessen Ziel der Aufbau der »Welt« ist. Die Kirche kooperiert mit der Welt, um die Welt aufzubauen – so könnte man die prägende Vision des Textes charakterisieren. Undeutlich bleibt dabei, ob die kooperierende Welt und die aufgebaute Welt ein und dasselbe sind; undeutlich bleibt, was in jedem Einzelfall mit Welt gemeint ist. Jedenfalls aber kann man feststellen, dass die Verfasser, die sich selbst als die Sprecher der Kirche wissen, von dem Gefühl ausgehen, selber nicht Welt, sondern ihr gegenüber und bisher auch in einem unbefriedigenden Verhältnis oder noch in gar keinem Verhältnis zu ihr zu stehen. Demgemäß könnte man eine Art von Ghetto-Komplex konstatieren: Die Kirche wird als geschlossene Größe erfahren, drängt aber dazu, diese Situation zu überwinden. Unter Welt sind anscheinend die gesamte wissenschaftlich-technische Realität der Gegenwart und alle Menschen verstanden, die sie tragen bzw. in ihrer Mentalität beheimatet sind.

Mit dieser merkwürdigen Konzeption des Gegenübers zweier Bereiche, in dem unter Welt das Gesamt der gegenwartstragenden Kräfte verstanden wird, hängt ein zweites charakteristisches Grundelement des Textes zusammen: der Begriff des Dialogs als seiner formalen Grundkategorie. Das Konzil, so wird gesagt, könne »seine Verbundenheit, Achtung und Liebe gegenüber der ganzen Menschheitsfamilie [...] nicht beredter bekunden als dadurch, dass es mit ihr in einen Dialog eintritt [...].« Das Verhältnis zwischen Kirche und Welt wird also als »Colloquium«, als Miteinander-Reden und als gemeinsame Suche nach Problemlösungen gesehen, wobei die Kirche ihre besonderen Möglichkeiten ins Gespräch einbringt und vom Austausch mit den Möglichkeiten der anderen Fortschritt erwartet.

Die inhaltliche Triebkraft, die hinter dieser formalen Konzeption steckt, darf man in einer starken Erschütterung über die Gefährdungen und Nöte des heutigen Menschen sehen. Wenn als Ziel des Dialogs der »Aufbau einer humanen Gesellschaft« benannt wird, tritt diese Konzentration aufs Pragmatische, auf die ökonomischen, politischen und sozialen Aufgaben von heute mit aller Deutlichkeit ins Licht. Wer die Reden der letzten Konzilsperiode noch im Ohr hat, weiß, wie sehr die Väter nach Jahren des Streits um theologische Probleme nun von dem Verlangen bedrängt waren, etwas Konkretes, Sichtbares und Greifbares für die Menschheit zu tun. Das Gefühl, nun endlich müsse die Welt von Grund auf verändert, verbessert, vermenschlicht werden und sie könne es jetzt auch – dieses Gefühl hatte sich ihrer offensichtlich unwiderstehlich bemächtigt. Nach all den Überraschungen, die man im Bereich des eigentlich Theologischen zuwege gebracht hatte, herrschte ein Gefühl der Euphorie und der Frustration zugleich.

Euphorie, weil es schien, dass diesem Konzil nichts unmöglich sei, da es mit jahrhundertelang eingewurzelten Einstellungen zu brechen die Kraft hatte; Frustration, weil alles Bisherige in der Menschheit nicht zu Buche schlug und eigentlich erst so recht das Verlangen nach Freiheit, nach Weite, nach dem Ganz-anderen schürte.

Damit wird ein weiteres Charakteristikum unseres Dokuments sichtbar: Der Text und noch mehr die Beratungen, aus denen er erwuchs, atmen einen erstaunlichen Optimismus. Wenn Menschheit und Kirche zusammenwirkten, schien nichts mehr unmöglich zu sein. Eine Haltung der kritischen Reserve gegenüber den prägenden Kräften der Neuzeit sollte abgelöst werden durch ein entschlossenes Eingehen in ihre Bewegung. Die Zustimmung zur Gegenwart, die in der Eröffnungsrede des Konzils bei Johannes XXIII. aufgeklungen war, wurde nun konsequent weitergedacht; die Solidarität mit dem Heute schien die Gewähr für ein neues Morgen. Der grundlegende Sachverhalt am Ganzen scheint mir in der Relation Ziel–Mittel zu liegen: Die Kirche kooperiert mit der Welt zum Aufbau der Gesellschaft. Sie erhofft sich, dass auf diese Weise »das Werk Christi fortgesetzt werde«: Zeugnis für die Wahrheit; dienen, nicht bedient werden (letzter Absatz des Vorworts). Das soziale Engagement im Dialog mit der Welt erscheint hier als der unmittelbare Auftrag des Evangeliums, durch den hindurch dann auch dessen Wahrheit zur Wirkung kommen mag. Die Weise, wie sie zur Geltung gebracht wird, ist demgemäß eine doppelte: einmal tritt sie als befruchtendes Element im Dialog in Erscheinung; zum anderen soll sie durch die Kraft des Erreichten hindurch sich zu erkennen geben. Damit ist sie in eine eigentümliche Zweck-Mittel-Relation mit dem sozialen Tun verspannt, bei der die soziale Aktivität für das konkrete Handeln weitgehend den Vorrang erlangt.

Wenn man nach einer Gesamtdiagnose für den Text sucht, könnte man sagen, dass er (in Verbindung mit den Texten über Religionsfreiheit und über die Weltreligionen) eine Revision des Syllabus Pius' IX., eine Art Gegensyllabus darstellt.[1] Harnack hat

[1] »Syllabus« ist die Bezeichnung für eine Sammlung von achtzig Sätzen, in denen Pius IX. zu den durch die Säkularisation aufgeworfenen geistigen und po-

bekanntlich den Syllabus Pius' IX. als Kampfansage an sein Jahrhundert schlechthin interpretiert;[2] richtig daran ist, dass er eine Trennungslinie zu den bestimmenden Kräften des neunzehnten Jahrhunderts zog: zur wissenschaftlichen und zur politischen Weltansicht des Liberalismus. Im Streit um den Modernismus wurde diese doppelte Abgrenzung noch einmal verstärkt und befestigt. Seither hatte sich freilich vieles verändert. Die neue Kirchenpolitik Pius' XI. hatte eine gewisse Offenheit gegenüber dem liberalen Verständnis des Staates geschaffen. Exegese und Kirchengeschichte hatten in einem stillen, aber beharrlichen Ringen mehr und mehr Postulate des liberalen Wissenschaftsbetriebs übernommen, und andererseits hatte sich der Liberalismus in den großen politischen Umbrüchen des zwanzigsten Jahrhunderts erhebliche Korrekturen gefallen lassen müssen. So waren vorab im mitteleuropäischen Raum *via facti* die situationsbedingten Einseitigkeiten an der durch Pius IX. und X. vollzogenen Positionsbestimmung der Kirche gegenüber der mit der Französischen Revolution eröffneten neuen Geschichtsphase weitgehend korrigiert, aber eine grundsätzliche Neubestimmung des Verhältnisses zu der Welt, wie sie sich nach 1789 darstellte, stand noch aus. Tatsächlich herrschte in den Ländern mit starken katholischen Mehrheiten noch weitgehend eine vorrevolutionäre Optik: Kaum jemand bezweifelt heute mehr, dass das spanische und das italienische Konkordat allzu viel von einer Weltsicht zu bewahren versuchten, die längst nicht mehr den Gegebenheiten entsprach. Kaum jemand kann auch bestreiten, dass diesem Festhalten an einer obsolet gewordenen staatskirchenrechtlichen Konstruktion ähnliche Anachronismen im Bereich des Erziehungswesens und im Verhältnis zur historisch-kritischen Methode der modernen Wissenschaft entsprachen. Erst eine sorgfälti-

---

litischen Problemen seiner Zeit kritisch Stellung nahm. Der Syllabus wurde 1864 an die Bischöfe versandt und führte besonders in Frankreich zu scharfen Auseinandersetzungen. Vgl. Aubert, Art. Syllabus. Die Linie des Syllabus ist im Kampf Pius' X. gegen den »Modernismus« aufgenommen und weitergeführt. Vgl. für das Gesamtbild der Entwicklung Jedin, *HKG(J)* 6/1 und 6/2: *Die Kirche in der Gegenwart*.

[2] Harnack, *DG* 3, 757, Anmerkung 1: »Vorgearbeitet war [nämlich für das Vaticanum] schon durch den Syllabus [...], der neben manchem Schlimmen auch den guten Geist des 19. Jahrhunderts in seiner Totalität verdammte.«

ge Untersuchung der unterschiedlichen Art und Weise, in der in den verschiedenen Teilen der Kirche die Annahme der Neuzeit vollzogen war, könnte das komplizierte Ursachengeflecht entwirren, das hinter der Gestaltwerdung der Pastoralkonstitution steht, und erst so könnte auch das Drama ihrer Wirkungsgeschichte durchsichtig werden. Begnügen wir uns hier mit der Feststellung, dass der Text die Rolle eines Gegensyllabus spielt und insofern den Versuch einer offiziellen Versöhnung der Kirche mit der seit 1789 gewordenen neuen Zeit darstellt. Erst diese Einsicht erklärt einerseits den Ghetto-Komplex, von dem eingangs die Rede war; erst sie lässt andererseits den Sinn dieses merkwürdigen Gegenüber von Kirche und Welt verständlich werden: Mit »Welt« ist im Grunde der Geist der Neuzeit gemeint, dem gegenüber sich das kirchliche Gruppenbewusstsein als ein getrenntes Subjekt erfuhr, das nun nach heißem und kaltem Krieg auf Dialog und Kooperation drängte. Auch die unterschiedliche Emphase, mit der die einzelnen Teile der Kirche in das Gespräch um den Text gingen, lässt sich von hier aus begreifen. Während die deutsche Theologie ihr Genüge hauptsächlich in der Durchsetzung exegetischer und ökumenischer Anliegen gefunden hatte, fühlten sich nun vor allem die Vertreter romanischer Länder angesprochen, aber auch Motive aus dem angelsächsischen Bereich drangen stärker vor, und die Sprecher der Dritten Welt sahen in der Betonung der sozialen Problematik ihre Fragen zum Zuge kommen.

II. Die seitherige Entwicklung

1. Euphorie des Aufbruchs

Was ist seither aus alledem geworden? Mir scheint, man könne von drei Phasen der Wirkungsgeschichte des Textes in diesen zehn hinter uns liegenden Jahren sprechen. Am Anfang steht eine Phase des Aufbruchs und der reformerischen Euphorie, als deren Höhepunkte man wohl die zweite Generalkonferenz des lateinamerikanischen Episkopats in Medellin 1968 und das Erscheinen des Holländischen Katechismus (1966) bezeichnen darf. Aber auch die Gründung der Zeitschrift »Concilium« (1965) und das Erscheinen des Lexikons »Sacramentum mundi« in den Sprachen von »Concilium« (seit 1967) gehören hierher; im deutschsprachigen Raum wäre als ein Phänomen dieser Epoche das Auftreten der Zeitschrift »Publik« zu benennen.

Das erste deutliche Signum eines neuen Weges war »Concilium«: In sieben Sprachen zugleich erscheinend und von einer global gestreuten Redaktion getragen, drückte es die neue Internationale des Fortschritts aus, die sich auf dem Konzil gefunden hatte. Der Geist des Konzils sollte in dieser Zeitschrift sein beständiges und weiterwirkendes Organ erhalten. Von seinem Titel und seiner Konstruktion her verwies es auf die Absicht, die Konziliarität der Kirche zu bewahren und zu entwickeln und dabei das neue Gewicht zur Geltung zu bringen, das die Gemeinschaft der Theologen sich verschafft hatte. Die Entdeckung, dass über die ganze Welt hin dieser gemeinsame Impuls des Aufbruchs in die Neuzeit lebte und dass allein die weltweite Gemeinschaft dem Denken der Theologen Kraft geben konnte, hatte die Redaktion zusammengeführt: Sie wollte gleichsam das permanente Konzil der Theologen werden, das im ständigen Austausch mit allen lebendigen Kräften der Gegenwart die Verheißung dieses Beginns fortschreitend verwirklichen musste. Wenn Konziliarität als neue Form von Katholizität nun nationale Impulse zu internationalisieren gedachte, schloss dies von selber ein, dass von jetzt an Impulse verschiedener Teilkirchen bestimmend hervortraten und dass die Richtung nicht mehr von einer einzigen zentralen Instanz erwartet werden konnte. Die Spitze der Entwicklung verlagerte sich recht schnell einerseits nach den Niederlanden, zum anderen aber auch nach Lateinamerika.

Zwischen diesen beiden Spitzen des Progressismus gibt es freilich bemerkenswerte Unterschiede. In den Niederlanden standen zunächst liturgische und ökumenische Motive im Vordergrund: Die liturgische Reform drängte rasch über die amtlichen Grenzen hinaus; die ökumenische Begeisterung ließ kein Verständnis für die gesetzten Schranken mehr übrig. Freilich muss man hinzufügen, dass sozusagen das Klima des ganzen Prozesses nun doch entscheidend von »Gaudium et spes« her geprägt war. Das Gefühl, dass es eigentlich keine Mauern zwischen Kirche und Welt mehr geben dürfe, dass jeder »Dualismus«: Leib–Seele, Kirche–Welt,

Gnade–Natur, ja schließlich wohl gar noch Gott–Welt von Übel sei – dieses Gefühl wurde immer mehr zur richtunggebenden Kraft des Ganzen. In solcher Absage an jeden »Dualismus« steigerte sich die optimistische Stimmung, die in den Worten »Gaudium et spes« geradezu kanonisiert schien, in die Zuversicht einer vollkommenen Einheit mit der gegenwärtigen Welt und so in einen Rausch der Anpassung hinein, dem über kurz oder lang die Ernüchterung folgen musste.

Lateinamerika ging demgegenüber einen durchaus anderen Weg. Unmittelbarer als in den Niederlanden wurde hier »Gaudium et spes« zur prägenden Signatur der nachkonziliaren Entwicklung. Während der Jahre des Konzils hatten sich die Bischöfe dieses Subkontinents zu einer organisatorischen Einheit in einem lateinamerikanischen Bischofsrat, CELAM, gefunden. Motor dieser Vereinigung war nicht zuletzt das Bewusstsein der sozialen Verantwortung gegenüber einem Raum geworden, der auch nach der politischen Loslösung von der Kolonialherrschaft der iberischen Mächte in einer drückenden Abhängigkeit, nun gegenüber der angelsächsischen Wirtschaft – zuerst Englands, dann zusehends Amerikas – lebte. Die Klage der Armen, die aus ihm aufsteigt, musste die katholischen Bischöfe deshalb besonders unmittelbar und besonders tief treffen, weil dies, statistisch gesehen jedenfalls, ein nahezu völlig katholischer Kontinent, der Raum mit den meisten Katholiken der Welt ist. Dass gerade der katholische Subkontinent der ärmsten einer ist, wurde in dem geschichtlichen Erwachen des Konzils zu einer nicht mehr zu übergehenden Herausforderung. So befasste sich die erste außerordentliche Versammlung des lateinamerikanischen Bischofsrates in Mar del Plata 1966 zentral mit dem sozialen und wirtschaftlichen Problem und dies, auf der Linie des Konzils, in einem »reformistischen« Sinn, das heißt, im Sinn der westlichen Ideen von Aufbau durch Entwicklung.[3] Die zweite CELAM-Konferenz, die 1968 in Medellin zusammentrat, fand sich in einem neuen Klima. Sie hatte von der 1967 erschienenen Enzyklika »Populorum progressio« und von dem Manifest, das fünfzehn Bischöfe der Dritten Welt 1967 unter-

---

[3] Vgl. García Rubio, *Theologie der Befreiung*, hierzu 406f. Dazu noch Vekemans, *Theologie der Befreiung*.

zeichnet hatten, ein neues Stichwort erhalten: Befreiung.[4] Damit war eine zweite Phase in der Rezeption des Impulses von »Gaudium et spes« eingeleitet, die sich als schicksalhaft erwies. Das Drama Camilo Torres, des im Februar 1966 gefallenen Guerilla-Priesters mit dem Namen eines der Befreier aus der spanischen Herrschaft, weitet sich nun zusehends in geschichtliche Dimensionen aus.[5] Die Zeit des optimistischen Einverständnisses mit dem Geist der Neuzeit, mit ihrem Fortschritt und ihrem Angebot der Entwicklung für die Unterentwickelten geht fast abrupt zu Ende. Für Alfonso García Rubio bedeutet das Aufkommen der Theologie der Befreiung zugleich die Krise der Moderne. Lateinamerika kann im aufklärerischen Fortschritt keine Verheißung für seine Probleme sehen. Im Gegenteil, es erblickt gerade darin den Grund seines Elends. Sein Ziel kann nicht sein, »modern« zu werden, sondern »die Moderne und die moderne Dialektik (zu) überwinden, deren vollendetster Ausdruck die Hegelsche Dialektik ist. Auch die marxistische Dialektik ist zu überwinden [...].«[6] Damit ist die Richtung von »Gaudium et spes« und ganz besonders die Richtung seiner Aufnahme in den nachkonziliaren Niederlanden geradezu auf den Kopf gestellt, und dies aus lateinamerikanischer Sicht mit vollem Recht. Das Problem Lateinamerikas war und ist in der Tat nicht die Versöhnung mit dem Geist der Neuzeit, die Identifikation mit der Ideologie Westeuropas und der Vereinigten Staaten. Wenn für die Kirche Europas diese Aussöhnung als Heimkehr aus dem Ghetto, als Aufarbeitung alter staatskirchenrechtlicher Probleme und so als Heilung eines Traumas erscheinen konnte, so galt und gilt in Lateinamerika nichts davon. Zwar hatte die Französische Revolution den Auftakt zur Lösung von den iberischen Mächten geboten; aber unmittelbar darauf war der von den angelsächsischen Mächten gehegte Geist des Liberalismus und des Kapitalismus zu einer viel ärgeren Knechtschaft für die nur scheinbar befreiten Länder geworden, die folglich in diesem Geist gewiss

---

[4] García Rubio, *Theologie der Befreiung*, 407 ff.; Vekemans, *Theologie der Befreiung*, 439 f.

[5] Kurze und genaue Information über Camilo Torres bietet Stehle, *Indio-Latein Amerika*, 133–141.

[6] García Rubio, *Theologie der Befreiung*, 422.

nicht ihre Identität finden konnten und ihn nicht als Ziel einer Heimkehr zu betrachten vermögen. Der Optimismus des Gegensyllabus weicht so mit innerer Notwendigkeit einer neuen Kampfansage, die weit schärfer und dramatischer ist als die vorige.

Damit war aber zugleich der geistige Zusammenhalt der »Concilium«-Front infrage gestellt, ja, seine eigentliche Grundlage, eben die Kommunikation im Geist der Neuzeit, als brüchig erwiesen. Sieht man diese Zusammenhänge, so erscheint die scharfe Kritik nur als logisch, die sich nun vonseiten der progressiven Lateinamerikaner gerade gegen die Repräsentanten des progressiven europäischen und nordamerikanischen Denkens richtete. Hans Küng wurde eine erschreckende reaktionäre politische Haltung und Blindheit für die praktische Dimension der Probleme vorgeworfen.[7] Von der Theologie der Säkularisierung wurde gesagt, sie sei unklar und politisch naiv.[8] Der Denkrichtung Rahners wie Congars wurde ebenso Naivität vorgeworfen;[9] aber selbst die europäischen und amerikanischen Theologien der Revolution und der Gewalt blieben nicht ungeschoren.[10] Hugo Assmann, einer der Wortführer der Lateinamerikaner, zeigte sogar Verständnis dafür, dass P. Le Guillou im Zusammenhang mit den Mai-Ereignissen des Frankreich von 1968 von Scharlatanerie sprach.[11] Lateinamerika sucht all dem gegenüber unter dem Stichwort Befreiung seinen eigenen Weg, wobei ein neues kennzeichnendes Element aus den Impulsen von »Gaudium et spes« hervortritt: das Pochen auf die eigene Theologie Lateinamerikas, das alsbald im Verlangen nach einer afrikanischen Theologie ein Pendant auf der anderen Seite des Atlantik finden sollte. Man weiß, dass immer mehr die katholische Universität von Santiago in Chile zum Brennpunkt solcher Experimente eines neuen Denkens wurde; man weiß, dass freilich auch gerade dort die Krise des so Begonnenen sich zu einem tragischen Realismus steigerte.[12]

---

[7] H. Assmann, bei VEKEMANS, *Theologie der Befreiung*, 438.

[8] VEKEMANS, *Theologie der Befreiung*, 438.

[9] VEKEMANS, *Theologie der Befreiung*, 442.

[10] VEKEMANS, *Theologie der Befreiung*, 443 ff.

[11] VEKEMANS, *Theologie der Befreiung*, 443.

[12] Vgl. dazu den am Vorabend des chilenischen Umsturzes niedergeschriebenen Bericht von ARIAS REYERO, *Theologie in Chile*. Instruktiv für die damalige Ent-

2. Ernüchterung und Krise

Mit dem Hinweis auf die Kehre des Denkens, die sich in Lateinamerika gegenüber der Neuzeit-Euphorie der westlichen Kirchen vollzogen hatte, ist zugleich auch schon das Ende der ersten Phase in der Wirkungsgeschichte der Pastoralkonstitution über die Kirche in der Welt von heute aufgedeckt. García Rubio bringt diesen Umbruch auf die Formel: »Der anfängliche Optimismus wich rasch einem zunehmenden Pessimismus in der Frage, inwieweit diese Theologie geeignet sei, die lateinamerikanische Wirklichkeit gründlich zu erhellen.«[13] Global betrachtet müsste man sagen, die Jahre der Euphorie seien von einer Phase der Ernüchterung und der Krise abgelöst worden. Ich kann hier nur einige Markierungen dieses vielschichtigen Prozesses ins Gedächtnis rufen. An erster Stelle wird man hier das Schicksal des Holländischen Katechismus und den Weg der niederländischen Kirche insgesamt nennen müssen. Die römischen Korrekturen an diesem Buch hatten die Sicherheit und Einheit des Fortschrittsbewusstseins der nachkonziliaren Kirche in Europa noch kaum infrage stellen können, sondern eher im Aufheizen des antirömischen Affekts noch entschiedener gemacht. Nicht die Kritik aus Rom hat den Meteor-Glanz dieses Buches zum schnellen Erlöschen gebracht, sondern die eigene Entwicklung von Kirche und Theologie in den Niederlanden, die alsbald das Stadium freundlicher Zuversicht hinter sich ließ, das sich im Katechismus spiegelte. Nun drängte die Entwicklung zu Radikalisierungen, in deren Licht das gestern Fortschrittliche heute schon als unverständlich reaktionär dastand. Der Katechismus wurde jetzt im Lande seines Ursprungs als Ausdruck eines bürgerlichen Christentums denunziert; man warf ihm beispielsweise vor, dass er nicht nur mythologisch rede, sondern mythisch, das heißt, er deute nicht nur die menschliche Existenz, sondern er messe dem Glauben eine eigene Wirklichkeit bei: »Man kommt nicht

---

wicklung und ihre Motive besonders auch Silva, *Glaube und Politik*. Ein Querschnitt durch die charakteristischen Arbeiten neuerer lateinamerikanischer Theologie ist jetzt zu finden in den beiden von Equipo Seladoc herausgegebenen Bänden *Teologia Latinoamericano*.

[13] García Rubio, *Theologie der Befreiung*, 409.

los von der Überzeugung, dass gemäß diesen Texten noch irgendwo eine eigene Glaubenswirklichkeit neben der gewohnten des Alltags stehen soll.«[14] Der Autor dieser Ausführungen, Tjeu van der Berk, fügt hinzu: »Es gibt eine ›römische Wirklichkeit‹ und eine ›römische Sprache‹. Wo der Katechismus in ersterer verbleibt, rächt sich das sofort in der Sprache.«[15] Die Wirklichkeit des Glaubens ist für solche »Theologie« zur römischen Wirklichkeit geworden – welch ungewollte *laus Romae* in dunkler Zeit! Wo der Fortschritt dazu führt, im Glauben nur noch ein anachronistisches kirchenpolitisches Faktum zu sehen, ist zwar sein Ziel erreicht: die Aufhebung des Dualismus, die Identifikation mit der Welt; aber die Ankunft in der Neuzeit geschieht doch zu spät, um noch an deren relativer Unschuld und an ihren frühen Hoffnungen teilhaben zu können. Wo die Neuzeit nicht mehr aus der unwirklichen Perspektive des Ghettos gesehen, sondern in ihrer nackten Wirklichkeit erlebt wird, wird sichtbar, dass sie sich selbst am Ende weiß und verzweifelt mit ihrer eigenen Orientierungslosigkeit kämpft.

Hatte zuerst Lateinamerika aus seiner geschichtlichen Fremdheit gegenüber dem europäisch-angelsächsischen Phänomen »Neuzeit« mit dem reformerisch-evolutionären Gedankengut des Konzilsendes und der frühen Nachkonzilszeit gebrochen, so schlug nun diese Entwicklung auf Europa zurück. Der Punkt größter Sensibilität, wo am frühesten sich das Neue ankündigte, waren begreiflicherweise die Studentengemeinden, in denen sich der Zusammenbruch der liberal-konservativen Gesinnung des westlichen Nachkriegseuropa mit elementarer Wucht vollzog. Hier gibt es schwer auszulotende Wechselwirkungen: Es greifen ineinander politisch-ökonomische Veränderungen nach der Phase des Wiederaufbaues, psychologische Veränderungen durch das Eintreten einer Generation ohne das Kriegserlebnis in die geistige Verantwortung und schließlich die Umbrüche des religiösen Bewusstseins auf katholischer wie auf evangelischer Seite.[16] Bezeichnend

[14] Van den Berk, *Holländischer Katechismus*, 190.

[15] Van den Berk, *Holländischer Katechismus*, 190.

[16] Ich habe diese Zusammenhänge etwas näher zu analysieren versucht in Ratzinger, *Zehn Jahre nach Konzilsbeginn – Wo stehen wir?*.

bleibt, dass die Zuwendung zu einem anarchisch-utopischen Marxismus, die mit einer rauschhaften Inbrunst vollzogen wurde, nicht nur das Pathos des Religiösen in sich trug, sondern auch in vorderster Linie von Studentenpfarrern und Studentengemeinden getragen wurde, die hier die Erfüllung der christlichen Hoffnungen heraufdämmern sahen. Herausragendes Fanal waren die französischen Mai-Ereignisse 1968. Auf den Barrikaden standen Dominikaner und Jesuiten; die Interkommunion, die in einer ökumenischen Messe auf den Barrikaden begangen wurde, galt auf lange hinaus als eine Art heilsgeschichtlicher Instanz, ein Offenbarungsereignis, das eine neue Epoche des Christlichen einleitete.[17] Aus der naiven Zustimmung zur Welt war eine radikale Kampfansage nicht nur an die Neuzeit, sondern an alles Bestehende überhaupt geworden. Solch kämpferische Haltung konnte wieder junge Menschen begeistern, die darin den Elan des Christlichen neu zu finden meinten, seine revolutionäre Kraft verspürten und zugleich Christentum als Verheißung, als Spannung auf ein Anderes, Besseres hin und so wieder als Aufgabe empfanden. Wenn man die Vorgeschichte kennt, kann man einigermaßen verstehen, warum die KDSE, die nach dem Krieg von den Bischöfen gegründete Dachorganisation aller katholischen Studentengemeinden, zum ideologischen Zentrum wurde, das sich die kühne Aufgabe setzte, »Bedingung der Möglichkeit für eine neue Kirche« zu werden, in der die christlichen Grundbegriffe Befreiung, Diakonie und Kommunion mit neuem, marxistischem Realismus erfüllt werden sollten.

Eine dritte Markierung sehe ich in dem Kongress, den die Herausgeber von »Concilium« 1970 anlässlich des fünfjährigen Bestehens ihrer Zeitschrift in Brüssel veranstalteten. Die Zusammenkunft war offensichtlich als Antithese zu dem vom Papst angeregten und von zahlreichen Kardinälen, Erzbischöfen und Bischöfen protegierten römischen Theologenkongress des Jahres 1966 gedacht, mit dem Rom versucht hatte, die neu erwachte Kraft der Theologie in Einheit mit der Hierarchie zu halten; aber auch eine gewisse Antithese zu der 1969 gegründeten Internationalen

---

[17] Vgl. die Kritische Analyse durch Le Guillou / Clément / Bosc, *Évangile et révolution*.

Päpstlichen Theologenkommission war unverkennbar. »Concilium« wollte sich in der Nachfolge der alten Rechte der Sorbonne als die eigentliche Instanz der Lehre und der Lehrenden in der Kirche bestätigen, sich als die wahre Sammelstätte der Theologen aller Welt erweisen. Dennoch wurde aus Brüssel ein Wendepunkt, von dem an die Autorität der Vereinigung des Fortschritts rissig wurde. Die großen Lehrer von »Concilium« – Rahner, Congar, Schillebeeckx, Küng – waren nicht so einig, wie sie es noch vor Kurzem selbst gedacht hatten. Die Teilnehmer aber fühlten sich vielfach verletzt durch die Art und Weise, wie sie für Ergebnisse gewonnen werden sollten, an deren Vorbereitung sie keinen Anteil hatten. Was vielen vorher kaum bewusst geworden war, wurde nun unübersehbar: dass der »Fortschritt« keine einheitliche Aussage mehr zu machen hatte und dass er sich vielfach vom Kern der christlichen Überlieferung abzulösen im Begriff stand.

Im öffentlichen Bewusstsein der Kirche in Deutschland wurde schließlich das Ende von »Publik« zur Grenzmarke der Entwicklungen. Wer die erregten Kommentare von damals liest, fragt sich zunächst verwundert, wieso das Aufhören einer Zeitung, die ihren Markt nicht gefunden hatte, ein solcher Riss in der Heilsgeschichte, die »Rückkehr ins Ghetto« sein könne. Tatsächlich aber bedeutete das Scheitern des groß angelegten Versuchs den Abschied von einer Illusion, die sich hier das Zeichen ihrer eigenen Wirklichkeit gesetzt hatte. »Publik« war für die Wortführer des nachkonziliaren Progressismus die Stätte der Verschmelzung von Kirche und Welt geworden, in der das Trauma des Ghetto seine Überwindung fand. Nur – die Welt hatte nicht danach gegriffen, es war eine unwirkliche Welt von Intellektuellen geblieben.

Spätestens seit diesem Zeitpunkt war auch im Allgemeinen kirchlichen Bewusstsein klar geworden, dass der Fortschritt keine einheitliche Kraft mehr darstellte und dass man nicht mehr von den einfachen Optionen der Konzilszeit ausgehen konnte. Damals hatten die Mehrheit der Bischöfe und der Theologen sich in einer Gemeinschaft zusammengefunden, die Veraltetes bekämpfte und den Mut zum Neuen als die Aufgabe der Kirche von heute lehrte. Seither glaubte man zu wissen, dass man nur dem Neuen zuzustimmen, das Alte abzulehnen brauche, um auf der richtigen Seite zu stehen. Wer mahnte, dass so einfach das Programm des Konzils nicht zu verwirklichen sei, wie es einsam Hans Urs von Balthasar tat,[18] der gehörte eben auch zu denen, die die Zeichen der Zeit noch nicht begriffen hatten. Erst als die Trümmer verfehlter Hoffnungen krachend niederfielen, zerbrach die Sicherheit, wurde neues Fragen geweckt.

3. Standortbestimmung heute

Vielleicht ist es verfrüht zu sagen, die Phase der Krise gehe seit einiger Zeit über in eine Phase der Konsolidation. Fragen wir zuerst, was von dem Bisherigen zu halten ist. Der Überblick, der soeben in knappen Strichen versucht wurde, scheint eine sehr negative Diagnose anzukündigen. Blieb mehr als ein Trümmerhaufen gescheiterter Experimente? Sind »Gaudium et spes« endgültig in »luctus et angor« umgeschlagen?[19] War das Konzil ein Irrweg, von dem wir zurückkehren müssen, um die Kirche zu retten? Die Stimmen derer, die solches sagen, werden lauter und ihre Nachfolge wird größer. Zu den unübersehbaren Phänomen der letzten Jahre zählt das zunehmende Wachstum integralistischer Gruppierungen, in denen der Drang nach Frömmigkeit, nach der Wärme des Geheimnisses seine Antwort findet. Man sollte sich hüten, diese Vorgänge zu verharmlosen. Ohne Zweifel gibt es hier sektiererischen Zelotismus, der das Gegenteil von Katholizität ist. Dem allen kann man nicht entschieden genug widerstehen. Aber man muss sich doch auch allen Ernstes fragen, warum derlei Verengungen und Verzerrungen von Glaube und Frömmigkeit eine solche Wirkung ausüben und Menschen anzuziehen vermögen, die vom Grundentscheid ihres Glaubens wie von ihrer persönlichen Artung her keineswegs zur Sekte bestimmt sind. Was drängt sie in einen Bereich, dem sie nicht zugehören? Warum haben sie das Gefühl der Beheimatung in der Großkirche verloren? Sind alle ihre Vorwürfe ganz unberechtigt? Ist es zum Beispiel nicht wirklich

---

[18] Es sei an zwei programmatische Schriften der frühen Nachkonzilszeit erinnert: Balthasar, *Wer ist ein Christ?*, und: *Cordula oder der Ernstfall.*

[19] »Luctus et angor« (Trauer und Angst) sind die Wörter, mit denen der Konzilstext unmittelbar nach den Eingangsvokabeln »Gaudium et spes« fortfährt.

merkwürdig, dass man nie von ähnlichen bischöflichen Reaktionen gegen Zerstörungen im Kern der Liturgie selbst gehört hat, wie sie nun gegen den Gebrauch des doch nicht erst seit Pius V. existierenden Messbuches der Kirche hervortreten? Noch einmal: Sektenhaftes Gebaren darf nicht angenommen, aber der Gewissensforschung, zu der uns derlei Vorkommnisse nötigen, darf auch nicht ausgewichen werden.

Was also soll man sagen? Zunächst scheint mir eines durch den Verlauf dieser zehn Jahre völlig klar geworden zu sein: Eine Auslegung des Konzils, die dessen dogmatische Texte nur als Präludien eines noch unfertigen Konzilsgeistes versteht, das Ganze lediglich als Weg zu »Gaudium et spes« ansieht und diesen Text wieder nur als Auftakt einer gradlinigen Fortführung zu immer weiterer Verschmelzung mit dem betrachtet, was sich Fortschritt nennt – eine solche Auslegung steht nicht nur im Widerspruch zu dem, was die Konzilsväter selbst wollten und meinten, sie wird durch den Gang der Ereignisse *ad absurdum* geführt. Wo der Geist des Konzils gegen sein Wort gewendet und lediglich vage aus der auf die Pastoralkonstitution zulaufenden Entwicklung destilliert wird, gerät dieser Geist zum Gespenst und führt ins Sinnlose. Die Zerstörungen, die eine solche Einstellung herbeigeführt hat, sind so augenscheinlich, dass im Ernst ein Streit darüber nicht möglich sein kann. Desgleichen ist klargeworden, dass die Welt in ihrer neuzeitlichen Gestaltung längst keine einheitliche Größe mehr ist. Der Fortschritt der Kirche kann ein für alle Mal nicht in einer verspäteten Umarmung der Neuzeit bestehen – das hat uns die Theologie Lateinamerikas unwiderruflich gelehrt und darin besteht das Recht ihres Schreies nach Befreiung. Wenn die kritische Bestandsaufnahme der letzten zehn Jahre zu diesen Einsichten führt, wenn sie die Erkenntnis freilegt, dass man das Zweite Vaticanum ganz lesen muss, und zwar orientiert auf die zentralen theologischen Texte zu und nicht umgekehrt, dann könnte solche Besinnung für die ganze Kirche fruchtbar werden und zur Konsolidation in nüchterner Reform helfen. Nicht die Pastoralkonstitution misst die Kirchenkonstitution, schon gar nicht die isoliert genommene Intention der einleitenden Abschnitte, sondern umgekehrt: Nur das Ganze in der richtigen Zentrierung ist wirklich Geist des Konzils.

Heißt dies, dass das Konzil selbst zurückgenommen werden muss? Durchaus nicht. Es bedeutet nur, dass die wirkliche Rezeption des Konzils noch gar nicht begonnen hat. Was die Kirche des letzten Jahrzehnts verwüstete, war nicht das Konzil, sondern die Verweigerung seiner Aufnahme: Das wird gerade durch die Analyse der Wirkungsgeschichte von »Gaudium et spes« deutlich. Was als Konzil ausgegeben wurde, war weithin Ausdruck einer Attitüde, die auch mit den Aussagen dieses Textes nicht zu decken ist, aber in seinem Werden und auch in einzelnen Formulierungen als Tendenz in der Tat erkennbar ist. Die Aufgabe lautet daher nicht: Aufhebung des Konzils, sondern Entdeckung des wirklichen Konzils und Vertiefung seines wahren Wollens im Angesicht des jetzt Erfahrenen. Dies schließt ein, dass es keine Rückkehr zum Syllabus geben kann, der eine erste Markierung in der Auseinandersetzung mit dem Liberalismus und dem heraufsteigenden Marxismus sein mochte, aber kein letztes Wort sein kann. Weder Umarmung noch Ghetto können auf die Dauer das Problem der Neuzeit für den Christen lösen. Es bleibt dabei, dass die »Schleifung der Bastionen«, die Hans Urs von Balthasar schon 1952 verlangt hatte, in der Tat eine fällige Aufgabe war.

Die Kirche kann sich die Zeiten nicht aussuchen, in denen sie leben will. Sie musste nach Konstantin eine andere Weise des Zusammenseins mit der Welt finden, als es ihr vorher durch die Verfolgung auferlegt gewesen war, und es ist törichte Romantik, die konstantinische Wende zu beklagen, während man selbst der Welt, von der man angeblich die Kirche befreien will, zu Füßen fällt. Das Ringen zwischen Imperium und Sacerdotium im Mittelalter, der Streit mit dem aufgeklärten Staatskirchentum der frühen Neuzeit sind Versuche, den schweren Problemen gerecht zu werden, die eine christlich gewordene Welt in ihren unterschiedlichen Perioden aufgab. Im Zeitalter des säkularen Staates und der marxistischen Messianismen, im Zeitalter weltweiter wirtschaftlicher und sozialer Probleme, im Zeitalter wissenschaftlich-technischer Weltbeherrschung und nostalgischer Furcht vor der Selbstzerstörung des Menschen in der Wissenschaft steht auch die Kirche ganz neu vor der Frage ihrer Ortsbestimmung in dieser Welt und in ihren Nöten. Sie musste von vielem Abschied nehmen, was bislang Sicherheit verhieß und wie selbstverständlich zu ihr gehörte. Sie musste alte Bastionen schleifen und sich allein dem Schild des Glaubens anvertrauen, der Kraft des Wortes, das ihre einzige wahre und bleibende Macht ist. Aber eine Schleifung der Bastionen kann nicht heißen, dass sie nun nichts mehr zu verteidigen hat oder dass sie von anderen Kräften leben kann als von denen, die sie geboren haben: Blut und Wasser aus der geöffneten Seite des gekreuzigten Herrn (Joh 19,31–37). »In der Welt werdet ihr Drangsal haben, aber seid getrost: Ich habe die Welt überwunden« (Joh 16,33) – das gilt auch heute.

Ausblick – ein Gleichnis

Mit etwas Zögern möchte ich versuchen, am Schluss das Drama dieser zehn Jahre mit seinem Aufstieg und seiner Peripetie in einer Parabel darzustellen, die angesichts der Härte unserer Erfahrungen als ein höchst unangemessener Ausflug ins Poetische wirken mag. Mir scheint sie dennoch bei aller Unzulänglichkeit und Fraglichkeit, die jedem Vergleich innewohnt, nicht gar so fern von unseren Erfahrungen zu liegen, denn sie ist der vielleicht vollkommenste dichterische Ausdruck, in dem sich das Drama des Abschieds vom Mittelalter und des Aufbruchs in die Neuzeit Ausdruck geschaffen hat, und dies durch einen Dichter, der von sich selbst bekannte, dass er im Leid erfahrener sei als im Lied: Miguel de Cervantes.[20] Sein Don Quijote beginnt als eine Posse, ein derber Spott, der durchaus nicht phantastisch oder bloß literarisch-unterhaltend ist. Das heitere Autodafé, das Pfarrer und Barbier im 6. Kapitel an den Büchern des armen Junkers anstellen, ist eine sehr reale Gebärde: Die Welt des Mittelalters wird hinausgeworfen, die Tür zu ihrem Eingang vermauert; sie gehört unwiderruflich der Vergangenheit an. In der Gestalt des Don Quijote verspottet eine neue Zeit die alte. Der Ritter ist zum Narren geworden; aus den Träumen von ehedem erwacht, stellt sich eine neue Generation der Wirklichkeit ohne Verkleidung und ohne Verklärung. In

[20] Ich zitiere den Don Quijote hier nach der Übertragung von Ludwig Braunfels in der Ausgabe des Deutschen Bücherbundes Stuttgart/Hamburg: CERVANTES, *Don Quijote*, 61.

dem heiteren Spott der ersten Kapitel liegt etwas von Aufbruch, von der Selbstgewissheit einer neuen Zeit, die das Träumen verlernt und die Wirklichkeit entdeckt hat und stolz darüber ist. Im Fortgang des Romans widerfährt dem Verfasser etwas Merkwürdiges. Er gewinnt langsam den närrischen Ritter lieb. Das erklärt sich gewiss nicht einfach davon her, dass ihn der Spott eines literarischen Diebes verletzte, der aus dem edlen Narren einen niedrigen Hanswurst machte. Im Gegenbild des falschen Don Quijote mag ihm allerdings erst vollends bewusst geworden sein, dass sein Narr eine edle Seele in sich trug; dass die Narrheit, sein Leben dem Schutz der schwachen und dem Einstehen für Wahrheit und Recht zu verschreiben, Größe hatte. Hinter der Narrheit entdeckt Cervantes die Einfalt: »Er vermag keinem Böses zu tun, vielmehr Gutes jedermann, und es ist kein Arg in ihm.«[21] Welch edle Narrheit ist es doch, die Don Quijote sich zum Beruf gewählt: »[…] Keusch sein in seinen Gedanken, sittsam in seinen Worten, wahrhaft in seinen Taten, geduldig in Drangsalen, barmherzig gegen Notleidende und endlich ein Vorkämpfer für die Wahrheit, wenn auch ihre Verteidigung das Leben kosten sollte.«[22] Die verrückten Streiche sind zu einem liebenswerten Spiel geworden, hinter dem ein reines Herz sichtbar wird, ja, der Kern der Narrheit, der nun ins Bewusstsein tritt, fällt mit der Fremdheit des Guten in einer Welt zusammen, deren Realismus nur noch Spott übrig hat für den, der Wahrheit als Wirklichkeit nimmt und für sie sein Leben wagt. Aus der hochgemuten Sicherheit, mit der Cervantes die Brücken hinter sich verbrannt und die alte Zeit verlacht hatte, ist Melancholie um Verlorenes geworden. Das ist kein Rückweg in die Welt der Ritterromane, aber es ist das Wachwerden für das, was unverloren bleiben muss, und die Einsicht in die Gefährdung des Menschen, die da aufsteigt, wo er im Verbrennen der Vergangenheit die Ganzheit seiner selbst verliert.

Haben wir in den zehn Jahren seit »Gaudium et spes« nicht auch Erfahrungen gemacht, die bei aller Verschiedenheit der Ebenen denjenigen nicht ganz unähnlich sind, die hinter der Wandlung Don Quijotes stehen? Wir sind kühn und voller Selbst-

[21] Cervantes, *Don Quijote*, 637.
[22] Cervantes, *Don Quijote*, 678.

bewusstsein aufgebrochen; es mag so manches gedachte und vielleicht auch manches reale Autodafé über scholastische Bücher gegeben haben, die uns wie närrische Ritterromane erschienen, von denen wir nur zum Träumen verführt wurden und die uns gefährliche Riesen vorgaukelten, wo wir es mit der menschenfreundlichen Wohltat der Technik, mit ihren Windmühlenflügeln zu tun hatten. Wir haben kühn und siegessicher die Tür einer vergangenen Epoche zugemauert und was dahinter lag als aufgelöst und verschwunden erklärt. Es gibt in der konziliaren und nachkonziliaren Literatur unübersehbar das Genus der Verspottung, mit dem wir wie erwachsene Schüler von den veralteten Schulbüchern Abschied nehmen wollten. Aber inzwischen ist uns ein anderer Spott in die Ohren und in die Seele gedrungen, der mehr verspottet, als wir gemeint und gewollt hatten. Und langsam ist uns das Lachen vergangen; langsam haben wir gemerkt, dass hinter den verschlossenen Türen auch solches steckt, das unverloren bleiben muss, wenn wir nicht unsere Seele verlieren wollen. Gewiss, wir können nicht zurück ins Vergangene, und das wollen wir auch nicht. Aber wir müssen zu neuer Besinnung bereit sein auf das, was im Wechsel der Zeiten das wahrhaft Tragende ist. Das unbeirrbar zu suchen und die Narrheit des Wahren heiteren Herzens ohne Abstrich zu wagen, scheint mir die Aufgabe für heute und morgen: der wahre Kern des Weltdienstes der Kirche, *ihre* Antwort auf »Freude und Hoffnung, Trauer und Angst des Menschen von heute«.

Thesen zum Thema »Zehn Jahre Vaticanum II«

1. Das Vaticanum II steht heute im Zwielicht. Von so genannter progressiver Seite wird es seit geraumer Zeit als vollständig überholt und so als eine jetzt nicht mehr belangvolle Sache der Vergangenheit betrachtet. Von der Gegenseite, wie sie zunehmend z. B. in vielen Leserbriefen der »Deutschen Tagespost« zu Worte kommt, wird es umgekehrt als Ursache des gegenwärtigen Verfalls der katholischen Kirche angesehen und als Abfall vom Vaticanum I wie vom Trienter Konzil gewertet. Es steht unter Häresieverdacht. Konsequenterweise wird seine Rücknahme oder eine Revision verlangt, die der Rücknahme gleichkommt.

Beiden Richtungen gegenüber ist zunächst festzustellen, dass das Vaticanum II von derselben Autorität getragen ist wie das Vaticanum I und das Tridentinum, nämlich dem Papst und dem ihm verbundenen Bischofskollegium; dass aber auch inhaltlich das II. Vaticanum sich engstens an die beiden vorausgegangenen Konzilien anschließt und sie an entscheidenden Punkten wörtlich übernimmt, wobei gerade die besonders charakteristischen und zugespitzten Formulierungen (»pari pietatis affectu«, »ex sese, non ex consensu ecclesiae«) wiederholt werden. Daraus ergeben sich zwei Thesen:

a) Es ist unmöglich, sich für das Vaticanum II und gegen Trient und Vaticanum I zu entscheiden. Wer das II. Vaticanum bejaht, so wie es sich selbst eindeutig geäußert und verstanden hat, der bejaht damit die gesamte verbindliche Tradition der katholischen Kirche, insonderheit auch die beiden vorangegangenen Konzilien.

b) Es ist ebenso unmöglich, sich für Trient und Vaticanum I, aber gegen das Vaticanum II zu entscheiden. Wer das Vaticanum II verneint, negiert die Autorität, die die beiden anderen Konzilien trägt und hebt sie damit von ihrem Prinzip her auf. Jede Auswahl zerstört hier das Ganze, das nur als unteilbare Einheit zu haben ist.

2. Es ist unbestreitbar, dass die letzten zehn Jahre für die katholische Kirche äußerst negativ verlaufen sind. Statt der erhofften Erneuerung haben sie einen fortschreitenden Prozess des Verfalls mit sich gebracht, der sich weitgehend im Zeichen der Berufung auf das Konzil abgespielt und dieses damit immer mehr diskreditiert hat. Es muss klar gesagt werden, dass eine wirkliche Reform der Kirche eine eindeutige Abkehr von den Irrwegen voraussetzt, deren katastrophale Folgen mittlerweile unbestreitbar sind. Was das Vaticanum II anlangt, so kann es in seinen amtlichen Aussagen nicht für diese Entwicklung haftbar gemacht werden, die ihm vielmehr von Grund auf widerspricht und sehr komplexe Ursachen hat. Richtig ist allerdings, dass sich schon während des Konzils ein Konzils-Ungeist zu entwickeln begann, der vom Konzil zu trennen und ebenso zu verabschieden wie dieses zu behalten ist. Die Erfahrungen des nachkonziliaren Jahrzehnts können so dazu verhelfen, Geist und Ungeist deutlicher zu scheiden, als es damals geschah; sie können dazu helfen, das Konzil auf seine spirituelle und theologische Mitte hin zu leben und zu vertiefen.

3. Was dieser notwendige Prozess einer vertiefenden Rezeption des Konzils durch die Kirche bedeutet, soll an drei Brennpunkten des nachkonziliaren Dilemmas verdeutlicht werden.

a) Die Öffnung der Liturgie für die Volkssprachen war begründet und berechtigt; sie ist auch vom Trienter Konzil als Möglichkeit ins Auge gefasst (DS 1749; 1759). Ebenso ist es schlechthin unwahr, zu behaupten, die Ausbildung neuer Kanon-Formulare widerspreche dem Trienter Konzil (vgl. DS 1745; 1756). Wie weit die einzelnen Schritte der Liturgiereform wirkliche Verbesserungen oder eher Banalisierungen waren, wie weit sie pastoral klug oder töricht oder rücksichtslos waren, muss hier dahingestellt bleiben. Klar ist, dass auch bei der Vereinfachung und bei der möglichst verständlichen Fassung der Liturgie das Mysterium des Handelns Gottes im Handeln der Kirche und damit die unmanipulierbare Vorgegebenheit des Kerns der Liturgie für Priester und Gemeinden wie ihr gesamtkirchlicher Charakter unangetastet bleiben müssen. Daher muss weit entschiedener, als es bisher geschehen ist, rationalistischer Verflachung, geschwätzigem Zerreden und pastoraler Infantilität entgegengetreten werden, die die Liturgie zum Gemeindekränzchen degradiert und sie auf Bild-Zeitungs-Verständlichkeit herunterschrauben will. Auch die geschehenen Reformen, besonders im Bereich des Rituale, werden unter solchen Gesichtspunkten überprüft werden müssen.

b) Die starke Betonung des Bischofsamtes durch das Vaticanum II entsprach ebenso der gesamtkirchlichen Tradition wie den Intentionen des Vaticanum I (vgl. DS 3112–3116). Aber es wird darauf zu achten sein, dass die zunehmende Institutionalisierung der Bischofskonferenzen nicht die persönliche Verantwortung des Bischofs für die ihm anvertraute Teilkirche erdrückt. Diese persönliche Verantwortung ist der kirchlichen Verfassung von Anfang an wesentlich; die Konferenz hat nur praktische, aber keine eigentlich theologischen Gründe. Das Wesen der Kirchenverfassung wird verfälscht, wo an die Stelle der persönlichen Verantwortung des Bischofs ein System tritt, das ihn zum Vertreter der Konferenz degradiert und die Verantwortung auf anonyme bürokratische Institutionen übergehen lässt. Ebenso muss entschieden dem Einbruch nationalistischer Tendenzen bzw. überhaupt der Gefahr neuer Kollektive und ihrer gegenseitigen Abschließung entgegengetreten werden, die sich im Gefolge der nachkonziliaren Dezentralisierung an vielen Stellen abzeichnet. Der antirömische Affekt ist ein schlechter Ratgeber; die konkrete Einheit mit Rom ist nach dem Aufbau der Bischofskonferenzen wichtiger als zuvor.

c) Das Konzil war im Recht, als es eine Revision des Verhältnisses von Kirche und Welt erstrebte. Dieses Verhältnis war zum Teil noch durch mittelalterliche Entwürfe bestimmt, die in einer tief gewandelten Welt längst nicht mehr der Wirklichkeit entsprachen. Aber eine konfliktlose Verschmelzung von Kirche und Welt zu erstreben, heißt das Wesen von Kirche und Welt verkennen. Das Christsein lässt sich nicht der Plausibilitätsstruktur einer Epoche einordnen; der Christ muss sich gerade heute darauf einstellen, dass er einer Minderheit zugehört und dass er weitgehend im Widerspruch steht zu dem, was plausibel ist, zum »Schema dieser Welt«, wie Paulus sagt (Röm 12,2). Der Plausibilität der Welt setzt der Christ die Urteilsfähigkeit der gläubigen Vernunft entgegen.

Fähigkeit und Mut zum Widerspruch, Kraft zum Annehmen einer Minderheitssituation einzuüben, wird zu den dringendsten Aufgaben des christlichen Weltverhältnisses in den nächsten Jahren gehören – in Abkehr von dem Trend der nachkonziliaren Euphorie, der gerade hier sich besonders gründlich verirrt hatte.

Bilanz der Nachkonzilszeit – Misserfolge, Aufgaben, Hoffnungen

Als ich im Jahr 1975 von verschiedenen Seiten aufgefordert wurde, eine Bilanz zehn Jahre nach dem Vaticanum II zu formulieren, gingen zunächst meine Gedanken zurück in die Tage des Konzilsanfangs. Kardinal Frings hatte mich eingeladen, am 10. Oktober 1962, also am Vorabend der Eröffnungssitzung, vor den Bischöfen des deutschen Sprachraums die theologischen Probleme darzustellen, denen sie nun in der Konzilsarbeit ausgesetzt sein würden. Bei der Suche nach einer passenden Einleitung, die etwas vom Wesen der Konzilien selbst sichtbar machen sollte, stieß ich auf einen Text des Eusebius von Cäsarea, der Konzilsvater auf dem ersten ökumenischen Konzil der Kirchengeschichte zu Nikäa im Jahre 325 gewesen war und seinen Eindruck von dieser Kirchenversammlung folgendermaßen zusammengefasst hat: »Von allen Kirchen aus ganz Europa, Afrika und Asien waren die ersten Diener Gottes versammelt. Und *eine* Kirche, weltweit gleichsam durch Gottes Gnade, umspannte Syrier, Cicilier, Phönicier, Araber und Palästinenser. Dazu Ägypter, Thebäer, Afrikaner und Mesopotamier. Sogar ein persischer Bischof war auf der Synode. Und auch ein Skythe fehlte nicht im Chor. Pontus und Galatien, Cappadocien und Asia, Phrygien und Pamphylien sandten die erlesensten Männer. Aber auch Thraker und Macedonier, Achäer und Epiroten und Leute, die noch weiter weg wohnten, kamen. [...] Selbst ein Spanier, jener berühmte, war einer von den zahlreichen Teilnehmern an der Versammlung.«[1] Im Hintergrund dieser begeisterten Worte erkennt man die Schilderung, die Lukas in der Apostelgeschichte vom Pfingstfest gegeben hat, und so ist auch die

---

[1] Eusebius, *V Const* III 7 (ed. Heikel, 80); hier zitiert nach Dallmayr, *Die großen vier Konzilien*, 33 f.

theologische Aussage deutlich, die Euseb mit seinem Bericht verbindet: Nikäa war ein neues Pfingsten, die wahre Erfüllung des pfingstlichen Zeichens, dann nun spricht die Kirche wirklich in allen Sprachen und bekennt darin den einen Glauben und erweist 383
sich so als die Kirche des Heiligen Geistes.

Das Konzil ein Pfingsten – das war ein Gedanke, der unserem eigenen Empfinden von damals entsprach; nicht nur weil Papst Johannes ihn als Wunsch, als Gebet, formuliert hatte, sondern weil er die Wiedergabe unserer Erfahrungen bei der Ankunft in der Konzilsstadt bildete: Begegnungen mit Bischöfen aller Länder, aller Zungen, weit über das für Lukas oder Euseb Vorstellbare hinaus und so Erleben der realen Katholizität mit ihrer pfingstlichen Hoffnung, das war das verheißungsvolle Signum dieser ersten Tage des Vaticanum II.

So also war es damals. Als Einleitung für die jetzige Rückschau war ein solch »triumphalistischer« Text nicht mehr denkbar. Die Stimmung ist von Grund auf verändert. Nun kam mir ein anderer Vätertext unter die Augen, der etwa 50 Jahre später niedergeschrieben ist und eine ganz ähnliche Veränderung der Perspektiven spiegelt, wie sie auch uns widerfuhr. Der Verfasser ist Gregor von Nazianz, einer der großen Erben von Nikäa und selbst Konzilsvater auf dem Konzil von Konstantinopel im Jahr 381, das die nikänische Formel durch die ausdrückliche Erklärung der Gottheit des Heiligen Geistes ergänzte. Man war im Jahr 381 mit den Beratungen nicht ganz zu Ende gekommen und der Kaiser ließ nun durch den Beamten Prokopios den bedeutenden Bischof und Theologen Gregor zu einer Art von zweiter Sitzungsperiode im Jahr 382 erneut nach Konstantinopel einladen. Die Antwort Gregors war lakonisch, eine Absage mit folgender Begründung: »Um die Wahrheit zu sagen, so halte ich dafür, dass man jedes Konzil der Bischöfe fliehen sollte, da ich einen glücklichen Ausgang noch bei keinem Konzil erlebte; auch nicht die Abschaffung von Übelständen [...]; immer dagegen Ehrsucht oder Zank ums Vorgehen.«[2] Martin Luther, der in seiner Frühzeit leidenschaftlich nach einem freien und allgemeinen Konzil gerufen hatte, hat die-

---

[2] Gregor von Nazianz, *Ep* 130 Ad Procopium (ed. Gallay, GCS 53, 59 f.). Zur geschichtlichen Einordnung des Textes Gallay, XXVIII. Über die Konstanti-

sen Text in seine 1539 verfasste Schrift »Von den Konziliis und Kirchen« aufgenommen und in ihr seine späte Meinung über Wert und Unwert von Konzilien niedergelegt. Nun hat dieses Abrücken von früher Konzilsbegeisterung zu später Konzilsskepsis bei Luther seine eigenen Gründe, die der Katholik so sicher nicht teilen wird: Luther hatte erkannt, dass ein kirchliches Konzil die kirchliche Lehre bestätigen musste und dass er von dort nicht ins Recht gesetzt werden konnte, weil er sich nun einmal nicht bloß in Wider-
384 spruch zu Missbräuchen, sondern zu kirchlicher Lehre selbst gestellt hatte; er ficht deshalb für die Überordnung der weltlichen Gewalt, in der er seine Chance sah.[3] Aber wenn man so Luthers negatives Urteil über Konzilien in seiner Bedeutung vielleicht nicht allzu hoch veranschlagen wird, dasjenige einer der großen Väter der in den Konzilien des 4. Jahrhunderts formulierten kirchlichen Orthodoxie hat sein Gewicht. Nun kann man freilich einwenden, Gregor sei als Theologe zwar groß, als Mensch aber ein Hypochonder, eine übersensible Künstlernatur gewesen.[4] Aber dann wiegt umso mehr, dass eine der auch menschlich überragenden Gestalten des Jahrhunderts der großen Konzilien, Gregors Freund Basilius, sachlich sogar noch schärfer urteilt. Er spricht von »entsetzlicher Unordnung und Verwirrung« im Gefolge der konziliaren Dispute, von einem »unaufhörlichen Geschwätz«, das die ganze Kirche erfülle.[5]

Aus einer Art von makroskopischer Sicht der Geschichte, mit der wir von heute auf das Damalige schauen, muss man der Sicht der beiden Bischöfe widersprechen: Gerade die großen Konzilien des 4. und 5. Jahrhunderts sind Leuchttürme der Kirche geworden, die den Weg in die Mitte der Heiligen Schrift weisen und,

---

nopler Konzilien von 381 und 382 das Wichtigste in: COD² 21 ff., dort weitere Literatur.

[3] Luther, *Von den Konziliis und Kirchen* (WA 50, 509–653, 604); zur Einordnung in Luthers Denken die Einleitung 488–509. Auf das Gregor-Zitat und seine Verwendung durch Luther hatte vor dem Konzil hingewiesen Küng, *Verständnis des ökumenischen Konzils*, 65.

[4] Ein schönes Porträt Gregors, in dem die wirkliche Größe dieses empfindsamen Mannes hervortritt, findet sich bei Hamman, *Die Kirchenväter*, 104–113.

[5] Basilius, *Spir* XXX 76 C und 77 C (SChr 17bis, 522,28 f. und 524,42 f.; dt. Blum, 113 [65 b] und 115 [66 c]). Zur Gestalt des Basilius Hamman, *Die Kirchenväter*, 94–103.

indem sie ihre Auslegung prägen, zugleich die Identität des Glau-
bens im Wandel der Zeit klären. Aber wenn das Urteil der Ge-
schichte im Ganzen anders ausgefallen ist, aus der Entfernung
nur das Große beständig und umgekehrt das beständig Gebliebene
groß erscheint, so sind die unmittelbaren Zeitgenossen offenbar
doch immer wieder denselben Erfahrungen ausgesetzt gewesen,
die diese Zeugen des Jahrhunderts der großen Grundentscheidun-
gen ins Wort gebracht haben. Der makroskopischen Sicht steht
sozusagen die mikroskopische, die aus der Nähe, gegenüber, und
aus der Nähe gesehen kann man nicht leugnen, dass fast alle Kon-
zilien sich zunächst als Erschütterungen des Gleichgewichts, als
Faktoren der Krise ausgewirkt haben. Dem Konzil von Nikäa, das
die Gottessohnschaft Jesu endgültig formulierte, ist ein zermür-
bender Streit gefolgt, der die erste große Kirchenspaltung, den
Arianismus, mit sich brachte und die Kirche über Jahrzehnte hi-
naus bis ins Innerste aufriss. Nicht anders ging es nach dem Konzil
von Chalkedon, in dem mit der wahren Gottheit auch die wahre 385
Menschheit Jesu ausgesagt wurde. Die Wunde, die damals ent-
stand, hat sich bis heute nicht geschlossen: Die treuen Erben des
großen Bischofs Kyrill von Alexandrien fühlten sich durch die For-
meln verraten, die ihrer heilig gehaltenen Überlieferung entgegen-
standen; als monophysitische Christen bilden sie im Orient noch
heute eine bedeutende Minorität, die uns einfach durch ihr Dasein
noch etwas von der Härte der damaligen Kämpfe ahnen lässt.
Wenn wir in die Nähe der Gegenwart hereinrücken, so steigt die
Erinnerung an das Vaticanum I auf, in dessen Gefolge mehrere
katholisch-theologische Fakultäten in Deutschland auseinander-
brachen; es dauerte Jahrzehnte, ehe sich die Wunden schlossen.

So steht die kritische Entwicklung, die dem II. Vaticanum folgte, in einer langen Geschichte; überraschen konnte sie eigentlich nur, weil man in der Begeisterung des Anfangs die geschichtlichen Erfahrungen weitgehend abgeblendet hatte; vielleicht auch deshalb, weil man glaubte, alles anders und alles besser gemacht zu haben: Ein Konzil, das nicht dogmatisierte und niemanden ausschloss, schien niemanden treffen, niemanden abstoßen, nur alle anziehen zu können. In Wahrheit ist es ihm nicht anders ergangen als den Kirchenversammlungen zuvor; die krisenhaften Erscheinungen, in die es hineinführte, kann heute niemand mehr im

Ernst bestreiten. Gewiss bleiben eindeutig positive Auswirkungen, die nicht geschmälert werden dürfen: Das Konzil hat, um nur die wichtigeren theologischen Ergebnisse zu nennen, eine gefährlich isolierte Primatslehre wieder ins Ganze der Kirche eingefügt; es hat ein isoliert hierarchisches Denken wieder in das eine Mysterium des Leibes Christi integriert; es hat eine isolierte Mariologie wieder ins große Gefüge des Glaubens zurückgebunden; es hat dem biblischen Wort seinen vollen Rang eingeräumt; es hat die Liturgie wieder zugänglicher gemacht; es hat mit alledem auch einen mutigen Schritt auf die Einheit der Christen hin getan. Es mag sein, dass in einer späteren makroskopischen Sicht der Periode des Vaticanum II nur noch diese Ergebnisse ins Gewicht fallen, und es mag auch jetzt schon Menschen geben, die sozusagen in der Makro-Sicht leben und von ihr her urteilen. Aber für den Zeitgenossen, der Verantwortung für seine Stunde trägt, kann das möglicherweise einmal makroskopisch die Konturen allein Bestimmende doch nicht das Einzige sein; er ist gerade dem Täglichen, dem Kleinen ausgesetzt und muss dort um die richtigen Entscheidungen kämpfen. Für solche Nahsicht aber sind schwerwiegende und in hohem Maß beunruhigende negative Faktoren unbestreitbar: Dass (um wieder nur weniges anzudeuten) unsere Kirchen, unsere Priesterseminare, unsere Klöster leerer geworden sind in diesen zehn Jahren, kann sich jeder von den Statistikern zeigen lassen, wenn er es nicht selbst bemerkt; dass das Klima in
386 der Kirche zeitweise schon nicht mehr bloß frostig, sondern nur noch bissig-aggressiv war, braucht auch nicht umständlich bewiesen zu werden; dass allenthalben Parteiungen die Gemeinschaft zerreißen, gehört zu unseren täglichen Erlebnissen, die die Freude am Christlichen bedrohen. Wer solches sagt, wird schnell des Pessimismus geziehen und so aus dem Gespräch gestellt. Aber hier handelt es sich ganz schlicht um empirische Fakten, und sie leugnen zu müssen, verrät schon nicht mehr Pessimismus, sondern eine stille Verzweiflung. Nein, die Fakten zu sehen ist nicht Pessimismus, sondern Sachlichkeit; erst dann folgt die Frage, was diese Fakten bedeuten, woher sie kommen und wie ihnen zu begegnen ist. So ergeben sich für unser weiteres Vorgehen zwei Fragen: diejenige nach den Gründen der Entwicklung und anschließend diejenige nach der richtigen Antwort darauf.

1. Wie kam es zur nachkonziliaren Entwicklung?

Zur Erklärung des Geschehenen versuche ich in diesem Rahmen nur ein paar erste Hinweise. Zunächst muss man sich bewusstmachen, dass die nachkonziliare Krise der katholischen Kirche mit einer globalen geistigen Krise der Menschheit, mindestens der westlichen Welt zusammengefallen ist; nicht alles, was in diesen Jahren die Kirche aufwühlte, darf man als Produkt des Konzils ausgeben. Das menschliche Bewusstsein wird nun einmal nicht nur von den Willensentscheidungen des Einzelnen geprägt, sondern weitgehend auch von den äußeren Bedingungen geformt, die durch wirtschaftliche und politische Faktoren entstehen: Jesu Wort, leichter gehe ein Kamel durch ein Nadelöhr als ein Reicher ins Himmelreich, ist ein unüberhörbarer Hinweis auf solche Zusammenhänge. Ich nenne nur ein Beispiel aus unserer eigenen Geschichte: Der Zusammenbruch des alten Europa im Ersten Weltkrieg hat unmittelbar auch die geistige Landschaft, insbesondere auch das Panorama der Theologie von Grund auf verändert. Der vorher blühende Liberalismus, Produkt einer satten und selbstsicheren Welt, war plötzlich bedeutungslos geworden, obwohl seine großen Vertreter noch immer lebten und lehrten. Die Jugend folgte nicht mehr Harnack, sondern Karl Barth: Eine Theologie aus strengem Offenbarungsglauben, eine Theologie, die ganz bewusst kirchlich sein wollte, bildete sich in den Bedrängnissen der veränderten Welt. Die Rückkehr der alten Prosperität in den sechziger Jahren brachte einen ähnlichen Umschlag des Denkens mit sich. Der neue Reichtum und das schlechte Gewissen, das ihm entsprach, förderten jene merkwürdige Mischung aus Liberalität und marxistischem Dogmatismus zutage, die wir alle erlebt haben. So wird man den Anteil des II. Vaticanums an den jüngsten 387
Entwicklungen nicht übertreiben dürfen; die evangelische Christenheit hat auch ohne Konzil eine ähnliche Krise zu bestehen, und die politischen Parteien müssen sich mit Phänomenen der gleichen Herkunft auseinandersetzen.[6] Umgekehrt war das Konzil aber doch einer der Faktoren, die in die weltgeschichtliche Ent-

[6] Ausführlicher habe ich diese Zusammenhänge darzustellen versucht in: Ratzinger, *Zehn Jahre nach Konzilsbeginn – Wo stehen wir?*.

wicklung hineingehören. Wenn ein so tief in den Seelen verwurzeltes Gebilde wie die katholische Kirche in seinen Grundfesten erschüttert wird, dann reicht das Erdbeben in die ganze Menschheit hinein. Welches sind nun die krisenhaften Faktoren, die vom Konzil ausgegangen sind?

Mir scheint, dass hier zwei Einstellungen eine Rolle spielen, die im Bewusstsein der Konzilsväter, der Konzilsberater und der Konzilsberichterstatter wachsende Bedeutung gewannen. Das Konzil verstand sich als eine große Gewissenserforschung der katholischen Kirche, es wollte schließlich ein Akt der Buße, ein Akt der Bekehrung sein. Das zeigt sich an den Schuldbekenntnissen, an der Leidenschaft der Selbstanklage, die sich nicht nur auf die großen neuralgischen Punkte wie Reformation und Galilei-Prozess bezog, sondern sich in der Vorstellung von der sündigen Kirche ins Allgemeine, ins Grundsätzliche steigerte und alles, was Freude an der Kirche, am Gewordenen und Gebliebenen schien, als Triumphalismus fürchtete. Mit diesem quälerischen Zerpflügen des Eigenen verband sich eine fast ängstliche Willigkeit, das ganze Arsenal der Anklagen gegen die Kirche nur ja ernst zu nehmen, nichts davon auszulassen; das bedeutete zugleich das besorgte Bemühen, nicht neu am Anderen schuldig zu werden, zu lernen von ihm, wo immer es möglich war, und nur das Gute an ihm zu suchen und zu sehen. Solche Radikalisierung der biblischen Grundforderungen von Bekehrung und Nächstenliebe führte zu Unsicherheit über die eigene Identität, die rundum infrage stand, besonders aber zu einem tief gebrochenen Verhältnis gegenüber der eigenen Geschichte, die um und um besudelt schien, so dass ein radikaler Neubeginn als dringendes Gebot gelten musste. An dieser Stelle setzt das zweite Motiv an, auf das ich hinweisen möchte. In das Konzil wehte etwas von der Kennedy-Ära herein, etwas von dem naiven Optimismus des Konzepts der großen Gesellschaft: Wir können alles schaffen, wenn wir nur wollen und die Mittel dafür einsetzen.[7] Gerade der Bruch im Geschichtsbewusstsein, der selbstquälerische Abschied vom Gewesenen, brachte die Vorstellung einer Stunde Null hervor, in der alles neu beginne und nun endlich alles das gutgemacht werde, was bisher falsch gemacht

[7] Vgl. zu diesem Konzept Küng, *Christ sein*, 30 ff.

worden war. Der Traum der Befreiung, der Traum des Ganz-anderen, der wenig später in der studentischen Revolte ein immer gewalttätigeres Gepräge annahm, lag in gewisser Hinsicht auch über dem Konzil; er war es, der die Menschen zuerst beflügelte und dann enttäuschte, so wie die öffentliche Gewissenserforschung zuerst erleichterte und dann abstieß. 388

Für einen Psychologen könnte der eben vorgeführte Prozess des Konzilsgeistes geradezu ein Lehrstück dafür bilden, wie Tugenden sich durch Übertreibung in ihr Gegenteil verkehren. Buße ist eine Notwendigkeit für den Einzelnen und für die Gemeinschaft. Aber christliche Buße bedeutet nicht Selbstverneinung, sondern Selbstfindung. Von den christlichen Martyrern sagen die alten Berichte mit Nachdruck, dass ihnen nie ein Wort der Schmähung über die Schöpfung auf die Lippen gekommen sei.[8] Dadurch unterscheiden sie sich von den Gnostikern, bei denen sich die christliche Buße in Hass auf den Menschen, Hass auf das eigene Leben, Hass auf die Wirklichkeit selbst verkehrte. Die innere Voraussetzung der Buße ist gerade die Bejahung des Eigenen, die Bejahung der Wirklichkeit als solcher. Ihr modernes Gegenbild kommt etwa zum Vorschein in einer Aussage des großen Malers Max Beckmann: »Meine Religion ist Hochmut vor Gott, Trotz gegen Gott. Trotz, dass er uns geschaffen hat, dass wir uns nicht lieben können. Ich werfe in meinen Bildern Gott alles vor, was er falsch gemacht hat.«[9] Hier wird etwas sehr Wesentliches sichtbar: Die radikale Zerfallenheit mit sich selbst, die gegen sich selber wütet und die Schöpfung in sich und im andern nicht mehr mag, die ist gerade nicht mehr Buße, sondern Hochmut. Wo das fundamentale Ja zum Sein, zum Leben, zu sich selber aufhört, da löst sich auch die Buße auf und schlägt in Hochmut um. Denn Buße setzt gerade dies voraus, dass der Mensch sich bejahen darf. Sie ist ihrem Wesen nach ein Durchfinden zum Ja im Beiseiteräumen dessen, was das Ja verdunkelt. Deswegen führt echte Buße zum Evangelium, d. h. zur Freude – auch zur Freude an sich selbst. Die Form der Selbstanklage, die

---

8 Siehe Peterson, *Zeuge der Wahrheit*, 203 und 222; vgl. auch Pieper, *Zustimmung zur Welt*, 48.

9 Zitiert nach Hübner, *Vom ersten Menschen wird erzählt*, auf einer Bildtafel zwischen den Seiten 156 und 157.

im Konzil der eigenen Geschichte gegenüber erreicht wurde, hat dies nicht mehr genügend wahrgenommen und so zu neurotischen Erscheinungen geführt. Dass das Konzil falsche Formen irdischer Selbstverherrlichung der Kirche abgebrochen, dass es der Kirchengeschichte gegenüber den Zwang zur Verteidigung alles Gewesenen und damit eine falsche Selbstverteidigung aufgehoben hat, war gut und notwendig. Aber nun muss auch wieder die Freude an der darin ungebrochenen Wirklichkeit der von Jesus Chris-
389 tus herkommenden Gemeinschaft des Glaubens erweckt werden. Es muss wieder die Lichtspur entdeckt werden, die die Geschichte der Heiligen ist und die Geschichte des Schönen, in dem sich die Freude des Evangeliums unwiderleglich ausgedrückt hat die Jahrhunderte hindurch. Wer vom Mittelalter plötzlich nur noch die Inquisition im Gedächtnis findet, muss wieder gefragt werden, wo er eigentlich seine Augen gelassen hat: Hätten solche Kathedralen, solche Bilder des Ewigen voller Licht und ruhiger Würde entstehen können, wenn der Glaube den Menschen nur Qual gewesen wäre? Mit einem Wort: Es muss wieder deutlich werden, dass die Buße nicht das Zerreißen der eigenen Identität, sondern ihr Finden verlangt. Wo aber wieder ein bejahendes Verhältnis zur Geschichte wächst, findet der Utopismus von selbst sein Ende, der wähnt, bisher sei alles nur falsch gemacht worden und nun werde alles nur richtig gemacht werden. Die Grenze des Machbaren ist uns durch den Ausgang der Kennedy-Ära ohnedies deutlich genug vor Augen gestellt worden, und ein Teil der seelischen Befriedung, die wir heute wahrzunehmen glauben, kommt wohl davon, dass Machen und Erhalten, Berechnung und Besinnung wieder in ein besseres Gleichgewicht treten.

2. Was ist zu tun?

Noch weniger als die erste Frage kann diese zweite hier umfassend beantwortet werden: Die ganze Problematik einer gegenwärtigen Pastoral stünde dann ja hier zur Debatte. Ich möchte in diesem Rahmen nur zwei Gesichtspunkte berühren, die mir wichtig scheinen: Es soll zunächst etwas gesagt werden über die richtige Einordnung von Konzilien, und anschließend möchte ich im Hinblick auf zwei Grundtendenzen des Vaticanum II eine Bemerkung zur Frage seiner richtigen Rezeption versuchen.

a) Bedeutung und Grenze von Konzilien

Welchen Stellenwert hat eigentlich ein Konzil in der Kirche? Wir sind damit noch einmal auf den Ausgangspunkt unserer Überlegungen verwiesen: Gregor von Nazianz und Basilius, die ja beide aus Erfahrung sprachen, hatten schon recht darin, dass ein Konzil mit der Versammlung und den notwendigen Auseinandersetzungen vieler Menschen immer missliche Nebenumstände mit sich bringt, Ehrsucht, Streit und die Wunden, die davon bleiben. Mitunter müssen zur Bereinigung von tiefer sitzenden Übeln solche 390
Nebenwirkungen in Kauf genommen werden, wie man Medizinen trotz mancher Begleiterscheinungen annimmt, um einen größeren Schaden zu bekämpfen. Konzilien sind ab und zu eine Notwendigkeit, aber sie bezeichnen immer eine außerordentliche Situation in der Kirche und können nicht als das Modell ihres Lebens überhaupt oder gar als der ideale Inhalt ihres Daseins angesehen werden. Sie sind Medizin, nicht Nahrung. Die Medizin muss assimiliert und ihre immunisierende Kraft im Körper bewahrt werden, aber im Übrigen beweist sie ihre Wirkung gerade dadurch, dass sie überflüssig wird und ein Ausnahmefall bleibt. Ohne Bild gesagt: Das Konzil ist ein Beratungs- und Beschlussorgan. Als solches ist es nicht Selbstzweck, sondern instrumental auf das Leben hin.[10]

Der eigentliche Inhalt des Christseins ist nicht die Diskussion über die christlichen Inhalte und über die Taktik ihrer Verwirklichung; der Inhalt des Christlichen ist die Gemeinschaft des Wortes, des Sakraments und der Nächstenliebe, zu der grundlegend die Gerechtigkeit und die Wahrheit gehören. Der Traum, das gan-

---

[10] Das habe ich aus der Konzilsterminologie und -theologie der Alten Kirche mit ausgiebigen Belegen nachgewiesen in Ratzinger, *Theologie des Konzils*, besonders 151–163. Die entgegenstehende These von Küng, *Strukturen*, beruht, wie ich aus den Quellen gezeigt habe, auf philologischen Irrtümern, durch die die ganze weitere Interpretation in die falsche Richtung geriet.

ze Leben zu einer Diskussionsveranstaltung zu machen, der zeitweise auch unsere Universitäten an den Rand der Funktionsunfähigkeit führte, hatte unter dem Etikett der konziliaren Idee etwas zu sehr auch in der Kirche Einzug gehalten. Wenn Konzil zum Modell des Christlichen überhaupt wird, dann erscheint die ständige Diskussion über Themen des Christlichen als der Inhalt des Christseins selbst; aber gerade dann ist der Sinn des Christseins verkannt.

b) Zur Frage der richtigen Rezeption des Vaticanum II

Eine Analyse der Nachgeschichte der Konstitution über die Kirche in der Welt von heute hatte mich im Jahr 1975 zu der Diagnose geführt, die richtige Rezeption des Konzils habe noch gar nicht begonnen.[11] Aber wie sollte sie aussehen? Ich versuche das, wie schon gesagt, an zwei Grundmotiven des Konzils zu exemplifizieren; dabei mag zugleich einigermaßen deutlich werden, dass das Konzil zwar seine Lehraussagen mit der ihm eigenen Vollmacht formuliert, dass aber seine geschichtliche Bedeutung doch erst bestimmt wird durch den Prozess der Klärung und Ausscheidung, der sich im Leben der Kirche anschließend vollzieht: Auf diese
391 Weise hat die ganze Kirche am Konzil teil; es kann gar nicht in der Versammlung der Bischöfe allein zu Ende gebracht werden.

Eines der Leitworte des II. Vaticanum hieß Kollegialität. Mit dieser Formel war unmittelbar gemeint, dass das Bischofsamt ein Amt in Gemeinschaft mit anderen ist. Nicht die einzelnen Bischöfe folgen einzelnen Aposteln nach, sondern das Kollegium der Bischöfe ist die Fortsetzung des Kollegiums der Apostel. So ist man Bischof nie allein, sondern wesentlich mit den anderen. Das Gleiche gilt für den Priester: Auch Priester wird man nicht allein, sondern Priester werden bedeutet Eintreten in die dem Bischof verbundene priesterliche Gemeinschaft. Schließlich kommt darin ein Grundsatz des Christlichen überhaupt zum Vorschein: Auch Christ ist man immer in der Gemeinschaft aller Brüder und

---

[11] Vgl. Ratzinger, *Kirche und Welt*.

Schwestern Jesu Christi, nicht anders. Das Konzil hat diese grundsätzliche Erkenntnis in praktische Wirklichkeit zu übertragen versucht, indem es Gremien schuf, durch die die Einbindung des Einzelnen ins Ganze zur Grundregel alles kirchlichen Handelns wird. So entstand anstelle der bisher formlosen Zusammenkünfte von Bischöfen eine rechtlich fest geformte und bürokratisch sorgfältig unterbaute Bischofskonferenz. Es entstand als eine Vertretung der Zusammengehörigkeit aller Bischofskonferenzen der Bischofsrat, eine Art von regelmäßig tagendem Ersatz-Konzil. Es traten die nationalen Synoden zusammen und bekundeten ihre Absicht, sich zu einer ständigen Einrichtung der Kirche ihrer Länder zu entwickeln. Es entstanden Priester- und Seelsorgerat in den Diözesen und die Gemeinderäte in den Pfarreien. Niemand wird bestreiten, dass der Grundgedanke richtig und dass gemeinschaftliche Verwirklichung des Auftrags der Kirche notwendig ist. Niemand wird auch bestreiten, dass durch solche Gremien mancherlei Gutes ins Werk gesetzt wurde. Aber niemand kann auch bezweifeln, dass die unkoordinierte Vermehrung der Gremien zu einem Übermaß von Verdoppelungen, zu einer unsinnigen Papierwolke und zu einem Leerlauf geführt hat, bei dem die besten Kräfte sich in uferlosen Diskussionen verbrauchen, die eigentlich niemand will, die aber von den neuen Formen her unausweichlich geworden scheinen. Die Grenze dieses papierenen Christentums und der Reform der Kirche durch Papiere liegt inzwischen offen zutage. Es ist sichtbar geworden, dass Kollegialität das eine ist, aber dass persönliche Verantwortung und persönliche Intuition das andere ist, das nicht ersetzt werden kann und nicht erdrückt werden darf. Kollegialität ist das eine Prinzip des Christlichen, des Kirchlichen; Personalität ist das andere, und so gehört zu den Lehren dieses Jahrzehnts, dass nur die richtige Balance beider Freiheit und Fruchtbarkeit schaffen kann.

Wenden wir uns einem anderen Grundgedanken des Konzils zu: Zu seinen Prinzipien gehört die Einfachheit; »Einfachheit« ist eines der Grundworte der Liturgiekonstitution und dort immer 392
zugleich auch als Durchsichtigkeit, als Offenheit auf das Verstehen der Menschen hin gemeint. So darf man sagen, dass eine recht verstandene Rationalität zu den Leitideen des Konzils gehört. Heute wird zusehends darauf hingewiesen, dass das Konzil sich

damit in die Linie der europäischen Aufklärung gestellt habe.[12] Nun ist solches Wollen bei den Konzilsvätern anders motiviert gewesen; es kommt dort aus der Theologie der Kirchenväter, wo z.B. Augustinus mit großem Nachdruck die christliche Einfachheit dem leer gewordenen Pomp der heidnischen Liturgien gegenüberstellt.[13] Aber man kann doch sagen, dass hier auch eine Öffnung für den Geist der Neuzeit vollzogen wurde, nachdem frühe Versuche einer solchen Begegnung in den Auseinandersetzungen des 19. Jahrhunderts weitgehend zum Erliegen gekommen waren. Auch in diesem Bereich vermögen wir Wert und Verlust heute besser zu überblicken. Im Weitergehen der Geschichte wird immer wieder Gewachsenes zurückgeschnitten, der Vorstoß auf den einfachen Kern versucht werden müssen; das Mühen um Verständlichkeit ist für eine missionarische Religion unerlässlich. Aber dass der Mensch nicht nur mit der Vernunft versteht, sondern auch mit den Sinnen und mit dem Herzen, das war uns ein wenig aus dem Gedächtnis gefallen und dass das Zurückschneiden Gewachsenes von Gewuchertem unterscheiden muss, nicht den Embryo zum Maß nehmen darf, sondern sich vom Gesetz des Lebendigen leiten lassen muss, das fangen wir auch allmählich wieder an zu begreifen.

Damit ist bereits der Prozess der Rezeption angesprochen, der das Wort im Leben bewährt und ihm erst in einem sehr mühseligen Ringen die Eindeutigkeit gibt, die es als bloßes Wort gar nicht haben kann. Dieser Prozess der Sonderung ist in vollem Gang mit all den Leiden und Nöten eines Geburtsvorgangs, in dem immer der Mensch selbst im Spiele ist. Auf der einen Seite gibt es nach wie vor Phänomene der Auflösung, die man nicht bagatellisieren darf. Bei den einen ist es mehr eine exklusive und darin blinde Rationalität, die das Mysterium verdünnt und auslaugt; bei den anderen ist es die politische und soziale Leidenschaft, die den Glauben zu einem Katalysator revolutionären Handelns degradiert. Ich bin weit davon entfernt, die noblen Impulse zu bestreiten, die es hier auch gibt. Christlicher Glaube, der die Bergpredigt ernst nimmt,

---

[12] So z.B. Klinger, *Ekklesiologie der Neuzeit*, 241 ff.

[13] Vgl. dazu die schöne Darstellung von van der Meer, *Augustinus*, 329–470, besonders 375–383 (»Der puritanische Zug«).

kann nicht beruhigt den Gegensatz zwischen Arm und Reich als wirtschaftliche Zwangsläufigkeit hinnehmen; er kann nicht Kriege und Unterdrückung als statistisch unvermeidbare Nebenprodukte 393
des Fortschritts mit einem Achselzucken gelten lassen. Aber wo der Glaube zu einem irdischen Messianismus umschlägt, der die Unvernunft des Zerstörens rechtfertigt und den Menschen ihre Hoffnung auf das Machbare zurückschneidet, da ist Verrat am Christentum und Verrat am Menschen geübt. Auf der anderen Seite sehen wir heute einen neuen Integralismus aufstehen, der nur scheinbar das streng Katholische sichert, in Wirklichkeit es von Grund auf verdirbt. Es gibt eine Leidenschaft der Verdächtigungen, deren Gehässigkeit vom Geist des Evangeliums weit entfernt ist. Es gibt eine Fixierung auf den Buchstaben, die die Liturgie der Kirche für ungültig erklärt und sich damit selbst außerhalb der Kirche stellt. Hier wird vergessen, dass die Gültigkeit der Liturgie primär nicht an ganz bestimmten Wörtern, sondern an der Gemeinschaft der Kirche hängt; es wird so unter dem Vorwand des Katholischen gerade sein eigentliches Prinzip negiert und weithin Gewohnheit an die Stelle der Wahrheit gesetzt.

In einem Zwischenraum, der voller Unsicherheit, aber auch voll ehrlichen Ringens und voller Hoffnungen ist, gibt es einmal die Bewegungen, in denen das unzerstörbare Verlangen nach dem eigentlich Religiösen, nach der Nähe des Göttlichen sich Ausdruck verschafft: die Meditationsbewegung, die Pfingstbewegungen, beide mit Zweideutigkeiten und Gefährdungen belastet, aber beide auch voller Möglichkeiten zum Guten. Schließlich gibt es auch eine Anzahl von spezifisch kirchlichen Bewegungen, die neue Möglichkeiten verheißen: Focolare, Cursillo, Communione e liberazione, Katechumenatsbewegungen, neue Gemeindebildungen. Hier kommt ein Suchen nach der Mitte zum Vorschein, das die Diagnose vom Ende des Religiösen Lügen straft und Wege neuen Lebens aus dem Glauben anbahnt, in denen sich die unerschöpfte Fruchtbarkeit des Glaubens der Kirche erneut bewährt.

Versuchen wir eine zusammenfassende Bilanz. Karl Rahner hat bei Konzilsende den Vergleich gebraucht, ungeheure Mengen Pechblende seien nötig, um ein wenig Radium zu gewinnen, auf das allein es bei diesem Vorgang ankomme. So sei auch das gewaltige Aufgebot des Konzils letztlich wertvoll durch das noch so ge-

ringe Mehr an Glaube, Hoffnung und Liebe, das dadurch zutage gefördert werde. Wir konnten vermutlich damals den erschreckenden Ernst dieses Wortes noch gar nicht in seiner Reichweite abschätzen. Zwischen Radium und Pechblende gibt es immerhin eine notwendige Beziehung: Wo Pechblende, da Radium, auch wenn das Mengenverhältnis niederdrückend ist. Aber einen ähnlich notwendigen Zusammenhang der Pechblende aus Worten und Papier mit der lebendigen christlichen Wirklichkeit gibt es nicht. Ob das Konzil zu einer positiven Kraft in der Kirchen-
394 geschichte wird, hängt nur indirekt von Texten und von Gremien ab; entscheidend ist, ob es Menschen gibt – Heilige –, die mit dem unerzwingbaren Einsatz ihrer Person Lebendiges und Neues erwirken. Der endgültige Entscheid über den geschichtlichen Wert des II. Vatikanischen Konzils hängt davon ab, ob Menschen in sich selbst das Drama der Sonderung von Spreu und Weizen bestehen und damit dem Ganzen die Eindeutigkeit geben, die es von Worten allein her nicht gewinnen kann. Was wir bis jetzt sagen können, ist dies, dass das Konzil auf der einen Seite Wege eröffnet hat, die aus mancherlei Abzweigungen und Vereinseitigungen wirklich in die Mitte des Christlichen weisen. Aber auf der anderen Seite müssen wir auch selbstkritisch genug sein, um anzuerkennen, dass der naive Optimismus des Konzils und die Selbstüberschätzung vieler, die es trugen und propagierten, die finsteren Diagnosen früherer Kirchenmänner über die Gefahr von Konzilien auf eine erschreckende Weise rechtfertigen. Nicht alle gültigen Konzilien sind auch kirchengeschichtlich zu fruchtbaren Konzilien geworden; von manchen bleibt am Ende nur ein großes Umsonst.[14] Noch ist über den geschichtlichen Rang des II. Vaticanums trotz alles Guten, das in seinen Texten steht, das letzte Wort nicht gesprochen. Ob es am Ende zu den Lichtpunkten der Kirchengeschichte zählen wird, hängt von den Menschen ab, die das Wort in Leben umsetzen.

---

[14] In diesem Zusammenhang wird mit Recht immer wieder auf das V. Laterankonzil verwiesen, das von 1512–1517 tagte, ohne einen wirksamen Beitrag zur Überwindung der heraufziehenden Krise zu leisten.

Aggiornamento
[Predigt in Rom am 12. Oktober, 1982]

Liebe Brüder und Schwestern im Herrn!

Diese Tage, die für uns ganz im Zeichen der großen Gestalt des heiligen Maximilian Maria Kolbe stehen, bergen auch eine wichtige kirchengeschichtliche Erinnerung: Vor 20 Jahren, am 11. Oktober 1962, hat Papst Johannes XXIII. das Zweite Vatikanische Konzil eröffnet. Im Zurückschauen werden uns die Hoffnung und die Freude wieder gegenwärtig, die damals durch die Kirche gingen: Ein neues Pfingsten erwarteten wir, einen Einbruch des Geistes, der dem Christentum eine neue Gegenwärtigkeit, Offenheit und Weite geben sollte. Dass Christentum nicht mehr rückwärts gewandt sei, sondern ganz im Heute stehe – das war der zündende Gedanke, den Papst Johannes selber in das Stichwort »Aggiornamento« gefasst hatte.

Seitdem hat es manche Enttäuschung gegeben, viel Müdigkeit, und die Lage der Kirche hat zeitweilig weniger an ein neues Pfingsten erinnert als an die Klage, die der Kirchenvater Basilius im 4. Jahrhundert, gleichfalls in einer Nachkonzilszeit anstimmte. In einer seiner Schriften sagt er, die Lage in der Kirche ähnele der Situation einer nächtlichen Seeschlacht, einer Schlägerei im Dunkeln, wo man Freund und Feind nicht mehr unterscheiden könne, und alles von einem unerträglichen Parteienlärm erfüllt sei (*De Spiritu Sancto*, cap. 30). Aggiornamento: Manche fragen heute, ob dieses Stichwort nicht von vorneherein und in sich selbst verfehlt gewesen sei. Über das Treffende von Wörtern kann man immer streiten, der Grundgedanke jedenfalls, worum es dem Papst ging, war und ist richtig. Christentum ist nicht gebunden an irgendeine Vergangenheit: Jesus Christus ist gestern, heute und in Ewigkeit (Hebr 13,8). Er steht in Gottes Ewigkeit, und Ewigkeit ist nicht das Uralte, das vor langem Gewesene, sondern das, was jederzeit heute ist, weil jede Zeit aus der schöpferischen Kraft von Gottes ewigem Heute hervorkommt. Darum ist Christentum immer neu, es ist nie sozusagen der fertige Baum, der aus dem kleinen Senfkorn hervorwuchs, aber eines Tages alt und am Ende seiner Lebenskraft ist. Es ist immer wieder morgendlich, es ist immer wieder Anfang. Das ist Schwäche und Stärke der Kirche. Ihre Schwäche: Nie kann man sagen: So, nun sind wir eingerichtet in der Macht dieses gewaltigen Baumes, nun kann uns nichts mehr geschehen. Nein, immer wieder ist Kirche zurückgeworfen auf die Armseligkeit des Senfkorns, das dem Zertreten der Mächtigen dieser Welt ausgeliefert ist. Zugleich ist dies die Stärke des Glaubens, der Kirche: Sie ist immer wieder Anfang, nicht Baum von gestern, sondern Senfkorn im Heute für morgen. Freilich, was das Aggiornamento – das Heutigwerden des Christlichen – angeht, so ist uns mittlerweile wieder deutlicher geworden: Solche Heutigkeit kann nicht bedeuten, dass wir den Glauben herunterziehen auf das Maß dessen, was uns gerade gefällt. Es meint im Gegenteil, dass wir das Heute dem Maß des Christlichen anzunähern lernen, es ausweiten in dieses Maß hinein. So ist die Frage dringlich geworden, welches die Maßstäbe für ein wahres Aggiornamento des Christlichen sind, so dass es sich selbst treu bleibt und zugleich neu in dieser unserer Gegenwart steht. Die Antwort darauf, die entscheidende, damit der Geist des Konzils und sein Wollen Wirklichkeit werde, ist durch bloße Theorien nicht zu finden. Im Letzten gibt uns Gott selber diese Antwort, und er gibt sie uns in den Menschen, in denen das Christentum heute ist: in den Heiligen. Sie sind die Maßstäbe und die lebendige Gestalt dessen, was Aggiornamento bedeutet. Sie sind es, weil sie die Last des Heute getragen, es in sich aufgenommen, sich ihm nicht verweigert, sondern es als Glaubende gelebt und erlitten haben. Auf solche Weise sind sie zu Transformatoren des Evangeliums ins Heute, des Heute ins Evangelium geworden.

Konzilsgedächtnis und Heiligsprechung von Maximilian Kolbe
54 – scheinbar zufällig zusammengefallen – sind so von innen her tief
einander zugeordnet. Die Konzilien der Kirchengeschichte sind
immer nur durch exemplarische Menschen – Heilige – wirksam
geworden. Irgendwie ging es immer um »Aggiornamento«, um
das neue Zueignen des Glaubens in veränderter Zeit. Das gilt auch

heute. Was in dieser Gegenwart Aggiornamento ist, wird greifbar an einer Gestalt, in der Gottes Wort aus dem Vergangenen mit einer aufregenden Gewalt in die Welt der Massenmedien, in die Welt der Unterdrückung und der Konzentrationslager hereintritt. Hier werden Maßstäbe aufgerichtet, die ohne Zweideutigkeit sind. Ich möchte versuchen, drei Hinweise aus der Gestalt dieses Heiligen abzulesen, die uns gleichsam als Wegweiser in die Heutigkeit des Glaubens hinein dienen können.

Ein erster Hinweis: Maximilian Kolbe war *ein ganz von Christus geprägter, ganz auf Christus hin ausgerichteter Mensch*. Wenn er sich immer neu in das Zeugnis der Heiligen Schrift versenkte, ging er nicht auf die Suche nach Theorien und nicht auf die Fahrt ins Vergangene. Mit einer Mumie – einem bloß historischen Jesus – kann man nicht leben; mit bloßen Worten und Programmen – einer »Sache« – auch nicht. Kolbe aber lebte von Jesus und für Jesus. Er konnte es, weil er in der Schrift die Stimme eines Lebenden hörte. Er hörte ihn als Lebenden, weil er ihn als Lebenden erfuhr, ihn anrühren konnte: im Sakrament, in dem Er Kirche baut und für die Menschen da ist. Sakrament und Schrift zusammen ließen ihn den einen lebendigen Christus erfahren. Wir wissen, dass Kolbe immer neu, gerade auch hier in dieser Kirche Santi Apostoli vor dem Tabernakel gekniet ist, hier den lebendigen Christus gefunden hat, von ihm sich ansprechen, von ihm sich formen, sich umgestalten, erneuern, von ihm sich selbst zum Christen machen ließ.

Dies, liebe Freunde, brauchen wir wieder neu! Wir brauchen den lebendigen Christus, der nur in der Begegnung erfahren wird; Begegnung aber setzt Gegenwart voraus – seine reale Anwesenheit. Die wiederum verlangt das Sakrament und die das Sakrament in Vollmacht feiernde, von ihm selbst gewollte und getragene Kirche. Nur so handelt auch die Bibel von Gegenwart, von einem, der heute lebt. Ein Jesus, den wir nur denkend aus allen Texten destillieren und dann mit emphatischer Gebärde der Kirche entgegenhalten – ein solcher Jesus gefällt uns, weil er ja unser Produkt und die Bestätigung unseres Protestbedürfnisses ist. Aber wie allein lässt er uns! Er bestätigt nicht nur unsere Gedanken; er bestätigt vor allem unsere grausame Einsamkeit: Ein Erlöser ist er nicht. Eucharistie, lebendig vollzogene Eucharistie, muss immer neu der Wendepunkt unseres christlichen Lebens sein. Eucharistie aber kann man nicht zulänglich feiern, wenn man sie auf einen Ritus von einer halben Stunde, etwas weniger oder mehr, reduzieren will. Christus empfangen, heißt ihn anbeten. Wir empfangen ihn nur recht und wir üben uns nur recht auf diesen hohen Augenblick des Empfangens ein, wenn wir anbeten, anbetend ihn kennenlernen, sein Sein erlernen und ihm nachfolgen. Wir brauchen dies wieder: das stille Verweilen vor seiner leisen Gegenwart in unseren Kirchen, in denen gleichsam immer Eucharistie da ist, weil er immer für uns vor dem Vater steht und immer uns erwartet und anspricht. Wir müssen das innere Zugehen auf ihn wieder üben, das uns erst wahrhaft eucharistiefähig macht. Auf Eucharistie vorbereiten kann man sich nicht, indem man sich nur ausdenkt, wie man sie veranstaltet. Vorbereiten können wir sie nur, wenn wir uns in das Innere ihres Anspruchs, in ihre Größe hineinvertiefen, wenn wir sie nicht auf unser Maß heruntertransponieren, sondern uns in ihre großen Maße hineinnehmen lassen, wenn wir den großen Atem der Gebete der Jahrhunderte zu spüren lernen, in denen die Generationen zu Christus geschritten sind und schreiten. Es ist billig und unkritisch, solche Worte zu kritisieren, weil wir sie nicht verstehen; es ist Ausdruck wirklich »kritischer« Gesinnung (zu der allemal die Selbstkritik gehört), wenn wir beginnen, uns nach ihrer Größe hin auszustrecken und – in sie hineinschreitend – uns selbst vertiefen und reinigen lassen.

Mit dem Christologischen verbunden ist bei Maximilian Maria Kolbe unverrückbar als *ein leuchtender Brennpunkt seiner geistlichen Existenz das Marianische.* Wir Deutschen sind diesem Aspekt gegenüber eher etwas zurückhaltend. Die Fragen unserer reformatorischen Brüder, ob hier nicht die Ehre Christi geschmälert werde, ob solches Beten und Glauben bei der Kreatur stehenbleibe, anstatt zum Herrn selbst zu gehen – diese Fragen haben sich tief in unsere Seele hineingebohrt. Ich denke, es sei gut, sich immer wieder so fragen zu lassen. Dennoch darf die Frage nicht die Freude des Glaubens und die lebendige Liebe unseres Herzens zur Mutter des Herrn austrocknen; unsere Gläubigkeit darf sich auch in diesem Punkt nicht in Fragen erschöpfen. Ich finde, es ist bezeichnend und geht uns an, dass die großen Reformbewegungen unserer Zeit, in denen wirklich neues Leben des Glaubens hervorbricht und neue Begeisterung für Christus aufsprießt, durchweg von einer tiefen Liebe zur Mutter des Herrn geprägt sind. Das hängt wohl damit zusammen, dass so das Herz erfasst wird und damit leuchtend auch wieder die Flamme der Begeisterung für den Herrn emporsteigen kann. Wichtig scheint mir auch, dass die alte Kirche, von der die Grundgestalt des Christusglaubens gültig und für die christliche Ökumene auch heute unverzichtbar umschrieben wurde, das Bekenntnis zu Maria als »Gottesgebärerin« zum notwendigen Bestandteil des Christusglaubens erklärt hat: Gott begegnet dem Menschen nicht bloß von außen her, sondern tritt so tief, so nah und so wirklich in ihn hinein, dass er als Mensch eine menschliche Mutter hat. Erst wenn wir dies von innen her erfassen, fangen wir an, das Geheimnis der Nähe Gottes zu begreifen. Erst dann beginnen wir, auch mit unserem Herzen zu verstehen, was es heißt, dass Gott sich Emmanuel nennt – »Gott mit uns«.

Mir scheint, wir haben seit einiger Zeit auch zu sehr vergessen, dass das Hauptgebot lautet: Du sollst Gott den Herrn lieben mit deinem ganzen Herzen, mit deiner ganzen Seele und all deiner Kraft (Dtn 6,4f.; Mk 12,30; Lk 10,27). Wir haben das Gemüt, das Herz in unserem Glauben aus Furcht vor falscher Sentimentalität zusehends skeptisch, ja verächtlich angesehen und es schließlich ganz aus ihm herausgelassen. Aber ein Glaube, der den Humus des Herzens entbehren muss, der nur noch verständlich ist, vertrocknet zuletzt. Wo wir aber das Marianische im Christologischen annehmen, es von innen her realisieren, dass Jesus zu einem Menschen »Mutter« sagte, da wird die Wurzel unseres Seins von innen her erfasst; da geht die Dimension des Herzens im Glauben auf, und so kann er dann unser ganzes Leben lebendig und tief durchdringen. Ich denke, wir sollten von der Gestalt des heiligen Maximilian Kolbe auch dies wieder mitnehmen: den Mut, auch mit dem Herzen zu glauben. Da Jesus wahrer Mensch war, hat auch er – wie wir alle – zuerst im Mitleben und Mitlieben mit seiner Mutter das Menschsein erlernt. Wir können nun unserseits sein Menschsein und darin das Geheimnis Gottes zuallererst erlernen, indem auch wir in dieses Mitleben und Mitlieben hineingehen, das zwischen ihm und seiner Mutter waltet. Ist nicht vielleicht auch dies in dem vom Kreuze her uns zugesprochenen Wort gemeint: Siehe, deine Mutter (Joh 19,27)?

Als drittes, neben dem Christologischen und dem Marianischen, ist *bei Kolbe das Franziskanische zu nennen*. Mehr als vieles Gelesene hat es mich bewegt, im Kloster zu Niepokalanów die
56 absolute Anspruchslosigkeit und Einfachheit seiner Zelle zu sehen, in der nur wirklich das unbedingt Nötige, ja für unser Empfinden weniger als das Nötige, vorhanden ist. Es ist dieselbe Einfachheit, die einen an den Stätten immer neu berührt, an denen einst Franz von Assisi lebte; die Distanz der Jahrhunderte löst sich auf in der Gegenwart des gleichen Evangeliums, in der gleichen Wirklichkeit und Wahrheit, mit der es als Wort ins Heute gelebt wird. Da wie dort waltet der gleiche Geist einer heiteren Einfachheit, einer heiteren Armut des Evangeliums, die das Herz reif und froh und offen und kühn werden lässt. Mir scheint, dass gerade diese Botschaft der Einfachheit uns in unserer Zeit besonders not tut. Wir vergessen oft zu sehr, dass Franz von Assisi – ohne es direkt zu wollen –auch ein großer Sozialreformer gewesen ist. In der gärenden Zeit des ausgehenden 12. und beginnenden 13. Jahrhunderts war die Armutsbewegung mehr und mehr ein zugleich soziales, ökonomisches und spirituelles Phänomen geworden, das nicht nur die alten Sozial- und Wirtschaftsstrukturen, sondern auch die damit schier unlöslich verflochtene geistige Einheit der Kirche zu sprengen im Begriff stand. In diesem dramatischen Ringen der überlieferten und der neu heraufsteigenden – sich im Etikett »Armut« definierenden – Gesellschaft konnte ein Weg der Einheit gefunden werden, weil da einer war, der von Gott her der Armut Sinn und soziale Würde gab, die zugleich die Grenzen zwischen arm und reich aufbrach und damit eine neue Gesellschaft schuf. Gerade weil Franziskus nicht unmittelbar die Sozialreform wollte, sondern Gott in der menschlichen Gesellschaft wieder ins Spiel brachte; weil er die Gewissen weckte und den Menschen vom Evangelium her eine neue innere Freiheit gab – deswegen konnte er diese Gesellschaft wieder lebensfähig machen. In diesem Sinn war die franziskanische Bewegung ein exemplarisches Aggiornamento: Verheutigung des Christentums.[1]

Dass sie auch mitten in den Nerv unserer gegenwärtigen Pro-

[1] Vgl. dazu Bosl, *Das Armutsideal des heiligen Franziskus;* dort reichliche Literaturangaben.

bleme trifft, zeigt die Gestalt von Maximilian Kolbe. Die Gesellschaften des Westens (aber auch des Ostens) werden ja zusehends unregierbar; die Kirche bekommt dasselbe Phänomen zu spüren. Wir werden unregierbar, weil die Ansprüche nicht mehr zu befriedigen sind; weil im Kampf der gegeneinander liegenden Interessen niemand zu verzichten bereit ist und so die feindseligen Interessen, immer höher gesteigert, sich allmählich gegenseitig zerstören. Zusammen mit den materiellen Problemen kehren sich auch die geistigen Welten immer mehr gegeneinander und radikalisieren erst vollends die Trennungen in unserer Gesellschaft. Nur wenn Gott als öffentliche Realität wieder ins Spiel kommt, d.h. nur wenn wir von Gott her die Freiheit des Verzichts und die Würde der Einfachheit wieder erlernen – nur wenn das Franziskanische aus einer romantischen Phrase wieder zu Wirklichkeit, zum Mut neuen Daseins wird, kann zukunftsfähige Einheit wachsen. Für Kolbe war es kennzeichnend, dass er das Franziskanische in dieser umfassenden, zukunftsgerichteten Dynamik verstand. Sein Ordensbruder Sankt Bonaventura hat im 13. Jahrhundert diese Einstellung gegen eine statische und spiritualistische Sicht des Christentums in die Worte gefasst: »Opera Christi non deficiunt, sed proficiunt« (*Ep trib qq* 13 [VIII, 336 b]) – die Werke Christi gehen nicht rückwärts, sondern schreiten voran. Wie Franz und Bonaventura war Kolbe überzeugt, dass der Blick auf Christus nicht ein Blick nach rückwärts, sondern nach vorne ist.[2] Wir gehen nicht vorwärts, indem wir immer mehr Habe um uns aufstellen, sondern wir gehen vorwärts, indem wir reifer werden für Gott, reifer zur Liebe. So werden wir frei füreinander, frei für die Einfachheit, die aus dem Evangelium kommt und das wahrhaft Befreiende ist.

»Eine größere Liebe hat niemand, als wer sein Leben hingibt für seine Freunde« (Joh 15,13). Dieses Wort des Evangeliums ist das eigentliche Grundwort, das Maximilian Kolbe neu vor uns hinstellt. Es ist wahr geworden, nicht erst in dem Augenblick, in dem er aus der Reihe der Häftlinge heraustrat und sein Leben für einen anderen gab. Er konnte solches Sichgeben nur vollziehen, weil er schon immer sein Leben in dieses Wort hineingelegt hatte, weil er

[2] Zur dynamischen Idee des Franziskanischen bei Kolbe: Pancheri, *Massimiliano Kolbe,* 144–166.

von Franziskus her schon immer auf diese Freiheit des Sichgebens, auf die befreiende Liebe Jesu Christi zugegangen war. Weil er an die Gegenwart dieses Wortes glaubte, konnte er sein Leben in dieses Wort hineinleben. Und weil er dies tat, konnte er das Wort im Ernstfall vollziehen: Er gab sich selbst. So geschah Aggiornamento. Der Satz aus dem Johannesevangelium, der die ganze Botschaft Christi birgt, ist an jenem denkwürdigen Juli-Tag 1941 im Konzentrationslager Auschwitz – mitten im Herrschaftsraum des Teufels – Gegenwart. Das »Aggiornamento« ist ohne Abstrich da. »Heute, wenn ihr seine Stimme hört, verhärtet eure Herzen nicht«, sagt der Psalm (95,7f.). Und der Brief an die Hebräer fügt hinzu: »Ermahnt einander jeden Tag, solange dieses Heute gilt, dass kei-
57 ner von euch durch den Trug der Sünde verhärtet wird« (3,13). Wir wollen den Herrn bitten, dass wir sein Heute erkennen – dass wir in unserem Glauben selbst ein Stück seines Heute in dieser unserer Welt sein dürfen. Amen.

Ausgewählte Themen der Ekklesiologie zum 20. Jahrestag nach Abschluss des II. Vatikanischen Konzils

Geleitwort

Lange bevor Papst Johannes Paul II. die Sondersynode zwanzig Jahre nach dem Abschluss des Zweiten Vatikanums ankündigte, sah die Internationale Theologische Kommission dieses Datum als Verpflichtung für ihre Arbeit an. Sie entschloss sich, den grundlegenden Text des Konzils – die dogmatische Konstitution über die Kirche – aus der Perspektive der weitergegangenen Zeit neu zu lesen und zu bedenken. Dabei war sie sich der Grenzen ihrer Möglichkeiten durchaus bewusst: Dokumente der Kommission wachsen aus den Diskussionen von rund 30 Gelehrten aus allen Erdteilen hervor, die zugleich verschiedene theologische Disziplinen und verschiedene Weisen des Denkens vertreten. Gemeinschaftliche Aussagen der Kommission verlangen einen langen Prozess gemeinsamen Ringens und müssen sich daher notwendig in ihrem Umfang wie in ihrer Thematik beschränken. So konnte es auch in diesem Fall nicht darum gehen, den ganzen theologischen und spirituellen Reichtum des großen Konzilstextes auszuschöpfen oder kommentierend nachzuvollziehen. Wir haben nur einige Hauptthemen herausgegriffen, die im nachkonziliaren Disput zu neuen Fragen herausgefordert und nach Klärungen oder auch Ergänzungen und Vertiefungen gerufen haben. So ist die Frage, ob die Kirche sich wirklich auf den Gründungswillen Jesu berufen dürfe oder eher Produkt einer von ihm nicht vorgesehenen soziologischen Entwicklung sei, zwar im nichtkatholischen Raum seit langem diskutiert, aber erst nach dem Konzil durch die oft einseitige Aneignung von Hypothesen über den historischen Jesus zu ihrer Schärfe innerhalb der katholischen Theologie gekommen. Dieses Thema musste deshalb am Anfang unserer Überlegungen stehen. Der Begriff »Volk Gottes«, vom Konzil zwar neu in den Vordergrund gerückt, aber doch fest eingefügt in das ganze Kirchenbild des Neuen Testaments und der Väter, ist mittlerweile zu einem gängigen Schlagwort mit häufig oberflächlichem Inhalt geworden; auch er bedurfte der Klärung. Die Frage nach dem Verhältnis von Universalkirche und Teilkirchen, im Konzil aus der Sichtweite einer Ekklesiologie der Communio neu gefasst, hat in der praktischen Anwendung weiteres Fragen ausgelöst. Das Problem der Inkulturation ist drängender und konkreter geworden, und vieles andere mehr.

Die Internationale Theologische Kommission hat zur Erhellung solcher verbreiteter Fragen einen Text erarbeitet, den wir nunmehr der Öffentlichkeit unterbreiten. Man sieht dem fertigen Gebilde wohl kaum noch die Unsumme von wissenschaftlicher Detailarbeit an, die es gekostet hat. Zweifellos kann dennoch keines der Einzelkapitel sein Thema auch nur annähernd ausschöpfen. Es ging ja auch nicht um wissenschaftliche Einzelforschung, sondern darum, gemeinsame Einsichten ins Wort zu bringen, die die Grundlinien neu verdeutlichen und weiterführen. In diesem Sinn kann das Dokument der Internationalen Theologischen Kommission am Vorabend der Synode meiner Überzeugung nach eine wertvolle Orientierungshilfe bieten, um das Erbe des Konzils neu anzueignen und sachgerecht zu entfalten. So wünsche ich dem Buch gute Aufnahme und weite Verbreitung.

Mut zum Eigentlichen!
[Interview mit Hubert Schöne anlässlich der Bischofssynode, 1985]

Hubert Schöne: Herr Kardinal, schon vor dieser Synode haben Sie gesagt, dass ein weit verbreitetes aber nicht richtiges Verständnis von der Kirche eine der Ursachen für unsere gegenwärtige Glaubenskrise sei. Wie ist das zu verstehen?

Kardinal Ratzinger: Ich würde jetzt einmal ganz einfach sagen, ich glaube, wir haben zu viel von der Kirche, von ihren Strukturen geredet in den letzten zwanzig Jahren, zu sehr uns mit uns selber beschäftigt. Ein Apparat, der sich vor allem mit sich selbst beschäftigt, wird zu guter Letzt unnütz. Und so meine ich, müsste vor allem wieder gesehen werden, dass Kirche als lebendige Gemeinschaft des Glaubens unersetzlich ist, weil der Mensch nur in Gemeinschaft leben und so auch nur in Gemeinschaft denken und glauben kann. Aber dass sie nicht für sich selbst da ist, sondern damit sie das ermöglicht, was sie überschreitet, den Glauben und ein Leben, das vom Glauben her dann auch die entsprechenden Inspirationen empfängt.

Hubert Schöne: Meinen Sie, dass die Synode insofern ein wichtiges kirchliches Ereignis war?

Kardinal Ratzinger: Ich glaube schon. Wichtig war zunächst einmal einfach diese große Einmütigkeit, die unter Menschen aus fünf Kontinenten in unserer heutigen Weltlage ja alles andere als selbstverständlich ist. Da zeigte es sich doch, dass – ungeachtet all der Streitigkeiten, der Diskussionen, die in der Kirche da sind – doch eine große verbindende Macht vom Glauben ausgeht; dass Menschen in so verschiedenen wirtschaftlichen, politischen usw. Situationen einander so einmütig begegnen können, nicht mit einer gemachten, erzwungenen, sondern von innen kommenden Einheit. Und darin wurde eben sichtbar, was Kirche eigentlich ist. Ich glaube, es könnte ein Mut davon ausgehen, sich wieder mehr den eigentlichen Sachen, um die es im Glauben geht, der christlichen Weltverantwortung und den Inhalten der christlichen Hoffnung, zuzuwenden und wieder Mut zu gewinnen, davon zu sprechen; von der Selbstbeschäftigung wegzugehen; das, was Kirche der Welt zu sagen hat, was sie dem Leben zu sagen hat, wieder neu ins Auge zu fassen.

Der Wille der Väter

Geist und Beschlüsse des 2. Vatikanischen Konzils

[Gespräch mit Hubert Schöne, Redakteur des BR]

Frage: Herr Kardinal. Als junger Professor waren Sie Berater beim Zweiten Vatikanischen Konzil. Was war damals Ihre Aufgabe und konnten Sie etwas bewirken?

Kardinal Ratzinger: Ich denke schon. Es war ein sehr herzliches und familiäres Verhältnis mit Kardinal Frings und seinem Sekretär Luthe, mit dem ich ja zusammen studiert hatte. Wir sind alle Texte zusammen durchgegangen. Er war ja fast blind. Wir haben sie ihm vorgelesen, dabei schon diskutiert und uns unsere Gedanken gemacht. Ich habe dann hernach aufgrund dieses Gespräches, das wir geführt hatten, einen Vorschlag ausgearbeitet und wir haben auch überlegt, mit welchen anderen Bischöfen man über welche Dinge wie Kontakt aufnehmen sollte, so dass wir in einem sehr breiten Kontakt mit den Kardinälen, vor allen Dingen, natürlich gestanden sind, wichtige Dinge mit ihnen auch gemeinsam überlegen konnten, und ich denke, dass aus diesen Gesprächen, wo ich mir jetzt keine besondere Originalität zuschreiben will, aber meinen Beitrag geleistet habe, doch einiges herausgewachsen ist.

Hans Küng: Ja, wir hatten eigentlich das Gefühl, dass wir viel bewirken konnten. Ich muss sagen, es war eine sehr schöne Zeit. Wir haben ja das Recht gehabt, an allen Sitzungen in St. Peter dabei zu sein. Die Problematik der Theologen war: Im Gegensatz zu den Bischöfen konnten wir nicht reden. Also man konnte selber nicht sprechen. Man musste also, wenn man irgendetwas sagen wollte, einen Bischof finden, der das vortrug. Die römische Kurie hatte ja die sehr weise Regelung getroffen, dass man nur Latein sprechen konnte. Darüber waren am Anfang viele ärgerlich, aber wir als Theologen, wir wurden da viel mehr gebraucht, weil wir Latein konnten und haben also Reden geschrieben. Wichtig war natürlich auch, was in den Kommissionen ging. Da habe ich mich aber nicht engagiert – aus sehr bestimmten Gründen: weil ich fand, ich könnte da das nicht bewirken, was ich bewirken wollte und im Übrigen konnte man Vorträge vor den Bischöfen halten, also vor der ganzen brasilianischen Bischofskonferenz, vor den Lateinamerikanern, Afrikanern usw. Und man konnte im Gespräch mit der Presse das interpretieren. Also man hatte viele Möglichkeiten.

Frage: Haben die Bischöfe damals auf Sie gehört, auf Sie, die theologischen Berater?

Kardinal Ratzinger: Ich würde sagen: Ja, denn die Bischöfe hatten meistens eine eher noch ältere theologische Schule mitgemacht, spürten aber doch, dass hier Lebendiges da war, das keineswegs einen Verrat am Glauben bedeutete, sondern im Gegenteil ihn vertiefte. Dies zu lernen, auch natürlich richtig zu sieben, aber damit doch das, was möglich war und nötig an Begegnung mit der Neuzeit einzubringen, das haben sie gewollt und, ich denke, auch viel dafür getan.

Hans Küng: Ja, das kann man wohl sagen, dass die Bischöfe auf die Theologen gehört haben. Ich weiß sogar, dass der französische Theologe Yves Congar, einer der Leute, die ich am meisten verehre, der ja noch immer am Leben ist, mir sagte: Ja, ist Ihnen das auch aufgefallen. Viele Bischöfe wollen oft gar nicht lange Begründungen hören, sondern sie fragen nur: Ist das gut, wenn wir das so machen? Und dann sagen sie »Wenn Sie meinen, das sei gut, dann machen wir es auch«.

Frage: Wenn Sie von den Theologen reden, die damals Berater waren – das waren Sie, und es war der jetzige Kardinal, der damalige Theologieprofessor Ratzinger. War da eine Arbeitsteilung oder was haben Sie da gemeinsam gearbeitet?

Hans Küng: Ja, wir waren jedenfalls auf derselben Seite. Das kann man wohl sagen. Wir waren beide auf der Seite der fortschrittlichen Konzilsmehrheit. Wir haben uns des Öfteren gesehen und wir haben uns nicht nur als Kollegen, glaube ich, geschätzt, sondern auch als Theologen, die im Prinzip dieselbe Richtung vertreten haben. Er war ja mit Kardinal Frings nach Rom gereist. Er wohnte in der Anima. Ich selber war mit dem Bischof von Rottenburg gereist, bin dann nachher von Papst Johannes XXIII. zum Konzilsberater ernannt worden am Ende der Ersten Session und auf diese Weise hat natürlich jeder so seine Arbeit gehabt. Jedenfalls war damals kein Antagonismus, im Gegenteil. Es waren sehr freundliche Beziehungen. Sonst wäre ich wohl auch nicht dafür gewesen, ihn als Dekan nachher und als nächster Lehrstuhlinhaber nach Tübingen zu rufen, ja unmittelbar nach dem Konzil, wie er auch für mich eingetreten ist, dass ich nach Münster hätte gehen sollen.

Frage: Man hat damals gesagt, Sie seien auf der progressiven Seite gewesen, modern und nach vorne gehend. War das richtig?

Kardinal Ratzinger: Ja, wenn man es so ausdrücken will, kann man (es) schon sagen. Es war ja auch die Aufgabe des Konzils, Türen zu öffnen, natürlich immer in der Kontinuität des katholischen Glaubens, der aber weiträumig ist und die Reichtümer und Möglichkeiten aller Zeiten aufgreifen kann und da aus einem etwas erstarrten theologischen Systemtyp herauszutreten und den ganzen Reichtum der Tradition zu aktivieren und dadurch zugleich neue Begegnungen mit der Gegenwart zu ermöglichen. Das sah ich als eine Aufgabe an, und im Prinzip tue ich das immer noch.

Frage: Zur sichtbarsten Erneuerung nach dem Konzil wurde die Liturgiereform. Was wollte das Konzil damit erreichen?

Kardinal Ratzinger: Ich würde sagen: Es wollte einfach den Gottesdienst zugänglicher und verständlicher machen in dem Sinn, dass eine tiefere allgemeinere Beteiligung daran möglich würde.

Frage: Und – ist es erreicht worden?

Kardinal Ratzinger: Ich würde sagen: Bei allen menschlichen Dingen kann man nie ganz mit Ja oder Nein antworten. Es ist in Teilen der Kirche, sagen wir in vielen Gemeinden erreicht worden, wo der Gottesdienst wirklich gemeinschaftlich aus seiner Tiefe und seiner Größe heraus gefeiert wird und die Menschen es innerlich neu aneignen und verstehen können. Aber es gibt natürlich Missverständnisse, Missbräuche, wo Verständlichkeit mit Banalisierung gleichgesetzt wird und Aktivität, Teilnahme mit »Machen«, dass jeder dauernd etwas machen muss. Diese beiden Dinge sind zum Teil eben zum Verhängnis geworden und wieder bewusst geworden, dass es nicht darum ging, sich an den besten Gestaltungen zu messen, die das Konzil hervorgebracht hat, das denke ich, wäre Aufgabe der liturgischen Erziehung, die ja immer geschehen muss.

Frage: Manche sagen auch, die Liturgie sei etwas beliebiger geworden.

Kardinal Ratzinger: Ja, manche denken jedenfalls so. Ich würde so sagen: Sie ist nicht so starr rubrizistisch geordnet, obwohl es auch heute natürlich immer wieder Geister gibt, die dann – sagen wir – ihre Ordnungen für die absolut einmaligen und unumgänglichen halten. Das schon. Aber diese Möglichkeit ist nicht in einem legalistischen Schritt normiert aufzufassen, sondern aus der inneren Beteiligung zu gestalten. Das sollte man nicht mit Beliebigkeit verwechseln. Was leider auch manchmal geschieht.

Hans Küng: Nun, das Konzil wollte zunächst einmal nicht mit theoretischen Fragen einsetzen, wie die römische Kurie das vorbereitet hatte: rein abstrakte dogmatische Fragen. Man wollte was haben, was unmittelbar auf das Leben der Gemeinden Einfluss hat. Und da meine ich: Es ist doch ein der ganz großen Epoche machenden Erfolge (dieses Konzils) gewesen, dass die mittelalterliche lateinische Klerikerliturgie zu einer Volksliturgie geworden ist. Man kann sich ja heute, die Jungen können sich gar nicht mehr vorstellen, was ich auch noch als junger Priester gemacht habe, dass man die ganze Messe da gegen die Wand hin gefeiert hat und sich nur hin und wieder umgedreht hat; alles auf Latein; das war die Zeit, wo man meinte, man könne eigentlich nur offiziell auf Latein in einer Fremdsprache mit Gott reden. Wenn ich das heute sehe, ist das natürlich doch eine ganz gewaltige Änderung;

dass man nun das in Gemeinsamkeit macht, der Priester mit dem Volk, in der Volkssprache. Wir haben also nun schließlich alles so aufbereitet, auch die Schriftlesungen. Ich meine, wenn heute der Gottesdienst langweilig ist, dann liegt es nicht am Konzil. Also das ist natürlich immer die Frage, ob nun auch der Geist des Konzils lebendig ist, ob also nun in einer Eucharistiefeier, ob man das nur so halt macht und ohne innere Überzeugung dahintersteht, ob man sich da nur an einen Buchstaben hält oder ob also auch da die entsprechenden Gebete so geformt sind, dass die Menschen es verstehen. Mit der Übersetzung ins Deutsche ist es natürlich noch nicht gemacht.

Frage: Manche stören sich daran, dass der Gottesdienst beliebiger geworden ist und meinen, das könnte das Konzil ja doch nicht gemeint haben.

Hans Küng: Nun, beliebig darf es natürlich nicht werden. Es sind immer gewisse Grundpfeiler da und ich glaube auch nicht, dass irgendein katholischer Priester, soweit ich das also nun kenne, davon abrücken würde, was so die Grundpfeiler sind. Aber die Alte Kirche hat natürlich auch verschiedene Gebete gehabt. Selbst das Eucharistiegebet war ja am Anfang nicht einfach aufgeschrieben. Wir haben das erst relativ spät, dass das *auf*geschrieben wurde, und noch viel später *vor*geschrieben. Und ich bin der Meinung, und das ist wohl, wo Andere andere Auffassungen haben, dass es ja besser ist: Wir haben ein Gebet, das die Menschen verstehen, das sie anspricht, dass sie sagen: Ja so, ich kann's zwar nicht so gut formulieren, aber das ist genau, was ich eigentlich beten will. Das ist ja doch wichtiger, als dass wir nur einen Text runterbeten, der da aufgeschrieben ist. Ich glaube, das Schlimmste ist das mechanische Beten, wo man merkt: Dieser Priester steht gar nicht richtig dahinter; oder auch: die Gemeinde macht das halt so mit, weil's halt so Brauch ist. Ich habe glücklicherweise viele, viele andere Gottesdienste gemacht und bin auch selber vorgestanden, wo man das Gefühl hat: Ja, da sind alle dabei. Und das, was ich am liebsten habe, ist, wenn nachher man mir sagt: Das ist nun wirklich ein schöner Gottesdienst gewesen; das heißt, da waren wir alle so ganz, mit ganzem Herzen, dabei gewesen.

Frage: Ein Schlüsselwort des Konzils war die Kollegialität, die gemeinsame Verantwortung von Papst und Bischöfen in der Gesamtkirche, die auch zu einer Stärkung der Ortskirchen geführt hat. Was hat das Konzil eigentlich, wenn man es beim Wort nimmt, die Texte beim Wort nimmt, mit dieser Kollegialität erreichen wollen und (was) hat es darunter verstanden?

Kardinal Ratzinger: Man muss da unterscheiden: Kollegialität im ganz strikten Sinne, wie er da theologisch definiert worden ist, gilt nur dann, wenn das gesamte Bischofskollegium einheitlich lehrt. Nur das ist Kollegialität im strengen Sinn, dass alle Bischöfe zusammen die Vollgewalt über die Kirche haben wie der Papst sie hat. Aber diese Kollegialität im striktesten Sinn strahlt natürlich auf die verschiedenen Ebenen ab. Sie geht ja von der Erkenntnis aus, dass man Bischof immer mit den anderen ist und insofern zeichnet sich das Kollegialitätsprinzip immer in der Gemeinschaftlichkeit von Bischöfen ab und verweist eben auf die Querverbindungen untereinander, auf das Miteinander der Bischöfe und so darauf, dass in dem gegenseitigen Zur-Einsicht-Finden sozusagen und in dem Miteinander auch des weltweiten Episkopats aber eben in vielen Stufungen und auf vielen Ebenen sich das Wesen des Bischofsamtes erfüllt, das eben nicht Isolation ist oder auch nur Gegenüber eines Einzelnen mit dem Papst, sondern vielfältige Stufen des Miteinander einschließt.

Hans Küng: Aber es war natürlich in erster Linie der Papst visiert und sein Verhältnis zu den Bischöfen. Das Erste Vaticanum hatte den Primat und die Unfehlbarkeit definiert; da wollte man nun nicht direkt korrigieren, aber doch ein ganz ganz deutliches Gegengewicht schaffen. Und das lief alles unter dem Wort Kollegialität. Das hieß: Schon die Apostel haben ja nicht einen gehabt, der da allen vorgesetzt war, sondern ein Kollegium. Das Apostelkollegium hat manchmal sogar Petrus etwa nach Samaria geschickt, wenn sie das richtig fanden, und das war im Grunde das Vorbild für das Konzil, dass man sagte: Ja, Papst und Bischöfe haben gemeinsam die Verantwortung. Der Papst sollte nicht allein das machen. Er sollte das kollegial mit den Bischöfen machen.

Frage: Und hatte denn dieser Gedanke eigentlich durchgehalten bis in die heutige Zeit?

Hans Küng: Ja, das war schon damals ein großes Problem, dass die Bischöfe wünschten, dass man auch auf oberster Ebene einen Bischofssenat macht, dass man auch gemeinsam darüber berät. Und der damalige Papst Paul VI. ist dann dem zuvorgekommen, indem er diese Bischofssynode machte, die im Grunde gar nicht funktioniert, das wird man wohl sagen müssen. Die finden immer wieder statt, aber das ist ganz anders, als die Konzilsväter sich gedacht hatten. Die wollten natürlich, dass jemand mitentscheidet, mitverantwortet: »Corresponsabilité«, das war eines dieser Worte, was Kollegialität ausdrückte, die also auch mitentscheiden können und nicht nur nach Rom kommen, viel reden, dann so einige Anregungen machen, und nachher macht man in Rom wieder weiter wie bisher. Die sind abgefahren, und im Grunde: Ohne Spesen nichts gewesen.

Frage: Aber gab es nicht damals doch die Idee von einer Stärkung der Ortskirchen, von einer größeren Eigenständigkeit?

Kardinal Ratzinger: Gar kein Zweifel. Und das entspricht ja auch natürlich dem, was wir in der apostolischen Zeit sehen, dass jede Ortskirche – wobei unter Ortskirche das Konzil mit der Alten Kirche Bischofskirche versteht – sozusagen die Kirche im Ganzen darstellt und in sich trägt und auch etwas Eigenes in die Kirche einbringt, natürlich nie in einem Isolationismus, sondern immer in dem gegenseitigen Sich-Einander-Zuordnen und öffnen, und ich denke, dieser Sinn für den eigenen Auftrag der Ortskirche, die jede ihre eigene Farbe hat und daher jede etwas Besonderes in die Kirche einzubringen hat, ist durchaus auch stark gewachsen in der nachkonziliaren Zeit.

Frage: Sie würden aber nicht sagen, dass man jetzt die Eigenständigkeit der Ortskirchen schwächt im Gegensatz zu dem, was das Konzil gewollt hat. Dass man jetzt wieder den Zentralismus einführt?

Kardinal Ratzinger: Nein, das würde ich nicht sagen. Wir leben ja in einer Welt, in der zwei Faktoren einander übergreifen. Auf der einen Seite wird die Welt immer mehr eins. Es gibt geradezu eine Uniformierung in der technischen Kultur und die Kommunikation und die Verkehrsmittel rücken uns ja alle aneinander. Auf der anderen Seite aber ergibt sich damit ein Wille zum Eigenen, und beides spiegelt sich ganz normalerweise auch in der Kirche. Sie kann jetzt nicht sozusagen sich in einen Provinzialismus flüchten oder in einen Isolationismus der Teilkirchen. Der Faktor Einheit ist in einer sich vereinigenden Welt sehr wichtig, in der wir alle aufeinander offen sein müssen, in der vor allen Dingen der Faktor Einheit auch ein Frieden stiftender Faktor, eine Kraft des Friedens über die Grenzen hinein sein muss. Aber er muss sich in der richtigen Weise versöhnen und verbinden mit dem Faktor der Vielgestaltigkeit und so erleben wir heute beides: Einerseits, der Papst geht zu den Teilkirchen. Das streicht die Einheit heraus, streicht aber auch ihr Gewicht heraus, nicht wahr. Und sie kommen auf vielfältige Weisen neu zu Wort, wenn ich nur daran denke, dass die Besuche der Bischöfe ad limina, wie sie heißen, heute eine ganz andere Gestalt haben, nicht mehr nur der Einzelne spricht einzeln mit dem Papst, sondern sie kommen als Gruppe mit einem gemeinsamen Programm oder wir haben die ganzen Kurienämter, vielfältige Begegnungen mit den einzelnen Präsidenten oder Präsidien der Bischofskonferenzen. Die (Bischofs-)Synode ist ein solches Organ und vielfältige andere Organismen des Begegnens, in denen jeweils die Teilkirche auftritt in einer Weise, wie das früher gar nicht der Fall sein konnte, rein verkehrsmäßig, sind da Faktoren, die man vielleicht nicht so nach außen wahrnimmt, aber die doch im konkreten Leben der Kirche von großem Gewichte sind.

Hans Küng: Ja, ich glaube, niemand hat etwas in der Kirche dagegen, dass es einen gibt, der nun die Hauptverantwortung hat für die Gesamtkirche. Ich glaube, das ist unbestritten. Nur, nicht wahr, es soll erst einmal ein Pastoralprimat sein. Johannes XXIII. hat das vorgemacht: Da ist nicht nur einer, der befiehlt, und alle anderen marschieren. Die Kirche ist keine Armee. Es soll ein Pastoralprimat sein. Und zweitens: Ein Primat, der eben in einem Kollegium drinnen ist. Heute wird doch auch ein internationaler Konzern nicht mehr so geführt, dass da einer allein das entscheidet. Heute wird selbst ein Universitätsinstitut, Forschungseinrichtungen – da redet man doch miteinander: Wie soll das gemacht werden? Und dann wird möglichst gemeinsam entschieden. Das ist im Grunde das, was wir brauchen, und wir haben schlechte, schlechte, Erfahrungen gemacht mit diesen Entscheidungen eines Einzelnen, der nun gerade in den heutigen komplexen Bedingungen, die auch so verschieden sind, also diese Fragen entscheidet, ohne genügend die anderen zu konsultieren.

Frage: Das heißt also nicht, dass alle Entscheidungen demokratisch fallen müssen oder entschieden werden?

Hans Küng: Demokratie ist erstens auch jedenfalls kein Schimpfwort in der Kirche. Die Urkirche war sehr demokratisch und sicher nicht nur monarchisch und diktatorial, das auf gar keinen Fall. Aber selbstverständlich kann man nicht über Glaubensdinge in Volksabstimmungen abstimmen. Und es muss auch nach der Praxis der Alten Kirche in Synoden, auch in einer Bischofssynode, muss im Grunde ein Konsens gefunden werden, ein moralischer Konsens, es brauchen nicht immer alle zustimmen. Aber das Konzil hat ja gezeigt, wie man das macht. Wir haben normalerweise ganz große Mehrheiten gehabt und einige, damals schon Lefebvre, Erzbischof Lefebvre und einige andere aus der römischen Kurie haben konstant dagegen gestimmt, wenn so über Latein oder Religionsfreiheit [abgestimmt wurde]; ja das ist ja dann unbeschadet; also was ich meine: es müsste eine moralische Einheit da sein.

Frage: Vom Konzil gingen damals ganz starke Impulse aus auf die Ökumene zwischen den christlichen Kirchen. Wie hat man sich damals diesen ökumenischen Prozess vorgestellt, der da angestoßen werden sollte?

Hans Küng: Nun, das Konzil hat die wesentliche Grundlage geschaffen, dass man überhaupt ökumenische Bewegung mitmachen durfte. Vorher war ja das im Grunde verboten. Da hat man gesagt: Das machen die »Protestanten«, aber wir sind die eine wahre Kirche, und das erste Wichtige war schon einmal dies, dass man nicht mehr einfach die Kirche Jesu Christi allein mit der katholischen Kirche identifiziert hat. Man hat anerkannt, dass die anderen Kirchen auch Kirchen oder kirchliche Gemeinschaften sind, dass wir von ihnen lernen können, dass gegenseitige Befruchtung da sein muss, Zusammenarbeit. Das alles ist beschlossen worden. Einige Dinge sind leider nicht zur Diskussion gekommen. Ich hätte sehr gewünscht, dass man auch schon damals die Frage der Gültigkeit der Ämter, der protestantischen und anglikanischen Pastoren und Pfarrer und Bischöfe diskutiert hätte. Das hat man nicht getan. Das schleppen wir jetzt immer noch so mit. Und dann natürlich auch hätte man im Grunde schon damals die gegenseitigen Exkommunikationen auf Ortsebene abschaffen können. Das wäre im Grunde das, was möglich gewesen wäre. Also nicht einfach eine organisatorische Vereinigung zu einer uniformen Einheitskirche; das brauchen wir auch in diesem Sinne heute nicht. Was wir bräuchten, wäre die Abschaffung dieser Exkommunikationen auf Ortsebene, dass also ein Protestant bei uns an der Eucharistiefeier teilnehmen kann und ein Katholik an der evangelischen Abendmahlsfeier; dass Mischehen das gemeinsam machen können; dass so langsam die Gemeinden von unten her ineinander wachsen.

Frage: Also das Konzil steht dem nicht im Wege, dass ein solches Zusammenwachsen entstehen könnte?

Hans Küng: Nein. Das steht dem überhaupt nicht entgegen. Sie können natürlich das Konzil immer nach rückwärts interpretieren, nicht wahr, es gibt also viele Kardinäle in Rom und anderswo, die das Konzil nach rückwärts interpretieren. Die Texte als solches sind Kompromisse gewesen. Die römische Kurie hatte eine ungeheure Macht über den Apparat. Das war der Grund, weswegen ich in der theologischen Kommission unter Kardinal Ottaviani damals nicht mitarbeiten wollte. Weil man da nicht die Freiheit hatte, um eine wirkliche Neukonzeption durchzubringen. Aber man weiß ganz genau, in welche Richtung das Konzil tendiert hat, wo die neuen Lichter aufgesetzt wurden, was wirklich zukunftsweisend war. Und wenn man diese Linie annimmt und diese Maßstäbe setzt für das Weitergehen, dann würde man natürlich in den letzten 20 Jahren einigen Fortschritt gemacht haben. Stattdessen haben nun viele den Eindruck: »Also wir treten am Ort.« Und das ist sicher nicht im Sinne des Zweiten Vaticanums.

Frage: Heute sagt man, es stagniert. Es bleibt alles etwas zurück. Kann man überhaupt davon sprechen, dass der ökumenische Prozess voranschreitet?

Kardinal Ratzinger: Ich würde sagen: Ja. Nur ist es ein Vorgang, den man nicht so fassen kann, wie man zum Beispiel die Vereinigung von Wirtschaftssystemen fassen kann. Wenn wir an die EG denken. Man kann eben doch Verordnungen, wenn auch unter Ächzen und Stöhnen, auf eine Weise, die bürokratisch zu regeln ist, Wirtschaftssysteme allmählich untereinander verschmelzen. Aber das ist schon schwierig genug. In der Ökumene geht es um Dinge, die viel tiefer reichen und die man nicht einfach durch Administration und durch Beschlüsse, durch Bürokratien verschmelzen kann. Es ist ein seelischer Vorgang, der viel tiefer reicht und dadurch oft weniger sichtbar ist, vor allen Dingen auch weniger messbar ist. Ich würde doch sagen, dass insgesamt einfach das Bewusstsein, dass wir als Christen zueinander gehören, dass wir von der gleichen Wurzel her leben, dass wir das gleiche Zeugnis ablegen, für die gleichen Ziele leben, dass das wächst und dass insofern bei aller Verschiedenheit, die bleibt, und die auch nicht einfach weggeschafft werden kann, doch ein inneres Voranschreiten auf Einheit hin da ist, wobei ich sagen würde, dass die Verschiedenheit ja auch eine heilsame Herausforderung sein kann. Wenn wir zu uniform werden würden, würden wir vielleicht auch einschlafen.

Frage: Das Konzil schien doch damals etwas hoffnungsfroher, was das Erreichen von bestimmten Zielen betrifft.

Kardinal Ratzinger: Ja, es war ein enthusiastischer Augenblick. Und das ist auch gut, weil Enthusiasmus Schwung gibt, um Schritte zu tun, deren Schwierigkeiten man im Augenblick noch nicht überblickt, dann würde man vielleicht den Mut gar nicht dazu haben. Aber das eine ist: sozusagen den Durchstoß zu machen; das andere ist, dass das dann lebensmäßig sich bietet. Wir haben nach dem Krieg auch die Vereinigung Europas uns müheloser vorgestellt, als sie vor sich geht. Wir sehen jetzt, wie eben solche Prozesse, in denen eine jahrhundertelange Geschichte aufgearbeitet werden muss, ihre Zeit brauchen und innerlich angeeignet werden müssen.

Frage: Als das Konzil damals von Religionsfreiheit sprach und das Wirken Gottes in allen Weltreligionen anerkannte, da war das aufsehenerregend. Was hat das Konzil damals zu solchen Aussagen bewogen?

Kardinal Ratzinger: Ja, ich würde sagen, man muss wohl die beiden Themen unterscheiden: Religionsfreiheit – man wollte den alten Grundsatz des kanonischen Rechts, zum Glauben kann niemand gezwungen werden, sozusagen in der ganzen Breite dessen, was er für das Verhältnis von Kirche und Staat, von Glaube und Gewissen bedeutet, darstellen. Das ist das eine. Dann das andere war, dass man damit natürlich auch vor die Frage der anderen Religionen gestellt war. Der äußere Vorgang war eigentlich eher zufällig. Zunächst wollte man eigentlich nur etwas über das Verhältnis von Kirche und Israel sagen, was ja in dieser Geschichtsstunde fällig war. Darüber ärgerten sich die arabischen Konzilsväter, so dass man sagte: Gut, dann müssen wir auch etwas über den Islam sagen. Und dann sagte man: Wenn wir schon über Israel und den Islam reden, sollten wir doch auch über den Bereich der Religionen etwas sagen. Dabei hat man keine großen neuen Theorien aufzustellen versucht, aber, sagen wir, das edle und noble menschliche Suchen, das in den Religionen da ist, und das Licht von Wahrheit, das in ihnen existiert, eben deutlich unterstrichen.

Hans Küng: Das hat, meine ich, die Lage der gesamten Christenheit völlig verändert im globalen Kontext. Denken Sie nur dran, dass es in der Einstellung der katholischen Kirche gegenüber dem Judentum eine Kehre um 180 Grad bedeutet hat, das ist gar keine Frage. Seither wissen wir, dass wir nicht mehr die Juden als verworfenes Gottesvolk betrachten können, dass wir sie nicht mehr als Gottesmörder anklagen dürfen, alle diese theologischen Vorurteile, die ja im Hintergrund standen vieler Judenverfolgungen schon vor der Nazizeit. Dasselbe betrifft auch den Islam. Damals waren es die Bischöfe aus dem Nahen Osten, die gefordert haben, die sagten, wenn wir schon etwas über das Judentum sagen, müssen wir auch etwas über den Islam sagen. Dann kam als Folge: Dann müssen wir auch etwas über die indischen Religionen sagen und es ist ganz klar, dass heute nun überall auf der Welt versucht wird, mit den anderen (Religionen) einen Dialog zu führen, dass ist nicht immer professionell, aber jedenfalls gehen unsere Missionare nicht mehr wie früher da raus und machen sozusagen nur die anderen schlecht, um das Christentum möglichst leuchten zu lassen. Judentum, Christentum und Islam, Hinduismus, Buddhismus zum Beispiel, alle vertreten: Du sollst nicht töten. Du sollst für die Wahrheit Zeugnis geben. Du sollst nicht stehlen. Du sollst die Ehe nicht brechen. Du sollst Vater und Mutter ehren. Alle Religionen verteidigen einen Weg der Mitte zwischen übertriebenem Asketismus und auf der anderen Seite einem Libertinismus. Alle Religionen wollen dem Menschen Sinn im Leben geben. Alle Religionen haben bestimmte Grundtugenden, auf die sie Wert legen, und das wäre im Grunde eine Antwort auf das, was man lesen kann im Zweiten Vaticanum gleich am Anfang der Erklärung über die anderen Religionen, dass im Grunde alle Religionen davon ausgehen, einen Weg zu weisen, ein Ziel zu stecken, Antworten auf dieselben großen Fragen der Menschheit: Woher kommen wir? Wohin gehen wir? Woran sollen wir uns halten? Also etwa zu den Fragen der Weltreligionen hat das Zweite Vaticanum Aussagen gewagt, von denen der Weltrat der Kirchen noch nicht einmal zu träumen wagt, nämlich dass nicht nur in anderen Religionen Menschen das Heil finden können, auch wenn das halt nicht unser Weg ist, sondern dass sogar Menschen etwa im atheistischen Kontext, nicht wahr: Sowjetunion, China usw. – wir haben ja glücklicherweise einiges hinter uns, dass auch dort ein Mensch, wenn er, wie es da heißt, unter der Einwirkung der Gnade Gottes das tut, was er nach seinem Gewissen erkennen kann, und hier seinem Gewissen folgt, dass er das ewige Heil erreichen kann. Das ist meines Erachtens eine Spitzenaussage des Zweiten Vatikanischen Konzils und eine ganz große Sache, um auch heute zu ermöglichen, dass wir zwischen Glaubenden und Nichtglaubenden zusammenarbeiten können, auch wenn wir natürlich an unserer Sache festhalten und da nicht alles etwa auflösen wollen.

Frage: Herr Kardinal, braucht die Kirche eine neue Aufbruchsstimmung, wie sie damals zu Zeiten des II. Vaticanums war? Braucht es, um eine neue geistige Erneuerung in der Kirche herbeizuführen, vielleicht, z. B. ein drittes Vatikanisches Konzil?

Kardinal Ratzinger: Aufbruchsstimmung ist immer etwas Schönes, aber man kann sie nicht kommandieren. Nicht wahr, sie ist damals aus der geschichtlichen Situation gewachsen. Nach zwei Weltkriegen, in denen Liberalismus, Totalitarismus zusammengebrochen waren, war die Chance des Christentums und eines erneuerten authentischen Glaubens sehr sichtbar und auch die Größe seiner Möglichkeiten neu ins Bewusstsein gerückt. Wir hoffen, dass eine solche Aufbruchsstimmung wieder kommen wird, aber, wie gesagt, sie muss eigentlich von unten wachsen. Und Anzeichen dafür sind da. Es gibt doch viele Erneuerungsbewegungen, die gerade aus der Jugend aufbrechen und in denen wirklich eine neue Freudigkeit am Glauben sich zeigt. Ein drittes Vaticanum, würde ich sagen, ist jetzt noch nicht der richtige Augenblick. Ein Konzil bringt ja eine Ernte ein, und kann nicht von sich aus, da würde man Beratungen und Beschlüsse überschätzen, etwas schaffen, was nicht aus sich da ist. Das Vaticanum II war möglich, weil in den großen Bewegungen, die zwischen den Weltkriegen entstanden waren und sich fortsetzten, wirklich eine geistige Ernte gewachsen war. Und insofern, würde ich sagen, sollte jetzt der lebendige Aufbruch von unten ermutigt werden, und wenn er weiterwächst, wird im richtigen Augenblick auch dann die Ernte eingebracht werden können.

Hans Küng: Ein neues Konzil wäre natürlich die Sache. Da kämen plötzlich wieder alle die Fragen hoch, die wir damals nicht diskutieren durften, also einerseits sind wir blockiert durch die Fragen, die wir nicht diskutieren durften. Wir durften nicht diskutieren die Frage der Geburtenregelung, Empfängnisverhütung. Da waren drei Interventionen. Ich bin lange mit dem Kardinal Suenens, der einer der drei war, hinausgegangen aus der Basilika und er sagte, ja, jetzt werden wir die Sache mit einer Kommission schon auf die richtige Schiene bringen. Aber: Die Kommission hat zwar gut gearbeitet, aber die Sache, der Entscheid »Humanae vitae« war anders. Dasselbe betrifft auch also die Zölibatsfrage – da durfte kein einziger Bischof davon reden. Über die Frage der Behandlung der Geschiedenen hat ein Bischof geredet. Sofort wurde das von der Tractanden-Ordnung abgesetzt. Die weiteren ökumenischen Beziehungen, das war auch nicht erwünscht, dass man darüber sprach. Über die Altersgrenze des Papstamtes durfte man auch besser nicht reden. Für alle Bischöfe galt das, aber da hat man so eine Ausnahme gemacht. Man wollte das nicht berühren. Überhaupt alle Fragen, die den Papst also nun als Amtsträger betrafen. Also das alles wäre halt, das ist jetzt ein Klotz an unserem Bein. Das hätten wir vor 20 Jahren genauso entscheiden können wie etwa die schwierigen Fragen über Judentum oder Religionsfreiheit. Aber es gibt natürlich eine Menge neuer Fragen. Also ich sehe zum Beispiel die Frage der Frau jetzt als eine kapitale Frage an. Das ist nicht nur so eine Randfrage, sondern wir sind doch in der allergrößten Gefahr, dass gerade die jüngere Generation der Frauen das überhaupt nicht mehr mitmachen will und die Frauenfrage ist zu einem Testfall geworden – von der Frage der Geburtenregelung angefangen bis zu den Fragen der Frauenordination – von Fragen des Gottesbildes, eines allzu vermännlichten Vaterbildes etwa, bis zu den Fragen der Christologie und eben also, ob der Priester unbedingt Mann sein muss und so weiter. Wir müssten, glaube ich, hier sehen, dass Religion heute, wenn sie richtig funktioniert, nicht mehr ein repressives Phänomen ist oder regressiv in die Kindheit zurückführen, sondern Religion kann wirklich befreiend sein, und ich möchte das eigentlich noch erleben, dass man in der katholischen Kirche wieder neu sieht, dass Religion, katholischer Glaube, auch für unsere Kirche, auch innerhalb unserer Kirche eine wirklich befreiende Kraft wieder entwickelt. Es war damals so schön und begeisternd, Katholik zu sein. Alle waren froh, und alle waren zufrieden, und jetzt ist das alles so gedrückt. Ich hoffe, noch die Zeit erleben zu können, wo es wieder anders wird.

Communio – ein Programm

Als zu Beginn des Jahres 1972 die erste Nummer der *Internationalen katholischen Zeitschrift Communio* erschien, gab es zwei Ausgaben, eine deutsche und italienische; eine kroatische war im Entstehen begriffen. Die deutsche Ausgabe wurde in einer kurzen Einführung von Franz Greiner vorgestellt; beiden Ausgaben gemeinsam war der grundsätzliche theologische Beitrag aus der Feder von Hans Urs von Balthasar »Communio – ein Programm«. Wenn man heute, zwanzig Jahre danach, diese Seiten wieder liest, ist man erstaunt über die unverbrauchte Aktualität des dort Gesagten, das auch in der heutigen theologischen Landschaft seine volle Brisanz behält. Zu fragen freilich ist, wie weit die Zeitschrift diesem Programm standgehalten hat und was sie tun kann, um ihm noch besser gerecht zu werden. Eine solche Gewissenserforschung kann allerdings nicht Gegenstand meines Vortrags sein, der lediglich dazu helfen will, das Gedächtnis aufzufrischen und den Willen zu bekräftigen, der am Anfang gestanden hatte.

1. Die Entstehung der Zeitschrift »Communio«

Für die damit formulierte Absicht mag es zunächst hilfreich sein, ein wenig auf das Werden dieser Zeitschrift zurückzublicken, die heute immerhin – nicht ohne Mühsale und Probleme – in dreizehn Sprachen erscheint und aus dem theologischen Gespräch der Gegenwart nicht mehr wegzudenken ist. Am Anfang stand eine Initiative Hans Urs von Balthasars, die noch nicht direkt auf eine Zeitschrift gerichtet war. Der große Baseler Theologe war nicht am Konzilsgeschehen beteiligt worden. Angesichts des Beitrags, den er hätte leisten können, muss man das mit großem Bedauern fest-

stellen. Aber es hatte auch sein Gutes. Denn die Distanz, aus der 454
Balthasar das Ganze beobachten konnte, gab ihm eine Unabhängigkeit und Klarheit des Urteils, die unmöglich war, wenn man selbst vier Jahre im Inneren des Geschehens gestanden hatte. Er hat die Größe der konziliaren Texte uneingeschränkt erkannt und anerkannt, aber er sah auch, wie rundherum sich viele kleine Geister angesiedelt hatten, die nun aus der konziliaren Atmosphäre Bedeutung zu gewinnen suchten, indem sie einfach am Maßstab des Glaubens vorbeiredeten mit Forderungen oder Behauptungen, die dem Geschmack der Zeitgenossen entsprachen und aufregend erschienen, weil man sie bisher für unvereinbar mit dem Glauben der Kirche gehalten hatte. Origenes hat einmal gesagt: Die Häretiker denken tiefer, aber nicht wahrer.[1] Mir scheint, für die Nachkonzilszeit müsse man das ein wenig abwandeln und sagen: Ihr Denken erscheint interessanter, aber auf Kosten der Wahrheit. Das bisher Unmögliche zu behaupten wurde als Fortführung des Geistes des Konzils ausgegeben. Ohne dass schöpferisch Neues hervorgebracht worden wäre, konnte man sich nämlich zu billigem Preis interessant machen, indem man alte liberale Ladenhüter nun als neue katholische Theologie anbot.

Balthasar hat diesen Vorgang, in dem das Interessante wichtiger wurde als das Wahre, von Anfang an mit großer Schärfe wahrgenommen und mit der ganzen Unerbittlichkeit seines Denkens und Glaubens dagegen Stellung bezogen. *Cordula oder der Ernstfall*, 1966 erschienen, werden wir immer mehr als einen Klassiker sachlicher Polemik erkennen, der sich würdig den großen polemischen Schriften der Väter anschließt, die uns Gnosis und Christentum zu unterscheiden lehrten. Vorangegangen war bereits 1965 das kleine Buch *Wer ist ein Christ?*, das mit der Klarheit seiner Maßstäbe aufhorchen ließ, mit denen es das authentisch Christliche von selbstgemachten Phantasiechristentümern zu unterscheiden lehrte. Balthasar hatte mit diesen Schriften genau das getan, was er 1972 als Aufgabe von Communio bezeichnete: »Es geht nicht um Bravour, aber immerhin um den christlichen Mut,

---

[1] *In Ps* 36, 23 (PG 17, 133B; dt. Balthasar, *Origenes, Geist und Feuer,* Text 185, 115).

sich zu exponieren.«[2] Er hatte sich exponiert und es sicher in der Hoffnung getan, durch diese Posaunenstöße das theologische Denken wieder zur Sachlichkeit zurückzurufen. Sehr bald musste der Baseler Gelehrte sehen, dass seine Stimme allein nicht ausreichte, in dem Augenblick, in dem man Theologie nicht mehr nach Inhalten, sondern nach den rein formalen Kategorien konservativ – progressiv beurteilte. In dieser Situation war, was man als konservativ einstufen konnte, von selbst der Belanglosigkeit überführt, und es bedurfte der Argumente nicht mehr. So ging Balthasar daran, Bundesgenossen zu suchen. Er plante ein Gemeinschaftswerk *Klarstellungen* mit einem Umfang von nicht mehr als 150 Seiten. Die besten Fachleute der einzelnen Disziplinen sollten in gedrängter Kürze darstellen, was für die Grundfragen des Glaubens wesentlich ist. Er arbeitete einen thematischen Plan aus, schrieb selber einen 35 Seiten langen Vorentwurf, in dem er den künftigen Autoren die innere Logik des Werkes darzustellen versuchte, um ihnen so den Platz ihres Themas im Ganzen sichtbar zu machen. Er war mit vielen Theologen im Gespräch, aber angesichts der Anforderungen, die nun gerade auf den von ihm vorgesehenen Autoren lagen, konnte die Sache nicht recht voranzukom-
455 men. Überdies zeigte sich, dass die schnellen Veränderungen der jeweiligen theologischen Schlagwörter auch immer wieder Veränderungen in der Anlage von Frage und Antwort nötig machten. Irgendwann in diesen späten sechziger Jahren kam Balthasar zu der Einsicht, dass sein Projekt nicht verwirklicht werden konnte. Es wurde klar, dass ein einmaliges Sammelwerk nicht ausreichte, sondern dass ein ständiges Gespräch mit den verschiedenen Strömungen notwendig war.

So kam es zum Gedanken einer Zeitschrift, der im Zusammenhang mit der ersten Sitzung der Internationalen Theologenkommission (1969) Gestalt gewann. Hier ergab sich das weitere Element, dass ein solches Gesprächsorgan international sein musste, um wirklich die Weite des Katholischen ausdrücken und es in seinen verschiedenen kulturellen Ausprägungen bedenken zu können. Was schon beim Plan der *Klarstellungen* gegenüber den ersten

---

[2] Balthasar, *Communio – ein Programm*, 17.

polemischen Versuchen bestimmend gewesen war, wurde dabei vollends deutlich: dass nicht das Nein, sondern nur das Ja einem solchen Unternehmen Beständigkeit geben konnte. Es musste aus einem positiven Grund kommen, um so auch Antwort auf die gestellten Fragen geben zu können. Im Herbst 1969 trafen sich am Rand der offiziellen Beratungen der Kommission Balthasar, De Lubac, Louis Bouyer, Jorge Medina, Marie-Joseph Le Guillou und ich zu Gesprächen, in denen dieses Projekt seine konkrete Form gewann. Von den Teilnehmern her sollte es zunächst ein deutsch-französisches Gemeinschaftswerk werden, wobei auf französischer Seite Le Guillou, damals noch in voller Gesundheit und Schaffenskraft, die Federführung übernehmen sollte, während Balthasar bereits von selbst Vater des gemeinsamen Projekts mit einer besonderen Verantwortung für den deutschen Zweig geworden war.

Von der Idee bis zur Verwirklichung war es freilich ein weiter Weg. Es galt, einen Verleger zu suchen, einen Herausgeber, die finanziellen Mittel, einen einigermaßen festen Kern von Autoren. Auch die Frage nach dem Titel stellte sich. Vielerlei Möglichkeiten wurden abgetastet; so ist mir zum Beispiel ein Gespräch mit den Urhebern der Zeitschrift *Les quatre fleuves* in Erinnerung, die damals von ähnlichen Motiven her in Paris im Entstehen war. Fürs erste ließ sich die französische Ausgabe nicht ins Werk setzen, zumal Le Guillou seiner Erkrankung wegen praktisch ausfiel. Für den Start wurden zwei Vorgänge entscheidend: Balthasar gewann Kontakt mit der in Italien im Aufblühen begriffenen Bewegung *Comunione e liberazione*. Er fand bei den jungen Menschen, die sich in der von Don Giussani gegründeten Gemeinschaft zusammenfanden, den Elan, die Risikofreudigkeit und den Mut des Glaubens vor, die gebraucht wurden. Damit war der italienische Partner gefunden. In Deutschland ergab es sich, dass der Verlag Kösel die traditionsreiche Kulturzeitschrift *Hochland* aufgeben wollte, um sie durch ein sehr kurzlebiges *Neues Hochland* zu ersetzen, wobei das Wort »neu« auf einen entschiedenen Kurswechsel hinwies. So war der letzte Schriftleiter des *Hochland*, Franz Greiner, bereit, seine ganze Erfahrung und sein Können in den Dienst der werdenden Zeitschrift zu stellen. Er hat es mit großer Selbstlosigkeit getan, indem er – um die Unabhängigkeit des Werkes zu sichern – selbst einen Verlag gründete und dabei nicht nur auf eigene Honorare verzichtete, sondern seine persönlichen Mittel dem Ganzen zur Verfügung stellte. Ohne ihn wäre dieser Start nicht möglich gewesen, und dafür soll ihm hier einmal ausdrücklich gedankt werden.

Ich weiß nicht mehr, wann genau der Name *Communio* zuerst ins Gespräch kam. Aber ich vermute, dass es durch die Berührung mit *Comunione e liberazione* geschehen ist. Dieses Wort stand plötzlich wie eine Erleuchtung im Raum, weil es in der Tat das Ganze dessen auszudrücken vermochte, was wir wollten. Freilich
456 gab es da zunächst Schwierigkeiten, denn der Name war schon vergeben. Es gab in Frankreich eine kleine Zeitschrift unter diesem Titel, in Rom eine Buchreihe, die so hieß. Aus diesem Grund musste ein anderer Haupttitel – *Internationale katholische Zeitschrift* – gewählt werden; *Communio* konnte man dann ohne Verletzung der Rechte der anderen als Untertitel beifügen.

Durch diesen nun leitenden Begriff wie durch den Kontakt mit den italienischen Partnern ergaben sich weitere Klärungen über die Physiognomie der neuen Zeitschrift, die gegenüber bisherigen Zeitschriften auch strukturell neu sein wollte. In dieser neuen Struktur sollte sich zugleich auch die Kreativität und die Weite unseres Ausgangspunktes zeigen. Es handelte sich vor allem um zwei Elemente: Wir wollten einen neuen Typ von Internationalität. Gegenüber dem zentralistischen Konzept von *Concilium* waren wir der Meinung, dass der Sinn des Wortes Communio ein Miteinander von Einheit und Verschiedenheit verlangte. Hans Urs von Balthasar wusste von seiner verlegerischen Arbeit her, wie groß der Abstand allein schon der europäischen Kulturen voneinander auch heute noch ist. Er hatte zum Beispiel eine Reihe *Theologia Romanica* gegründet, in der er die besten Werke der französischen Theologie deutsch herausbrachte. Er musste feststellen, dass sie in Deutschland weitgehend unverkäuflich blieben, weil ihr kultureller Ansatz bei den Deutschen nicht verstanden wurde. Die Zeitschrift sollte auch dazu dienen, die Kulturen aufeinander zu öffnen, sie in ein wirkliches Gespräch miteinander zu bringen, und zugleich sollte sie ihrem je Eigenen gebührenden Raum lassen. Denn die Situationen in Kirche und Gesellschaft sind nun einmal so verschieden, dass, was bei den einen brennend ist, den anderen fremd

bleibt. So wurde vereinbart, einen Grundsatzteil mit den großen theologischen Beiträgen herauszubringen, der in gemeinsamer Planung erarbeitet werden und die Autoren aus den verschiedenen Teilnehmerländern in allen Ausgaben zu Worte kommen lassen sollte. Ein zweiter Teil sollte den jeweiligen Länderredaktionen vorbehalten bleiben, wobei in Deutschland beschlossen wurde, diesen zweiten Teil – die *Hochland*-Tradition aufnehmend – möglichst weitgehend auch allgemeinkulturellen Themen zu widmen. Auch diese Verbindung von Theologie und Kultur sollte ein wesentliches Kennzeichen der Zeitschrift sein. Daraus folgte dann auch, dass zur Redaktion Priester und Laien, Theologen und Vertreter anderer Disziplinen gehören mussten, um die Zeitschrift zu einem Forum des Gesprächs zwischen Glaube und Kultur werden zu lassen. Aus dem Begriff Communio ergab sich für uns aber noch ein weiteres, uns damals sehr wichtiges Kennzeichen. Wir wollten *Communio* nicht einfach in einen neutralen Markt hineinwerfen und abwarten, in welcher Ecke sie ihre Abnehmer finden werde. Der Titel schien uns zu verlangen, dass die Zeitschrift *Communio* Gemeinschaft forme und immer wieder aus Communio heraus wachse. In den verschiedenen Mittelpunktorten sollten *Communio*-Kreise entstehen, in denen diese Zeitschrift als eine Art geistiger Grundlegung bedacht und besprochen werden sollte; umgekehrt sollte von diesen Kreisen her an uns Kritik und Anregung kommen, kurzum: an eine neue Art von Dialog mit den Lesern war gedacht. Die Zeitschrift sollte nicht einfach als intellektuelles Angebot im Raum stehen, sondern einen sie tragenden Lebenskontext haben, wobei man sich vorstellte, dass so auch eine neue Art von Finanzierung möglich werden könnte – nicht von einem festen Kapital her, sondern durch die gemeinsame Initiative all derer, die sich als Autoren und Leser als wirkliche Träger des Ganzen wissen sollten. Leider ist dieses Konzept nach bescheidenen Anläufen in Deutschland und entschiedeneren Versuchen in Frankreich nicht zum Tragen gekommen. Im Förderkreis von 457
Communio ist in Deutschland immerhin ein Fragment des damals Gesuchten übriggeblieben. Wir mussten jedenfalls einsehen, dass man Gemeinschaft nicht durch eine Zeitschrift begründen kann, sondern dass die Gemeinschaft ihr vorausgehen und sie nötig machen muss, wie es bei *Comunione e liberazione* der Fall ist. *Com-*

munio war freilich nie als Organ dieser Bewegung gedacht, sondern sollte Christen unabhängig von ihrer Zugehörigkeit zu einzelnen Gemeinschaften einfach vom gemeinsamen Glauben her ansprechen und zusammenführen.

2. Name als Programm

Als unsere Zeitschrift vor zwanzig Jahren ihren Weg begann, war das Wort Communio von der progressiven nachkonziliaren Theologie noch nicht entdeckt. Alles konzentrierte sich damals auf den Begriff »Volk Gottes«, der als die eigentliche Neuerung des Zweiten Vatikanischen Konzils angesehen und sehr bald einem hierarchischen Verständnis von Kirche entgegengestellt wurde. »Volk Gottes« wurde immer mehr im Sinn von Volkssouveränität aufgefasst, als Recht zur gemeinsamen, demokratischen Bestimmung aller darüber, was Kirche sein und was sie tun solle. Gott, der durch den Genitiv »Gottes« als der eigentliche Schöpfer und Souverän dieses Volkes angesprochen ist, blieb in solchen Überlegungen aus dem Spiel; er war eingeschmolzen in das sich selbst begründende und gestaltende Volk.[3] Inzwischen ist erstaunlicherweise das damals kaum beachtete Wort Communio in Mode gekommen, und wieder als Gegensatzbegriff: Das Zweite Vatikanum habe die hierarchische Ekklesiologie des Ersten Vatikanum aufgegeben und sie durch eine Communio-Ekklesiologie ersetzt, so hört man nun verschiedentlich sagen. Communio wird dabei offenbar ganz ähnlich wie vorher »Volk Gottes« verstanden, das heißt als wesentlich horizontaler Begriff, der zum einen das egalitäre Moment der Gleichheit aller unter der gemeinsamen Verfügung aller ausdrücken soll, zum anderen aber eine ganz auf die Ortskirche gegründete Ekklesiologie als wesentlichen Grundgedanken herausstellt. Kirche erscheint als Netzwerk von Grup-

---

[3] Die von der Bibel herkommende richtige Sinngebung des Begriffs »Volk Gottes« habe ich darzustellen versucht in Ratzinger, *Die Ekklesiologie des Zweiten Vatikanischen Konzils*, 22–27; kurz dazu auch Ratzinger, *Ursprung und Wesen der Kirche*, 27–30.

pen, die als solche dem Ganzen vorgängig sind und durch den Weg der Konsensbildung ihr Miteinander zu finden haben.[4]

Eine solche Auslegung des Zweiten Vatikanischen Konzils kann nur vertreten, wer sich entweder weigert, dessen Texte zu lesen oder wer sie in annehmbare fortschrittliche und in unannehmbare altmodische Stücke aufteilt. Denn im Konzilsdokument über die Kirche selbst sind das Erste und das Zweite Vatikanum untrennbar ineinander »vernetzt«; von einer Ablösung einer früheren, verfehlten Ekklesiologie durch eine neue und andere kann keine Rede sein. Bei solchen Vorstellungen werden Konzilstexte mit Parteiprogrammen und Konzile mit Parteitagen verwechselt, die Kirche aber auf die Ebene einer Partei herabgedrückt. Parteien können nach einiger Zeit ein altes Programm verwerfen und durch ein 458
neues ersetzen, das sie nun für das bessere ansehen, bis wieder ein anderes an seine Stelle tritt. Aber die Kirche hat kein Recht, den Glauben zu wechseln und dabei gleichzeitig den Gläubigen zuzumuten, dennoch bei ihr zu bleiben. Konzile können daher nicht Ekklesiologien oder andere Lehren erfinden oder wieder verwerfen. Denn die Kirche steht, wie das Zweite Vatikanum sagt, »nicht über dem Wort Gottes, sondern dient ihm und lehrt daher nur, was überliefert ist.«[5] Die Einsicht in Tiefe und Weite der Überlieferung aber wächst, weil der Heilige Geist das Gedächtnis der Kirche weitet und vertieft, um sie »in alle Wahrheit einzuführen« (Joh 16,13). Dieses Wachstum in der »Wahrnehmung« *(perceptio)* des in der Überlieferung Eingeborgenen geschieht nach dem Konzil auf dreifache Weise: durch das Nachsinnen und Studium der Gläubigen, durch innere Einsicht, die aus geistlicher Erfahrung stammt, und durch die Verkündigung derer, »die mit der Nachfolge im Bischofsamt das sichere Charisma der Wahrheit empfangen haben«.[6] Mit diesen Worten sind auch der geistliche Ort eines Konzils wie seine Möglichkeiten und Aufgaben grundsätzlich umschrieben: Das Konzil steht in der inneren Verpflichtung dem

---

[4] Vgl. auch dazu: Ratzinger, *Gesamtkirche und Teilkirche. Der Auftrag des Bischofs*, 70–97. Zu beachten ist nun das *Schreiben der Glaubenskongregation an die Bischöfe der katholischen Kirche über einige Aspekte der Kirche als Communio.* Vatikanstadt 1992.

[5] DV 10.

[6] DV 8.

Wort Gottes und der Überlieferung gegenüber. Es kann nur lehren, was überliefert ist; es muss freilich in der Regel diese Überlieferung in einem neuen Kontext neu zur Sprache bringen, so dass sie – neu gesagt – unverfälscht dieselbe bleibt. Wenn das Zweite Vatikanische Konzil den Begriff Communio in die Mitte rückte, so nicht, um eine andere Ekklesiologie oder gar eine andere Kirche zu schaffen, sondern weil Studium und aus Erfahrung kommende geistliche Einsicht der Gläubigen es ermöglichten, die Überlieferung in diesem Punkt vollständiger und umfassender auszusagen.

Nach diesem Exkurs ist nun zu fragen, was denn der Begriff Communio in der Überlieferung und von ihr her auf dem Zweiten Vatikanischen Konzil bedeutet. Da ist zunächst festzustellen, dass Communio kein soziologischer, sondern ein theologischer und ins Ontologische hinunterreichender Begriff ist. Oskar Saier hat das in seiner 1973 erschienenen gründlichen Arbeit über »Communio« in der Lehre des Zweiten Vatikanischen Konzils klar herausgearbeitet. In einem ersten Kapitel, das die »Sprechweise des Zweiten Vatikanischen Konzils« untersucht, steht an erster Stelle die Communio zwischen Gott und Mensch und an zweiter Stelle – daraus folgend – die Communio der Gläubigen untereinander. Auch das zweite Kapitel, das den theologischen Ort der Communio darstellt, wiederholt diese Abfolge; im dritten endlich erscheinen Wort und Sakrament als die eigentlichen Aufbauelemente der Communio Ecclesiae. Was hier vom letzten Konzil her entwickelt ist, hat Hans Urs von Balthasar mit seiner souveränen Kenntnis der philosophischen und theologischen Quellen grundsätzlich dargestellt. Ich möchte das nicht wiederholen, aber auf einige Hauptelemente kurz hinweisen, weil sie für das Wollen unserer Zeitschrift grundlegend waren und bleiben. Da ist zunächst einmal zu sagen, dass »Kommunion« unter Menschen nur möglich ist durch ein sie umgreifendes Drittes. Zwar schafft die gemeinsame menschliche Natur die Voraussetzung dafür, dass wir überhaupt miteinander kommunizieren können. Aber weil der Mensch nicht nur Natur ist, sondern Person und so eine einmalige, von jedem andern unterschiedene Weise des Menschseins darstellt, reicht die
459 Natur allein nicht aus, um die innere Berührung der Personen zu vermitteln. Wenn wir nun noch einmal unterscheiden zwischen Individualität und Personalität, so könnten wir sagen: Die Indivi-

dualität trennt, das Personsein öffnet. Es ist seinem Wesen nach Bezogensein. Aber warum öffnet es? Weil es in seiner Tiefe und Höhe sich selbst überschreitet auf das größere Gemeinsame, den größeren Gemeinsamen hin. Das umgreifende Dritte, auf das wir so wieder zurückkommen, kann nur verbinden, wenn es einerseits größer ist als die einzelnen, über ihnen steht, andererseits aber ihnen selbst innerlich ist, sie alle von innen her berührt. Höher als meine Höhe, innerlicher als ich mir selbst, hat Augustinus davon gesagt. Dieses Dritte, das in Wahrheit das Erste ist, nennen wir Gott. In ihm berühren wir uns. Durch ihn entsteht in die Tiefe reichende Communio, nicht anders.

Wir müssen noch einen Schritt weitergehen: Gott hat sich ins Menschsein hineinvermittelt, indem er selbst Mensch wurde. Sein Menschsein in Christus aber ist durch den Heiligen Geist so geöffnet, dass es uns alle umgreifen und gleichsam in einem einzigen Körper, in einem einzigen gemeinsamen Leib zusammenschließen kann. Der trinitarische Glaube und der Glaube an die Menschwerdung führen den Gedanken der Gottesgemeinschaft aus dem Bereich der philosophischen Begriffe heraus in die geschichtliche Realität unseres Lebens hinein. Von daher ist dann auch zu verstehen, dass in der christlichen Überlieferung im Anschluss an 2 Kor 13,13 Koinonia-Communio geradezu zu einer Bezeichnung für den Heiligen Geist wurde.

Halten wir als konkrete Aussage fest: Die Kommunion der Menschen untereinander wird möglich von Gott her, der durch Christus im Heiligen Geist Menschen zusammenführt, so dass sie Gemeinschaft – »Kirche« im eigentlichen Sinn des Wortes werden. Die Kirche, von der das Neue Testament spricht, ist eine Kirche »von oben«, nicht von jenem »Oben« her, das Menschen schaffen, sondern aus dem wirklichen Oben, von dem Jesus sagt: »Ihr seid von unten, ich bin von oben« (Joh 8,23). Von ihm her hat freilich auch das »Unten« einen neuen Sinn gewonnen, denn »er ist hinabgestiegen in die untersten Tiefen der Erde« (Eph 4,9). Die Ekklesiologie »von unten«, die uns heute angepriesen wird, setzt voraus, dass man Kirche als eine rein soziologische Größe betrachtet und Christus als handelndes Subjekt aus dem Spiel lässt. Aber dann redet man eigentlich gar nicht mehr von Kirche, sondern von einer Gesellschaft, die sich auch religiöse Zwecke setzt. Wo dies mit aller

Konsequenz betrieben wird, ist dann freilich eine solche Kirche auch im theologischen Sinn »von unten«, nämlich »aus dieser Welt«, wie Jesus im Johannes-Evangelium das »Unten« definiert (Joh 8,23). Communio-Ekklesiologie ist jedenfalls Denken und Leben vom wirklichen »Oben« her, das jedes menschliche Oben und Unten relativiert, weil vor ihm Erste Letzte und Letzte Erste werden.

Aufgabe der Zeitschrift *Communio* musste und muss es daher sein, auf dieses wirkliche Oben hinzulenken, das in einem bloß soziologischen und psychologischen Denken dem Blick entschwindet. Die »Kirchenträume« für morgen und der von ihnen ausgelöste Aktionismus des Kirche-Machens können, wo das Wesentliche ausfällt, wie Georg Muschalek gezeigt hat, nur immer weitere Enttäuschungen hervorrufen.[7] Nur im Licht des wirklichen »Oben« kann auch eine ernsthafte und weiterführende Kri-
460 tik an der Hierarchie geübt werden, deren Grundlage nicht die Philosophie des Neides, sondern das Wort Gottes sein muss. Eine Zeitschrift, die unter dem Namen *Communio* steht, muss deshalb vor allem die Rede von Gott wachhalten und vertiefen, vom trinitarischen Gott, seiner Offenbarung in der Heilsgeschichte des Alten und Neuen Bundes, in deren Mitte die Menschwerdung des Sohnes, das Mitsein Gottes mit uns steht. Sie muss vom Schöpfer reden und vom Erlöser, von der Gottähnlichkeit und von der Sünde des Menschen; sie muss die Ewigkeitsbestimmung des Menschen vor Augen haben und so mit der Theologie eine an die Wurzeln gehende Anthropologie entfalten. Sie muss das Wort Gottes zur Antwort für die Menschen machen. Das bedeutet: Sie darf nicht im Zirkel der Fachleute, der Theologen oder der Kirchenmacher bleiben, die von einer Sitzung zur anderen eilen und dabei ihren Missmut an der Kirche bei sich und anderen verstärken. Eine von Communio her denkende Zeitschrift darf nicht solchen Gruppen ihre Ideologie und ihre Rezepte liefern, sondern sie muss auf die fragenden und suchenden Menschen zugehen und im Gespräch mit ihnen das Licht des Wortes Gottes selbst neu zu empfangen lernen. Wir könnten auch sagen: Sie muss im richtigen

---

[7] Muschalek, *Kirche – noch heilsnotwendig?;* das kleine Buch bietet eine bedenkenswerte Analyse und Diagnose der gegenwärtigen Kirchenkritik.

Sinn des Wortes missionarisch sein. Europa ist heute im Begriff, wieder heidnisch zu werden. Aber unter diesen neuen Heiden gibt es auch einen neuen Durst nach Gott. Oft wird er fehlgeleitet. Gewiss wird er nicht gestillt durch Kirchenträume und auch nicht durch eine in Diskussionen sich selbst neu erzeugen wollende Kirche. Da nimmt man lieber Zuflucht beim Esoterischen, beim Magischen, dort, wo sich die Atmosphäre des Geheimnisses, des ganz anderen aufzutun scheint. Glaube ist nicht die Selbstbestätigung einiger, die dafür Zeit haben, sondern die Gabe des Lebens, und als solche muss er wieder erkennbar werden.

Bevor wir zum Abschluss kommen, müssen noch zwei Dimensionen von Communio kurz angesprochen werden, an die wir bisher noch nicht gerührt hatten. Schon in der vorchristlichen Literatur hatte Koinonia-Communio zunächst mit Gott bzw. den Göttern zu tun, dann aber konkret mit den Mysterien, die die Gottesgemeinschaft vermitteln.[8] Damit war dem christlichen Sprachgebrauch der Weg bereitet. Communio ist zunächst ein theologischer, dann aber auch weitgehend ein sakramentaler und erst so auch ein ekklesiologischer Begriff. Sie ist Gemeinschaft mit dem Leib und Blut Christi (zum Beispiel 1 Kor 10,16). Hier erlangt das Ganze seine volle Konkretheit: Alle essen das eine Brot und werden so selber eins. »Empfangt, was ihr seid«, sagt Augustinus dazu und setzt voraus, dass durch die Sakramente das Sein des Menschen selbst eingeschmolzen und umgeschmolzen ist in die Gemeinschaft mit Christus hinein. Kirche ist ganz sie selbst nur im Sakrament, dort wo sie sich Ihm und Er sich ihr übereignet und sie immer neu erschafft – sie als der in die untersten Tiefen der Erde und des Menschseins Abgestiegene immer neu zur Höhe führt. Hier wäre nun über die hierarchische Dimension und noch einmal über Überlieferung als Wachstum in Identität zu sprechen. Vor allem wird hier auch sichtbar, was Katholischsein heißt. An jedem Ort ist der Herr ganz, aber das heißt auch, dass alle zusammen nur die eine Kirche sind, dass gerade die Vereinigung der Menschheit die wesentliche Bestimmung der Kirche ist. Denn »er

---

[8] Die wichtigsten Belege finden sich bei BAUER, Art. κοινωνέω, κοινωνία und κοινωνός.

ist unser Friede«. »In ihm haben wir beide in einem Geist Zugang
461 zum Vater« (Eph 2,14.18).

Von da aus hat Hans Urs von Balthasar dem Gruppenwesen eine grimmige Abfuhr erteilt. Er erinnert zunächst daran, dass »die kirchliche Gemeinschaft heute sehr vielen nur noch als ein Gerippe von Institutionen erscheint« und damit »die kleine Gruppe [...] immer mehr zum Kriterium kirchlicher Lebendigkeit wird. Kirche als katholisch-universale schwebt für diese Leute wie ein für die Leute nicht mehr verbundenes Dach hoch über den Stockwerken, die sie bewohnen.« Dem setzt er entgegen: »Die ganze Anstrengung Pauli ging dahin, die kirchliche Gemeinschaft dem Zugriff der charismatischem Erfahrung zu entziehen und sie – durch das apostolische Amt – über sich hinaus auf das Katholische zu beziehen. Das Amt ist allerdings ›Dienst‹ und nicht ›Herrschaft‹, aber ein Dienst mit der ›Vollmacht‹, alle Bollwerke, die die Charismatiker gegen die universale Communio errichten, zu schleifen und ›Christus dienstbar zu machen‹ (2 Kor 10,5). Wer das kirchliche Amt charismatisch (demokratisch) einebnet, verliert damit das Moment, das jeden Sonderauftrag unerbittlich, kreuzigend über sich selbst hinaus bezieht und erhöht: auf das Niveau der Catholica, deren Einheitsband nicht die ›Erfahrung‹ (Gnosis) ist, sondern die verzichtende Liebe (›Agape‹) [...].«[9] Das bedeutet selbstverständlich keine Absage an die Eigenbedeutung der Ortskirche und gleichfalls keine Absage gegenüber Bewegungen und neuen Gemeinschaften, in denen Kirche und Glaube wieder mit neuer Frische erfahren werden: In allen Krisenzeiten der Kirche, in denen die eingerosteten Strukturen dem Strudel des allgemeinen Verfalls nichts mehr entgegenzusetzen hatten, waren solche Bewegungen Ausgangspunkt der Erneuerung, Kräfte der Wiedergeburt.[10] Vorausgesetzt dabei ist immer, dass sie die Öffnung ins Ganze des Katholischen hinein in sich tragen und so sich in die Einheit der Überlieferung einfügen. Mit dem Wort Agape ist zuletzt noch einmal eine wesentliche Dimension des Communio-Begriffs angedeutet: Gemeinschaft mit Gott kann nicht ge-

---

[9] Balthasar, *Communio – ein Programm,* 15.

[10] Das wird sehr schön sichtbar in dem Buch von Hubensteiner, *Vom Geist des Barock*, besonders 58–158; vgl. Cordes, *Mitten in unserer Welt.*

lebt werden ohne die reale Sorge um die Gemeinschaft der Menschen. Deshalb gehört die ethische und die soziale Dimension vom Gottesbegriff her zum Wesen von Communio. Eine Zeitschrift, die unter diesem Programm steht, muss sich auch den großen ethischen und sozialen Fragen der Zeit aussetzen. Sie hat nicht Politik zu machen, aber sie muss die Probleme der Wirtschaft und der Politik vom Licht des Gotteswortes her anleuchten, der Kritik und dem Aufbau gleichermaßen dienen.

Am Ende darf nun wenigstens ein erster Anlauf auf eine Gewissenserforschung hin nicht ganz unterbleiben. Wie weit hat die Zeitschrift in den ersten zwanzig Jahren ihres Bestehens diesem Programm standgehalten? Dass sie in dreizehn Sprachbereiche hineingewachsen ist, spricht für ihre Notwendigkeit und ihre Weite, auch wenn das rechte Gleichgewicht zwischen Gemeinsamem und Eigenem der einzelnen Ausgaben noch vielfach Schwierigkeiten bereitet. Sie hat die großen Themen des Glaubens aufgegriffen: das Glaubensbekenntnis, die Sakramente, die Seligkeiten, um nur die wichtigsten durchgehenden Reihen zu benennen. So hat sie sicher vielen Menschen geholfen, näher an die Communio der Kirche heranzurücken oder auch die Heimat in ihr trotz vieler Drangsale nicht zu verlieren. Aber zur Selbstzufriedenheit ist kein Anlass. Mir brennt der Satz Hans Urs von Balthasars auf der Seele: »Es geht nicht um Bravour, aber immerhin um den Mut sich zu exponieren.« Haben wir diesen Mut genügend gehabt? Oder haben wir uns nicht doch lieber hinter theologischer Gelehrsamkeit versteckt und allzusehr zu zeigen versucht, dass auch wir auf der Höhe der Zeit sind? Haben wir wirklich das Wort des Glaubens verständlich und zu Herzen gehend in eine hungernde Welt hineingesprochen, oder sind wir meist im inneren Kreis derer geblieben, die sich in ihrer Fachsprache gegenseitig die Bälle zuwerfen? Mit diesen Fragen möchte ich schließen. Sie sind zugleich mein Glückwunsch für die nächsten zwanzig Jahre *Communio*.

Verantwortung für Kirche und Welt in dieser Zeit

Hommage an Kardinal König

Lang bevor ich im II. Vatikanischen Konzil Kardinal König persönlich begegnen durfte, war er mir als Wissenschaftler wichtig geworden. Ich hatte seit 1954 an der damaligen Freisinger Philosophisch-Theologischen Hochschule die Fächer Dogmatik und Fundamentaltheologie zu vertreten. Bei der Vorbereitung meiner Vorlesungen wurde mir schnell klar, dass die Religions- und Glaubensbegründung, die von der Fundamentaltheologie zu leisten war, nicht ohne den Blick auf die konkrete Welt der Religionen geschehen könne, wobei offenkundig die diachrone wie die synchrone Sicht gefordert war: Die geschichtliche Entwicklung der Religionen von den Anfängen der Menschheit an (soweit wir das sehen können) musste ebenso im Blickfeld stehen wie die heute bestehende Welt der Religionen. In unserer eigenen Ausbildung hatten wir zwar Religionsphilosophie gehört, aber Religionsgeschichte war nicht vorgekommen. So sah ich mich nach Literatur um. Dabei stieß ich auf den Namen König: Im Sommer 1956 erschien das religionswissenschaftliche Wörterbuch von Franz König – damals Bischofskoadjutor in St. Pölten –, das die Grundbegriffe der Religionen in knapper und kompetenter Weise aufschließt; erstrangige Gelehrte hatten daran mitgearbeitet. Noch im selben Jahr erschien in zweiter Auflage das dreibändige »Handbuch der Religionsgeschichte«: »Christus und die Religionen der Erde«, das ebenfalls Franz König zum Herausgeber hatte. Meine Bonner Hörer werden sich noch erinnern, wie stark mein Kolleg von den Beiträgen dieses Werks geprägt wurde, das weit mehr als das damals bekannte zweibändige Werk von Helmuth von Glasenapp »Die fünf großen Religionen« (Düsseldorf 1951/1952) in die konkreten Vollzüge der Religionen, in ihre Mythen wie in ihre kultische Verwirklichung einführt, ein hohes Maß an sachlicher

Information bietet und zugleich den Versuch macht, Durchblicke zu öffnen: Der Leser lernt die verwirrende Verschiedenheit der religiösen Phänomene kennen, auch ihre Irrwege werden ihm sichtbar. Aber er sieht zugleich, dass es große Grundthemen gibt, in denen etwas von der Gemeinsamkeit der Menschennatur und doch wohl auch von ihrem Angerührtsein durch Gott durchblickt. Christus ist in den Weltreligionen einerseits der ganz andere und
doch zugleich kein Fremder, sondern die ganze Vielfalt des reli- 42
giösen Suchens ist in ihm aufgenommen und zu ihrem reinen Wesen gebracht.

Heute ist es üblich, über Bücher der Vorkonzilszeit, die man positiv bewerten will, zu sagen, sie hätten das II. Vatikanum vorbereitet. Wer die religionswissenschaftlichen Arbeiten studiert, für die Franz König als Herausgeber zeichnete, kann sehen, dass in der Tat die Erklärung *Nostra aetate* nicht vom Himmel gefallen ist, sondern durch das sorgsame Mühen von Religionswissenschaftlern und Theologen vorbereitet wurde, die über den relativistischen Religionsvergleich der liberalen Epoche hinausführen wollten zu einem tieferen Verständnis von Einheit und Verschiedenheit der Religionen und dabei Wesen und Unwesen des Religiösen zu unterscheiden sich mühten. So wird »Unterscheidung des Christlichen« (das große Anliegen von Romano Guardini) möglich, die aber nicht – im Sinn von Barths radikaler Verneinung der Religionen – das Christentum von den Religionen abtrennt, sondern auch in ihnen die Wege Gottes erkennt, ohne in einem falschen Optimismus die menschliche Sünde zu übersehen, die auch in den Religionen – auch im Christentum selbst – am Werke ist und immer neue Reinigung verlangt. Meine eigene theologische Ausbildung war fast ganz von der Optik Karl Barths geprägt gewesen. Werke wie die von König, aber natürlich auch von vielen anderen Autoren, wie zum Beispiel Mircea Eliade, Gerardus van der Leeuw, August Brunner haben mir geholfen, Schritt um Schritt einen weiteren Blick zu gewinnen. Nach dem Ende der marxistisch orientierten Befreiungstheologie ist die Frage Christus und die Religionen zum zentralen Thema der Theologie, ja, letztlich auch des Gesprächs über die Zukunft der Welt geworden. So bin ich Kardinal König bei den Dialogen zu dieser Frage, in die ich hineingeworfen worden bin, bleibend dankbar, dass er mir und gewiss vielen anderen die Türe zu einer sachgerechten Behandlung dieses großen Themas aufgestoßen hat.

Während des Konzils bin ich, offen gestanden, dem Wiener Erzbischof eher selten begegnet; die Anima, in der ich mit Kardinal Frings und seinem damaligen Sekretär Hubert Luthe wohnte, ist doch ziemlich weit entfernt vom Germanicum, in dem Kardinal König sein Quartier aufgeschlagen hatte. Aber wohl jedem Konzilsteilnehmer bleibt der große mariologische Disput unvergesslich, der einer der Höhepunkte der Kirchenversammlung überhaupt gewesen ist. Es ging um die Frage, ob ein eigenes Dokument über die Gottesmutter erstellt werden solle oder ob die mariologischen Aussagen in die Konstitution über die Kirche zu integrieren seien. In dieser Frage war das Konzil offenbar gespalten, beide Seiten schickten ihre besten Männer als Relatoren ins Rennen. Die These, ein eigener Text sei nötig, wurde von Kardinal Santos von Manila eindrucksvoll begründet; Kardinal König verteidigte mit geschliffenen Argumenten die gegenteilige Auffassung. Beide Redner hinterließen großen Eindruck. Bei der Abstimmung ergab sich eine leichte Mehrheit für die Position Königs; immerhin war sichtbar, dass sich in dieser Frage zwei ungefähr gleich große Gruppen gegenüberstanden, was sonst im Konzil meiner Erinnerung nach nicht vorgekommen ist. Hätte es sich um ein inhaltliches Problem gehandelt, so hätte man nicht weiterfahren können, denn über Wahrheit oder Unwahrheit einer Lehre kann man nicht durch Abstimmung entscheiden. Da es aber nur um eine Redaktionsfrage
43 ging, genügte die einfache Mehrheit, um nun die Mariologie in die Lehre von der Kirche einzuschmelzen. So ist eine organischere Sicht des Mariengeheimnisses im Ganzen des Glaubens gewachsen und heute sind sich wohl alle einig, dass die von Kardinal König wesentlich mitbestimmte Entscheidung richtig war.

Eine neue Begegnung zwischen Kardinal König und mir ergab sich, als ich 1974 von PRO ORIENTE zum »ersten ekklesiologischen Kolloquium zwischen orthodoxen und katholischen Theologen« eingeladen wurde, das unter dem Titel »Koinonia« stand. Kardinal König hatte 1964 PRO ORIENTE als kirchliche Stiftung des erzbischöflichen Stuhls zu Wien ins Leben gerufen und damit einen Ort der Begegnung geschaffen, der für das Zueinanderfinden von Ost und West eine einzigartige Bedeutung gewonnen hat.

Wieder sei mir ein Blick auf meine eigene theologische Ausbildung gestattet. Sie war dank so großer Lehrer wie Gottlieb Söhngen, Michael Schmaus, Josef Pascher, Klaus Mörsdorf sehr stark ökumenisch geprägt, aber der ökumenische Blick richtete sich so gut wie ausschließlich auf die protestantische Welt. Ich betrachte es als Geschenk der Vorsehung, dass ich in Bonn zwei junge Archimandriten, Stylianos Harkianakis und Damaskinos Papandreou – beide heute Metropoliten der orthodoxen Kirche und maßgebende Träger des ökumenischen Gesprächs – in der Schar meiner Hörer fand. Aus der Begegnung im Hörsaal wurde bald Freundschaft, und mit der persönlichen Freundschaft entwickelte sich in mir eine tiefe Liebe zur orthodoxen Kirche, zu ihrer Liturgie, ihrer Theologie, ihrer Geschichte und ihrem Leben. In dieser Begegnung tat sich mir eine neue Welt auf, in die ich mich unter solcher brüderlicher Führung immer mehr hineinarbeiten durfte. So konnte ich in Wien 1974 über die Aufhebung der Bannflüche von 1054 sprechen; als Quelle dafür diente mir der *Tomos Agapis,* das vom Ökumenischen Patriarchat Konstantinopel und dem vatikanischen Einheitssekretariat herausgegebene Werk, in dem die zwischen 1958 und 1970 zwischen Phanar und Vatikan ausgetauschten Schriftstücke in zwei Sprachen dokumentiert sind. Ich will jetzt nicht über diese für mich höchst spannende, ja, erregende Lektüre sprechen: Sie hätte nicht stattgefunden, wenn nicht Kardinal König PRO ORIENTE ins Leben gerufen hätte. Für diese weitschauende Tat möchte ich ihm hier ein ausdrückliches Wort des Dankes sagen.

Seitdem ich zuerst Erzbischof von München und Freising, dann Präfekt der Glaubenskongregation zu Rom geworden bin, haben sich die Beziehungen zu Kardinal König intensiviert: Wir begegnen uns als Hirten in der gemeinsamen Verantwortung für Kirche und Welt in dieser Zeit. Unsere Erfahrungen, unsere Perspektiven und so häufig auch unsere Urteile sind verschieden, wie wohl am deutlichsten ein Vergleich meines aus Gesprächen mit Vittorio Messori entstandenen Buches »Zur Lage des Glaubens« (deutsche Übersetzung München 1985) mit dem entsprechenden Buch des Wiener Kardinals zeigt. Aber die Sorge um den Glauben und die von ihm kommende Sicht auf die Wirklichkeit ist die gleiche, und so kann gerade aus der Verschiedenheit fruchtbare Begegnung wachsen, die sich immer mehr zur Freundschaft vertieft hat. Deswegen reihe ich mich gern in die große Schar derer ein, die sich Kardinal König verbunden wissen und die ihm zu seinem 90. Geburtstag Dank für sein Lebenswerk abstatten und Gottes Segen in Zeit und Ewigkeit wünschen möchten.

Die Christozentrik des Zweiten Vatikanischen Konzils
[Predigt in Marktl am Inn, 13. Juli 1997]

15. Sonntag im Jahreskreis, B

Lieber Bischof Antonius!
Liebe Brüder und Schwestern hier in meiner Marktler Taufkirche!
Und Sie alle, die durch das Fernsehen mit uns verbunden sind!

140 Jahre Marktler Pfarrkirche: Das ist ein Anlass, der uns einlädt, zurückzuschauen auf die Geschichte, die seither vergangen ist, um für das Kommende zu lernen und zu fragen darüber hinaus nach unserem Woher und unserem Wohin; die Wegtafeln zu suchen, die den Weg zum rechten Leben zeigen. Wenn wir einen Blick auf die politische Geschichte dieser knapp eineinhalb Jahrhunderte werfen, so kann sie uns ein Lehrstück für die Vergänglichkeit der menschlichen Dinge werden. Denn in dieser verhältnismäßig kurzen Zeit hat unser Land in fünf verschiedenen politischen Gebilden gelebt. Da war zuerst das selbständige Königreich Bayern, das Napoleon nach der Auflösung des alten heiligen Reiches gestaltet hatte. Es wurde dann eingebracht in das neue deutsche Kaiserreich, das von den Preußen geführt und geformt wurde. Nach dessen Ende kam die erste deutsche Republik, die Weimarer Demokratie, die wiederum abgelöst wurde von der Diktatur Hitlers. Nach deren Zusammenbruch ist die Bundesrepublik entstanden, die inzwischen bereits durch die Wiedervereinigung mit dem ehemals kommunistischen Deutschland neue Dimensionen gewonnen hat. Und schon blicken wir voraus auf ein neues, politisch geeintes Europa, in dem die Vaterländer Elemente eines größeren Ganzen sein sollen.

Schauen wir auf die Kirchengeschichte in der gleichen Zeit, so können wir zunächst eine Beständigkeit wahrnehmen, die uns zum Hinweis auf eine größere Kraft werden kann, auf die Verheißung, die da sagt: Die Pforten der Vergänglichkeit, des Todes, des Bösen, werden sie nicht mit sich hinunterreißen. Aber die Kirche ist nicht ein Meteor, liegt nicht wie ein fremdes Gestein in dieser Erde herum. Sie besteht – wir sehen es hier bei uns selber – aus genau den gleichen Menschen, die auch die politische Geschichte und die gesellschaftliche Geschichte bilden. Darum muss sie immer neu um die Gegenwart des Glaubens ringen, sich immer neu darum mühen, dass er hier und heute verständlich und lebbar werde.

Aus solchem Ringen um die Gegenwart des Glaubens heraus kommt es, dass wir zwei große Wegmarkierungen in der Kirchengeschichte dieser Zeit finden: das Erste Vatikanische Konzil 1870, und das Zweite 1962 bis 1965. So wird es gut sein, wenn wir auf unserem Weg vom Gestern ins Morgen auf die Botschaft dieser beiden Konzile hören.

Das Erste Vatikanische Konzil hat genau in dem Augenblick stattgefunden, in dem als Folge des deutsch-französischen Krieges im Herzen Europas zwei neue große Nationalstaaten entstanden sind: Deutschland und Italien. Gleichzeitig damit ist der Kirchenstaat, die weltliche Macht des Papsttums, endgültig von der Landkarte und aus unserer Geschichte verschwunden. In diesem Augenblick hat das I. Vaticanum die rein geistige, von allem weltlichen Ballast gelöste Gestalt des Papsttums ans Licht gestellt, sie wieder neu beschrieben aus der Nachfolge des irdisch machtlosen Christus als Nachfolge ohne irdische Macht, wie auch Petrus, der Fischer, ohne Macht ihm nachgegangen war bis zur Kreuzigung in Rom hin. So können wir aus alledem etwas von Trost und Trauer der Vergänglichkeit verspüren: Trost, dass vieles versunken ist, was sich groß aufgeplustert hat; vielleicht auch Trauer über manches, das wir gerne bewahrt gesehen hätten. Wichtig aber ist, dass in dem Augenblick, in dem das nationale Prinzip seine Triumphe feierte, die Nation geradezu angebetet wurde, das Konzil dem das Prinzip der Einheit gegenübergestellt hat. Nation ist ein Wert, das wollen wir nicht bestreiten. Aber wo sie absolut genommen wird, wird sie gefährlich. In dieser Geschichte der letzten 140 Jahre sehen wir es, wie viel Blut und Tränen der Rausch des Nationalen nicht nur über Europa, sondern über die Welt gebracht hat. Denn wir alle, auch wir Christen, wir Katholiken, waren meistens zuerst Deutsche, Franzosen, Italiener, Engländer, und erst dann Christen und Katholiken. Wir haben zu sehr vergessen, was wir eben in der Lesung gehört haben, dass wir alle in unserer Verschiedenheit, die Reichtum des Miteinander sein sollte, doch miteinander dazu bestimmt sind, Kinder Gottes, Geschwister Jesu Christi: eine große Familie zu sein; dass die Welt – wie es die Lesung gesagt hat – nicht vereint wird durch die Kraft einer besonders bedeutenden Nation, die sich vielleicht als Herrennation oder auserwählt versteht, sondern dass sie vereint wird durch den, der Himmel und Erde vereinigen kann – eben durch Jesus Christus. So war dieses Hinstellen dieses Prinzips der Einheit über alle nationalen Grenzen hin nicht nur in jenem Augenblick von größter Aktualität, wenn auch leider zu kraftlos in unserer Geschichte. Es ist auch heute dringlich. Wir stehen inzwischen in so vielen politischen und wirtschaftlichen Verflechtungen und Abhängigkeiten, dass daraus niemand mehr aussteigen kann. Aber umso mehr wollen wir uns dann im Geistigen und Religiösen in unsere Eigenwelt, in unsere Eigenbrötelei zurückziehen. Da wird das Gewissen, das oft doch nur ein Deckwort für unsere eigenen Wünsche und Meinungen ist, zur letzten Instanz erklärt, oder vielleicht die Gruppe, mit der wir uns sympathisierend fühlen. All das hat seinen eigenen Rang, aber es behält ihn nur dann und ist nur dann wahr und recht, wenn es sich einfügt in die große Wahrheit unseres Einsseins vom Vater-Gott her, von Jesus Christus her. Deswegen sollten wir auch heute dankbar sein, dass es den Papst als Bezugspunkt der Einheit gibt, als sichtbare Kraft der Einheit; sollten wir anerkennen, dass Einheit nicht nur Gabe ist, sondern auch ihre Forderungen an uns stellt und uns erst dann reich machen kann; sollten uns mühen, das Unsrige in die große Einheit einzubringen, damit wir dann auch von den Anderen empfangen können.

Was ist nun die Botschaft des Zweiten Vatikanischen Konzils? Aus der Vielfalt der Texte sein zentrales Wort herauszufinden, ist nicht leicht. Aber wir sollten uns darauf besinnen, dass das Erste Vatikanische Konzil durch den Krieg der Völker auseinander getrieben wurde, dass es nicht zu Ende reden konnte. So hat das II. Vaticanum das, was dort weggenommen worden war, weitergesprochen, das Wort über die Kirche zu Ende geführt und dieses neu vollendende Wort über die Kirche heißt: Christus. Der erste Satz in dem großen Text über die Kirche lautet: »Das Licht der Völker ist Christus« (Lumen gentium 1). Kirche ist dazu da, dass sie dieses Licht weitergibt. Sie ist nicht für sich da, sondern als Fenster, das das Licht Christi einlässt in diese unsere Welt. Und das Kirchengebäude hier, unsere Marktler Pfarrkirche – aber alle Kirchen der Welt – hat das gleichsam in bauliche Gestalt übersetzt. Gewiss, ein Kirchenraum ist da als Versammlung der Gläubigen. Aber er ist doch etwas anderes als ein Bürgerhaus. Die Kirche ist letztlich herum-gebaut und hin-gebaut auf die Gegenwart des eucharistischen Herrn hin, auf die Eucharistie zu, auf Christus zu, denn Er ist es, der uns versammelt und uns versöhnt.

Der Papst unterstreicht diesen zentralen Inhalt, Christus als zentrale Botschaft des II. Vaticanum, dadurch, dass er das Jahr 2000 so unterstreicht. Denn dieses Jahr 2000 ist ja ein Christus-Jahr: 2000 Jahre seit Christi Geburt. Sooft wir ein Datum schreiben – auch wenn wir es nicht bedenken – bekennen wir uns damit zu Jesus Christus. Auch die Atheisten, diejenigen, die gegen Christus sind, müssen es wohl oder übel im Verwenden unseres Datums tun; auf solche Weise anerkennen, dass Er der Ursprung und der Maßstab aller Geschichte ist. Der Papst lädt uns ein, auf dieses Christus-Jahr zuzugehen in einem neuen Aufblick zum dreifaltigen Gott – Vater, Sohn und Heiliger Geist – und so über all das Gewirr des Alltags herauszuschauen auf Ihn und von Ihm her einen neuen Blick auf unsere Dinge zu gewinnen. Er lädt uns vor allen Dingen aber auch dazu ein, für diesen Blick, der ein Weg sein soll, die Leiter zu benützen, die Gott selbst zu uns heruntergelassen hat, auf der er heruntersteigt und auf der wir hinaufsteigen können, nämlich die Heiligen Sakramente, besonders Taufe, Firmung, Buße, Eucharistie. Ich habe eben gesagt, unsere Pfarrkirche ist auf die Eucharistie zu-gebaut. Aber da gibt es natürlich auch den Taufstein, der den Weg dorthin öffnet; da gibt es den Beichtstuhl, in dem wir uns immer neu mit Gott und mit den Mitmenschen versöhnen können, sooft wir dessen bedürfen.

Zu guter Letzt bleibt doch noch eine Frage: Ist das Christentum eigentlich noch zeitgemäß? Ist es nicht in der Modernität überholt? Ist es nicht eigentlich nur noch eine Last und ein Gepäck, das wir mit uns herumschleppen? Das heutige Leben ist so hektisch und so anspruchsvoll, dass wir eigentlich gar nichts mehr dazunehmen können. Wozu eigentlich? – Viele Menschen haben so gedacht und denken so und legen daher das Christentum eben wie ein überflüssiges Gepäck beiseite. Hernach merken sie dann freilich, dass doch etwas fehlt in ihrem Leben; dass etwas leer bleibt – und suchen vielleicht woanders nach dem, was fehlt. Aber selbst wir, die wir in der Kirche bleiben, möchten dann, dass es doch möglichst angenehm sein sollte, das Christentum – lauter Zucker, hat ein barocker Hymnus einmal gesagt. Nicht »Droh-, sondern Frohbotschaft«, nicht Gehorsam, sondern Geschwisterlichkeit, sagen wir heute. Aber wer nichts gibt, der empfängt auch nichts. Mir kommt da die Legende von der Taube und von der Katze in den Sinn. Sie erzählt: Die Taube war ursprünglich ohne Flügel geschaffen. So hatte sie es sehr schwer und sie kam klagend zu ihrem Schöpfer und sagte: »Du hast es nicht gut gemeint mit mir. Ich trage mein schweres Gewicht auf winzigen Beinchen, auf denen ich nur dahintrippeln kann, und noch dazu bin ich unbewaffnet. Die Katze aber ist flink und gelenkig und sie hat scharfe Krallen und Zähne. Ich bin ihr rettungslos ausgeliefert.« Der Schöpfer sagte: »Du hast recht. Ich muss etwas für Dich tun. Ich gebe Dir Flügel.« Aber die Taube wusste nicht, was Flügel sind und was man damit tut. Und so kam sie nach kurzer Zeit noch lauter schimpfend und klagend zurück und sagte: »Nun ist es ja nur noch schlimmer geworden. Mein Gewicht ist noch schwerer und nun bin ich noch heilloser der Katze ausgeliefert!« Da sagt der Schöpfer: »Du dummes Tier. Flügel sind doch nicht dazu da, dass Du sie trägst, sondern dass sie Dich tragen. Sie sind doch nicht Last, sondern Kraft, die Dich nach oben hebt.« Und nun begriff die Taube und nun konnte sie der Katze lachen und freudig in den weiten, blauen Himmel hinauffliegen. Wenn wir Glauben nur als Last nehmen, dann freilich kann er uns nicht froh machen. Wenn wir aber anfangen, ihn wirklich zu leben und uns in ihm zu regen, dann wird er nicht mehr Gepäck, sondern Kraft, Flügel, der uns nach oben trägt.

So wollen wir an diesem Tag unseren Herrn bitten, dass er uns einen solchen Glauben schenkt, der nicht Gepäck ist, sondern Kraft, die uns fliegen lässt. Wir wollen ihm danken für die schöne Heimat, die er uns gegeben hat. Und ich möchte Ihnen allen danken für diesen schönen Tag, den Sie vorbereitet und mir geschenkt haben; für all die Freundschaft und Güte, die ich hier spüren darf. Wir wollen dem Herrn danken, dass er uns nun schon seit über einem halben Jahrhundert Frieden geschenkt hat; dass die Grenzen nach Westen und Osten hin offen stehen; dass er aus allen Bedrängnissen und Niedergängen heraus immer wieder Wege geöffnet hat; dass er unserem Land den Glauben geschenkt hat und dass auch er aus allen Krisen immer wieder auferstanden ist. Und wir wollen ihn bitten: Erhalte unserem Land den Frieden; erhalte uns den Glauben. Wir wollen bitten mit den Worten des heutigen Kirchengebetes: »Hilf uns, dass wir als Christen das meiden, was diesem Namen entgegensteht und das tun, was ihm entspricht.«

Aufruf zur Gerechtigkeit

[Predigt für die Teilnehmer der Tagung »Call to justice« anlässlich des 40. Jahrestags der Promulgation der Pastoralkonstitution »Gaudium et spes«, Rom 2005]

Brüder und Schwestern im Herrn,

im Evangelium des heutigen Tages spüren wir die wachsende Spannung zwischen Christus und seinen Gegnern, eine Spannung, die fast unausweichlich zu den Ereignissen führt, die die Mitte unseres Glaubens bilden: die großen Mysterien von Leiden, Tod und Auferstehung des Herrn, deren Feier unmittelbar bevorsteht.

Im Evangelium treten die Gegner Jesus feindlich gegenüber; sie versuchen ihn zu töten, trotz der guten Werke, die er vollbracht hat – Werke des Erbarmens, des Mitleids und der Liebe. Sie antworten ihm: »*Wir steinigen dich nicht wegen eines guten Werkes, sondern wegen Gotteslästerung; denn du bist nur ein Mensch und machst dich selbst zu Gott*« (Joh 10,33).

Jesu Gegner können die guten Werke, die sie gesehen haben, nicht leugnen, sie *können* aber leugnen, dass diese guten Werke auf etwas Größeres verweisen, auf etwas, das jenseits der Werke liegt. Seine Gegner sind aufgebracht nicht weil Christus den Blinden geheilt hat, sondern weil er gesagt hat, dass diese Werke des Erbarmens auf seine einzigartige Beziehung zum Vater verweisen: »In mir ist der Vater und ich bin im Vater« (Joh 10,38).

Jesus lädt seine Zuhörer ständig ein, diese Wahrheit seiner Identität zu glauben und, in ihm, fähig zu werden, den Vater »im Geist und in der Wahrheit« anzubeten (vgl. Joh 4,23). Aber sie leugnen die Bedeutung dessen, was sie gesehen und gehört haben; sie bleiben auf der Ebene menschlichen Urteilens und menschlicher Gerechtigkeit, und sie berufen sich auf das Gesetz, das verlangt, dass Gotteslästerung mit Steinigung bestraft wird. Die Steine in ihren Händen spiegeln die Härte und die Grenzen des bloß menschlichen Urteilens.

Es ist mir eine Freude, diese Messe für euch als Teil eurer Tagung zum »Call to Justice« zu zelebrieren, dem Vermächtnis der Pastoralkonstitution *Gaudium es spes*, 40 Jahre nach ihrer Promulgation. In gewisser Hinsicht ist das heutige Evangelium, das uns an die Schwelle der Karwoche führt, providentiell als eine Meditation über das Problem aufgebaut, dem *Gaudium et spes* sich stellen wollte: die Bedeutung des christlichen Beitrags zur Vervollkommnung der menschlichen Wohlfahrt durch Werke der Barmherzigkeit und Gerechtigkeit im Rahmen der Gesamtsendung der Kirche.

Dass Ihre Tagung den »Ruf zur Gerechtigkeit« zum Thema gewählt hat, ist sehr passend. Wie wir wissen, versteht die klassische Theologie die Tugend der Gerechtigkeit so, dass sie aus zwei Elementen zusammengesetzt ist, die für Christen nicht getrennt werden können:

Gerechtigkeit ist der feste Wille, Gott zu geben, was Gott gebührt, und unserem Nachbar das, was ihm gebührt; Gerechtigkeit Gott gegenüber ist das, was wir »virtus religionis«[1] nennen; Gerechtigkeit den anderen Menschen gegenüber ist die Grundhaltung, die den Anderen als Person, die von Gott geschaffen ist, achtet.

Wir brauchen nicht erstaunt sein, wenn die Haltungen gegenüber Jesus, die wir im Evangelium antreffen, sich heute in den Haltungen gegenüber seiner Kirche fortsetzen.

Es ist heute gewiss so, dass die Welt die Kirche preist, wenn diese sich Werken der Gerechtigkeit auf menschlicher Ebene widmet (und es gibt wenige Institutionen auf der Welt, die vollbringen, was die Katholische Kirche für die Armen und Benachteiligten vollbringt).

Wenn das Werk der Kirche für Gerechtigkeit aber Fragen und Probleme berührt, die die Welt nicht mehr mit menschlicher Würde verknüpft sieht – wie den Schutz des Lebensrechts jeden menschlichen Lebens von der Empfängnis bis zum natürlichen Tod –, oder wenn die Kirche bekennt, dass Gerechtigkeit auch unsere Verantwortung vor Gott selbst einschließt, dann greift die Welt nicht selten nach den Steinen, von denen das heutige Evangelium spricht.

---

[1] *[»Tugend der Gottesverehrung«, so im KKK Nr. 1807.]

Wir müssen als Christen beständig daran erinnert werden, dass der Ruf nach Gerechtigkeit nicht etwas ist, was auf die Kategorien dieser Welt beschränkt werden kann. Und das ist das Schöne an der Pastoralkonstitution *Gaudium et spes*, das im Konzilstext selbst aufscheint; nur wenn wir Christen unsere Berufung begreifen, dass wir nach dem Bild Gottes geschaffen sind, und wenn wir glauben, dass »die Gestalt dieser Welt [vergeht]« und dass »Gott eine neue Wohnstätte und eine neue Erde bereitet, auf der die Gerechtigkeit wohnt« (*Gaudium et spes* 39), können wir die drängenden sozialen Probleme unserer Zeit aus einer wirklich christlichen Perspektive angehen.

»Dennoch darf die Erwartung der neuen Erde die Sorge für die Gestaltung dieser Erde nicht abschwächen, auf der uns der wachsende Leib der neuen Menschenfamilie eine umrisshafte Vorstellung von der künftigen Welt geben kann, sondern muss sie im Gegenteil ermutigen« (ebd.).

Um also Arbeiter an dieser wahren Gerechtigkeit zu sein, müssen wir Arbeiter sein, die gerecht gemacht werden durch die Verbindung mit dem, der die Gerechtigkeit selbst ist: Jesus von Nazaret. Der Ort dieser Verbindung und Begegnung ist die Kirche, die nirgendwo kraftvoller gegenwärtig ist als in ihren Sakramenten und ihrer Liturgie. Die Feier des Heiligen Triduum, in die wir in der kommenden Woche eintreten, ist der Triumph von Gottes Gerechtigkeit über menschliche Urteile.

Im Mysterium des Karfreitags wird Gott vom Menschen gerichtet und durch die menschliche Gerechtigkeit verurteilt. In der Osternacht bannt das Licht von Gottes Gerechtigkeit die Finsternis von Sünde und Tod; der Stein vor dem Grab (gemacht aus der gleichen Materie wie die Steine in den Händen derer, die im heutigen Evangelium Christus töten wollen) wird weggewälzt für immer, und dem menschlichen Leben wird eine Zukunft verliehen, die die Kategorien dieser Welt hinter sich lässt und die wahre Bedeutung und den wahren Wert der irdischen Wirklichkeit aufdeckt.

Und wir, die wir getauft wurden, erhaschen als Kinder einer Welt, die noch im Kommen ist, in der Liturgie der Osternacht einen flüchtigen Blick jener Welt und atmen die Luft jener Welt, auf der für immer die Gerechtigkeit Gottes wohnen wird.

Und dann können wir, erneuert und verwandelt durch die Mysterien, die wir feiern, gerecht in dieser Welt wandeln und, wie es die Präfation für die Fastenzeit so schön formuliert, leben in der »Kraft, in dieser vergänglichen Welt das unvergängliche Heil zu wirken durch unseren Herrn Jesus Christus« *(Präfation für die Fastenzeit II)*.

Teil G
Rezensionen und Geleitworte

Rezensionen

Zu: Hubert Jedin, *Kleine Konziliengeschichte.* Siebente durchgesehene und um einen Bericht über das Zweite Vatikanische Konzil vermehrte Auflage, Freiburg 1966.

Die »Kleine Konziliengeschichte« von Hubert Jedin bedarf keiner Empfehlung mehr. Neu an ihrer siebten Auflage ist ein Bericht über das Zweite Vatikanische Konzil (127–175), das nun ebenfalls schon zu einem Stück Konziliengeschichte geworden ist. Nach aller Literatur, die aus dem Empfinden des Augenblicks geschrieben wurde und so notwendigerweise mitten im Geflecht der Ereignisse verblieb, vielfach sie in dieser oder jener Richtung zu beeinflussen suchte, liest man diese Würdigung eines Historikers mit besonderer Spannung. Was man dem Geschichtsschreiber des Konzils von Trient allgemein nachrühmt, das kann man hier auf überzeugendste Art wiederfinden: Eine meisterhafte Kraft der Konzentration; die Kunst, auf engstem Raum einen schier unüberschaubaren Stoff zu bewältigen, so dass das Wesentliche hervortritt und doch die Farbigkeit des Einzelnen, des Konkreten erhalten bleibt. Jedins Darstellung reicht dabei weit über das rein Chronistische hinaus ins eigentlich Theologische hinein. Vor allen Dingen tritt der Zusammenhang mit der ganzen Konziliengeschichte, besonders mit den beiden großen Kirchenversammlungen der Neuzeit, deutlich in Erscheinung und lässt, was der Augenblick oft bis ins Unwirkliche überhöht hatte, im richtigen Maßstab und in den rechten Grenzen sehen, so dass der Blick auf das Woher zugleich zur Wegweisung für das Wohin wird. Auf diese Weise kann aber gerade der Historiker deutlich machen, wie sehr der historische Ort des Vaticanum II noch offen ist und wie weit es sich deshalb abschließender historischer Wertung noch entzieht. »Das Trienter Konzil hat eine ›tridentinische‹ Epoche der Kirchengeschichte heraufgeführt [...]. Ob *dieses* Konzil epochebildend wirken [...] wird, hängt davon ab, ... ob der Geist und die Normen seiner Dekrete das Leben der Kirche durchdringen werden ...« (175).

An kleineren Versehen, die stehengeblieben sind, ist mir aufgefallen: Auf Seite 129 muss statt Heinrich Schlier Otto Dibelius stehen; auf Seite 166 muss es 1054 statt 1094 heißen.

Zu: *Dokumente des 2. Vatikanischen Konzils.* Mit den authentischen lateinischen Texten der Acta Apostolicae Sedis und der Übersetzung im Auftrag der deutschen Bischöfe. Eingeleitet von Konzilsvätern und Konzilsberatern, Münster 1966/67

Die zweisprachigen Aschendorff-Ausgaben der Konzilstexte liegen jetzt – mit Ausnahme der Erklärung über die Religionsfreiheit – vollständig vor. Man hat diesmal zum Teil etwas lang warten müssen, und das wird manchen bewogen haben, sich nach einer anderen Ausgabe umzusehen; dafür findet man aber nun den lateinischen Text in seiner endgültigen, amtlichen Gestalt mit den verschiedenen (wesentlich technischen) Richtigstellungen, die allemal nach der konziliaren Promulgation und vor der Veröffentlichung in den Acta Apostolicae Sedis noch notwendig wurden; ebenso ist auf diese Weise die deutsche Übersetzung in ihrer Endgestalt anzutreffen.

Besonders begrüßen wird man es, dass in dem Dekret über die Missionstätigkeit der Kirche die Ausführungsbestimmungen vom 6.8.1966 mit aufgenommen und kommentiert sind; die Einleitung von Josef Glazik bietet überdies eine meisterliche Erschließung des Textes, wobei besonders auf die Verdeutlichung des Missionsbegriffs (Kapitel 1) und auf die Klärung des missionarischen Berufs (Kapitel 4) Nachdruck gelegt ist. Ebenso enthält das von Friedrich Wulf eingeführte Dekret über die zeitgemäße Erneuerung des Ordenslebens die entsprechenden Ausführungsbestimmungen; Wulf hatte an dem Reifen des Dekrets zu seiner Endgestalt wesentlichen Anteil und vermag so aus genauer Kenntnis der Intentionen des Dekrets zu sprechen. Auch für die Präsentation der übrigen Texte konnten maßgebende Fachleute gewonnen werden: Michael Schmaus stellt die Konstitution über die Offenbarung vor und weiß die schwierigen Probleme, mit denen sie sich auseinanderzusetzen hatte, erstaunlich durchsichtig aufzuschließen. Überdies werden die wesentlichen Etappen der verwickelten Vorgeschichte dieses Textes mitgeteilt, und dankenswerterweise ist die Instruktion der päpstlichen Bibelkommission vom 21.4.1964 über die historische Wahrheit der Bibel, die von einigem Einfluss auf den Konzilstext war, im vollen Wortlaut abgedruckt (23–28). Das Dekret über die Hirtenaufgabe der Bischöfe – gleichfalls mit den Ausführungsbestimmungen – wird vom Brixener Bischof Gargitter eingeleitet; auch er gibt neben der Aufschließung der leitenden Intentionen des Textes eine gute Durchsicht durch seine Entstehungsgeschichte. Das Dekret über Dienst und Leben der Priester und die Erklärung über die christliche Erziehung werden von Bischof Höffner eingeführt, der sich dabei sachkundig auch mit den Problemen der christlichen Schule auseinandersetzt. Prof. Weber, Münster, präsentiert die Pastoralkonstitution über die Kirche in der Welt von heute, indem er die Struktur dieses umfänglichen Textes verdeutlicht. Für die Einleitung ins Dekret über die Priesterausbildung war aufgrund seiner einlässlichen Befassung mit dieser Materie Prof. Antweiler geradezu prädestiniert; am Leitfaden des im Wesentlichen durchaus positiv gewerteten Konzilstextes geht er noch einmal den ganzen Fragekomplex durch. Ferdinand Klostermann war als Peritus am Werden des Dekrets über das Laienapostolat maßgebend beteiligt, und so freut man sich, ihm hier als Kommentator (wenn auch in der Kurzform einer »Einleitung«) zu begegnen. Kardinal König bietet in seiner Einführung zur Erklärung über das Verhältnis der Kirche zu den nichtchristlichen Religionen interessante Details zur Vorgeschichte des Textes, dessen inhaltliche Bedeutung er kurz umreißt.

Schließlich soll noch darauf hingewiesen werden, dass die äußere Ausstattung gegenüber den früheren Heften eher noch gewonnen hat. Umso erfreulicher ist es, dass der Preis trotzdem in einigermaßen erträglichen Grenzen geblieben ist.

Zu: Franz Michel Willam, *Vom jungen Angelo Roncalli (1903–1907) zum Papst Johannes XXIII. (1958–1963)*, Innsbruck 1967

Die große Gestalt des Papstes Johannes stellt in vieler Hinsicht ein Rätsel dar. Mit seiner Idee des Aggiornamento hat er einen neuen Konzilstyp geschaffen und der Kirchengeschichte des zwanzigsten Jahrhunderts eine Wende gegeben, die vorher nicht abzusehen war. Aber aus welchen Quellen kam dieser Impuls? Weithin herrscht der Eindruck vor, es habe sich eigentlich mehr um eine Zufallsprägung gehandelt, deren Bedeutung der einfache und gütige Priester aus Sotto il Monte gar nicht habe überschauen können. Dass er sich selbst einen leeren Sack nannte, den der Heilige Geist unversehens mit Kraft gefüllt hat (5), scheint eine Bestätigung dieser Theorie aus seinem eigenen Mund zu bedeuten. Aber von welchem seiner Vorgänger könnte man sich vorstellen, dass er den Mut, die Selbstdistanz und Selbstironie, die innere Freiheit und Souveränität gegenüber dem drückenden Anspruch des päpstlichen Amtes aufgebracht hätte, um in dieser Sprache über sich zu reden ohne die Furcht, sich selber oder sein Amt zu kompromittieren? Wer von ihnen hätte ohne die Sorgfalt kurialer oder theologischer Sprachgewohnheiten in einem so unmittelbaren, kraftvollen Bild die Erfahrung des Sola gratia aussprechen können, das hier nicht theoretisch nachgeredet wird, weil man es aus Lehrbüchern weiß, sondern aus reifster persönlicher Erfahrung vorbei an allen Theorien lebendig neu gesagt wird und dadurch so aufregend ist, dass man es als Wahrheit erkennt? Wer so unmittelbar, so persönlich und so frei zu sprechen vermag, der ist kein unversehens von einem Zufall der Geschichte nach oben getragener Bauernpfarrer, der selbst nicht weiß, was er tut, sondern der gehört zu den wenigen wirklich Großen, die zuletzt über alle Schablonen hinauswachsend das Ursprüngliche, die Wahrheit selbst, schöpferisch neu erfahren und ihr neu zur Geltung zu verhelfen vermögen. Ich denke, dass allein der eben erwähnte Satz ausreichen würde, um Johannes das Prädikat wahrer Genialität zu sichern, ohne dass dadurch das Wort vom leeren Sack unwahr würde. Wer den Anspruch der Gnade wirklich erfährt, erfährt die Inkongruenz aller menschlichen Voraussetzungen, die davor immer nur »leerer Sack« sein können.

Aber wo liegen die Wurzeln dieser Größe? Und welches ist ihr eigentlicher geistiger Inhalt? Wenn man sich von der Veröffentlichung des Giornale dell'anima Antwort auf diese Fragen erhofft hatte, musste man sich durch seinen Text enttäuscht fühlen. Man begegnet der Frömmigkeit eines italienischen Priesterseminars der Jahrhundertwende, die uns künstlich, langweilig und unwirklich vorkommt. Die Schablone scheint nicht durchbrochen. Natürlich kann man feststellen, dass später die Form freier und weiter wird, dass ein Ringen in größeren Ordnungen zu bestehen ist, als das Tugendstreben eines braven Seminaristen, aber im selben Maße, in dem sich die Dinge weiten, wird das Tagebuch auch schweigsamer und karger: Vielleicht besteht zwischen diesem Schweigen und dem Wachstum ein innerer Zusammenhang; nur die harmlo-
236 se Tugend kann redselig sein. So legte man das Giornale eher entmutigt beiseite und musste das Geheimnis Roncalli im Schweigen der späteren Jahre verborgen bleiben lassen, um es lediglich aus der reifen Freiheit zu erkennen, die in den Worten seines Pontifikates immer wieder überraschend groß begegnet.

Franz Michel Willam hat sich nun dankenswerter Weise von Neuem daran gemacht, das gesamte literarische Werk des Roncalli-Papstes im Umfang von rund achttausend Seiten nach den Wurzeln des Aggiornamento zu durchforschen und hat dabei erstaunlich viel Erhellendes zu Tage zu bringen vermocht. Ohne Zögern darf man sein Buch als die bisher weitaus wichtigste Publikation zur Erhellung der Gestalt Johannes' XXIII. bezeichnen; zugleich ist es für das Verständnis des Zweiten Vatikanischen Konzils von grundlegender Bedeutung. Aus der Vielzahl dessen, was in diesen Zusammenhängen geschrieben wurde, ragt das Buch (trotz seines gelegentlich zu sehr der Form der erbaulichen Volkserzählung angenäherten Stils) durch die Fülle seiner Informationen und der sichtbar gemachten Zusammenhänge weit heraus.

Willam zeigt, dass die Aggiornamento-Idee die Summe eines

ganzen Lebens darstellt; alle Etappen des geistigen Weges von Ron-
calli finden sich in ihr wieder. Das Überraschendste aber ist, dass
die entscheidende Wurzel bis in die Seminarzeit zurückreicht und
sich in einer Notiz des Giornale vom 16. 1. 1903 verbirgt, die eine
dramatische Wende in dem Ringen um die persönliche Heiligkeit
erkennen lässt, dessen Spiegelungen die Eintragungen des Tage-
buchs bilden. Ein Erlebnis von einschneidender Tiefe wird sicht-
bar, wenn der Seminarist von Bergamo schreibt: »Mit einer Ge-
walt, dass ich es mit Händen greifen kann, bin ich von einer
Sache, nämlich davon überzeugt: die Vorstellung, die ich mir von
der Nachahmung der Heiligkeit anderer gebildet habe, ist falsch!«
(32). Die Wucht des persönlichen Erlebens, das hinter diesen Sät-
zen steht, ist unverkennbar; man darf darin wohl jene eigentliche
Konversion Roncallis erblicken, die aus dem braven Seminaristen
jenen Großen machte, als den ihn die Welt seit 1958 kennenlernte.
So ist es nicht verwunderlich, dass in eben diesem Erlebnis auch
jene Idee geprägt wurde, die als das eigentliche Werk dieses Man-
nes in die Geschichte eingegangen ist und die Mitte seines Den-
kens und Handelns bildete. Sie spricht sich aus in den Worten:
»Von den Tugenden der Heiligen muss ich die Substanz, nicht die
Akzidentien übernehmen. Ich bin nicht der heilige Aloisius. Ich
muss mich nicht genau auf die Weise, wie er es getan hat, sondern
auf die Weise heiligen, wie mein von ihm verschiedenes Wesen,
mein Charakter, meine von den seinen verschiedenen Lebens-
bedingungen es mit sich bringen. Ich habe nicht die magere und
steckendürre Reproduktion eines allenfalls noch so vollendeten
Heiligentyps zu sein. Gott will, dass wir in Nachahmung der Bei-
spiele der Heiligen den lebendigen Saft – il succo vitale – ihrer
Tugenden in uns einsaugen, ihn in unser Blut umwandeln und
den uns eigenen Veranlagungen und besonderen Lebensumstän-
den anpassen – adattare […].« (32 f.) Die entscheidenden Elemen-
te des Aggiornamento-Begriffs sind, wie Willam in sorgfältigen
Analysen näher ausführt, hier samt und sonders schon gegeben:
die Unterscheidung von Substanz und Akzidens, die Abweisung
der »steckendürren Reproduktion«, der Akzent allein auf dem »le- 237
bendigen Saft«, die Forderung der Anpassung an Veranlagung und
Lebensumstände (32–37). Das aber bedeutet: Die Idee des Aggior-
namento ist zunächst nicht auf die Fragen der theologischen Dok-

trin oder auf die Veränderung und Erneuerung der Kirche bezogen gewesen, sondern hat ihre Wurzel im Ringen um die wahre Form der Heiligkeit. Nur von diesem Zentrum her kann sie sachgemäß verstanden werden – das ist die entscheidende Einsicht, die sich hier für das Verständnis des wahren Wollens von Papst Johannes ergibt.

Damit muss nun ein zweiter Tatbestand zusammengenommen werden, den Willam im letzten Teil seines Buches entwickelt (146–149). Willam macht darauf aufmerksam, dass Roncalli 1922 im Nachruf auf seinen Spiritual, Pater Pitocchi, dem er für seinen geistlichen Weg Entscheidendes verdankte, die christliche Lebensführung als eine »wahre Wissenschaft« bezeichnete, die zu studieren und dann auf das eigene Leben anzuwenden sei (146). Später, seit 1940, ging Roncalli zu einer thomistisch exakteren Terminologie über, indem er das Wort Wissenschaft durch Kunst (ars) ersetzte. Bei Thomas von Aquin bildet ja die Ars jene virtus intellectualis, die die facultas boni operis gibt; sie wird als die recta ratio factibilium definiert (*Sth* I–II q 57 a 3 und 4). Diese Verwendung des Begriffs Ars findet sich wiederholt sowohl wieder in den Reden, die Roncalli als Patriarch von Venedig hielt, wie in den Ansprachen seines Pontifikates. Wichtig ist, dass er 1955 das Sprichwort »eine Kunst aber tausend Arten« auf die Kunst der Heiligen anwendet: alle gleichen sich in der inneren Ruhe und Gelassenheit, aber jeder hat sein persönliches Gepräge (147). Wichtig ist ferner die Verbindung der Ars mit dem Auftrag der Verkündigung im Jahre 1961 (147) und vor allem eine Rundfunkrede von 1963, in der der Papst die Gläubigen auffordert, nicht die Zuschauer des Konzils zu spielen, sondern »Künstler« zu sein, »d. h. Betätiger der Kunst der Anwendung auf ihr eigenes Leben« (148). Hier schließt sich der Ring, das Jahr 1903 und das Jahr 1963 berühren sich: das Aggiornamento des Konzils wird als die Kunst interpretiert, die *eine* Sache der Heiligkeit, deretwegen die Kirche besteht, vital je heute anzuwenden, also als die recta ratio factibilium auf der Ebene der Heiligkeit, auf der Ebene einer wahrhaft kirchlichen Existenz. Man wird also (die von Willam eröffneten Linien ausziehend) sagen dürfen, dass das Aggiornamento nicht auf der Ebene der Scientia, sondern auf der Ebene der Ars zu verstehen ist, vom Gedanken der Heiligkeit als eines je neuen und doch substanziell einzigen Ereignisses her. Aggiornamento vollziehen hieße demnach im Sinne des Papstes, ein »Artist« der Heiligkeit zu werden. Damit beantwortet sich auch die immer wieder, besonders nachdrücklich von Oscar Cullmann gestellte Frage, ob nicht mit diesem Begriff ein zu äußerliches Programm am Anfang des Konzils gestanden habe und die Zeitumstände praktisch zur Norm der kirchlichen Erneuerung gesetzt waren: Die Heiligkeit gibt das Kriterium dafür, was »rivestimento« (dazu 35 und 43) und was Substanz ist. Eine andere Frage ist natürlich, inwieweit dieser Ausgangspunkt des Papstes begriffen wurde.

Wenn sich so Anfang und Ende von Roncallis Weg berühren und im Letzten völlig decken, so liegt doch in den sechzig Jahren
dazwischen ein intensiver Reifungsprozess, dessen wichtigste 238
Etappen Willam anhand der Scritti nachzeichnet. Er kann zeigen, dass Roncalli wohl schon 1902 Loisys »L'Évangile et l'Église« kennengelernt hat und damit zugleich auf Newman hingewiesen wurde, auf dessen Werk sich Loisy vor allem berief. Wichtiger wurde, dass Roncalli im römischen Seminar bei Buonaiuti, der ihm bei der Priesterweihe assistierte, Vorlesungen in Kirchengeschichte hörte und damit in unmittelbaren Kontakt mit den Problemstellungen des Modernismus, mit dem Denken Newmans und mit den Fragen kritischer historischer Forschung kam. Das Ringen des begabten jungen Studenten mit den dadurch aufgegebenen Problemen spiegelt sich vor allem in einer längeren Tagebucheintragung aus dem Dezember 1903 (48–52), in der Roncalli ein entschiedenes Ja zur Kritik spricht (»Ich liebe die Kritik«: 49; »Ich werde mich über nichts wundern, sollten auch gewisse Forschungsergebnisse [...] ein wenig überraschend ausfallen«: 50), aber sich zugleich zum normativen Charakter des Glaubens bekennt, dessen Schatz freilich durch die Arbeit der Wissenschaft »immer noch reiner und klarer hervortreten« wird (51). Die eigentliche Antwort Roncallis auf die Herausforderung des Modernismus, wie sie für ihn vor allem in dem 1907 anonym von Buonaiuti veröffentlichten »Programm der Modernisten« vorlag, findet sich in seiner am 4. Dezember 1907 gehaltenen Gedenkrede auf Kardinal Baronius, die de Luca als »Keim seines Pontifikates« bezeichnet hat. Roncalli bekennt sich hier – im damaligen italienischen Katholizismus sicher keine Selbstverständlichkeit – zum

induktiven Prinzip, das aber seiner Ansicht nach nicht gegen Thomas und die Tradition, sondern im Anschluss an den recht verstandenen Thomas angewandt werden kann. Er bekennt sich zu der Notwendigkeit, die Überlieferung »mit den neuen Bedürfnissen der Zeit in Harmonie zu bringen« (90), aber gleichzeitig zur Unantastbarkeit des Glaubens, so dass der Sieg der Wahrheit, auch wenn er »vonseiten der Naturwissenschaften« kommt, »jedes Mal auch ein Sieg der Kirche sein wird« (91). Die Abwendung vom theologischen Apriorismus und von einem erstarrten Traditionalismus, die sich in dieser Rede ausdrückt, ist dem heutigen Leser vielleicht schwer erkennbar, weil ihm das Gesagte allzu selbstverständlich erscheint, bildet aber doch eine Entscheidung von großer Tragweite, die nur auf der Basis der vorangegangenen spirituellen Entwicklungen zu verstehen ist und in ihnen auch ihr eigentliches Prinzip hat. Ja, man wird sagen müssen, dass die eigentlich schöpferische Leistung Roncallis auf der spirituellen Ebene liegt, in der Frage der Ars des christlichen Lebens; die theoretischen Aussagen erscheinen demgegenüber eher etwas blass und konventionell, ohne dass man ihr Gewicht im Hinblick auf den geschichtlichen Hintergrund gering veranschlagen dürfte.

Als ein weiteres wichtiges Stadium in Roncallis geistiger Entwicklung macht Willam das von Bischof Radini-Tedeschi verfasste Manifest des Grafen Grosoli aus dem Jahre 1904 sichtbar, das zur Aufhebung der von diesem geleiteten Opera dei Congressi durch Pius X. führte. In diesem Text taucht das Wort vom »Schritt nach vorn« auf, das in der Konzilseröffnungsrede Johannes' XXIII. als »Sprung nach vorn« wiederkehrt (61 und 150). Entscheidend wur-
239 de weiter die Freundschaft mit Bischof Radini-Tedeschi und mit dem Mailänder Kardinal Ferrari, die beide wie Roncalli selbst 1910/1911 in den Verdacht des Modernismus gerieten (110–114). Endlich ist die aus der gleichen Zeit datierende Bekanntschaft mit Kardinal Mercier und mit der Löwener Theologie zu erwähnen.

In die Jahre 1909/1910 fallen zwei weitere Entdeckungen, die für Roncallis Weg schicksalhaft wurden: die Begegnung mit der Gestalt des heiligen Karl Borromäus, dessen Visitationsprotokolle in Bergamo Roncalli in den Jahren 1909–1958 in fünf Bänden veröffentlichte; dazu die Entdeckung der Regula pastoralis Gregors des Großen, die zu einem Lieblingsbuch des nachmaligen Papstes wurde. Aus ihr scheint er den Begriff des Pastoralen entnommen zu haben, während ihm aus dem Umgang mit dem Heiligen der katholischen Erneuerung des sechzehnten Jahrhunderts die Idee der Reform, der jugendlich sich immer erneuernden Kirche zugekommen zu sein scheint.

Als letztes Stadium zeigt Willam eine wachsende Zuwendung zur Heiligen Schrift, die ihr Zentrum in einer immer neuen Versenkung in das zehnte Kapitel des Johannesevangeliums hat. Dort findet Roncalli nicht nur die Idee des Pastoralen, die sich ihm von da als Gesetz der Milde konkretisiert; er entdeckt darin auch wieder die Ars der Anpassung (»Er ruft sie jedes bei seinem Namen«), also den wesentlichen Gehalt des Aggiornamento, und endlich die Idee des Ökumenismus (»Ein Hirt und eine Herde«).

Zweifellos bleibt auch nach dieser Aufdeckung des geistlichen Werdegangs des Roncalli-Papstes vieles im Schweigen der besten Jahre seines Lebens verborgen. Was ist z. B. vorgegangen, als an die Stelle der Jesuiten-Heiligen Aloisius, Stanislaus Kostka und Johannes Berchmans für Roncalli Franz von Sales als *sein* Heiliger trat (8)? Was ist geschehen, damit aus dem »Weg nach vorn« des Grafen Grosoli der »Sprung nach vorn« des Konzilspapstes wurde? Wie hat Johannes die ökumenische Aufgabe entdeckt, wie die Schuld der Christenheit gegenüber den Juden? Von wo erklärt sich jener unerhörte Optimismus, den man besser als eine Spiritualität der Hoffnung bezeichnen würde, kraft deren er sich bei der Konzilseröffnung gegen die Unheilspropheten wenden konnte, die »immer nur das Schlimme voraussagen, als ob das Ende der Dinge bevorstände«, und denen er sein kühnes Wort der Hoffnung entgegensetzte: »Tantum aurora est; et iam primi orientis solis radii quam suaviter animos afficiunt nostros!« (*Constitutiones, decreta, declarationes*, 870). All das bleibt im Letzten doch das Geheimnis eines Reifens, von dem uns die schriftliche Hinterlassenschaft des Papstes nur Bruchstücke erkennen lässt.

Trotz der Grenze, die hier der Forschung offensichtlich gesetzt ist, bleibt Willams Buch ein grundlegender Beitrag zur Erhellung der Persönlichkeit Johannes' XXIII. und eine weitgehende Klärung seines Rätsels. Die entscheidenden Antriebe seines Werkes liegen nun doch deutlich zutage. Vor allem wird man auch als Gewinn dieser Untersuchung verbuchen dürfen, dass sie den Schlüssel zum

Verständnis des Giornale dell'anima anbietet, der es eigentlich erst wirklich »lesbar« macht. In der chiffrierten Sprache der asketischen Bemühung, die das eigene Sein ganz in die kirchliche Form einbringen will, bietet es doch für den tiefer Sehenden das Zeugnis
240 eines dramatischen Ringens um die wahre Heiligkeit, in dem das ganze Drama des Glaubens in unserem Jahrhundert mit anwesend ist. Wenn sich z. B. zeigt, dass das Wort von der »Einkleidung« bereits bis in das Jahr 1898 zurückreicht, dass das Bild vom leeren Sack schon 1904 (wenn auch noch etwas anders verwendet) auftritt, dass der Kern des Aggiornamento-Begriffs 1903 entdeckt wurde, dann wird man doch wachsamer werden für ein Buch, in dem man zunächst weithin nur glaubt, Schablonen erkennen zu können. So verdient der Verfasser uneingeschränkten Dank für seine geduldige Arbeit und nicht zuletzt auch dafür, dass er vieles auf schmalem Raum zu sagen vermochte.

Zu: Lieselotte Höfer, *Mysterium Unitatis. Pastoraltheologisches zum Oekumene-Dekret des Zweiten Vatikanischen Konzils*, Freiburg 1967

Die Literatur zur ökumenischen Theologie wächst in einem geradezu beunruhigenden Tempo; trotzdem scheint es noch recht wenige Arbeiten zu geben, die dem Seelsorger ermöglichen würden, deren Ergebnisse auf eine bedachtsame und der ganzen Gemeinde dienende Art in sein Mühen aufzunehmen. Dass eine Frau in einem Buch, das aus Vorträgen vor Seelsorgern und Theologiestudenten hervorging, in dieser Richtung nun eine Hilfe bietet, ist sicher auch ein schönes Zeichen der nachkonziliaren Lage, in der die Frau in der Kirche längst nicht mehr bloß als schweigende Zuhörerin dasteht.

In einem ersten Abschnitt wird die Situation geschildert, erfreulich frei von parteilichen Voreingenommenheiten und Fanatismen. So sehr die Verfasserin, seit langem Mitarbeiterin von Otto Karrer, von den vorwärtsdrängenden Impulsen des Konzils und 355
besonders von seinem ökumenischen Auftrag erfüllt ist, so wenig verketzert sie die Zögernden, Zurückhaltenden, die angesichts des Neuen Sorge und Unruhe empfinden; sie verkennt nicht das legitime Anliegen, das auch in ihrer Haltung verborgen ist, und kann damit umso mehr den positiven Sinn der neuen Aufgaben verdolmetschen und Ratschläge geben, wie diese in der ganzen Gemeinde verwurzelt werden können. Ein zweiter Abschnitt entwickelt Gedanken zu einer »ökumenischen Spiritualität«; mit dieser Formel wird auf eine glückliche Weise das lateinische Wort vom Oecumenismus spiritualis wiedergegeben. Allgemein wehrt sich die Verfasserin gegen das Modewort »Oekumenismus«, das den ökumenischen Gedanken in die Vielzahl der -ismen einordnet und ihn damit einfach schon vom Wort und seiner Stelle im Koordinatennetz der Sprache her missdeutet. Wenn im vorliegenden Fall eine glückliche Übersetzung den »-ismus« in der Tat entbehrlich

macht, so fehlt freilich allgemein ein brauchbares Äquivalent zu dem Wort, das ja nicht erst in der deutschen Sprache auftaucht, sondern auch im konziliaren Latein sich findet: das Konzil selbst hat sein Dekret De Oecumenismo überschrieben! So muss man wohl fürchten, dass der Tribut an die Mentalität der -ismen nicht erst bei der Wortbildung geleistet worden ist, sondern tiefer reicht. Umso mehr sollte man auf das kritische Element im Ganzen achten, das damit in Erscheinung tritt.

Theologisch am dichtesten ist der dritte Abschnitt des kleinen Buches, der an den zwei Begriffen »Wahrheit« und »Kirche« die geistige Richtung und den pastoralen Auftrag des Ökumene-Dekretes zu erhellen versucht. In beiden Fällen hat sich die Verfasserin vor allem an die Gedankengänge des Paderborner Dogmatikers Heribert Mühlen angeschlossen, der den von Cullmann mit Nachdruck herausgestellten Text über die Hierarchie der Wahrheit in seiner Bedeutung für das Gesamtverständnis von Glaube und Dogma näher untersucht und mit seiner pneumatologisch bestimmten Ekklesiologie Möglichkeiten gezeigt hat, über die von Schlink und anderen kritisierte »Elementen-Ekklesiologie« hinauszukommen und einen Ansatz zu finden, der einerseits das Kirche-Sein der nicht römisch-katholischen Christenheit nicht bloß vom ekklesialen Einzelelement, sondern aus dem inneren Grund jener Gemeinschaften heraus zu erklären vermag, und doch den Anspruch auf sichtbare Einheit der Kirchen in der Kirche aufrechterhalten kann, wobei die Grenze »zwischen Mannigfaltigkeit und Spaltung« weiträumiger wird, ohne deshalb geleugnet zu werden (114). Um der Vielschichtigkeit des Sachverhalts gerecht zu werden, müsste man über diese zweifellos wertvollen neuen Einsichten hinaus wohl auch noch die Kritik an der »Elementen-Ekklesiologie« ihrerseits kritisch betrachten. Wenn das Konzil im Gefolge der altkirchlichen Anschauungen der bischöflichen Sukzession für die Frage der ekklesialen Struktur eine besondere Bedeutung beimisst, so geschieht dies ja nicht aus einem quantitativen Maßstab heraus, dem es einzig darum ginge, eine möglichst große Summierung katholischer »Elemente« zu erzielen. Dahinter steht doch viel eher die Frage nach der jeweiligen Verhältnisbestimmung zwischen sichtbarer, verfasster Kirche einerseits und der theologischen Größe »Kirche« auf der anderen

Seite. In der Frage, welche Relation zwischen diesen beiden Grö-
ßen angenommen wird, dürfte ein Hauptproblem ökumenischer 356
Ekklesiologie liegen, das in den Konzilsdokumenten sich im Be-
griff der ekklesialen Elemente zugegebenermaßen undeutlich und
unzulänglich zu Worte meldet.

Das ganze Buch ist reichhaltig belegt und in einem gut lesbaren, von Manierismen freien Stil geschrieben. Es wird den Seelsorgern, denen es vor allem zugedacht ist, sicher eine wirkliche Hilfe im Wirrwar der nachkonziliaren Dispute bieten.

Zu: *Indices verborum et locutionum decretorum Concilii Vaticani II*, 3. Constitutio dogmatica de Ecclesia Lumen Gentium; 5. Decretum de Oecumenismo Unitatis Redintegratio, Firenze 1968; id.: 11. Constitutio dogmatica de divina Revelatione Dei Verbum, Firenze 1969

Das von Giuseppe Alberigo geleitete Bologneser Istituto per le Scienze religiose hat sich seit der Ankündigung eines ökumenischen Konzils durch Papst Johannes XXIII. darum bemüht, den auf diese Weise entstandenen theologischen Aufgaben durch historische Untersuchungen und vor allem durch verlässige Texteditionen zu dienen. Als erste Frucht dieser Arbeit war 1962, unmittelbar vor Eröffnung des Konzils, eine Ausgabe aller Dekrete der zwanzig Konzilien erschienen, die heute üblicherweise in der katholischen Theologie als ökumenisch gelten. Nunmehr hat das Institut es übernommen, Indices aller Konzilstexte zu erstellen, die zunächst in einzelnen Faszikeln zusammen mit dem jeweiligen Konzilstext erscheinen, später aber nach Möglichkeit in einem Band vereinigt werden sollen.

Nun kann man natürlich fragen, ob es nicht schon Konzils-Indices genug gibt, zumal nachdem Javier Ochoa Sanz einen vollständigen *Index verborum* erstellt hat (Rom 1967). Giuseppe Alberigo beantwortet in der *Praefatio* (die mit geringen Änderungen den verschiedenen Faszikeln gemeinsam ist) diese Frage. Er kann darauf verweisen, dass die systematischen Indices immer notwendigerweise auch ein bestimmtes Maß an Willkür enthalten; der *Index verborum* musste aus Raumgründen sich in der Wiedergabe des Konzilstextes soweit beschränken, dass der für das Verständnis unerlässliche Zusammenhang nicht mehr deutlich wird. Die Bologneser Indices versuchen hier einen Mittelweg zu gehen: Alle Substantive, Verba (außer *»esse«*) und Adjektive, die eine Qualitätsaussage beinhalten, sind ausnahmslos aufgenommen; Adverbien, Pronomina und sonstige Adjektive sind ausgelassen, soweit sie nicht für den Lehrgehalt von Bedeutung sind. Der Kontext ist soweit wiedergegeben, dass die spezifische Nuance, die er dem einzelnen Wort gibt, möglichst deutlich erkennbar wird; aus diesem Grund ist die Auswahl aus einem Satz jeweils anders entsprechend dem Stichwort, dem sie zugeordnet ist. Aufgenommen sind auch solche Stücke, in denen der Text das Stichwort durch ein Pronomen wiedergibt bzw. es aus dem Kontext voraussetzt, da ja nicht Wortstatistik, sondern Aufschließung der Sache Sinn des Unternehmens war.

Man darf behaupten, dass auf diese Weise ein sinnvoller Mittelweg zwischen rein technischem Wort-Index und systematischem Index gefunden worden ist; die Willkür des einen ist weitgehendst vermieden, die Grenzen des nur Worte sammelnden Computers auf der anderen Seite durch sinngemäße Auslassungen bzw. Erweiterungen vorteilhaft überschritten. Dem Istituto und vorab Dr. Franca Magistretti, die die Schlussredaktion besorgte, gebührt Dank für ein ausgezeichnetes Arbeitsinstrument, das hoffentlich bald vollständig vorliegen wird.

Zu: Hans Waldenfels, *Offenbarung. Das Zweite Vatikanische Konzil auf dem Hintergrund der neueren Theologie* (= Beiträge zur ökumenischen Theologie, 3), München 1969

Bei dem vorliegenden Werk handelt es sich um eine von Karl Rahner angeregte römische Dissertation, deren Text im Wesentlichen im Frühsommer 1967 abgeschlossen wurde. Ihr Ziel ist eine theologische Entfaltung des Offenbarungsbegriffs, der der Offenbarungskonstitution des 2. Vatikanischen Konzils zugrunde liegt. Freilich darf man keine eigentliche Textkommentierung von dem Buch erwarten. Die Materialien der theologischen Kommission, die dafür unerlässlich gewesen wären, blieben dem Verfasser offenbar unzugänglich, so dass er sich zu einem anderen Genus von Arbeit entschließen musste: Er stellt den Konzilstext in den Zusammenhang der neueren theologischen Entwicklung und entfaltet deren Beiträge zum Offenbarungsproblem in lockerem Anschluss an die einzelnen Abschnitte des ersten Kapitels der Konstitution.

Voraus geht ein erster Teil »Theologiegeschichtlicher Durchblick« (26–126), der die Entwicklung der Frage vom 19. Jahrhun-
282 dert bis zur Gegenwart skizziert, wobei sich der Verfasser bewusst auf die französische und deutschsprachige Theologie beschränkt (21) und das Schwergewicht auf die Zeit seit 1940 verlegt (16). Aus dem 19. Jahrhundert werden Johann Sebastian Drey und Johann Adam Möhler analysiert; ein verhältnismäßig breiter Raum ist dem Beitrag Blondels gewidmet und auch die viel geschmähte »Manualientheologie« wird in einem eigenen Kapitel nicht ohne eine gewisse Sympathie untersucht.

Der zweite Teil »Ergebnis und Aufgabe« folgt in seinen sechs Kapiteln den sechs Abschnitten, in die das erste Kapitel des Konzilstextes aufgeteilt ist. Etwas außerhalb dieses Gliederungsprinzips steht Kapitel 1, in dem der Verfasser die Frage nach dem philosophischen Vorverständnis anschneidet, von dem der Text geprägt ist; das gibt ihm Anlass, ganz allgemein über die Rolle der Philosophie in der Theologie, die innere Grenze des Biblizismus, »die Wechselseitigkeit von Schriftverständnis und anderweitigem Vorverständnis« zu reflektieren. Den Kernpunkt des zweiten Kapitels (»Offenbarung als Begegnung«) bildet eine Analyse des personalen Charakters von Offenbarung; der dialogische Ansatz, dem Waldenfels bereits im ersten Teil erhebliches Gewicht gegeben hatte, wird nun mit Bultmanns Kerygma-Theologie und mit Ebelings Vorstellung von Offenbarung als »Sprachgeschehen« konfrontiert und von da aus auch begrenzt. Als dritte Komponente bringt Waldenfels den »ästhetischen« Ansatz von Balthasars Begriff der Herrlichkeit ins Spiel, in dem er zugleich den Blick auf die »wechselseitige Durchdringung von Wort und Tat« (170) eröffnet sieht. Das dritte Kapitel, dem im Konzilstext die Behandlung der vorchristlichen Heilsperiode entspricht, nutzt Waldenfels zu einer Untersuchung des Verhältnisses von Offenbarung und Geschichte, wobei mit den Ansätzen von Bultmann, Moltmann, Pannenberg u.a. der ganze vielschichtige Problemknäuel aufgegriffen wird, der sich mit dem Wort »Heilsgeschichte« andeuten lässt. Im vierten Kapitel werden Grundfragen der Christologie behandelt; neben den Entwürfen Rahners bestimmt hier das Werk Pannenbergs weithin das Bild. Verhältnismäßig kurz ausgefallen sind die beiden letzten Kapitel, in denen der Zusammenhang von »Offenbarung und Glaube« sowie von »Offenbarung und Lehre« zur Diskussion steht; noch einmal wird hier die Grenze des Personalismus, die notwendige Sachlichkeit der Theologie betont, ohne dass darüber der Grundansatz beim Personalen preisgegeben würde. Ein kurzer Schlussabschnitt versucht, noch einmal die wesentlichen Gesichtspunkte des Ganzen zu unterstreichen.

Die Arbeit von Waldenfels ist ohne Zweifel, aufs Ganze gesehen, eine tüchtige Leistung. Er hat ein umfangreiches Material bewältigt und eine vielschichtige Synthese der neueren Debatte zum Problemkreis Offenbarung erstellt, die zugleich die offenen Stellen aufzeigt und zum Weiterdenken anregt. Von der Anlage des Ganzen her ergeben sich freilich auch Grenzen. Das gilt zunächst schon für den geschichtlichen Teil, dessen Stoffauswahl doch einigermaßen willkürlich ist. Kann man das 19. Jahrhundert wirklich auf Drey und Möhler beschränken? Waren nicht Newman einerseits, die römische Schule andererseits ebenso einflussreich? Aber selbst diese Begrenzung zugestanden, bleibt das Bild streckenweise trotz treffsicherer Urteile und guter Beobachtungen allzu skizzenhaft. Das war gewiss gar nicht zu vermeiden, wenn man den Bogen so weit spannte, aber damit war wohl wirklich etwas zu viel gewollt. Ähnliches gilt für den zweiten Teil. Im Grunde würde jedes einzelne Kapitel eine Monographie erfordern, ob man an die Frage der Heilsgeschichte, der Christologie, der Philosophie in der Theologie oder auch an Teilthemen wie Auferstehung, Heil der Nichtchristen, Schöpfung und Offenbarung denkt. Zu alledem wird Wichtiges gesagt, aber die Vielzahl der Fragen erlaubt es doch nicht, eine davon bis zum Ende zu verfolgen. Es bleibt weitgehend bei einem Überblick über die bestehende Diskussion und bei einem Aufzeigen der vielfältigen Fragen, die sie aufgibt. Wenn man sich stattdessen lieber einen engeren Anschluss an den Konzilstext erwarten möchte, durch den die Arbeit sicher auch an innerer Einheit gewonnen hätte, so wird man gerechterweise bedenken müssen, dass dafür zur Zeit der Abfassung des Buches die Quellen nicht verfügbar und so die grundlegenden Voraussetzungen nicht gegeben waren. Als Kompendium der neueren Diskussion im Bereich des Fragenkreises »Offenbarung und Geschichte« hat die Arbeit ihren Wert, und zwar sowohl als vielseitige Information wie auch als mitdenkendes Zugehen auf die offenen Fragen.

Geleitworte

Geleitwort
[Zu: Flavio Peloso, *Santi e santità dopo il Concilio Vaticano II*, Roma 1991]

Es war der Grundgedanke der Liturgiereform im Gefolge des Zweiten Vatikanischen Konzils, von Neuem das österliche Geheimnis als die Mitte jeder liturgischen Feier deutlich werden zu lassen. Der Sonntag als immer neue Vergegenwärtigung des Ostergeschehens im Rhythmus der Zeit, als Tag, der vom Herrn selbst für die Begegnung mit ihm im Sakrament seines Leibes und seines Blutes angeboten wird, wurde also von Neuem als grundlegendes Element für die Struktur des liturgischen Jahres in den Vordergrund gestellt. Eine österliche Liturgie ist zugleich auch eine Liturgie, die trinitarisch konzipiert ist. Wenn nämlich der gekreuzigte und auferstandene Herr zum Raum unserer Existenz wird, dann wird unser Leben aus all seiner bloß kreatürlichen Bestimmung und Notwendigkeit in den Rhythmus der trinitarischen Liebe versetzt; die Liturgie zielt also genau darauf ab: dass »Gott alles in allem sei« (vgl. 1 Kor 15,28).

Im Hinblick auf diese ganz und gar christologische und trinitarische Ausrichtung der Liturgie könnte bei dem einen oder anderen der Eindruck entstehen, dass damit die Heiligen an Bedeutung verloren haben; sie wären als Ablenkung von der wirklichen Mitte der christlichen liturgischen Feier zu betrachten und sollten deshalb besser in den Hintergrund geschoben werden. Das ist jedoch ein völliges Missverständnis des christologischen und trinitarischen Geheimnisses. In einer solchen Auffassung werden nämlich Gott und der Mensch als Konkurrenten gesehen, die einander gegenüberstehen. Heiligkeit bedeutet hingegen gerade, dass dieser Irrtum mit der ganzen eigenen Existenz überwunden ist. Ein Heiliger ist ein Mensch, der den Blick auf das Licht Gottes nicht mit dem Schatten seines personalen Seins versperrt, sondern vielmehr, mittels der Reinigung seiner Existenz, zu einer Art Fenster geworden ist, das uns von dieser Welt aus das Licht Gottes sehen lässt. Der Mensch gewinnt also seine höchste Würde und seine wirkliche Wahrheit, wenn er nicht länger ein Konkurrent Gottes, sondern sein getreues Bild sein will. Die Heiligen führen uns nicht von Christus weg, sie führen uns zu ihm hin; und wir brauchen sie, weil unsere Füße zu müde und unsere Augen zu schwach dafür sind, dass wir von uns aus das Ziel erkennen und den Weg, der zu ihm führt, gehen können. Die Heiligen übersetzen das reine Licht Gottes, das wir nicht zu ertragen vermögen, in die mannigfaltigen unterschiedlichen Farben der irdischen Wirklichkeit und ermöglichen uns gerade damit, den Reichtum des Geheimnisses Jesu Christi zu erkennen. Sie sind die Frucht, die immer reicher wird, jenes Weizenkorn, das für uns in die Erde gefallen und gestorben ist (Joh 12,24).

Es ist deshalb sehr verdienstlich, dass Flavio Peloso uns in seiner Dissertation die Orationen der neuen Heiligen und Seligen, die in der Zeit nach dem II. Vatikanischen Konzil zur Verehrung erhoben wurden, zugänglich macht. Damit zeigt er vor allem, dass die Heiligen, in denen das österliche Geheimnis gegenwärtig ist, in der römischen Liturgie auch in Zukunft eine unersetzliche Stelle einnehmen und dass die Prozession der Heiligen, die dem kommenden Herrn entgegengehen, keine Unterbrechung erfährt: Mit den Heiligen wird beständig auch die Liturgie in ihrem Sich-Ausstrecken auf Christus bereichert. Der Autor zeigt also, wie in den neuen Gebeten sich das Bild der Heiligkeit in immer neuen Formen und doch in der unbeirrbaren Kontinuität des Glaubens ausdrückt und liturgische Gestalt gewinnt. Es ist faszinierend zu sehen, wie in der Bemühung um einen adäquaten Ausdruck des Gebets sich auch das Verständnis der Heiligen und der Heiligkeit entwickelt und diese letztlich immer mehr auf Christus zentriert wird. Die kritischen Bemerkungen und die Beobachtungen, die vom Autor präzise und sachlich vorgebracht werden, können der weiteren Vertiefung des liturgischen Stils, aber auch der Reifung des christlichen Glaubens und Gebets dienlich sein. Ich wünsche diesem sorgfältigen und wertvollen Werk eine weite Verbreitung.

Zu: Leo Scheffczyk, *La Chiesa. Aspetti della crisi postconciliare e corretta interpretazione del Concilio Vaticano II* (Già e non ancora 327), Mailand 1998

[Leo Scheffczyk, *Aspekte der Kirche in der Krise. Um die Entscheidung für das authentische Konzil* (Quaestiones non disputatae 1), Siegburg 1993]

Das II. Vatikanische Konzil ist zweifellos ein »ekklesiologisches« Konzil gewesen in dem Sinn, dass die Hauptrichtung, auf die sich die Aufmerksamkeit der Väter gerichtet hat, die der Vertiefung des Geheimnisses der Kirche und ihrer Erneuerung war. Papst Paul VI. hat in der Eröffnungsansprache der zweiten Tagungsperiode hingewiesen auf »die Hauptziele dieses Konzils, die Wir aus Gründen der Kürze und des besseren Verständnisses in vier Punkte zusammenfassen: das Verständnis oder, wenn man es so sagen will, das Selbstverständnis der Kirche, ihre Erneuerung, die Wiederherstellung der Einheit aller Christen, der Dialog der Kirche mit den Menschen unserer Zeit.«[1]

Auch die Reflexion und der theologische Ausstoß der Nachkonzilszeit sind zu einem großen Teil vom Interesse für die ekklesiologischen Themen geprägt gewesen, wobei das Ergebnis allerdings leider nicht immer ein authentischer Fortschritt in der inneren Erneuerung war, die das Konzil gewünscht hatte. Im Gegenteil, die oft einseitige und parteiische Interpretation der Hauptdokumente des II. Vaticanum hat zu bestimmten Ergebnissen der nachkonziliaren Zeit geführt, die in vielen Bereichen der katholischen Welt eine tief greifende Krise des ekklesiologischen Bewusstseins hervorgerufen haben. Diese Krise hat ihre tiefste Wurzel in einem verbreiteten Verlust der »katholischen« Bedeutung der Wirklichkeit »Kirche«. Sie erscheint vielen, auch Katholiken, als eine menschliche Konstruktion, ein von der Gemeinschaft der Christen geschaffenes Instrument, die sich ohne Weiteres gemäß den Erfordernissen der Zeit reorganisieren kann.

---

[1] Solenne inizio della seconda sessione del Concilio Ecumenico Vaticano II, Allocuzione del Santo Padre Paolo VI, 29. September 1963.

Die Wiederaufnahme einer ernsthaften ekklesiologischen Reflexion und einer ebenso entschiedenen und getreuen Bemühung um die authentische Rezeption des Denkens des II. Vaticanum ist wesentlich und präjudiziell bestimmt von der Wiedergewinnung der Überzeugung, dass die Kirche nicht uns gehört, sondern *dem Herrn*, und dass ein wahrhaft *katholisches* Klima wiederherzustellen besagt, die Bedeutung der Kirche als Kirche des Herrn, als Raum der Gegenwart des Geheimnisses Gottes in der Welt, wieder zu entdecken.

Das vorliegende Buch von Leo Scheffczyk, Professor emeritus der Dogmatik an der Theologischen Fakultät der Universität München und einer der bekanntesten Theologen in Deutschland, stellt sich mit Nüchternheit der postkonziliaren Situation und ist bestrebt, die Richtung auf Wiederaufnahme und Wiederfindung der wahren und tiefen Bedeutung der Kirche einzuschlagen. Zunächst zeigt der Autor die volle Kontinuität der Lehre des II. Vaticanum zur vorausgehenden Ekklesiologie, wobei er zugleich die Entwicklung und den Fortschritt im Verständnis des Geheimnisses der Kirche herausstellt. Dann zeigt er, dass die Divergenz zwischen dem Vorhaben der konziliaren Erneuerung und der Krise der Nachkonzilszeit eine Folge der einseitigen, selektiven und letztlich irreführenden Interpretation des Denkens des Konzils ist.

Der Autor legt in dem Buch in geordneter Form eine Reihe von Beiträgen vor, die schon in vorhergehenden Aufsätzen von 1985 bis 1990 ausgearbeitet wurden, als Hilfsmittel zur getreuen Interpretation der Konzilsdokumente. Diese Beiträge legen die zentralen Punkte eines theologischen Verständnisses der Kirche dar.

Aus grundlegender methodologischer Sicht hebt Scheffczyk die Notwendigkeit hervor, zur geoffenbarten Wahrheit über die Kirche *zurückzukehren*, die, insoweit sie der göttlichen Offenbarung angehört, immer ewig und dennoch auch immer aktuell ist, die die Unterschiede geschichtlich-geographischer Art transzendiert und daher im Stande ist, zuverlässige Kriterien zur Lösung zahlreicher konkreter Probleme anzubieten. Auf diese Weise überwindet das theologische Verständnis der Kirche die Vorverständnisse humanistisch-horizontaler, diplomatisch-aktivistischer oder pragmatisch-effizientistischer Art, die die theologale Sicht der Kirche verdunkeln oder verhindern.

Was die Inhalte betrifft, bietet der Autor eine knappe, aber umfassende Behandlung wesentlicher Aspekte des Geheimnisses der Kirche: die Kirche als Sakrament, das Verhältnis Christus und die Kirche, die Kirche und der Heilige Geist und schließlich die Kirche als Communio, wobei er angemessene Klärungen zum Verhältnis von priesterlichem Dienst bzw. Amt und priesterlichem Volk sowie zum marianischen Aspekt der Kirche bietet.

Schließlich werden einige aktuelle Probleme angegangen, die mit Dringlichkeit und Sorge aus der heutigen Praxis resultieren: das Verhältnis von Kirche und Welt, Kirche und Befreiung; die Einheit und Einzigkeit der Kirche in Beziehung zu den nichtkatholischen Kirchen und kirchlichen Gemeinschaften; die Kirche und die nichtchristlichen Religionen und das Verhältnis von Kirche und Eschatologie.

Der größte Vorzug des Buches ist sicher, dass dem Leser zuverlässige Anhaltspunkte geboten werden, verfügt der Autor doch über eine tiefreichende Kenntnis der Zeugnisse der Überlieferung, der Weisungen des Lehramtes und der systematischen Reflexion der Theologie, und das im Kontext einer realistischen Darstellung der aktuellen Situation, in der die Kirche lebt und wirkt. Gewiss scheint klar die Problematik durch, wie sie heute besonders im deutschsprachigen Raum erfahren wird. Aber angesichts der Radikalität der Fragen, die zur Diskussion stehen, kann sich gegenüber der Auswirkung dieser Krise niemand für immun erklären, auch wegen der Schnelligkeit und der Wirkung der sozialen Kommunikationsmittel, die engmaschig zur Verbreitung von Ideen, Stimmungen, Moden und Denkweisen beitragen, die mit den heute vorherrschenden relativistischen und soziologistischen Tendenzen in der öffentlichen Meinung übereinstimmen.

Ich bin daher überzeugt, dass der Band auch für die ekklesiologische Forschung in Italien eine wertvolle Hilfe sein kann; und wenn der Autor auch den italienischen Lesern vielleicht nicht allzu bekannt ist, vor allem deshalb, weil der größte Teil seiner theologischen Werke – zumindest bis jetzt – noch nicht ins Italienische übersetzt ist, so bietet dieses Buch jedenfalls für die Theologiestudenten, für die im Bereich der Katechese, der Pastoral und der Glaubensunterweisung Tätigen und ebenso für die Theologen selbst eine günstige Gelegenheit, die theologische Lehre über die

Kirche auf präzise Weise wieder zu überdenken, mit realistischem Blick auf die aktuelle geschichtliche Situation und ohne dabei naiven Verstellungen nachzugeben oder in Resignation oder Pessimismus zu verfallen.

Übrigens erfordern der Wunsch und der Wille, in der Kirche für das Heil der Welt zu wirken, auch heute die Geduld, sich darüber zu befragen, was die Kirche ist, was ihre Wahrheit, ihre Identität, ihr Ursprung und ihr Ziel ist. Das Buch von Leo Scheffczyk begibt sich auf diesen Weg, es richtet sich aus auf den *Logos* des Glaubens und lässt sich von ihm leiten, um so die wahren Fundamente der Erneuerung und Reform der Kirche, die das Konzil gewollt hat, wieder aufzufinden, und darunter in erster Linie die Heiligkeit, die geistliche Selbsterneuerung, denn es ist die Heiligkeit, deren die Kirche bedarf, um auf die wahren Bedürfnisse des Menschen zu antworten.

Ich freue mich, dass mit diesem Buch die Stimme von Leo Scheffczyk, meinem Freund und Kollegen über viele Jahre, auch in Italien bekannt wird. Scheffczyk hat uns viel zu sagen aufgrund seiner außergewöhnlichen Kenntnis der Quellen, seines scharfsinnigen Blicks für die Probleme und Aufgaben der Gegenwart, aber auch wegen seiner vollen, im Glauben verwurzelten Treue gegenüber dem Lehramt. Ich wünsche mir also, dass das Buch in Italien viele aufmerksame Leser findet.

Anhang

Literaturverzeichnis

I. Verzeichnis der Quellen
**[weitere Angaben zu Quellen-Editionen siehe auch unter II.2. (Editoren)]*

AMBROSIUS VON MAILAND, *Epistolarum classis I, Epistola XXI.* (PL 16, 1007–1018).

ATHANASIUS, *De synodis Arimini in Italia et Seleucia in Isauria,* Athanasius Werke 2, 1, ed. Hans-Georg Opitz, Berlin 1941, 231–278.

AUGUSTINUS
- *Opera omnia* (PL 32–47).
- *Sermones* (PL 38).
- *De civitate Dei* (CChr 47 f., ed. Dombart, 1955).
- *Epistolae* (CSEL 34, CSEL 44, CSEL 57, CSEL 58, ed. A. Goldbacher, 1895–1923).
- *De doctrina Christiana* (CSEL 80, ed. W. M. Green).
- *De trinitate* (BAug 15–16, 1955).

BASILIUS VON CAESAREA, *De Spiritu Sancto* (SChr 17); *Über den Heiligen Geist*, übersetzt von Manfred Blum, Freiburg 1967.

BONAVENTURA, *Opera omnia*, Quaracchi 1882–1902:
- *In IV Libros Sententiarum* (I–IV).
- *Collationes in Hexaëmeron seu Illuminationes Ecclesiae* (V, 327–449).
- *Commentarii in Sacram Scripturam. In Evangelium Ioannis* (VI, 237–532).
- *Epistula de tribus quaestionibus* (VIII, 331–336).
- *Determinationes quaestionum circa regulam fratrum minorum* (VIII, 337–374).
- *Sermones de tempore, sermo 1 circumcisio Domini* (IX, 133–139).

Eusebius von Caesarea
- *Praeparatio evangelica 1* (PG 21).
- *Vita Constantini* (GCS 7, Eusebius 1, ed. Ivar A. Heikel).
- *Historia eccelesiastica* (GCS 9/1–3, Eusebius 2/1–3, ed. E. Schwartz).

Festus, *De verborum significatione quae superunt*, Epitome Verri Flacci, ed. O. Müller, Leipzig 1839.

Gratian, *Decretum Magistri Gratiani. Corpus iuris canonici,* ed. Emil Freidberg, Leipzig ²1879.

Gregor von Nazianz, *Epistulae* (PG 37, 21–388).

Gregor von Nyssa
- *De vita Moysis* (PG 44, 297–430).
- *Der Aufstieg des Moses*, übersetzt und eingeleitet von Manfred Blum, Freiburg 1963.

Hieronymus, *Commentarius in Ecclesiasten* (PL 23, 1009–1116).

Ignatius von antiochien, *Die sieben Ignatius-Briefe*, in: Die Apostolischen Väter, eingeleitet, herausgegeben und übertragen von Joseph A. Fischer, Darmstadt 1956, 109–226.

Isidor von Sevilla, *Origines etymologiae* (PL 82, 9–728).

Johannes Chrysostomus, *Homiliae in Ioannem* (PG 59, 23–482).

Leo der Grosse, Epistula 12 (PL 54, 640–663).

Methodius von Olympos, *De libero arbitrio* (GCS 27, ed. Georg N. Bonwetsch).

Origenes
- *Excerpta in psalmos*, Ps 36, (PG 17, 118–136).
- *Geist und Feuer*, von H. U. von Balthasar herausgegebene Textauswahl, Einsiedeln/Freiburg ³1991.

Ps-Aristoteles (Anaximenes von Lampsakus), *Rhetorica ad Alexandrum* (ed. Bekker 2), Leipzig 1831.

Tertullian
- *Adversus Marcionem* (CChr.SL 1).
- *De praescriptione haereticorum* (PL 2, 9–74A).

THOMASAKTEN, *Acta Thomae*, ed. M. Bonnet, Leipzig 1903.

THOMAS GALLUS VON VERCELLI, *Extractio in Mystica Theologia*, in: Dionysiaca, 1, ed. P. Chevalier, Paris 1937.

THOMAS VON AQUIN
- *Scriptum super libros Sententiarum IV* (ed. M. F. Moos), Paris 1947.
- *Summa theologiae* (ed. Leonina, 4–11), Rom 1888–1903.
- *Summa theologiae*, DThA, Graz 1934 ff.
- *Quaestiones disputatae de veritate* (ed. P. Mandonnet), 1, Paris 1925; übs. von Edith Stein, Löwen – Freiburg 1955.
- *In librum beati Dionysii De divinibus nominibus expositio* (ed. Marietti), Turin 1950.

VARRO, *De lingua Latina*, ed. Francesco Semi, Venezia 1965.

II. Sekundärliteratur

Acta Synodalia sacrosancti concilii oecumenici Vaticani secundi, 25 Bände, Vatikan 1970–78; zitiert: ASCOV.

AFANASSIEFF, Nicolas, *La primauté de Pierre dans l'Église orthodoxe*, Neuchâtel 1960; zitiert: AFANASSIEFF, *La primauté.*

ALBERIGO, Giuseppe, *Le potestà episcopali nei dibattiti tridentini*, in: *Il Concilio di Trento e la riforma Tridentina. Atti del convegno storico internazionali, Trento 2–6 settembre 1963*, Trient 1963, 1–53; zitiert: ALBERIGO, *Le potestà episcopali.*

ALBERIGO, Giuseppe, *Lo sviluppo della dottrina sui poteri nella chiesa universale. Momenti essenziali tra il XVI secolo* (= TRSR 1), Rom 1964; zitiert: ALBERIGO, *Lo sviluppo della dottrina sui poteri.*

ALBERIGO, Giuseppe, *Die Konstitution in Beziehung zur gesamten Lehre des Konzils*, in: BARAÚNA, *Die Kirche in der Welt von heute*, 49–76; zitiert: ALBERIGO, *Die Konstitution in Beziehung zur gesamten Lehre des Konzils.*

ALDAMA, José Antonio de, *De questione mariali in hodierna vita Ecclesiae*, Rom 1964; zitiert: ALDAMA, *De questione mariali.*

ALTANER, Berthold / STUIBER, Alfred, *Patrologie. Leben, Schriften und Lehre der Kirchenväter*, Freiburg [7]1966; zitiert: ALTANER / STUIBER, *Patrologie.*

AMBERG, Ernst-Heinz, *Christologie und Dogmatik. Untersuchungen ihres Verhältnisses in der evangelischen Theologie der Gegenwart*, Göttingen 1966; zitiert: AMBERG, *Christologie und Dogmatik.*

ANDRESEN, Carl, *Zur Entstehung und Geschichte des trinitarischen Personbegriffs*, in: ZNW 52 (1961) 1–38; zitiert: ANDRESEN, *Entstehung und Geschichte des trinitarischen Personbegriffs.*

ANDRUTSOS, Chrēstos, Δογματικὴ τῆς ὀρθοδόξου ἀνατολικῆς Ἐκκλησίας, Athen [2]1956; zitiert: ANDRUTSOS, Δογματικὴ τῆς ὀρθοδόξου.

ANGERMAIR, Rupert, Art. Ehe. V. Moraltheologisch, in: LThK[2] 3 [1959] 684–690; zitiert: ANGERMAIR, Art. Ehe.

ARBEITSGEMEINSCHAFT VON THEOLOGEN (Hg.), *Die katholische Glaubenswelt. Wegweisung und Lehre*, 3 Bände, Freiburg 1960–1961; zitiert: *Die katholische Glaubenswelt* 1–3.

ARIAS REYERO, Maximino, *Theologie in Chile heute*, in: IKaZ Communio 2 (1973) 449–457; zitiert: ARIAS REYERO, *Theologie in Chile.*

ARON, Robert, *Die verborgenen Jahre Jesu*, Frankfurt 1962; zitiert: ARON, *Die verborgenen Jahre Jesu.*

ASSMANN, Hugo, *Opresión – Liberación – Desafío a los cristianos*, Monteverdi 1971; zitiert: ASSMANN, *Opresión – Liberación – Desafío.*

Atomare Kampfmittel und christliche Ethik. Diskussionsbeiträge deutscher Katholiken, München 1960; zitiert: *Atomare Kampfmittel und christliche Ethik.*

AUBERT, Roger, Art. Syllabus, in: LThK[2] 9 [1964] 1202–1203; zitiert: AUBERT, Art. Syllabus.

AUER, Alfons, *Weltoffener Christ*, Düsseldorf [3]1963; zitiert: AUER, *Weltoffener Christ.*

AUER, Alfons, *Gestaltwandel des christlichen Weltverständnisses*, in: *Gott in Welt* 1, 333–365; zitiert: AUER, *Gestaltwandel des christlichen Weltverständnisses.*

AUER, Alfons, *Kommentar* zur pastoralen Konstituion über die Kirche in der Welt von heute »Gaudium et spes«, Drittes Kapitel des ersten Teils, in: LThK[2], Erg.-Bd. 3 [1968] 377–397; zitiert: AUER, *Kommentar* zu GS.

Augustinus Magister. Congrès international Augustinien 1–3, Paris 1964; zitiert: *AugM*

Aus den Missionen. Rez. zu Johannes Hofinger, in: HerKorr 15 (1960 / 61) 109–114; zitiert: Rez. zu Johannes Hofinger.

AVERBECK, Wilhelm, *Der Opfercharakter des Abendmahls in der neueren evangelischen Theologie* (= KKTS 19), Paderborn 1967; zitiert: AVERBECK, *Opfercharakter.*

BACHT, Heinrich, *Das kommende Konzil und die Einheit der Christen*, in: Hauptstelle für Männerseelsorge und Männerarbeit in den Deutschen Diözesen in Fulda (Hg.), *Der Männerseelsorger. Werkblatt für Männerseelsorge und Männerbewegung* 9 (1959) 12–21; zitiert: BACHT, *Das kommende Konzil.*

BACHT, Heinrich, *Die Sichtbarkeit der Kirche im kontroverstheologischen Gespräch der Gegenwart*, in: RATZINGER / FRIES, *Einsicht und Glaube*, 447–463; zitiert: BACHT, *Die Sichtbarkeit der Kirche.*

BALTHASAR, Hans Urs von, *Karl Barth. Darstellung und Deutung seiner Theologie*, Olten 1951; zitiert: BALTHASAR, *Karl Barth.*

BALTHASAR, Hans Urs von, *Die Gottesfrage des heutigen Menschen*, Wien 1956; zitiert: BALTHASAR, *Die Gottesfrage.*

BALTHASAR, Hans Urs von, *Einsame Zwiesprache. Martin Buber und das Christentum*, Köln 1958; zitiert: BALTHASAR, *Einsame Zwiesprache.*

BALTHASAR, Hans Urs von, *Verbum caro. Skizzen zur Theologie* 1, Einsiedeln 1960; zitiert: BALTHASAR, *Verbum caro.*

BALTHASAR, Hans Urs von, *Die Implikationen des Wortes*, in: *Verbum caro*, 48–72; zitiert: BALTHASAR, *Implikationen des Wortes.*

BALTHASAR, Hans Urs von, *Gott redet als Mensch*, in: BALTHASAR, *Verbum caro*, 73–99; zitiert: BALTHASAR, *Gott redet als Mensch.*

BALTHASAR, Hans Urs von, *Sponsa Verbi. Skizzen zur Theologie* 2, Einsiedeln 1961; zitiert: BALTHASAR, *Sponsa Verbi.*

BALTHASAR, Hans Urs von, *Wer ist die Kirche?*, in: BALTHASAR, *Sponsa Verbi*, Einsiedeln 1961, 148–202; zitiert: BALTHASAR, *Wer ist die Kirche?*

BALTHASAR, Hans Urs von, *Philosophie, Christentum Mönchtum*, in: BALTHASAR, *Sponsa Verbi*, 349–387; zitiert: BALTHASAR, *Philosophie, Christentum Mönchtum.*

BALTHASAR, Hans Urs von, *Das Ganze im Fragment. Aspekte der Geschichtstheologie*, Einsiedeln 1963; zitiert: BALTHASAR, *Das Ganze im Fragment.*

BALTHASAR, Hans Urs von, *Die Gottvergessenheit und die Christen*, in: Hochl. 57 (1964 / 65) 1–11; zitiert BALTHASAR, *Die Gottvergessenheit.*

BALTHASAR, Hans Urs von, *Wer ist ein Christ?*, Einsiedeln 1965; zitiert: BALTHASAR, *Wer ist ein Christ?*

BALTHASAR, Hans Urs von, *Cordula oder der Ernstfall*, Einsiedeln 1966; zitiert: BALTHASAR, *Cordula oder der Ernstfall.*

BALTHASAR, Hans Urs von, *Die Messe ein Opfer der Kirche?*, in: BALTHASAR, *Spiritus Creator*, Einsiedeln 1967; zitiert: BALTHASAR, *Die Messe ein Opfer der Kirche?*

BALTHASAR, Hans Urs von, *Communio – ein Programm*, in: IKaZ 1 (1972) 4–17; zitiert: BALTHASAR, *Communio.*

BARAÚNA, Guilherme, *De Ecclesia. Beiträge zur Konstitution »Über die Kirche« des Zweiten Vatikanischen Konzils*, 2 Bde., Freiburg / Frankfurt 1966; zitiert: BARAÚNA, *De Ecclesia.*

BARAÚNA, Guilherme (Hg.), *Die Kirche in der Welt von heute. Untersuchungen und Kommentare zur Pastoralkonstitution »Gaudium et spes« des 2. Vatikanischen Konzils*, Salzburg 1967; zitiert: BARAÚNA, *Die Kirche in der Welt von heute.*

BARTH, Karl, *Ad limina Apostolorum*, Zürich 1967; zitiert: BARTH, *Ad limina Apostolorum.*

BARION, Hans, Art. Papat und Primat, in: RGG³ 5 [1961] 44–47; zitiert: BARION, Art. Papat und Primat.

BAUER, Armin Volkmar, *Freiheit zur Welt. Zum Weltverständnis und Weltverhältnis des Christen nach der Theologie Friedrich Gogartens*, Paderborn 1967; zitiert: BAUER, *Freiheit zur Welt.*

BAUER, Walter, Art. κοινωνέω, κοινωνία und κοινωνός, in: Ders., *Wörterbuch zum Neuen Testament*, Berlin ⁵1958, 867–870; zitiert: BAUER, Art. κοινωνέω, κοινωνία, κοινωνός.

Baum, Gregory, *Die Juden und das Evangelium. Eine Überprüfung des Neuen Testaments*, Einsiedeln 1963; zitiert: Baum, *Die Juden und das Evangelium.*

Baum, Gregory, *Der Mensch in seiner Welt*, in: Hampe, *Die Autorität* 3, 68–86; zitiert: Baum, *Der Mensch in seiner Welt.*

Baus, Karl, Art. Vinzenz (Vincentius) von Lérins, in: LThK[2] 10 [1965] 800–801; zitiert: Baus, Art. Vinzenz von Lérins.

Benoit, Pierre, *Stellung des Schriftstudiums in einer neuen kirchlichen Studienordnung*, in: Seminarium 18 (1966) 842–853; zitiert: Benoit, *Studienordnung.*

Benz, Ernst, *Die Konzilsankündigung des Papstes Johannes XXIII.*, in: Evangelische Welt 13 (1959) 113–116; zitiert: Benz, *Konzilsankündigung.*

Bertrams, Wilhelm, *De quaestione circa originem potestatis iurisdictionis episcoporum in Concilio Tridentino non resolute*, in: PerRMCL 52 (1963) 458–476; zitiert: Bertrams, *De quaestione circa originem potestatis iurisdictionis episcoporum.*

Bertrams, Wilhelm, *De relatione inter episcopatum et primatum*, Rom 1963; zitiert: Bertrams, *De relatione inter episcopatum et primatum.*

Bertrams, Wilhelm, *Vicarius Christi. Vicarii Christi. De significatione potestatis episcopalis et primatialis*, Rom 1964; zitiert: Bertrams, *Vicarius Christi. Vicarii Christi.*

Betti, Umberto, *Der theologische Verbindlichkeitsgrad der Konstitution*, in: Baraúna, *De Ecclesia*, 186–194; zitiert: Betti, *Der theologische Verbindlichkeitsgrad.*

Betti / Florit / Grillmeier / Kerrigan / Latourelle / Randellini / Semmelroth (Hg.), *Commento alla Costituzione dogmatica sulla divina Rivelazione*, Mailand 1966; zitiert: Betti, *Commento.*

Beumer, Johannes, *Die mündliche Überlieferung als Glaubensquelle* (= HDG 1 / 4), Freiburg 1962; zitiert: Beumer, *Die mündliche Überlieferung.*

Bévenot, Maurice, *Traditions in the Council of Trent*, in: HeyJ 4 (1963) 333–347; zitiert: Bévenot, *Traditions in the Council of Trent.*

Bibelkommission, *Die mosaische Urheberschaft des Pentateuchs.* Antwort der Bibelkommission vom 27. Juni 1906, in: ASS 39 (1906 / 1907) 377 f.; DH 3394–3397; zitiert: Bibelkommission, *Pentateuch.*

Bibelkommission, *Charakter und Verfasser des Buches Jesaja.* Antwort der Bibelkommission vom 29. Juni 1908, in: ASS 41 (1908) 613 f.; DH 3505–3509; zitiert: Bibelkommission, *Jesaja.*

Blinzler, Joseph / Kuss, Otto / Mussner, Franz (Hg.), *Neutestamentliche Aufsätze. Festschrift für Josef Schmid zum 70. Geburtstag*, Regensburg 1963; zitiert: Blinzler / Kuss / Mussner, *Neutestamentliche Aufsätze.*

Böckle, Franz, *Zum Personverständnis in der Moraltheologie*, in: Speck, *Das Personverständnis*, 172–188; zitiert: Böckle, *Personverständnis in der Moraltheologie.*

Böhmer, Justus Henning, *Ius parochiale*, Halle / Magdeburg 1760; zitiert: Böhmer, *Ius parochiale.*

Böckenförde, Ernst-Wolfgang, *Religionsfreiheit als Aufgabe der Christen*, in: Metz, *Weltverständnis*, 198–314; zitiert: Böckenförde, *Religionsfreiheit.*

Borne, Étienne, *Gott ist nicht tot. Über das Ärgernis und die Notwendigkeit des Atheismus*, Graz 1965 (französisch: Dieu n'est par mort. Essai sur L'athéisme contemporain, Paris 1959); zitiert: Borne, *Gott ist nicht tot.*

Bosl, Karl, *Das Armutsideal des heiligen Franziskus als Ausdruck der hochmittelalterlichen Gesellschaftsbewegung*, in: Niederösterreichische Landesausstellung 800 Jahre Franz von Assisi, Wien 1982, 1–12; zitiert: Bosl, *Das Armutsideal des heiligen Franziskus.*

Botte, Bernhard, *Presbyterium et ordo episcoporum*, in: Irén. 29 (1956) 5–27; zitiert: Botte, *Presbyterium.*

Botte, Bernhard, *Caractère collégial du presbytérat et de l'épiscopat*, in: Jean Guyot (Hg.), *Études sur le sacrement de l'Ordre*, Paris 1956; dt. *Kollegialcharakter des Priester- und Bischofsamtes*, in: Jean Guyot (Hg.), *Das apostolische Amt*, Mainz 1961, 68–91; zitiert: Botte, *Kollegialcharakter.*

Botte, Bernhard, *Das Konzil und die Konzile. Ein Beitrag zur Geschichte des Konzilslebens der Kirche*, Stuttgart 1962; zitiert: Botte, *Das Konzil und die Konzile.*

Botte, Bernhard, *Die Kollegialität im Neuen Testament und bei den apostolischen Vätern*, in: Ders., *Das Konzil und die Konzile*, 1–22; zitiert: Botte, *Kollegialität.*

Bouessé, Humbert, *Episcopat et Sacerdoce* 1: *L'opinion moderne*, in: RevSR 28 (3 / 1956) 240–257; zitiert: Bouessé, *Episcopat et Sacerdoce* 1.

Bouessé, Humbert, *Episcopat et Sacerdoce* 2: *L'opinion de Sainte Thomas*, in: RevSR 28 (4 / 1956) 368–391; zitiert: Bouessé, *Episcopat et Sacerdoce* 2.

Boyer, Charles, *Lo sviluppo del dogma: Problemi e orientamenti di teologia dommatica*, Mailand 1957; zitiert: Boyer, *Lo sviluppo del dogma.*

Breuning, Wilhelm, Rez. zu Rahner, Karl, und Ratzinger, Joseph, Episkopat und Primat (= QD 11), Freiburg 1961; Jimenez Urresti, Theodoro Ign., El Binomio »Primado – Episcopado«, Bilbao 1962; Küng, Hans, Strukturen der Kirche (= QD 17), in: ThRv 59 (1963) 320–332; zitiert: Breuning, Rez. Rahner, Ratzinger, Jimenez, Küng.

Brown, Peter Robert Lamont, *Augustinus von Hippo. Eine Biographie*, Leipzig 1972; zitiert: Brown, *Augustinus von Hippo.*

Brox, Norbert, *Charisma veritatis certum*, in: ZKG 75 (1964) 327–331; zitiert: Brox, *Charisma veritatis certum.*

Bultot, Robert, *La doctrine du mépris du monde en occident de S. Ambroise à Innocent III. 1. Le IXe siècle. Pierre Damien*, Louvain 1963; zitiert: Bultot, *La doctrine* 1.

Bultot, Robert, *La doctrine du mépris du monde en occident de S. Ambroise à Innocent III. 2. Jean de Fécamp. Herman Contract. Roger de Caen. Anselm de Canterbury*, Louvain 1964; zitiert: Bultot, *La doctrine* 2.

Camelot, Pierre-Thomas, *Les leçons spirituelles du Concile*, in: La vie spirituelle 491 (1963) 143–152; zitiert: Camelot, *Les leçons spirituelles du Concile.*

Camelot, Pierre-Thomas, *Die ökumenischen Konzile des 4. und 5. Jahrhunderts*, in: Botte, *Das Konzil und die Konzile*, 53–87; zitiert: Camelot, *Die ökumenischen Konzile des 4. und 5. Jahrhunderts.*

Carrel, Alexis, *Der Mensch, das unbekannte Wesen* (= List-Bücher 45), München 1955; zitiert: Carrel, *Der Mensch, das unbekannte Wesen.*

Cervantes Saavedra, Miguel de, *Der sinnreiche Junker Don Quijote von der Mancha*, übersetzt und eingeleitet von Ludwig Braunfels, Stuttgart (o. J.); zitiert: Cervantes, *Don Quijote.*

Charlier, Louis, *Essai sur le problème théologique*, Thuillies 1938; zitiert: Charlier, *Essai.*

Chenu, Marie-Dominique, *Une école de théologie, Le Saulchoir*, Paris 1937; zitiert: Chenu, *Le Saulchoir.*

Colombo, Carlo / Figini, Carlo / Oggioni, Giulio (Hg.), *Problemi e orientamenti di teologia dommatica* 1, Mailand 1957; zitiert: Colombo / Figini / Oggioni, *Problemi e orientamenti.*

Colombo, Carlo, *La metodologia e la sistemazione teologica*, in: Colombo / Figini / Oggioni, *Problemi e orientamenti*, 1–57; zitiert: Colombo, *La metodologia e la sistemazione teologica.*

Colson, Jean, *L'épiscopat catholique. Collégialité et primauté dans les trois premiers siècles de l'église*, Paris 1963; zitiert: Colson, *L'épiscopat.*

Colson, Jean, *Ministre de Jésus-Christ ou le sacerdoce de l'évangile. Étude sur la condition sacerdotale des ministres chrétiens dans l'Église primitive*, Paris 1966; zitiert: Colson, *Ministre de Jésus-Christ.*

Conciliorum oecumenicorum decreta, 3 Bände, hg. von Giuseppe Alberigo u. a., Bologna [3]1973; zitiert: *COD.*

Congar, Yves, *Chrétiens désunis. Principes d'un »oecuménisme« catholique* (= UnSa 1), Paris 1937; zitiert: Congar, *Chrétiens désunis.*

Congar, Yves, Art. Concile, in: Cath 2 [1949] 1439–1443; zitiert: Congar, Art. Concile.

Congar, Yves, *Der Laie. Entwurf einer Theologie des Laientums*, Stuttgart 1957; zitiert: Congar, *Der Laie.*

Congar, Yves, *Traditions apostoliques non écrites et suffisance de l'Écriture*, in: Ist. 6 (1959) 219–306; zitiert: Congar, *Traditions apostoliques.*

Congar, Yves, *La Tradition et les traditions, 1. Essai historique, 2. Essai théologique*, Paris 1960. 1963; zitiert: Congar, *La Tradition et les traditions 1, 2.*

Congar, Yves, *Aspects ecclésiologiques de la querelle entre mendiants et séculiers dans la seconde moitié du XIIIe siècle et le début du XIVe*, in: AHDL 28 (1961) 35–151; zitiert: Congar, *Aspects ecclésiologiques.*

Congar, Yves, Art. Ökumenische Bewegung, in: LThK[2] 7 [1962] 1128–1137; zitiert: Congar, Art. Ökumenische Bewegung.

Congar, Yves / Dupuy, Bernard-Dominique (Hg.), *L'épiscopat et l'église universelle* (= UnSa 39), Paris 1962; zitiert: Congar / Dupuy, *L'épiscopat.*

Congar, Yves, *Der Primat der vier ersten ökumenischen Konzile. Ursprung, Bestimmung, Sinn und Tragweite eines traditionellen Themas*, in: Botte,

Das Konzil und die Konzile, 89–130; zitiert: CONGAR, *Der Primat der vier ersten ökumenischen Konzile.*

CONGAR, Yves, *Zusammenfassung*, in: BOTTE, *Das Konzil und die Konzile*, 331–390; zitiert: CONGAR, *Zusammenfassung.*

CONGAR, Yves, *De la communion des églises à une ecclésiologie de l'église universelle*, in: CONGAR / DUPUY, *L'episcopate*, 227–260; zitiert: CONGAR, *De la communion des églises.*

CONGAR, Yves, *Structure du sacerdoce chrétien* (= UnSa 41), Paris 1963; zitiert: CONGAR, *Structure du sacerdoce chrétien.*

CONGAR, Yves, *Ordre et juridiction dans l'Eglise*, in: CONGAR, *Sainte église*, Paris 1963, 203–237; zitiert: CONGAR, *Ordre et juridiction.*

CONGAR, Yves, *Le Concile au jour le jour. Deuxiéme session*, Paris 1964; zitiert: CONGAR, *Le Concile au jour le jour.*

CONGAR, Yves / KÜNG, Hans / O'HANLON, Daniel (Hg.), *Konzilsreden*, Einsiedeln 1964; zitiert: CONGAR / KÜNG / O'HANLON, *Konzilsreden.*

CONGAR, Yves, *Konzil als Versammlung und grundsätzliche Konziliarität der Kirche*, in: METZ, *Gott in Welt* 2, 135–165; zitiert: CONGAR, *Konzil als Versammlung.*

CONGAR, Yves, *Für eine dienende und arme Kirche*, Mainz 1965; zitiert: CONGAR, *Für eine dienende und arme Kirche.*

CONGAR, Yves (Hg.), *La collégialité épiscopale*, Paris 1965; zitiert: CONGAR, *La collégialité épiscopale.*

CONGAR, Yves, *Erinnerungen an eine Episode auf dem II. Vatikanischen Konzil*, in: Elmar Klinger / Klaus Wittstadt (Hg.), *Glaube im Prozess. Christsein nach dem II. Vatikanum. Für Karl Rahner*, Freiburg 1984, 22–32; 33–64; zitiert: CONGAR, *Erinnerungen.*

Constitutiones, decreta, declarationes. Concilium Vaticanum II, Vatikan 1966; zitiert: *Constitutiones, decreta, declarationes.*

CORDES, Paul Josef, *Mitten in unserer Welt. Kräfte geistlicher Erneuerung*, Freiburg 1987; zitiert: CORDES, *Mitten in unserer Welt.*

COX, Harvey, *Stadt ohne Gott?*, Stuttgart [2]1967; zitiert: COX, *Stadt ohne Gott?*

CULLMANN, Oscar, *Die Tradition als exegetisches, historisches und theologisches Problem*, Zürich 1954; zitiert: CULLMANN, *Die Tradition.*

CULLMANN, Oscar, *Heil als Geschichte. Heilsgeschichtliche Existenz im Neuen Testament*, Tübingen 1965; zitiert: CULLMANN, *Heil als Geschichte.*

DAECKE, Sigurd Martin, *Das Ja und das Nein des Konzils zu Teilhard*, in: HAMPE, *Die Autorität* 3, 98–112; zitiert: DAECKE, *Das Ja und das Nein des Konzils zu Teilhard.*

DALLMAYR, Horst, *Die großen vier Konzilien. Nicaea, Konstantinopel, Ephesus, Chalcedon*, München 1961; zitiert: DALLMAYR, *Die großen vier Konzilien.*

DANIÉLOU, Jean / VORGRIMLER, Heribert, *Sentire Ecclesiam. Das Bewusstsein von der Kirche als gestaltende Kraft der Frömmigkeit*, Freiburg 1961; zitiert: DANIÉLOU / VORGRIMLER, *Sentire Ecclesiam.*

Daniélou, Jean, *Rückblick auf die zweite Session*, in: Dok. 20 (1964) 27–34; zitiert: Daniélou, *Zweite Session.*

Decker, Bruno, *Sola scriptura bei Thomas von Aquin*, in: Ludwig Lenhart (Hg.), *Universitas. Dienst an Wahrheit und Leben.* Festschrift für Albert Stohr, Bd. 1, Mainz 1960; zitiert: Decker, *Sola scriptura bei Thomas von Aquin.*

Dejaifve, Georges, *D'un concile à l'autre: bilan de la première session*, in: NRTh 85 (1963) 56–64; zitiert: Dejaifve, *Bilan de la première session.*

Dejaifve, Georges, *Les douze Apôtres et leur unité dans la tradition catholique*, in: EThL 39 (1963) 760–778; zitiert: Dejaifve, *Les douze Apôtres et leur unité.*

Delhaye, Philippe, *Die Würde der menschlichen Person*, in: Baraúna, *Die Kirche in der Welt von heute*, 154–178; zitiert: Delhaye, *Die Würde der menschlichen Person.*

De Lubac, Henri, *Catholicisme. Les aspects sociaux du dogme* (= UnSa 3), Paris 1938; dt. *Katholizismus als Gemeinschaft*, ins Deutsche übertragen von Hans Urs von Balthasar, Einsiedeln 1943; unter dem Titel *Glauben aus der Liebe. »Catholicisme«*, Einsiedeln [2]1970; zitiert: De Lubac, *Catholicisme (dt.).*

De Lubac, Henri, *Über die Wege Gottes*, Freiburg 1958; zitiert: De Lubac, *Die Wege Gottes.*

De Lubac, Henri, *L'Écriture dans la Tradition*, Paris 1966; zitiert: De Lubac, *Écriture dans la Tradition.*

De Lubac, Henri, *Corpus mysticum. L'eucharistie et l'Église au moyen âge*, Paris [2]1949; dt. *Corpus mysticum. Kirche und Eucharistie im Mittelalter*, übersetzt von Hans Urs von Balthasar, Einsiedeln 1969; zitiert: De Lubac, *Corpus mysticum.*

De Lubac, Henri, *Zur Einführung*, in: Baraúna, *De Ecclesia*, 15–22 (in der französischen Ausgabe: 25–31); zitiert: De Lubac, *Zur Einführung.*

De Vries, Wilhelm, *Der Episkopat auf den Synoden vor Nicäa*, in: ThPQ 111 (1963) 263–277; zitiert: De Vries, *Episkopat.*

De Vries, Wilhelm, *Die kollegiale Struktur der Kirche in den ersten Jahrhunderten*, in: US 19 (1964) 296–317; zitiert: De Vries, *Die kollegiale Struktur.*

Dessain, Charles Stephen, *John Henry Newman. Anwalt redlichen Glaubens*, Freiburg 1980; zitiert: Dessain, *John Henry Newman.*

Dillenschneider, Clément, *Le sens de la foi et le progrès dogmatique du mystère marial*, Rom 1954; zitiert: Dillenschneider, *Le sens de la foi et le progrès dogmatique.*

Dinkler, Erich, *Theologische Aufgaben der ökumenischen Arbeit heute*, in: ÖR 14 (1965) 116–132; zitiert: Dinkler, *Theologische Aufgaben der ökumenischen Arbeit heute.*

Dinkler, Erich, Art. Tradition, V. Im Urchristentum, in: RGG 6 [1962] 970–974; zitiert: Dinkler, Art. Tradition.

Dokumente des 2. Vatikanischen Konzils. Mit den authentischen lateinischen

Texten der Acta Apostolicae Sedis und der Übersetzung im Auftrag der deutschen Bischöfe. Eingeleitet von Konzilsvätern und Konzilsberatern, Münster 1966/67; zitiert: *Dokumente des 2. Vatikanischen Konzils.*

DOLAN, George Edward, *The Distinction between the Episcopate and the Presbyterate according to the Thomistic Opinion*, Washington 1950; zitiert: DOLAN, *Episcopate and Presbyterate.*

DOMBOIS, Hans, *Das Recht der Gnade. Ökumenisches Kirchenrecht*, Witten 1961; zitiert: DOMBOIS, *Ökumenisches Kirchenrecht.*

DORN, Luitpold A. / SEIBEL, Wolfgang (Hg.), *Tagebuch des Konzils. Die Arbeit der zweiten Session*, Nürnberg 1964; zitiert: DORN / SEIBEL, *Die Zweite Session.*

DORN, Luitpold A. / DENZLER, Georg (Hg.), *Tagebuch des Konzils. Die Arbeit der dritten Session*, Eichstätt 1965; zitiert: DORN / DENZLER, *Die Dritte Session.*

DORN, Luitpold A. / DENZLER, Georg / SEIBEL, Wolfgang (Hg.), *Tagebuch des Konzils. Die Arbeit der vierten Session*, Eichstätt 1966; zitiert: DORN / DENZLER / SEIBEL, *Vierte Session.*

DRAGUET, René, *Méthodes théologiques d'hier et d'aujourd'hui*, in: RCIF 15 (1935); zitiert: DRAGUET, *Méthodes théologiques d'hier et d'aujourd'hui.*

DREIER, Wilhelm, *Funktion und Ethos der Konsumwerbung*, Münster 1965; zitiert: DREIER, *Konsumwerbung.*

DUHEM, Pierre Maurice Marie, *Le système du monde. Histoire des doctrines cosmologiques de Platon à Copernic*, 5 Bde., Paris 1913–1917; zitiert: DUHEM, *Le système du monde.*

DVORNIK, Francis, *Byzance et la primauté romaine*, Paris 1964; zitiert: DVORNIK, *Byzance et la primauté Romaine.*

ECKERT, Willehad Paul, *Judenhaß – Schuld der Christen?! Versuch eines Gesprächs*, Essen 1964; zitiert: ECKERT, *Judenhaß.*

EGGERSDORFER, Franz Xaver, *Der heilige Augustinus als Pädagoge und seine Bedeutung für die Geschichte der Bildung*, Freiburg 1907; zitiert: EGGERSDORFER, *Der heilige Augustinus als Pädagoge.*

EID, Emilio, Art. Synode, in: LThK² 9 [1964] 1237–1238; zitiert: EID, Art. Synode.

EISENHOFER, Ludwig, *Handbuch der katholischen Liturgik* (= HbKL), Freiburg ²1932; zitiert: EISENHOFER, *HbKL.*

ESTRUCH, Juan, *Situation und Realität des spanischen Protestantismus*, in: US 20 (1965) 43–46; zitiert: ESTRUCH, *Realität des spanischen Protestantismus.*

Evangelisches Echo zum Eucharistischen Weltkongress, in: HerKorr 15 (1960 / 61) 91–94; zitiert: *Evangelisches Echo.*

EVDOKIMOV, Paul, *L'orthodoxie*, Neuchâtel / Paris 1959; zitiert: EVDOKIMOV, *L'orthodoxie.*

FLEISCHMANN, Rudolf (Hg.), *Kann der atomare Verteidigungskrieg ein gerechter Krieg sein?* (= SBKAB 10), München 1960; zitiert: FLEISCHMANN, *Atomarer Verteidigungskrieg.*

FLORIT, Ermenegildo, *Il metodo della »Storia delle forme« e sua applicazione al racconto della Passione*, Rom 1935; zitiert: FLORIT, *Il metodo della »Storia delle forme«*.

FLÜGEL, Heinz, *Der atheistische Marxismus als Frage an die Christen*, in: HAMPE, *Die Autorität* 3, 604–615; zitiert: FLÜGEL, *Der atheistische Marxismus.*

FORESI, Pasquale, *Teologia della Socialità*, Rom 1963, zitiert: FORESI, *Teologia della Socialità.*

FORGET, J., Art. Conciles, in: DThC 3 [1908] 636–676; zitiert: FORGET, Art. Conciles.

FORSTER, Karl (Hg.), *Das Zweite Vatikanische Konzil* (= SBKAB 24), Würzburg 1963; zitiert: FORSTER, *Das Zweite Vatikanische Konzil.*

FRANSEN, Piet, *Die erste Session des Konzils*, in: WuW 18 (1963) 9–24; zitiert: FRANSEN, *Die erste Session des Konzils.*

FRANSEN, Piet, *Die Autorität der Konzilien*, in: TODD, *Probleme der Autorität*, 62–100; zitiert: FRANSEN, *Autorität der Konzilien.*

FREYER, Hans, *Theorie des gegenwärtigen Zeitalters*, Stuttgart 1958; zitiert: FREYER, *Theorie des gegenwärtigen Zeitalters.*

FRIES, Heinrich, *Kirche und Offenbarung Gottes*, in: HAMPE, *Die Autorität* 1, 155–169; zitiert: FRIES, *Kirche und Offenbarung Gottes.*

FRINGS, Joseph, *Das Konzil und die moderne Gedankenwelt,* Köln 1962; zitiert: FRINGS, *Das Konzil und die moderne Gedankenwelt.*

FRINGS, Joseph, *Für die Menschen bestellt. Erinnerungen des Alterzbischofs von Köln*, Köln 1974; zitiert: FRINGS, *Für die Menschen bestellt.*

GALLI, Mario von / MOOSBRUGGER, Bernhard, *Das Konzil. Von Johannes XXIII. zu Paul V. Chronik der zweiten Sessio. Die Pilgerfahrt ins Heilige Land*, Mainz 1964; zitiert: GALLI, *Das Konzil* II.

GALLI, Mario von / MOOSBRUGGER, Bernhard, *Das Konzil – Kirche im Wandel. Dritter Text- und Bildbericht*, Mainz 1965; zitiert: GALLI, *Das Konzil* III.

GARCÍA RUBIO, Alfonso, *Die lateinamerikanische Theologie der Befreiung* (I), in: IKaZ Communio 2 (1973) 400–423; zitiert: GARCÍA RUBIO, *Theologie der Befreiung.*

GEISELMANN, Joseph Rupert, *Das Konzil von Trient über das Verhältnis der Heiligen Schrift und der nicht geschriebenen Traditionen*, in: SCHMAUS, *Die mündliche Überlieferung,* 123–206; zitiert: GEISELMANN, *Das Konzil von Trient.*

GEISELMANN, Joseph Rupert, *Die lebendige Überlieferung als Norm des christlichen Glaubens. Die apostolische Tradition in der Form der kirchlichen Verkündigung. Das Formalprinzip des Katholizismus dargestellt im Geiste der Traditionslehre von Johannes Ev. Kuhn*, Freiburg 1959; zitiert: GEISELMANN, *Die lebendige Überlieferung als Norm des christlichen Glaubens.*

GEISELMANN, Joseph Rupert, *Die Heilige Schrift und die Tradition. Zu den neueren Kontroversen über das Verhältnis der Heiligen Schrift zu den nichtgeschriebenen Traditionen* (= QD 18), Freiburg 1962; zitiert: GEISELMANN, *Die Heilige Schrift und die Tradition.*

Geiselmann, Joseph Rupert, *Lebendiger Glaube aus geheiligter Überlieferung. Der Grundgedanke der Theologie Johann Adam Möhlers und der katholischen Tübinger Schule*, Mainz 1942. Freiburg ²1966; zitiert: Geiselmann, *Lebendiger Glaube aus geheiligter Überlieferung.*

Genn, Felix, *Trinität und Amt nach Augustinus* (= SlgHor N.F. 23), Einsiedeln 1986; zitiert: Genn, *Trinität und Amt nach Augustinus.*

Giloth, Peter, *Kirche an der Schwelle der Zukunft*, in: Hochl. 53 (1960/61) 97–106; zitiert: Giloth, *Kirche an der Schwelle der Zukunft.*

Gilson, Étienne, *Der heilige Bonaventura*, deutsch von Ph. Böhner, Hellerau 1929 (frz. *La philosophie de S. Bonaventure* [= PhM 4] Paris ³1953 = dt. *Die Philosophie des heiligen Bonaventura*, deutsch von P. Schlüter, Darmstadt 1960); zitiert: Gilson, *Bonaventura.*

Glasenapp, Helmuth von, *Die fünf großen Religionen*, Düsseldorf 1952; zitiert: Glasenapp, *Die fünf großen Religionen.*

Goez, Wilhelm, *Naturwissenschaft und Evangelium*, Heidelberg 1954; zitiert: Goez, *Naturwissenschaft und Evangelium.*

Gogarten, Friedrich, *Verhängnis und Hoffnung der Neuzeit. Die Säkularisierung als theologisches Problem*, Stuttgart 1953; zitiert: Gogarten, *Verhängnis und Hoffnung der Neuzeit.*

Gollwitzer, Helmut, *Das Gespräch des Konzils mit dem Atheismus des Ostens*, in: Hampe, *Die Autorität* 3, 596–603; zitiert: Gollwitzer, *Atheismus des Ostens.*

Gonzales Ruiz, José-Maria, *Der Gebrauch der Bibel in der Kirche des Konzils*, in: Hampe, *Die Autorität* 1, 232–239; zitiert: Gonzales Ruiz, *Der Gebrauch der Bibel in der Kirche des Konzils.*

Gott in Welt, siehe Metz.

Grelot, Pierre, *Der Bibelunterricht*, in: Seminarium 18 (1966) 853–879; zitiert: Grelot, *Der Bibelunterricht.*

Grillmeier, Alois, *Sorgen und Hoffnungen um das Konzil*, in: StdZ 175 (1985) 287–304; zitiert: Grillmeier, *Sorgen und Hoffnungen um das Konzil.*

Grillmeier, Alois, *Kommentar* zur dogmatischen Konstitution über die Kirche »Lumen gentium« Kapitel II, in: LThK² [1966], Erg. Bd. 1, 176–209; zitiert: Grillmeier, *Kommentar zu LG.*

Grillmeier, Alois, *Die Wahrheit der Heiligen Schrift und ihre Erschließung. Zum dritten Kapitel der Dogmatischen Konstitution ›Dei Verbum‹ des Vaticanum II*, in: Schol. 41 (1966) 161–187; zitiert: Grillmeier, *Die Wahrheit der Heiligen Schrift.*

Grillmeier, Alois, *Die Reformidee des II. Vatikanischen Konzils und ihre Forderung an uns*, in: Scheffczyk / Dettloff / Heinzmann, *Wahrheit und Verkündigung*, 1467–1488; zitiert: Grillmeier, *Die Reformidee des II. Vatikanischen Konzils.*

Grotz, Hans, *Die Hauptkirchen des Ostens. Von den Anfängen bis zum Konzil von Nikaia 325* (= OCA 169), Rom 1964; zitiert: Grotz, *Hauptkirchen.*

Grygiel, Ludmila, *La dieci di don Didimo Mantiero. Come Abramo alla ricerca di dieci giusti per la salvezza del mondo*, Mailand 1995; zitiert: Grygiel, *Didimo Mantiero.*

Guardini, Romano, *Christliches Bewusstsein. Versuche über Pascal*, München ^{2}1950; zitiert: Guardini, *Christliches Bewusstsein.*

Guardini, Romano, *Das Ende der Neuzeit*, Würzburg 1950; zitiert: Guardini, *Das Ende der Neuzeit.*

Guardini, Romano (Hg.), *Apparatur und Glaube. Überlegungen zur Fernsehübertragung der heiligen Messe*, Würzburg 1955; zitiert: Guardini, *Apparatur und Glaube.*

Gudemann, Art. concilium, in: ThesLL Vol 4, p. 44, lin. 77 – p. 48, lin. 84; zitiert: Gudemann, Art. concilium.

Guyot, Jean (Hg.), *Das apostolische Amt*, Mainz 1961; zitiert: Guyot, *Das apostolische Amt.*

Hacker, Paul, *Das Ich im Glauben bei Martin Luther*, Graz 1966; zitiert: Hacker, *Martin Luther.*

Haible, Eberhard, *Schöpfung und Heil. Ein Vergleich zwischen Bultmann, Barth und Thomas*, Mainz 1964; zitiert: Haible, *Schöpfung und Heil.*

Hajjar, Joseph N., *Le synode permanent dans l'Église byzantine des origines au XIe siècle* (= OCA 164), Rom 1962; zitiert: Hajjar, *Le synode permanent.*

Hajjar, Joseph N., *Le synode permanent et collégialité épiscopale dans l'Église byzantine au premier millénaire*, in: Congar, *La collégialité épiscopale*, 151–166; zitiert: Hajjar, *Collégialité épiscopale.*

Hamman, Adalbert, *Die Kirchenväter. Kleine Einführung in Leben und Werk*, Freiburg 1967; zitiert: Hamman, *Die Kirchenväter.*

Hammans, Herbert, *Die neueren katholischen Erklärungen der Dogmenentwicklung* (= BNGKT 7), Essen 1965; zitiert: Hammans, *Dogmenentwicklung.*

Hampe, Johann Christoph (Hg.), *Ende der Gegenreformation? Das Konzil. Dokumente und Deutung*, Stuttgart 1964; zitiert: Hampe, *Ende der Gegenreformation?*

Hampe, Johann Christoph (Hg.), *Die Autorität der Freiheit. Gegenwart des Konzils und Zukunft der Kirche im ökumenischen Disput*, 3 Bde., München 1967; zitiert: Hampe, *Die Autorität* 1–3.

Harkianakis, Stylianos, Περὶ τὸ ἀλάθητον τῆς ἐκκληίς ἐν τῇ ὀρθοδόξη θεολογίᾳ, Athen 1965; zitiert: Harkianakis, θεολογία.

Harnack, Adolph von, *Lehrbuch der Dogmengeschichte* 3, Tübingen ^{5}1923; zitiert: Harnack, *Dogmengeschichte.*

Harnack, Adolph von, *Das Wesen des Christentums*, Jubiläumsausgabe, Stuttgart 1950; zitiert: Harnack, *Wesen des Christentums.*

Hasenhüttl, Gotthold, *Der Glaubensvollzug. Eine Begegnung mit Rudolf Bultmann aus katholischem Glaubensverständnis*, Essen 1963; zitiert: Hasenhüttl, *Glaubensvollzug.*

Hauser, Richard, Art. Krieg. II. Tradition. III. Systematisch, in: LThK^{2} 6 [1961] 640–643; zitiert: Hauser, Art. Krieg.

Heiler, Friedrich, *Geschichte des Papsttums* (Rez. zu Erich Casper, Geschichte des Papsttums; Franz Xaver Seppelt, Geschichte des Papsttums; Johannes Haller, Das Papsttum, Idee und Wirklichkeit; Josef Schmidlin, Papstgeschichte der neuesten Zeit; Hugo Koch, Cathedra Petri), in: Eine heilige Kirche, Oktober/November 1935 = Hochkirche 17 (1935) 310–314; zitiert von Robert Grosche, Die Wiedervereinigung des Christentums und das Papsttum, in: Catholica 4 (1935) 187–188; zitiert: Heiler, *Geschichte des Papsttums.*

Heiler, Friedrich, *Die Religionen der Menschheit in Vergangenheit und Gegenwart*, Stuttgart 1959; zitiert: Heiler, *Die Religionen der Menschheit.*

Heisenberg, Werner, *Das Naturbild der heutigen Physik*, Hamburg 1955; zitiert: Heisenberg, *Das Naturbild der heutigen Physik.*

Hirtenbrief der deutschen Bischöfe vom 30. September 1959, in: HerKorr 14 (1959 / 60) 125; zitiert: *Hirtenbrief der deutschen Bischöfe vom 30. September 1959.*

Hertling, Ludwig, *Communio und Primat – Kirche und Papsttum*, in: US 17 (1962) 91–125 (zuvor in: MHP 7 [1943] 3–48); zitiert: Hertling, *Communio und Primat.*

Höfer, Lieselotte, *Mysterium Unitatis. Pastoraltheologisches zum Oekumene-Dekret des Zweiten Vatikanischen Konzils*, Freiburg 1967; zitiert: Höfer, *Mysterium Unitatis.*

Hofinger, Johannes (Hg.), *Mission und Liturgie. Der Kongress von Nimwegen 1959*, Mainz 1960; zitiert: Hofinger, *Mission und Liturgie.*

Holstein, Henri, *La tradition dans l'Église*, Paris 1960; dt. *Die Überlieferung in der Kirche*, Köln 1967; zitiert: Holstein, *La tradition dans l'Église.*

Hubensteiner, Benno, *Vom Geist des Barock*, München [2]1978; zitiert: Hubensteiner, *Vom Geist des Barock.*

Hübner, Paul, *Vom ersten Menschen wird erzählt in Mythen, Wissenschaft und Kunst*, Düsseldorf 1969; zitiert: Hübner, *Vom ersten Menschen wird erzählt.*

Indices verborum et locutionum decretorum Concilii Vaticani II.

3\. *Constitutio dogmatica de Ecclesia Lumen gentium*, Florenz 1968; zitiert: *Indices* 3.

5\. *Decretum de Oecumenismo Unitatis redintegratio*, Florenz 1968; zitiert: *Indices* 5.

11\. *Constitutio dogmatica de divina Revelatione Dei Verbum*, Florenz 1969; zitiert: *Indices* 11.

Ivánka, Endre von, *Der Kirchenbegriff der Orthodoxie historisch betrachtet*, in: Daniélou / Vorgrimler, *Sentire Ecclesiam*, 407–429; zitiert: Ivánka, *Der Kirchenbegriff der Orthodoxie.*

Ivánka, Endre von, Art. Sobornost, in: LThK[2] 9 [1964] 841–842; zitiert: Ivánka, Art. Sobornost.

Jáki, Stanislaus, *Les tendances nouvelles de l'ecclésiologie*, Rom 1957; zitiert: Jáki, *Tendances nouvelles.*

JEDIN, Hubert, *Geschichte des Konzils von Trient, Bd. 1: Der Kampf um das Konzil*, Freiburg [2]1951; zitiert: JEDIN, *Geschichte des Konzils von Trient* I.

JEDIN, Hubert, *Die Geschäftsordnungen der beiden letzten ökumenischen Konzilien in ekklesiologischer Sicht*, in: Cath (M) 14 (1960) 105–118; zitiert: JEDIN, *Geschäftsordnungen.*

JEDIN, Hubert, *Strukturprobleme der Ökumenischen Konzilien*, Köln 1963; zitiert: JEDIN, *Strukturprobleme.*

JEDIN, Hubert, *Bischöfliches Konzil oder Kirchenparlament? Ein Beitrag zur Ekklesiologie der Konzilien von Konstanz und Basel.* Vorträge der Aeneas-Silvius-Stiftung an der Universität Basel 2, Basel 1963; zitiert: JEDIN, *Konzil oder Kirchenparlament?*

JEDIN, Hubert, *Kleine Konziliengeschichte. Die zwanzig ökumenischen Konzilien im Rahmen der Kirchengeschichte*, Freiburg [7]1966; zitiert: JEDIN, *Konziliengeschichte.*

JEDIN, Hubert, *Vaticanum II und Tridentinum. Tradition und Fortschritt in der Kirchengeschichte* (= VAFLNW.G 146), Köln / Opladen 1968; zitiert: JEDIN, *Vaticanum II und Tridentinum.*

JEDIN, Hubert (Hg.), *Handbuch der Kirchengeschichte* (= HKG [J]), Freiburg 1962–1979; zitiert: JEDIN, *HKG [J].*

JEREMIAS, Joachim, *Die Abendmahlsworte Jesu*, Göttingen [2]1960; zitiert: JEREMIAS, *Abendmahlsworte.*

JEREMIAS, Joachim, *Abba. Studien zur neutestamentlichen Theologie und Zeitgeschichte*, Göttingen 1966; zitiert: JEREMIAS, *Abba.*

JOUNEL, Pierre, *Abriss der Liturgiegeschichte. § 2. Vom Konzil von Trient bis zum Zweiten Vatikanischen Konzil*, in: HLW[M] 1, 46–54; zitiert: JOUNEL, *Abriss der Liturgiegeschichte.*

JUNGMANN, Josef Andreas, *Das Konzil von Trient und die Erneuerung der Liturgie*, in: Georg Schreiber (Hg.), *Das Weltkonzil von Trient. Sein Werden und Wirken*, Bd. 1, Freiburg 1951, 325–336; zitiert: JUNGMANN, *Trient und die Erneuerung der Liturgie.*

JUNGMANN, Josef Andreas, *Missarum solemnia. Eine genetische Erklärung der römischen Messe*, 2 Bände, Freiburg 1952; zitiert: JUNGMANN, *Missarum solemnia.*

JUNGMANN, Josef Andreas, *Liturgie nach dem Konzil*, in: StZ 171 (1962/3) 321–329; zitiert: JUNGMANN, *Liturgie nach dem Konzil.*

JUNGMANN, Josef Andreas, *Wortgottesdienst. Im Lichte von Theologie und Geschichte*, Regensburg [4]1965; zitiert: JUNGMANN, *Wortgottesdienst.*

JUNGMANN, Josef Andreas, Rez. Nußbaum, Der Standort des Liturgen, in: ZkTh 88 (1966) 445–450; zitiert: JUNGMANN, Rez. Nußbaum.

KÄSEMANN, Ernst, *Exegetische Versuche und Besinnungen* 1, Göttingen 1960; zitiert: KÄSEMANN, *Exegetische Versuche* 1.

KÄSEMANN, Ernst, *Begründet der neutestamentliche Kanon die Einheit der Kirche?*, in: Ders., *Exegetische Versuche und Besinnungen* 1, Göttingen 1960,

214–223; zitiert: KÄSEMANN, *Begründet der neutestamentliche Kanon die Einheit der Kirche?*

KÄSEMANN, Ernst, *Exegetische Versuche und Besinnungen* 2, Göttingen 1964; zitiert: KÄSEMANN, *Exegetische Versuche* 2.

KARRER, Otto, *Um die Einheit der Christen. Die Petrusfrage*, Frankfurt 1953; zitiert: KARRER, *Petrusfrage*.

KARRER, Otto, *Apostolische Nachfolge und Primat*, in: FThH, 175–206; zitiert: KARRER, *Primat*.

KASPER, Walter, *Die Lehre von der Tradition in der Römischen Schule. Giovanni Perrone, Carlo Passaglia, Clemens Schrader* (= ÜNT 5), Freiburg 1962; zitiert: KASPER, *Die Lehre von der Tradition*.

KAUFMANN, Ludwig, *Prophet Ottaviani?*, in: Orien. 39 (4/1975) 37; zitiert: KAUFMANN, *Prophet Ottaviani?*

KLAUSER, Theodor, Art. Akklamation, in: RAC 1 [1950] 216–233; zitiert: KLAUSER, Art. Akklamation.

KLAUSER, Theodor, *Abendländische Liturgiegeschichte. Forschungsbericht und Besinnung*, Bonn ²1949 (als Manuskript gedruckt); später u. d. T. *Kleine abendländische Liturgiegeschichte. Bericht und Besinnung*, Bonn ⁵1965; zitiert: KLAUSER, *Kleine abendländische Liturgiegeschichte*.

KLINGER, Elmar, *Ekklesiologie der Neuzeit. Grundlegung bei Melchior Cano und Entwicklung bis zum Zweiten Vatikanischen Konzil*, Freiburg 1978; zitiert: KLINGER, *Ekklesiologie der Neuzeit*.

KNOX, Ronald Arbuthnott, *Christliches Schwärmertum. Ein Beitrag zur Religionsgeschichte*, Köln 1957; zitiert: KNOX, *Christliches Schwärmertum*.

KOLPING, Adolf, Art. Qualifikationen, in: LThK² [1963] 914–919; zitiert: KOLPING, Art. Qualifikationen.

KONGREGATION FÜR DIE GLAUBENSLEHRE, *Schreiben an die Bischöfe der katholischen Kirche über einige Aspekte der Kirche als Communio »Communionis notis«* vom 28. Mai 1992; zitiert: CDF, *Communionis notio*.

KOSTER, Mannes Dominikus, *Volk Gottes im Wachstum des Glaubens. Himmelfahrt Mariens und Glaubenssinn*, Heidelberg 1950; zitiert: KOSTER, *Volk Gottes im Wachstum des Glaubens*.

KRETSCHMAR, Georg, *Die Konzile der Alten Kirche*, in: Hans Jochen Margull, *Die ökumenischen Konzilien der Christenheit*, Stuttgart 1961, 13–74; zitiert: KRETSCHMAR, *Die Konzile der Alten Kirche*.

KÜNG, Hans, *Rechtfertigung*, Einsiedeln 1957; zitiert: KÜNG, *Rechtfertigung*.

KÜNG, Hans, *Das theologische Verständnis des ökumenischen Konzils*, in: ThQ 141 (1961) 50–77; zitiert: KÜNG, *Verständnis des ökumenischen Konzils*.

KÜNG, Hans, *Strukturen der Kirche*, Freiburg 1962; zitiert: KÜNG, *Strukturen*.

KÜNG, Hans, *Kirche im Konzil*, Freiburg 1963. ²1964, zitiert: KÜNG, *Kirche im Konzil*.

KÜNG, Hans, *Die Kirche* (= ÖF.E 1), Freiburg 1967; zitiert: KÜNG, *Die Kirche*.

KUHN, Helmut, *Der Staat. Eine philosophische Darstellung*, München 1967; zitiert: KUHN, *Der Staat*.

Kuss, Otto, *Der Brief an die Hebräer* (= RNT 8), Regensburg 1953; zitiert: Kuss, *Hebräer.*

Kuss, Otto, *Der Römerbrief*, Regensburg 1957; zitiert: Kuss, *Römerbrief.*

Kuss, Otto, *Zur Hermeneutik Tertullians,* in: Blinzler / Kuss / Mussner, *Neutestamentliche Aufsätze,* 138–160; zitiert: Kuss, *Hermeneutik Tertullians.*

Läpple, Alfred, *Der Einzelne in der Kirche. Wesenszüge einer Theologie des Einzelnen nach Henry Kardinal Newman* (= MThS 2), München 1962; zitiert: Läpple, *Der Einzelne in der Kirche.*

Lambinet, Ludwig, *Das Wesen des katholisch-protestantischen Gegensatzes. Ein Beitrag zum gegenseitigen Verstehen*, Einsiedeln 1946; zitiert: Lambinet, *Wesen.*

Lampe, Geoffrey W. H., *A Patristic Greek Lexicon*, Oxford 1968; zitiert: Lampe, *Patristic Greek Lexicon.*

Lang, Albert, *Der Bedeutungswandel der Begriffe »fides« und »haeresis« und die dogmatische Wertung der Konzilsentscheidungen von Vienne und Trient*, in: MThZ 4 (1953) 133–146; zitiert: Lang, *Der Bedeutungswandel der Begriffe »fides« und »haeresis«.*

Lang, Albert, *Die theologische Prinzipienlehre der mittelalterlichen Scholastik*, Freiburg 1964; zitiert: Lang, *Prinzipienlehre der mittelalterlichen Scholastik.*

Lang, Albert, Art. Unfehlbarkeit der Kirche, in: LThK[2] 10 [1965] 482–487; zitiert: Lang, Art. Unfehlbarkeit der Kirche.

Läpple, Alfred / Schmaus, Michael, *Wahrheit und Zeugnis. Aktuelle Themen der Gegenwart in theologischer Sicht*, Düsseldorf 1964; zitiert: Läpple / Schmaus, *Wahrheit und Zeugnis.*

Latourelle, Rene, *La Révélation et sa transmission selon la Constitution »Dei Verbum«*, in: Gr 47 (1966) 1–40; zitiert: Latourelle, La *Révélation.*

Latourelle, Rene, *Le Christ signe de la révelation selon la constitution »Dei Verbum«*, in: Gr 47 (1966) 685–709; zitiert: Latourelle, *La Constitution »Dei Verbum«.*

Lattanzi, Ugo, *Quid de episcoporum »collegialitate« ex Novo Testamento sentiendum sit*, in: Div. 8 (1964) 62–96; zitiert: Lattanzi, *De episcoporum »collegialitate«.*

Laurentin, René, *Le journal du Concile* II, Paris 1964; zitiert: Laurentin, *Le journal du Concile* II.

Laurentin, René, *L'enjeu du Concile* 3. *Bilan de la troisième session*, Paris 1965; zitiert: Laurentin, *La troisième session.*

Laurentin, René, *La question mariale*, Paris 1963; dt. *Die marianische Frage*, Freiburg 1965; zitiert: Laurentin, *La question mariale.*

Lecler, Joseph, Art. Toleranz. I. Geschichtlich, in: LThK[2] 10 [1965] 239–242; zitiert: Lecler, Art. Toleranz.

Lécuyer, Joseph, *Episcopat et presbytérat dans les écrits d'Hippolyte de Rome*, in: RSR 41 (1953) 30–50; zitiert: Lécuyer, *Episcopat et presbytérat.*

LÉCUYER, Joseph, *Les étapes de l'enseignement thomiste sur l'épiscopat*, in: RThom 57 (1957) 29–52; zitiert: LÉCUYER, *Épiscopat.*

LÉCUYER, Joseph, *Études sur la collégialité épiscopale*, Lyon 1964; zitiert: LÉCUYER, *La collégialité épiscopale.*

LÉCUYER, Joseph, Art. collegium, in: Pauly-Wissowa, Realenzyklopädie der klassischen Altertumswissenschaften Bd. 4/1, 380–480; zitiert: LÉCUYER, Art. collegium.

LÉCUYER, Joseph, *Le sacrifice selon saint Augustin*, in: AugM 2, 905–914; zitiert: LÉCUYER, *Le sacrifice selon saint Augustin.*

LEEUWEN, Peter van, *Der Reifungsprozess des Zweiten Vatikanischen Konzils in der Lehre über die göttliche Offenbarung und ihre Weitergabe*, in: Conc (D) 3 (1967) 2–8; zitiert: LEEUWEN, *Der Reifungsprozess des Zweiten Vatikanischen Konzils.*

LÉGER, Paul Emile, *Vorrang der Offenbarung vor Lehramt und Tradition*, in: HAMPE, *Die Autorität* 1, 114–116; zitiert: LÉGER, *Vorrang der Offenbarung.*

LE GUILLOU, Marie-Joseph, *Mission et unité. Les exigences de la communion*, 2 Bände, Paris 1960; zitiert: LE GUILLOU, *Mission et unité.*

LE GUILLOU, Marie-Joseph, *Le parallélisme entre le Collège apostolique et le Collège épiscopal*, in: Ist. 10 (1964) 103–110; zitiert: LE GUILLOU, *Collège apostolique et le Collège Episcopal.*

LE GUILLOU, Marie-Joseph, *L'experience Orientale de la collégialité épiscopale et ses requêtes*, in: Ist. 10 (1964) 111–124; zitiert: LE GUILLOU, *L'experience Orientale.*

LE GUILLOU, Marie-Joseph / LAFONT, Ghislain, *L'Église en marche. Appartenance. Collégialité, Sainteté* (= Cahiers de la Pierre-qui-vire), Paris 1964; zitiert: LE GUILLOU / LAFONT, *Église en marche.*

LE GUILLOU, Marie-Joseph, *Les structures sacramentelles et collégiales des la communion et de la mission*, in: Ders., *Église en marche*, 91–146; zitiert: LE GUILLOU, *Les structures sacramentelles et collégiales.*

LE GUILLOU, Marie-Joseph / CLÉMENT, Olivier / BOSC, Jean, *Évangile et revolution. Au cœur de notre crise spirituelle*, Paris 1968; zitiert: LE GUILLOU / CLÉMENT / BOSC, *Évangile et revolution.*

LELOIR, Louis, *La Sainte Écriture, âme de toute la théologie*, in: Seminarium 18 (1966) 880–892; zitiert: LELOIR, *La Sainte Écriture.*

LENGELING, Emil Joseph, Art. Liturgie, I. Terminologisches, II. Begriffsgeschichtlich, III. Systematisch, in: HThG 2 [1963] 75–97; zitiert: LENGELING, Art. Liturgie.

LENGELING, Emil Joseph, *Die Konstitution des Zweiten Vatikanischen Konzils über die heilige Liturgie*, lateinisch-deutscher Text, mit einem Kommentar von Emil Joseph Lengeling (= Reihe lebendiger Gottesdienst 5/6), Münster / Regensburg 1964; zitiert: LENGELING, *Die Konstitution.*

LENNERZ, Heinrich, *Scriptura sola?*, in: Gr 40 (1959) 38–53; zitiert: LENNERZ, *Scriptura sola?*

L'évèque d'après les prières d'ordination (I); *Textes* (II), par les Chanoines Réguliers de Mondaye, in: Congar / Dupuy, *L'Épiscopat*, 739–769. 770–780; zitiert: *L'évèque d'après les prières d'ordination.*

Liégé, André-Marie, *An den Quellen des christlichen Glaubens*, in: *Die katholische Glaubenswelt. Wegweisung und Lehre*, hg. von einer Arbeitsgemeinschaft von Theologen, Bd. 1, Freiburg 1959, 1–30; zitiert: Liégé, *Quellen.*

Linton, Olof, Art. Ekklesia, in: RAC 4 [1959] 905–921; zitiert: Linton, Art. Ekklesia.

Löhrer, Magnus, *Überlegungen zur Interpretation lehramtlicher Aussagen als Frage des ökumenischen Gesprächs*, in: *Gott in Welt* 2, 499–523; zitiert: Löhrer, *Zur Interpretation lehramtlicher Aussagen.*

Lorenz, Konrad, *Das sogenannte Böse. Zur Naturgeschichte der Aggression*, Wien 1963; zitiert: Lorenz, *Das sogenannte Böse.*

Maio, Romeo de, *Il libro del Vangelo nei Concili Ecumenici*, Rom 1963; zitiert: Maio, *Il libro del Vangelo.*

Maron, Gottfried, *»Credo in Ecclesiam«? Erwägungen zu den Arbeiten des Zweiten Vatikanischen Konzils*, in: MdKI 15 (1964) 1–8; zitiert: Maron, *Credo in Ecclesiam?*

Maron, Gottfried, *Evangelischer Bericht vom Konzil. Dritte Session*, Göttingen 1965; zitiert: Maron, *Evangelischer Bericht.*

Marot, Hilaire, *La collégialité et le vocabulaire épiscopal du Ve au VIIe siècle*, in: Iren. 36 (1963) 41–60; Iren. 37 (1964) 198–221; zitiert: Marot, *La collegialité.*

Marot, Hilaire, *Vornicäische und ökumenische Konzile*, in: Botte, *Das Konzil und die Konzile*, 23–51; zitiert: Marot, *Vornicäische und ökumenische Konzile.*

Marsch, Wolf-Dieter / Thieme, Karl (Hg.), *Christen und Juden. Ihr Gegenüber vom Apostelkonzil bis heute*, Mainz / Göttingen 1961; zitiert: Marsch / Thieme, *Christen und Juden.*

Martimort, Aimé Georges, *Handbuch der Liturgiewissenschaft 1. Allgemeine Einleitung. Die Grundelemente der Liturgie. Die Theologie der liturgischen Feier* (= HLW [M]), Freiburg 1963; zitiert: HLW [M].

Maximos IV Saigh, *Die liturgische Sprache in der Sicht der Ostkirche*, in: HerKorr 17 (1962 / 63) 153–154; zitiert: Maximos IV, *Die liturgische Sprache.*

Maier, Hans, *Kritik der politischen Theologie*, Einsiedeln 1970; zitiert: Maier, *Kritik der politischen Theologie.*

Maier, Hans, *Kirche und Gesellschaft*, München 1972; zitiert: Maier, *Kirche und Gesellschaft.*

Melichar, Erwin, Art. Religionsfreiheit, in: $LThK^2$ 8 [1963] 1175–1177; zitiert: Melichar, Art. Religionsfreiheit.

Metz, Johann Baptist, *Christliche Anthropozentrik. Über die Denkform des Thomas von Aquin*, München 1962; zitiert: Metz, *Christliche Anthropozentrik.*

Metz, Johann Baptist, *Weltverständnis im Glauben. Christliche Orientierung in der Weltlichkeit der Welt von heute*, in: GuL 35 (1962) 165–184; zitiert: METZ, *Weltverständnis im Glauben.*

METZ, Johann Baptist, Art. Leiblichkeit, in: HThG 2 [1963] 30–37; zitiert: METZ, Art. Leiblichkeit.

METZ, Johann Baptist, *Christliche Orientierung in der Welt von heute*, in: Erich Kellner (Hg.), *Christologie in einer evolutiven Welt. Dokumente der Paulusgesellschaft* 6, München 1964, 132–160; zitiert: METZ, *Christliche Orientierung.*

METZ, Johann Baptist / KERN, Walter / DARLAPP, Adolf / VORGRIMLER, Herbert (Hg.), *Gott in Welt.* Festgabe für Karl Rahner, 2 Bände, Freiburg 1964; zitiert: METZ, *Gott in Welt.*

METZ, Johann Baptist (Hg.), *Weltverständnis im Glauben*, Mainz 1965; zitiert: METZ, *Weltverständnis.*

METZ, Johann Baptist, *Die Zukunft des Glaubens in einer hominisierten Welt*, in: METZ, *Weltverständnis*, 45–62; zitiert: METZ, *Die Zukunft des Glaubens.*

METZ, Johann Baptist, *Zur Theologie der Welt*, Mainz 1968; zitiert: METZ, *Theologie der Welt.*

MOLTMANN, Jürgen, *Theologie der Hoffnung. Untersuchungen zur Begründung und zu den Konsequenzen einer christlichen Eschatologie*, München [5]1966; zitiert: MOLTMANN, *Theologie der Hoffnung.*

MUGGERIDGE, Anne Roche, *The Desolate City. Revolution in the Church*, San Francisco 1986; zitiert: MUGGERIDGE, *The Desolate City.*

MÜHLEN, Heribert, *Der Heilige Geist als Person in der Trinität, bei der Inkarnation und im Gnadenbund: Ich – Du – Wir*, Münster [2]1967; zitiert: MÜHLEN, *Der Heilige Geist.*

MURRAY, John Courtney, *Religiöse Freiheit und Konzil*, in: WuW 20 (1965) 409–430; 505–536; zitiert: MURRAY, *Religiöse Freiheit und Konzil.*

MUSCHALEK, Georg, *Kirche – noch heilsnotwendig? Über das Gewissen, die Empörung und das Verlangen*, Tübingen [3]1990; zitiert: MUSCHALEK, *Kirche – noch heilsnotwendig?*

MUSSNER, Franz, *Die johanneischen Parakletsprüche und die apostolische Tradition*, in: BZ 5 (1961) 56–70; zitiert: MUSSNER, *Die johanneischen Parakletsprüche.*

MUSSNER, Franz, *Die Johanneische Sehweise und die Frage nach dem historischen Jesus* (= QD 28), Freiburg 1965; zitiert: MUSSNER, *Die Johanneische Sehweise.*

NEUMANN, Johannes, *Die Verbindlichkeit der Beschlüsse*, in: HAMPE, *Die Autorität* 1, 77–85; zitiert: NEUMANN, *Die Verbindlichkeit der Beschlüsse.*

NEUMANN, Johannes / RATZINGER, Joseph (Hg.), *Theologie im Wandel. Festschrift zum 150jährigen Bestehen der katholisch-theologischen Fakultät an der Universität Tübingen. 1817–1967*, München 1967; zitiert: NEUMANN / RATZINGER, *Theologie im Wandel.*

NEUSNER, Jakob, *A Rabbi talks with Jesus*, New York u. a. 1993; zitiert: NEUSNER, *A Rabbi talks with Jesus.*

Newman, John Henry, *An seine Gnaden den Herzog von Norfolk*, in: Ausgewählte Werke 4, 113–229; zitiert: Newman, *Herzog von Norfolk*.

Nissiotis, Nikos A., *Die Ekklesiologie des Zweiten Vatikanischen Konzils in orthodoxer Sicht und ihre ökumenische Bedeutug*, in: KuD 10 (1964) 153–168; zitiert: Nissiotis, *Die Ekklesiologie des Zweiten Vatikanischen Konzils*.

Nissiotis, Nikos A., *Report on the Second Vatican Council*, in: ER 18 (1966) 190–206; zitiert: Nissiotis, *Second Vatican Council*.

Nussbaum, Otto, *Der Standort des Liturgen am christlichen Altar vor dem Jahre 1000. Eine archäologische und liturgiegeschichtliche Untersuchung*, 2 Bde. (= Theoph. 18, 1. 2), Bonn 1965; zitiert: Nussbaum, *Der Standort des Liturgen*.

Oesterreicher, John, *Auschwitz, der Christ und das Konzil*, Meitingen 1964; zitiert: Oesterreicher, *Auschwitz*.

Onna, Ben van / Stankowski, Martin (Hg.), *Kritischer Katholizismus. Argumente gegen die Kirchengesellschaft* (Fischer-Bücherei), Frankfurt 1969; zitiert: Onna / Stankowski, *Kritischer Katholizismus*.

Ortigues, Edmond, *Écriture et Traditions apostoliques au Concile de Trente*, in: RSR 36 (1949) 271–299; zitiert: Ortigues, *Écriture et Traditions*.

Ott, Heinrich, *Die Offenbarung Gottes nach dem Konzil*, in: Hampe, *Die Autorität* 1, 169–174; zitiert: Ott, *Die Offenbarung Gottes*.

Ottaviani, Alfredo, *Interview mit Kardinal Ottaviani*, in: DC 63 (1966) 837–844; zitiert: *Interview Ottaviani*.

Pancheri, Francesco-Saverio, *Massimiliano Kolbe santo del secolo*, Padova 1982; zitiert: Pancheri, *Massimiliano Kolbe*.

Pascal, Blaise, *Pensées*, hg., übers. von Matthias Laros nach der Ausgabe von Léon Brunschvicg, Pierre Boutroux, Félix Gazier, in: *Œuvres*, 14 Bde., Paris 1904–1914, zitiert: Pascal, *Pensées*.

Pellegrini, Michele, *Die Stellung der Väter im Studium der Theologie*, in: Seminarium 18 (1966) 893–901; zitiert: Pellegrini, *Die Stellung der Väter*.

Peloso, Flavio, *Santi e santità dopo il Concilio Vaticano II*, Rom 1991; zitiert: Peloso, *Santi e santità*.

Peterson, Erik, *Theologische Traktate*, München 1951; zitiert: Peterson, *Theologische Traktate*.

Peterson, Erik, *Zeuge der Wahrheit*, in: Peterson, *Theologische Traktate*, München 1951, 165–224; zitiert: Peterson, *Zeuge der Wahrheit*.

Peukert, Helmut (Hg.), *Diskussion zur »politischen Theologie«. Mit einer Bibliographie zum Thema*, Mainz 1969; zitiert: Peukert, *Diskussion zur »politischen Theologie«*.

Philips, Gérard, *Deux tendances dans la théologie contemporaine. En marge di IIe Concile du Vatican*, in: NRTh 85 (1963) 225–238; zitiert: Philips, *Deux tendances dans la théologie contemporaine*.

Philips, Gérard, *Die Kirche in der Welt von heute*, in: Conc 1 (1965) 458–467; zitiert: Philips, *Die Kirche in der Welt von heute*.

PIEPER, Josef, *Zustimmung zur Welt. Eine Theorie des Festes*, München ²1964; zitiert: PIEPER, *Zustimmung zur Welt.*

PISSAREK-HUDELIST, Herlinde, *Das ordentliche Lehramt als kollegialer Akt des Bischofskollegiums*, in: METZ, *Gott in Welt* 2, 166–185; zitiert: PISSAREK-HUDELIST, *Das ordentliche Lehramt.*

PIUS XII., Enzyklika *Humani generis* vom 12. August 1950, in: AAS 42 (1950) 561–577; zitiert: PIUS XII., *Humani generis.*

POULAT, Émile, *Histoire, dogme et critique dans la crise moderniste*, Paris 1962; zitiert: POULAT, *La crise moderniste.*

PUCCINELLI, Mario, *Das Echo in Italien*, in: Dok 20 (1964) 48–52; zitiert: PUCCINELLI, *Das Echo in Italien.*

RAD, Gerhard von, *Das erste Buch Mose* (= ATD 2/4), Göttingen ⁷1964; zitiert: RAD, *1 Mose.*

RAHNER, Hugo, *Kirche und Staat im frühen Christentum*, München 1961; zitiert: RAHNER, *Kirche und Staat.*

RAHNER, Karl, *Die vielen Messen und das eine Opfer*, in: ZKTh 71 (1949) 257–317; zitiert: RAHNER, *Die vielen Messen und das eine Opfer (1949).*

RAHNER, Karl, *Die vielen Messen und das eine Opfer*, Freiburg 1951; zitiert: RAHNER, *Die vielen Messen und das eine Opfer (1951).*

RAHNER, Karl, *Die vielen Messen als die vielen Opfer Christi*, in: ZKTh 77 (1955) 94–101; zitiert: RAHNER, *Die vielen Messen als die vielen Opfer Christi.*

RAHNER, Karl / RATZINGER, Joseph, *Episkopat und Primat* (= QD 11), Freiburg 1961; zitiert: RAHNER / RATZINGER, *Episkopat und Primat.*

RAHNER, Karl, *Episkopat und Primat*, in: Ders. / Ratzinger, *Episkopat und Primat*, 13–36; zitiert: RAHNER, *Episkopat und Primat.*

RAHNER, Karl, *Über das ius divinium des Episkopats*, in: Ders. / Joseph Ratzinger, *Episkopat und Primat*, 60–125; zitiert: RAHNER, *Über das ius divinum des Episkopats.*

RAHNER, Karl / RATZINGER, Joseph, *Offenbarung und Überlieferung. Hans Urs von Balthasar zum 60. Geburtstag* (= QD 25), Freiburg 1964; zitiert: RAHNER / RATZINGER, *Offenbarung und Überlieferung.*

RAHNER, Karl, *Bemerkungen zum Begriff der Offenbarung*, in: RAHNER / RATZINGER, *Offenbarung und Überlieferung*, 11–24; zitiert: RAHNER, *Bemerkungen zum Begriff der Offenbarung.*

RAHNER, Karl, Art. Dogmenentwicklung, in: LThK² 3 [1959] 457–463; zitiert: RAHNER, Art. Dogmenentwicklung.

RAHNER, Karl, *Zur Frage der Dogmenentwicklung*, in: Ders., *Schriften zur Theologie* 1, Einsiedeln 1954, 49–90; zitiert: RAHNER, *Dogmenentwicklung.*

RAHNER, Karl, *Über den Episkopat*, in: STÄHLIN / LERCHE, *Das Amt der Einheit*, 245–311; zitiert: RAHNER, *Episkopat.*

RAHNER, Karl / VORGRIMLER, Herbert (Hg.), *Diaconia in Christo. Über die Erneuerung des Diakonates* (= QD 15 / 16), Freiburg 1962; zitiert: RAHNER / VORGRIMLER, *Diaconia in Christo.*

Rahner, Karl, *Selbstbesinnung der Kirche*, in: Hampe, *Ende der Gegenreformation?*, 147–155; zitiert: Rahner, *Selbstbesinnung der Kirche.*

Ratzinger, Georg, *Geschichte der kirchlichen Armenpflege*, Freiburg 1884; zitiert: Ratzinger, *Kirchliche Armenpflege.*

Ratzinger, Joseph, *Volk und Haus Gottes in Augustins Lehre von der Kirche*, München 1954; JRGS 1, 43–418; zitiert: Ratzinger, *Volk und Haus Gottes.*

Ratzinger, Joseph, *Die Geschichtstheologie des heiligen Bonaventura*, München 1959; JRGS 2, 419–646; zitiert: Ratzinger, *Geschichtstheologie.*

Ratzinger, Joseph, *Auferstehung und ewiges Leben*, in: Theodor Bogler, *Tod und Leben. Von den letzten Dingen.* (= LuM 25), Maria Laach 1959, 92–103; zitiert: Ratzinger, *Auferstehung und ewiges Leben.*

Ratzinger, Joseph, *Die christliche Brüderlichkeit*, München 1960. ²2006; JRGS 8, 37–101; zitiert: Ratzinger, *Brüderlichkeit.*

Ratzinger, Joseph, *Der Mensch und die Zeit im Denken des heiligen Bonaventura*, in: *L'homme et son destin d'apres les penseurs du moyen âge* (Actes du premier congrès international de philosophie médiévale, Louvain – Bruxelles, 28.8.–4.9.1958), Louvain-Paris 1960, 473–483; JRGS 2, 734–743; zitiert: Ratzinger, *Der Mensch und die Zeit im Denken des heiligen Bonaventura.*

Ratzinger, Joseph, *Der eucharistische Weltkongress im Spiegel der Kritik*, in: Richard Egenter / Otto Pirner / Hubert Hofbauer (Hg.), *Statio orbis. Eucharistischer Weltkongress 1960 in München* 1, München 1961; JRGS 7, 52–72; zitiert: Ratzinger, *Der eucharistische Weltkongress.*

Ratzinger, Joseph, *Primat, Episkopat und Successio Apostolica*, in: Rahner / Ratzinger, *Episkopat und Primat*, 37–59; JRGS 12, 212–232; zitiert: Ratzinger, *Primat, Episkopat und Successio.*

Ratzinger, Joseph, *Atheismus*, in: Läpple / Schmaus, *Wahrheit und Zeugnis*, 94–100, zitiert: Ratzinger, *Atheismus.*

Ratzinger, Joseph, *Christozentrik in der Verkündigung*, in: TThZ 70 (1961) 1–14; zitiert: Ratzinger, *Christozentrik in der Verkündigung.*

Ratzinger, Joseph, Art. Neuheidentum, in: LThK² 7 [1962] 907–909; zitiert: Ratzinger, Art. Neuheidentum.

Ratzinger, Joseph, Art. Licht, in: HThG 2 [1963] 44–54; zitiert: Ratzinger, Art. Licht.

Ratzinger, Joseph, *Die erste Sitzungsperiode des Zweiten Vatikanischen Konzils. Ein Rückblick*, Köln 1963; zitiert: Ratzinger, *Die erste Sitzungsperiode.*

Ratzinger Joseph / Fries, Heinrich (Hg.), *Einsicht und Glaube. Gottlieb Söhngen zum 70. Geburtstag am 21. Mai 1962*, Freiburg 1962. ²1963; zitiert: Ratzinger / Fries, *Einsicht und Glaube.*

Ratzinger, Joseph, *Wesen und Grenzen der Kirche*, in: Forster, *Das Zweite Vatikanische Konzil*, 47–68; u. d. T. *Der Kirchenbegriff und die Frage nach der Gliedschaft in der Kirche* jetzt in: JRGS 8, 290–307; zitiert: Ratzinger, *Wesen und Grenzen der Kirche.*

Ratzinger, Joseph, *Die Kirche und die Kirchen. Das oekumenische Problem in der zweiten Session des gegenwärtigen Konzils*, in: Ref. 13 (1964) 85–108; zitiert: Ratzinger, *Die Kirche und die Kirchen.*

Ratzinger, Joseph, *Das Konzil auf dem Weg. Rückblick auf die zweite Sitzungsperiode*, Köln 1964; zitiert: Ratzinger, *Zweite Sitzungsperiode.*

Ratzinger, Joseph / Rahner, Karl, *Offenbarung und Überlieferung. Hans Urs von Balthasar zum 60. Geburtstag* (= QD 25), Freiburg 1964; zitiert: Rahner / Ratzinger, *Offenbarung und Überlieferung.*

Ratzinger, Joseph, *Ein Versuch zur Frage des Traditionsbegriffs*, in: Rahner / Ratzinger, *Offenbarung und Überlieferung*, 25–69; zitiert: Ratzinger, *Ein Versuch zur Frage des Traditionsbegriffs.*

Ratzinger, Joseph, Art. Schöpfung, in: LThK² 9 [1964] 460–466; zitiert: Ratzinger, Art. Schöpfung.

Ratzinger, Joseph, *Zur Katechismuslehre von Schrift und Tradition*, in: ThRv 60 (1964) 217–224; zitiert: Ratzinger, *Zur Katechismuslehre von Schrift und Tradition.*

Ratzinger, Joseph, *Der christliche Glaube und die Welt*, in: Metz / Kern / Darlapp / Vorgrimler, *Gott in Welt* 2, 287–305; zitiert: Ratzinger, *Der christliche Glaube und die Welt.*

Ratzinger, Joseph, *Zurück zur alten Ordnung der alten Kirche*, in: Hampe, *Ende der Gegenreformation?*, 183–184; zitiert: Ratzinger, *Ordnung der alten Kirche.*

Ratzinger, Joseph, Art. Tradition, III. Systematisch, in: LThK² 10 [1965] 290–299; zitiert: Ratzinger, Art. Tradition.

Ratzinger, Joseph, *Das Problem der Mariologie. Überlegungen zu einigen Neuerscheinungen*, in: ThRv 61 (1965) 73–82; zitiert: Ratzinger, *Das Problem der Mariologie.*

Ratzinger, Joseph, *Der Christ und die Welt von heute. Überlegungen zum sogenannten Schema 13 des Zweiten Vatikanischen Konzils*, in: Metz, *Weltverständnis*, 143–160; zitiert: Ratzinger, *Der Christ und die Welt von heute.*

Ratzinger, Joseph, *Das Problem der Dogmengeschichte in der Sicht der katholischen Theologie* (= VAFLNW.G 139), Köln / Opladen 1966; zitiert: Ratzinger, *Das Problem der Dogmengeschichte.*

Ratzinger, Joseph, *Ergebnisse und Probleme der dritten Konzilsperiode*, Köln 1966; zitiert: Ratzinger, *Dritte Konzilsperiode.*

Ratzinger, Joseph, *Die letzte Sitzungsperiode des Konzils*, Köln 1966; zitiert: Ratzinger, *Die letzte Sitzungsperiode.*

Ratzinger, Joseph, *Die bischöfliche Kollegialität. Theologische Entfaltung*, in: Baraúna, *De Ecclesia* 2, 44–70; u. d. T. Die bischöfliche Kollegialität nach der Lehre des Zweiten Vatikanischen Konzils, in: Ders., *Das neue Volk Gottes*, 171–200; JRGS 7, 660–695; zitiert: Ratzinger, *Die bischöfliche Kollegialität.*

Ratzinger, Joseph, *Zum Personverständnis in der Dogmatik*, in: Speck, *Das Personverständnis*, 157–171; zitiert: Ratzinger, *Personverständnis in der Dogmatik.*

RATZINGER, Joseph, *Die sakramentale Begründung der christlichen Existenz*, Meitingen 1966; JRGS 11, 197–232; zitiert: RATZINGER, *Die sakramentale Begründung der christlichen Existenz.*

RATZINGER, Joseph, *Heilsgeschichte und Eschatologie. Zur Frage nach dem Ansatz des theologischen Denkens*, in: Johannes Neumann / Joseph Ratzinger (Hg.), *Theologie im Wandel*, 68–89; zitiert: RATZINGER, *Heilsgeschichte und Eschatologie.*

RATZINGER, Joseph, *Konkrete Formen bischöflicher Kollegialität. Papst, Patriarch, Bischof*, in: HAMPE, *Ende der Gegenreformation?*, 155–163; zitiert: RATZINGER, *Konkrete Formen bischöflicher Kollegialität.*

RATZINGER, Joseph, *Kommentar* zur dogmatischen Konstitution über die göttliche Offenbarung »Dei Verbum«, Prooemium, Erstes, Zweites und Sechstes Kapitel, in: LThK^2, Erg.-Bd. 2 [1967] 498–528; zitiert: RATZINGER, *Kommentar* zu DV Prooem, I, II und IV.

RATZINGER, Joseph, Rez. zu F. M. Willam, Vom jungen Angelo Roncalli (1903–1907) zum Papst Johannes XXIII. (1958–1963), Innsbruck 1967, in: ThQ 148 (1968) 236–241; zitiert: RATZINGER, Rez. zu F. M. Willam.

RATZINGER, Joseph, *Ist die Eucharistie ein Opfer?*, in: Conc (D) 3 (1967) 299–304; JRGS 11, 259–270; zitiert: RATZINGER, *Ist die Eucharistie ein Opfer?*

RATZINGER, Joseph, *Einführung in das Christentum. Vorlesungen über das Apostolische Glaubensbekenntnis*, München 1968; zitiert: RATZINGER, *Einführung in das Christentum.*

RATZINGER, Joseph, *Das neue Volk Gottes*, Düsseldorf 1969. ^{2}1970; zitiert: RATZINGER, *Das neue Volk Gottes;* darin:

- *Der Kirchenbegriff und die Frage nach der Gliedschaft in der Kirche*, 90–104; JRGS 8, 290–307; zitiert: RATZINGER, *Kirchenbegriff und Kirchengliedschaft.*
- *Das geistliche Amt und die Einheit der Kirche*, 105–120; JRGS 12, 51–69; zitiert: RATZINGER, *Amt und die Einheit.*
- *Primat und Episkopat*, 121–146; JRGS 8, 629–659; zitiert: RATZINGER, *Primat und Episkopat.*
- *Zur Theologie des Konzils*, 147–170; JRGS 7, 92–120; zitiert: RATZINGER, *Theologie des Konzils.*
- *Die bischöfliche Kollegialität nach der Lehre des Zweiten Vatikanischen Konzils*, 171–200; JRGS 7, 660–695; zitiert: RATZINGER, *Die bischöfliche Kollegialität.*
- *Die pastoralen Implikationen der Lehre von der Kollegialität der Bischöfe*, 201–224; JRGS 12, 233–261; zitiert: RATZINGER, *Die pastoralen Implikationen.*
- *Freimut und Gehorsam. Das Verhältnis des Christen zu seiner Kirche*, 249–266; JRGS 8 / 2, 448–467; zitiert: RATZINGER, *Freimut und Gehorsam.*
- *Weltoffene Kirche? Überlegungen zur Struktur des Zweiten Vatikanischen Konzils*, 282–301; zitiert: RATZINGER, *Weltoffene Kirche?*
- *Der Katholizismus nach dem Konzil. Vortrag auf dem 81. Deutschen Katholikentag in Bamberg, 14. Juli 1966*, 302–321; JRGS 7, 1003–1025; zitiert: RATZINGER, *Katholizismus nach dem Konzil.*

RATZINGER, Joseph, *Glaube und Zukunft*, München 1970; zitiert: RATZINGER, *Glaube und Zukunft.*

RATZINGER, Joseph, *Wie wird die Kirche im Jahr 2000 aussehen?*, in: Ders., *Glaube und Zukunft*, 107–125; zitiert: RATZINGER, *Wie wird die Kirche im Jahr 2000 aussehen?.*

RATZINGER, Joseph, *Dogma und Verkündigung*, München 1973; zitiert: RATZINGER, *Dogma und Verkündigung.*

RATZINGER, Joseph, *Zehn Jahre nach Konzilsbeginn – Wo stehen wir?*, in: Ders., *Dogma und Verkündigung*, 439–447; JRGS 7, 1032–1039; zitiert: RATZINGER, *Zehn Jahre nach Konzilsbeginn – Wo stehen wir?.*

RATZINGER, Joseph, *Stimme des Vertrauens. Kardinal Frings auf dem Zweiten Vaticanum*, in: Norbert Trippen / Wilhelm Mogge (Hg.), *Ortskirche im Dienst der Weltkirche*, Köln 1976, 183–190; JRGS 7, 602–615; zitiert: RATZINGER, *Stimme des Vertrauens.*

RATZINGER, Joseph, *Theologische Prinzipienlehre. Bausteine zur Fundamentaltheologie*, München 1982; zitiert: RATZINGER, *Theologische Prinzipienlehre;* darin:

- *Kirche und Welt: Zur Frage nach der Rezeption des II. Vatikanischen Konzils*, 395–411; JRGS 7, 1040–1059; zitiert: RATZINGER, *Kirche und Welt.*

RATZINGER, Joseph, *Zur Lage des Glaubens. Ein Gespräch mit Vittorio Messori*, München 1985; zitiert: RATZINGER, *Zur Lage des Glaubens.*

RATZINGER, Joseph, *Kirche, Ökumene und Politik. Neue Versuche zur Ekklesiologie*, Einsiedeln 1987; zitiert: RATZINGER, *Kirche, Ökumene und Politik.*

RATZINGER, Joseph, *Zur Gemeinschaft gerufen*, Freiburg 1991; zitiert: RATZINGER, *Gemeinschaft.*

RATZINGER, Joseph, *Evangelium – Katechese – Katechismus. Streiflichter auf den Katechismus der katholischen Kirche*, München 1995; zitiert: RATZINGER, *Evangelium – Katechese – Katechismus.*

RATZINGER, Joseph, *Evangelisierung, Katechese und Katechismus*, in: Ders., *Evangelium – Katechese – Katechismus*, 32–62; zitiert: RATZINGER, *Evangelisierung, Katechese und Katechismus.*

RATZINGER, Joseph, Geleitwort zu: Leo Scheffczyk, La Chiesa. Aspetti della crisi postconciliare e corretta interpretazione del Concilio Vaticano II (Già e non ancora 327), Mailand 1998, 9–11; zitiert: JRGS 7, 1159–1162; RATZINGER, Geleitwort zu: Leo Scheffczyk.

RENGSTORF, Karl Heinrich, Art. δώδεκα, in: ThWNT 2 [1935] 321–328; zitiert: RENGSTORF, Art. δώδεκα.

REPGEN, Konrad, *Kardinal Josef Frings (1887–1978) im Rückblick. Aktuelle Fragen – ein Jahr nach seinem Tod*, in: Presseamt des Erzbistums Köln (Hg.), Zeitfragen 3 (1980); zitiert: REPGEN, *Kardinal Josef Frings.*

PESCH, Wilhelm / SCHLETTE, Heinz Robert, Art. Teilhabe, in: HThG 2 [1963] 630–641; zitiert: PESCH / SCHLETTE, Art. Teilhabe.

RIEDMATTEN, Henry de / FEINER, Johannes, Art. Toleranz. II. Systematisch, in: LThK[2] 10 [1965] 242–246; zitiert: RIEDMATTEN / FEINER, Art. Toleranz.

Rief, Josef, Art. Stoizismus, in: LThK^2 9 [1964] 1088–1090; zitiert: Rief, Art. Stoizismus.

Robinson, John A. T., *Kann man heute kein Atheist sein? Der Glaube post mortem dei*, in: Kont. 1 (1965) 5–15; zitiert: Robinson, *Kann man heute kein Atheist sein?*

Robinson, John A. T., *Eine neue Reformation?*, München 1965; zitiert: Robinson, *Eine neue Reformation?*

Rondet, Henri, *Vatican I. Le concile de Pie IX. la préparation, les méthodes de travail, les schémas restés en suspens*, Paris 1962; zitiert: Rondet, *Vatican I.*

Rüegg, August, *Die Jenseitsvorstellungen vor Dante und die übrigen literarischen Voraussetzungen der »Divina Commedia«. Ein Quellenkritischer Kommentar*, Einsiedeln/Köln 1945; zitiert: Rüegg, *Die Jenseitsvorstellungen vor Dante.*

Rusch, Paulus, *De non definienda illimitata insufficientia materiali Scripturae*, in: ZKTh 85 (1963) 1–15; zitiert: Rusch, *Scripturae.*

Rusch, Paulus, *Die kollegiale Struktur des Bischofsamtes*, in: ZKTh 86 (1964) 257–285; zitiert: Rusch, *Die kollegiale Struktur.*

Ryan, Seamus, *The Sacramental Distinction between Bishop and Priest*, Maynooth 1963; zitiert: Ryan, *Bishop and Priest.*

Saier, Oskar, *»Communio« in der Lehre des Zweiten Vatikanischen Konzils* (= MThS.K 32), München 1973; zitiert: Saier, »Communio«.

Sartory, Thomas, *Die ökumenische Bewegung und die Einheit der Kirche*, Meitingen 1955; zitiert: Sartory, *Die ökumenische Bewegung.*

Sartory, Thomas, *Mut zur Katholizität. Geistliche und theologische Erwägungen zur Einigung der Christen* (= RWA 29), Salzburg 1962; zitiert: Sartory, *Mut zur Katholizität.*

Sartory, Thomas, *Fragen an die Kirche*, München 1965; zitiert: Sartory, *Fragen an die Kirche.*

Schauf, Heribert, *Die Lehre der Kirche über Schrift und Tradition in den Katechismen*, Essen 1963; zitiert: Schauf, *Schrift und Tradition in den Katechismen.*

Scheeben, Matthias Joseph, *Die Mysterien des Christentums. Wesen, Bedeutung und Zusammenhang derselben nach der in ihrem übernatürlichen Charakter gegebenen Perspektive dargestellt,* Freiburg ^{4}1925; zitiert: Scheeben, *Mysterien des Christentums.*

Scheffczyk, Leo, *Von der Heilsmacht des Wortes. Grundzüge einer Theologie des Wortes*, München 1966; zitiert: Scheffczyk, *Von der Heilsmacht des Wortes.*

Scheffczyk, Leo / Dettloff, Werner / Heinzmann, Richard (Hg.), *Wahrheit und Verkündigung. Michael Schmaus zum 70. Geburtstag*, 2 Bde., Paderborn 1967; zitiert: Scheffczyk / Dettloff / Heinzmann, *Wahrheit und Verkündigung.*

Scheffczyk, Leo, *Aspekte der Kirche in der Krise. Um die Entscheidung für das authentische Konzil* (= Quaestiones non disputatae 1), Siegburg 1993; zitiert: Scheffczyk, *Aspekte der Kirche in der Krise.*

SCHEFFCZYK, Leo, *La Chiesa. Aspetti della crisi postconciliare e corretta interpretazione del Concilio Vaticano II* (Già e non ancora 327), Mailand 1998; zitiert: SCHEFFCZYK, *La Chiesa.*

SCHELKLE, Karl Hermann, *Von der Predigt zur Predigt*, in: NEUMANN / RATZINGER, *Theologie im Wandel*, 408–412; zitiert: SCHELKLE, *Von der Predigt zur Predigt.*

SCHELKLE, Karl Hermann, *Jüngerschaft und Apostelamt. Eine biblische Auslegung des priesterlichen Dienstes*, Freiburg 1957; zitiert: SCHELKLE, *Jüngerschaft und Apostelamt.*

SCHLETTE, Heinz Robert, *Die Religionen als Thema der Theologie. Überlegungen zu einer »Theologie der Religionen«* (= QD 22), Freiburg 1964; zitiert: SCHLETTE, *Die Religionen als Thema der Theologie.*

SCHLINK, Edmund, *Die Disskussion des Schemas De Ecclesia in evangelischer Sicht*, in: HAMPE, *Ende der Gegenreformation?*, 379–382; zitiert: SCHLINK, *Die Disskussion des Schemas De Ecclesia in evangelischer Sicht.*

SCHLINK, Edmund, *Erste Schritte der Annäherung*, in: HAMPE, *Ende der Gegenreformation?*, 393–396; zitiert: SCHLINK, *Erste Schritte der Annäherung.*

SCHLINK, Edmund, *Das Ringen um einen römisch-katholischen Ökumenismus im II. Vatikanischen Konzils*, in: KuD 10 (1964) 169–191; zitiert: SCHLINK, *Das Ringen um einen römisch-katholischen Ökumenismus.*

SCHLIER, Heinrich, *Mächte und Gewalten im Neuen Testament*, Freiburg 1958; zitiert: SCHLIER, *Mächte und Gewalten.*

SCHLIER, Heinrich, *Wort Gottes. Eine neutestamentliche Besinnung*, Würzburg 1958; zitiert: SCHLIER, *Wort Gottes.*

SCHLIER, Heinrich, *Der Brief an die Galater*, Göttingen 1962; zitiert: SCHLIER, *Galater.*

SCHLIER, Heinrich, *Der Christ und die Welt*, in: GuL 38 (1965) 416–428; zitiert: SCHLIER, *Der Christ und die Welt.*

SCHLIER, Heinrich, *Besinnung auf das Neue Testament. Exegetische Aufsätze und Vorträge* 2, Freiburg 1964; zitiert: SCHLIER, *Besinnung auf das Neue Testament.*

SCHLIER, Heinrich, *Was heißt Auslegung der Heiligen Schrift?*, in: SCHLIER, *Besinnung auf das Neue Testament*, 35–62; zitiert: SCHLIER, *Was heißt Auslegung der Heiligen Schrift?*

SCHMAUS, Michael (Hg.), *Die mündliche Überlieferung. Beiträge zum Begriff der Tradition*, München 1957; zitiert: SCHMAUS, *Die mündliche Überlieferung.*

SCHMAUS, Michael, *Die psychologische Trinitätslehre des hl. Augustinus* (= MBTh 11), Münster 1927. [2]1966; zitiert: SCHMAUS, *Trinitätslehre.*

SCHMÉMANN, Alexandre, *La notion de primauté dans l'ecclésiologie orthodoxe*, in: AFANASSIEFF, *La primauté*, 117–150; zitiert: SCHMÉMANN, *La notion de primauté.*

SCHMIDTHÜS, Karlheinz, *Einleitung und Kommentar* zum Dekret über die sozialen Kommunikationsmittel, in: LThK[2], Erg.-Bd. 1 [1966] 111–135; zitiert: SCHMIDTHÜS, *Einleitung und Kommentar.*

SCHNACKENBURG, Rudolf, *Die Kirche im Neuen Testament. Ihre Wirklichkeit und theologische Deutung, ihr Wesen und Geheimnis* (= QD 14), Feiburg 1961; zitiert: SCHNACKENBURG, *Kirche im NT.*

SCHÜRMANN, Heinz, *Die Gestalt der urchristlichen Eucharistiefeier*, in: MThZ 6 (1955) 107–131; zitiert: SCHÜRMANN, *Gestalt der urchristlichen Eucharistiefeier.*

SCHÜTTE, Heinz, *Protestantismus. Sein Selbstverständnis und sein Ursprung gemäß der deutschsprachigen protestantischen Theologie der Gegenwart und eine kurze katholische Besinnung*, Essen 1966. ^{2}1967; zitiert: SCHÜTTE, *Protestantismus.*

SCHUTZ, Roger / THURIAN, Max, *La parole vivante au concile. Texte et commentaire de la Constitution sur la révélation,* Taizé 1966; zitiert: SCHUTZ / THURIAN, *La parole.*

SCHWARZ, Rudolf, *Vom Bau der Kirche*, Würzburg 1938; zitiert: SCHWARZ, *Vom Bau der Kirche.*

SKYDSGAARD, Kristen Ejnar, *Vom Geheimnis der Kirche*, in: KuD 10 (1964) 137–152; zitiert: SKYDSGAARD, *Geheimnis der Kirche.*

SEEBER, David Andreas, *Das Zweite Vaticanum. Konzil des Übergangs*, Freiburg 1966; zitiert: SEEBER, *Das Zweite Vaticanum.*

SEIBEL, Wolfgang / DORN, Luitpold A. (Hg.), *Tagebuch des Konzils*, Nürnberg 1964; zitiert: SEIBEL / DORN, *Tagebuch.*

SEKRETARIAT DER DEUTSCHEN BISCHOFSKONFERENZ (Hg.), *Schreiben der Bischöfe des deutschsprachigen Raumes über das priesterliche Amt. Eine biblisch-dogmatische Handreichung vom 11. 11. 1969* (= Die deutschen Bischöfe 0.3); zitiert: *Schreiben der Bischöfe des deutschsprachigen Raumes über das priesterliche Amt.*

SELADOC, Equipo, *Panorama de la teologia Latinoamericano*, 2 Bde., Salamanca 1975; zitiert: SELADOC, *Teologia Latinoamericano.*

SEMMELROTH, Otto, *Wirkendes Wort. Zur Theologie der Verkündigung*, Frankfurt 1962; zitiert: SEMMELROTH, *Wirkendes Wort.*

SEMMELROTH, Otto / ZERWICK, Maximilian, *Vaticanum II über das Wort Gottes. Die Konstitution »Dei Verbum«: Einführung und Kommentar, Text und Übersetzung,* Stuttgart 1966; zitiert: SEMMELROTH / ZERWICK, *Vaticanum II über das Wort Gottes.*

SILVA, Sergio, *Glaube und Politik. Herausforderung Lateinamerikas. Von der christlich inspirierten Partei zur Theologie der Befreiung*, Frankfurt 1973; zitiert: SILVA, *Glaube und Politik.*

SIMON, Pierre Henri, *Woran ich glaube*, Tübingen 1967; zitiert: SIMON, *Woran ich glaube.*

SÖHNGEN, Gottlieb, *Die Einheit in der Theologie*, München 1952; zitiert: SÖHNGEN, *Einheit in der Theologie.*

SÖHNGEN, Gottlieb, *Entgötterung der Welt*, in: MThZ 6 (1955) 16–20; zitiert: SÖHNGEN, *Entgötterung der Welt.*

SÖHNGEN, Gottlieb, *Überlieferung und apostolische Verkündigung*, in: Ders.,

Einheit in der Theologie, 305–323; zitiert: SÖHNGEN, *Überlieferung und apostolische Verkündigung*.

SÖHNGEN, Gottlieb, *Wissenschaft und Weisheit im augustinischen Gedankengefüge*, in: SÖHNGEN, *Einheit in der Theologie*, 101–106; zitiert: SÖHNGEN, *Wissenschaft und Weisheit*.

SÖHNGEN, Gottlieb, *Thomas von Aquin über Teilhabe durch Berührung*, in: SÖHNGEN, *Einheit in der Theologie*, 107–139; zitiert: SÖHNGEN, *Thomas von Aquin*.

SÖHNGEN, Gottlieb, Art. Gesetz und Evangelium, in: LThK² 4 [1960] 831–835; zitiert: SÖHNGEN, Art. Gesetz und Evangelium.

SÖHNGEN, Gottlieb, Art. Postulatstheologie, in: LThK² 8 [1963] 644–645; zitiert: SÖHNGEN, Art. Postulatstheologie.

SOHM, Rudolf, *Kirchenrecht 1. Die geschichtlichen Grundlagen*, Leipzig 1892; zitiert: SOHM, *Kirchenrecht*.

Soziale Schichtung und kirchliches Verhalten in der Großstadt, in: HerKorr 15 (1960 / 61) 280–286; zitiert: *Soziale Schichtung*.

SPANNEUT, Michel, *Le Stoicisme des Pères de l'Église. De Clément de Rome à Clément d'Alezandrie* (= PatSor 1), Paris 1957; zitiert: SPANNEUT, *Le Stoicisme des Pères*.

SPECK, Josef (Hg.), *Das Personverständnis in der Pädagogik und ihren Nachbarwissenschaften*, Münster 1966; zitiert: SPECK, *Das Personverständnis*.

SPÜLBECK, Otto, *Teilhard de Chardin und die Pastoralkonstitution*, in: HAMPE, *Die Autorität* 3, 86–97; zitiert: SPÜLBECK, *Teilhard de Chardin*.

STÄHLIN, Wilhelm / LERCHE, Johannes Heinrich u. a. (Hg.), *Das Amt der Einheit. Grundlegendes zur Theologie des Bischofsamtes*, Stuttgart 1964; zitiert: STÄHLIN / LERCHE, *Das Amt der Einheit*.

STAKEMEIER, Eduard (Hg.), *Paulus Papa VI, Constitutio dogmatica de divina revelatione. Die Konzilskonstitution über die göttliche Offenbarung. Werden, Inhalt und theologische Bedeutung* (= KKTS 18), Paderborn 1966; zitiert: STAKEMEIER, *Die Konzilskonstitution*.

STAKEMEIER, Eduard, *Die Weitergabe der Offenbarung Gottes*, in: HAMPE, *Die Autorität* 1, 174–188; zitiert: STAKEMEIER, *Weitergabe der Offenbarung*.

STEHLE, Emil L., *Indio-Latein Amerika. Skizzen für Ansprachen und Betrachtungen*, Düsseldorf 1971; zitiert: STEHLE, *Indio-Latein Amerika*.

STELZENBERGER, Johannes, *Die Beziehungen der frühchristlichen Sittenlehre zur Ethik der Stoa. Eine moralgeschichtliche Studie*, München 1933; zitiert: STELZENBERGER, *Die Beziehungen der frühchristlichen Sittenlehre zur Ethik der Stoa*.

STELZENBERGER, Johannes, Art. Gewissen, in: HThG 1 [1962] 519–528; zitiert: STELZENBERGER, Art Gewissen.

STONNER, Anton, Art. Bibellesen, in: LThK 2 [1931] 290–292; zitiert: STONNER, Art. Bibellesen.

STONNER, Anton, Art. Bibellesung, in: LThK² 2 [1958] 366–367; zitiert: STONNER, Art. Bibellesung.

STRAMARE, Tarcisio, »*Mensae duae*«. *Studio biblico-patristico su S. Scrittura ed Eucaristia*, in: Seminarium 18 (1966) 1020–1034; zitiert: STRAMARE, »*Mensae duae*«.

STROTMANN, Théodore, *Primauté et Céphalisation. A propos d'une étude du P. K. Rahner*, in: Irén. 37 (1964) 187–197; zitiert: STROTMANN, *Primauté et Céphalisation.*

SUENENS, Léon-Joseph, *Aux origines du Concile Vatican II.*, in: NRTh 107 (1985) 3–21; zitiert: SUENENS, *Aux origines du Concile Vatican II.*

THÜSING, Wilhelm, *Per Christum in Deum. Studien zum Verhältnis von Christozentrik und Theozentrik in den paulinischen Hauptbriefen*, Münster 1965; zitiert: THÜSING, *Per Christum in Deum.*

THURIAN, Max, *Eucharistie. Einheit am Tisch des Herrn?*, Mainz 1963; zitiert: THURIAN, *Eucharistie.*

THURIAN, Max / SCHUTZ, Roger, *La parole vivante au concile. Texte et commentaire de la Constitution sur la révélation*, Taizé 1966; zitiert: SCHUTZ / THURIAN, *La parole.*

TEILHARD DE CHARDIN, Pierre, *Der Mensch im Kosmos*, München 1959; zitiert: TEILHARD DE CHARDIN, *Der Mensch im Kosmos*

TEILHARD DE CHARDIN, Pierre, *Hymne de l'univers*, Paris 1961; zitiert: TEILHARD DE CHARDIN, *Hymne de l'univers.*

TIMIADES, Emile, *Zwischen altem und neuem Rom*, in: US 17 (1962) 126–139; zitiert: TIMIADES, *Zwischen altem und neuem Rom.*

TODD, John Murray (Hg.), *Probleme der Autorität*, Düsseldorf 1967; zitiert: TODD, *Probleme der Autorität.*

TORRELL, Jean-Pierre, *La théologie de l'épiscopat au premier Concile du Vatican*, Paris 1961; zitiert: TORRELL, *La théologie de l'épiscopat.*

Tradition und Traditionen, Berichte der Theologischen Kommission über Tradition und Traditionen an die 4. Weltkonferenz für Glauben und Kirchenverfassung in Montreal, Kanada 1963. Arbeitshefte 2, 1963; zitiert: *Tradition und Traditionen.*

VAGGAGINI, Cipriano, *La teologia dogmatica nell'art. 16 del Decreto sulla formazione sacerdotale*, in: Seminarium 18 (1966) 819–841; zitiert: VAGGAGINI, *Decreto sulla formazione sacerdotale.*

VAN DEN BERK, Tjeu, *Über den Sprachgebrauch des Holländischen Katechismus*, in: Conc (D) 6 (1970) 188–191; zitiert: VAN DEN BERK, *Holländischer Katechismus.*

VAN DER MEER, Frits, *Augustinus als Seelsorger*, Köln 1951; zitiert: VAN DER MEER, *Augustinus.*

VAN STRAELEN, Henri, *Our attitude towards other religions*, Tokyo 1965; zitiert: VAN STRAELEN, *Other religions.*

VEKEMANS, Roger, *Die lateinamerikanische Theologie der Befreiung* (II). *Ein Literaturbericht*, in: IKaZ Communio 2 (1973) 434–448; zitiert: VEKEMANS, *Theologie der Befreiung.*

VISCHER, Lukas, *Die Kirche und die Kirchen*, in: Ref. 13 (1964) 67–84; zitiert: VISCHER, *Die Kirche und die Kirchen.*

VISCHER, Lukas, *Die Bedeutung der Konstitution für die Ökumenische Bewegung*, in: BARAÚNA, *Die Kirche in der Welt von heute*, 484–488; zitiert: VISCHER, *Ökumenische Bewegung.*

VÖGTLE, Anton, Art. Petrus, Apostel, in: LThK² 8 [1963] 334–340; zitiert: VÖGTLE, Art. Petrus, Apostel.

VOLK, Hermann, Art. Ehe. IV. Dogmatisch, in: LThK² 3 [1959] 680–684; zitiert: VOLK, Art. Ehe.

VOLK, Hermann, *Zur Theologie des Wortes Gottes*, Münster 1962; zitiert: VOLK, *Zur Theologie des Wortes Gottes.*

VOLK, Hermann, *Theologische Kritik an der Vorlage*, in: HAMPE, *Die Autorität* 3, 31–33, zitiert: VOLK, *Kritik an der Vorlage.*

VONIER, Ansgar, *Das Mysterium der Kirche*, Salzburg 1934; zitiert: VONIER, *Das Mysterium der Kirche.*

VOOGHT, Paul de, *Les sources de la doctrine chrétienne*, Tournai 1954; zitiert: VOOGHT, *Les sources de la doctrine chrétienne.*

VOOGHT, Paul de, *Les pouvoirs du concile et l'autorité du pape au Concile de Constance. Le décret Haec Sancta Synodus du 6 avril 1415*, Paris 1965; zitiert: VOOGHT, *Les pouvoirs du Concile.*

VORGRIMLER, Heinrich (Hg.), *Exegese und Dogmatik*, Mainz 1962; zitiert: VORGRIMLER, *Exegese und Dogmatik.*

WALDENFELS, Hans, *Offenbarung. Das Zweite Vatikanische Konzil auf dem Hintergrund der neueren Theologie* (= BÖT 3), München 1969; zitiert: WALDENFELS, *Offenbarung*

WEILER, Thomas, *Volk Gottes – Leib Christi. Die Ekklesiologie Joseph Ratzingers und ihr Einfluss auf das Zweite Vatikanische Konzil*, Mainz 1997; zitiert: WEILER, *Volk Gottes – Leib Christi.*

WENGER, Antoine, *Darstellung des Werdegangs der Nota in der Theologischen Kommission*, in: Ders., *Vatican II. – Chronique de la troisième session*, Paris 1965, 81–88; zitiert: WENGER, *La troisième session.*

WENGER, Antoine, *Vatican II. – Chronique de la quatrième session*, Paris 1966; zitiert: WENGER, *La quatrième session.*

WETTER, Gustav A., *Konzil und Kommunismus*, in: HAMPE, *Die Autorität* 3, 590–596; zitiert: WETTER, *Konzil und Kommunismus.*

WILLAM, Franz Michel, *Vom jungen Angelo Roncalli 1903–1907 zum Papst Johannes XXIII. 1958–1963*, Innsbruck 1967; zitiert: WILLAM, *Angelo Roncalli.*

WILTGEN, Ralph M., *Der Rhein fließt in den Tiber. Eine Geschichte des Zweiten Vatikanischen Konzils*, Feldkirch ²1988.

Editorische Hinweise

I. Zur Gesamtausgabe

Die Gesammelten Schriften Joseph Ratzingers (JRGS) verstehen sich als »Ausgabe letzter Hand« des Theologen Joseph Ratzinger in deutscher Sprache. Angezielt ist die möglichst vollständige Präsentation des gedruckten Werkes, ergänzt um bislang ungedruckte oder noch nicht auf Deutsch publizierte Texte in einer systematischen Ordnung, die chronologische und sachliche Gesichtspunkte miteinander verbindet.

Die Monographien Joseph Ratzingers werden in sich unverändert in die Gesammelten Schriften aufgenommen und ergänzt jeweils um weitere thematisch verwandte Texte. Wie vom Autor auch früher vielfach praktiziert, werden den ausdrücklich wissenschaftlichen Texten solche beigefügt, die anderen literarischen Gattungen angehören, wie beispielsweise Lexikonartikel, Buchbesprechungen und schließlich auch Predigten und Meditationen.

Die Aufsatzbände Joseph Ratzingers, die zu bestimmten Etappen des Wirkens des Theologen, Bischofs und Präfekten der Kongregation für die Glaubenslehre thematisch zusammengehörige Beiträge vereinen, werden aufgelöst und die einzelnen Schriften in die neue Systematik eingefügt.

Die Gesammelten Schriften werden eröffnet – hinsichtlich der Bandzählung, nicht unbedingt was den tatsächlichen Zeitpunkt des Erscheinens betrifft – mit den beiden wissenschaftlichen Qualifikationsschriften Joseph Ratzingers: seiner Dissertation über das Kirchenverständnis Augustins und seiner Habilitationsschrift über die Geschichtstheologie und das Offenbarungsverständnis Bonaventuras. Angefügt werden jeweils weitere Studien und Texte zu Augustinus bzw. Bonaventura.

Band 3 nimmt die Antrittsvorlesung von Professor Ratzinger *Der Gott des Glaubens und der Gott der Philosophen* 1959 in Bonn zum Ausgangspunkt und ordnet ihr alle weiteren Texte im Themenbereich fides et ratio zu. Hierher gehören beispielsweise auch alle Reflexionen über die geistesgeschichtlichen Grundlagen Europas.

Band 4 geht aus von der *Einführung in das Christentum* (1968) und schließt weitere Texte im Themenbereich von Bekenntnis des Glaubens, Taufe, Umkehr, Nachfolge und Christlicher Existenzvollzug an.

Die Bände 5 bis 12 orientieren sich im weitesten Sinne am Themenkanon der systematischen Theologie.

Band 5 vereint die Texte, die den Traktaten Schöpfungslehre, Anthropologie und Gnadenlehre zuzurechnen sind, wobei die Mariologie als heilsgeschichtlich konkretisierte Gnadenlehre präsentiert wird.

Band 6 stellt, ausgehend von der Jesus-Trilogie *Jesus von Nazareth* (2007, 2011; der dritte Band ist in Vorbereitung), die Studien zur Christologie zusammen.

Band 7 und Band 8 decken mit der Ekklesiologie einen weiteren Arbeitsschwerpunkt Joseph Ratzingers ab, wobei Band 7 zunächst alle Texte zur Lehre des Konzils zusammenstellt: die im Zuge der Vorbereitung des Zweiten Vatikanischen Konzils entstandenen, dann aber auch die aus unmittelbarem Erleben geschriebenen Berichte sowie die im Anschluss verfassten Kommentare und nicht zuletzt eine Reihe von Wortmeldungen hinsichtlich der Rezeption der Konzilstexte. Band 8 bringt die ekklesiologischen Arbeiten im engeren Sinne und integriert vor allem auch Joseph Ratzingers Schriften zur Ökumene.

Am Schnittpunkt von Fundamentaltheologie und Dogmatik steht Band 9, der Joseph Ratzingers über den gesamten Zeitraum seines Wirkens entstandene Arbeiten zur Theologischen Erkenntnislehre und Hermeneutik versammelt, insbesondere auch seine Studien zum Schriftverständnis und zur spezifischen Zuordnung von Offenbarung, Tradition, Schrift und Lehramt.

Band 10 nimmt die *Eschatologie* (1977), das einzige von Joseph Ratzinger veröffentlichte dogmatisch-theologische Lehrbuch, zum Ausgangspunkt und ordnet ihm alle weiteren Studien und Texte im Themenbereich Hoffnung, Tod, Auferstehung, Ewiges Leben zu.

Mit den Bänden 11 und 12 unterstreicht der Autor ausdrücklich weitere Hauptanliegen seines Denkens. Mit der *Theologie der Liturgie* in Band 11, womit der Heilige Vater die Veröffentlichung seiner Gesammelten theologischen Schriften eröffnen wollte, stellt er das Gesamtwerk unter das Vorzeichen einer konsequenten Theozentrik. Band 12 versammelt eigens die ansonsten auch in die Ekklesiologie oder Sakramentenlehre zu integrierenden Texte zum Geistlichen Dienstamt und präsentiert sie unter dem Titel *Künder des Wortes und Diener eurer Freude*.

Band 13 versammelt Joseph Ratzingers zahlreiche Interviews, sowohl frühe und kürzere wie auch die drei in Buchform erschienenen, wobei das Gespräch mit Vittorio Messori 1984/85 den Anfang machte und die beiden Bücher von und mit Peter Seewald (1996 und 2000) folgten.

Band 14 präsentiert eine möglichst große Auswahl aus dem umfangreichen homiletischen Werk Joseph Ratzingers, wobei auch weniger bekannte und bislang unveröffentlichte Ansprachen und Meditationen Berücksichtigung finden.

Band 15 vereint, ausgehend von Joseph Ratzingers 1997/98 erschienener Autobiographie *Aus meinem Leben*, weitere biographische Texte und Beiträge persönlichen Charakters, beispielsweise die zahlreichen Wortmeldungen in Bezug auf seinen Vorgänger Papst Johannes Paul II., seinen Bruder Georg Ratzinger und viele weitere Ansprachen zu Jubiläen, Würdigungen etc.

Band 16 wird eine vollständige Bibliographie der Werke Joseph Ratzingers in deutscher Sprache bieten sowie ein ausführliches systematisches Register zu allen Bänden, welches das Gesamtwerk in seiner inneren Vernetzung erfasst. Die einzelnen Bände werden jeweils durch ausführliche Inhaltsverzeichnisse sowie Personen- und Schriftstellenregister erschlossen.

Wo immer es möglich war, wurde bei der Titulierung der Bände der JRGS auf in Originalveröffentlichungen bereits verwendete Formulierungen zurückgegriffen.

Binnenverweise auf eigene Texte des Autors werden, soweit es der Stand der Edition jeweils schon zulassen wird, mit einem Hinweis auf den entsprechenden Band und die Seitenzahl der JRGS in eckiger Klammer kenntlich gemacht.

Textvorlage ist in aller Regel die jüngste, vom Autor selbst durchgesehene Fassung. Hinweise auf Textvarianten werden nur in den äußerst seltenen Fällen gegeben, in denen sich eine inhaltliche Veränderung zeigt.

Auf Dubletten oder allzu zeitbedingte und situationsabhängige Titel wird auf Wunsch des Autors verzichtet. Diese werden im Rahmen der editorischen Hinweise allerdings einzeln aufgeführt und auch in der als Band 16 geplanten Gesamtbibliographie verzeichnet sein.

Alle Texte, auch die darin angeführten Zitate, sind nach den Regeln der gemäßigten Variante der neuen Deutschen Rechtschreibung vereinheitlicht. Endnoten wurden in Fußnoten umgewandelt. Auf die Abkürzung a. a. O. wird grundsätzlich verzichtet.

Einige wenige Tippfehler oder offensichtliche Errata sind stillschweigend korrigiert.

Vorworte des Autors, die sich auf die Angabe von Formalia beschränken und nicht auch bereits inhaltlich bedeutsam sind, werden nicht in das Textkorpus aufgenommen, sondern im Rahmen der Hinweise zur Edition vermerkt.

Die JRGS verwenden folgende Symbole und Schreibweisen

Hochgestellte Ziffern	Fußnoten des Autors
Hochgestellte Sternchen	Zusätze des Herausgebers
Hochgestellte Kleinbuchstaben	Fußnoten des Herausgebers zur Wiedergabe von Textvarianten des Autors (frühere Textfassungen)
Eckige Klammern mit Punkten […]	Auslassungen des Autors
Kursivdruck	Titel von Büchern und Zeitschriftenartikeln; Hervorhebungen des Autors
Kapitälchen	Familiennamen der Autoren oder Herausgeber; Redaktionelle Überschriften
*[JRGS 8 …]	Querverweise innerhalb der Werkausgabe erfolgen durch den Zusatz (Werke, Band, Seite)

II. Zum vorliegenden Band 7

Der Untertitel »Formulierung – Vermittlung – Deutung« umreißt bereits die Grundstruktur des Aufbaus von Band 7, der alle Beiträge im Zusammenhang der verschiedenen Phasen und Rücksichten des Zweiten Vatikanischen Konzils zusammenfasst. Der Band ist in sieben Teile gegliedert.

Teil A: Am Vorabend des Konzils
Teil B: Mitarbeit
Teil C: Berichterstattung / Begleitung
Teil D: Zusammenarbeit mit Joseph Kardinal Frings
Teil E: Kommentar
Teil F: Rezeption
Teil G: Rezensionen und Geleitworte

Bei den Texten, die nur einmal veröffentlicht wurden, ist die Paginierung der Erstveröffentlichung durch Marginalien gekennzeichnet, wobei jeweils das Seitenende angegeben wird.

Auch für JRGS 7 wurde ein Gesamtliteraturverzeichnis erstellt, in dem die Kurztitel eingeführt werden, nach denen im Anmerkungsapparat zitiert wird.

Teil A

Teil A versammelt vier Texte, die aus den Jahren zwischen der Ankündigung des Konzils am 25. Januar 1959 und seinem offiziellen Beginn am 11. Oktober 1962 sozusagen am »Vorabend« des Konzils verfasst wurden und grundlegende Themen zur Sprache bringen, die zum Verständnis der Konzilstexte wichtig sind.

Grundgedanken der eucharistischen Erneuerung des 20. Jahrhunderts wurde vom damaligen Professor für Fundamentaltheologie in Bonn ursprünglich als Vortrag vor dem Religiösen Bildungswerk Leverkusen gehalten und 1960 im »Klerusblatt« veröffentlicht. Der Text steht exemplarisch für etliche weitere Beiträge im Themenbereich »eucharistische Ekklesiologie«, wie sie in Band 8 und Band 11 der JRGS abgedruckt sind.

Der Beitrag *Der Eucharistische Weltkongress im Spiegel der Kritik* war von Professor Ratzinger für das zweibändige Werk »Statio orbis« erbeten worden, das den Eucharistischen Weltkongress vom August 1960 in München dokumentiert und reflektiert. Der Eucharistische Weltkongress wird von seinem Kommentator ausdrücklich als ein Stück Konzilsvorbereitung im Sinne Johannes' XXIII. gewertet. Während die beiden ersten Texte von Teil A noch eher indirekt auf das Konzil zielen, stehen die übrigen zwei ganz ausdrücklich in der Konzilsvorbereitung.

Das Konzil und die moderne Gedankenwelt ist ursprünglich ein Vortrag, den Prof. Ratzinger 1961 für Kardinal Frings verfasst hatte. Der Kölner Erzbischof trug den Text in einer italienischen Übersetzung im November 1961 in Genua vor. Die deutsche, von Joseph Ratzinger stammende Fassung, wurde zunächst in der Herder-Korrespondenz, in der Zeitschrift »Geist und Leben« und bald darauf auch als kleine Monographie unter der Autorschaft von Kardinal Frings veröffentlicht. Nachdem nun aber Kardinal Frings selbst schon sehr bald die wahre Autorschaft offenbart hatte[1] und nun neuerdings auch die Bibliographie von Vinzenz Pfnür den Vortrag unter die Werke Joseph Ratzingers aufgenommen hat, scheint es angemessen, ihn an dieser Stelle der JRGS zu platzieren.

In *Zur Theologie des Konzils* schließlich entgegnete Joseph Ratzinger der These Hans Küngs von 1961, »Concilium« sei ein Synonym für »Ekklesia«. Dem Artikel, der in drei Fassungen publiziert wurde, liegt ein Vortrag in der Katholischen Akademie Bensberg zugrunde.[2] Die Hauptaussage aller drei gedruckten Versionen besteht darin, dass die Gleichsetzung von »concilium« und »ekklesia« sprachgeschichtlich und theologisch unhaltbar, ein »Konzil« vielmehr Instrument der Leitungsausübung in der Kirche sei. Deshalb wird in JRGS 7 die jüngste Fassung aus *Das neue Volk Gottes* (1969) aufgenommen, auch wenn dort an einigen we-

---

[1] Vgl. Josef Frings, *Für die Menschen bestellt*, Köln 1973, 248 f. Vgl. auch Joseph Ratzinger, *Aus meinem Leben*, in: Karl Wagner / Albert Hermann Ruf (Hg.), Kardinal Ratzinger. Der Erzbischof von München und Freising in Wort und Bild, München 1977, 54–67, hier 66.

[2] Vgl. Joseph Ratzinger, *Aus meinem Leben. Erinnerungen (1927–1977)*, Stuttgart 1998, 100.

nigen Stellen Reflexionen aus der Zeit nach Abschluss des Konzils eingeflossen sind.

Teil B
Mitarbeit

In Teil B werden verschiedenste Texte versammelt, die von Joseph Ratzinger in seiner Funktion als Berater von Kardinal Frings sowie als Konzils-Peritus und Mitglied verschiedener Kommissionen[3] verfasst worden waren und zum Teil von Vinzenz Pfnür in die Bibliographie Joseph Ratzingers aufgenommen wurden. Sachlich erweist sich eine Untergliederung in fünf Abteilungen als sinnvoll: 1. Bei der Vorbereitung, 2. An der Offenbarungskonstitution, 3. An der Kirchenkonstitution sowie 4. Am Missionsdekret und 5. Entwürfe für die Konzilsreden von Josef Kardinal Frings.

Sämtliche Übersetzungen aus dem Lateinischen stammen von Frau Prof. Dr. Marianne Schlosser.

Bei der Vorbereitung

Die *Introductio* war im Frühjahr 1962 von Kardinal Frings als *Entwurf für eine Einleitungskonstitution* erbeten worden. Darin sollten – nicht zuletzt angesichts der Fülle an vorbereiteten Texten – Aufgabenstellung und Ziele des Konzils knapp und präzise formuliert werden. Nachdem das Konzil selbst aber keine solche programmatische Konstitution verabschiedete, blieb der Text ohne unmittel-

---

[3] Aus den Konzilsakten geht die Teilnahme an zwei Kommissionen hervor: Zum einen war Joseph Ratzinger Mitglied der Unterkommission der Theologischen Kommission, deren Aufgabe es war, die Artikel 22 bis 27 im dritten Kapitel des Schemas »De ecclesia« und damit das Zentralstück von »Lumen gentium« zu erarbeiten (ASCOV III/1, 269). Zum anderen ist Joseph Ratzingers Mitarbeit in der Unterkommission belegt, die das Missionsschema zu bearbeiten hatte und damit das Missionsdekret »Ad gentes« vorbereitete (ASCOV IV/6, 267). Außerdem spricht Joseph Ratzinger selbst davon, dass er zu den Konzils-Periti gehörte, die an der Verbesserung des Schemas »De fontibus« mitarbeiteten und damit die Offenbarungskonstitution »Dei Verbum« vorbereiteten (siehe oben Seite 725).

bare Verwendung.[4] Er wurde zuerst 2008 von Jared Wicks in der Zeitschrift Gregorianum im lateinischen Original aus dem Konzilsnachlass von Kardinal Döpfner, München, veröffentlicht zusammen mit einer englischen Übersetzung. Eine deutsche Übersetzung (von Marianne Schlosser) wurde, zusammen mit dem lateinischen Original, erstmals in den »Mitteilungen. Institut Papst Benedikt XVI.« (2011) publiziert.

Stellungnahmen in Latein zu den von Kardinal Cicognani übersandten Konzils-Schemata: Am 14. September 1962 übersandte Professor Ratzinger Kardinal Frings einen Kommentar zu den von Kardinal Cicognani an Kardinal Frings gesandten Schemata (es handelt sich um Band I der »Schemata Constitutionum et Decretorum«). Dem Kommentar liegen die Beratungen zugrunde, zu denen sich ein Kreis von Theologen (Weihbischof Reuss sowie die Theologen Bacht, Feiner, Grillmeier, Hirschmann, Rahner, Ratzinger, Semmelroth und Stakemeier – wenn auch nicht alle gleichzeitig anwesend) vom 9. bis 11. September 1962 bei Hermann Volk, dem Bischof von Mainz, getroffen hatte.[5] Frings hatte sich diesen Kommentar zu eigen gemacht und am 17. September 1962 nach Rom gesandt. Er wurde unter der Autorschaft von Frings im Appendix der Akten des Zweiten Vatikanischen Konzils veröffentlicht, von Jared Wicks 2008 als Ratzinger-Text präsentiert, ins Englische übersetzt und kommentiert. Bereits 2005 hatte Norbert Trippen im Rahmen seiner Frings-Monographie eine (fast vollständige) Übersetzung des Textes geboten. JRGS 7 bringt den vollständigen Text in der deutschen Übersetzung von Marianne Schlosser zusammen mit der lateinischen Urfassung.

Begründung der Änderungsvorschläge[6] *zu Band I der Schemata »Constitutionum et Decretorum«:* Am 3. Oktober 1962 sandte Prof.

---

[4] Vgl. aber die *Botschaft der Konzilsväter an die ganze Menschheit* vom 20. Oktober 1962 (AAS 54 [1962] 822–823); vgl. auch Wicks, Six texts, 236 f.

[5] Siehe die Schreiben von Joseph Ratzinger an Kardinal Frings vom 14. September (HAEK NF 116) und an Sekretär Luthe vom 29. September 1962 (HAEK NF 119); vgl. auch Karl Rahner, *Sehnsucht nach dem geheimnisvollen Gott. Profil. Bilder. Texte*, herausgegeben von Herbert Vorgrimler, Freiburg 1990, 152.

[6] Die vom 9. bis 11. September 1962 in Mainz versammelten Theologen stellten ein 8-seitiges Papier mit Änderungsvorschlägen zusammen. Joseph Ratzinger sandte ein Exemplar an Frings (enthalten in HAEK NF 119) sowie eines an

Ratzinger ein weiteres Ergebnis seiner Durchsicht der Schemata an Kardinal Frings. Ergänzend zu den auf acht Seiten zusammengestellten Änderungsvorschlägen der von Bischof Volk vom 9. bis 11. September 1962 in Mainz versammelten Theologengruppe verfasste Joseph Ratzinger 15 Seiten mit Begründungen. Die allermeisten davon sind auch ohne Kenntnis der Vorschläge aus sich selbst heraus verständlich. In dem vorliegenden Schriftstück ist freilich nur von Änderungsvorschlägen hinsichtlich der ersten vier der insgesamt sieben Schemata in Band I die Rede.

Mit Schreiben vom 29. August 1962 hatte Kardinal Frings seinen Berater Joseph Ratzinger gebeten, am Vorabend der Konzilseröffnung, 10. Oktober 1962, im Saal der Anima in Rom vor den deutschsprachigen Bischöfen seine Beurteilung des Schemas »De fontibus revelationis« vorzutragen. Mit Schreiben vom 31. August 1962 hatte Prof. Ratzinger das Referat zugesagt. Der Text des Vortrags vom 10. Oktober 1962 wurde erstmals von Jared Wicks publiziert. Grundlage für diese vom Heiligen Vater autorisierte Edition war eine Kopie des Vortrags, die sich im Nachlass des Konzilstheologen P. Smulders SJ befindet: Katholiek Documentatie Centrum, Nijmegen, The Netherlands, the Archive Pieter F. Smulders, Folder 100. Das Institut Papst Benedikt XVI. hatte in den MIPB 2 (2009) eine am Original verbesserte Version veröffentlicht, die auch hier abgedruckt wird.

An der Offenbarungskonstitution

Angesichts der Unzulänglichkeiten des Schemas »De fontibus revelationis« brachte Joseph Ratzinger auf Bitten von Kardinal Frings als Alternative »ein kleines Schema zu Papier«[7], »in dem ich meine Sicht auszudrücken versuchte«. Nachdem dieser Text im Beisein von Kardinal Frings einer Reihe von Kardinälen vorgetragen worden war, wurde vereinbart, dass in Zusammenarbeit

P. Grillmeier. Mit Schreiben vom 29. September 1962 an Luthe schlug er vor, den Text vervielfältigen und am 10. Oktober den deutschsprachigen Konzilsvätern austeilen zu lassen. Er bot dazu sogar die Mithilfe seiner Schwester Maria Ratzinger als Schreibkraft an.

[7] Ratzinger, *Aus meinem Leben*, 130.

mit Karl Rahner eine zweite, vertiefte Fassung eines Alternativentwurfes erarbeitet werden sollte. Die zweite, wesentlich längere Fassung, übernimmt auf Vorschlag Rahners[8] den ersten Entwurf Ratzingers weitgehend als Caput I (De revelatione in seipsa). In JRGS 7 wird erstmals Joseph Ratzingers Entwurf *De voluntate Dei erga hominem* in lateinischer Urfassung und deutscher Übersetzung von Marianne Schlosser vorgelegt. Dem folgt der gemeinsame Schema-Entwurf *De revelatione Dei et hominis in Jesu Christo facta*, ebenso in der Übersetzung von Marianne Schlosser. Er war in französischer Übersetzung bereits 1968 als Annex zum 2. Band des Unam-Sanctam-Kommentars zur Offenbarungskonstitution veröffentlicht worden, dort allerdings ohne Nennung der Mitautorschaft Ratzingers.[9] Yves Congar hat dann in der Rahner-Festschrift von 1984 erstmals den lateinischen Text veröffentlicht.

An der Kirchenkonstitution

Das Gutachten zur Frage des päpstlichen Primats und der Kollegialität der Bischöfe vom Oktober 1963 ist von drei Theologen gemeinsam verantwortet: Gustave Martelet, Karl Rahner und Joseph Ratzinger. Es befindet sich in den Konzilsakten Kardinal Döpfners und wurde erstmals veröffentlicht in Pfister (Hg.), Joseph Ratzinger. In JRGS 7 wird es zusammen mit der deutschen Übersetzung von Marianne Schlosser vorgelegt.

---

[8] Vgl. das Schreiben Rahners an Ratzinger vom 16. Oktober 1962 (IPB AP K I-23). Für folgenden Hinweis sei P. Andreas Batlogg herzlich gedankt: Im März 1977, kurz nachdem Joseph Ratzinger Karl Rahner als Gast zu einem Doktorandenkolloquium nach Weltenburg eingeladen hatte, kam es noch zu einem Briefwechsel zwischen Karl Rahner und Joseph Ratzinger. Rahner erbat von Ratzinger Kopien ihrer seinerzeitigen Texte. Ratzinger fand die Dokumente in seinem Kellerarchiv, fertigte Kopien an und schickte sie an Rahner, der sich freundlich bedankte und bekannte, dass die Texte in ihm »etwas wehmütige Erinnerungen an Rom« erweckt hätten (Rahner an Ratzinger, Schreiben vom 21. März 1977).

[9] Bernard-D. Dupuy (Hg.), *Vatican II. La révélation divine* (= UnSa 70a/b), Paris 1968, hier Bd. 2, 577–587.

Am Missionsdekret »Ad gentes«

Als Mitglied der Unterkommission zur Erarbeitung des Missionsdekretes verfasste Joseph Ratzinger für die Sitzung vom 12. bis 26. Januar 1965 einen fünfseitigen Entwurf »Überlegungen zur theologischen Grundlage der Sendung (Mission) der Kirche«. Eine Kopie dieses Textes befand sich in den Papieren von P. Yves Congar, ebenfalls Mitglied der Kommission. Auf der Basis dieser Quelle wurde der Text Joseph Ratzingers 1988 von James B. Anderson im Anhang seiner Dissertation veröffentlicht. Jared Wicks lieferte 2008 die englische Übersetzung. Die hier zusammen mit dem lateinischen Original vorgelegte deutsche Übersetzung von Marianne Schlosser wurde in MIPB 4 (2011) publiziert.

Entwürfe für die Konzilsreden von Josef Kardinal Frings

Kardinal Frings hat in den Generalkongregationen des Zweiten Vatikanischen Konzils, wie den Acta Synodalia zu entnehmen ist, insgesamt 19 Mal das Wort ergriffen. Zu elf von diesen Reden sind im Nachlass Frings im Historischen Archiv des Erzbistums Köln sowie im Archiv des Institut Papst Benedikt XVI. in Regensburg, Abt. Pentling / Konzil handschriftliche Vorlagen vorhanden. Diese werden hier in einer eigenen Unterabteilung in ihrer lateinischen korrigierten Endfassung und mit deutscher Übersetzung von Marianne Schlosser erstmals veröffentlicht. Jedem der Entwürfe wurde eine redaktionelle Überschrift vorangestellt. Im Einzelnen handelt es sich um folgende Entwürfe:

Die eine Quelle der Offenbarung diente als Entwurf zur Rede vor der 19. Generalkongregation am 14. November 1962 zum Schema »De fontibus revelationis«. Vgl. ASCOV I/3, 34–36. Nachdem Kardinal Frings auswendig vorgetragen und einen wichtigen Gesichtspunkt vergessen hatte, ergriff er vor der 21. Generalkongregation am 17. November 1962 noch einmal kurz das Wort zu einem Nachtrag und verdeutlichte den Zusammenhang zwischen der einen Quelle der Offenbarung und den zwei Strömen (»duo rivuli«), d. h. Tradition und Schrift, die ihr entspringen. Vgl. ASCOV I/3, 139.

Je tiefer »katholisch«, desto ökumenischer! ist die Vorlage zur Rede vor der 33. Generalkongregation am 4. Dezember 1962 zum Schema »De ecclesia«. Vgl. ASCOV I/4, 218–220.

Mit *Das verbesserte Schema – eine gute Arbeitsgrundlage* ist der Entwurf zur Rede vor der 37. Generalkongregation vom 30. September 1963 zum Schema »De ecclesia« überschrieben. Vgl. ASCOV II/1, 343–345.

Die redaktionelle Überschrift *Die Kollegialität der Bischöfe – eine traditionelle Lehre* bringt eine der Hauptaussagen des Entwurfs zur Rede vor der 47. Generalkongregation vom 14. Oktober 1963 zum Schema »De ecclesia« auf den Punkt. Vgl. ASCOV II/2, 493–494.

Der Entwurf zur Rede vor der 63. Generalkongregation vom 8. November 1963 zum Schema »De ecclesia«, der hier mit *Das Bischofskollegium stärken* betitelt wird, bietet drei Verbesserungsvorschläge für das erste Kapitel des Schemas. Vgl. ASCOV II/4, 616–617.

Dem hier mit *Das Kapitel zum Thema »De Judaeis« soll bleiben!* überschriebenen Entwurf entspricht keine der Konzilsreden von Kardinal Frings. Zur Einordnung des Textes gilt es zu beachten, dass die im Redeentwurf behandelte Thematik »De Judaeis« zum Zeitpunkt der Textformulierung noch als Caput 4 im Ökumenismusschema integriert war.

Die mit *Eine eigene Erklärung ja – aber zurück zur früheren Textgestalt!* betitelte Vorlage setzt voraus, dass das bisherige Caput 4 des Ökumenismusschemas mittlerweile zu einer eigenen Erklärung »De Judaeis et non christianis« fortentwickelt worden war. Die Rede von Frings selbst vor der 89. Generalkongregation am 28. September 1964 zur Erklärung »De Judaeis et non christianis« ist in der gesprochenen sowie in der schriftlich eingereichten Form nachzulesen in: ASCOV III/2, 582–583.

Der wahre »Fortschritt« – Mehrung von Glaube, Hoffnung und Liebe ist der Entwurf zur ersten Rede von Kardinal Frings zum Schema XIII vor der 110. Generalkongregation am 27. Oktober 1964. Vgl. ASCOV III/5, 562–563.

Religionsfreiheit aus dem Wort und Beispiel Christi begründen! diente als Entwurf zur Rede vor der 128. Generalkongregation am 15. September 1965 zum Schema »De libertate religiosa«. Vgl. ASCOV IV/1, 201–203.

Die Begriffe »Volk Gottes« und »Welt« klären! ist der Entwurf zur insgesamt dritten Rede von Kardinal Frings zum Schema XIII vor der 135. Generalkongregation am 24. September 1965. Vgl. ASCOV IV/2, 405–406.

Die Aussage *Mission gehört zum Wesen der Kirche* ist eine der zentralen Aussagen im Entwurf zur Rede vor der 145. Generalkongregation am 8. Oktober 1965 zum Schema »De missionibus«. Diese Einsicht war freilich nicht zuletzt durch die Mitarbeit Joseph Ratzingers in der zu Beginn des Jahres 1965 zweimal in Nemi bei Rom tagenden Unterkommission unter der Leitung von Pater Schütte im Textentwurf berücksichtigt worden. Vgl. ASCOV IV/3, 739–740.

Teil C
Berichterstattung / Begleitung

Die in Teil C versammelten Texte werden strukturiert durch die vier kleinen Monographien Joseph Ratzingers, die zeitnah zu jeder der vier Konzilsperioden bei Bachem in Köln erschienen waren. Sie werden angereichert durch eine Anzahl weiterer Vorträge und Berichte, die über das in den schon erwähnten Konzilsberichten hinausgehen und die erste, zweite und vierte Konzilsperiode betreffen.

Allen Texten vorangestellt ist das Vorwort zur amerikanischen Gesamtausgabe der vier Konzilsberichte (Theological Highlights, New York 1966). Es ist datiert mit »Tübingen, 2. September 1966«, wurde für JRGS ins Deutsche rückübersetzt von Dr. Karl Pichler und vom Herausgeber mit dem redaktionellen Titel *Schritte einer spirituellen Bewegung* überschrieben.

Das Buch *Die erste Sitzungsperiode des Zweiten Vatikanischen Konzils. Ein Rückblick* geht, wie dem mitabgedruckten und auf den 19. März 1963 datierten Vorwort zu entnehmen ist, auf den Vortrag zurück, den der damalige Professor für Fundamentaltheologie in Bonn am 18. Januar 1963 auf Einladung des Bonner Una-Sancta-Kreises der Pax-Christi-Bewegung und der Katholischen Studentengemeinde in der Aula der Universität Bonn gehalten hatte.

Sentire ecclesiam erschien 1963 in der Zeitschrift »Geist und Leben« und bezieht sich auf die laufenden Beratungen über das Kirche-Schema.

Im Rahmen der Dechantenkonferenz, die vom 4. bis 6. Juni 1963 in Münster tagte, sprach der mittlerweile von Bonn auf den Lehrstuhl für Dogmatik in Münster gewechselte Joseph Ratzinger zum Thema *Theologische Fragen auf dem II. Vatikanischen Konzil.* Das Referat ist im Protokoll der Dechantenkonferenz veröffentlicht und wird in JRGS in der dort wiedergegebenen Fassung veröffentlicht.

Am 9. Oktober 1963 hielt Joseph Ratzinger beim deutschen Pressezentrum in Rom einen Vortrag, der unter dem Titel *Zurück zur Ordnung der Alten Kirche* in dem von Johann Christoph Hampe herausgegebenen Buch »Ende der Gegenreformation?« (Stuttgart / Berlin / Mainz 1964) und unter dem Titel *Gedanken zur Frage: Primat und Episkopat* im Band 2 der von Otfried Müller im Leipziger St. Benno Verlag herausgegebenen Konzilsdokumentation veröffentlicht wurde. Der Text in JRGS 7 folgt der erstgenannten Publikation. Ihm ist dort eine Endnote 77 (auf Seite 440) angefügt. Darin heißt es: »Professor Joseph Ratzinger hielt diesen Vortrag am 9. 10. 1963 in Rom. Der Autor legt Wert auf die Feststellung, dass dieser Text nur Stichworte für einen Komplex umfangreicher Fragen bietet.«

Am 14. November 1963 trug Joseph Ratzinger im holländischen Dokumentationszentrum in Rom »Ekklesiologische Bemerkungen zum Schema ›De episcopis‹« vor und am 20. November wiederholte er den Vortrag im niederländischen Foyer Unitas in Rom. Nachdem der Vortragstext als Nachschrift in einfacher Form in dem Publikationsorgan des Dokumentationszentrums »do-c« veröffentlicht worden war, erarbeitete Joseph Ratzinger aus den Vortragsstichworten den Text noch einmal neu für das von Johann Christoph Hampe herausgegebene Buch »Ende der Gegenreformation?«. Dort steht er unter dem Titel *Konkrete Formen bischöflicher Kollegialität [Papst, Patriarch, Bischof]*. Die Veröffentlichung des Vortrags in JRGS 7 folgt nach Titel und Textfassung diesem Buch. In der dort als Anmerkung 62a angefügten Endnote (Seite 438) wird die Entstehungsgeschichte des Textes kurz beschrieben und vermerkt, der Autor Joseph Ratzinger lege »Wert auf die Feststellung, dass diese Vorlage seine Gedanken zum Thema keineswegs erschöpft«.

Das Vorwort zu *Das Konzil auf dem Weg. Rückblick auf die zweite Sitzungsperiode des Zweiten Vatikanischen Konzils* ist datiert mit »Münster, Ostern 1964«. Das Bändchen geht zurück auf Vorträge in Münster, Oldenburg und Zürich.

Über *Die Entwicklung des Schemas »De Ecclesia«* sprach Prof. Ratzinger am 23. September 1964 beim Treffen der deutschsprachigen Konzilsjournalisten in Rom. Zunächst im »Klerusblatt« und in der Reihe »Vaticanum Secundum« publiziert, wurde der Text dann unter dem Titel »Auftrag und Erfüllung« auch in den von Albrecht Beckel und anderen herausgegebenen Dokumentationsband »Zweites Vatikanisches Konzil, 3. Konzilsperiode« (Osnabrück 1965) in der Reihe Fromms Taschenbücher »Zeitnahes Christentum« aufgenommen.

Das Bändchen *Ergebnisse und Probleme der dritten Konzilsperiode* unterscheidet sich von den zwei vorausgehenden Bändchen zu den ersten beiden Konzilssessionen dadurch, dass es aus zwei Vorträgen besteht, wobei der erste unter dem Titel *Der gegenwärtige Stand der Arbeiten des Zweiten Vatikanischen Konzils* noch in der Anfangsphase der 3. Sitzungsperiode, nämlich am 1. Oktober 1964, gehalten wurde, während der zweite Vortrag eine Zusammenfassung von zwei Artikeln bildet, deren Langfassungen mit wissenschaftlichem Apparat andernorts veröffentlicht sind. Es handelt sich erstens um *Die pastoralen Implikationen der Lehre von der Kollegialität der Bischöfe* (siehe JRGS 12, 233–261) und zweitens um *Die Bischöfliche Kollegialität* (er wird in vollem Umfang unter Teil E, Kommentar, veröffentlicht). Die »Einführung« ist nicht datiert.

Über den Stand der Arbeit an der Offenbarungskonstitution nach der dritten Sessio informierte Joseph Ratzinger mit dem Beitrag *Zur Konzilsdiskussion über das Verhältnis von Schrift und Überlieferung* in dem von Fritz Buschmann herausgegebenen Band »Das zweite Vaticanum. Dritte Konzilsphase« (Diessen am Ammersee 1964).

Noch vor Verabschiedung der Pastoralkonstitution über die Kirche in der Welt von heute »Gaudium et spes« entstand der Artikel *Angesichts der Welt von heute. Überlegungen zur Konfrontation mit der Kirche im Schema XIII*. Er geht ursprünglich zurück auf einen Vortrag Professor Ratzingers vom 4. Oktober 1964 in der »Anima«[10]. Er wurde zuerst in der Zeitschrift »Wort und Wahrheit« und dann, erweitert und unter dem Titel *Der Christ und die Welt von heute. Überlegungen zum sogenannten Schema 13 des Zweiten Vatikanischen Konzils*, in dem von Johann B. Metz herausgegebenen Buch »Weltverständnis im Glauben« (Mainz 1965) veröffentlicht. Eine dritte Fassung kann auf die Verabschiedung der Pastoralkonstitution zurückblicken, heißt dementsprechend *Der Christ und die Welt von heute. Überlegungen zur Pastoralkonstitution des Zweiten Vatikanischen Konzils* und ist in den Sammelband »Dogma und Verkündigung« (1973) aufgenommen worden. Aufgrund dieser besonderen Umstände werden in JRGS 7 die letzte Fassung vor Verabschiedung der Pastoralkonstitution und die Fassung nach ihrer Verabschiedung in zwei Spalten nebeneinander abgedruckt.

Teil C schließt mit dem vierten und letzten Konzilsbericht *Die letzte Sitzungsperiode des Konzils*, dessen Vorwort datiert ist mit »Münster, am 7. März 1966«.[11] Auch ihm sind Vorträge vorausgegangen, die freilich hier zu einem Gesamttext verschmolzen sind.

Teil D
Zusammenarbeit mit Josef Kardinal Frings

1961 hatte der Kölner Erzbischof Joseph Kardinal Frings den Bonner Professor für Fundamentaltheologie als seinen Berater in allen systematisch-theologischen Fragen im Zusammenhang mit dem bevorstehenden Konzil entdeckt. Erster Höhepunkt der Zusammenarbeit war der Entwurf Ratzingers für die Genueser Rede (vgl. oben *Das Konzil und die moderne Gedankenwelt*). Joseph Ratzinger seinerseits hat die Kooperation mit Kardinal Frings in zwei Auf-

---

[10] Vgl. Mario von Galli, *Brief aus Rom*, in: Orientierung 28 (1964) 236–238, hier 237 f.

[11] In den Wochen zuvor hatte Joseph Ratzinger in Münster aus unmittelbarem Erleben im zweiten Teil des Wintersemesters 1965/66 eine Vorlesung für Hörer aller Fakultäten zum Thema »Rückblick auf das Konzil« gehalten (vgl. Pfnür, *Das Werk*, 403). Der Inhalt der Vorlesung ist bislang nur durch die Mitschriften der Hörer bekannt.

sätzen aus der Erinnerung heraus beschrieben. Sie werden hier unter Teil D eigens zusammengestellt. Vorangestellt werden die Hommage Joseph Ratzingers zum 80. Geburtstag und der Vortrag zum 60-jährigen Priesterjubiläum von Kardinal Frings.

Am 6. Februar 1967 hatte dieser sein 80. Lebensjahr vollendet. Die Würdigung von Professor Ratzinger *Kardinal Frings. Zu seinem 80. Geburtstag* erschien in der Zeitschrift »Christ in der Gegenwart«.

Am 14. September 1970 kamen in Köln im Rahmen der Feierlichkeiten zu Frings' 60-jährigem Priesterjubiläum 800 Priester zusammen. Der Festvortrag von Joseph Ratzinger stand unter dem Titel *Die Situation der Kirche heute. Hoffnungen und Gefahren* und wurde als eigenständige Publikation vom Presseamt des Erzbistums Köln in der Reihe »Kölner Beiträge« zusammen mit der Festpredigt von Frings' Nachfolger Kardinal Höffner publiziert.

Mit dem auf die gemeinsame Arbeit beim Konzil reflektierenden Beitrag *Stimme des Vertrauens. Kardinal Josef Frings auf dem Zweiten Vaticanum* beteiligte sich Joseph Ratzinger 1976 an der von Norbert Trippen und Wilhelm Mogge herausgegebenen Festschrift für die beiden Kölner Kardinäle Höffner und Frings.

Zum 100. Geburtstag von Frings ehrte ihn der mittlerweile mit dem Amt des Präfekten für die Kongregation für die Glaubenslehre betraute Kardinal Ratzinger mit dem in der »Internationalen Katholischen Zeitschrift ›Communio‹« erschienenen Aufsatz *Buchstabe und Geist des Zweiten Vatikanums in den Konzilsreden von Kardinal Frings.*

Thomas Weiler hat in seiner Doktordissertation[12] Joseph Ratzingers Mitwirkung an der Kirchenkonstitution »Lumen gentium« untersucht. Kardinal Ratzinger hat für die Veröffentlichung der Arbeit ein am 6. August 1996 datiertes *Geleitwort* geschrieben, worin er sich zur Art und Weise seiner Mitwirkung und zu deren Tragweite äußert.

---

[12] Thomas WEILER, *Volk Gottes – Leib Christi. Die Ekklesiologie Joseph Ratzingers und ihr Einfluss auf das Zweite Vatikanische Konzil.* Mit einem Geleitwort von Joseph Kardinal Ratzinger, Mainz 1997.

Teil E
Kommentar

Der Hauptanteil der in Teil E versammelten Texte besteht aus Joseph Ratzingers Konzilskommentierungen in den Ergänzungsbänden zur zweiten Auflage des Lexikons für Theologie und Kirche. Hinzu kommen einige weitere Kommentare zu bestimmten Abschnitten oder Themen aus der Fülle der Konzilstexte. Es wird wiederum nach den behandelten Konzilstexten unterschieden. Aus Platzgründen kann hier nicht auch der kommentierte Konzilstext selbst mit abgedruckt werden, der freilich jeweils als bekannt vorausgesetzt wird.

Zur dogmatischen Konstitution über die Kirche »Lumen gentium«

Die *Einleitung* zur Kirchenkonstitution im Rahmen der von den deutschen Bischöfen in Auftrag gegebenen Übersetzung der Konzilstexte, die in Einzelfaszikeln bei Aschendorff erschienen waren, verfasste Joseph Ratzinger. Sie stellt einen Kurzkommentar der gesamten Konstitution dar und gibt einen Überblick über alle Themen.

Im Rahmen einer detaillierten Kommentierung der einzelnen Abschnitte, wie sie das von Guilherme Baraúna herausgegebene zweibändige Werk »De ecclesia« (deutsch: Freiburg 1968) darstellt, kommentierte Joseph Ratzinger eines der zentralen Themen: *Die Bischöfliche Kollegialität. Theologische Entfaltung*. Der Text war zuvor am 6.2.1965 als Referat vor der Theologischen Fakultät der Universität Heidelberg gehalten worden und ist auch als maschinenschriftliche Vortragsfassung im Umlauf. Zuletzt wurde er in »Das neue Volk Gottes« (1969) aufgenommen und wird in dieser jüngsten Fassung auch in JRGS 7 gedruckt.

Für den amerikanischen Kommentar zu »Lumen gentium« mit dem Titel »Church« (herausgegeben von Peter Foote, John Hill, Laurence Kelly, John McCudden, Theodore Stone) verfasste Joseph Ratzinger den Kommentar zu Artikel 26, der bislang nur in englischer Sprache vorlag. Die hier erstmals gedruckte deutsche

Übersetzung, die mit *Ortskirche und Gesamtkirche* überschrieben wurde, stammt von Dr. Karl Pichler.

Für den Ergänzungsband 1 des LThK² kommentierte Joseph Ratzinger die dem Konzilstext von »Lumen gentium« vorausgeschickten Interpretationsrichtlinien des Generalsekretärs des Konzils: *Kommentar zu den »Bekanntmachungen, die der Generalsekretär des Konzils in der 123. Generalkongregation am 16. November 1964 mitgeteilt hat«*.

Zur dogmatischen Konstitution über die Göttliche Offenbarung »Dei Verbum«

Den mit Abstand umfangreichsten Kommentar verfasste Joseph Ratzinger zur Offenbarungskonstitution »Dei Verbum«. Im zweiten Ergänzungsband des LThK² schreibt er die Einleitung und erläutert die Kapitel I, II und VI dieser Konstitution.

Zur Pastoralkonstitution über die Kirche in der Welt von heute »Gaudium et spes«

Die Pastoralkonstitution hat Joseph Ratzinger in verschiedenen Ebenen kommentiert. Für den Ergänzungsband III des LThK² schrieb Joseph Ratzinger den Kommentar zum ersten Kapitel des ersten Teils (GS 11–22).

Den gedanklichen Ansatz des dritten Kapitels des ersten Teils von »Gaudium et spes« macht deutlich der ursprünglich für eine Vortragsreihe zur Pastoralkonstitution verfasste Beitrag *Die Zukunft der Welt durch die Hoffnung des Menschen*. Er wurde als viertes Kapitel in das Buch »Glaube und Zukunft« (München 1971) übernommen und in der dort wiedergegebenen Fassung auch in JRGS 7 aufgenommen.

Schließlich ist auch *Das Menschenbild des Konzils in seiner Bedeutung für die Bildung* ein Kommentar zum ersten Teil von »Gaudium et spes«. Als Referat vor der Plenarkonferenz des Kulturbeirates beim Zentralkomitee der deutschen Katholiken am 23. April 1966 in Bad Honnef gehalten, wurde der Text 1967 in der Reihe »Berichte und Dokumente« veröffentlicht und die dort vorliegende Fassung in JRGS 7 übernommen.

Zum Dekret über Dienst und Leben der Priester »Presbyterorum ordinis«

Der Aufsatz *Dienst und Leben der Priester,* der den Titel des Priesterdekrets »Presbyterorum ordinis« selbst aufgreift, geht zurück auf einen Vortrag vom 24. Oktober 1995 bei einem Internationalen Symposium in Rom, veranstaltet von der Kleruskongregation aus Anlass des 30. Jahrestages der Verabschiedung des Konzilstextes. Wenn auch bereits auf die Rezeption zurückgeblickt wird, trägt der Text doch in erster Linie den Charakter eines Kommentars, so dass die Einordnung in Teil E sachgerecht erscheint. Zunächst 1996 in der Festschrift für Damaskinos Papandreou veröffentlicht, wurde der Text im Jahre 2002 in den Sammelband »Weggemeinschaft des Glaubens« übernommen. Die Fassung von JRGS 7 nimmt die dort vorgenommenen redaktionellen Hervorhebungen zurück.

Zur Frage der Mission

Der Aufsatz *Konzilsaussagen über die Mission außerhalb des Missionsdekrets* erschien zuerst in dem von Johannes Schütte herausgegebenen Buch »Mission nach dem Konzil« (1967) und fand zwei Jahre später Aufnahme in »Das neue Volk Gottes«. Der Text von JRGS 7 folgt dieser Ausgabe. Die »Zeitschrift für Missionswissenschaft und Religionswissenschaft« hat den Aufsatz anlässlich der Papstwahl im Jahre 2005 wieder abgedruckt.

Teil F
Rezeption

Teil F versammelt Texte unterschiedlichster literarischer Gattungen: Aufsätze, Interviews, Predigten und ähnliches mehr. Sie sind thematisch dadurch geeint, dass sie, vornehmlich zu runden Konzilsjubiläen, der Rezeption der Konzilslehre entscheidende Impulse zu geben versuchen oder auf die Rezeption der Konzilslehren reflektieren. Die Texte werden in der Reihenfolge ihres Entstehens angeordnet.

Der Aufsatz *Theologische Aufgaben und Fragen bei der Begegnung lutherischer und katholischer Theologen nach dem Konzil* geht zurück auf einen Vortrag bei einer Tagung des Ökumenischen Instituts des Lutherischen Weltbundes am 24. Februar 1966 auf dem Liebfrauenberg im Elsass. Er wurde erstmals 1969 in der Zeitschrift Oec. veröffentlicht und noch im selben Jahr in »Das neue Volk Gottes« aufgenommen, wonach sich die Publikation in JRGS 7 denn auch richtet.

Weltoffene Kirche? gibt den Vortrag wieder, den Joseph Ratzinger am 23. Juni 1966 auf Einladung der Katholischen Studentengemeinde Aachen in der Aula der Technischen Hochschule gehalten hat. Der Text liegt in drei verschiedenen Fassungen vor. Zunächst wurde er im Rahmen der Veröffentlichung der gesamten Vortragsreihe in dem Buch »Der Mensch in der Hoffnung« (herausgegeben von K. Clasen und Th. Schäfer, Aachen 1966) publiziert, dann, in veränderter Form, in »Umkehr und Erneuerung« (herausgegeben von Th. Filthaut, Mainz 1966). Schließlich fand er Aufnahme in »Das neue Volk Gottes« (Düsseldorf 1969), und diese Fassung wird auch in JRGS 7 übernommen.

Im Juli 1966 fand in Bamberg der erste Katholikentag nach Abschluss des Konzils statt. Am 14. Juli hielt Joseph Ratzinger die vielbeachtete Rede *Die Kirche nach dem Konzil*. In den Akten des Katholikentages wurde der Vortrag unter diesem seinem ursprünglichen Titel veröffentlicht. Nach Veröffentlichungen im »Klerusblatt« sowie in der Kirchenzeitung für das Erzbistum Köln unter dem Titel *Der Katholizismus nach dem Konzil* wurde der Text 1969 in erweiterter Fassung in »Das neue Volk Gottes« aufgenommen. Die Erweiterungen betreffen vor allem die in den Fußnoten aufgegriffene Diskussion mit vorgebrachten Einwänden. JRGS 7 übernimmt Textfassung und Titel von 1969.

Im Januar 1971 traf sich die erste Vollversammlung der Synode der Deutschen Bistümer in Würzburg. Kurz nach der ersten Vollversammlung befragten zwei in Regensburg studierende spanische Theologen aus dem Passionisten-Orden den Regensburger Professor für Dogmatik zur Synode. Das Gespräch ist als *Interview für Redención* in dem von Ida Friederike Görres, Karl Lehmann und Joseph Ratzinger herausgegebenen Bändchen »Der gewandelte Thron« (Freiburg 1971) erstmals und bisher auch einmalig abgedruckt. Die kursiv gesetzte redaktionelle Vorbemerkung zu Beginn wurde beibehalten.

Unter dem Titel *Zehn Jahre nach dem Konzil* stand ein BR-Rundfunkbeitrag vom 8. Oktober 1962, also fast auf den Tag genau zehn Jahre nach Konzilseröffnung. Der Text wurde unter dem leicht veränderten Titel *Zehn Jahre nach Konzilsbeginn – wo stehen wir?* ein Jahr später in den Sammelband »Dogma und Verkündigung« aufgenommen und in dieser Fassung wird er auch in JRGS 7 gedruckt.

Im Jahr 1975 jährte sich das Ende des Konzils zum zehnten Mal. Der Beitrag »Der Weltdienst der Kirche«, der zunächst 1975 in der Internationalen Katholischen Zeitschrift »Communio« erschien, wurde in dem von A. Bauch, A. Gläßer und M. Seybold herausgegebenen Sammelband »Zehn Jahre Vatikanum II« ein Jahr später erneut veröffentlicht. Darin reflektiert Joseph Ratzinger auf »Auswirkungen von ›Gaudium et spes‹ im letzten Jahrzehnt« 1982 in »Theologische Prinzipienlehre« aufgenommen, trägt der Beitrag dort den etwas allgemeineren Titel *Kirche und Welt. Zur Frage nach der Rezeption des II. Vatikanischen Konzils*. Der Abdruck in JRGS 7 richtet sich hinsichtlich Titel und Textfassung nach dieser jüngsten Publikation.

Unter dem Titel *A dieci anni dal Vaticano* erschien 1976 in der italienischen Zeitschrift »Rivista del Clero Italiano« eine thesenartige Situationsanalyse. Sie war von Joseph Ratzinger anlässlich der Herausgeberkonferenz der Internationalen Katholischen Zeitschrift »Communio« verfasst worden, die im Herbst 1975 in München getagt hatte. Auf Vermittlung von Dr. Karl Pichler gelangte das deutsche Original-Manuskript von Frau Gisela Zöhrer, der es zur Hilfestellung bei der Übersetzung des Interviews »Zur Lage des Glaubens« 1985 übergeben worden war, in das Archiv des Institut Papst Benedikt XVI. Unter dem Titel »Zehn Jahre Vaticanum II« wird es in JRGS 7 erstmals in deutscher Sprache publiziert.

Der Beitrag *Bilanz der Nachkonzilszeit* wurde als Vortrag auf Burg Rothenfels gehalten und im Burgbrief 3/76 vom 10. 8. 1976 veröffentlicht. JRGS 7 bringt die jüngste Fassung aus »Theologische Prinzipienlehre« (1982).

Am 12. Oktober 1982, also fast auf den Tag genau 20 Jahre nach Eröffnung des Zweiten Vatikanischen Konzils, predigte Kardinal

Ratzinger in der Zwölf-Apostel-Basilika in Rom bei der Messfeier mit deutschsprachigen Pilgern, die zur Feier der Heiligsprechung von P. Maximilian Kolbe nach Rom gekommen waren. Die beiden Anlässe verbindend, stellte der Prediger den polnischen Martyrer als Beispiel für ein richtig verstandenes *Aggiornamento* vor. Die Predigt wurde im folgenden Jahr in der Zeitschrift der Franziskaner-Minoriten »Friede und Heil« u. d. T. »Eine größere Liebe hat niemand« nach der Vorlage der Veröffentlichung in den Chiemgau-Blättern gedruckt. Teile der Ansprache sind auch in dem von Sr. Irene Grassl herausgegebenen Buch »Mitarbeiter der Wahrheit« publiziert.

Mit »8. Oktober 1985« ist das *Geleitwort* datiert, das Joseph Kardinal Ratzinger in seiner Eigenschaft als Präfekt der Kongregation für die Glaubenslehre dem Dokument der ITK von 1984 »Ausgewählte Themen der Ekklesiologie zum 20. Jahrestag nach Abschluss des II. Vatikanischen Konzils« voranstellte und das 1987 unter dem Titel »Mysterium des Gottesvolkes« beim Johannes Verlag Einsiedeln publiziert wurde.

Im Rahmen einer Sendung des Bayerischen Fernsehens vom 13. 12. 1985 zur außerordentlichen Bischofssynode 20 Jahre nach Konzilsabschluss befragte Hubert Schöne u. a. auch den Präfekten der Kongregation für die Glaubenslehre Joseph Kardinal Ratzinger. Die Gesprächssequenz ist vom Institut Papst Benedikt XVI. erfasst und wird hier erstmals unter dem Titel *Mut zum Eigentlichen!* publiziert.

Unter dem Titel *Der Wille der Väter: Geist und Beschlüsse des 2. Vatikanischen Konzils* stand eine Sendung des Bayerischen Fernsehens (BR (F) 29. 11. 1990, Prod./Archiv-Nr. 87714), in dem auf den 25. Jahrestag des Konzilsendes Bezug genommen wird. Die Sendung enthält im Wesentlichen ein Gespräch zwischen Hubert Schöne einmal mit Kardinal Ratzinger und zum anderen mit Hans Küng. Das gesamte Interview ist vom Institut Papst Benedikt XVI. vollständig erfasst und wird hier erstmals gedruckt.

Im Mai 1992 wurde an der Päpstlichen Universität Gregoriana in Rom aus Anlass des 20-jährigen Bestehens der »Internationalen Katholischen Zeitschrift ›Communio‹« ein internationales Symposium zum Thema »Aus dem Herzen der Kirche in die Weite der Welt« veranstaltet. Das Eröffnungsreferat hielt Kardinal Ratzinger zum Thema *Communio – ein Programm*. Darin wird die Bedeutung der Zeitschrift für eine sachgemäße Konzilsrezeption hervorgehoben. Der Text des Vortrags ist bislang nur in der Zeitschrift selbst veröffentlicht.

Band 27 von »Pro Oriente« (herausgegeben von A. Stirnemann und G. Wilfinger) aus dem Jahr 1995 ist als Festgabe für den Stifter Franz Kardinal König gestaltet. Unter dem Titel *Verantwortung für Kirche und Welt in dieser Zeit* enthält sie eine Hommage an Kardinal König von Kardinal Ratzinger. Weil im ersten Teil vor allem der Beitrag von Kardinal König als Konzilsvater gewürdigt wird, empfiehlt sich die Aufnahme in JRGS 7 an dieser Stelle.

Am Sonntag, den 13. Juli 1997, besuchte Kardinal Ratzinger anlässlich der Verleihung der Ehrenbürgerwürde seinen Geburtsort Marktl am Inn. Die Predigt beim Festgottesdienst in der Pfarrkirche St. Oswald nimmt Bezug auf das bevorstehende Jubiläumsjahr 2000 und hebt den christozentrischen Charakter des Zweiten Vatikanischen Konzils hervor. Eine Tonaufnahme der Predigt ist in der Sammlung von Frau Gabriele Besold überliefert. Der Text wurde vom Institut Papst Benedikt erfasst, unter den Titel *Die Christozentrik des Zweiten Vatikanischen Konzils* gestellt und hier erstmals veröffentlicht.

Anlässlich eines Kongresses zum 40. Jahrestag der Pastoralkonstitution hielt Kardinal Ratzinger am 18. März 2005 in Rom eine Predigt, die unter den formalen Angaben »Homily, 40th anniversary of Gaudium et spes« in englischer Sprache auf der Homepage des Vatikan publiziert ist. Sie wird in JRGS 7 in der Übersetzung von Dr. Karl Pichler und unter dem Titel *Aufruf zur Gerechtigkeit* hier erstmals in deutscher Sprache veröffentlicht.

Weitere Texte zur Rezeption des Zweiten Vatikanischen Konzils sind die Titel B_753 *(Die Ekklesiologie des Zweiten Vatikanischen Konzils)* sowie B_1136 (*Die Ekklesiologie der Konstitution* Lumen gentium). Beide Titel sind bereits in JRGS 8 aufgenommen. Aus Band 11 ist mit hinzuzunehmen B_1295 *(40 Jahre Konstitution über die Heilige Liturgie. Rückblick und Vorblick)*.

Teil G
Rezensionen und Geleitworte

Die im letzten Teil zusammengefassten Buchbesprechungen sind allesamt bislang nur einmal veröffentlicht. Sie werden in der Reihenfolge ihres Entstehens angeordnet.

Die *Presentazione* für das Buch von Flavio Peloso, Santi e santità dopo il Concilio Vaticano II, Roma 1991, ist datiert mit »Rom, am Fest des heiligen Markus«. Dr. Karl Pichler hat den Text ins Deutsche übersetzt und in dieser Fassung wird sie hier zum ersten Mal gedruckt.

Für die italienische Ausgabe des Werkes von Leo Scheffczyk »Aspekte der Kirche in der Krise. Um die Entscheidung für das authentische Konzil« (= Quaestiones non disputatae 1), Siegburg 1993, verfasste Kardinal Ratzinger ein Geleitwort: *Presentazione dell'edizione italiana*, Leo Scheffczyk, La Chiesa. Aspetti della crisi postconciliare e coretta interpretazione del Concilio Vaticano II (Già e non ancora 327), Milano 1998, 9–11. Es ist datiert mit »Rom, im Advent 1997« und wird hier in der Übersetzung von Dr. Karl Pichler veröffentlicht.

Danksagung

Bei der Vorbereitung der Drucklegung waren im Auftrag des *Institut Papst Benedikt* in Regensburg beteiligt Frau Diplom-Theologin Anna Elisabeth Meiers sowie die Studierenden der Theologie Marianne Hettrich, Barbara Krämer und Johannes Kerwer. Ihnen und Herrn Diplom-Theologen Gabriel Weiten, der wiederum die Überprüfung der gescannten Texte koordinierte, gilt der aufrichtige Dank des Herausgebers. Frau Sandra Rothland hat in bewährter Weise das gesamte Manuskript Korrektur gelesen und die Rechtschreibung nach den für die JRGS vereinbarten Richtlinien aktualisiert.

Für die zuvorkommende und prompte Betreuung sei auch dem Direktor des Historischen Archivs des Erzbistums Köln, Herrn Dr. Ulrich Helbach, sowie seinen Mitarbeitern, vor allem den Herren Stefan Plettendorff und Dr. Josef van Elten, auf das Herzlichste gedankt.

An dieser Stelle sei auch einmal ein herzliches Wort des Dankes an den Lektor des Verlages Herder, Herrn Dr. Peter Suchla, gerichtet. Die bisher erschienenen sieben Bände sind nicht zuletzt die Frucht einer vertrauensvollen und effektiven Zusammenarbeit zwischen dem Lektorat und dem Institut.

Am 1. August 2012 verstarb in Münster Prof. Dr. Vinzenz Pfnür. Er hat sich um die Bibliographie von Joseph Ratzinger / Papst Benedikt XVI. große Verdienste erworben. Das Institut Papst Benedikt XVI. verdankt ihm zahlreiche Hinweise sowie die Vermittlung einer Reihe entlegener Texte und wird ihm ein ehrendes Gedächtnis bewahren. R.I.P.

Bibliographische Nachweise[1]

Teil A
Am Vorabend des Konzils

Grundgedanken der eucharistischen Erneuerung des 20. Jahrhunderts, in: KlBl 40 (1960) 208–211; Joseph Ratzinger / Papst Benedikt XVI., Priester aus innerstem Herzen, München 2007, 49–57. [B_73]

Der Eucharistische Weltkongress im Spiegel der Kritik, in: Richard Egenter / Otto Pirner / Hubert Hofbauer (Hg.), Statio orbis. Eucharistischer Weltkongress 1960 in München, Band 1, München 1961, 227–242. [B_100]

Das Konzil und die moderne Gedankenwelt, in: Hirtenworte in unserer Zeit. Kardinal Frings über das Konzil und die moderne Geisteswelt, in: HerKorr 16 (1961/62) 168–174; GuL 34 (1961), 448–460; Sonderdruck, Köln 1962; Jared Wicks, Six texts by Joseph Ratzinger as peritus before und during Vatican Council II, in: Greg. 89 (2008) 233–311, hier 234–236, 253–261; Peter Pfister (Hg.), Joseph Ratzinger und das Erzbistum München und Freising. Dokumente und Bilder aus kirchlichen Archiven, Beiträge und Erinnerungen, Regensburg 2006, 159–172. [B_99]

---

[1] Die in eckigen Klammern beigefügten Signaturen beziehen sich auf: Joseph Ratzinger / Papst Benedikt XVI., *Das Werk. Bibliographisches Hilfsmittel zur Erschließung des literarisch-theologischen Werkes von Joseph Ratzinger bis zur Papstwahl*, herausgegeben vom Schülerkreis, Redaktion: Vinzenz Pfnür, Augsburg 2009. Dort findet sich neben den kompletten bibliographischen Angaben auch die Auflistung sämtlicher bislang erschienener Übersetzungen sowie gegebenenfalls Rezensionen oder Internetadressen bei zusätzlicher Online-Publikation. Die Abkürzung u. d. T. besagt »unter dem Titel«.

Zur Theologie des Konzils, in: Militärseelsorge 4 (1961/62) 8–23; geringfügig geändert in: Cath (M) 15 (1961) 292–304; Vaticanum Secundum I. Die erste Konzilsperiode, hg. von Otfried Müller, Leipzig 1963, 29–39; stark überarbeitet in: Joseph Ratzinger, Das neue Volk Gottes, Düsseldorf 1969. [2]1970, 147–170. [B_98]

Teil B
Mitarbeit

Bei der Vorbereitung

Introductio / Entwurf für eine Einleitungskonstitution, in: Erzbischöfliches Archiv München, Kardinal Döpfner Archiv, Konzilsakten, Nr. 3282; Wicks, Six texts, 293–295 (lateinischer Text); 261–264 (englische Übersetzung); MIPB 4 (2011) 11–15 (lateinischer Text und deutsche Übersetzung). [B_111]

Stellungnahmen in Latein zu den von Kardinal Cicognani übersandten Konzils-Schemata, HAEK NF 111; ASCOV, Appendix, 74–77; Text in deutscher Übersetzung in: Norbert Trippen, Josef Kardinal Frings (1887–1978) (= VKZG.F 104), Bd. 2. Sein Wirken für die Weltkirche und seine letzten Bischofsjahre, Paderborn 2005, 310–312; Kommentar und englische Übersetzung in: Wicks, Six texts, 239–241. 264–268. Deutsche Übersetzung von Marianne Schlosser. [B_116]

Begründung der Änderungsvorschläge zu Band I der Schemata »Constitutionum et Decretorum« (3. Oktober 1962), in: HAEK NF 119 (vgl. Trippen, Frings 2, 314); Archiv Institut Papst Benedikt XVI.; *bislang unveröffentlicht*. [B_118]

Bemerkungen zum Schema »De fontibus revelationis«, Vortrag am 10. Oktober 1962, maschinenschriftliches Manuskript in: HAEK NF 119; Katholiek Documentatie Centrum, Nijmegen, The Nederlands, the Archive Pieter F. Smulders, Folder 100; Wicks, Six texts 295–306 (deutscher Original-Text), 269–285 (englische Übersetzung und Kommentar), 241–243 (Einführung); Döpfners Notizen zu den Ausführungen von Ratzinger, in: Pfister, Joseph Ratzinger, 153–155; MIPB 2 (2009) 36–48. [B_120]

An der Offenbarungskonstitution »Dei Verbum«

De revelatione / Die Offenbarung

De voluntate Dei erga hominem / Gottes heilschaffender Wille für den Menschen, Entwurf Ratzinger, Archiv Institut Papst Benedikt XVI.; Übersetzung: Marianne Schlosser; *bislang unveröffentlicht.*

De revelatione Dei et hominis in Jesu Christo facta / Die Offenbarung Gottes und des Menschen in Jesus Christus, Entwurf Rahner / Ratzinger, in: Yves Congar, Erinnerungen an eine Episode auf dem II. Vatikanischen Konzil, in: Elmar Klinger / Klaus Wittstadt (Hg.), Glaube im Prozess. Christsein nach dem II. Vatikanum. FS Karl Rahner, Freiburg 1984, 22–64. Übersetzung ins Deutsche durch Marianne Schlosser. [B_121]

An der Kirchenkonstitution »Lumen gentium«

De primatu et collegio episcoporum in regimine totius ecclesiae / Primat und Bischofskollegium in der Leitung der Gesamtkirche, Gutachten (zusammen mit Gustave Martelet und Karl Rahner): EAM Kardinal Döpfner-Archiv, Konzilsakten 4045; Pfister, Joseph Ratzinger, 181–183; deutsche Übersetzung von Marianne Schlosser. [B_146]

Am Missionsdekret »Ad gentes«

Considerationes quoad fundamentum theologicum missionis Ecclesiae / Überlegungen zur theologischen Grundlage der Sendung (Mission) der Kirche, in: James B. Anderson, A Vatican II Pneumatology of the Paschal Mystery. The Historical Doctrinal Genesis of Ad gentes I, 2–5. Ed. Pontificia Univ. Gregoriana, Rom 1988, 301–304; Wicks, Six texts 285–291 (englische Übersetzung), 244–246 (Einführung); lateinischer Text und deutsche Übersetzung von Marianne Schlosser, in: MIPB 4 (2011) 15–22. [B_174]

Entwürfe für die Konzilsreden von Josef Kardinal Frings

Die eine Quelle der Offenbarung. Entwurf zur Rede vor der 19. Generalkongregation am 14. November 1962 zum Schema »De fontibus revelationis« (und zum Nachtrag vor der 21. Generalkongregation am 17. November 1962): Archiv des IPB AP K I-16. Übersetzung ins Deutsche von Marianne Schlosser. *Bislang unveröffentlicht.*

Je tiefer »katholisch«, desto ökumenischer! Entwurf zur Rede vor der 33. Generalkongregation« am 4. Dezember 1962 zum Schema »De ecclesia«: HAEK NF 125. Übersetzung ins Deutsche von Marianne Schlosser. *Bislang unveröffentlicht.*

Das verbesserte Schema – eine gute Arbeitsgrundlage. Entwurf zur Rede vor der 37. Generalkongregation vom 30. September 1963 zum Schema »De ecclesia«: HAEK NF 178. Übersetzung ins Deutsche von Marianne Schlosser. *Bislang unveröffentlicht.*

Die Kollegialität der Bischöfe – eine traditionelle Lehre. Entwurf zur Rede vor der 47. Generalkongregation vom 14. Oktober 1963 zum Schema »De ecclesia«: HAEK NF 178. Übersetzung ins Deutsche von Marianne Schlosser. *Bislang unveröffentlicht.*

Das Bischofskollegium stärken. Entwurf zur Rede vor der 63. Generalkongregation vom 8. November 1963 zum Schema »De ecclesia«: HAEK NF 181. Übersetzung ins Deutsche von Marianne Schlosser. *Bislang unveröffentlicht.*

Das Kapitel zum Thema »De Judaeis« soll bleiben! Entwurf zu einer Rede zum Schema »De oecumenismo« (Caput 4), 2. Sessio 1963: HAEK NF 186. Übersetzung ins Deutsche von Marianne Schlosser. *Bislang unveröffentlicht.*

Eine eigene Erklärung ja – aber zurück zur früheren Textgestalt! Entwurf zur Rede vor der 89. Generalkongregation am 28. September 1964 zur Erklärung »De Judaeis et non christianis«:

HAEK NF 250. Übersetzung ins Deutsche von Marianne Schlosser. *Bislang unveröffentlicht.*

Der wahre »Fortschritt« – Mehrung von Glaube, Hoffnung und Liebe. Entwurf zur Rede vor der 110. Generalkongregation am 27. Oktober 1964 zum Schema XIII: HAEK NF 275. Übersetzung ins Deutsche von Marianne Schlosser. *Bislang unveröffentlicht.*

Religionsfreiheit aus dem Wort und Beispiel Christi begründen! Entwurf zur Rede vor der 128. Generalkongregation am 15. September 1965 zum Schema »De libertate religiosa«: HAEK NF 351. Übersetzung ins Deutsche von Marianne Schlosser. *Bislang unveröffentlicht.*

Die Begriffe »Volk Gottes« und »Welt« klären! Entwurf zur Rede vor der 135. Generalkongregation am 24. September 1965 zum Schema XIII: HAEK NF 339. Übersetzung ins Deutsche von Marianne Schlosser. *Bislang unveröffentlicht.*

Mission gehört zum Wesen der Kirche. Entwurf zur Rede vor der 145. Generalkongregation am 8. Oktober 1965 zum Schema »De missionibus«: HAEK NF 329. Übersetzung ins Deutsche von Marianne Schlosser. *Bislang unveröffentlicht.*

Teil C
Berichterstattung / Begleitung

Schritte einer spirituellen Bewegung, Vorwort; *Preface*, zu Theological Highlights of Vatican II, New York 1966, VII–IX; Übersetzung ins Deutsche von Dr. Karl Pichler. [A_014]

Die erste Sitzungsperiode des Zweiten Vatikanischen Konzils. Ein Rückblick, Köln 1963; jetzt auch in: Jürgen Nabbefeld / Hans Nitsche (Hg.), 1962. Ein besonderes Jahr für Kirche und Welt, Mainz 2012, 45–78. [A_006]

Sentire ecclesiam, in: GuL 36 (1963) 321–326. [B_141]

Theologische Fragen auf dem II. Vatikanischen Konzil, Referat, in: Protokoll der Dechanten-Konferenz vom 4.–6. 6. 1963, Münster 1963, 10–15. [B_143]

Zurück zur Ordnung der Alten Kirche, Vortrag am 9. Oktober 1963 in Rom, in: Johann Christoph Hampe (Hg.), Ende der Gegenreformation? Das Konzil. Dokumente und Deutung, Stuttgart / Berlin / Mainz 1964, 183–184. 440; u. d. T. *Gedanken zur Frage: Primat und Episkopat*, in: Vaticanum Secundum II (1965) 142–143. [B_145]

Konkrete Formen bischöflicher Kollegialität [Papst, Patriarch, Bischof], in: Johann Christoph Hampe (Hg.), Ende der Gegenreformation? Das Konzil. Dokumente und Deutung, Stuttgart / Berlin / Mainz 1964, 155–163. 439 (Anm. 62a); Vaticanum Secundum II (1965) 143–150; als Nachschrift der Vorlesung u. d. T. *Ekklesiologische Bemerkungen zum Schema »De Episcopis«*, in: Do-c (Rom 1964), Nr. 135, 1–9. [B_147]

Das Konzil auf dem Weg. Rückblick auf die zweite Sitzungsperiode des Zweiten Vatikanischen Konzils, Köln 1964. [A_007]

Die Entwicklung des Schemas »De Ecclesia«, in: KlBl 44 (1964) 373–374; Priester aus innerstem Herzen, 74–77; Vaticanum Secundum III/2 (1967) 160–163; u. d. T. »Auftrag und Erfüllung« in: Albrecht Beckel / Hugo Reiring / Otto B. Roegele (Hg.), Zweites Vatikanisches Konzil. 3. Sitzungsperiode. Dokumente, Texte, Kommentare (= Fromms Taschenbücher »Zeitnahes Christentum« 34), Osnabrück 1965, 82–87. [B_165]

Ergebnisse und Probleme der dritten Konzilsperiode, Köln 1965. [A_010]

Zur Konzilsdiskussion über das Verhältnis von Schrift und Überlieferung, in: Fritz Buschmann (Hg.), Das Zweite Vatikanum. Dritte Konzilsphase, Dießen 1964, 147–155. [B_168]

Der Christ und die Welt von heute. Überlegungen zum sogenannten Schema 13 des Zweiten Vatikanischen Konzils, in: Johann B. Metz (Hg.), Weltverständnis im Glauben, Mainz 1965, 143–160; zuvor u. d. T. *Angesichts der Welt von heute. Überlegungen zur Konfrontation mit der Kirche im Schema XIII*, in: WuW 20 (1965) 493–504. [B_176]

Der Christ und die Welt von heute. Überlegungen zur Pastoralkonstitution des Zweiten Vatikanischen Konzils, in: Joseph Ratzinger, Dogma und Verkündigung, München 1973, 183–204 (ab 3. Auflage 1977: 179–200). [B_176]

Die letzte Sitzungsperiode des Konzils, Köln 1966. [A_013]

Teil D
Zusammenarbeit mit Josef Kardinal Frings

Kardinal Frings. Zu seinem 80. Geburtstag [6.2.1967], in: CiG 19 (1967) 52. [B_211]

Die Situation der Kirche heute. Hoffnungen und Gefahren, Köln 1970. [7]1977. [A_021]

Stimme des Vertrauens. Kardinal Josef Frings auf dem Zweiten Vaticanum, in: Norbert Trippen / Wilhelm Mogge (Hg.), Ortskirche im Dienst der Weltkirche. FG für die Kölner Kardinäle Erzbischof Joseph Höffner und Alt-Erzbischof Josef Frings, Köln 1976, 183–190. [B_347]

Buchstabe und Geist des Zweiten Vatikanums in den Konzilsreden von Kardinal Frings (= Kölner Beiträge NF 12), hg. vom Presseamt des Erzbistums Köln, Neuss 1987; IKaZ Communio (De) 16 (1987) 251–265. [B_808]

Geleitwort, zu: Thomas Weiler, Volk Gottes Leib – Christi. Die Ekklesiologie Joseph Ratzingers und ihr Einfluss auf das Zweite Vatikanische Konzil, Mainz 1997, XIII–XIV. [B_1064]

Teil E
Kommentar

Zur dogmatischen Konstitution über die Kirche »Lumen gentium«

Einleitung, in: Zweites Vatikanisches Konzil. Dogmatische Konstitution über die Kirche. Authentischer lateinischer Text. Deutsche Übersetzung im Auftrage der deutschen Bischöfe, Münster [1–4]1965. [5/6]1965. [7/8]1966, 7–19. [B_189]

Die bischöfliche Kollegialität nach der Lehre des Zweiten Vatikanischen Konzils, Das neue Volk Gottes, 171–200; zuvor u.d.T. »Die bischöfliche Kollegialität. Theologische Entfaltung«, in: Guilherme Baraúna (Hg.), De Ecclesia. Beiträge zur Konstitution »Über die Kirche« des Zweiten Vatikanischen Konzils, deutsche Ausgabe von Otto Semmelroth / Johannes Günter

Gerhartz / Herbert Vorgrimler, Bd. II, Freiburg / Frankfurt 1966, 44–70. [B_175]

Ortskirche und Gesamtkirche. Kommentar zu »Lumen gentium«, Artikel 26, in: Peter Foote / John Hill / Laurence Kelly / John McCudden / Theodore Stone (Hg.), Church, New York 1969, 57; deutsche Übersetzung von Dr. Karl Pichler. [B_240]

Kommentar zu den »Bekanntmachungen, die der Generalsekretär des Konzils in der 123. Generalkongregation am 16. November 1964 mitgeteilt hat«, in: LThK², Erg.-Bd. 1, Freiburg 1966, 348–359. [B_190]

Zur dogmatischen Konstitution über die Göttliche Offenbarung »Dei Verbum«

Einleitung und Kommentar zum Prooemium, zu Kapitel I, II und VI der Offenbarungskonstitution »Dei Verbum«:
Einleitung, in: LThK², Erg.-Bd. 2, Freiburg 1967, 498–503.
Kommentar zum Prooemium, in: LThK², Erg.-Bd. 2, Freiburg 1967, 504–506.
Kommentar zum Ersten Kapitel »Die Offenbarung«, in: LThK², Erg.-Bd. 2, Freiburg 1967, 506–515.
Kommentar zum Zweiten Kapitel »Die Weitergabe der Göttlichen Offenbarung«, in: LThK², Erg.-Bd. 2, Freiburg 1967, 515–528.
Kommentar zum Sechsten Kapitel »Die Heilige Schrift im Leben der Kirche«, in: LThK², Erg.-Bd. 2, Freiburg 1967, 571–581. [B_191]

Zur Pastoralkonstitution über die Kirche in der Welt von heute »Gaudium et spes«

Kommentar zum Vorwort und zum ersten Kapitel des ersten Teils der Pastoralkonstitution über die Kirche in der Welt von heute »Gaudium et spes«, in: LThK², Erg.-Bd. 3, Freiburg 1968, 313–354. [B_220]

Das Menschenbild des Konzils in seiner Bedeutung für die Bildung, in: Christliche Erziehung nach dem Konzil (= Berichte und Dokumentationen, herausgegeben vom Kulturbeirat beim Zentralkomitee der deutschen Katholiken, 4), Köln 1967, 33–65. [B_194]

Die Zukunft der Welt durch die Hoffnung des Menschen [Auslegung von GS III], in: Joseph Ratzinger, Glaube und Zukunft, München 1970. [3]2007, 93–106. [B_251]

Zum Dekret über Dienst und Leben der Priester »Presbyterorum ordinis«

Dienst und Leben der Priester, in: Maria Brun / Wilhelm Schneemelcher (Hg.), Eucharisteria. Festschrift für Damaskinos Papandreou, Athen 1996, 125–137; Joseph Ratzinger, Weggemeinschaft des Glaubens. Kirche als Communio, herausgegeben vom Schülerkreis, Redaktion Stephan Otto Horn und Vinzenz Pfnür, Augsburg 2002. [2]2005, 132–150. [B_1007]

Zur Frage der Mission

Konzilsaussagen über die Mission außerhalb des Missionsdekrets, in: Johannes Schütte (Hg.), Mission nach dem Konzil, Mainz 1967, 21–47; Joseph Ratzinger, Das neue Volk Gottes, Düsseldorf 1969. [2]1970, 376–403; ZMR 89 (2005) 243–262. [B_208]

Teil F
Rezeption

Theologische Aufgaben und Fragen bei der Begegnung lutherischer und katholischer Theologen nach dem Konzil, in: Oec. (1969) 251–270; Joseph Ratzinger, Das neue Volk Gottes, Düsseldorf 1969. [2]1970, 225–245. [B_192]

Weltoffene Kirche? Überlegungen zur Struktur des Zweiten Vatikanischen Konzils, in: K. Clasen / Theo Schäfer (Hg.), Der Mensch in der Hoffnung. Eine Vortragsfolge in der Katholischen Studentengemeinde Aachen, Aachen 1966, 71–96; in veränderter

Fassung, in: Theodor Filthaut (Hg.), Umkehr und Erneuerung. Kirche nach dem Konzil, Mainz 1966, 273–291; Joseph Ratzinger, Das neue Volk Gottes, Düsseldorf 1969. ²1970, 282–301. [B_196]

Der Katholizismus nach dem Konzil, in: Joseph Ratzinger, Das neue Volk Gottes, Düsseldorf 1969. ²1970, 302–321 [in der Taschenbuchfassung gleichen Titels 129–151]; Joseph Ratzinger, Glaube – Erneuerung – Hoffnung, Leipzig 1981, 79–97; KlBl 46 (1966) 279–285; Priester aus innerstem Herzen, München 2007, 82–99; zuvor u. d. T. »Die Kirche nach dem Konzil«, in: Auf Dein Wort hin. 81. Deutscher Katholikentag, Paderborn 1966, 245–266. [B_197]

Interview für Redención, in: Ida Friederike Görres / Wolfgang Lehmann / Joseph Ratzinger, Der gewandelte Thron. Bemerkungen zur Synode und anderes, Freiburg 1971, 111–120. [B_265]

Zehn Jahre nach Konzilsbeginn – wo stehen wir?, in: Joseph Ratzinger, Dogma und Verkündigung, München 1973, 439–448; Donauwörth ⁴2005, 433–441. [B_288]

Kirche und Welt. Zur Frage nach der Rezeption des II. Vatikanischen Konzils, in: Joseph Ratzinger, Theologische Prinzipienlehre. Bausteine zur Fundamentaltheologie, München 1982. ²1983; Donauwörth 2005, 395–411; zuvor u. d. T. »Der Weltdienst der Kirche. Auswirkungen von ›Gaudium et spes‹ im letzten Jahrzehnt«, in: IKaZ Communio (De) 4 (1975) 439–454; Andreas Bauch / Alfred Gläßer / Michael Seybold (Hg.), Zehn Jahre Vaticanum II, Regensburg 1976, 36–53. [B_338]

Thesen zum Thema »Zehn Jahre Vaticanum II«; u. d. T. »A dieci anni dal Vaticano II«, in: RCI 57 (1976) 2–4; Archiv Institut Papst Benedikt XVI.; *deutsch bislang unveröffentlicht*. [B_344]

Bilanz der Nachkonzilszeit – Misserfolge, Aufgaben, Hoffnungen, in: Joseph Ratzinger, Theologische Prinzipienlehre. Bausteine zur Fundamentaltheologie, München 1982. ²1983; Donauwörth 2005, 383–395. [B_660]

Aggiornamento, Predigt in Rom am 12. Oktober 1982, u. d. T. »Eine größere Liebe hat niemand«, in: Friede und Heil. Zeitschrift der Franziskaner-Minoriten 49 (4/1983) 54–58; zuvor schon in: Chiemgau-Blätter vom 4. Juni 1983; Auszüge in: Joseph Ratzinger, Mitarbeiter der Wahrheit. Gedanken für jeden Tag, hg. von Sr. Irene Grassl, Würzburg ²1990. 1992, 81–82, 85–86, 285–286. [B_687]

Ausgewählte Themen der Ekklesiologie zum 20. Jahrestag nach Abschluss des II. Vatikanischen Konzils. Geleitwort zum Dokument der ITK »Mysterium des Gottesvolkes« (1984), in: Internationale Theologische Kommission, Mysterium des Gottesvolkes (= Kriterien 79), Einsiedeln 1987, 9–11. [B_752]

Mut zum Eigentlichen!, Interview mit Hubert Schöne im Rahmen der Sendung »Bilanz des Konzils« des Bayerischen Fernsehens, gesendet am 13. 12. 1985 (Prod./Archiv-Nr. 71951); Text erfasst vom *Institut Papst Benedikt XVI.* [B_763]

Der Wille der Väter. Geist und Beschlüsse des 2. Vatikanischen Konzils, am 29. November 1990 gesendete Reportage des Bayerischen Fernsehens mit Interview mit Joseph Kardinal Ratzinger und Hans Küng (Prod./Archiv-Nr. 87714); Dokumentation von Hubert Schöne und Lucien Heinz; Text nach der Fernsehaufzeichnung erfasst vom *Institut Papst Benedikt XVI.* und von beiden Gesprächspartnern autorisiert. [B_901]

Communio – ein Programm, in: IKaZ 21 (1992) 454–463. [B_933]

Verantwortung für Kirche und Welt in dieser Zeit. Hommage an Kardinal König, in: Alfred Stirnemann / Gerhard Wilflinger (Hg.), 30 Jahre Pro Oriente. Festgabe für den Stifter Franz Kardinal König zu seinem 90. Geburtstag (= Pro Oriente 27), Innsbruck / Wien 1995, 42–44. [B_1005]

Die Christozentrik des Zweiten Vatikanischen Konzils, Predigt am 13. Juli 1997 (15. Sonntag im Jahreskreis B) in der Pfarrkirche St. Oswald in Marktl am Inn anlässlich der Verleihung der Ehrenbürgerwürde an Joseph Kardinal Ratzinger; Überlieferung Besold; *bislang unveröffentlicht.* [B_1051]

Aufruf zur Gerechtigkeit, Predigt im Petersdom am 18. März 2005 mit den Teilnehmern der Tagung »Call to justice« anlässlich des 40. Jahrestag der Promulgation der Pastoralkonstitution »Gaudium et spes« http://www.vatican.va/roman_curia/congregations/cfaith/documents/rc_con_cfaith_doc_20050318_ratzinger-gaudium-spes_en.html; deutsche Übersetzung von Dr. Karl Pichler, *bislang unveröffentlicht.* [B_1369]

Teil G
Rezensionen und Geleitworte

Rezensionen

Zu: Hubert Jedin, Kleine Konziliengeschichte, 7., durchgesehene und um einen Bericht über das Zweite Vatikanische Konzil vermehrte Auflage, Freiburg 1966; in: ThQ 147 (1967) 496. [B_215]

Zu: Dokumente des 2. Vatikanischen Konzils. Mit den authentischen lateinischen Texten der Acta Apostolicae Sedis und der Übersetzung im Auftrag der deutschen Bischöfe, Münster 1966/67, in: ThRv 64 (1968) 15. [B_230]

Zu: Franz Michel Willam, Vom jungen Angelo Roncalli (1903–1907) zum Papst Johannes XXIII. (1958–1963), Innsbruck 1967, in: ThQ 148 (1968) 236–241. [B_231]

Zu: Lieselotte Höfer, Mysterium Unitatis. Pastoraltheologisches zum Oekumene-Dekret des Zweiten Vatikanischen Konzils, Freiburg 1967; in: ThQ 148 (1968) 355–357. [B_232]

Zu: Indices verborum et locutionum decretorum Concilii Vaticani II. 3. Constitutio dogmatica de Ecclesia Lumen Gentium; 5. Decretum de Oecumenismo Unitatis Redintegratio, Florenz 1968, in: ThRv 66 (1970) 278. [B_263]

Zu: Hans Waldenfels, Offenbarung. Das Zweite Vatikanische Konzil auf dem Hintergrund der neueren Theologie (= Beiträge zur Ökumenischen Theologie 3), München 1969, in: ThRv 67 (1971) 282–282. [B_272]

Geleitworte

Geleitwort, deutsche Erstveröffentlichung von: Presentatione, in: Flavio Peloso, Santi e santità dopo il Conilio Vaticano II, Roma 1991, 5–6 (Übersetzung ins Deutsche von Dr. Karl Pichler). [B_928]

Geleitwort, deutsche Erstveröffentlichung von: Presentatione dell'edizione italiana von Leo Scheffczyk, La Chiesa. Aspetti della crisi postconciliare e coretta interpretazione del Concilio

Vaticano II (= Già e non ancora 327), Milano 1998, 9–11 (Übersetzung ins Deutsche von Dr. Karl Pichler) [B_843]

Als Dubletten nicht aufgenommen wurden:

B_159: *Die Kirche und die Kirchen* (weitgehend aufgenommen in: Das Konzil auf dem Weg)
B_166: *Der gegenwärtige Stand der Arbeiten des Zweiten Vatikanischen Konzils* (aufgegangen in A_010, 13–39)
B_167: *Ökumenische Probleme der Lehre von der Kollegialität der Bischöfe* (aufgegangen in A_010, 51–84)
B_188: *Probleme der vierten Konzilsperiode* (weitgehende Übereinstimmung mit A_013)
B_339: *Zum 10. Jahrestag des Konzilsabschlusses – Erfolge und Enttäuschungen*, BR: Kirchenfunk vom 9.12.1975 (aufgegriffen in B_660).
B_827: *Interview in Chile*
B_828: *Wir müssen die Dimension des Heiligen in der Liturgie zurückerobern*

Schriftstellenregister

Altes Testament

Gen
1,14–18 491
1,26 f. 177, 183
1,27 126
1,28 82, 190 f., 488
2,15 82
3,5–10 179, 187 f.
3,8 179, 188
11 233
11,1–9 493

Dtn
6,4 f. 1083
11,26 ff. 826

1 Kön
19,13 923

Ps
2,8 921
8,5–7 803
16,5 1000
18,1 Vg 126
44 Vg 308
44,10 Vg 80
95,7 f. 1086

Koh
3,11 208

Weish
1,7 796
2,23 803

Sir
15,14 825, 826

Jes
9,2 125
11,12 67
25,6 ff. 64
40,8 731
55,10 f. 791

Jer
21,8 826
31,12 64

Neues Testament

Mt
5,14 57, 125
5,14 ff. 209
5,15 73
5,17 196
5,22 101
5,23 f. 990
5,23–24 572
10,1–42 450
10,16 1001
10,17 103
10,24 52

10,27 57
10,39 230
11,1 661
11,28 202 f.
13,30 280
13,55 490
16,3 795
16,18 213, 215
16,18–19 681
18,18 213, 681
18,20 461
19,8 561
20,17 661
23,3 594
26,14.30 661
26,52 923
26,59 102
28,16 ff. 214
28,16–20 681
28,18 ff. 213
28,19 f. 207, 226
28,20 205 f., 344, 447

Mk
1,12 f. 535
1,15 209, 229
1,35 ff. 901
1,38 901, 902
1,39 901
2,16 168
3,13–19 450
3,14.16 661
4,1–11 535
4,10 535, 661
4,21 57
4,37 f. 125
6,3 490
6,13 229
6,56 790
8,27–30 par. 535
8,29 902
8,33 535
10,43 253
11,11 661
12,1–11 902
12,6 902
12,30 1083
13,9 103
13,10 226, 232
13,32 169
14,10.17.20.43 661
14,55 103
15,1 103
16,16 931
16,20 164

Lk
1,79 210
2,35 329
4,1–13 535
6,13 450
8,1 661
9,1 661
9,1–10 226
9,2 229
10,2 226
10,27 1083
12,56 795
13,29 181, 196
14,16–24 226
14,26 980
18,31 661
22,3 661
22,66 103
24,32 205

Joh
1,1 324, 902
1,1–18 181, 197
1,9 125, 931
1,14 93, 178, 187, 902
1,29 1002
2,19 914
3,5 80
3,8 796
3,16 180, 188 f.
3,29 907
4,14 182, 197 f.

4,23	1131
4,34	910
5,17	489
5,36	205
5,43	903
6,15	535
6,60	535
6,64	199
6,67–71	661
7,16	903
8,23	1115, 1116
8,32	194
10,10	931
10,33	1131
10,38	1131
11,47	103
11,52	233, 921
12,1–8	70
12,20 ff.	227
12,24	230, 1158
12,31	493, 811
12,32	47
13,35	530
14,6	181, 197
14,9	224
14,26 Vg	752
14,30	493
15,13	180, 188 f., 1085
15,15	737, 907
16,11	493
16,12 f.	205 f.
16,13	127, 197, 1113
16,14	180 f.
16,17	223
16,33	1057
18,36	924
19,27	1033
19,31–37	1057
19,34	1002
20,24	661
17,20 f.	131
21,15–17	450
21,15 ff.	681

Apg

1,8	129, 225
2,42	922
4,15	103
5,21	103
5,27.34.41	103
6,1–6	382
6,2	661
6,12	103
6,15	103
8,32	1002
15	105, 106
15,9	851
15,10	826
17,23	195
17,23.27	193
20,28	664
22,30	103
23,1.6.15.20.28	103
24,20	103

Röm

1	810
1,20	82
1,21	931
1,21 ff.	809
1,21–26	82
1,22.25	931
1,28	185
1,17 - 3,20	741
2	741
2,6 f.	741
2,14 ff.	823
3,20	741
3,23	228, 741
3,31	196
4,12	268
5	809, 810
5,3	128, 209
5,8–11	180, 188 f.
5,20	188 f.
7	810
7,13–25	810, 826
8,20	190 f.

8,23 209 f.
8,29 129
9–11 444
9,4 f. 444
10,11–17 233
10,16 227
10,17 247
12,1 80, 194
12,2 329, 1001, 1062
12,4 900
12,16 129
15,1 136
15,4 172, 196 f.
15,16 328, 937
15,16 f. 568

1 Kor
1,17 233
1,26 1010
6,12 812
6,15 ff. 970
6,20 815
7,31 329
9,16 932
9,22 127, 994
10,16 1117
10,16 f. 649
10,17 131 f., 324
11,19 654
12 97, 385
12,4–31 935
12,12 648, 970
12,13 970
13,12 754
14,16–19 309
14,19 1010
14,40 129 f.
15,5 661
15,24.28 908
15,27 f. 996
15,28 177, 180, 184, 1157

2 Kor
1,24 205
3,12–18 172
3,17 478, 797
4,4 498, 936
4,5 52
4,16 128, 655
5,10 825
5,20 227, 228 f., 681
5,21 978
10,5 73, 1118
10,6 202
13,13 1115

Gal
2,19 209 f.
2,20 903
3,12 ff. 826
3,16 f. 908
3,28 234, 908, 970
4,4 195
4,7 907
4,21 – 5,1 907

Eph
1,9 736
1,10 737, 923
1,22 87
2,14 234
2,14–17 272
2,14.18 1117
2,15 204 f.
2,17 234
4,9 1115
4,12 f. 129 f.
4,13 73
4,14 618
4,15 136, 997
4,18 187
5,25–33 558
5,27 969

Phil
1,23 656
2,4–11 550
2,5–11 904
2,9 f. 87
3,12 1025

Kol
1,15 936
1,15–20 997
1,18 198
1,27 737
2,10 87, 997

1 Thess
5,13 129 f.

2 Thess
2,15 754
3,1 199, 203 f., 791

1 Tim
2,4 192 f.

2 Tim
4,2 136

Tit
2,12 197

Hebr
1,1 178, 186
1,1–2 742
1,2 921
3,13 1086
4,12 329
4,15 169
11,6 193
13,8 91, 128, 206, 1079
13,14–15 990

Jak
1,17 931

1 Petr
1,19 1002
1,23–25 731
2,5–10 651
3,15 987

1 Joh
1,2 734
4,8 949
4,19 177, 179 f., 184, 188
5,4 84

Jud
12 594

Offb
1,5 198
2,17 55, 858
5 328
5,3 ff. 1002
5,5 f. 1002
5,6 1002
5,13 656
19,7 ff. 196
19,9 181
19,13 181, 197
21,1 209
21,9 196

Namenregister

Abel 172, 272, 375
Abjatar 168
Abraham 172, 178, 294
Adam 172, 179 f., 188, 375, 743, 802–804, 809 f., 856 f., 866, 878, 903 f.
Ahimelech 169
Alberigo, Giuseppe 662, 666, 675 f., 687, 800, 1152
Albertus Magnus 458, 467
Aldama, José Antonio de 774
Alfrink, Bernhard Jan 433, 603, 608, 723, 835
Aloisius 1143, 1147
Altaner, Berthold 760
Amberg, Ernst-Heinz 738
Amphilochius von Ikonium 586
Anaximenes von Lampsakus 559
Andresen, Carl 817
Andrutsos, Chrēstos 97, 99, 110
Angermair, Rupert 557
Antweiler, Anton 1140
Arias Reyero, Maximino 1049
Aristoteles 154, 380, 1018
Aron, Robert 903
Arrupe, Pedro 837
Assmann, Hugo 1049
Athanasius von Alexandrien 194
Athenagoras I. 572
Aubert, Roger 1044
Auer, Alfons 483, 852, 892, 997 f.
Aufderbeck, Hugo 837
Augustinus 44, 84, 166, 173, 325, 377, 391, 458, 510, 559, 672, 760, 776, 782, 804, 807, 813, 818, 850 f., 869–871, 887, 902–908, 914 f., 937, 1015, 1076, 1115
Averbeck, Wilhelm 424

Bacht, Heinrich 92, 374, 1205
Balič, Carlo 615
Balthasar, Hans Urs von 391, 508, 522, 549, 750, 949, 976 f., 988, 995, 1008, 1054, 1056, 1106–1109, 1114, 1118 f., 1155
Baraúna, Guilherme 448, 711
Barbado y Viejo, Francisco 725
Barion, Hans 259
Baronius, Caesar 1145
Barth, Karl 734, 736, 738, 750, 767 f., 804, 808, 846, 850 f., 947, 949, 1069, 1121
Basilius von Caesarea 385, 586, 592, 772, 1066, 1073, 1079
Bauer, Armin Volkmar 483
Bauer, Walter 1117
Baum, Gregory 391, 805
Baus, Karl 760
Bea, Augustin 139, 145, 313, 316 f., 391, 433, 442, 444, 571, 723 f.
Beckett, Samuel 840
Beckmann, Joachim 69
Beckmann, Max 1071
Bellarmin, Robert 374, 380, 411
Belsazar 169
Bendinger, H. 58
Benoit, Pierre 786

Benz, Ernst 94, 112
Beran, Josef 536
Berchmans, Johannes 1147
Bertrams, Wilhelm 666, 676, 682, 690, 705
Betti, Umberto 692, 701, 719 f., 723–728, 731
Betti, Umberto 692, 701, 719 f., 723–728, 731
Beumer, Johannes 717
Bévenot, Maurice 718, 754, 772
Bloch, Ernst 1035 f.
Böckenförde, Ernst-Wolfgang 537
Böckle, Franz 812
Böhmer, Justus Henning 661, 702
Bolatti, Guillermo 835
Bonaventura 164 f., 458, 467, 510 f., 818, 859, 1085
Bonhoeffer, Dietrich 853, 947
Borne, Étienne 732, 1150
Borromäus, Karl 911 f., 1146
Bosl, Karl 1084
Botte, Bernhard 106, 379, 663, 669, 671
Bouessé, Humbert 668
Bouyer, Louis 627, 1109
Boyer, Charles 716
Braunfels, Ludwig 1057
Breuning, Wilhelm 100 f.
Browe, Peter 268 f.
Brown, Peter Robert Lamont 904
Browne 262, 542, 724
Brox, Norbert 753
Brunner, August 1121
Bultmann, Rudolf 739, 749, 762, 764, 769, 1155
Bultot, Robert 852
Buonaiuti, Ernesto 1145
Butler, Cuthbert 725

Camelot, Pierre-Thomas 297, 453
Camus, Albert 852
Carli, Luigi Maria 542
Carrel, Alexis 84
Castellino, Giorgio 725
Cerfaux, Lucien 725
Cervantes Saavedra, Miguel de 1057 f.
Charlier, Louis 986
Charue, André-Marie 725, 728
Chomjakow, Aleksej 96
Cicognani, Amleto Giovanni 133, 627, 728, 771
Claudel, Paul 865
Clemens XIII. 779
Colombo, Carlo 725, 771, 987
Colson, Jean 379, 461, 662, 677, 1008
Columbus, Christoph 76, 505 f., 865
Comtes, August 83
Congar, Yves 94–97, 109 f., 301, 306, 381, 391, 402, 404, 410, 461, 568, 622, 666, 670, 672, 717 f., 721, 725, 754 f., 1000, 1049, 1053, 1092
Cordes, Paul Josef 1118
Cox, Harvey 732
Cullmann, Oscar 573, 739, 761 f., 767–770, 1145, 1150
Curran, Charles 620
Cyprian von Karthago 259, 663
Cyrill von Alexandrien 1067

Dädalus 889
Daecke, Sigurd Martin 807 f.
Dallmayr, Horst 1064
Daniel (Prophet) 169
Daniélou, Jean 387, 627, 837
Daniel-Rops, Henri 1032
Dante Aligheri 504–506
De Lubac, Henri 55, 174, 381, 570, 598, 627, 725, 776, 837, 966, 1109
De Luca, Giuseppe 1145
De Smedt, Emiel Jozef 723
De Vries, Wilhelm 671
Decker, Bruno 164, 717
Dejaifve, Georges 297
Delhaye, Philippe 805, 807, 844, 852
Denzler, Georg 419, 711, 757, 834, 836
Dessain, Charles Stephen 635 f.
Dibelius, Otto 781, 1138
Dietzfelbinger, Hermann 69

Dinkler, Erich 461, 762, 765, 767, 785
Dolan, George Edward 668
Dombois, Hans 452
Don Quijote 1057 f.
Döpfner, Julius 365, 441, 571, 603, 628, 1205, 1207
Dorn, Luitpold A. 381 f., 410, 419, 711, 757, 834, 836
Dostojewski, Fjodor 535
Draguet, René 986
Dreier, Wilhelm 828
Drey, Johann Sebastian 1154 f.
Dvornik, Francis 428

Ebeling, Gerhard 739, 1155
Eckert, Willehad Paul 436
Egenter, Richard 56
Eggersdorfer, Franz Xaver 510
Eid, Emilio 533
Eisenhofer, Ludwig 989
Elchinger, Arthur 390
Eliade, Mircea 1121
Elisabeth (Vinzentinerin) 607
Elisabeth 575
Elko, Niclos 836
Escrivá de Balaguer , Josemaría 903
Estruch, Juan 435
Eugen IV. 408
Euripides 892
Eusebius von Caesarea 670, 926, 930, 1064 f.
Evdokimov, Paul 676

Fachinetti, Giovanni Antonio 675
Feiner, Johannes 537
Felici, Pericle 456, 684, 719, 724
Festus, Sextus Pomponius 102
Feuerbach, Ludwig 74
Flaccus, Verrius 102
Flatten, Heinrich 1028
Florit, Ermenegildo 715, 718, 725 f., 728, 836, 839
Flügel, Heinz 840, 889, 1129
Foresi, Pasquale 381
Forget, J. 97
Franič, Franjo 727
Fransen, Piet 110, 297, 302, 318
Franz von Sales 1147
Franziskus 1084, 1086
Freyer, Hans 501 f.
Fries, Heinrich 738
Frings, Josef 9, 296, 300, 313, 387, 491, 579–584, 601–640, 723 f., 839, 1064, 1091, 1093, 1122

Gagnebet, Rosario 725
Galileo Galilei 555, 1070
Galli, Mario von 361, 368, 381–383, 410, 420
García Rubio, Alfonso 1047 f., 1050
Gargitter, Joseph 610
Garofalo, Salvatore 722, 725
Garonne, Gabriel Marie 435, 560
Geiselmann, Joseph Rupert 161, 165, 622, 624, 717 f., 756, 765 f., 773
Gellius 102
Genn, Felix 902–905, 915
Giloth, P. 62
Gilson, Étienne 818, 859
Girardi, Giulio 837
Giussani, Luigi 1109
Glasenapp, Helmuth von 1120
Glazik, Josef 1139
Glorieux, Achille 841
Goez, Wilhelm 491
Gogarten, Friedrich 483, 1036
Gollwitzer, Helmut 838 f., 844, 846
Gonzales Ruiz, José-Maria 790
Gratian 98 f., 772, 823
Gregor der Große 254, 1011, 1146
Gregor von Nazianz 1065 f., 1073
Gregor von Nyssa 638
Gregor XVI. 779
Greiner, Franz 1106, 1109
Grelot, Pierre 786
Grillmeier, Alois 96, 455, 725, 728 f., 775, 888
Grosoli (Graf) 1146

Grotius, Hugo 661, 702
Grotz, Hans 106
Grygiel, Ludmila 912
Guardini, Romano 57, 508, 598, 813 f., 1121
Gudemann, Alfred 102 f.
Guerra Campos 835
Guyot, Jean 379, 568

Hacker, Paul 789, 859
Haeckel, Ernst 74
Haible, Eberhard 949
Hajjar, Joseph N. 533
Hamman, Adalbert 1066
Hammans, Herbert 716
Hampe, Johann Christoph 371, 391, 396, 398, 407, 410, 715, 731, 755, 757, 759, 761, 771, 806 f., 835
Häring, Bernhard 540, 542 f.
Harkianakis, Stylianos 94, 97, 99, 1123
Harnack, Adolph von 438, 1043 f., 1069
Hartmann, Nicolai 840
Hasenhüttl, Gotthold 749
Haubtmann, Pierre 541
Hauser, Richard 559 f.
Heer, Friedrich 1009
Hegel, Georg Wilhelm Friedrich 849, 1034
Heiler, Friedrich 356, 574 f.
Heisenberg, Werner 509
Hertling, Ludwig 670
Heuschen, Joseph 725
Hieronymus 99, 458, 776, 788
Hirschmann 68
Hitler, Adolf 1125
Hnilica, Paul 836 f.
Höfer, Lieselotte 1149
Höffner, Joseph 1140
Hofinger, Johannes 57, 938
Hofmann, Antonius 1125
Holstein, Henri 717
Homer 1009
Honorius III. 368
Hubensteiner, Benno 1118
Hübner, Paul 1071
Hus, Jan 536

Ignatius von Antiochien 104, 259, 462
Ignatius von Loyola 425, 980
Ikarus 889
Innozenz III. 246, 354
Innozenz IX. 675
Irenäus von Lyon 753, 857, 923
Isaak 107
Isidor von Sevilla 102
Ivánka, Endre von 96

Jáki, Stanislaus 96
Jakob 378, 107
Jedin, Hubert 97, 102, 362, 364, 366 f., 408 f., 453, 709, 723, 1001, 1044, 1137
Jeremias, Joachim 764, 769, 777, 1008
Jesaja 67, 170, 906, 1009
Jimenez Urresti, Teodore 100 f.
Job 839
Johannes (Apostel, Evangelist) 170, 223, 227, 902, 932, 1018, 1116
Johannes Chrysostomus 923
Johannes der Täufer 906
Johannes Paul II. 7, 1087
Johannes von Kreuz 425
Johannes von Ragusa 353
Johannes XXIII. 5 f., 92, 299, 303, 344, 349, 361, 363, 368 f., 373, 437, 439, 449, 466, 472, 475, 478 f., 489, 497, 501, 693, 719, 797 f., 806, 827, 843, 845, 1019 f., 1043, 1065, 1079, 1093, 1098, 1141–1148, 1152
Joseph 575
Jounel, Pierre 424
Juan de Torquemada 353
Jungmann, Josef Andreas 60, 70, 303, 424, 989, 1008, 1013 f.

Kahlefeld, Heinrich 57
Kain 492
Kant, Imanuel 840, 849

Karrer, Otto 356 f., 674, 1149
Käsemann, Ernst 461, 764, 769
Kasper, Walter 716
Kaufmann, Ludwig 619
Kerrigan, Alexander 725, 728
Kinsey, Alfred Charles 83
Klaus 69
Klauser, Theodor 105, 425, 1010
Kleutgen, Josef 681
Klinger, Elmar 1076
Klostermann, Ferdinand 1140
Knox, Ronald Arbuthnott 789
Koch, Anton 990
Kolbe, Maximilian Maria 1079–1085
Kolping, Adolf 693
Kominek, Bolesław 837
Konstatin (Kaiser) 102, 104, 173
Kopernikus, Nikolaus 506
Koster, Mannes Dominikus 716
Kretschmar, Georg 100, 105 f., 445, 454
Kuhn, Helmut 523
Kuhn, Johann E. 773
Küng, Hans 100 f., 108, 115, 330, 367, 391, 408, 461, 672, 709, 949, 1000, 1049, 1053, 1066, 1070, 1073, 1091–1105
Kuss, Otto 741, 753, 990
Kyrill von Alexandrien ↗ Cyrill von Alexandrien

Lambinet, Ludwig 53
Lampe, Geoffrey W. H. 104
Lang, Albert 94, 693
Läpple, Alfred 821
Latourelle, Rene 731–733, 736, 742, 744, 774
Lattanzi, Ugo 681
Laurentin, René 410, 433, 711, 721
Le Guillou, Marie-Joseph 458, 459, 662, 666, 668, 672, 676, 688, 926, 1049, 1052, 1109
Lécuyer, Joseph 461, 662 f., 668, 671 f., 678, 703, 937
Leeuwen, Peter van 754
Lefebvre, Marcel 542, 603, 724, 1099
Léger, Paul Emile 313, 391, 432, 723, 758–762, 1000
Leist, Fritz 57
Leloir, Louis 786
Lengeling, Emil Joseph 406, 990
Lennerz, Heinrich 717 f.
Leo der Große 105, 678
Leo XIII. 425, 786
Liégé, André-Marie 96, 113, 682
Liénart, Achille 300, 313, 582, 603–605, 608, 628, 722, 724
Lindbeck, Georg A. 61
Linton, Olof 401
Livius 103
Löhrer, Magnus 988
Loisy, Alfred 312, 1145
Lorenz, Konrad 864
Lukas (Evangelist) 105, 169 f., 535, 777, 1064 f.
Luthe, Hubert 604, 1091, 1122
Luther, Martin 405, 428, 458, 473, 780 f., 789, 807, 826, 859, 898, 1036, 1065 f.

Magistretti, Franca 1153
Maier, Hans 523
Maio, Romeo de 789
Mantiero, Didimo 912
Mantiero, Didimo 912
Marcel, Gabriel 555, 812, 814
Maro, G. 58
Maria 5, 91, 178, 186, 255, 260, 343, 388 f., 417, 432, 575, 657 f.
Markus (Evangelist) 168, 170, 901
Maron, Gottfried 53, 458–460, 759
Marot, Hilaire 106, 674
Marsch, Wolf-Dieter 391, 436
Martimort, Aimé Georges 990
Marty, Martin E. 61
Marx, Karl 1034
Matthäus (Evangelist) 170, 535
Maximilian Kolbe 1079–1086

Maximos IV. Saigh 309, 391, 835 f.
Medina, Jorge 1109
Meinhold, Peter 53, 57, 69
Melichar, Erwin 537
Meliton von Heliopolis 572
Methodius von Olympos 105
Metz, Johann Baptist 483, 491, 522, 538, 811 f., 824, 997 f., 1036
Meyer, Albert 724, 756
Miano, Vincenzo 837
Mikat, Paul 1028
Moeller, Charles 725
Möhler, Adam 1154 f.
Moltmann, Jürgen 745, 1155
Montini, Giovanni ↗ Paul VI.
Mörsdorf, Klaus 1123
Mose 172, 491, 561, 594, 638
Muggeridge, Anne Roche 616–618, 632
Mühlen, Heribert 764, 1150
Muñoz Vega, Pablo 536, 944
Münster, Clemens 57
Murray, John Courtney 537, 570
Muschalek, Georg 1116
Mussner, Franz 764

Napoleon Bonaparte 1125
Nebukadnezar 169
Neumann, Johannes 692
Neusner, Jakob 903, 913
Newman, John Henry 635 f., 716, 821 f., 1145, 1155
Nietzsche, Friedrich 830, 865
Nissiotis, Nikos A. 457–459, 678 f., 764
Nussbaum, Otto 1013

Ochoa Sanz, Javier 1152
Odysseus 504 f.
Oesterreicher, John 436
Onna, Ben van 108
Origenes 1107
Ortigues, Edmond 717
Ott, Heinrich 737, 771, 778
Ottaviani, Alfredo 304, 316 f., 387, 457, 619, 721 f., 724, 727 f., 771, 1100

Pancheri, Francesco-Saverio 1085
Pannenberg, Wolfhart 1155
Papandreou, Damaskinos 1123
Parente, Pietro 668, 685, 727
Pascal, Blaise 809 f., 814, 817, 858
Pascher, Josef 58, 1123
Paul IV. 779
Paul VI. 361, 369, 407–409, 540, 572, 608, 627 f., 645, 725, 730, 843, 1032, 1097, 1159
Paulus (Apostel) 127, 204, 227, 233, 247, 309, 325, 328, 444, 497, 562, 568, 618, 648, 654 f., 697, 741 f., 777, 798, 808 f., 815, 823, 825, 876, 907, 923 f., 932, 934 f., 937, 971, 978, 1010, 1015, 1025, 1062
Pellegrini, Michele 786
Pelletier, Georges-Léon 725
Peloso, Flavio 1157 f.
Pesch, Wilhelm 818
Peterson, Erik 1071
Petrus (Apostel) 119, 130, 132, 152, 213 f., 216, 248, 342, 353, 369, 379 f., 413 f., 447, 450, 452, 457, 535, 594, 634, 653, 661–664, 673–675, 685, 703, 901 f., 923, 1096, 1126
Petrus Lombardus 458, 467
Petrus von Ailly 353
Petry, Ray 53, 56
Peukert, Helmut 523
Philips, Gérard 456, 539, 609, 698, 725, 727, 771
Philo von Alexandrien 166
Pieper, Josef 1071
Pissarek-Hudelist, Herlinde 114
Pitocchi, Francisco 1144
Pius IV. 408, 779
Pius IX. 246 f., 312, 538, 999, 1043 f.
Pius X. 42, 45, 312, 438, 475, 628 f., 759, 996, 1044, 1146
Pius XI. 5, 843, 1044
Pius XII. 6 f., 89, 312, 538, 560, 580, 613, 621, 628, 666, 719, 843, 855, 964, 966

Platon 818
Polykarp von Smyrna 259
Poulat, Émile 312
Prignon, Albert 725
Prokopios 1065
Prometheus 839
Ps-Aristoteles ↗ Anaximenes von Lampsakus
Ps-Dionysius Aeropagita 164, 259, 782, 814
Puccinelli, Mario 361
Pufendorf, Samuel 661, 702

Quiroga y Palacios, Fernando 723

Rad, Gerhard von 491
Radini-Tedeschi, Giacomo 475, 1146
Rahner, Hugo 101
Rahner, Karl 57, 62, 100 f., 183, 213, 220, 379, 382, 410, 616, 622, 632, 639, 674, 676 f., 716, 725 f., 743, 811, 814, 1028, 1053, 1077, 1154
Ramirez, Jacobus M. 725
Ratzinger, Georg 512
Reid, John K. S. 761 f., 767 f., 770
Rengstorf, Karl Heinrich 378
Repgen, Konrad 630 f.
Richard-Molard, Georges 418
Riedmatten, Henry de 537
Rief, Josef 556
Rigaux, Béda 725, 728
Ritter, Joseph Elmer 313, 723
Robinson, John A. T. 732
Romeo, Antonino 719
Roncalli, Angelo ↗ Johannes XXIII.
Rondet, Henri 364
Rüegg, August 505
Ruffini, Ernesto 385, 542, 723 f., 758–762
Ruprecht 69
Rusch, Paulus 662, 678, 690, 717
Rusnack 836
Ryan, Seamus 668
Saier, Oskar 1114
Salaverri, Joaquin 214, 725
Santos, Rufino 388, 542, 615, 1122
Sartory, Thomas 322, 404, 864
Schauf, Heribert 717, 725 f.
Schauf, Heribert 717, 725 f.
Scheeben, Matthias Joseph 809
Scheffczyk, Leo 775, 1159–1162
Schelkle, Karl Hermann 568, 785, 992
Schillebeeckx, Edward 1053
Schlette, Heinz Robert 564, 818
Schlier, Heinrich 498, 752, 905, 1000, 1008, 1138
Schlink, Edmund 396, 398–403, 459, 1150
Schmaus, Michael 725, 782, 1123, 1139
Schmémann, Alexandre 926
Schmidthüs, Karlheinz 942
Schnackenburg, Rudolf 378, 401, 464
Schomerus, Hans 69
Schöne, Hubert 1089, 1091
Schröffer, Joseph 560
Schulte, Karl Joseph 580
Schürmann, Heinz 70, 1008
Schütte, Heinz 789
Schutz, Roger 731, 762, 790
Schwarz, Rudolf 1013
Seeber, David Andreas 722 f.
Seibel, Wolfgang 381 f., 410, 836
Seladoc, Equipo 1050
Semmelroth, Otto 725, 728, 731, 775, 783
Seneca 1009
Šeper, Franjo 835, 837
Sigaud, Geraldo 542
Silva Henríquez, Rául 433, 435, 834–838
Silva, Sergio 1050
Simon von Kyrene 1025
Simon, Pierre Henri 901
Siri 542, 608, 628, 723
Sisyphus 852
Sixtus V. 353, 779
Skydsgaard, Kristen Ejnar 457–459

Slipyj, Jossyf 836
Smulders, Piet 725
Sohm, Rudolf 100
Söhngen, Gottlieb 840, 1123
Spanneut, Michel 556
Spellmann, Francis 560
Spülbeck, Otto 807
Staffa, Dino 702
Stakemeier, Eduard 715, 723, 731, 762
Stanislaus Kostka 1147
Stankowski, Martin 108
Stehle, Emil L. 1048
Stelzenberger, Johannes 556, 822
Stimpfle, Josef 835
Stohr, Albert 164
Stonner, Anton 779
Stramare, Tarcisio 776
Strotmann, Théodore 674
Stuiber, Alfred 760
Sucker, Wolfgang 53, 61 f., 69, 418
Suenens, Léon-Joseph 313, 365, 373, 385, 540, 603, 608, 628, 723, 835

Teilhard de Chardin, Pierre 439, 548–550, 806–808, 812–815, 818, 833
Tertullian 163, 460, 509 f., 663, 753
Teusch, Josef 607, 631
Theresia von Avila 425
Thieme, Karl 391, 436
Thomas (Apostel) 104
Thomas Gallus von Vercelli 782
Thomas von Aquin 127, 146, 153 f., 164 f., 247, 348, 443, 458, 467, 621, 668, 717, 818, 824, 833, 850, 869, 1018, 1144, 1146
Thurian, Max 731, 762, 790, 1008
Thüsing, Wilhelm 738
Timiades, Emile 428
Tobit 164
Torrell, Jean-Pierre 662, 681
Trapé, Agostino 725
Troeltsch, Ernst 78
Tromp, Sebastian 721, 724 f., 727
Turmel, Joseph 312
Turrado, Lorenzo 725

Ulisse ↗ Odysseus
Ulpian 155
Urbani, Giovanni 537

Vaggagini, Cipriano 786
Valentinian II. (Kaiser) 101
Van den Berk, Tjeu 1051
Van der Leeuw, Geradus 1121
Van der Meer, Frits 1076
Van Dodewaard, Jan 715, 725, 728
Van Straelen, Henri 564
Vekemans, Roger 1047–1049
Vinzenz von Lérins 759 f.
Vischer, Lukas 359, 396, 854
Vögtle, Anton 380
Volk, Hermann 806
Vonier, Ansgar 973
Vooght, Paul de 164, 709, 717
Vorgrimler, Heinrich 382, 783

Waldenfels, Hans 1154–1156
Weber, Wilhelm 1140
Weiler, Thomas 639 f.
Wenger, Antoine 579, 711, 721, 757, 836, 842
Wetter, Gustav A. 842–844
Willam, Franz Michel 798, 1020, 1141–1148
Willebrands, Johannes 724
Wiltgen, Ralph M. 604
Wulf, Friedrich 1139

Yü Pin, Paul 835

Zacharias 575
Zerwick, Maximilian 731, 783
Zinelli, Frederico 681 f., 687